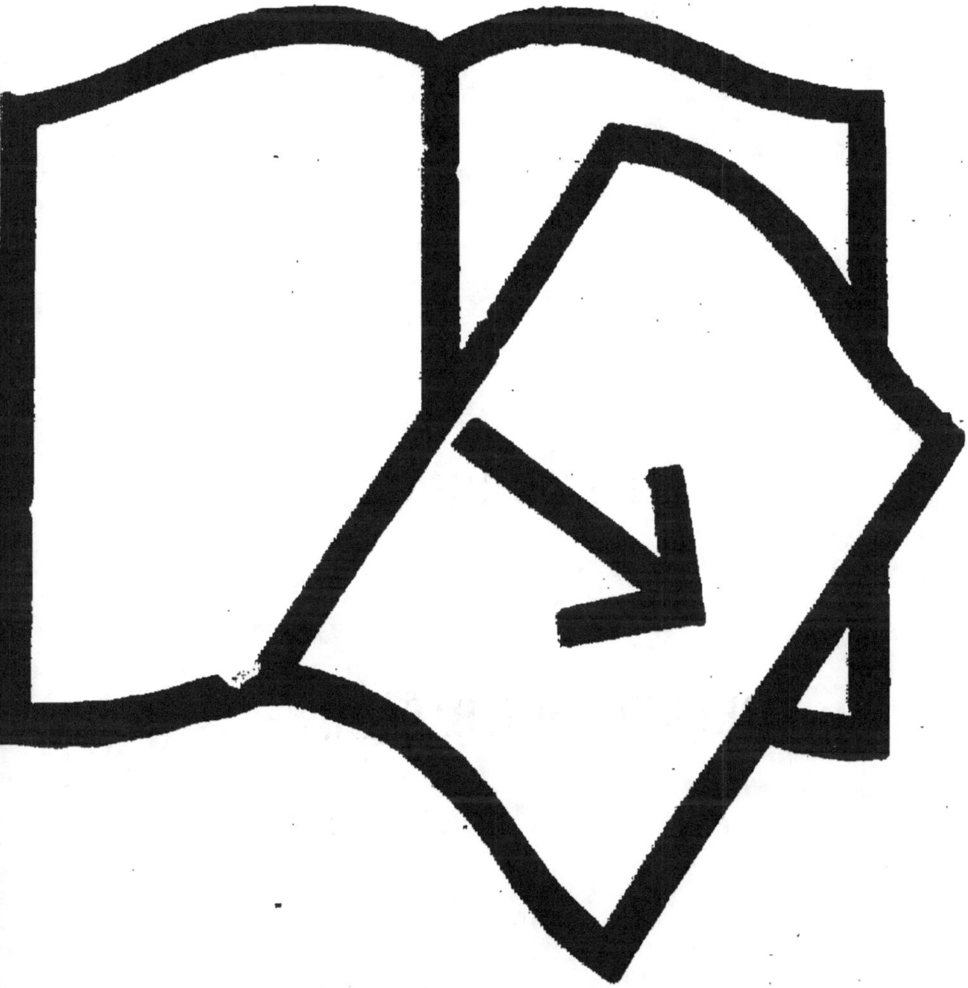

Couvertures supérieure et inférieure
manquantes

ÉTUDES

SUR

L'ORIGINE DES BASQUES.

ÉTUDES

SUR

L'ORIGINE DES BASQUES

PAR

M. Jean-François BLADÉ.

PARIS
LIBRAIRIE A. FRANCK
F. VIEWEG, PROPRIÉTAIRE,
67, RUE RICHELIEU, 67.
—
M DCCC LXIX.

A MON AMI

LÉONCE COUTURE.

PRÉFACE.

L'histoire de la Gascogne soulève quelques problèmes dont l'intérêt dépasse les limites de cette province, et s'étend à la fois à l'Espagne et à la France méridionale. Parmi ces problèmes, le plus difficile et le plus obscur est assurément celui de l'origine des Basques. Sur la foi du baron Guillaume de Humboldt et de son école, ce petit peuple est accepté généralement aujourd'hui comme l'héritier direct de la race dite Ibérienne, qui aurait jadis occupé toute la Péninsule, et qui se rattacherait, par un lien assez étroit, aux anciennes populations de l'Aquitaine et de la Ligurie. Humboldt ne s'est pas nettement expliqué sur l'origine de ces Ibères, et les savants contemporains présentent, à ce sujet, au nom de l'anthropologie, de la philologie, de la toponymie, de la numismatique, etc., les solutions les plus divergentes. Ceux-ci en font des Ibères du Caucase, et ceux-là des populations venues du Nord de l'Afrique. Les uns les rattachent aux Sémites et les autres aux Aryas, tandis que d'autres se partagent entre l'origine touranienne et la provenance américaine.

Tel est l'état actuel de cette question, dont je n'ai pas cessé de m'occuper un seul jour, depuis quatorze ans. Au début de mes études, j'acceptai d'abord, sans examen, la théorie de Humboldt ; mais, pour des raisons qui seront déduites dans cet ouvrage, je me trouvai forcé de renoncer plus tard à la confiance qu'elle m'avait inspirée. L'étude des divers systèmes proposés, au nom de l'Histoire et des sciences auxiliaires, sur les origines ibériennes, me contrain-

quit ensuite, au prix de bien des efforts, de la valeur très-inégale de ces travaux. Mon embarras était extrême : mais je sentais mon ardeur et ma curiosité s'accroître, à raison même de la grandeur des obstacles. Après mûre réflexion, je résolus de reprendre à nouveau l'examen du problème, et d'attaquer les difficultés d'après la méthode analytique. Il s'agissait désormais de marcher constamment du connu à l'inconnu, en prenant pour point de départ les Basques actuels. Grâce aux textes des historiens et des géographes, mis en lumière et soigneusement contrôlés avant moi par des hommes tels que Çurita, Blanca, Risco, le P. de Moret, Oïhénart, Hauteserre, Marca, etc., etc., je pus facilement remonter des Basques aux anciens Vascons.

Il fallait ensuite rechercher comment les Euskariens, ou leurs ancêtres plus ou moins directs, avaient été rattachés aux Ibères, et je m'enfonçai dans l'étude de tous les auteurs classiques qui ont écrit sur l'Espagne ancienne. Cette étude me révéla que l'Ibérie espagnole était occupée, dès l'aurore des temps historiques, par des peuples d'origine très-diverse, que cette Ibérie est une expression géographique, et que, malgré la prédominance incontestable d'un type qui sera décrit, il ne faut pas accepter les Ibères comme issus d'une seule et même race. Je me convainquis aussi que les Ibères espagnols avaient été indûment confondus avec les Ibères du Caucase, et que c'était là une cause d'erreurs innombrables sur laquelle il m'était commandé d'insister de tout mon pouvoir. Le lien qui rattache les Basques actuels aux anciennes populations de l'Espagne et l'antique occupation de la Péninsule par les ancêtres de ce petit peuple, m'apparurent aussi, vers la fin de cette étude partielle, comme des théories plus ou moins modernes, et impossibles à justifier par des documents historiques.

L'horizon devenait moins obscur, et le moment était venu d'inventorier les diverses solutions proposées sur l'origine des Basques et des Ibères, leurs ancêtres putatifs. Cela fait, j'abordai l'examen du problème à l'aide exclusif des moyens fournis par l'anthropologie, et soutenu par les conseils et les communications de savants tels que Messieurs Ed. Lartet, Pruner-Bey, Charles Martins, Ed. Collomb, etc. Vint ensuite le tour de la philologie, pour laquelle je mis à profit les bons avis d'un savant euskarisant,

Monsieur le Chanoine Inchauspe, et ceux de quatre romanistes éminents Messieurs Noulet, Paul Meyer, Gaston Paris et Léonce Couture.

Cette besogne finie, je repris à nouveau l'étude du système de Humboldt sur l'explication de l'ancienne toponymie de l'Espagne par le basque actuel, et ce second travail ne ramena pas la confiance dans mon esprit. L'examen des procédés de lecture et d'interprétation des légendes des monnaies dites ibériennes, dont la Numismatique ibérienne est de Monsieur Boudard la plus récente et la plus haute expression ne m'arrêta pas si longtemps; et je suis encore à me demander comment ce système a pu obtenir le succès dont il jouit encore. Je dois en dire autant des parties des tomes II et IV de l'Histoire du droit français, où feu Monsieur Laferrière traite de l'ancien droit euskarien, et des travaux de quelques-uns de ses disciples sur le même sujet. On me permettra d'ajouter que, sur ce point, mes idées ont reçu l'approbation de l'Académie de Législation de Toulouse, qui a décerné la médaille d'or, au concours de 1868, à un travail encore inédit, où se trouve insérée la critique des théories de Monsieur Laferrière et de son école sur l'ancien droit basque. La série de ces investigations spéciales et distinctes, se termina par une étude sur l'authenticité des prétendus chants héroïques des Euskariens. Ces poèmes sont au nombre de trois : le Chant des Cantabres, le Chant d'Altabiscar et le Chant d'Annibal. J'ai prouvé, dans ma Dissertation sur les chants héroïques des Basques, imprimée en 1866, le caractère apocryphe de ces trois pièces, dont la première avait été acceptée comme authentique par Guillaume de Humboldt, et j'ai eu le bonheur de voir mes conclusions acceptées par la critique française et étrangère. Cette approbation a été néanmoins tempérée par quelques objections de détail, qui ne compromettent en rien mon argumentation principale, mais dont j'ai été le premier à reconnaître la justesse et la justice, et dont j'ai tâché de tirer profit dans cet ouvrage.

Telles sont les étapes par lesquelles je suis passé, et que mes lecteurs doivent franchir aussi, avant d'arriver aux conclusions qui tendent, non pas à résoudre, mais à restreindre le problème de l'origine des Basques, que d'autres pourront circonscrire plus tard dans un cercle encore plus étroit.

Ces explications suffiront, je l'espère, à convaincre le public de l'entière liberté d'esprit et d'intérêt qui a présidé à ces recherches, et de ma volonté bien arrêtée de ne jamais étendre jusqu'à des théories que je ne puis accepter, le respect, parfois mêlé de reconnaissance, que je dois à la personne des savants qui les professent. Mon livre, j'aurais mauvaise grâce à le nier, est en opposition avec les idées dominantes, et principalement dirigé contre le système de Humboldt et de ses disciples, dont plusieurs occupent en France, dans la science officielle et ailleurs, de hautes situations. Cela ne veut pas dire assurément que je m'attends de la part de ces derniers à des attaques extra-scientifiques. Je dois convenir néanmoins que j'aspire surtout à être jugé par la nouvelle génération d'érudits qui se trouve dégagée, envers la mémoire de Humboldt, de tous les devoirs qui ne résultent pas de l'admiration raisonnée. Ces érudits m'ont déjà prouvé plus d'une fois, par leurs censures et par leurs éloges, l'indépendance de leur critique; et s'ils condamnent mon entreprise, je pourrai du moins me consoler, en songeant que j'aurai contribué, par mon insuccès même, à l'affermissement de la vérité.

J.-F. B.

Toulouse, ce 2 novembre 1869, jour de la Fête des Morts.

PREMIÈRE PARTIE.

HISTORIQUE ET POSITION DU PROBLÈME.

ÉTUDES
SUR
L'ORIGINE DES BASQUES.

PREMIÈRE PARTIE.

HISTORIQUE ET POSITION DU PROBLÈME.

CHAPITRE PREMIER.

LES VASCONS ET LES BASQUES TRANSPYRÉNÉENS.

§ I.

On désigne sous le nom de Basques, les populations établies sur les deux versants des Pyrénées occidentales, et parlant une langue particulière, qu'elles appellent elles-mêmes *escuara*, *eskuara* et *uskara*. Cette langue est profondément distincte des idiomes romans usités chez les habitants des pays voisins, c'est-à-dire de l'espagnol, et des divers patois issus du gascon, qui est un dialecte du provençal. Les Basques s'appellent entre eux *Escualdunac*.

Ce peuple se rattache historiquement aux Vascons, par des liens dont les annalistes du nord de l'Espagne et du sud-ouest de la France n'ont pas suffisamment apprécié la valeur et l'importance. Pour échapper au même reproche, je suis donc tenu de consacrer aux destinées des Vascons et des Basques une étude suffisante ; mais je dois auparavant déterminer le territoire occupé par les Vascons dans l'antiquité.

Ce territoire englobait, non seulement le pays qui correspond à la Navarre espagnole, mais encore les villes de Calagurris (Calahorra) et de Gracuris (non loin d'Alfaro), sur la rive gauche de l'Èbre, et du côté du midi, le pays qui devint plus tard le comté d'Aragon. Vers le nord, il atteignait la mer cantabrique, dans cette portion de la province actuelle de Guipuzcoa où se trouve Fontarabie. Strabon donne en effet aux Vascons la ville de Pampelune, et celle d'Œaso (1) qui paraît correspondre à Fontarabie. « Là, dit-il, commencent les frontières de l'Aquitaine et de l'Ibérie; » et il ajoute, deux lignes plus bas : « Au-dessus de la Iaccétanie, vers le nord, habitent les Vascons, chez lesquels se trouve la ville de Pampelune. » Dans un autre passage, le même auteur, confirmé par Ptolémée, attribue aux Vascons la ville de Calahorra, et à ces deux témoignages vient s'ajouter celui de Juvénal, dans sa quinzième satire. Du côté du nord, Ptolémée place sur le territoire des Vascons (2) les bouches du petit fleuve Manlascus, et par là il sert encore de garant à Strabon, qui étend jusqu'à l'Océan le domaine de ce peuple. Quant à ce qui a trait au pays qui devint plus tard le comté d'Aragon, la chose est aussi certaine, car Ptolémée compte la ville de Iacca (Jaca) parmi celles des Vascons (2). Il ne faut pas confondre, comme quelques-uns l'ont fait, les Iaccétans ou habitants de Jaca, avec un autre peuple nommé les Iacétans, ou mieux les

---

(1) Ἐπὶ τῷ ὠκεανῷ Οὐάσκωνας τοὺς κατὰ Πομπέλωνα καὶ τὴν ἐπ' αὐτῷ τῷ ὠκεανῷ Οἴασῶνα πόλιν,..... πρὸς αὐτὰ τὰ τῆς Ἀκουιτανίας ὅρια καὶ τῆς Ἰβηρίας... ὑπέρκειται δὲ τῆς Ἰακκητανίας πρὸς ἄρκτον τὸ τῶν Οὐασκώνων ἔθνος, ἐν ᾧ πόλις Πομπέλων. Strab., Géogr., lib III, cap. 4.

(2) Ptolém., Géogr., lib. — Oihénart, Notit. utr. Vascon., p. 23, cite pourtant un manuscrit de Ptolémée, conservé à la Bibliothèque royale, où les bouches de Manlascus sont attribuées aux Vardules.

Lacétans (1), établis beaucoup plus au sud-ouest, du côté d'Ilerda (Lérida), à peu près où finit aujourd'hui l'Aragon, et où commence la Catalogne. Au reste, les Lacétans étaient séparés des Vascons par les Ilergètes, et nous avons aussi, sur ce point, les textes formels de Ptolémée, de Strabon et de Tite-Live. Outre les villes déjà nommées, Ptolémée attribue encore aux Vascons celles de Pampelune, Iturissa, Bituris, Andelusium, Nementurissa, Curnonium, Bascontum, Ergavia, Tarraga, Muscaria, Setia et Alavona. Oïhénart a démontré, contre divers commentateurs des géographes anciens, que l'emplacement d'Iturissa doit être cherché dans le pays de Baztan, non loin du bourg actuel de San-Esteban de Lerins, et non dans la partie méridionale du territoire des Vascons, ou à Toloseta, dans la province de Guipuzcoa (2).

Voilà quel était, au commencement des temps historiques de l'Espagne, le domaine des Vascons. J'ai maintenant à m'occuper des peuples limitrophes.

Du côté du levant, les Vascons confinaient aux Ilergètes, dont ils n'étaient séparés que par la rivière du Gallegus (Gallego), qui avait sur sa rive droite les villes de Gallicum et de Forum Gallorum. Ces noms de lieux suffiraient déjà à démontrer que les Ilergètes étaient un peuple celtique ; mais je compte ne pas m'en tenir à la toponymie, et, quand le moment sera venu, j'espère prouver, à l'aide exclusif des documents historiques, que les autres peuples de la Celtibérie avaient la même origine que les Ilergètes.

Au midi des Vascons se trouvaient les Bérons, dont Strabon affirme positivement la provenance celtique (3), et au

(1) Ptolémée et Strabon les appellent les Iacétans, et César, Tite-Live et Pline les Lacétans. Cette dernière orthographe est aussi adoptée par l'annotateur de César, Fulvius Ursinus, *Comment.*, lib. I, *De Bell. civil.*

(2) Oïhén., *Not. utr. Vasc.*, p. 24-25.

(3) Βήρωνες, Καντάβρων ὅμοροι τοῖς Κονίσκοις, καὶ αὐτοὶ τοῦ Κελτικοῦ στόλου γεγονότες. Strab., *Géog.*, lib. III, cap. 4. Les Bérons occupaient le pays

couchant se trouvaient les faibles et obscures peuplades des Vardules, des Autrigons et des Caristes. Ptolémée, dans sa description de l'Espagne septentrionale, place les Autrigons au couchant du pays des Cantabres, peuple de race celtique (1).

qui correspond à la province actuelle de Rioja. Strabon dit, dans un autre passage du même livre : « Les Celtes, qu'on nomme aujourd'hui Celtibériens et Bérons. »

(1) L'origine celtique des Cantabres est attestée par le passage de Strabon transcrit dans la note qui précède. L'abréviateur de Dion Cassius, XIPHILIN, *Epit. Rom. hist.*, lib. LIII, dit « qu'Auguste fit soumettre par ses lieutenants Terentius Varro et Titus Carisius, les Astures et les Cantabres, peuples celtiques. » En dehors de ces assertions formelles, les géographes anciens et particulièrement Strabon, nous révèlent, chez les Cantabres, certaines particularités de mœurs qui se retrouvent chez les peuplades celtiques et scythiques. Ainsi, l'usage adopté par les maris Cantabres de se mettre au lit et de se faire soigner par leurs femmes, après que celles-ci venaient d'accoucher, existait aussi, suivant Diodore de Sicile (*Bibl. hist.*, lib. V), chez les anciens habitants de la Corse. Cette île avait reçu de bonne heure des hommes de la même race que celle qui occupait la Cantabrie. Sénèque nous atteste, en effet (*Consol. ad Helviam*), que les habitants de cette île portaient des chaussures et des bonnets semblables à ceux des Cantabres, et qu'ils avaient même retenu quelques mots de la langue de ces derniers. La coutume bizarre adoptée par les maris Cantabres se retrouve, d'après Apollonius de Rhodes (*Argonaut.*, lib. II) et Valérius Flaccus (*Argonaut.*, lib. V) chez les Tibari, peuples qui habitaient les bords du Pont-Euxin, et qui, d'après le scoliaste d'Apollonius, étaient de race scythique. Je crois devoir rappeler en passant, que cette coutume existe chez les Caraïbes et quelques autres peuplades sauvages de l'Amérique. Autre ressemblance de mœurs. Ptolémée attribue aux Cantabres la ville de Concana, dont les habitants buvaient le sang des chevaux, ce qui se retrouve chez les anciens peuples de race scythique ou sarmatique.

> Visam Britannos, hospitibus feros,
> Et lætum equino sanguine Concanum.
> HORAT., lib. III. *Od.* 4.

> Non quæ Dardanios vidit Ilerda furores
> Nec qui, Massageten monstrans feritate parentem.
> Cornipedis fusô satiaris, Concane, venâ.
> SIL. ITALIC. *Punic.*, lib. III.

Ces raisons historiques suffisent à mettre hors de doute l'origine celtique des Cantabres, sans recourir aux arguments beaucoup moins convaincants que Humboldt (*Urbew. Hisp.*, etc., p. 122) et M. Boudard (*Numismat. ibér.*, p. 257) tirent de la toponymie.

Viennent ensuite les Caristes, et enfin les Vardules, que ce géographe fixe sur les confins de la Gaule. Pline et Pomponius Méla paraissent englober, sous le nom de Vardules, les Autrigons et les Caristes. Tout le monde sait, en effet, que le petit fleuve de la Deva arrose la province actuelle de Guipuzcoa. Ptolémée place l'embouchure de ce fleuve chez les Caristes (1), et Pomponius Méla nous apprend que Tritium Tubolicum (Mondragon d'après H. Coquus), ville des Vardules, était située sur les bords de ce cours d'eau (2). Ptolémée nous enseigne aussi que l'embouchure du petit fleuve de la Nesva ou Nerva (on le trouve écrit de ces deux façons) est situé sur les frontières des Autrigons (3), et Pomponius Méla ajoute que la Nerva descend vers la mer à travers les territoires des Autrigons et des Origevions (4). Florian Ocampo, Andrès de Poça, Jacobus Gastaldus, Garibay, Joseph Molet, Tarapha, Moralès, Oihénart et le P. J. de Moret, reconnaissent unanimement que la Nesva correspond au cours d'eau qui passe maintenant à Bilbao et à Portugalete, villes de la Biscaye, et qui tombe bientôt après dans la mer. Les mêmes auteurs conviennent aussi que Flaviobriga, que Ptolémée donne aux Autrigons et Pline aux Vardules, se trouvait dans le pays qui devint plus tard la Biscaye, là où existe aujourd'hui la ville de Bilbao ou celle de Vermeo.

Le pays des Vardules (Bardyètes et Bardyales de Strabon) et celui des Caristes s'étendaient, du côté du midi et du couchant, au-delà des limites actuelles de la province d'Alava. En effet, Ptolémée nous apprend que les villes de Tullonium et de Tritium Tubolicum, qui appartenaient aux Vardules, se trouvaient sous la même latitude que Pampelune. La partie

---

(1) Ptolém., *Géogr.*, lib. II, c. 4.
(2) Pomp. Mela, *De situ orbis*.
(3) Ptolém., *Géogr.*, lib. II, c. 4.
(4) Pomp. Mela, *De situ orbis*.

de l'itinéraire d'Antonin, relative aux pays compris entre Asturica (Astorga) et Bordeaux, nous informe en outre qu'entre Virovesca (dans le pays de Bureba) et Pampelune, on trouvait d'abord Vindeleia et Déobriga, villes des Autrigons, puis Beleia et Suissatium (1), cités des Caristes, et enfin Tullonium et Alba, qui appartenaient aux Vardules. Ces deux dernières villes n'étaient qu'à quarante-sept mille pas de Pampelune, c'est-à-dire à moins de deux lieues. Il résulte clairement de là que les villes de San-Vincente et de Laguardia se trouvent sur l'ancien territoire des Vardules, ou tout au moins sur celui des Caristes, qui étaient séparés des Cantabres par les Autrigons (Allotriges de Strabon), lesquels occupaient un assez vaste territoire sur les deux rives de l'Èbre. Or, l'emplacement de la ville actuelle, Virovesca, qui appartenait à ces derniers, se trouve situé à cinquante mille pas environ de la limite occidentale de la province d'Alava. Si de Virovesca on se dirige vers l'ancien pays des Cantabres, on rencontre d'abord, à onze mille pas, Tritium, ville que Pline donne aux Vardules et qu'il faut soigneusement distinguer, malgré l'opinion contraire de Curita, de Tritium Tubollicum, autre ville située également chez les Vardules, et que Pomponius Méla et Ptolémée placent aux bords de la Deva (2).

Les témoignages formels de Strabon et de Ptolémée, ne permettent pas de croire que le territoire des anciens Cantabres se soit étendu jusqu'à la province actuelle de Rioja. Il résulte, en effet, d'un passage de Strabon déjà cité, que les Cantabres Conisques confinaient directement aux Bèrons. Ce géographe affirme aussi qu'en tirant vers le midi, ces derniers

---

(1) Curita affirme avec raison que le Suissatium de l'Itinéraire d'Antonin est le même que le Suessatium de Ptolémée.

(2) Ptolémée fait aussi mention d'une ville appelée Tritium Metallum, et située dans le pays des Bèrons.

se trouvaient immédiatement au-dessous des Autrigons (1). Moralès croit que Varia, qui appartenait aux Bérons et était située sur l'Ebre, correspond à la ville actuelle de Logroño; mais j'aime mieux croire Garibay et Çurita, qui la retrouvent dans le bourg de Varea, situé à peu de distance de Logroño. Sampiro, Roderic de Tolède, Lucas de Tuy, et quelques historiens de la Navarre, affirment que Tritium Metallum, autre ville des Bérons, se retrouve dans Vaiara; mais ici encore, Çurita me semble mieux inspiré quand, dans ses notes sur l'Itinéraire d'Antonin, il indique, à peu de distance de Vaiara, un bourg du même nom que celui de Tritium. Les trois villes de Logroño, Varea et Naiara sont situées dans la province actuelle de Rioia, qui possède aussi les bourgs et les campagnes dans la direction de Bureba. Il est donc démontré que la frontière des Cantabres s'arrêtait à plusieurs milles des provinces actuelles d'Alava et de Rioia (2).

On voudra bien excuser mon insistance sur les Cantabres, les Caristes, les Autrigons et les Vardules; mais je tenais à limiter de mon mieux les Vascons à l'Occident, et à prouver qu'ils étaient séparés par les trois derniers peuples que je viens de nommer, des Cantabres avec lesquels on les a trop souvent confondus. Je ferai connaître plus bas les causes et les dates de cette confusion. En attendant, j'espère avoir convaincu ceux qui auront suivi ma discussion avec des cartes de l'Espagne ancienne et moderne sous les yeux, que les provinces actuelles de Guipuzcoa et d'Alava étaient, primitivement, le patrimoine

---

(1) Strab., *Geog.*, lib. III, cap. 4.
(2) C'est à tort que Florian Ocampo, suivi par Garibay, Sandoval et plusieurs autres historiens placent sur l'Ebre, non loin de Logroño, la ville de Cantabria, qui, d'après eux, aurait été la capitale des Cantabres, et dont ils affirment que les restes subsistaient encore, de leur temps, au sommet d'une haute colline. Aucun historien de l'antiquité ou du moyen-âge ne fait mention de cette ville, et il n'existe aucun texte qui prouve que la ville de Logroño fût située sur les frontières des Bérons et des Vascons.

des Caristes et des Vardules, et que les Autrigons étaient maîtres des territoires qui devinrent depuis la Biscaye et le pays de Bureba. J'espère avoir aussi démontré que les Bérons étaient cantonnés dans la région nommée depuis Rioja.

A quelle race appartenaient les trois petits peuples établis au couchant du pays des Vascons, et qui les séparaient des Cantabres? Les historiens ne nous ont laissé sur ce point aucun témoignage; mais les noms de lieux, de Tullonium, de Tullica, de Segontia, de Deva, etc., prouveraient, d'après le baron Roget de Belloguet, une origine celtique (1). Je ne saurais néanmoins partager ici l'avis de l'auteur de l'*Ethnogénie gauloise*, et je crois que les inductions légitimes, tirées des textes anciens, doivent prévaloir sur les conjectures, si souvent trompeuses, fondées sur la toponymie.

Pline affirme, en effet, à deux reprises (2), qu'après avoir traversé les Pyrénées, on entrait en Espagne par les forêts des Vascons. Quant à Ptolémée, il place comme les autres géographes, les Autrigons, les Caristes et les Vardules, qui se subdivisaient eux-mêmes en plusieurs petites peuplades. Néanmoins, il donne aux Vascons maritimes l'embouchure du fleuve Manlascus (baie de Fontarabie), la ville d'Œaso (3), actuellement représentée par Saint-Sébastien, et le promontoire nommé aussi Œaso, lequel n'est autre que le cap Machicaco, situé à quatre lieues à l'est de la rivière de Bilbao (4).

Ainsi, quand il place les Vascons maritimes depuis Bilbao jusqu'aux Pyrénées, Ptolémée fait entrer dans la grande famille de ces peuples les Autrigons, les Caristes et les Vardules. D'ailleurs, ce géographe n'est pas le seul dont on puisse invoquer le témoignage, et Strabon termine ainsi la description

---

(1) Baron Roget de Belloguet, *Ethnogénie gaul.*, p. 222.
(2) Plin., *Hist. nat.*, lib. III, c. 4; lib. IV, c. 20.
(3) Ptolem., *Géog.*, lib. II, c. 6.
(4) *Carte de l'Hispanie*, par Brué; Graslin, *De l'Ibérie*, p. 237-39.

des mœurs de quelques peuples barbares de la Péninsule : « Telle était la vie des montagnards, de ceux qui habitent l'extrémité septentrionale de l'Ibérie, des Callaïques, des Astures, des Cantabres et des Vascons, jusqu'aux Pyrénées. » Cet écrivain distingue donc nettement les peuplades en question, et ne signale pas, entre les Pyrénées et les Callaïques, d'autres nations que les Astures, les Cantabres et les Vascons. Ce passage, rapproché de quelques autres du même auteur, prouve à suffisance qu'il ne reconnaissait, entre les Cantabres et les Pyrénées, que la grande famille des peuples Vascons.

Le baron Roget de Belloguet me paraît donc dans l'erreur au sujet de l'origine des Autrigons, des Caristes et des Vardules ; mais je reconnais volontiers, avec Mayans y Siscar, qu'il est impossible de tracer exactement les limites des Cantabres et des Vascons. Néanmoins, ces limites ne devaient pas s'écarter beaucoup de Verea Sueca (baie de Santoña), car il y a contradiction au sujet de ce port, et Ptolémée l'attribue aux Vascons, tandis que Pline le donne aux Cantabres.

La frontière septentrionale du pays des Vascons est beaucoup plus facile à déterminer que la précédente, et j'ai cité tout à l'heure un texte de Pline, confirmé par Strabon, qui prouve que cette contrée était séparée par la chaîne des Pyrénées, de l'Aquitaine, dont le lecteur me permettra d'esquisser l'ethnologie.

César partage la Gaule en trois peuples, différents de mœurs, d'institutions et de lois : les Belges, les Aquitains et les Celtes ou Gaulois(1). Les Aquitains, dit Strabon, différaient, par la langue et par le type, de la race celtique, et se rapprochaient davantage des populations de l'Ibérie. On a beaucoup

---

(1) Gallia est omnis divisa in tres partes : quarum unam incolunt Belgæ ; aliam Aquitani, tertiam qui ipsorum lingua Celtæ, nostra Galli appellantur. Hi omnes lingua, institutis, legibus, inter se differunt. Cæs. *De Bell. gall.*, lib. I, c. 1.

torturé les deux textes que je crois devoir citer dans l'original (1), pour prouver qu'il existait entre les Aquitains et les Ibères, de nombreux rapports ethnologiques et philologiques ; mais le géographe grec se contente de nous affirmer, par deux fois, que ces rapports étaient plus nombreux (μᾶλλον) entre Espagnols et Aquitains, qu'entre Aquitains et Gaulois. Cette comparaison est évidemment à l'avantage des anciennes populations de l'Espagne. Cependant, elle constate, en même temps, entre les dernières et les Aquitains, des dissemblances suffisantes pour empêcher Strabon de conclure à leur identité, et pour condamner les auteurs modernes qui ont voulu étendre le sens et la portée de ses paroles au delà de leur signification véritable.

Toutes les autres données de la géographie ancienne constatent, d'ailleurs, que la primitive Aquitaine comprenait des peuples d'origine diverse. Les Nitiobriges appartenaient à la race celtique, et tout porte à croire que ce peuple était établi sur les deux rives de la Garonne, de façon à occuper le territoire qui correspond au premier diocèse d'Agen. Ce diocèse subit un démembrement en 1317, époque où le pape Jean XXII en détacha toute la partie située sur la rive gauche du fleuve, pour la soumettre au nouveau siége épiscopal de Condom (2). Or, on sait, qu'en général les territoires des premiers diocèses furent calqués sur ceux des *civitates* romaines, et que ces derniers correspondaient d'ordinaire aux divers domaines des peuplades de la Gaule indépendante. Il est donc extrêmement probable, sinon certain, que les Nitiobriges occupaient les deux rives de la Garonne.

---

(1) Τοὺς Ἀκυιτανοὺς τελέως ἐξηλλαγμένους οὐ τῇ γλώττῃ μόνον, ἀλλὰ καὶ τοῖς σώμασιν, ἐμφερεῖς Ἴβηρσι μᾶλλον ἢ Γαλάταις. — Διαφέρουσι τοῦ γαλατικοῦ φύλου κατά τε τὴν τῶν σωμάτων κατασκευὴν, καὶ κατὰ τὴν γλῶτταν · ἐοίκασι δὲ μᾶλλον Ἴβηρσιν. Strab. *Geog*. lib. IV.

(2) Gal. Christ., t. II, *Eccl. Agennens.*; *Eccl. Condomiens.*

La chose n'est pas douteuse pour les Bituriges-Vivisques, dont le pays est représenté par le Bordelais, et le témoignage formel de Strabon ne permet pas de relier cette tribu à la race aquitanique (1). Ce peuple est généralement rattaché au rameau kymrique, de même que les Boïens (2), ou habitants du pays de Buch (*pagus Bogensis*), dont ils exploitaient les pins sous la domination romaine (3). On s'accorde généralement à voir dans ces derniers un essaim de cette grande peuplade Boïenne, qui envoya des colonies dans la Lyonnaise, en Italie, en Germanie, et peut-être en Galatie.

On rattache généralement au même rameau les Volks, qui se seraient établis dans le midi de la Gaule, au viie siècle avant notre ère. A cette nation appartiennent les Volks Tectosages, qui ont incontestablement occupé, sur la rive gauche de la Garonne, un territoire sur l'étendue duquel on n'est pas tout-à-fait d'accord. Le baron de Belloguet veut même que ces Tectosages aient envoyé des colonies dans l'intérieur de l'Aquitaine (4).

(1) Μόνον γὰρ δὴ τὸ τῶν Βιτουρίγων τούτων ἔθνος ἐν τοῖς Ἀκουϊτανοῖς ἀλλόφυλον ὁρᾶται, καὶ οὐ συντελεῖ αὐτοῖς. Strab. *Geog.* lib. IV. Certains auteurs ont supposé qu'au viie siècle avant notre ère la tribu kymrique des Bituriges-Cubes, établie sur le territoire de Bourges, aurait détaché les Bituriges-Vivisci ou Iosci, pour aller fonder Bordeaux.

(2) V. notamment Lagneau, *Ethnologie de la France*, dans le t. II du *Bulletin de la Société d'Anthropologie*.

(3)   Qua regione habites placeat retinere nitentem
    Burdigalam, et piceos malis describere Boios
        Paulin. *Epist. ad Auson.*

Les habitants du pays de Buch sont appelés *Bouges* en gascon, et se distinguent des *Cousiots*, dans lesquels certains auteurs prétendent retrouver les descendants des *Cocosates*. V. Walkenaer, *Géogr. des Gaules*, t. I, p. 303.

(4) Ce savant leur attribue « particulièrement ce qui reste d'éléments septentrionaux chez les Béarnais et les Souletins. Nous voyons, dès le temps de Pline, des noms d'apparence celtique s'approcher des Pyrénées et pénétrer même dans leurs vallées, que des colonies gauloises contribuèrent

— 14 —

Le lecteur me pardonnera, je l'espère, cette longue dissertation sur la géographie historique des Vascons, et sur celle des peuples voisins. Il en résulte, je crois, assez clairement, que, dans l'antiquité, les Vascons n'avaient pas encore franchi les Pyrénées pour s'établir en Aquitaine, et qu'ils étaient cernés de toutes parts par des populations celtiques ou aquitaines, ce qui est déjà une grave présomption contre la pureté de leur race. Il s'agit maintenant d'étudier, à l'aide exclusif des documents historiques, les destinées de ce peuple de l'autre côté des Pyrénées, jusqu'à l'établissement de la féodalité.

§ II.

Les Vascons apparaissent, pour la première fois dans l'histoire, à l'époque de la seconde guerre punique. Dans son poème, Silius Italicus nous les montre servant dans l'armée d'Annibal après la prise de Sagonte (1), et assistant aux batailles de

probablement à défricher ; car il en est dont l'occupation tardive nous est attestée par quelques-uns mêmes des noms basques que portent ces cantons, entre autres celui de Soule (en latin *Subola*), qui signifie forêt. Ainsi, les Tornates s'établirent à Tournay en Bigorre, et les Camponi dans la vallée de Campan. Walkenaër veut même que les Pempedunni aient gravi jusqu'au port de Pinède, l'un des plus élevés des Hautes-Pyrénées, ce qui me paraît fort peu vraisemblable. Je trouve un rapport bien plus positivement marqué entre la signification positivement celtique de leur nom, les cinq montagnes ou les cinq villes, et celui de Las *cinco villas de Navarra* que porte le canton espagnol qu'arrose la Bidassoa, avant de marquer la frontière de notre pays..... Les cinq *villas* faisaient partie des Gaules ; toutefois, je ne pense pas que les Pempedunni se fussent, dès le temps de Pline, avancés jusques-là. Mais il place réellement au pied des Pyrénées les Belendi, ou plutôt Belini, d'après les médailles qu'on leur attribue. » Roget de Belloguet, *Ethnogénie gauloise*, p. 226-27. — Je prouverai plus bas que les Convenæ étaient de race celtique.

(1)   Nec Cerretani quondam Tyrinthia castra,
    Aut Vasco insuetus galeæ ferre arma morati.
            Sil. Italic., *Punic.*, lib. II.

Trasimène (1) et de Cannes (2). Il en parle aussi à propos de la mort du consul Paul (3). Partout il nous les présente unis aux Cantabres et il s'explique, sur les uns et les autres, comme sur deux peuples offrant des similitudes de race et de mœurs. Les Vascons combattaient alors sans casque, et le poète revient souvent sur cette particularité.

Le P. de Moret veut que ces rapports entre les Vascons et le général Carthaginois, soient confirmés par un passage de Pline, relatif à la mine d'or de Bebelo, fouillée par Annibal, en Aquitaine (4). L'historien navarrais place cette mine dans le val de Baztan, et prétend qu'il existait encore, de son temps, des vestiges d'une antique exploitation (5).

Oihénart suppose que l'alliance entre les Carthaginois et les Vascons ne dura pas longtemps, et que ces derniers tombèrent bientôt, comme les autres peuplades de l'Espagne intérieure, sous la domination des Romains (6). Cette conjecture repose sur un passage de Tite-Live, où il est dit que Cnæus Scipion,

(1)   Cantaber, et galea contempto tegmine Vasco.
                    Id. Ibid., lib. V.

(2)   Cantaber ante alios, nec tectus tempora Vasco.
                    Id. Ibid., lib. IX.

(3)   Ac juvenem quem Vasculevis, quem spicul densus
        Cantaber urgebat, lethalibus eripit armis.
                  Id. Ibid., lib. X.

(4) Mirum adhuc per Hispanias ab Annibale inchoatos puteos durare, sua ab inventoribus nomina habentes. Ex queis Bebelo appellatur hodieque; qui ccc. pondo Annibali subministravit in dies, ad mille quingentos jam passus cavato monte, per quod spatium Aquitani stantes diebus noctibusque, egerunt aquas lucernarum mensura, amnemque faciunt. Plin., lib. XXXIII, cap. 6.

(5) Y de este pozo oy dia se vèn rastros en el Valle de Baztàn, en uno cerrado con grandes peñascos..... Oy dia se sacan entre las arenas algunos pocos granos de oro, por resquicios, que ha abierto la codicia. La cercania con la Aquitania ayuda à creèr, es el, de que celebra Plinio se aprovechò Annibal. J. de Moret, Investigaciones historicas de las antiguedades del Reyno de Navarra, p. 141-42.

(6) Oihénart, Not. utr. Vascon., p. 26-27.

ayant débarqué à Emporium, avec son armée, soumit aux Romains, par des alliances renouvelées ou nouvelles, toute la contrée qui s'étend depuis le pays des Lacétans jusqu'à l'Èbre. La réputation de clémence de Scipion lui servit également auprès des peuples du littoral, et auprès des nations plus barbares, qui habitaient l'intérieur des terres et les montagnes. Non seulement la paix fut faite avec ces dernières, mais une alliance fut préparée, et quelques solides cohortes furent levées chez ces nations (1). Tite-Live, dit Oïhénart, ne nomme que les Lacétans; mais, comme il y joint les autres tribus de l'intérieur et des montagnes, il est difficile d'admettre que ce passage ne s'applique pas aux Vascons, qui confinaient immédiatement aux Lacétans et étaient aussi voisins des Ilergètes. Sans doute, l'auteur des Décades n'affirme pas expressément que les Vascons contractèrent alliance avec les Romains, mais il le donne à entendre dans le livre premier des Décades, déjà cité. Scipion, dit-il, avait à peine quitté Tarragone, pour se retirer à Emporium, qu'Asdrubal parut et poussa à la défection les Ilergètes, qui avaient donné des otages, et ravagea, à la tête de la jeunesse de ce peuple, les campagnes des nations demeurées fidèles à l'alliance romaine (2).

L'hypothèse d'Oïhénart a été victorieusement réfutée par le P. Joseph de Moret, dont je tiens à résumer les arguments. Le premier passage de Tite-Live, dit-il, prouve bien que Cnæus Scipion fit alliance avec les Lacétans, ainsi qu'avec d'autres peuples situés plus à l'intérieur et plus éloignés du littoral de la Méditerranée. Mais l'historien invoqué par Oïhénart n'aurait certainement point passé sous silence un fait aussi mémorable que celui d'avoir gagné des alliés aux

(1) Tit.-Liv. lib. III, Décad. 3.
(2) Id. Ibid.

Romains jusque sur le littoral de l'Océan, dont les Vascons occupaient une partie. Les Lacétans n'étaient pas, comme le dit l'auteur de la *Notitia utriusque Vasconiæ*, les plus proches voisins des Vascons, dont ils étaient, au contraire, séparés par toute la région des Ilergètes et une partie de celle des Ausetans, ainsi qu'il appert du témoignage formel de Ptolémée. Tite-Live nous apprend que Scipion ne soumit que certaines peuplades du pays des Ilergètes; mais ces peuplades n'étaient pas nombreuses, et Scipion ne se fiait guère à elles, puisqu'il exigea des otages, ce qui n'empêcha pas la révolte, aussitôt que le vainqueur fut retourné de Tarragone à Emporium (1).

Oïhénart veut que les Vascons qui combattaient en Italie, dans l'armée d'Annibal, soient retournés dans leur pays. Cet auteur s'appuie encore ici sur un passage de Tite-Live, qui nous apprend qu'après la reprise de Sagonte, les généraux Romains engagèrent la jeunesse Celtibérienne aux mêmes conditions qu'elle avait obtenue des Carthaginois, et qu'ils envoyèrent aussi trois cents des plus nobles hommes de l'Espagne pour ramener leurs compatriotes qui servaient dans l'armée d'Annibal (2).

Quoi qu'il en soit, tout porte à croire que les Vascons firent alliance avec les Romains à l'époque du déclin de la puissance militaire d'Annibal en Italie (3). Rien ne prouve que

---

(1) Joseph de Moret, *Investigaciones historicas del Reyno de Navarra*, p. 142.

(2) Oïhénart, *Not. utr. Vasc.*, p. 27.

(3) Pour croire le contraire, il faudrait admettre que les quinze cents cavaliers Suessetans, qui étaient à la solde de Carthage et qui firent tête à l'armée romaine commandée par P. Scipion (père de l'Africain), jusqu'à l'arrivée des cavaliers de Massinissa, étaient des Vascons. Mais l'obscurité du récit de Tite-Live ne permet pas de l'affirmer, et les Suessetans, qui ne sont nommés ni dans Ptolémée, ni dans les autres géographes anciens, devaient faire partie d'un peuple plus important. Florian Ocampo les place à Sanguesa; le P. de Moret fait remarquer qu'à une lieue de là se trouve un bourg nommé Sos, et il insiste sur la ressemblance des noms.

les Vascons aient appuyé, en 196 avant Jésus-Christ, Mandonius et Indibilis, rois des Ilergètes et des Lacétans, dans leur lutte contre Scipion l'Africain. Le P. de Moret suppose qu'ils tinrent le parti des Romains, durant la guerre de Tibérius Sempronius Gracchus, préteur de l'Espagne citérieure, contre les Celtibériens (169, av. J.-C.), et qu'à cette occasion l'ancienne ville d'Ilurce, qui était sur le territoire Vascon, augmenta d'importance et changea son nom en celui de Gracuris (1). Pendant la guerre civile entre Marius et Sylla, ils soutinrent la cause de Marius.

Oïhénart veut encore (2) que, parmi tous les petits peuples du pays des Vascons, les habitants de Calahorra aient seuls appuyé la révolte de Sertorius, qui soutint un siège dans cette ville, 75 ans avant notre ère (3). On a peine à comprendre, dit avec raison le P. de Moret, comment un auteur aussi habituellement judicieux qu'Oïhénart, a pu avoir cette pensée. Les gens de Calahorra embrassèrent le parti de Sertorius, avec l'assentiment du conseil de la ville, et il est invraisemblable qu'en cette occasion ils se soient séparés des autres Vascons. Ce n'est pas tout. César nous atteste que, durant l'expédition de son lieutenant, P. Crassus, contre les Aquitains, ces derniers tirèrent de grands secours de troupes de l'Espagne citérieure. Ils mirent à leur tête des chefs qui avaient jadis combattu sous les ordres de Sertorius, et qui possédaient une grande science militaire (4). Orose nous apprend que Calahorra

---

(1) Joseph de Moret, *Investigaciones historicas del Reyno de Navarra*, p. 443.

(2) Oïhenart, *Not. utr. Vasc.*, p. 27.

(3) Obsessus deinde Calagorri Sertorius assiduis eruptionibus non leviora damna obsidentibus intulit. *Epit.* Liv. lib XCII. — Et ab obsidione Calagurris oppidi depulsos coegit diversas regiones petere, Metellum ulteriorem Hispaniam Pompeium Galliam. XCIII. Cf. Appian, *Bel. civil.*; Plutarch., *Vit. Sert.*, etc.

(4) Cæs., *De Bell. gallic.*, lib. III.

avait été prise et détruite, durant la révolte de Sertorius, par
Afranius, lieutenant de Métellus. Cette ville n'aurait donc pu
fournir plus tard à l'Aquitaine tous ces soldats et officiers,
qui ne pouvaient venir, pour la plus grande partie, que du
pays des Vascons. Tout porte à croire que, dans cette occasion, les armées romaines ne passèrent pas l'Èbre pour envahir
la partie principale du territoire des Vascons. Plutarque et
saint Jérôme nous affirment, en effet, que Pompée était
pressé de retourner à Rome pour y jouir des honneurs du
triomphe. Il dût, évidemment, obliger Métellus ou son lieutenant Afranius à suspendre la guerre contre les Vascons, et
à s'en tenir à la prise de Calahorra (1).

Durant la guerre civile entre César et Pompée, les Vascons
tinrent le parti de ce dernier (2). Sous Auguste, rien ne
prouve qu'ils aient participé à la révolte des Cantabres, et
plusieurs historiens récents ont été, sur ce point, induits en
erreur par un poème apocryphe intitulé le *Chant des
Cantabres*. Les Cantabres, dont j'ai établi plus haut l'origine
celtique, étaient devenus les alliés des Romains bien avant
l'époque d'Auguste, en même temps que les Vaccéens et quelques autres peuplades, et ils servaient dans les armées de
la république durant la guerre entre César et Pompée (3). De
concert avec les Astures, les Galiciens, les Lusitaniens, les
Celtibériens et les Vaccéens, les tribus cantabres tâchèrent de
reprendre leur indépendance sous Auguste (23 ans av. J.-C.),
qui vint lui-même à Sigesama pour comprimer la rébellion.
Un corps de troupes marcha contre les Astures et les Galiciens,
et un autre, commandé par Auguste lui-même, assisté de ses
lieutenants Emilius et Antistius, s'avança contre les Cantabres.
Dion Cassius, Suétone, Plutarque, Strabon et d'autres auteurs
anciens nous ont transmis divers épisodes de cette guerre,

(1) Joseph de Moret, *Investigaciones historicas*, p. 143.
(2) Florus, *Epit.*, lib. XLVIII.
(3) César, *De Bel. civil.*, lib. I.

que je n'ai pas à raconter en détail. Ce qu'il importe d'en
savoir, c'est que ce premier corps d'armée cerna les rebelles
dans les Asturies, sur le mont Médulius, qui domine le cours
du Minho. Les assiégés, au nombre de douze cents, s'empoi-
sonnèrent dans un festin pour échapper à l'ennemi. Un historien espagnol du v⁵ siècle après J.-C., Orose, raconte que
les Cantabres furent également investis, sur le mont Vinnius,
par l'armée d'Emilianus. Mais Orose a commis ici une grave
erreur, et renouvelé chez les Cantabres un événement qui ne
s'est passé qu'en Galice, où se trouve le mont Médulius, non
loin de la région connue sous le nom de *Tierra de Vierço*. Il
ne peut rester à cet égard aucun doute à ceux qui liront la
lumineuse dissertation d'Oïhénart, qui forme le chapitre quatrième de la *Notitia utriusque Vasconiæ*. Quant à l'expédition
en Cantabrie, Auguste, malade, se vit forcé d'en abandonner
la conduite à ses lieutenants Carisius et Caius Furnius.
Dion Cassius nous apprend que le petit nombre des habitants
qui tombèrent vivants au pouvoir des Romains, désespérant
de leur liberté et comptant leur vie pour rien, brûlèrent leurs
munitions et s'entretuèrent dans l'incendie (1). Florus confirme le récit de Dion Cassius, lequel ajoute un peu plus bas
qu'Agrippa, dans une nouvelle expédition, massacra la plupart
des Cantabres en état de porter les armes, désarma le reste,
et le transporta des montagnes dans la plaine.

Oïhénart croit que les vaincus furent cantonnés sur le territoire des Bérons et des Turmodiges, dans le pays qui devint
plus tard la province de Rioja. Ce pays, dit-il, dût prendre
alors le nom de Cantabrie, qu'il portait encore à l'époque de
l'occupation sarrazine. On le trouve, en effet, ainsi désigné
dans l'auteur de la *Vie de S. Emilien*, dans Roderic de Tolède,
Lucas de Tuy, et plusieurs autres annalistes espagnols.

---

(1) Dio Cass., lib. LIII.

Cet historien ajoute qu'après le massacre et l'expulsion des Cantabres, les Vascons s'emparèrent de leur pays, et qu'ils luttèrent contre les nouveaux maîtres avec des succès divers. Mais Oïhénart commet ici une erreur, et le P. de Moret a démontré que cette occupation n'a eu lieu que sous les Wisigoths (1).

J'en ai fini avec les Cantabres, que l'on confond très souvent, et bien à tort, avec les Vascons, et je reviens à ce peuple, dont il n'est plus question jusqu'à l'occupation de l'Espagne par les Wisigoths et les Suèves (2).

(1) Je crois utile de compléter les renseignements fournis dans cette notice, sur le domaine et l'histoire des anciens Cantabres, par quelques explications relatives à une autre acception beaucoup plus récente du même mot. Jove, Jules et Joseph Scaliger, de Thou, Ferron, Florian Ocampo, Pierre Martyr, Delrio, Mariana, et bon nombre d'autres écrivains désignent, sous le nom de Cantabres, les populations appelées *Basques* par les Français, et *Biscainos* ou *Vascongados* par les Espagnols. Ces populations parlent l'idiome euskarien. Cependant Florian Ocampo, Pierre Martyr, Mariana, et quelques autres annalistes espagnols, restreignent la dénomination de Cantabres aux Basques soumis à la domination des rois de Castille, c'est-à-dire aux habitants des provinces de Biscaye, Alava et Guipuzcoa. Moralès confond plus d'une fois la Cantabrie et la Biscaye (lib. VIII, cap. 53 ; lib XI, cap. 63). Lucas de Tuy, historien espagnol qui vivait vers 1230, entend par Cantabres les sujets des rois de Pampelune, désignés plus fréquemment sous le nom de Navarrais. J'ai prouvé que la région qui devint depuis le royaume de Navarre était absorbé en très grande partie dans le pays des Basques transpyrénéens. Lucas de Tuy appelle indifféremment les princes de cette contrée rois des Cantabres (*Cantabriensium*) ou de Cantabrie (*Cantabriæ*). Sandoval parait adopter cette désignation, dans son catalogue des évêques de Pampelune, car il fait de cette ville la métropole de la Cantabrie, qu'il circonscrit entre la chaine des Pyrénées, l'Èbre, et la rivière d'Aragon ou Gallicum, affluent de l'Èbre. Le lecteur voudra bien se souvenir de cette remarque importante, car elle explique comment une foule d'auteurs modernes ont été conduits à confondre, bien à tort, les Vascons et les Cantabres de l'antiquité. V. Oïhénart, *Not. utr. Vascon.*, p. 2-3.

(2) On ignore si les Vascons s'affranchirent de toute domination, lors de la chute de l'empire d'Occident, ou si Euric, roi des Wisigoths, les soumit, lorsqu'il marcha contre Pampelune et la province de Tarragone. Quelques historiens veulent qu'en 542, Chilpéric et Clotaire, rois des Franks, étant

A cette époque, nous trouvons les Vascons en guerre perpétuelle contre les nouveaux envahisseurs. Idace nous informe que vers 449, Rechiaire, roi des Suèves, qui avait épousé la fille de Théodoric, roi des Goths, ravagea une portion de la Vasconie (1). Vers 573, Léovigilde, roi des Wisigoths, marcha contre les Vascons pour les réduire à l'obéissance, et l'on peut induire de ces termes qu'ils étaient déjà soumis. Léovigilde exigeait de ses sujets des tributs exorbitants, et tout porte à croire que le peuple qu'il allait combattre s'était révolté en même temps que les habitants des montagnes d'Aregia et d'Orospeda. Le roi wisigoth vint mettre le siége devant Amaya (2), qu'il emporta de vive force, et dont il soumit le territoire (3).

Léovigilde eut à réprimer, entre 579 et 590, une autre révolte de Vascons qu'il réduisit facilement à l'obéissance. Ce fut alors qu'il bâtit, pour les contenir, la ville de Victoriac (4).

entrés en Espagne par Pampelune, pour aller assiéger Saragosse, se soient emparés de la Vasconie. Cette assertion n'est garantie par aucun témoignage. Il n'est pas facile non plus de dire si, après avoir été contraints de subir la domination des Goths, les Vascons la secouèrent durant l'interrègne de cinq mois qui eut lieu entre la mort d'Athanagilde et l'avènement de Liuba, comme d'autres contrées le firent, ou s'ils se soulevèrent sous Léovigilde, à l'occasion des mesures fiscales adoptées par ce prince.

(1) Rechiarius accepta in conjugium Theodoris regis filia, auspicatus initium regni, Vasconias deprædatur mense fabruario. IDAT., *Chron.*

(2) Certains auteurs mettent cette place entre Léon et Burgos, et d'autres en Biscaye, près d'Elgeta. Il en est même qui confondent Amaya avec Elgeta, qui, disent-ils, se nommait autrefois Maya.

(3) Leovigildus rex Cantabriam ingressus provinciæ pervasores interficit, Amayam occupat, opes eorum pervadit, et provinciam in suam redigit ditionem. JOANN. BICLARENS., *Chron. Goth.* — On trouve au chapitre 26 de la *Chron.* de saint BRAULION une Vie de saint Millan de la Cogolla, où il est dit que l'année qui précéda l'expédition de Léovigilde, saint Millan exhorta, au temps de Pâques, les Vascons à la conversion et à la pénitence, car le pays allait être ravagé en punition des crimes énormes des habitants.

(4) JOANN. BICLAR., *Chron. Goth.* Dans le tome II de son *Hist. d'Esp.*, p. 249, Ferreras conjecture, mais sans preuves, que cette révolte fut pro-

Isidore de Séville nous apprend que Récarède, fils de Léovigilde, qui régna de 573 à 601, eut souvent à réprimer les attaques des Romains impériaux et les irruptions des Vascons. Mais ces luttes ne paraissent avoir eu rien de bien sérieux (1). Le même auteur parle d'une expédition dirigée contre ce peuple par Gundemar (vers 610), qui ravagea leur pays (2). Le roi Sisebut en fit autant au commencement de son règne, c'est-à-dire vers 612 (3).

Vers 622, les Vascons, qui avaient déjà franchi les Pyrénées, envahirent la province de Tarragone et y commirent de grands ravages. Suinthila, roi des Wisigoths, rassembla aussitôt des troupes nombreuses et exercées, et marcha contre les pillards, qui n'osant affronter le combat, se soumirent à tout ce qu'on exigea d'eux (4).

voquée par l'attachement à la religion catholique persécutée par Léovigilde. Le roi wisigoth avait ordonné de substituer *Gloria Patri per Filium in Spiritu Sancto*, à *Gloria Patri et Filio et Spiritui Sancto*. Le chevalier d'Hermilly, traducteur de Ferreras, croit que le nom de la ville fondée par Léovigilde était *Victoriano* et non *Victoriac*. Victoriano est à trois lieues de Victoria, au pied de la montagne de Gorbeya. Victoria aurait été autrefois un bourg appelé Gastiez (province d'Alava), dont le roi Sanche VI le Fort aurait fait une place de guerre, et changé le nom en 1181. Ferreras, *Hist. d'Esp.*, t. II, p. 219. D'Hermilly suit à peu près ici le sentiment du P. de Moret. — Le vicomte de Belzunce, *Hist. des Basques*, t. II, p. 167 (ouvrage dont il faut très souvent se défier), affirme que les Vascons franchirent les Pyrénées et passèrent en Novempopulanie pour échapper à la vengeance de Léovigilde. Mais cette assertion n'est garantie par aucun témoignage historique.

(1) Sæpe etiam et lacertos contra Romanorum insolentias et irruptiones Vasconum movit. Unde non magis bella tractasse quam potius gentem, quasi in palestræ ludo, pro usu certaminis videtur exercuisse. Isid. Hispal., *Hist. de Regib. Gothor.*

(2) Hic Vascones una expeditione vastavit. *Id., Ibid.*

(3) *Chronic. moissacense.*

(4) Initio regni incursus Vasconum coarctavit qui Tarraconensem provinciam infestabant, etc. Roderic. Toletan. *De Reb. Hispan.*, lib. II, c. 18. Suinthila imposa aux Vascons, en réparation des ravages qu'ils avaient faits, la restitution du butin, et la fondation d'une ville nommée Oligito, destinée

Au commencement du règne de Receswinthe (650), un seigneur nommé Troia, qui avait lui-même brigué le titre de roi des Wisigoths, voulut appuyer ses prétentions par les armes. Il passa les Pyrénées, se rendit alors chez les Vascons de la Novempopulanie, et leva des bandes avec lesquelles il reparut bientôt en Espagne, mettant tout à feu et à sang, sans même épargner les femmes, les enfants, les clercs, les monastères et les églises. Receswinthe rassembla aussitôt des troupes et tomba sur les partisans de Troia. Le roi wisigoth paya la victoire assez cher, et les Vascons cispyrénéens qui échappèrent à la mort ou à la captivité retournèrent dans leur pays. Roderic de Tolède (1) veut que ce peuple ait repassé les monts pour venir ravager l'Espagne au début du règne de Wamba (673). Mais Roderic commet ici une erreur. Deux autres historiens nous apprennent que ces ravages furent exercés par les Vascons espagnols et coïncidèrent avec la révolte des Asturiens (2). Wamba châtia les envahisseurs et les révoltés, et marcha ensuite contre un seigneur nommé Paul, qui s'était proclamé roi dans la Gaule Narbonnaise (3).

à leur servir de barrière. Les uns veulent que cette ville soit Olite, en Navarre; d'autres croient que c'est Valladolid, et d'autres prétendent, avec Vasé, que c'est Fontarabie. Cf. Isidor. *Hist. Goth.*; Lucas Tudens. *Chron. mundi*, dans l'*Hispania illustrata* de Schott, t. IV. Oïhénart identifie Oligito et Olite, qui se nomme en basque Iriberri, c'est-à-dire ville neuve. *Not. utr. Vasc.*, p. 29.

(1) Un historien espagnol veut que cette irruption ait été annoncée par une éclipse. « Hujus temporibus eclipsim solis, stellis in meridiem visentibus omnibus, Hispaniam territat, atque incursationem Vasconum, non cum modico exercitus damno prospectat. Isid. Pacens *Chron.* Cf. Tajon. Episcop. Cæsaraugust. *Epist ad Quiric. Barcinon.* Cette épître a été publiée par Mabillon et par le cardinal d'Aguirre.

(2) Gloriosus rex Bamba Vascones rebellantes debellaturos in partibus Cantabriæ morabatur. Julian. Toletan. — Prius Vascones feroces in finibus Cantabriæ perdomuit. *Chron. Emilian. in Bamba.*

(3) Je crois devoir compléter cette histoire des Vascons transpyrénéens, par quelques mots sur les accroissements qu'ils apportèrent en Espagne, à leur

A partir de 673, il n'est plus question des Vascons transpyrénéens jusqu'à la chute de la monarchie wisigothique et à l'occupation sarrazine. Nous voilà donc transportés au commencement du régime féodal, et nous trouvons alors les Vascons et les Basques transpyrénéens cantonnés dans la Navarre, le territoire de Jaca, l'Alava, le Guipuzcoa et la Biscaye. Désormais les renseignements historiques deviennent assez nombreux et assez précis pour occuper une assez large place dans des œuvres d'ensemble comme celles de Moralès, Mariana et Ferreras, et même pour motiver les publications spéciales et très-inégalement méritoires d'Andrès de Poça, Çurita, Blanca, Briz Martinez, Oïhénart, Florez, le P. de Moret, Llorente, Zamacola, le vicomte de Belzunce, etc, etc. On comprend de reste, que je n'ai point à résumer ces travaux qui portent, en général, sur une période relativement récente et étrangère à mon sujet. Néanmoins, je crois utile de consacrer le troisième paragraphe de ce chapitre à l'étude rapide des origines et de la géographie historique des diverses provinces comprises dans le domaine des Basques espagnols.

domaine primitif, pendant la domination des Goths. On sait que plusieurs rois de cette nation réprimèrent les incursions des Vascons, et allèrent les châtier jusques dans leur pays. Les Vascons occupèrent alors les territoires d'Alava et de Bureba, voisins de l'ancien pays des Vardules. En effet, pendant la domination sarrasine, la province d'Alava était désignée sous ce nom, et comprise dans le domaine des Basques espagnols. Mais l'Alava leur appartenait avant cette époque, car l'abbé de Valclara, qui écrivait sous Léovigilde, rapporte que ce roi occupa une partie de la Vasconie, et y bâtit la cité de Victoriac, représentée par la ville de Victoria, ou le bourg de Vitoriano, qui en est voisin (BICLARENS. *Chron.*). Il est vrai que Moralès dit qu'il s'agit, non pas de Léovigilde, mais du roi lombard Athanaric, qui aurait bâti en Italie la ville de Victoriac. Quand Moralès écrivait ainsi, il n'avait sous les yeux qu'un texte vicié, et son opinion ne saurait par conséquent prévaloir contre le sentiment de Vasé, de Diego Saavadera, d'Oïhénart et du P. de Moret. Le nom d'Alava vient très-probablement d'Alba, qui est la ville la plus importante du pays. Ces renseignements suffisent; mais les lecteurs qui en désirent de plus amples feront bien de consulter sur ce point la lumineuse dissertation du P. de MORET. *Investigaciones historicas de las antiguedades del reyno de Navarra*, lib. I, c. 3.

§ III.

On a beaucoup discuté sur les commencements du royaume de Navarre, et les meilleurs travaux publiés sur ce difficile problème sont, à coup sûr, ceux d'Oïhénart, du P. de Moret, de Ferreras et de son traducteur français, le chevalier d'Hermilly. Je ne crois pas, cependant, que la lumière soit faite, et j'espère trouver le temps de rédiger là-dessus une longue dissertation. En attendant, je me contente de copier, en tête du tome I, de l'*Histoire d'Espagne* de Ferreras (traduction d'Hermilly), la série des seigneurs et rois du pays, depuis Aznar jusqu'à Don Fortun, après lequel la question devient moins obscure

Comtes et Roi de Navarre.

831. Aznar, *seigneur de Navarre.* 836.
836. Sanche, *son frère.*
853. Garcie.   857.
857. Garcie, *son fils.*
880. Don Fortun, *Roi.*

La Navarre est bornée au levant par les Pyrénées, au midi par l'ancien comté d'Aragon, qu'il ne faut pas confondre avec le royaume du même nom, au couchant par l'Èbre et une partie du territoire de Turiaso, et au nord par les provinces d'Alava et de Guipuzcoa. Oïhénart fait venir le nom de Navarre de *naua*, qui signifie, en basque, plaine située au pied des montagnes, et de la postposition *tarra*, par contraction *arra*, qui caractérise la provenance, l'origine, la résidence (1). Le royaume de Navarre se divisait en six circonscriptions ou *merindades*, dont cinq étaient situées sur le versant méridional des Pyrénées, et une sur le versant nord (2). Cette dernière portait le nom de *Navarra deça-ports*, et je renvoie à en parler dans le chapitre suivant.

Les cinq merindades espagnoles étaient désignées par les noms de leurs chefs-lieux :

1° Merindad de Pampelune.   80,725
2° — d'Estella.   60,245
3° — de Tudela.   comprenant   40,852   familles.
4° — de Sanguessa..   60,001
5° — d'Olite (3).   30,962

La géographie détaillée de la Navarre espagnole m'entraînerait trop loin, et je dois me contenter de donner la liste des *buenas villas* de ce pays : Puente la Reyna, Viana, Mon-

---

(1) C'est le cas auquel le capitaine Duvoisin, *Etude sur la déclinaison basque*, donne le nom de *directif* : *Iruñetarra*, habitant de Pampelune, *menditarra*, montagnard, etc.

(2) Oïhénart, *Not. utr. Vasc.*, p. 74.

(3) J'emprunte à Oïhénart, *Not. utr. Vasc.*, p. 74-75, le nombre des familles par merindad, dans la première moitié du xvii° siècle.

real, Lumbier, Tafailla, Villafranca, Uharte, Araquil, Urroz, Valtierra, San-Esteban, Echarri de Arañaz, Aguilar, Aoyz, Torralba, Corella, Caseda, Mendigorria, Villaba, et autrefois Roncevaux.

En voilà assez sur la Navarre, et je passe au comté d'Aragon. Ptolémée attribue aux Vascons Jaca et son territoire, qui portait déjà le nom d'Aragon sous la domination wisigothique. Certains ont cru qu'Aragon venait de *ara*, autel d'Hercule, et des jeux dits *Agonales* ; d'autres le font dériver de la Tarraconaise (*Tarraconensis provincia*), et d'autres enfin des Autrigons (*Autrigones*). La première de ces conjectures ne mérite pas d'être discutée, et la troisième est évidemment fausse, car le pays des Autrigons est trop éloigné de l'Aragon pour que cette étymologie soit admissible. Quant à la seconde hypothèse, Oihénart a raison de n'y point ajouter grande confiance, et de se demander comment le nom de Tarraconaise se serait conservé dans un petit coin des Pyrénées plutôt que dans le reste de la province. Il existe, comme le remarque fort bien Çurita, deux rivières du nom d'Aragon, qui prennent leur source dans les Pyrénées, non loin du territoire de Jaca. Ces deux cours d'eau ont donné leur nom au pays qu'ils limitent, et qui est l'Aragon primitif (1).

Aznar est, d'après Oihénart, le premier comte d'Aragon. Il enleva aux Maures Jaca et son territoire, et prit le titre

---

(1) Aquella provincia de Aragon en lo antiguo tan solamente se estendia desde los montes de Aspa entre dos Rios, que el mayor se llama Aragon y nace en la montaña de Astun junto al monasterio de santa Christina, sobre la villa de Capfranch, en las mismas cumbres de los montes Pyreneos, que se llaman de Aspa, del nombre de un lugar, que en ellos hay a la parte de Gascuña. El otro Rio se llama del mismo nombre que otros dizen subordan : y desciende por el Val de Echo, y se junta con el mayor a la punta que llaman de la Reyna, mas arriba de Verdun. Dentro de las riberas destos Rios, y de sus nacimientos estan los Valles de Echo, Aragues y Aysa : y la

de comte avec le consentement des rois de Pampelune. La série des successeurs d'Aznar, comme celle des premiers rois d'Aragon et de Sobrarbe, se rattache, par un lien assez étroit, à la question des origines du royaume de Navarre, et je tâcherai d'élucider plus tard tous ces problèmes, dans le travail particulier que j'ai annoncé tout à l'heure.

Je ne saurais quitter l'ancien pays des Jaccétans, devenu plus tard le comté d'Aragon, sans dire un mot des habitants de Calagurris (la *Calagurris Fibularia* de Pline, la *Calagorina* de Ptolémée), aujourd'hui Calahorra. Strabon place cette ville sur le territoire des Vascons (1), et son dire se trouve confirmé par Juvénal (2), qui ne parle que des Vascons, mais qui n'entend évidemment désigner par là que les Calagurritains, qui, se mêlant chaque jour davantage aux Ilergètes et aux Celtibères, finirent par renoncer à leur langue et par se séparer de la famille vasconne.

En voilà assez sur le comté d'Aragon. Passons maintenant à l'Alava.

---

tierra mas llana donde discurre el mayor destos Rios, se dize la Canal de Jacca : entre laqual y el Rio Gallego, que nace en las mismas vertientes de los Pyreneos, iunto al lugar que por las fuentes deste Rio se llama Sallent, sobre al Val de Broto, estan a la peña de Vruel, Atares, y sant Iuan de la Peña, que tambien era de la prouincia de Aragon : y por la parte de Occidente se estendia hasta comprehender el Val de Anso por el qual corre el Rio Veral que entra en el Rio d'Aragon entre Asso y Verdun : y esta este Valle de Anso, entre el Val de Echo y el Val de Roncal. Solo este espacio de montes y valles se estendia à comprehender muy pequeña region, que de muy antigo por el nombre destos Rios o del mayor dellos y del mas principal se llamo Aragon. Siendo esta region una pequeña parte de los pueblos que los antigos dixeron Vascones en la prouincia de España que llaman citerior. Çurita, *Annal.*, part. I. lib. I, c. 14. — Sur l'assimilation des Aragonais avec les Ruccones ou Roccones, qui guerroyèrent contre les Wisigoths et les Suèves. V. Oïhénart, *Not. utr. Vasc.*, p. 134-35.

(1) Strab., *Géog.*, lib. IV.

(2) Juvén., *Sat.* XV.

La province d'Alava était bornée au levant par le Guipuzcoa et les montagnes de la Navarre, au midi par le royaume du même nom, au couchant par la Vieille Castille, et au nord par la Biscaye.

Certains auteurs font venir le nom de ce pays du mot arabe *Arab*, tandis que Garibay le fait dériver des monts *Uraba* et *Encia*, situés dans la province (1). Ces opinions n'ont rien de sérieux, et Oihénart a raison, quand il dit que cette désignation vient de la ville d'Alava (2), qui correspond à l'antique Alba, que Ptolémée et Pline placent sur le territoire des Vardules (3), et qui en était la cité la plus importante. *Alba* est devenue *Alva*, mais on trouve la transition indiquée par le nom d'*Alava*, qu'on peut lire dans un diplôme adressé aux habitants d'Estella, par Sanche le Sage, roi de Pampelune (4). Garibay nous apprend que le pays d'Alava était alors beaucoup plus étendu qu'aujourd'hui, et comprenait la Biscaye, le Guipuzcoa, et une partie de la province de Rioja (5). Cet historien cite des actes d'Alfonse, roi de Castille (1090), où les noms de Navarre et d'Alava sont employés indifféremment. Il cite aussi un document du 1er février 1053, dans lequel Garcie, évêque d'Alava ou de Biscaye (*Alavæ sive Biscaiæ episcopus*), figure comme témoin, tandis que Nuñez Sanchez, comte de Durango, et sa femme Leguntia, agissent comme parties principales (6). La preuve que le Guipuzcoa était autrefois compris dans l'Alava, s'évince d'un traité d'alliance entre Alfonse, roi de Castille, et Sanche, roi de Navarre, en 1217 (7).

(1) Garibay, *Compendio historial d'España*, l. XV, c. 9.
(2) Oihénart, *Not. utr. Vasc.*, p. 133.
(3) Ptolém., *Géog.*, l. II, c. 2 ; Plin., *Hist. nat.*, l. III, c. 3.
(4) Oihénart, *Not. utr. Vasc.*, p. 82.
(5) Garibay, *Comp. hist.*, l. IX ; c. 20 ; l. XI, c. 22.
(6) *Id., Ibid.*, lib. XXII, c. 30.
(7) Ce traité se trouve dans le cartulaire du roi Thibaut, conservé à Pampelune, et j'en copie le passage significatif : « Insuper ego idem re

A ces arguments vient s'en ajouter un autre tiré de l'usage adopté au moyen-âge, par les souverains des diverses contrées de l'Espagne, de joindre à leurs anciens titres ceux qui résultaient pour eux des nouvelles conquêtes. Il est en effet certain que Sanche le Grand et ses premiers successeurs prenaient la qualité de rois d'Alava, et jamais celle de rois de Biscaye et de Guipuzcoa, bien que ces deux provinces leur aient appartenu.

On ne sait pas bien sous quelle autorité vécurent d'abord les Alavans. Il est néanmoins certain qu'ils obéirent quelque temps aux rois des Asturies, car Sébastien de Salamanque nomme la ville d'Alava (*Alavensem mirandam*) parmi celles qui furent enlevées aux Maures par Alfonse le Catholique. Les Alavans essayèrent bien d'échapper à cette domination, mais les rois Don Froila et Don Ordoño I réprimèrent cette tentative, renouvelée avec aussi peu de succès sous Alfonse III, qui emmena captif à Oñate (867) Elyon, chef des rebelles (1).

Quelques années plus tard, Mahomet, roi de Cordoue, fit une rude guerre aux Alavans, et envoya contre eux son fils Almundir, qui en fit un grand carnage, et s'en revint avec beaucoup de prisonniers. Peu de temps après, nous voyons, dans un ancien privilége du monastère de Roncal, Sanche I, roi de Pampelune, prendre aussi le titre de roi d'Alava, ce qui prouve que les habitants de ce pays s'étaient soustraits à l'autorité du roi des Asturies, et étaient passés sous celle de

---

Alfonsus rex Castellæ quittavi vobis Sanctio regi Navarræ et successoribus vestris, Alavam in perpetuum de vestro regno, scilicet de Ixiarr et de Durango intus existentibus, excepto castello de Malvezin quod pertinet ad regem Castellæ et etiam a Fibarrensa et Badaia sicut aquæ cadunt usque in Navarram, excepto Moriellas quod pertinet ad regem Castellæ et dividit usque cadit in Iberum ex designatis terminis versus Navarram totum sit regis Navarræ. »

(1) *Chron. Albeldense*, dans le t. XIII de l'*España sagrada*; Sampiro, *Chron.* dans le t. XIV du même recueil.

Sanche, dont les successeurs conservèrent le même avantage, jusqu'au règne de Sanche, dernier du nom. A cette époque, Alfonse I, roi de Léon et de Castille, profita de l'absence du roi de Navarre pour envahir l'Alava et s'emparer de Victoria, qui en était la capitale. Du consentement de Sanche V, cette province passa à Alfonse I, dont les successeurs la conservèrent toujours (1).

On voit, dans quelques titres anciens, des comtes de Castille comprendre l'Alava dans leurs domaines. Il pouvait en être ainsi pour la portion de cette province, située sur la rive droite de l'Èbre; mais quant à la partie située sur la rive gauche, la chose ne peut guère s'expliquer que par l'élection de certains comtes de Castille en qualité de seigneurs d'Alava. Les gens de cette province avaient en effet le privilége de choisir leurs ducs, comtes ou seigneurs, parmi les membres de la haute noblesse. Ce privilége s'exerçait d'ailleurs sous réserve de tous les droits inhérents à l'autorité royale, et il se maintint jusqu'à l'époque d'Alfonse IX (2). Les Alavans élisaient tantôt le fils du roi de Castille, tantôt le comte de Biscaye, tantôt les seigneurs de Lara, de Los Cameros ou de Vela. Ce genre d'élection rappelle, d'une manière frappante, les *Behetrias* des royaumes de Castille et de León (3).

(1) Roderic. Toletan., *Hist. arab.*, c. 26.

(2) Acaescio que antiguamente desque fue conquista la tierra de « los Nauarros, la tierra de Alaua era señorio apartado : Y este señorio era qual se lo querian tomar los hijos dalgo, y labradores naturales de aquella tierra de Alaua, y a las vezes tomauan por señor alguno de los reyes de Castilla, y a las vezes del señor de Viscaya, y a las vezes al señor de Lara : y a las vezes al señor de los Cameros. Y en todos los tiempos passados ningun rey no señorio en esta tierra, ni puso alli officiales para hazer iusticia, ni las villas de Bittoria y de Treuiño que eran suyas del rey, y aquella tierra sin aquellas villas llamase confradria de Alaua. » Juan Nuñez de Villasan, *Hist. de Alfonso XI*, c. 100.

(3) « Deuedes saber que villas y lugares ay en Castilla, que son llamadas Behetrias de mar a mar : que quiere dezir que los moradores y vezinos en los tales lugares, pueden tomar señor à quien siruan, y acojan en ellos

Victoria était la capitale de l'Alava. Parmi les autres villes d'une certaine importance, figurent Treuiño, Miranda, démembrée plus tard de la province, Salvatierra, et Armentegui, aujourd'hui bien déchue.

La Biscaye (*Biscaya*) est appelée *Biscagia* par Roderic de Tolède, et *Vizcaia* par Sébastien de Salamanque. D'après Oïhénart, ce nom signifierait, dans le langage du pays, terre âpre et montueuse (1). Cette province s'étend, sur onze lieues de long et de large, entre le Guipuzcoa au levant, l'Alava et la partie montueuse de la Vieille Castille au midi, la contrée dite *las Asturias de Santillana* au couchant, et l'Océan au nord. Oïhénart dit que, de son temps, les Biscayens divisaient leur pays en trois régions, dont chacune jouissait d'un droit de suffrage égal dans les *juntas* ou assemblées : 1° les villes, au nombre de vingt et une, et dont les principales sont Ordunia, Vermeo, Durango et Bilbao ; 2° soixante-douze grandes paroisses rurales, désignées sous le nom d'*anteiglesias*; 3° le canton nommé *incartationes*, parce que les terres en avaient

quales ellos querian, y de qualquier linaje que sea : y por esto son llamados Behetrias de mar à mar : que quiere dezir que toman señor si quieren de Seuilla, si quieren de Viscaya, o de otra parte : y los lugares de las Behetrias son unas que toman señor de cierto linaje, y de parientes suyos entresi ; y otras Behetarias ay, que no an naturaleza con linajes, que sean naturales dellos ; y estan tales señor de linajes qual se pagan : y dizen que todas estas Behetrias pueden tomar y mudar señor siete vezes aldia, y esto se entiende quantas vezes, les plazera, y entendieron que los agrauia el que los tiene. » P. Lopez de Ayala. *V. de Pedro, rey de Castilla*, c. XIV. — « Hà se pues de saber que en Castilla la vieja y en el reyno de Leon, auia muchos lugares llamados Behetrias, nombre corrompido de Benefatorias : estos lugares, teniendo en ellos el rey algun dominio y ciertos derechos y tributos, tomauan el señor que les plazia, y lo dexauan quando querian : Porque la preheminencia de la Behetria era mudar señor por sola su voluntad, diziendo con quien bien me hiziere, con aquel me yre, de donde se tomo el nombre de Benefatorias y se corrompio el Behetria. » Ce dernier passage est emprunté au travail de Morales sur la généalogie de saint Dominique.

(1) Oïhénart, *Not. utr. Vasc.*, p. 151-52.

été récemment concédées à baux emphytéotiques (1). Andrès de Poça affirme qu'au xvie siècle, la limite occidentale de ce pays englobait encore le château d'Urdiales et son ressort, lesquels ne sont situés qu'à cinq lieues de Portugalete. Cette assertion se trouve confirmée par le témoignage d'un écrivain postérieur, qui fait commencer la Navarre au port de Huuiarz, et la prolonge jusqu'à la petite rivière de Castre, qui sépare les royaumes de Navarre et de Castille (2). Or, cette rivière ne peut être que celle qui passe près d'Urdiales. Cependant Oihénart cite un ancien document qui circonscrit la Biscaye entre deux cours d'eau, la Galharaga et la Deva (3). Le même auteur rapporte aussi une tradition constante d'après laquelle les vallées d'Orozco et de Lledio auraient jadis appartenu à la Biscaye.

Les origines de cette province sont fort obscures, et l'on ignore à qui elle obéissait au moment de l'occupation sarrazine. Il est permis néanmoins de supposer qu'avant les règnes de Sanche I, roi de Pampelune, et d'Ordoño II, les Biscayens vivaient comme les Alavans, c'est-à-dire tantôt libres et tantôt soumis aux rois des Asturies et de Léon, en attendant de reconnaître l'autorité des rois de Pampelune. Le lecteur se souvient, en effet, que les anciens priviléges de Roncal prouvent, pour cette dernière époque, l'union de l'Alava et de la Biscaye. D'un autre côté, certains historiens espagnols racontent qu'Ordoño, fils d'Alfonse le Grand, roi des Asturies et de Léon (867-912), fut battu par les Biscayens. Si le fait est vrai, les vainqueurs ne purent vraisemblablement échapper à la vengeance d'un ennemi aussi redoutable qu'Alfonse, qu'en se

---

(1) *Id., Ibid*, p. 152.
(2) Terra regis Navarræ incipit a portu de Huuiarz, et protenditur usque ad aquam quæ dicitur Castre, quæ dividit terram regis Navarræ a terra regis Castellæ. ROGER. HOVEDEN, *Annal. Tolet.*
(3) De rivo Galharraga usque in flumen de Deua, id est tota Viscaya. *Tabul. voti S. Æmiliani.*

plaçant sous la protection d'un prince voisin et puissant, comme l'était Sanche, souverain de Navarre, dont la fille Velasquita avait épousé Munion, comte de Biscaye (1). Cette opinion a pour elle l'autorité d'un célèbre historien espagnol, Sandoval, qui, dans sa généalogie de la maison de Haro, dit, à propos de Loup le Roux, septième seigneur de Biscaye, qu'à cette époque et à d'autres, ces seigneurs étaient soumis aux rois de Navarre. Quoi qu'il en soit, le même historien (2), ainsi que Garibay (3), prouvent jusqu'à l'évidence qu'il en fut ainsi de l'époque de Sanche le Grand à celle de Sanche le Sage (4).

La seule objection possible résulte de ce que, pendant la guerre soutenue par Garcie-Ramire et Sanche, son fils, rois de Navarre, contre les rois de Castille, deux membres de la maison de Haro, Loup-Didac et son fils Didac-Loup, seigneurs de Biscaye, servirent constamment la cause des rois de Castille. Roger Hoyeden nous apprend même, dans la dernière partie de ses Annales de Tolède, qu'en 1177 Loup-Didac figurait parmi les personnages députés par Alfonse VIII à Henri II, roi d'Angleterre, chargé de régler amiablement les différends des rois de Castille et de Navarre. Néanmoins, la situation prise par Loup-Didac et Didac-Loup vis-à-vis de ces derniers, n'autorise pas à croire que les Biscayens aient suivi l'exemple de leurs seigneurs. Garibay, Çurita (5) et Sandoval ont même prouvé le contraire. Ce dernier fait remarquer avec raison qu'à l'époque en question, les deux partisans d'Alfonse VII et d'Alfonse VIII sont toujours qualifiés, dans les actes, de comtes de Castille et de Najera, et jamais de comtes

(1) Roderic. Toletan., Hist. arab., t. V, c. 22.
(2) Sandoval, Stemm. Comit. Viscayæ; Comment. rer. Monast. S. Æmil., § 11 ; Catal. episc. Pompelonens.
(3) Garibay, Compend. hist., lib. XXII, c. 27, 36, 37; lib. XXIV, c. 6.
(4) De 1035 à 1076. On sait que durant cette période, la Navarre demeura quelque temps sans souverains particuliers.
(5) Çurita, Anales de Aragon, a. 1137.

de Biscaye (1). Il est donc permis de croire que Loup-Didac avait été dépouillé de son comté par Garcie, roi de Navarre, ou même que, selon l'usage espagnol, le vassal avait renoncé à son fief pour s'attacher plus librement au roi de Castille. Cette supposition se trouve même confirmée par certains documents tirés des archives de Pampelune, et dont il résulte que, sous le roi Garcie (1073), Latro Geuara possédait le comté de Biscaye, qui, sous le règne de Sanche, appartenait au comte Vela (1098). Ce qu'il y a de certain, c'est que du vivant de Sanche, la Biscaye revint, par fortune de guerre ou par l'effet des traités, à la maison de Haro, et que cette province fut alors annexée au royaume de Castille.

Certains ont prétendu que, pour l'élection de leur comte, les Biscayens jouissaient jadis des mêmes privilèges que les Alavans, et ce que Salazar, Garibay et Sandoval racontent de l'élection de Çuria, premier comte de Biscaye, est favorable à cette opinion. Après la mort du comte Sanche-Loup, son titre fut conféré, non pas à l'un de ses enfants, mais à Iñico Ezquerra, ce qui serait une preuve nouvelle en faveur du libre choix que les Biscayens pouvaient faire de leur seigneur (2).

L'origine et la série des premiers comtes de Biscaye est pleine d'obscurités, et les annalistes ne commencent à marcher sur un terrain solide qu'à partir de Loup-Inigo, qui

---

(1) Sandoval, *Catal. episc. Pompelon*, fol. 81. — Garibay, lib. XXII, c. 30, argumente dans le même sens en parlant de Didac Loup : « El qual es tan celebrado en las escripturas destos tiempos, que en algunas hallaran, tener el señorio de Vilhorado, y en otras el de Grañon, en otras el de Castilla la vieja, en otras el de Valdegouia, en otras el de Bureua, en otras el de Nagera, y en otras el de Pancoruo, en otras el de Rioja, en otras el de Soria, y en otros señorios, pero todo ello per mano del rey, aunque en los tales instrumentos nunca es intitulado señor de Biscaya. »

(2) A son avènement, le seigneur de Biscaye était tenu de prêter serment suivant un cérémonial particulier, décrit par Andrés de Poça, *De la antigua lengua, poblaciones y comarcas de las Españas*, et surtout par Medina, lib. II, cap. 131.

vivait en l'an 1000. L'examen des temps antérieurs ou postérieurs à cette date m'entrainerait beaucoup trop loin, et je me borne à recommander au lecteur, désireux de les étudier en détail, l'excellent travail où Oïhénart résume, avec autant de clarté que de critique, les recherches de ses prédécesseurs sur les seigneurs de la Biscaye. Cette province continua de posséder ses comtes particuliers jusqu'au xiv⁰ siècle. En 1351, l'un d'eux, Nuñez de Lara, mourut prisonnier de Henri de Transtamare, qui mit la main sur ses domaines. Nuñez avait deux sœurs : Jeanne, mariée à un frère naturel de Henri II, roi de Castille, et morte, plus tard, sans enfants; Isabelle, femme de Jean, infant d'Aragon, et mère de Florencia. Henri de Transtamare retint captives Jeanne et Isabelle. Mais la fille de cette dernière parvint à s'échapper, et trouva asile auprès de Gaston-Phœbus, vicomte de Béarn, dont elle épousa le frère naturel, nommé Pierre. De cette union naquirent Pierre et Adrienne, morts avant leur mère. Henri avait pour femme Jeanne, fille de Blanche de Lara, issue elle-même de la maison des comtes de Biscaye. Le roi de Castille mit ce prétexte à profit, pour annexer à ses états la Biscaye qui n'en fut plus séparée.

Le lecteur est suffisamment fixé sur cette contrée, et j'arrive enfin à la province de Guipuzcoa, ainsi désignée en espagnol, mais appelée *Ipuscoa* par ses propres habitants (1). Oïhénart veut que ce nom vienne des Bituriges Vivisci, peuple de l'Aquitaine, qui n'était pas, dit-il, situé très loin du pays de Guipuzcoa, avant l'établissement des Vascons dans le sud-ouest de la Gaule (2). Cet écrivain fait valoir, à l'appui de sa

---

(1) Oïhénart, *Not. utr. Vasc.*, p. 374 et s.
(2) Oïhénart, *Not. utr. Vasc.*, p. 163. D'après cet auteur, dont je cite l'opinion sans me l'approprier, les Espagnols sont enclins à faire précéder d'un *g* les mots commençant par une voyelle. « Dicit enim *Guevo* pro ovo, *Guerta* pro horto, *Guessa* pro osse..... in quibus omnibus littera *G* super-

conjecture, deux passages de Frédégaire (1) et d'Aymoin (2), où il est dit que la Cantabrie avait été conquise par les Francs et gouvernée par le duc Francion, et qu'elle passa ensuite sous la domination des empereurs de Constantinople, auxquels elle fut enlevée par le roi wisigoth Sisebut.

Quoi qu'il en soit de l'étymologie du pays de Guipuzcoa, il était borné au levant par la Bidassoa, petit cours d'eau qui la séparait du Labourd, au midi par le royaume de Navarre et une partie de l'Alava, au couchant par la Biscaye et une autre portion de l'Alava, et au nord par l'Océan (3).

Du temps d'Oïhénart, le Guipuzcoa se divisait encore en trois districts, qui portaient le nom de *Certanes* dans le langage du pays. Le premier était arrosé par la Deva, le second par l'Urola, et le troisième, qui était le plus considérable et s'étendait jusqu'au Labourd, par le cours d'eau de l'Oria (4).

Les principales villes et bourgades du Guipuzcoa sont : Tolosa, Fontarabie, Plasencia, Oñate, Mondragon, Vergara, Azpeytia, Azcoytia, Salinas, Maia, Devà, Heybar, Elgayuar, Çumaya, Orio, Cestona, Villareal d'Urrechoa, Le Passage, Guetaria, Motrico, etc., etc.

J'aurais pu abréger beaucoup cette géographie historique

---

vacua est. » Dans le cartulaire de l'église cathédrale de Bayonne, Saint-Sébastien, en Guipuzcoa, est désigné sous le nom de *Sanctum Sebastianum de Pusico*.

(1) Fredeg., *Chron.*, c. 33.

(2) Aymoin, *Histor. Franc.*, lib. IV, c. 13.

(3) De rivo de Galharraga usque in flumen de Deva, id est tota Viscaya : et de ipsa Deva usque ad Sanctum Sebastianum, id est tota Ipuscoa. *Tabul. Vot. S. Æmilian.* Dans la dernière partie des *Annales Tolet.*, Roger Hoveden étend le comté de Bayonne jusqu'au port de Huars ou Huiars (en basque *Oiharzun*), ce qui prouve que de son temps, le petit fleuve de la Bidassoa, la ville de Fontarabie et le bourg de Irun Urançu étaient en dehors du Guipuzcoa, et dépendaient du comté ou vicomté de Bayonne.

(4) Oïhénart, *Not. utr. Vasc.*, p. 165-87, expose d'une manière très exacte et très détaillée l'hydrographie du Guipuzcoa.

du Pays Basque transpyrénéen, et écarter bien des détails dont je n'ai pas à argumenter dans mes études sur l'origine des Basques. Le lecteur me pardonnera de m'être appesanti sur un sujet très peu connu, mais que je ne pouvais épuiser ici. Il voudra également ne pas perdre de vue que les Vascons espagnols, cernés d'abord à tous les aspects par des tribus de race étrangère (celtique et aquitanique), ont ensuite étendu leur domaine, ce qui suppose nécessairement un mélange avec les anciens habitants sur lesquels l'administration romaine avait pesé avec autant de persistance que d'énergie. Il voudra bien considérer enfin, que depuis l'entrée des Wandales et des Wisigoths en Espagne jusqu'à nos jours, les Basques transpyrénéens, héritiers des anciens Vascons, ont été toujours entourés par les populations profondément romanisées de l'Aragon, de la Navarre occidentale et de la Vieille Castille. De ce triple fait, exclusivement constaté à l'aide de textes et documents, je crois déjà pouvoir conclure historiquement que les Basques actuels de l'Espagne septentrionale ne sont pas les représentants directs et purs des anciens Vascons, et que chez eux, comme chez toutes les autres peuplades placées dans des conditions semblables, l'intégrité de la race primitive s'est fatalement altérée, tant par les conquêtes des Euskariens que par leurs rapports multipliés, pendant plus de deux mille ans, avec les populations limitrophes.

CHAPITRE II.

LES VASCONS ET LES BASQUES CISPYRÉNÉENS.

Dans le précédent chapitre, je me suis attaché à étudier, sous le double point de vue de l'histoire et de la géographie, les Vascons et les Basques espagnols, et je voudrais maintenant consacrer un travail semblable aux Vascons et Basques français.

Il est difficile de préciser l'époque où les Vascons franchirent les Pyrénées pour descendre dans la Novempopulanie. Joseph Scaliger (1) dit que les Cantabres et les Vascons, vaincus par Messala, vinrent s'établir dans les pays des Tarbelles ; mais c'est là une erreur démontrée par maints passages de Strabon, de Ptolémée et de Pline, écrivains postérieurs à Messala. Tous trois placent les Vascons et les Cantabres en

---

(1) Jos. Scaliger, *Auson. lect.*, cap. 6.

Espagne, et aucun auteur ne cite des peuples du même nom parmi ceux que Messala ramena à l'obéissance, durant son expédition en Aquitaine. Il n'en est pas parlé davantage dans l'élégie où Tibulle célèbre les victoires de ce général (1).

D'autres historiens prétendent que Pompée soumit les Vascons en Espagne, et que craignant des révoltes nouvelles, il les transporta en Aquitaine, où ils prirent le nom de *Convenæ*, et occupèrent le pays qui devint plus tard le Comminges. Cette opinion a contre elle, comme la précédente, le témoignage des anciens auteurs, et elle ne repose que sur un passage d'Isidore de Séville. Mais Isidore s'est trompé, et le doute n'est pas permis, en présence du témoignage formel de saint Jérôme, qui fait des Convènes un mélange de Vettons, d'Arévaques et de Celtibères (2). D'ailleurs, il est prouvé, par deux passages d'Ausone, qui vivait sous l'empereur Gratien, qu'à cette époque les Tarbelles occupaient toujours le même territoire, et que les Vascons étaient encore en Espagne (3).

(1) Tibul., lib. I, Éleg. 8.
(2) Nimirum respondet generi suo ut qui de latronum et Convenarum natus est semine, quos Cnæus Pompeius edomitâ Hispaniâ et ad triomphum redire festinans, de Pyrenœi jugis deposuit, et in unum oppidum congregavit, unde et Convenarum urbs nomen accepit. Huc usque latrocinetur contra ecclesiam Dei, et de Vettonibus, Arevacis, Celtiberisque descendens, incurset Galliarum ecclesias... Hyeronim., *In Vigilant*.
(3) Et quando iste meas impellet nuntius aures,
 Ecce tuus Paulinus adest, jam ninguida linquit
 Oppida Iberorum, Tarbellica jam tenet arva,
 Ebromagi jam tecta subit.
     Auson., *Epist*. XXIII.
Vertisti Pauline tuos dulcissime mores,
Vasconis hoc saltus et ninguida Pyrenæi
Hospitia, et nostri facit hoc oblivio cœli
Imprecer ex merito, quid non tibi Iberica tellus.
     Id. Epist. XXV.
La réponse de Paulin à Ausone confirme le témoignage de ce dernier sur le pays alors habité par les Vascons :

Tout porte à croire, en l'absence de témoignages précis, que les Vascons entrèrent en Aquitaine après l'occupation de l'Espagne par les Wandales et les Wisigoths, et qu'ils occupèrent d'abord la région montagneuse connue plus tard sous le nom de Pays Basque (Labourd, Basse-Navarre et Soule) (1). Peut-être s'emparèrent-ils aussi de la contrée qui devint plus tard le Béarn. C'est du moins l'avis d'Oïhénart; mais cet écrivain ne pense pas que les Vascons aient alors étendu leurs conquêtes jusqu'au Bigorre (2).

Elie Vinet, s'appuyant sur un vieux parchemin écrit vers 1100, par un prêtre de l'église d'Auch, veut que sous Clovis, les Vascons aient quitté leurs montagnes, envahi l'Aquitaine, tué les comtes et vicomtes établis dans cette province par le roi, et qu'ils en aient mis d'autres à leur place. Vinet fixe la date de cette conquête vers 590 (3); mais le document en question n'a aucune valeur, en ce qui a trait à la qualité de son prétendu rédacteur et à l'invasion dont s'agit.

J'arrive à des témoignages autrement sérieux. Fortunat nous apprend que, de son temps, les Vascons descendaient souvent pour faire des incursions dans la Novempopulanie (4), et Grégoire de Tours est encore plus précis : « Les Vascons s'élançant des hautes montagnes, descendent dans la plaine, ravageant les vignes et les champs, brûlant les maisons, et

> Quid tu mihi vastos
> Vasconiæ saltus, et ninguida Pyrenæi
> Objicis hospitia? In primo quasi limina fixus
> Hispanæ regionis agam?

(1) Il résulte néanmoins de divers passages de Grégoire de Tours, que les rois Franks possédaient encore les villes de Lapurdum, de Beneharnum, de Bigorra et de Lugdunum Convenarum.

(2) Oïhénart, *Notit. utr. Vasconiæ*, p. 386.

(3) Elias Vinetus, *In Auson. Epist.* XXV, n° 493.

(4) Cantaber ut timeat, Vasco vagus arma timescat,
Atque Pyrenææ deserat Alpis opem.
Fortunat. L. X, c. 22.

amenant quelques habitants captifs avec leurs troupeaux. Le duc Astrovald marcha le plus souvent contre eux, mais il n'exerça que de faibles vengeances (1). »

Déjà, avant Astrovald, le duc Bladastes s'était mis en campagne contre les Vascons, sous le règne de Chilpéric I, vers 584. Mais cette expédition n'aboutit point, et Bladastes y périt lui-même avec la plus grande partie de son armée (2). Les Vascons furent défaits, vers 607, par les rois Théoderic et Théodebert, et forcés d'accepter de leurs vainqueurs un duc nommé Génialis. Cette soumission ne dura guère que jusqu'en 627, époque où ils se révoltèrent contre Clotaire, à l'instigation de Pallade et de son fils Senoc, métropolitain d'Eauze (3). Ils furent de nouveau ramenés à l'obéissance, en 632, par Charibert, roi d'Aquitaine et frère de Dagobert; mais, peu de temps après la mort de Charibert, ils se révoltèrent de nouveau (636), et recommencèrent à dévaster les régions voisines. Dagobert fit lever une forte armée chez les Burgundes, et mit à sa tête Chadoin, homme aussi habile qu'énergique. Chadoin fit aux Vascons une rude guerre, ravageant leurs champs et brûlant leurs maisons. Il les battit, grâce à la supériorité numérique de ses troupes, les força de se réfugier sur les sommets de leurs montagnes, et de promettre enfin fidélité à Dagobert. Cette soumission fut pourtant assez chèrement payée. Arimbert, chef d'un autre corps d'armée, périt dans la vallée de la Soule, avec la plupart de ses officiers (4).

(1) Vascones vero montibus prorumpentes in plana descendunt, vineas agrosque depopulantes, domos tradentes incendio, nonnullos abducentes captivos cum pecoribus, contra quos sæpius Astrovaldus Dux processit, sed parvam ultionem exercuit ab eis. Greg. Turon., lib. IX, c. 7.

(2) Greg. Turon., lib. VI, c. 12; Fredegar., *Histor. Franc. Epit.*, c. 8.

(3) Fredegar., *Chronic.*, c. 54.

(4) Anno XIV regni Dagoberti, cum Vuascones fortiter rebellarent et multas prædas in regno Francorum, quod Charibertus tenuerat, facerent, Dagobertus de universo regno Burgundiæ exercitum promovere jubet,

Les révoltés et les incursions des Vascons recommencèrent après la mort de Dagobert ; mais les historiens anciens nous en disent peu de chose, et tout se réduit à peu près là-dessus à quelques lignes de Frédégaire (1). Un autre passage du même auteur nous apprend qu'en 764, les Vascons occupaient la Novempopulanie jusqu'à la Garonne. « Le roi Pepin s'avança jusqu'à la Garonne, et là les Vascons qui demeurent au-delà de ce fleuve se rendirent devant lui. Ils lui prêtèrent serment, lui donnèrent des otages, et s'engagèrent à tenir toujours le parti du roi et de ses deux fils, Carle et Carloman. Beaucoup de gens du parti de Vuaifar vinrent aussi se soumettre. Le roi Pepin les prit avec bienveillance sous sa domination (2). »

Les Vascons occupaient donc, en 767, toute la Novempopulanie, qui s'étendait jusqu'à la Garonne, et le témoignage

statuens eis caput nomine Chadoinum referendarium..... In Vuasconiam cum exercitu perrexissent et tota Vuasconiæ patria ab exercitu Burgundiæ fuisset repleta, Vuascones de intermontium rupe egressi ad bellum properant : cumque præliare cœpissent, ut eorum mos erat, terga vertentes, dum cernerent se esse superandos in faucibus vallium montis Pyrenæi latebram dantes, se locis tutissimis per rupes ejusdem montis conlocantes latitarunt. Exercitus post tergum eorum cum ducibus insequens, plurimo numero captivorum Vuascones superatos seu et ex his multitudine interjectis, omnes domus eorum incensas pecuniis et rebus exspoliant. Tandem Vuascones oppressi seu perdomiti veniam et pacem a suprascriptis ducibus petentes promittunt se gloriæ et conspectui Dagoberti regis præsentaturos et suæ ditioni traditos ab eodem injuncta impleturos, feliciter hic exercitus absque ullà læsione ad patria fuerunt repedati. Sed Arimbertus dux maximus cum senioribus et nobilioribus exercitûs sui per negligentiam a Vuasconibus in valle Subolà fuit interfectus. Fredeg., Chron., c. 78.

(1) Prædictus rex Pipinus usque ad Garonnam accessit ; ibi Vuascones qui ultra Garonnam commorantur, ad ejus præsentiam venerunt, et sacramenta et obsides prædicto regi donant, ut semper fideles partibus regis ac filiis suis Carolo et Carlomanno omni tempore esse debeant. Et aliæ multæ quam plures ex parte Vuaifarii ad eum venientes et se suæ ditioni subdiderunt. Rex vero Pipinus benigniter eos in suam ditionem recepit. Fredeg., Chron., ad an. 767.

(2) Fredegar., Chron., c. 78.

de Frédégaire se trouve d'ailleurs confirmé par un passage de l'auteur de la vie de Louis le Débonnaire, qui fait de ce fleuve la limite des Vascons et des Aquitains (1).

Ainsi, les Vascons occupaient déjà le versant nord des Pyrénées occidentales dans la seconde moitié du vi^e siècle et, en 767, ils étaient maîtres de toute la Novempopulanie. J'en ai dit assez sur les incursions de ce peuple et sur la résistance des Franks, pour me dispenser de discuter en détail les opinions erronées des auteurs qui veulent que la Novempopulanie leur ait été concédée (2). Il s'agit maintenant de déterminer à quelle époque les Vascons (*Vascones*) ou Basques (*Vasci*) qu'il faut soigneusement distinguer des Gascons (*Gascones*), commencèrent à être désignés par divers auteurs sous les noms de *Vaccei*, *Vasculi* et *Bascli*.

Je lis dans un passage de la vie de Louis le Débonnaire, qu'une partie des Vascons (*Vascones*) s'étant révoltée en 809, Louis se rendit à Dax, et envoya ses troupes ravager le pays

---

(1) V. *Vit. Lud. Pii.*

(2) Ainsi, Scaliger, *Notit. Galliæ*, avance, sans preuves, que les Vascons, vaincus par Pépin et ensuite par Louis le Débonnaire, furent cantonnés dans les plaines de la Novempopulanie. Cette assertion ne peut tenir devant les textes précis de Fortunat, de Grégoire de Tours, de Frédégaire et de l'auteur de la vie de saint Amand, apôtre des Basques cispyrénéens, à l'époque de Dagobert. « Gentem quamdam quam Vacceiam appellavit, quæ nunc vulgo nuncupatur Vasconia. » Ajoutons-y le témoignage d'Isidore de Séville, qui a le tort de confondre les Vascons et les Vacééns : « Hi Pyrenei jugis peramplam habitant montis solitudinem, iidem et Vascones quasi Vaccones, C in S litteram demutatâ. Isid. Hispal., *Origin.*, lib. IX. » Un historien espagnol, Esteban de Garibay (lib. XXXI, cap. 2), se prévaut de quelques documents apocryphes pour attribuer à Eudes, duc d'Aquitaine, la concession de la Novempopulanie aux Vascons; mais cette opinion a été complètement ruinée par Oihénart, *Notit. utr. Vasc.*, p. 366 et suiv. Cet écrivain a également prouvé que l'auteur de la vie de saint Julien, évêque de Béarn, est dans le faux, quand il fait honneur de cette concession aux descendants d'Ebroin, maire du palais. *Ibid.*, p. 393-94.

des insurgés, qui finirent par se soumettre (1). Par Vascons, l'historien de Louis le Débonnaire entend évidemment désigner les Basques, dont le pays est voisin de Dax. Dans un autre passage relatif à une nouvelle révolte en 816, le même auteur donne à ce peuple, tantôt le nom de *Vasci*, et tantôt celui de *Vascones* (2). L'auteur de la vie de saint Amand et Isidore de Séville appellent *Vaccei* (corruption probable de *Vascei* ou *Vasci*), les Gascons et les Basques réunis. Isidore de Béja applique aux Vascons la désignation de *Vaccei* (3), que Frédégaire accorde, au contraire, aux Gascons (4). Certains passages du cartulaire de Sordes, monastère situé à peu près sur les confins de la Gascogne et du pays Basque, prouvent

(1) At succedente æstate accito populi sui generali conventu (Ludovicus) retulit eis sibi delatum rumorem quod quædam Vasconum pars jampridem in deditionem suscepta, nunc defectionem meditata in rebellionem assurgeret, ad quorum reprimendam pervicaciam ire publica utilitas postularet. Hanc regis voluntatem omnes laudibus prosequuntur, nec talia in subditis contemnenda, sed potius severissime resecanda testantur. Moto igitur et disposito prout oportuit exercitu Aquas villam pervenit, et ut ad se venirent qui infidelitatis insimulabantur jussit; sed illis venire detrectantibus, ad eorum vicinia devenit, cunctaque eorum depopulari manu militari jussit. Ad ultimum cunctis quæ ad eos pertinere videbantur consumptis, ipse supplices venerunt, et tandem veniam perditis omnibus magno pro munere meruerunt. *Vit. Ludovici Pii*, ad ann. 809.

(2) Sed et Vasconum (*seu* Vascorum) citimi qui Pyrænei jugi propinqua loca incolunt, eodem tempore, juxta genuinam consuetudinem levitatis, a nobis omnino desciverunt. Causa autem rebellionis fuit, eo quod Siguinum eorum comitem propter morum pravorum castigationem, quibus pene erat importabilis, ab eorum removit prælatione Imperator, qui tamen adeo sunt duabus expeditionibus edomiti ut serò pænituerit eos incæpti sui deditionemque magno expeterent voto. *Vit. Ludov. Pii*, ad ann. 816.

(3) Tunc Abderraman multitudine sui exercitus repletam prospiciens terram montana Vacceorum dissecans et plana et fretosa præcalcans terras Francorum intus expeditat. Isidor. Pacensis, *Chron.*, dans le t. VIII de l'*España sagrada* de Florez.

(4) Dum hæc agerentur Vuaifarius cum exercitu magno et plurimorum Vuasconum, qui ultra Garronam commorantur, qui antiquitus vocati sunt Vaccei super prædictum regem venit, etc. Fredeg., *Append. Chron.*, ad ann. 766. — Quelques éditions portent à tort *Vacoei* et *Vaceti*.

que jusqu'au xiie siècle, le nom de *Vasci* ne fut plus donné qu'aux habitants de ce dernier pays. L'expression de *Vasculi* (par contraction *Vascli* et *Bascli*) n'est qu'un diminutif de la précédente. Elle ne paraît pas remonter plus haut que le xiie siècle, et je la trouve pour la première fois dans les actes du troisième concile de Latran, tenu sous Alexandre III (en 1179) (1). Le V initial a été changé en B, conformément à une règle essentielle de la phonologie basque et gasconne.

Le pays Basque français comprend le Labourd, la Basse-Navarre et la Soule, dont je donnerai bientôt la géographie détaillée. Cette contrée, que l'auteur de la vie de Louis le Débonnaire (2) et celui de la Chronique de saint Arnulphe de Metz désignent sous le nom de *Citerior Vasconia*, est appelée *Vascitania* par Oïhénart (3). Ses limites paraissent avoir été d'abord plus étendues qu'aujourd'hui, et avoir englobé le val de Baztan, qui appartient maintenant à la Navarre espagnole, et cette portion de la province de Guipuzcoa, qui s'étend depuis le Labourd jusqu'au *Fanum sancti Sebastiani*. Il résulte, en effet, de plusieurs documents anciens, que le val de Baztan était jadis régi par un vicomte, au-dessus duquel devait se trouver nécessairement un comte, qui ne pouvait être que celui du pays Basque cispyrénéen. Jusqu'au xiiie siècle, c'est le gascon, dialecte du provençal, et non pas l'espagnol, qui a été employé comme langue officielle dans les deux districts en question (4). Le Labourd devait avoir, à l'origine, la même étendue que le diocèse de Bayonne. Nous voyons, en effet, dans une lettre adressée par Euloge à Willesinde,

---

(1) Le même mot se trouve dans la chronique du faux Turpin.
(2) *Vit. Ludov. Pii*, ad ann. 816.
(3) Oïhénart, *Not. utr. Vasc.*, p. 402.
(4) Ces deux districts dépendaient encore, au siècle dernier, du diocèse de Bayonne.

évêque de Pampelune, que la rivière d'Aragon, qui passe devant cette ville, prend sa source au pied des Pyrénées, dans les ports (*Portariis*) de la Gaule, que l'on place généralement dans le val de Baztan. Ce pays n'appartenait donc pas alors à l'Espagne. Enfin, je trouve dans une description du diocèse de Bayonne, faite vers 980, par ordre de l'évêque Arsius, que la Gascogne obéissait alors au comte Guillaume-Sanche, sans qu'il soit fait mention d'aucun titulaire des royaumes transpyrénéens (1). Si quelqu'un de ces princes avait eu des droits sur une partie du Labourd, son nom aurait certainement figuré dans l'acte comme celui de Guillaume-Sanche.

§ 2.

Le pays Basque français eut d'abord ses chefs particuliers, dont je vais dresser rapidement la nomenclature, d'après les documents authentiques, parmi lesquels je ne comprends pas, bien entendu, la charte d'Alaon, dont la fausseté, déjà soupçonnée dès le siècle dernier, a été démontrée par M. Rabanis (2).

Loup (*Lupus*), qui vivait du temps de Charlemagne (769), et dont certains ont fait, à tort, un duc de Gascogne.

Schimin (*Schiminus*) qu'il ne faut pas confondre avec Sigwin (*Siguuinus, Sigununus*), comme le remarque fort bien Oihénart.

Garsimire (*Garsias Simirus*), élu par les Basques transpyrénéens, en 815, et tué en 818 dans la guerre contre Louis le Débonnaire.

Aznar (*Azenarius*), mort en 836.

Sanche (*Sancius*), frère d'Aznar, et surnommé Mitarra. Il fut élu, en 851, duc de Gascogne, et fut le chef d'une lignée

---

(1) Cette pièce est rapportée en entier par Oihenart, *Not. utr. Vasc.*, p. 404-405.

(2) Rabanis, *les Mérovingiens d'Aquitaine*. Paris, 1856.

qui réunit sous son autorité cette province et le pays Basque (1).

Après ces généralités sur le pays Basque transpyrénéen, il convient de passer à la description détaillée des trois territoires dont il se compose, et qui sont, comme on le sait déjà, le Labourd, la Basse-Navarre et la Soule (2).

Le Labourd (*Lapurdum, vicecomitatus Lapurdensis*) était borné au nord par la vicomté de Maremne, au levant par la Basse-Navarre ou Navarre cispyrénéenne, au midi par la Navarre espagnole, au sud-ouest par le Guipuzcoa, au couchant par l'Océan, et au nord par une portion du pays désigné sous le nom de grandes Landes. Cette vicomté comprenait

---

(1) OÏHÉNART, *Not. utr. Vasc.*, p. 405, 410 et s. — La Navarre cispyrénéenne ne fut point réunie à la Gascogne avec le reste du Pays Basque, et elle continua de faire partie, jusqu'en 1512, du royaume de Navarre. Les barons, les nobles et les délégués de Saint-Jean-Pied-de-Port, ville principale de la Navarre cispyrénéenne, qui formait la *Merindad de la tierra de Vascos, o de ultra puertos*, assistaient à l'assemblée des États comme ceux des cinq autres *merindades*. On ne saurait expliquer avec précision comment ce district se sépara du Pays basque cispyrénéen, pour se rattacher à la Navarre.

(2) Je ne veux pas laisser passer l'occasion de dire quelques mots de la Gascogne (*Gasconia*), que l'on ne saurait trop distinguer, je le répète, du Pays basque cispyrénéen (*Vascitania*). La réunion de ces deux provinces forma la *Vasconia Aquitanica* d'Oïhénart, tandis que le même historien donne le nom de *Vasconia Iberica* au Pays basque transpyrénéen. — Paul MÉRULA (*Cosmog.*, pars II, l. III, c. 38) donne pour limites à la Gascogne la Garonne, les Pyrénées, l'Océan et la sénéchaussée de Bordeaux. La chancellerie romaine donnait le nom de *Vasconia* à la seconde Aquitaine, et de *Vasconia Curta* à la province ecclésiastique d'Auch. Les annalistes karolingiens donnent indifféremment les noms de Gascogne ou d'Aquitaine à tous les pays qui reconnaissaient l'autorité de Hunald et de Waïfer. Je pourrais citer plusieurs passages de Frédégaire où il étend aussi la Gascogne jusqu'à la Loire ; mais dans d'autres, au contraire, il la limite à la Garonne, et c'est à quoi la restreignent aussi les écrivains postérieurs.

La Gascogne ainsi réduite renfermait un très-grand nombre de fiefs et territoires, dont la composition détaillée sera fournie dans le travail que je prépare sur la géographie historique de ce pays, mais dont je ne puis signaler ici que les principaux.

Albret (pays d'), Armagnac (comté), Astarac (comté), Auvillars (vicomté). Bazadais (pays de), Béarn (vicomté), Bidache (principauté), Bigorre

environ trente-six lieues carrées, dont sept et demie de long et six et demie de large (1).

Fortun-Sanche qui vivait, ainsi que son frère Loup-Aner, du temps de saint Austinde, archevêque d'Auch (1060), est le

(comté), Bordeaux (comté, qui serait exclu par la délimitation de Paul Mérula), Born (prévôté de), Bruilhois (vicomté), Buch (captalat).

Chalosse (pays de), Comminges et Couserans (comté), Condomois (pays de). Dax (vicomté).

Fezensac (comté), Fezensaguet (vicomté), Fimarcon (marquisat), Fites et Refites (pays de).

Gaure (comté), Gimois (vicomté).

Isle-Jourdain (comté).

Lavedan (vicomté), Lomagne (vicomté).

Maremne (vicomté), Marsan (vicomté), Marensin (pays de), Médoc (pays de), Montanerès (vicomté).

Nébouzan (vicomté).

Oloron (vicomté), Orthe (vicomté).

Pardiac (comté).

Quatre-Vallées (comté).

Rivière (judicature de).

Tartas (vicomté), Tursan (vicomté).

Verdun (judicature de).

Voici, d'après les documents authentiques, la série des ducs et comtes gascons, jusqu'à Sanche Mitarra, premier duc héréditaire de Gascogne :

GENIALIS, nommé duc, vers 607, par Théodebert et Thierry.

AIGHINANES, régissait la province vers 627.

AINANOUS, avait le même emploi vers 637.

EUDES, HUNALD et WAIFER possédèrent à la fois l'Aquitaine et la Gascogne jusqu'en 768.

SIGUINUS, fait comte de Bordeaux par Charlemagne en 778, était aussi comte de Gascogne, d'après Oïhénart.

SIGUINUS II, duc de Gascogne, comte de Bordeaux et de Saintes, mourut ou fut fait prisonnier en 846, dans un combat contre les Normands.

TOTILUS. L'existence de ce duc, qui aurait battu les Normands, n'est attestée que par un passage du livre de Nicolas Bertrandi, *De Gestis Tholosanorum*. J'ai prouvé la fausseté de ce texte dans une dissertation spéciale encore inédite.

GUILLAUME, duc de Bordeaux et de Gascogne, succéda à Siguinus, capturé par les Normands en 848, d'après la *chron. Fontanel.* Ce Siguinus ne serait-il pas celui le même que Loup de Ferrières fait tuer par les Normands en 846 ?

Je n'ai pas tenu compte, bien entendu, pour la formation de cette liste, des indications fournies par la charte apocryphe d'Alaon.

(1) EXPILLY, *Dict. géogr.*, v° *Labourd*.

premier vicomte de Labourd connu. Régine Torte, sa fille et son héritière, épousa Sanche-Garsie, qui la rendit mère de Garsie-Sanche, marié à Urraca et père de Bertrand (1140-1170). Ce dernier vicomte s'unit d'abord à Tota Orqueyna et ensuite à Ataresa. Il eut plusieurs enfants, notamment Pierre-Bertrand qui lui succéda, et mourut bientôt après. Pierre-Bertrand fut remplacé par son frère Arnaud-Bertrand, auquel succéda Guillaume-Raymond, fils d'une sœur d'Arnaud-Bertrand. Guillaume-Raymond vivait en 1193, et Oïhénart le considère comme le dernier vicomte de Labourd. Il parle néanmoins de certains documents, d'après lesquels ce titre aurait encore été porté, en 1205, par un personnage du nom de Bertrand. Quoi qu'il en soit, ce fief fit peu de temps après retour au duché d'Aquitaine et tomba aux mains des Plantagenêts (1).

Le Labourd comprenait les trente-huit paroisses ci-après, qui ne formaient que trente-trois communautés, parce que certaines communautés embrassaient plusieurs paroisses.

Aigonne, Ainhoa, Anglet (bourg), Arbonne, Arrangos et Bassussarry, Ascain (bourg), Atheze, Bayonne (ville, capitale du Labourd), Biarrits (bourg), Bidart (bourg), Briscons (bourg), Cambo, Cibourre (bourg), Espelette, Guétary, Hacsou, Hasparren, Itsatsou, Larresore, Loursoa, Macaye, Mendiondo, Sarre (bourg), Souraïde, Saint-Esprit (le), Saint-Jean-de-Luz, Saint-Jean-le-Vieux, Saint-Pé et Serres, Saint-Pé-d'Irube, Villefranque (avec Hendaye et Birialou), Urcuit, Ustarrits et Jatxou (2).

La Basse-Navarre est bornée au nord et au nord-ouest par le Labourd, au sud et au sud-ouest par la Navarre espagnole, à l'est par la vicomté de Soule, et au nord-est par la vicomté

---

(1) Oïhénart, *Not. utr. Vasc.*, p. 544-45.
(2) Expilly, *Dict. géogr.*, v° *Bayonne*. J'ai rectifié l'orthographe toponymique, à l'aide du *Dictionnaire topographique des Basses-Pyrénées* de M. P. Raymond.

de Béarn. Son territoire s'étendait sur environ soixante lieues carrées, dont onze et demie de long sur sept de large (1). La Basse-Navarre, appelée aussi *Navarra deçà-Ports*, était une des six merindades de ce royaume. Les cinq merindades transpyrénéennes furent enlevées par Ferdinand le Catholique à Jean d'Albret, qui ne conserva plus que la merindad cispyrénéenne. Cette dernière passa ensuite aux Bourbons, et fut réunie à la France par l'avènement de Henri IV.

La Basse-Navarre se divisait en plusieurs territoires, dont je vais donner la composition détaillée.

Pays d'Arberoue, comprenant les paroisses ou communautés d'Arberoue, Hélette, Isturits, Méharin, Suhescun, Saint-Esteben, Saint-Martin. — *Pays de Cize et châtellenie de Saint-Jean*, comprenant les paroisses ou communautés d'Ahatxe, Alciette, Aincille, Barcassan, Béhorléguy, Bussunarits, Bustince, Çaro, Dainhisse, Gamarthe, Garatéguy, Janits, Jazu, Irribi, Ispourre, Lacarre, Madeleine (la), Mendibe, Mongélos, Sarrasquette, Sorhaburu, Saint-Jean-Pied-de-Port (ville), Saint-Michel, Uhart, Urrutialde, Utziat. — *Pays d'Irissarry, Armendarrits et Lentabat*, comprenant les paroisses ou communautés d'Armendarrits, Ascombéguy, Bastide de Clairence (la), Béhaune, Iholdy, Irissarry. — *Pays de Mixe*, comprenant les paroisses ou communautés d'Armendeuix, Amoros, Arbérats, Arbouet, Arraute, Aysirits, Béguios, Béhasquen, Beyrie, Biscay, Camou, Charrite, Gabat, Garris, (ville), Illharre, Labets, Larribar, Masparaute, Oneix, Orègue, Orsanco, Piste (la), Sillègue, Sombarraute, Sucos, Suhast, Surhaute, Saint-Palais (ville), Uhart. — *Pays d'Ostabarret*. Paroisses ou communautés : Arhansus, Arros, Asme, Banus, Cibits, Hosta, Ibarre, Ibarrola, Juxue, Larceveau, Ostabat, Saint-Just. — *Vallée de Baigorry*. Paroisses ou communautés : Accous, Anhaus,

---

(1) Expilly, *Dict. Géogr.*, v° Navarre.

Arnéguy, Ascarat, Bastide, Ermielte, Jureléguy, Lasse, Leïspars, Otticoren, Sorhouette, Saint-Etienne. — *Vallée d'Ossès*. Paroisses ou communautés: Ahaïcé, Bidarray, Exave, Eyharce, Galardu, Hosta, Iriberry, Ugarcin (1).

La Soule (*Subola, Sibillatensis pagus*) se nomme en basque *Ziberoa*. Cette vicomté était bornée au nord et à l'est par la vicomté de Béarn, au midi par la Navarre espagnole, et à l'ouest par la Basse-Navarre. Son territoire s'étendait à peu près sur trente lieues carrées, dont neuf grandes en longueur, et quatre et demie en largeur (2).

Raymond-Guillaume, surnommé Salamanca, qui vivait entre 1040 et 1060, est le premier vicomte de Soule connu. Il eut deux fils, Guillaume-Fort, qui lui succéda, et Arnaud-Fort. Oïhénart compte encore parmi les suzerains de ce pays Centulle, Navarra, mariée en 1150 à Auger de Miramont. Vient ensuite Raymond-Guillaume II (1187-1200), marié à Félicie. De cette union naquit Raymond-Guillaume III, son successeur (1240-1254), et Guillaume-Fort. Le premier épousa Marquèse, qui le rendit père d'Auger et d'Arnaud-Raymond. Auger, vicomte de Soule (1260), épousa Miramonde de Butz (*Butzia*). De ce mariage : Corbaran, mort avant son père, à la survivance d'une fille nommée Miramonde ; Auger ; Jean ; Miramonde, mariée à Guillaume, seigneur de Caumont, en Gascogne. Le vicomte Auger ayant à se plaindre d'Edouard I, roi d'Angleterre et duc de Guienne, quitta son pays pour la Navarre espagnole, où il devint la souche de l'illustre maison des Mauléon, seigneurs de Rada. Il mourut en 1318 (3).

---

(1) EXPILLY, *Dict. géogr.*, art. *Arberoue, Cize, Irissarry, Ostabarret, Baigorry, Ossès*. J'ai rectifié l'orthographe toponymique, à l'aide du *Dict. topogr. des Basses-Pyrénées* de M. P. RAYMOND.

(2) EXPILLY, *Dict. hist.*, v° *Soule*.

(3) OÏHÉNART, *Not. utr. Vasc.*, p. 558. D'après le même auteur (p. 407), la vicomté de Soule aurait probablement dépendu d'abord du royaume de

La Soule comprenait les paroisses ou communautés suivantes : Abense de Haut, Abense de Bas, Ainharp, Alçabéhéty, Alçay, Alos, Arhan, Aroué, Arrast, Atherey, Aussurucq, Barcus, Berraute, Berrogain, Camou, Charrite de Haut, Charrite de Bas, Chéraute, Ch'higue, Domesain, Espès, Etchebar, Garindein, Gestas, Gotein, Haux, Hôpital, Idaux, Ithorots, Lacarry, Laguinge, Larraun, Larrebieu, Larrory, Laruns, Libarrens, Lie, Lichans, Licharre, Lohitzun, Mauléon (ville, capitale de la Soule), Mendy, Mendibieu, Menditte, Moncayolle, Montory, Musculdy, Olhaïby, Ordiarp, Ossas, Osserain, Oyhercq, Pagolle, Restoue, Rivareyte, Roquiague, Sauquis, Sibas, Sonhar, Sonharette, Sorholus, Suhare, Saint-Engrace, Saint-Etienne, Tardets, Troisvilles, Undurein, Viodos (1).

Je suis bien loin d'avoir tout dit sur l'histoire et la géographie des Vascons et des Basques cis et transpyrénéens. Ces indications me paraissent néanmoins plus que suffisantes pour les besoins de ma discussion. Dans le chapitre précédent, j'ai indiqué, comme de très-fortes présomptions contre l'in-

---

Navarre, et il cite à l'appui de son opinion un passage du cartulaire de Bigorre relatif à une alliance entre Guillaume, vicomte de Soule, et Centulle, vicomte de Béarn. Guillaume promet de secourir Centulle contre tous ses ennemis : « Exceptis comite Gasconiæ et rege Pampelonensi. » Tout le pays Basque français aurait même dépendu d'abord des rois de Navarre. « Simon de Monteforti filius Simonis de Monteforti, qui anno Domini 1209 cruce signatus est contra Albigenses, reginem Blancham regis Francorum matrem sibi timens offensam aufugit in Angliam, ubi gratiose acceptus a rege, Leicesteriæ obtinuit comitatum cum seneschallia Angliæ, et regis sororem quæ prius castitatem voverat in manu episcopi uxorem accepit, qui etiam postea senescallus Wasconiæ factus regem Angliæ ut terram Basclorum, cui caput est civitas Bajonæ et olim regnum fuerat, recognosceret de feodo Franciæ regis, ut sic regis Castellæ actionem excluderet, qui terram illam ad feodum regni Hispaniæ asseruit pertinere. THOM. WALSINGAN, In Hypodigm. Neustriæ, ad ann. 1239. » — Walsingan a écrit roi de Castille (Castellanus) pour roi de Navarre; mais ce dernier prétendait seul, à l'époque indiquée, à la domination du Pays Basque français.

(1) EXPILLY, Dict. géogr., v° Soule. J'ai rectifié l'orthographe toponymique à l'aide du Dict. topogr. des Basses-Pyrénées de M. P. RAYMOND.

tégrité de la race vasconne, son isolement au milieu des Celtes et des Aquitains, et son expansion dans certaines contrées du nord de la Péninsule durant l'occupation wisigothique. Cette expansion s'est étendue, pendant les vi⁵ et vii⁵ siècles, au versant nord des Pyrénées occidentales, où aucun témoignage historique ne constate, avant cette époque, la présence de l'élément euskarien, qui dut nécessairement s'altérer encore par son mélange avec les habitants de cette portion de la Novempopulanie. Il est donc prouvé que, par deux fois au moins, les Vascons se sont recrutés brusquement et copieusement aux dépens des autres races. Il est également établi que, depuis la plus haute antiquité jusqu'à nos jours, les Basques ou leurs ancêtres se sont trouvés de tous côtés en contact incessant avec des populations hétérogènes, profondément transformées par la domination romaine et par les divers régimes qui lui ont succédé. L'expérience universelle, confirmée dans ce cas spécial par l'ethnologie et la philologie, atteste qu'en pareil cas la pureté du vieux type s'altère graduellement sous une influence exotique, dont l'énergie s'exerce plus particulièrement sur les nationalités infimes et dépourvues d'une forte organisation politique. Tel a été précisément l'état des Vascons et des Basques ; et, de cet ensemble de présomptions si graves, si précises et si concordantes, je crois pouvoir inférer, sans passer pour téméraire, que l'intégrité de l'élément euskarien, déjà altéré chez les premiers, a subi chez les seconds des échecs encore plus graves (1).

(1) Un simple aperçu de l'histoire religieuse de la Gascogne m'entraînerait beaucoup trop loin ; mais je demande à dire un mot de celle des Vascons et des Basques. Les Vascons étaient superstitieux et adonnés aux augures, comme on peut juger par le passage suivant de Capitolinus, *In Macrin*. « Ὀρνεοσκόπος magnus, ut et Vasconas, et Hispanorum et Pannoniorum augures vicerit. » Le P. de Moret, *Investigaciones historicas*, L. I, c. 9 et 10, a traité assez longuement des origines chrétiennes de la Navarre et du pays des Vascons. Cet écrivain fait prêcher l'Évangile à

§ 3.

Malgré les objections que je n'ai pas fini d'accumuler contre la pureté de la race euskarienne, les Basques sont aujourd'hui

Pampelune par saint Saturnin de Toulouse au premier siècle, et non pas au troisième, car il suit sur ce point Bernard Guidonis, Marca, Hauteserre, le P. Bajole, etc., dont je me borne à signaler l'opinion sans la discuter. Quoi qu'il en soit, Pampelune était déjà, avant la chute de l'empire romain, un évêché dépendant de la métropole de Tarragone. Cependant une partie des Vascons était encore idolâtre à l'époque de Dagobert, comme il appert de la vie de leur apôtre saint Amand. (V. *Vit. S. Amandi, Ep. Traject.* BOLLAND. VI, feb.) L'évêché d'Oloron apparaît pour la première fois en 506, dans la personne de Grat, qui assista au concile d'Agde. Un remarquable historien de la ville de Bayonne, M. Jules Balasque, en fait le siège d'un diocèse dès le premier siècle, et d'après lui saint Léon serait venu évangéliser le pays dès cette époque. Je ne saurais partager l'avis de M. Balasque. Le diocèse de Bayonne n'apparaît pour la première fois qu'avec Arsius, en 980. Sans doute, saint Léon était venu dans le pays environ quatre-vingts ans auparavant et y avait été martyrisé. Mais saint Léon venait de Carentan en Normandie, et, selon toute apparence, il apportait l'Evangile à d'autres Normands idolâtres établis à l'embouchure de l'Adour. En tous cas, la légende de ce martyr, telle que la donnent les Bollandistes (I, *Mart.*), a dû être remaniée vers le XIIᵉ siècle. Le P. Mongaillard, le P. Bajole, l'abbé Daignan du Sendat, Dom Brugèles et quelques autres historiens ecclésiastiques de la Gascogne veulent qu'après la destruction des évêchés dans le nord de l'Espagne par les Sarrazins, le métropolitain d'Auch ait pourvu, comme le plus voisin, aux besoins spirituels des populations de la Navarre et des pays voisins, et qu'il ait même nommé des prélats. J'ai tâché de réfuter cette erreur dans une dissertation spéciale et encore inédite: *Du titre de primat de la Novempopulanie et du royaume de Navarre, porté par les archevêques d'Auch.* Après la renaissance du catholicisme en Espagne, le territoire des Basques transpyrénéens se partagea entre les diocèses de Pampelune, d'Alava et de Jaca. Celui des Basques cispyrénéens englobait: 1° l'immense majorité des paroisses du diocèse de Bayonne, qui comprenait les archidiaconés de Labourd et de Cize, sans compter les vallées de Baztan et de Lérin en Espagne; 2° l'archidiaconé de Mixe, dans le diocèse de Dax (l'autre archidiaconé était celui de Dax); 3° l'archidiaconé de Soule, dans le diocèse d'Oloron. L'archidiaconé de Soule ecclésiastique relevait, avant le XIᵉ siècle, de l'évêché de Dax. Les autres archidiaconés du diocèse d'Oloron étaient ceux d'Oloron, Garenx, Aspe et Ossau. Les évêchés de Bayonne, Dax et Oloron faisaient partie de la province ecclésiastique d'Auch.

regardés, par l'immense majorité des savants, comme les héritiers directs des Vascons, qui se rattacheraient eux-mêmes, par un lien non moins légitime, aux Ibères, dont on fait volontiers la population primitive de l'Espagne (1). Quand il s'agit, au contraire, de déterminer la race et l'origine de ces Ibères, l'accord fait place à la plus complète division. Les historiens, les anthropologistes et les philologues, proposent à l'envi des solutions contradictoires que je ne puis discuter encore, mais dont je dois signaler dès à présent les principales, en ne m'attachant qu'aux fondateurs de systèmes, et en laissant de côté les auteurs dociles, dont les écrits ne font que reproduire les opinions de leurs devanciers.

I. **Les Basques descendent du patriarche Thubal, ou de son neveu Tarsis.**

1° Cette opinion, purement historique, se trouve exprimée pour la première fois, mais d'une façon encore dubitative, par saint Jérôme. D'après Josèphe, « Mado fut le fondateur des Madiens (Mèdes); Thobel donna son nom aux Thobeliens, que l'on nomme maintenant Ibériens ; Mescho donna le sien aux Meschiniens, car celui de Cappadociens qu'ils portent maintenant est nouveau (2). » Pour saint Jérôme, les Thobeliens de Josèphe sont tour-à-tour les Espagnols, les Italiens et les Ibériens orientaux (3). Saint Isidore de Séville,

---

(1) Parmi les rares dissidents figure un illustre philologue, M. Ad. Pictet, qui regarde comme des Celtes les Ibères du Caucase et de l'Espagne, tandis que les Basques constituent, d'après lui, « les seuls débris de l'ancienne race indigène. » Ad. Pictet, *Les Origines indo-européennes*, t. I, p. 67 et suiv., 1859.

(2) Κατοικίζει δὲ καὶ Θόβηλος Θοβήλους, οἵτινες ἐν τοῖς νῦν Ἴβηρες καλοῦνται· καὶ Μοσχηνοὶ δὲ ὑπὸ Μοσόχου κτισθέντες, Καππαδόκαι μὲν ἄρτι κέκληνται, τῆς δὲ ἀρχαίας αὐτῶν προσηγορίας σημεῖον δείκνυται. Joseph., *Antiq. Jud.*, L. I, c. 6.

(3) Sunt autem Gomer Galatæ, Magog Scythæ, Medai Medi, Iavam Iones, qui et Græci, unde, et mare Ionicum, Tubal Iberi, qui et Hispani, a quibus Celtiberi: licet quidam Italos suspicentur..... Hieronym, *In traditionibus*

écrivain espagnol mort en 636, est déjà beaucoup plus affirmatif en faveur de ses compatriotes (1), et plus tard le doute fait place aux affirmations les plus absolues (2). En acceptant l'installation de Thubal et de ses premiers descendants sur le versant sud des Pyrénées, les deux textes cités en note ne tendent pas à moins qu'à présenter ce personnage comme la souche des Basques. Telle était, en effet, l'opinion universelle des annalistes espagnols au moyen-âge, et je n'en veux d'autre preuve que le passage suivant de la *Leyenda Pendadola*, écrite en 1073 par Herman Llanès. Ce passage, dont voici la traduction exacte, nous a été transmis par Luiz de Ariz, dans ses *Grandezas de Avila,* ouvrage rédigé en 1315. « Les premiers hommes qui vinrent des pays éloignés pour habiter l'Espagne, furent le patriarche Thubal et quelques peuples qui parlaient le mauvais langage qu'on parle de nos jours dans les pays biscayens. »

La venue de Thubal en Espagne a été aussi acceptée, dans les temps modernes, par un grand nombre d'historiens, tels

---

Hebraicis, in cap. X *Genes.* — Tubal. Id est, Iberi orientales, vel de Occidentis partibus Hispani, qui ab Ibero flumine hoc vocabulo nuncupatur. Id. *In Ezechielis,* cap. XXVII.

(1) Thubal a quo Iberi, qui et Hispani, licet quidam ex eo et Italos suspicentur. Isidor. Hispalens, lib. XI, *Etymolog.*, c. 2.

(2) Tubal, a quo Hispani. Iste sedem posuit in descensu montis Pyrænei, apud locum qui dicitur Pampilona. Deinde cum isti se multiplicassent in multos populos, ad plana Hispaniæ se extenderunt. Abulens., *In cap. X Genes.* — Filii autem Tubal diversis provinciis peragratis curiositate vigili Occidentis ultima petierunt : qui in Hispaniam venientes, et Pyrænei juga primitus habitantes, in populos excrevere, et primo Cetubales sunt vocati, quasi cætus Tubal. Roderic. Toletan, *De Rebus Hispan.*, L. I, c. 3. — Le premier des écrivains cités dans cette note est l'évêque d'Avila, plus connu en France sous le nom d'Alphonse Tostat, qui jouissait d'une haute réputation vers la fin du xive siècle. En 1498, Annius de Viterbe dédia à Isabelle de Castille ses *Antiquitatum varia volumina XVII*, parmi lesquels figurent les cinq livres apocryphes attribués à Bérose. Le succès de cet ouvrage fut grand en Espagne, et l'origine thubalienne de ses habitants fut dès lors regardée comme indiscutable.

que Florian d'Ocampo, Garibay, Beuter, Vassé, les PP. Mariana et J. de Moret, Gabriel de Henao, Ferreras, etc., etc.

2° L'opinion qui fait peupler l'Espagne par Tarsis, neveu de Thubal, a été soutenue par Samuel Bochart (1), lequel ne faisait que renouveler une extravagance de Goropius Becanus; et néanmoins des annalistes espagnols, tels que Ponce de Léon, José Pellicer, Fernandez Priéto y Sotèlo, Xavier de Garma y Salcèdo, Manuel de la Huerta y Vegas, se sont rangés du parti de l'orientaliste français.

II. Les Basques sont les mêmes que les Ibères du Caucase.

Nous venons de voir que saint Jérôme rattachait tour-à-tour à Thubal les Ibères espagnols, les Ibères du Caucase, et les Italiens. Le texte de cet écrivain suffirait seul à indiquer que les anciens considéraient généralement les Ibères caucasiens et espagnols comme issus de la même race, ce qui est d'ailleurs confirmé par le témoignage formel de quelques autres auteurs classiques. Pline nous a conservé un passage de Marcus Varron (116-26 av. J.-C.), où il est dit que l'Espagne fut successivement peuplée par les Ibères, les Perses, les Phéniciens, les Celtes et les Carthaginois (2). Dionysius Afer, géographe du temps d'Auguste, fait venir au contraire de l'Ibérie espagnole

---

(1) Samuel Bochart, *Phaleg*, l. III, c. 7; *Chanan*, c. 33.

(2) In universam Hispaniam M. Varro pervenisse Iberos et Persas, et Phœnicas, Celtasque, et Pœnos tradit. Plin., *Hist. nat.*, lib. III, c. 3. — Pline rapporte cette opinion sans la partager, car il dit un peu plus bas que le nom d'Ibérie a été donné à l'Espagne à cause du fleuve Ibérus. « Quem propter universam Hispaniam Græci appellavere Iberiam. » Un commentateur de Polybe s'exprime dans le même sens. « Iberus amnis toti Hispaniæ nomen dedit. » Solis., *In Polyb., Hist.*, c. 26. C'est aussi le sentiment de Justin, abréviateur de Trogue Pompée. « Hanc veteres, ab Ibero amne, primum Iberiam; postea, ab Hispano, Hispaniam cognominaverunt. » Justin, l, XLIV, c. 4. Saint Jérôme s'exprime comme ses prédécesseurs dans un passage cité plus haut, note 3, p. 58-9.

les Ibères du Caucase (1), et Strabon, mort vers la fin du règne de Tibère, dit aussi que des Ibères espagnols émigrèrent vers le Pont et la Colchide (2).

L'identité des Ibères de l'Espagne et du Caucase a été acceptée par bon nombre d'historiens modernes, parmi lesquels je ne veux citer que M. Michelet (3) et de Brotonne (4).

Les deux hypothèses ci-dessus ne sont étayées que sur des textes; en voici d'autres qui reposent sur la philologie et l'anthropologie.

III. Les Basques se rattachent aux populations africaines.

1° Cette opinion a été soutenue, au nom de l'anthropologie, par MM. Boudard et le Docteur Paul Broca. D'après M. Boudard, les cheveux touffus ou flottants des Ibères prouvent « qu'ils ont dû passer par l'Afrique pour venir en Espagne, si même le continent africain ne fut pas la patrie originaire de la famille (5). »

Les conclusions de M. Broca reposent sur divers travaux anthropologiques, dont je parlerai plus utilement dans la

(1)   Quem juxta terras habitant Orientis Iberes,
    Pyrhenes quondam, celso qui monte relicto,
    Huc ad venerunt Hyrcanis bella ferentes.
            DIONYS. AFER, *In poem. De situ orbis.*

(2) STRABON., *Geog.*, lib. I.

(3) MICHELET, *Hist. de Fr.*, t. I. Je n'ai sous les yeux que l'édition de 1852, où je ne trouve pas la phrase relative à la provenance asiatique des Ibères espagnols. Mais je copie dans Graslin (*De l'Ibérie*, p. 163) le passage par lui transcrit sur une édition précédente : « La race des Ibères paraît de bonne heure dans le midi de la Gaule à côté des Galls, et même avant eux; des tribus ibériennes (asiatiques) émigrèrent malgré elles, poussées par des peuples puissants. » M. Michelet accepte d'ailleurs, sur la foi de W. de Humboldt, l'identité des Ibères et des Basques.

(4) DE BROTONNE, *Hist. de la filiation et de la migration des peuples*, t. I, p. 301-7.

(5) BOUDARD, *Numismatique ibérienne*, p. 2.

seconde partie de cet ouvrage, chapitre II : *Les Basques d'après l'anthropologie.*

2° Parmi les philologues, le baron Guillaume de Leibnitz est le premier qui ait, non pas affirmé la parenté du basque et des langues de l'Afrique septentrionale, mais indiqué, comme moyen de contrôler cette parenté possible, la comparaison des vocabulaires cophte et euskarien (1).

M. Gallatin signale aussi de prétendues analogies entre le basque et les langues du Congo (2).

MM. A. Th. d'Abbadie et J. Augustin Chaho ont publié, en 1836, des *Études grammaticales sur la langue euskarienne,* dont les *Prolégomènes* sont l'œuvre exclusive de M. d'Abbadie (3).

---

(1) « S'il y avoit beaucoup de mots basques dans le cophte, cela confirmeroit.... que l'ancien espagnol et aquitanique pouvoit être venu d'Afrique. » Lettre XXI à M. Mathurin Veyssiere La Croze. Gotofredi Guillelmi Leibnitii, *Opera omnia,* t. V, p. 503. Cf. *Collect. etym.,* n° XI, ibid. t. V, pars II, p. 219.

(2) Gallatin, *Smithsonian contributions to knowledge,* vol. VIII, p. 54. Washington, 1856.

(3) Depuis cette publication, M. d'Abbadie a conquis, par d'autres travaux philologiques, et par ses longs et périlleux voyages en Afrique, une place distinguée dans le monde savant. Quant à Chaho, j'aurai l'occasion de m'exprimer plusieurs fois très-sévèrement sur sa valeur et sa probité scientifiques. Cet écrivain est mort à Bayonne, il y a déjà quelques années, pauvre, à moitié fou, et persécuté, dit-on, par la police, à cause de ses opinions démocratiques, qu'il ne sut malheureusement pas concilier toujours avec les égards dûs à des adversaires très-honorables. Les amis politiques de Chaho ont voulu plus d'une fois abriter l'écrivain derrière le démocrate et l'homme malheureux, et conférer ainsi à ses œuvres le singulier privilège de l'inviolabilité scientifique. Mais la critique ne saurait être arrêtée par des obstacles pareils. Quand Chaho se cantonne dans l'étude exclusive de la grammaire euskarienne, déjà si vivement éclairée avant lui par le beau travail de l'abbé Darrigol, il est bien loin d'être exempt d'erreurs, mais en somme ses recherches sont dignes d'un peu d'estime.

Je n'en saurais dire autant pour la philologie comparée dont il ignore même les premiers éléments. On voit déjà s'accuser, dans ce genre de travaux, cet *euskarisme* mystique et démocratique, qui se donne toute carrière dans les *Paroles d'un voyant, Aïtor, Philosophie des religions,* le *Voyage en*

Ce savant y a relevé, en philologue exercé, les affinités du basque avec divers groupes de langues, mais en évitant de manifester ses opinions personnelles sur la question de parenté. Voici comment il s'exprime au sujet des idiomes wolofe et euskarien : « Le wolofe, langue parlée par plusieurs nations nègres qui habitent la Sénégambie, offre moins de conformité avec l'*Eskuara*, si on le compare aux idiomes déjà cités dans l'Europe orientale (langues finnoises). Cependant les verbes se modifient pour former des noms et se décliner ; tout nom se conjugue, c'est-à-dire exprime nos idées verbales par des noms invariables dans un même temps, et qui définissent leurs relations par l'adjonction de pronominatifs. Il serait plus juste de dire que la langue wolofe sous-entend toujours son verbe ; car l'idée de l'être n'y est jamais exprimée autrement que par l'affirmation abstraite. On voit que c'est la première nudité d'une langue qui n'a revêtu aucune draperie ni d'idéalité ni de philosophie. Nous ne saurions regarder comme articles dans cette langue les particules qui suivent les noms, et dont les consonnes se modifient par attraction suivant la lettre initiale du mot. Ces prétendus articles wolofes *by*, *bou*, *ba*,

---

Navarre, etc., où les erreurs involontaires fourmillent à côté des mensonges et des faux commis en pleine connaissance de cause. Les polémiques de Chaho sur l'origine des Basques n'ont eu lieu, en général, que contre des adversaires peu redoutables, et il ne perd pas une occasion de les traiter de Turc à More. Il injurie le P. Bartolomé, Fleury-Lécluse, Du Mège, Lherminier, Pierquin de Gembloux, etc., etc. On pourra juger du ton par cette phrase à l'adresse de Du Mège : « M. Du Mège, natif de La Haye, inspecteur d'antiquités de bric-à-brac, commissaire pour la recherche et la conservation des monuments fantasmagoriques, académicien de Carcassonne, Narbonne, Garonne, Foix et Castelnaudary, ex-ingénieur militaire, chevalier de l'Éperon-d'Or, membre de plusieurs Sociétés agricoles, vinicoles et savantes, etc., etc., etc. » *Hist. primitive des Euskariens-Basques*, p. 80. Voilà, ce me semble, de quoi convaincre les amis politiques de Chaho, de mon droit à discuter avec calme, et dans l'intérêt de la science pure, les opinions de celui qui traitait avec tant de sans-façon, un vieillard, d'ailleurs très-peu recommandable comme érudit.

correspondent aux noms démonstratifs basques *hau*, *hori*, *houra*, celui-ci, celui-là, celui-là là-bas ; car la vraie fonction de l'article, tel que nous le concevons, est de particulariser tout individu substantif, sans égard à sa position dans l'espace. Le nom wolofe n'a pas de genre, et par suite le substantif ne se distingue pas de l'adjectif; mais la déclinaison étayée de prépositions est très-pauvre. Comme en basque, il y a trois modifications terminales du nom verbal, pour former les temps, les mots *na, nga, na*, je, tu, il, servant à remplacer le verbe être. Mais ces mots pronominaux n'ayant pas d'inflexions par rapport aux temps, il a fallu emprunter le secours de particules, à peu près comme les mots *baldin, heya,* etc., usités dans notre dialecte labourdin. La langue wolofe possède un système de terminatives analogues aux nôtres quoiqu'elles ne correspondent pas dans les deux langues; car les modifications d'une idée ne sont pas comme des cas : ces derniers sont générés nécessairement par les positions du nom, tandis que les nuances des idées dépendent d'un ordre de choses moins matériel, de la tendance et des besoins de l'âme qui gouverne et crée le langage; elles doivent donc varier selon la situation physique et morale des peuples (1).

M. Ernest Renan a inséré, dans son *Histoire des langues sémitiques*, un passage que je crois devoir transcrire en entier.

« On croit du reste que la langue des Lybiens, comme celle des Numides, avait de grandes analogies avec le berber. En général, l'ethnographie du nord de l'Afrique paraît avoir peu changé; un grand nombre de noms de peuplades berbères et touaregs se retrouvent dans l'antiquité : ainsi les Ζάυзες, Ἔθνος Λιβύης, sont les *Zéwaga* ; les Gétules paraissent être les *Gheschtoulah*, ou plutôt les *Gezoulah*. Le nom de Λίβυες lui-

(1) D'ABBADIE et CHAHO, *Etudes grammaticales sur la langue euskarienne,* p. 21-22.

même est probablement identique à celui de *Lewatah*. La terminaison *tah*, si caractéristique des noms berbers (*Zenatah*, *Mezatah*, etc.), et qui, selon Ibn Khaldoun, est une terminaison plurielle (1), ne serait-elle pas identique à la terminaison *tani* (*Mauritani* (2), etc.), qui en Afrique, et surtout en Espagne, indique les noms des peuples? L'hypothèse qui rattache

---

(1) Cf. REINAUD. Rapport inséré au *Moniteur*, 6 août 1857. *Note* de M. RENAN.

(2) Je discuterai à fond, en temps opportun, le passage de M. Renan; mais je ne puis m'empêcher de regretter, dès à présent, qu'il n'ait point justifié, par quelque citation tirée des auteurs anciens, l'expression *Mauritani* que je n'ai su découvrir nulle part comme substantif ou comme adjectif. Polybe, qui a le premier décrit le nord de l'Afrique avec une certaine précision, appelle les Maures Μαυρούσιοι (III, 33). C'est aussi le nom que leur donne Strabon (XVIII) et Plutarque (*Vit. Marc.*), tandis que Pausanias (*Descr. Gr.*, I, 33) emploie le terme Μαῦροι. Mauritanie se dit en grec Μαυρουσία et Μαυριτανία (Strab., II; Plut., *Vit. Sert.*, etc.). Je trouve dans le *Glossarium mediæ græcitatis* de Meursius Μαυρίσκος, Morisque, descendant des Maures; nulle part je n'ai vu Μαυριτάνος. En latin, Salluste, Tacite, Hirtius, etc., appellent les Maures *Mauri*, et je ne rencontre *Maurusii*, comme substantif, que dans Tite-Live (1 XXI, c. 22). Virgile, Silius Italicus (X, 400) et Claudien (*Conf. stilich.*, 278) s'en servent comme adjectif. Je trouve employés de la même façon *Maurusiacus, a, um*, (Mart. XII, 67), *Maurus, a, um* (Hor., II, *Car.* 6, 3), *Mauricus, a, um* (Mart., V, 29), *Maurius, a, um* (Inscr.), *Mauretanicus, a, um* (Inscr.) Adverbe, *Maurice* (Gell., II, 25). Le glossaire de Du Cange donne *Moriscus*, Morisque. J'ai cité une inscription donnant *Mauretanicus* et non *Mauritanicus*. Les monuments épigraphiques et les médailles portent beaucoup plus souvent *Mauretania* que *Mauritania*, ainsi qu'il est facile de s'en convaincre en consultant les recueils de Gruter et d'Eckhel. ADVENTUI AUG. MAURETANIÆ — RESTITUTORI MAURETANIÆ. — EXERCITUS MAURETANIÆ. — Cette note prouvera le mal que je me suis donné sans succès pour découvrir les *Mauritani* de M. Renan, dont ne parle pas M. Louis Quicherat dans le *Dictionnaire des noms propres* annexé au *Dictionnaire latin-français*. Il est vrai que dans son *Thesaurus linguæ latinæ*, Robert Estienne a écrit : « *Maurus, a, um, adj.* (Μαῦρος), pro *Mauritanus sive Mauritanicus.* » Mais Robert Estienne parle ici en son propre et privé nom. Il fournit une explication en latin d'érudit, et *Mauritanus* ne figure point parmi la liste des termes relatifs aux Maures et à la Mauritanie qu'il emprunte aux écrivains de l'antiquité.

les Ibères aux populations indigènes de l'Afrique trouverait là une sorte de confirmation (1). »

IV. La langue basque est un idiome sémitique.

Cette opinion soutenue par La Bastide (2) et l'abbé d'Ibarce de Bidassouet (3), ne repose que sur les plus étranges rapprochements des glossaires basque et sémitique. M. Eichhoff affirme, sans en fournir aucune preuve, que les ancêtres des Basques sont venus de la région des langues chaldéennes, en suivant le littoral de l'Afrique septentrionale (4).

Certains auteurs ont cru retrouver du basque dans quel-

---

(1) Renan, *Hist. des langues sémitiques*, p. 202-3. Au bas de ce passage, M. Renan renvoie à la note suivante : « Sur l'origine ibérienne du suffixe *tani*, voy. Boudard, *Numismatique ibérienne*, p. 92 et suiv. Le même savant croit voir des ressemblances entre l'alphabet touareg et celui des Turdétans. »

(2) Mathieu Chiniac de La Bastide, *Dissertation et notes sur le Basque*, art. VI, p. 387-430. Paris, 1786.

(3) L'abbé d'Ibarce de Bidassouet, *Histoire des Cantabres, ou premiers colons de toute l'Europe*. Paris, 1828. Cet écrivain extravagant, cherche à démontrer de la p. 242 à la p. 409, la supériorité de l'idiome *asiatique basque* sur toutes les langues anciennes et modernes. « Je ne sais, dit-il, p. 244, si la langue du Père éternel..... était basque ; je ne serai pas assez hardi pour soutenir que le Père éternel parlât basque ; mais ce qu'il y a de certain, c'est que le nom de l'arche, en basque, *arkh*, *arkha*, arche, et celui de l'espèce de bois dont l'arche ou *arkha* devait être construite, sont des mots basques, *escuarac*. — Que l'on convienne donc enfin qu'il n'y a aucune langue dans tout l'univers qui approche plus de la langue que le Père éternel a inspirée à Adam. »

(4) Eichhoff, *Parallèle des langues de l'Europe et de l'Inde*, p. 43-44. Paris, 1836. M. Eichhoff rattache aux Ibères « les Turdétains, les Lusitaniens, les Cantabres... les Aquitains. » J'ai déjà prouvé que les Cantabres étaient des Celtes, et que les Aquitains se distinguaient suffisamment des populations de la Péninsule espagnole pour qu'il ne soit pas possible de les confondre. Je prouverai aussi, en temps utile, et par le seul secours de l'histoire, que les Turdétans et les Lusitaniens étaient des Celtes.

ques passages non latins du *Pœnulus* de Plaute. Leur assertion, que je signale ici pour mémoire, sera discutée dans un des appendices de cet ouvrage.

Le savant Docteur Pruner-Bey ne rattache pas les Basques aux Sémites; mais il pense que, dès une haute antiquité, ces derniers ont exercé sur les ancêtres des Euskariens une assez grande influence. Voici ce qu'il m'a fait l'honneur de m'écrire à ce sujet :

« Je tiens à vous confier qu'il faudra ménager une place honorable à l'élément sémitique parmi ceux qui composent la nationalité basque moderne. Jusqu'à présent, je n'ai démontré que la présence de l'élément ibère et du celtique. Pour démontrer celle de l'élément sémitique, il faudra un travail préparatoire crâniographique, où j'aurai à établir les caractères du crâne sémitique et des différences, notamment du crâne aryen. D'ailleurs, la langue parle dans le même sens, surtout les termes appliqués aux animaux domestiques. Rien enfin de plus naturel que l'infiltration de cet élément, surtout du côté de l'Espagne, qui depuis une haute antiquité fut colonisée par des couches sémitiques qui se sont établies partout et superposées. Je vous dis cela comme simple indice, que je vous prie de ne pas perdre de vue (1) »

Ce fragment de lettre contient une promesse que le signataire, M. Pruner-Bey, est en état d'acquitter mieux que personne, et les études crâniographiques qu'il annonce seront assurément un précieux secours pour ceux qui reprendront après moi le problème de l'origine des Basques. En attendant, je constate que le Docteur Pruner-Bey me parait être sur la bonne voie, quand il affirme que certains mots du glossaire euskarien témoignent d'infiltrations sémitiques fort anciennes, qu'il ne faudrait certes pas confondre avec celles qui résultent

---

(1) *Lettre du 3 juin 1868*, adressée par M. PRUNER-BEY à J.-F. Bladé.

de l'occupation de l'Espagne par les Sarrazins pendant une partie du moyen-âge. L'origine de ces derniers a été signalée, étudiée pour l'Espagne par le P. Sarmiento (1); Vergas Ponce (2), Rosseeuw Saint-Hilaire (3), Mariana (4), Don Pascual de Gayangos (5), Ticknor (6), le Dictionnaire de l'Académie espagnole (7), Hammer (8), et par Sousa pour le

---

(1) Sarmiento, *Memorias*, p. 107. Cet érudit affirme que six dixièmes des mots espagnols sont latins, un dixième liturgique et grec, un dixième norois (germanique), un dixième oriental, un dixième américain, allemand moderne, français ou italien. « Ce calcul, dit un illustre romaniste, M. Fr. Diez, peut bien être à peu près juste si l'on entend par mots les radicaux. Mais il ne faut pas oublier que les parties constitutives d'une langue ont une valeur très-inégale. »

(2) Sa *Dissertation* a paru en 1793.

(3) Rosseeuw Saint-Hilaire, *Etudes sur l'origine de la langue et des romances espagnoles*, p. 11. Paris, 1838. Je profite de l'occasion pour manifester mon étonnement du succès relatif obtenu par des écrits aussi faibles et aussi peu originaux que ceux de M. Rosseeuw Saint-Hilaire.

(4) L'essai de Marina se trouve dans le tome XIV des *Memorias de la Academia real de la historia*. Ce savant assigne aux mots arabes adoptés par l'espagnol une proportion moins forte que celle du P. Sarmiento.

(5) L'article de Don Pascual de Gayangos a paru en 1839, dans le n° XV de la *British and foreign Review*. Je saisis cette occasion pour remercier le savant professeur d'arabe de l'Université de Madrid des avis qu'il a bien voulu me donner en 1864. Don Pascual porte au huitième le contingent fourni par l'arabe à l'espagnol.

(6) Ticknor, *Histoire de la littérature espagnole* (trad. Magnabal), Appendice A, et notes des p. 630-31.

(7) « L'élément oriental, réduit à la partie qu'il occupe aujourd'hui dans le *Dictionnaire de l'Académie espagnole*, ne forme pas, tant s'en faut, la dixième partie des mots de la langue. Mais si on y ajoute les expressions infinies qui étaient en usage, avant le seizième siècle, et qui ont été postérieurement bannies de l'espagnol, il faudra convenir que leur nombre était certainement plus grand. » Ticknor, *Hist. de la littérature espagnole*, page 630.

(8) Le travail de Hammer a paru dans le t. XIV des Mémoires de l'Académie de Vienne (classe philosophique). V. aussi Frédéric Diez, *Introd. à la grammaire des langues romanes* (trad. Gaston Paris, p. 116-27).

Portugal (1). Les termes sémitiques qui se trouvent à la fois dans le basque et dans l'espagnol ancien et moderne, doivent être, à peu près tous, de provenance sarrazine (2); mais l'escuara en a d'autres, dont l'usage à une époque beaucoup plus ancienne s'accuse avec un caractère de haute probabilité, car ils n'ont jamais appartenu à l'espagnol, et on ne les trouve ni dans le *Vocabulario de voces anticuadas* de D. T. A. Sanchez (1842), ni dans aucun autre glossaire archaïque ou contemporain. Ces termes expriment, en général, des besoins et des idées fort simples, comme on peut voir par les exemples suivants :

Adina, âge; — Chaldéen, *idan*.

Agorra stérile; Hébreu, *a'gar*; — Arabe, *a'qyr*.

Aragia, chair et viande; — Hébreu, *harag* (tuer); — Arabe, *a'rq* (os recouvert de viande).

Auntza, chèvre; — Arabe, *an's*.

Illa, une; — Arabe, *hilal* (le croissant).

Itzalla (*i* euphonique?), ombre; — Hébreu, *tsal*; — Chaldéen, *dzyll*.

Tela, flocons de neige; — Hébreu, *telag*; — Arabe, *tzeldj*.

Umeria, bélier : — Chaldéen, *immera* (agneau); — Arabe, *immer*, ou *mrous* (3).

Je pourrais facilement tripler le nombre de ces rapproche-

(1) Sousa, *Vestigios de la lengua arabica en Portugal*. Lisboa, 1789.

(2) L'histoire positive prouve d'ailleurs, par cent témoignages, que l'occupation sarrazine a été moins énergique et moins persistante dans le nord de l'Espagne que dans le reste de la Péninsule. V. notamment Dozy, *Recherches sur l'hist. et la littérat. de l'Espagne pendant le moyen-âge.* Leyde, 1860. Les musulmans n'ont donc exercé qu'une influence relativement médiocre sur les Basques, et M. Reinaud, *Invas. sarrazines*, passim, constate d'ailleurs, comme M. Dozy, que l'élément berber dominait parmi les envahisseurs des régions situées au midi des Pyrénées.

(3) Je n'oserais comprendre dans cette liste le mot basque *zapoa*, crapaud, rapproché de l'hébreu *dzab*, et de l'arabe *sifdâ*. On m'a dit que *zapoa* se retrouvait dans le catalan, qui est un dialecte du provençal.

ments, et tout me fait croire qu'en poursuivant mes recherches j'arriverais à dresser une liste beaucoup plus longue. Les preuves historiques de l'établissement des Sémites en Espagne dans l'antiquité, seront fournies quand je traiterai de l'ethnologie de la Péninsule.

V. Les Basques se rattachent à la famille aryenne.

Cette opinion n'a été soutenue, si je ne me trompe, qu'au nom de la philologie.

Augustin Chaho est, à ma connaissance, le seul auteur qui ait comparé le basque au sanscrit (1). Son système ne repose que sur des analogies de glossaires, comme le prouve la liste ci-après, dont la première série, qui est celle des mots sanscrits, a été empruntée par Chaho au vocabulaire de Paulin.

Sanscrit.	Basque.	Français.
Ama.	Ama.	Une mère.
Ata.	Ata, aïta.	Un père.
Asza.	Aizia.	Le vent.
Ashua.	Astua.	L'âne, une bête de somme.
Tanaïa.	Anaia.	Un frère ou un fils.
Purua.	Burua.	L'Orient, la tête, l'origine.
Puruacah.	Buruzaghia.	Un homme, tête ou chef.
Puruacah.	Burhasoac.	Les ancêtres.
Kara.	Kara.	La main ou manière.
Kuta.	Kukuta.	La crête, cime ou le sommet.
Kuzurra.	Zakuma.	Un chien.
Zarrama.	Zakurrunsa.	Une chienne.
Djazti.	Azti.	Un devin.
Djana.	Jana.	La nourriture, le manger.
Djana (sarua).	Jakina (oro).	Celui qui sait tout.

(1) J. Augustin Chaho, *Comparaison du basque avec le sanscrit*, dans le *Journal de la Société asiatique* de 1824, XVIe cahier; Id. *De l'origine des Euskariens ou Basques*, dans la *Revue du Midi* de 1833, p. 13 et 58; Id. *Voyage en Navarre*, p. 383 et suiv.; Id. *Lettre à M. Xavier Raymond sur les analogies qui existent entre le basque et le sanscrit*; Id. *Histoire primitive des Euskariens-Basques*, p. 137 et suiv.

Gagana.	*Gagaña.*	Le ciel, le haut firmament.
Idra.	*Idia.*	Un bœuf.
Izha.	*Izhana.*	Celui qui est, Dieu.
Irz.	*Izar.*	Une étoile.
Nir.	*Nigar.*	Les larmes.
Zuurta.	*Zuurra.*	Le sage, la sagesse.
Ouha.	*Oura, ouha.*	L'eau, l'élément liquide.
Ourzti.	*Ouri.*	La pluie.
Oursanti.	*Ourchita.*	La goutte d'eau.
Ouhatsara.	*Ouhaldea*	Le déluge.
Ouarsapo.	*Ourapo.*	La grenouille ou crapaud d'eau.
Sou.	*Sou.*	Le feu.
Suaru.	*Suri.*	L'éclair fulminant.
Sioucha	*Chouka*	La flamme, ce qui dessèche.
Siouba.	*Soughia (heren).*	Le grand dragon.
Souki.	*Soughi.*	Serpent.
Sou-Meru.	*Sou-Méru.*	Le Méru de feu.
Souarga.	*Sourharghia.*	Le ciel des élus ou des feux brillants
Souassa.	*Soualsa.*	Le souffle igné, animé.
Soutu.	*Souritu.*	La pureté, ce qui a été blanchi
Sucla.	*Sucoloria.*	La couleur blanche.
Sourgen.	*Sourien-a*	Le soleil, le plus blond.
Arghia.	*Arghia.*	La lumière.
Souarghiama.	*Suarghiama.*	Le firmament ou la source des feux lumineux (1).

(1) CHAHO, *Histoire primitive des Euskariens-Basques,* p. 140-41. Le lecteur comprend que je me prépare à la discussion par l'exposé, aussi exact et aussi neutre que possibles des systèmes de mes devanciers. Chaho me force pourtant de sortir, avant l'heure, de cette neutralité. Je ne nie pas, dans une certaine mesure, la valeur de quelques rapprochements; mais l'ignorance et la mauvaise foi de l'auteur ont fait entrer dans la liste ci-dessus bon nombre de termes basques qui ne devraient pas s'y trouver. Les 6e, 7e et 8e ont tous le même radical, *buru,* tête. Les 22e, 23e, 24e, 25e et 26e comportent tous, de par leur première syllabe *our, ouh,* l'idée d'eau, d'humidité, en basque *ura* (pron. *oura*) ou *ouha* (*r = h*) eau. Les mots qui vont de la 27e à la 37e ligne commencent tous par *sou,* de même que le dernier de la liste. Dans l'idiome euskarien, *sou* ou *su* (qui devient parfois *zu, zi* et *ci*) répond à l'idée de chaleur, d'éclat, de blancheur), (su-*kindea,* chaleur, *zu-ri,* blanc, *ci-llarra,* argent, métal brillant). *Arghia,* lumière, se trouve aussi en double emploi. Parmi les mots commençant par *sou,* il faut rayer *soughia,* le grand dragon, et *sou-meru,* le Méru de feu. Le grand dragon ou serpent des mythes de l'Inde est absolument inconnu aux Euskariens qui n'ont dans leur pays, en fait de reptiles, que la couleuvre (*suguea*), le serpent (*sugarrasta*), la vipère (*ciraua*), le lézard (*sukerra* et *muskerra*), etc. Il n'a jamais été non plus question chez les Basques du *sou-meru,* méru de feu. Ce grand dragon et ce Méru jouent un grand rôle dans les rêveries cosmogoniques dont Chaho a infecté tous ses

La parenté du celtique et du basque a été soutenue par un grand nombre d'auteurs, tels que Dom Bullet (1), Latour d'Auvergne (2), le baron W. de Humboldt (3), l'auteur de la *Bibliotheca Scoto-Celtica* (4), Edwards (5), etc. Leurs opinions ne reposent guère sur des rapprochements de glossaires et des comparaisons toponymiques (6).

ouvrages, et qui défraient exclusivement ce livre de la *Philosophie des religions*, où l'extravagance de l'auteur s'est donné toute carrière. *Izarra*, étoile, est formé de *iz*, éclat, lumière, et *saroa*, *zaroa*, nuit (lumière de nuit). Pour rapprocher ce mot légitimement du sanscrit *izr*, il faudrait retrouver dans ce dernier terme, pour le son et pour le sens, les mêmes éléments que dans le basque. Le nombre des rapprochements faits par Chaho se trouve donc réduit à fort peu de chose. Du reste, cet auteur voit dans les Basques les ancêtres des populations de langue sanscrite et de beaucoup d'autres nations, dont les idiomes ne seraient que l'*escuarra* corrompu, de véritables patois

(1) Dom Bullet, *Mémoires sur la langue celtique*, 3 vol. in-fol., 754-60. Cet auteur fait du basque un dialecte celtique, t. I, p. 19, 27. Avant Bullet, Lamartinière (*Dict. géogr.*, art. Celtes) avait prétendu qu'un Basque, un Bas-Breton et un homme du pays de Galles se comprenaient réciproquement, en parlant néanmoins chacun sa langue. Cette assertion se retrouve aussi dans *Some Enquiries concerning the first Inhabitants, Language..... of Europe*, p. 30-31, en note, et dans le *Gentleman's Magazine* de 1758, p. 436, et sa réfutation, p. 482-83. On a voulu retrouver à peu près pareille chose dans les *Scaligerana*, p. 48 ; mais M. Francisque-Michel (*Le Pays basque*, p. 8-10) a prouvé clairement que, loin d'admettre qu'un Basque et un Breton pussent s'entendre, en parlant chacun sa langue, Scaliger se refusait à le croire.

(2) Latour-d'Auvergne Corret, *Nouvelles recherches sur la langue, l'origine et les antiquités des Bretons*, p. 33-36. Bayonne, 1792 ; Id. *Origines gauloises*, p. 125-132. Paris, 1801.

(3) Guillaume de Humboldt, *Recherches sur les habitants primitifs de l'Espagne* (trad. A. Marrast), p. 147-48.

(4) *Biblioth. Scoto-Celtica*, p. XV. Glasgow, 1832. L'auteur invoque l'autorité de Lhoyd (*Archæol. Britann.*, préf. *Al y Kimry*, cf. p. 269), et sur celle du Docteur Murray (*Hist. of the European languages*, p. 158. Edimbourg, 1823).

(5) Edwards, *Recherches sur les langues celtiques*, p. 28 et 538. Paris, 1834-44.

(6) Guillaume de Humboldt écrivait à Wolf, le 12 décembre 1804 : « Je découvre sans cesse de plus en plus du grec dans le basque. » (*Wilhelm von Humboldt's gesammelte Werke*. Berlin, gedruckt und verlegt bei

Dans son travail intitulé *La langue basque et les idiomes de l'Oural*, M. H. de Charencey, qui tient d'ailleurs, comme nous le verrons plus bas, pour l'origine américaine des Euskariens, déclare que « le vocabulaire basque semble puisé à cinq sources principales : » la Touranienne, l'Aryenne, la Celtique, la Germanique et la Romano-latine (1). Voici, d'après cet auteur, la liste des mots rapportables à la seconde, troisième et quatrième source :

G. Reimer, 1845-46, t. V, p. 240). Humboldt ne fournit aucune preuve de cette parenté. Plusieurs auteurs ont prétendu que la Biscaye et l'Aquitaine avaient reçu des colonies grecques; mais le P. Gabriel de Henao (*Averiguaciones de las antiguedades de Cantabria*, p. 336-46), et le baron Chaudruc de Crazannes (*Revue d'Aquitaine*), ont historiquement démontré la fausseté de cette assertion. La colonisation de l'Aquitaine par les Grecs a été aussi soutenue, au nom de la toponymie, par Du Mège, le chevalier de Paravey, Laferrière et M. Henri Ribadieu. Je prouverai la fausseté de leurs théories dans ma *Géographie historique de la Gascogne*.

(1) H. DE CHARENCEY, *Le basque et les idiomes de l'Oural*, 1er fascicule, p. 52-56. La liste des mots rapportés par ce philologue à la source touranienne sera transcrite tout-à-l'heure, quand j'exposerai les opinions de ceux qui voient des Touraniens dans les Basques. M. de Charencey se borne à citer, comme exemples, neuf mots empruntés par ces peuples à la source romano-latine et provençale. Un in-4° n'aurait peut-être pas suffi à en donner la liste complète, et M. de Charencey a bien fait de se borner. Néanmoins, il aurait pu être moins bref, et, dans la seconde partie de ce travail, je tâcherai de fournir au lecteur des explications un peu moins sommaires. Pour dresser la liste des mots fournis par les sources aryenne, celtique et germanique, M. de Charencey a tiré grand parti du bel ouvrage de M. Adolphe Pictet : *les Origines Indo-Européennes*. Mais, dès les premières pages de son livre, M. Pictet rattache philologiquement à la souche indo-européenne ou aryenne les groupes indien, iranien, grec, lithuano-slave, latin, germanique et celtique. M. de Charencey le reconnaît lui-même en rapportant à la source aryenne des mots sanscrits, zends, persans, kurdes, allemands, grecs, polonais, écossais, irlandais et bretons. Dans la liste des mots fournis par la source celtique, ce savant confesse implicitement la même chose, en plaçant des mots sanscrits après les termes celtiques mis en face de leurs similaires basques. Les mots germaniques lui paraissent empruntés au vocabulaire des Goths, qui, on le sait, occupèrent longtemps l'Espagne. M. de Charencey se contredit donc évidemment quand il sépare les rameaux celtique et germanique de la souche aryenne à laquelle il les avait d'abord rattachés. Il est infiniment probable que les Basques ont

« Source aryenne. *Asto*, âne ; — Persan, *âstar*, mulet ; — Kurde, *ester*, id.

» *Bide*, chemin ; — Sanscrit, *pànthin* ; — Russe, *put* ; — vieux latin, *betere* aller.

» *Arhan*, prune ; — Sanscrit, *arani*, pruna spinosa, — Irlandais, *airne* ; — Ecossais, *airneag* ; — Breton, *irin*.

» *Arrano*, aigle ; — Suédois, *aern* ; — vieux Allemand, *arn* ; Breton, *ern*.

» *Artzo*, ours ; — Kurde, *artch* ; — Grec, ἄρκτος.

» *Beso*, bras ; — Persan, *bazou* ; — Zend, *bâzu* ; — Breton, *biz*, doigt.

» *Ba, baï*, oui ; — Zend, *bât, ba*, en effet ; — Védique, *ba*, véritablement.

» *Erdi*, moitié ; — Sanscrit, *ardah*.

» *Garri*, orge ; — Sanscrit, *gâritram*, riz.

» *Gaskor*, gorge ; — Sanscrit, *Karkas* ; — Grec, γαργαρεών.

» *Har*, prendre ; — Sanscrit, id.

» *Haran*, vallon ; — Zend, *haran*, montagne.

» *Zar*, vieux, usé ; — Zend, id. ; — Sanscrit, *djar*.

» *Ikhus*, voir ; — Sanscrit, *îksh*.

» *Zakhur*, chien ; — Persan, *sag* ; — Polonais, *suka*, chienne ; — Irlandais, *soich*.

dû, ainsi qu'il l'affirme, faire des emprunts plus ou moins nombreux au glossaire des Wisigoths, qui dominèrent longtemps en Espagne. Mais nous verrons plus tard que si l'existence du basque remonte très haut, elle se trouve *historiquement* constatée, pour la première fois, dans des documents qui ne vont pas plus haut que l'établissement du régime féodal. Nous verrons aussi que les plus anciens textes conçus en cet idiome ne dépassent pas le xve siècle. Dès lors, qui autorise M. de Charencey à croire empruntés aux Wisigoths ces mots des mots qui pourraient tout aussi bien avoir été, à une époque beaucoup plus ancienne, le patrimoine commun des Aryas et des ancêtres des Basques ? Cette dernière hypothèse répugnerait d'autant moins, que les termes en question ne caractérisent, comme on peut le voir, que les idées et les besoins d'une civilisation peu avancée.

» *Sar*, entrer ; — Sanscrit, *sar*, aller, etc., etc.

» SOURCE CELTIQUE (1). *Adarr*, corne ; — Ecossais, *adharc*.

» *Arren*, donc ; — Breton, *arre*, encore.

» *Berp*, chaud ; — Breton, *berv*, bouillant (2).

» *Estall*, la saillie ; — Breton, *tall*, saillir, couvrir.

» *Gogor*, dur ; — Irlandais, *gorg*, cruel, redoutable ; — Sanscrit, *karkaras*.

» *Iradze*, fougère ; — Breton, *rad*.

» *Killica*, chatouiller ; — Breton, *hillica*.

» *Larru*, peau, cuir ; — Breton, *ler*.

» *Latchun*, chaux ; — Breton (dial. de Léon), *raz*.

» *Izar*, étoile ; — Gallois, *sér*, étoile (3).

» *Hel*, appeler ; — Breton, *hel*, rassembler (4).

» *Idi*, bœuf ; — Gallois, *eidionn*.

» *Ibill*, marcher ; — Ecossais, *pill*, aller autour ; — Breton, *pelu*, naviguer à l'entour ; — Sanscrit, *pel*.

» *Hemen*, ici ; — Breton, *haman*.

» *Harri*, pierre ; — Ecossais, *carraig* ; — Breton, *carreg*.

» *Phenn*, rocher ; — Breton, *pen*, tête, cime.

» *Sai*, vautour ; — Irlandais, *seigh*, faucon.

(1) Les mots basques qui se retrouvent (*mutatis mutandis*) dans les idiomes celtiques, peuvent avoir deux origines entre lesquelles il n'y a aucun moyen de choisir. Les Euskariens actuels les possèdent, soit en vertu de leurs affinités ou de leurs rapports très-anciens avec les Aryas, soit à raison du contact prolongé des Vascons avec les populations avoisinantes, dont j'ai historiquement démontré l'origine celtique.

(2) M. de Charencey me semble aller chercher un peu loin les origines de *bero*. Ce mot me semble plutôt emprunté au gascon, où *r* médial égale *l*. Les Agenais disent *bullent*, bouillant, et les Gascons *bourent*.

(3) Si l'opinion de ceux qui voient dans *izarra* le rapprochement de deux mots (*iz*, lumière ; *saroa*, nuit, lumière de nuit), M. de Charencey a tort de le comparer à *sér*.

(4) Ce rapprochement me semble tiré. Le mot basque me semble correspondre au français *héler*. Les Basques ont été longtemps, comme l'on sait, de hardis navigateurs, et leur glossaire s'est enrichi aux dépens du glossaire maritime.

» *Uzt*, récolte; — Breton, *eost* (1).
» Source germanique. *Gudu*, combat; — Irlandais, *gudr*.
» *Narr*, sot; — Allemand, *id.*, fou.
» *Hari*, fil; — Flamand, *garen*.
» *Gazte*, jeune; gothiq., *gast*.
» *Elgarr*, l'un et l'autre, tous deux; — Flamand, *elkaerr*.
» *Sal*, vendre; — Islandais, *id.* (2).
» *Thanka*, frapper; — Suédois, *daenga*, heurter, frapper.
» *Eska*, demander; — Suédois, *aeska*. »

Peut-être un examen plus minutieux ne permettrait-il de rayer encore deux ou trois mots au plus dans la liste ci-dessus, qu'il serait facile d'ailleurs de grossir avec le secours des *Origines indo-européennes* de M. Ad. Pictet. Je me borne à quelques exemples.

Acha, aitza, pierre, rocher; — Sanscrit, *açan, açna, açma*; — Grec, ἀκόνη, pierre à aiguiser; — Lithuanien, *akmu*, (génitif *akmens*); — Slave, *kameni*, par métathèse.

Aizcora, hache; — Grec, ἀξίνη; — Latin, *ascia*; — Gothique, *aqvsi*; — ancien Saxon, *acus, ags, acas, aex, eax* (génitif *axar*); — ancien Allemand, *achus, akus, akis*.

Arecha, arbre, (*a*, ajouté devant *r* initial, conformément aux lois de la phonologie basque); — Sanscrit, *rôhi, rûsha*; — Persan, *arugh*, tronc, souche.

Mendia, montagne; — Irlandais, *moin, muine, moinse*; — Erse, *monadh*; — Cymrique, *mynyd, munt*; — Armoricain, *mané, méné*; — Persan, *man*, monceau; — Lithuanien, *man*, monceau.

Uzarria, joug; — Sanscrit, *yuga*; — Zend, *yaokhsti*, désir de se joindre; — Persan, *yûgh, yôgh, gûgh, guhe, gô*, d'où

---

(1) *Uzt* est emprunté au gascon *agoust*, août, par contraction *aust*, en espagnol *agosto*, parce que la moisson se fait ou se complète en août.

(2) *Sal*, ou mieux *sald*, vient de l'espagnol *sueldo*, sou, par extension monnaie.

vient *yúghídan*, mettre le joug ; — Kourde, *gót*, d'où vient *gótkem*, labourer, *gótkar*, laboureur ; — Béloutchistan, *gó* ; — Ossète, *oziau*. Cf., *soigh*, couple, et *zugel*, accoupler, atteler.

Zaldia, cheval ; — Sanscrit, *çulaka*, cheval rétif, (racine, *çûl*, ægrescere, clamare) ; — Persan, *shúlak*, cheval rapide.

IV. Les Basques se rattachant au groupe touranien.

Cette opinion repose principalement sur des considérations philologiques.

Chr. Gottlieb Arndt (1) est, à ma connaissance, le premier savant qui ait affirmé que le basque appartient à la même famille que le finnois et le samoyède. Son opinion repose principalement sur la comparaison plus ou moins heureuse de quelques prétendus radicaux (1).

Rask prétend que les Basques ne sont que des Finnois (2).

Dans ses *Prolégomènes des Etudes grammaticales sur la langue Euskarienne*, M. d'Abbadie qui signale, comme je l'ai déjà dit, les analogies du basque avec divers groupes d'idiomes, sans manifester néanmoins ses opinions personnelles, relève les rapports suivants entre les langues finnoises et l'escuara :

« En étudiant les langues de l'Europe pour rechercher ce que chacune d'elles peut avoir de commun avec les allures si originales de la syntaxe basque, on est surtout frappé du caractère de ce groupe d'idiomes dont le hongrois, le finnois

---

(1) Chr. Gottl. Arndt, *Ueber den Ursprung und die verschiedenartige Werwandtschaft der Europäischen Sprachen*, p. 26. Frankfurt am Main, 1813. Arndt prétend aussi que le celtique se rattache, par quelques-unes de ses racines, à la même famille que le basque.

(1) Rask, *Ueber das Alter und die Echtheit der Zend-Sprache*, p. 69. Berlin, 1826.

et le lapon forment les branches principales. Parmi les détails de grammaire qui rapprochent singulièrement ces langues de l'*Eskuara*, nous citerons les suivants :

» 1° La déclinaison des noms de ce groupe offre dix cas ou treize, et même quatorze, lorsqu'on y distingue un vocatif identique d'ailleurs avec le nominatif, et quand on y joint des prépositions qui peuvent cependant exister isolément, comme les terminaisons basques *gabe, gabian*, etc. Quelques-uns des cas ont même des ressemblances syllabiques avec l'*Eskuara*.

» 2° Les noms n'ont point de genre.

» 3° Quelques-unes de ces nuances que le hongrois introduit dans ses verbes se rapportent à ces modifications dont Astorloa voulait faire autant de conjugaisons. L'*Eskuara* possède même des composés qui manquent en hongrois, comme :

Maithazen dut,	J'aime, je suis aimant.
— *niz,*	Je m'aime.
Maithatua dut,	*Habeo amatum.*
— *niz,*	Je suis celui qui est aimé.
Maitharazten dut,	Je fais aimer.
— *niz,*	Je me fais aimer.
Maithalzen aldut,	Je puis aimer.
— *oidut,*	J'ai coutume d'aimer.
Maitengo dut,	J'aime mieux.
Maitharestenago dut, etc.	Je fais aimer mieux, etc.

» 4° Le hongrois exprime le régime dans le verbe; mais seulement pour la seconde personne à l'accusatif. Ainsi *latlak* veut dire : je te vois.

» 5° Tout nom peut devenir verbe dans ce groupe de langues : la réciproque est également vraie.

» 6° Ces langues mettent le mot qui qualifie devant le mot qualifié, ce dernier recevant seul l'inflexion que demande la phrase. Dans l'*Eskuara*, c'est aussi le dernier mot qui se décline ; mais celui-ci n'est pas le nom principal.

» 7° Le hongrois et le lapon expriment toujours l'idée j'ai, par la tournure basque et arabe, est à moi.

» 8° Le deuxième présent lapon se forme du verbe être et du nom verbal au cas locatif, analogie parfaite avec le basque. *Lam joäckemen, sinhesten dut*, je crois. La langue anglaise emploie la même tournure : *I am writing*, j'écris. Le futur lapon est aussi quelquefois composé du verbe être et d'un nom au génitif.

» Dans toutes ces langues, les désinences *ats, ke*, paraissent tout-à-fait analogues aux mêmes formes en basque, soit pour leur position, soit pour leur signification. Le lapon accumule, comme nous, les terminatives de diminution et de comparaison.

» Les différences les plus frappantes que présentent le hongrois et ses langues congénères, lorsqu'on les compare avec l'*Eskuara*, sont : l'absence de l'article ou le peu d'uniformité dans la terminaison des noms, la pluralité des paradigmes de déclinaison et de conjugaison, l'usage d'un nombre duel, des pronoms possessifs suffixes comme en Arabe, d'une conjugaison celtique, et de quelques noms conjonctifs qui ne se détachent pas.

» La langue géorgienne a, comme le basque et le finnois, un grand nombre de dialectes et quelques autres caractères d'une langue primitive ; mais ses affinités avec l'*Eskuara* sont moins nombreuses que nous ne l'avions cru d'abord.

» En effet, la déclinaison géorgienne n'est pas tout-à-fait simple et unique ; les idées abstraites et subordonnées *qui, que*, ne s'expriment point par des suffixes inhérents aux verbes ; les trois modes indicatif, impératif et participe, n'ont pas d'analogie avec la conjugaison basque ; les accessoires synthétisés du verbe ne suffisent pas à l'expression simultanée des deux régimes; la conjugaison n'est pas comparable à elle-même, et sa comparaison offre une physionomie erdarane (?) et syncopée. Toutefois, on y aperçoit encore le souvenir d'une ancienne conjugaison plus régulière.

» Parmi certains traits communs au géorgien et à l'*Eskuara*, nous ferons remarquer :

» L'absence de genre dans les noms et d'accusatifs dans la déclinaison; l'existence des aspirées *kh*, *th*, et des cas complexes dont quelques-uns sont aussi formés chez nous par une combinaison avec le génitif; la confusion des noms substantifs et attributifs; les noms verbaux substitués à l'énonciation si vague d'un ou de plusieurs infinitifs; la numération par 10 et par 20; l'identité des *mien*, *tien*, possessifs, avec les génitifs *du moi, du toi*; la formation des noms qualificatifs entés sur des noms déclinés; l'usage simultané de préfixes et de suffixes, dont le basque offre quelques exemples, comme *eztudala* (que je n'ai pas), et enfin les dérivatifs géorgiens qui répondent, quoiqu'en petit nombre, à nos terminatives. Les formatives personnelles du verbe offrent, avec le basque, une obscure analogie qui se trouve dans la combinaison du verbe et du substantif avec le cas modal pour former un futur. Cette exception est la règle générale en basque; le modal géorgien correspondant à notre cas en *an*. Les particules ou suffixes d'affirmation dans cette langue sont beaucoup plus variées que dans la nôtre.

» Il y a encore d'autres rapports sur lesquels nous voudrions insister. Le nom géorgien précédant le verbe comporte une signification adverbiale, laquelle est souvent, d'ailleurs, rendue par un nom au cas instrumental. On a déjà vu que des noms au mode indéfini, tels que : *egun*, jour, *bikar*, lendemain, ont été violemment relégués parmi les adverbes, et la terminative *ki* se rapproche beaucoup de notre cas en *kin*, dont l'analogue a été nommé instrumental en *géorgien*. Cette voyelle déterminante est remplacée par l'*i* final, qui, suivant M. Brosset, est une sorte d'isaphet d'unité, le générateur d'un sens déterminé. Nous avons peine à ne pas voir dans l'un des deux noms pluriels attribués aux noms géorgiens une grande analogie avec notre mode indéfini. En effet, on ne conçoit pas l'existence ni l'usage simultanément facultatif de deux pluriels dont l'un est certainement quelquefois employé avec le sens du singulier.

» En géorgien, quand un nom en régit un autre, celui-ci prend le cas du premier surajouté au génitif qui lui est imposé comme dépendant du premier mot. C'est ce que M. Brosset appelle double rapport : cette forme existe en basque, mais seulement quand on veut rendre la phrase plus certaine, plus positive. — Mais nous soulevons, sans la décider, cette question délicate (1). »

M. Bergmann, professeur de littérature étrangère à la Faculté des Lettres de Strasbourg, fait des Basques un peuple de race sabméenne (lappo-finnoise), venu des rives de la Baltique en Germanie, et ensuite refoulé graduellement par les Celtes jusqu'au pied des Pyrénées (2). Ce philologue, pour lequel feu M. P.-J. Proudhon a professé une admiration encore plus vive que raisonnée, paraît médiocrement versé dans l'histoire positive des Euskariens. La langue de ce peuple offrirait d'après lui, dans ses formes grammaticales, une ressemblance frappante avec les idiomes du groupe sabméen, tels que le groënlandais et le lapon. Les grammairiens basques, dit-il, ont beaucoup exagéré la richesse des formes de leur verbe, lequel ne serait autre chose qu'un adjectif verbal, susceptible d'être décliné tout aussi bien que conjugué. Cet adjectif verbal, conservé par les Euskariens, aurait

(1) D'Abbadie et Chaho, *Etudes grammaticales sur la langue euskarienne*, p. 17-21.

(1) Bergmann, *Mémoire sur les Gètes*, p. 74.

jadis existé dans toute une famille de langues, et il se retrouverait encore dans les idiomes américains. De là, une foule de formes grammaticales théoriquement acceptables, mais repoussées en pratique.

Le prince Louis-Lucien Bonaparte convient qu'il existe entre le basque et les langues finnoises des différences très-considérables ; mais il relève aussi certaines analogies qui lui paraissent d'autant plus frappantes, que l'idiome euskarien diffère davantage de tous les autres.

L'auteur a utilisé notamment, pour son travail, les publications de Zavala (*El verbo Vizcaino*), et de l'abbé Inchauspe (*Le verbe basque*), et les ouvrages de Castrén, Gablentz, Friis, Hunfalvy, Lönrot et Reguly sur les langues finnoises (1). Voici quelles sont, en substance, les analogies signalées par le prince Bonaparte.

La première a trait au *nominatif pluriel*, et l'auteur fait remarquer qu'il n'y a que le lapon du Finmark et le hongrois qui forment, comme le basque, ce nominatif en *k*. Dans cette dernière langue, ces noms ne sont susceptibles de pluriel qu'au défini, qui est toujours terminé en *a*, et le seul moyen de former le pluriel est d'ajouter *k* au nominatif du singulier

---

(1) Prince Louis-Lucien BONAPARTE, *Langue basque et langues finnoises*. Londres, 1862. — Ce philologue a fait éditer à ses frais bon nombre d'ouvrages destinés à faciliter l'étude de la langue basque et de tous ses dialectes. M. A. Marrast a donné la liste de ces publications à la suite de sa traduction française des *Recherches sur les habitants primitifs de l'Espagne*, de Humboldt. Il serait fort à désirer que le prince fît recueillir, tant en France qu'en Espagne, les poésies populaires des Euskariens, pour en former un recueil plus complet et plus exempt de compositions littéraires que ceux qui ont été publiés jusqu'à ce jour. Les autres, récits et superstitions, qui forment une branche si importante de la littérature comparée, devraient également être publiés. On aurait ainsi le moyen de déterminer si les Basques possèdent en propre des traditions légendaires, ou s'ils n'en ont pas d'autres que celles des populations limitrophes. En se mettant à la tête de cette double entreprise, le prince Bonaparte rendrait aux études euskariennes un important et nouveau service.

défini : *gizona*, homme, *gizonak*, hommes. En lapon, on distingue entre les mots qui se terminent au génitif singulier par une voyelle, et ceux qui finissent au même cas par une consonne. Les premiers forment leur pluriel en ajoutant un *k* à ce génitif, tandis que les seconds demandent, en outre, un *a* euphonique. Exemples : *Ædne*, mère, *ædnek*, mères ; *ædnam*, terre, *ædnamak*, terres. En hongrois, on ajoute un *k* aux noms terminés en voyelle pour en former le pluriel ; mais s'ils se terminent en consonne, les voyelles euphoniques *a, e, ö*, doivent précéder le *k*, selon la règle de l'harmonie des voyelles dont je parlerai plus bas. *Ayta, ust,* père, chaudron, font *aytak, ustök*.

La seconde analogie résulte de la *déclinaison définie*; mais le morduin est la seule langue finnoise qui possède cette déclinaison qui correspond exactement à celle du basque. Dans cette dernière, le défini résulte de la postposition d'un *a*: *gizon*, homme (indéfini), *gizona*, homme (défini). Cet *a*, comme le prouve victorieusement le prince Louis-Lucien Bonaparte, est un véritable adjectif démonstratif. En morduin, les choses se passent de même façon : *loman*, homme, à l'indéfini, fait *lomans* au défini, et l's finale est aussi un véritable adjectif démonstratif.

Le prince Bonaparte relève ensuite, sous le nom de *conjugaison objective pronominale*, une troisième analogie. Le basque, le morduin, le vogoule et le hongrois, peuvent exprimer dans leur verbe le sujet et le régime direct à la fois. Cette faculté appartient au vogoule et au basque pour toutes les personnes des deux nombres. Le vogoule peut fort bien exprimer dans ses trois nombres (1) les trois personnes comme sujet ; mais il n'y a que la deuxième et la troisième personne des trois

---

(1) Le lapon, le vogoule et l'ostyak sont les seules langues finnoises qui possèdent le duel.

nombres qui puissent y figurer comme régime. Le hongrois suit la même règle que le vogoule ; sauf que la seconde personne des deux nombres ne peut figurer dans le verbe qu'avec un sujet. Le basque, en exprimant dans son verbe les vingt-huit rapports résultant de la combinaison des sujets avec les régimes directs, ne confond qu'une seule fois (dialecte guipuzcoan) une forme avec l'autre. *Zaituste*, signifie tout aussi bien *ils t'ont* que *il vous a*. Pour vingt-huit rapports, cette langue fournit donc vingt-sept formes différentes.

Le morduin n'a que quinze formes, dont plusieurs sont en double emploi, pour exprimer ces vingt-huit rapports. Abstraction faite de son duel, le vogoule ne peut exprimer que vingt rapports par onze formes. L'intervention du duel porte à quarante-cinq le chiffre des rapports, et alors le vogoule n'a guère plus de vingt formes pour les exprimer.

La conjugaison objective pronominale, à régime direct ou indirect à la fois, et les traitements masculin, féminin et respectueux, sont exclusifs au basque, qui seul, en Europe, possède un verbe aussi riche en formes logiques. Dans cet idiome, la voix transitive du verbe est toujours objective pronominale. Dans les langues finnoises ce verbe n'est pas toujours objectif dans la forme.

Malgré l'immense supériorité du basque sur le morduin, le vogoule et le hongrois, non seulement quant au nombre et à la variété des formes pronominales, mais aussi quant à leur clarté logique et à leur usage, il n'en est pas moins constant que ces trois langues possèdent, d'une manière non équivoque, des formes objectives pareilles à celles du basque, bien qu'elles ne puissent arriver qu'à constituer une conjugaison plus ou moins rudimentaire et confuse.

La quatrième et dernière analogie signalée par le prince Louis-Lucien Bonaparte entre le basque et les langues finnoises, est celle de *l'harmonie et permutation des voyelles*. Le basque a six voyelles : *a, e, i, o, u, ü*. Cette dernière n'est usitée que dans la Soule et dans une partie de la Basse-Navarre. Si l'on prend pour base de la classification des voyelles basques leurs changements euphoniques, on arrive à les classer naturellement en deux groupes, dont le premier comprend les dures *a, e, o*, et le second les douces, *i, u*.

Le caractère distinctif des dures, en basque, consiste : 1° à déterminer le changement des voyelles *a, o*, dont elles sont immédiatement précédées en *i* et *u*, c'est-à-dire douces. Ainsi *bear*, devoir, *alloa*, poule, deviennent *biar, ollua*. Si au contraire les voyelles *e, o*, précèdent immédiatement les voyelles douces et l'*ü*, les premières demeurent toujours immuables : *odei*, nuage, *euri*, pluie, *turmoi*, tonnerre, ne viendront jamais *odii, eurii*, etc. 2° Autre influence sur les voyelles *i* et *u*. Bien loin de subir un changement quelconque, celles-ci sont au contraire forcées de se garantir contre toute espèce de métamorphose par l'adoption d'une consonne, leur alliée, placée immédiatement entre elles et la voyelle dure. *Mendia*, la montagne, *eskua*, la main, deviennent, selon les dialectes, *mendija, mendina, mendiya, eskuba*, et même *eskuya*, d'après la variété labourdine d'Hasparren. Si les voyelles *i* et *u* précèdent immédiatement des voyelles douces comme elles le sont elles-mêmes, elles ne prendront jamais de consonne intermédiaire après elles. Dans aucun dialecte on ne dira *bijurtu*, ni *biyurtu*, mais toujours *biurtu*, revenir. Quant aux douces *i* et *u*, elles sont caractérisées par la propriété de changer *a* en *e*, voyelle dure : *bularra*, poitrine, se transforme en *bulerra*. Les voyelles fortes, au contraire, ne produisent jamais le changement de l'*a* en *e*. En résumé, les voyelles dures sympathisent en basque avec les douces, et celles-ci avec les dures, quand il s'agit de permutations. Dans *semea*, fils, l'*e* se change en *i*, et nous avons *semia*. Dans *mendie*, montagne, l'*a* se change en *e* pour s'harmoniser avec lui.

Les langues finnoises, en général, et plus particulièrement le finnois et le hongrois, observent les règles de l'harmonie des voyelles. De même que dans plusieurs variétés de la langue une voyelle en appelle impérieusement une autre, dans la langue finnoise et surtout dans la hongroise, certaines voyelles ne veulent absolument s'associer qu'à leurs alliées. C'est ainsi qu'en finnois les voyelles *a*, *o*, *u*, sympathisent entre elles de même que les voyelles douces *ä*, *ö*, *o* (acc. aigu), *y*. En hongrois, *a*, *à*, *o*, *u*, *u* (acc. aigu), qui constituent les voyelles dures, n'ont de l'affinité qu'entre elles-mêmes, tandis que les douces *e*, *ö*, *o* (2 acc. graves), *ü*, *ù*, aiment à se trouver ensemble dans deux syllabes successives. *Fal*, muraille, *bor*, vin, *rúd*, perche, font leur pluriel en *ak* et *ok* : *falak*, *borok*, *rudak*, par la même raison que *kep*, visage, fait *kepek*.

Après avoir indiqué cette analogie entre le basque et les langues finnoises quant au grand principe d'affinité des voyelles, le prince Louis-Lucien Bonaparte signale une différence d'application. La sympathie des voyelles basques est pour celles d'un groupe différent, et, dans les langues finnoises, elle est entre voyelles d'un même groupe. L'*antagonisme* est donc la règle pour le basque, et le *dualisme* pour les idiomes finnois.

Dans son travail intitulé *La langue basque et les idiomes de l'Oural*, M. H. de Charencey relève entre l'escuara et les langues finnoises des affinités que je dois signaler au lecteur.

Et d'abord, chez les Basques comme parmi les populations de l'Oural, les flexions casuelles et désinences de toute sorte ne sont rattachées que par un lien très-faible au radical dont elles dépendent, et plusieurs conservent leur valeur significative et indépendante.

« Des deux côtés, en général, même confusion entre le mot latin composé et le mot muni de sa finale casuelle. Ainsi le caritif lapon *tebme* constitue un véritable dérivé susceptible de prendre tous les cas possibles des degrés de comparaison et de donner naissance à des dérivés. *Abtek*, par exemple, signifie *guin* en lapon; son caritif est *abletebme* (litt. *sine questu*), et par extension constitue un adjectif indéclinable dans le sens de paresseux, désœuvré. De là encore le substantif dérivé *abletiswuot*, paresse, le superlatif *abletisumus*, pigerrimus, etc. Enfin, il n'existe guère dans les idiomes finnois ainsi qu'en basque, qu'un seul paradigme de déclinaison, tous les mots prenant les mêmes désinences casuelles sans distinction de genre, de nombre, de valeur adjective, substantive ou pronominale.

» La conjonction descriptive du lapon *mon leb orromen*, je suis (litt. *suum in mansione*) s'obtient, comme en basque, au moyen du substantif verbal muni de la flexion inessive, et placé près de l'auxiliaire. Au prétérit, l'auxiliaire change de désinence, et le participe reste le même que pour le présent. Ex. : *mou lieb orromen*, je fus, j'ai été.

» La conjugaison est presque aussi rare dans les langues Ouraliennes qu'en Eskuarra, et dans ces deux groupes d'idiomes on y supplée généralement par le participe muni de flexions. Ex. : Suomi, *ollema*, étant, *ollemasani*, tandis que je suis (lit. avec l'être mien). De même en basque *nizala* (litt. *ad ʐ, ego sum*). Les postpositions ne sont guère, dans les deux groupes de langues en question, que des radicaux substantifs à certains cas de leur déclinaison. Dans ces deux groupes, encore, nous rencontrons l'emploi de la méthode intercalative en vertu de laquelle deux ou plusieurs mots régis l'un par l'autre et au même cas se suivent immédiatement, le dernier seul prend la désinence caractéristique.

» Les flexions multiples, formées de plusieurs éléments et

exprimant des rapports complexes, se retrouvent encore dans les dialectes de l'Oural, comme dans celui des Pyrénées. Les indices de flexion, surtout de flexion pronominale, sont à peu près aussi fréquents en Suomi et en Esthonien qu'en Eskuara. Enfin, s. a. i. le prince Louis-Lucien Bonaparte retrouve en Mordvine seulement la double déclinaison ou définie et indéfinie du basque...

» Il existe une forme finnoise offrant bien de l'analogie avec l'article basque, c'est le *a* fiscal du Suryène. Cette voyelle sert à transformer le participe passif en une espèce de substantif défini. Ex. *myrdiæm loas*, rapiendus est, et *myrdiæma loas*, ille qui rapiendus est. »

» Le radical supplée à l'absence de l'accusatif et du nominatif, en Suomi comme en basque. Je ne sache pas de peuples ouraliens qui possèdent une flexion propre au nominatif.

» Plusieurs désinences casuelles sont identiques, ou du moins fort analogues, dans certains dialectes finnois et en basque. C'est ce que fera voir le petit tableau donné ici.

BASQUE.		LANGUES FINNOISES.
Génitif.	*en* final; ex.: *gizon-en*, hominis.	Suomi, Tcheremisse et Mordvin *n* final; Turk *yn*. Ex.: *er*, maison, et *er-yn*, de la maison.
Datif.	*i*; ex. *gizon-i*, homini.	Lapon (illatif) *i*. Ex.: *atlye*, pater, et *atlyi*, patri, ad patrem. Suryène et Votuèque (illatif) *œ*, *œ*. Ostiak (allatif) *a*. Ex.: *sem*, oculus, *sem-a*, ad oculum. Turk (datif) *ak*. Ex.: *er-ak*, à la maison.
Inessif.	*an*, *n*; *gizonean*, in homine; *aitan*, in patre.	Lapon-suédois, *n*. Ex.: *tyalme*, oculus, et *tyalmen*, in oculo. Suryène *an*. Suomi *na* conservé dans quelques locutions seulement, comme *koto-na*, à la maison.
Instrumental.	*ka* ou *ga*.	Tcheremisse (comitatif-allatif) *ka*. Ex.: *raïka*, de nouveau (*raï*, novum); *mindirka*, au loin (*mindir*, longinquum).
Caritif.	*ge*.	Le *k* final marque la négation en lapon. Ex.: *kolek*, non dictum, de *kal*, sermo; *kerdok*, non duplicatus, de *kerdom*, duplicatio.
2ᵉ Caritif.	*en t* ou *tt*; ex. *chankett*, boiteux, de *changu*, jambe.	Suomi *tt*, *ta*, marque de la négation. Suryène *tœg*, sine. Lapon, *tis* non, sine.
Sociatif.	*kin* (comp. au latin *cum*).	Lapon, *kum*, *guoim*.
Pluriel.	*ak*, a disparu aux autres cas que le nominatif; mais nous savons que cette forme, qui existait primitivement à tous les cas, s'est conservée dans un dialecte basque-espagnol, pour le génitif et le datif pluriel qui sont en *ak-en*, *ak-i*	Lapon-suédois *ak* ou *gak*. Ex.: *adnam*, terre; nomin. plur. *adnamak*; *yurda*, pensée; nomin. plur. *yurdagak*. Magyar *ak*, *ek*, *ok*, suivant les lois de l'harmonie des voyelles. Ex.: *atya*, pater; *atyà-k*, patres; *ember*, homo, *ember-ek*, homines; *dob*, tambour; *dob-ok*, tambours.

« Enfin, pour compléter ce tableau des affinités du basque

avec les langues finnoises, nous mentionnerons même celles qui se produisent hors de la déclinaison.

» Le nom de *bederatzi*, neuf, est formé de *bat*, un, comme en Suomi *ydexæ*, neuf, de *yski*, un.

» Certains noms de nombre ont, en basque, une finale *tsi*, dont les autres sont dépourvus. Ex. : *zortsi*, huit, et *bederatsi*, neuf. De même, en lapon, pour la finale *t*. Par ex. : *akt*, un. En Suomi, pour la désinence *si*. Ex. : *yski*, un, et *kaksi*, deux. Ceci nous rappelle qu'en Tcheremisse, la dentale ou sifflante finale transforme les adjectifs numéraux et indéclinables en substantifs déclinables.

» La finale infinitive basque en *te* ou *tze*, par ex. *ya-tea*, manger, nous rappelle les noms verbaux en *talœ* du Suomi. Par ex. *syœtaeæ*, manger.

» Nous pouvons rapprocher le *adin*, signe de l'optatif en basque. Par ex. *nadin*, que je sois, du *adagn*, qui a la même valeur en ostyak. Ex. *ma werem*, je fais ; *ma adagn werem*, que je fasse.

» Le mordvine jouit, mais dans une proportion plus restreinte que le basque, de la faculté d'accoler le pronom régime, soit direct, soit indirect, au verbe. Le magyar incorpore aussi parfois le régime direct, mais seulement à la troisième personne. Ex. *ir*, il écrit (sens général), et *irja a levalet*, il écrit la lettre (litt. il l'écrit, la lettre).

» Enfin, n'oublions pas l'existence en Eskuarra, aussi bien que dans les langues ouraliennes, d'une loi, en vertu de laquelle deux consonnes contiguës ne peuvent commencer un mot. Cette règle, aujourd'hui assez mal observée des Basques, s'applique rigoureusement à la plupart des mots anciennement admis dans la langue. Par ex. de christianus ils ont fait *giristinno*; de cruz, *khuratze*, etc. Elle n'a sans doute fléchi que par suite de la pression qu'ont exercée les dialectes d'origine latine (1). »

(1) H. DE CHARENCEY, *La langue Basque et les idiomes de l'Oural*, p. 127-31. Dans les pages qui suivent, l'auteur signale cependant entre ces langues des différences que je dois indiquer rapidement. — Le basque attache à tous les radicaux des désinences substantives ou verbales qu'on peut répéter à l'infini : *errege*, roi ; *erregea*, le roi ; *erregearen*, du roi ; *erregearena*, celui du roi, etc. Il n'en est pas ainsi dans les langues finnoises. Les désinences peu nombreuses qu'on peut rattacher à une foule de radicaux ne sont guère que des particules postpositives qu'on répète rarement plus de deux fois de suite. — En Lapon et en Suomi, les marques de temps et désinences numérales se distinguent nettement des finales casuelles dont elles ne semblent pas dériver. Le contraire a lieu en basque. — Le verbe, déclinable dans l'idiome euskarien, ne l'est pas dans les langues finnoises.— La méthode intercalative est plus développée dans ces dernières que dans le basque, où elle ne s'applique guère qu'à la déclinaison, tandis que les Turks, Finnois et Mongols rejettent de plus à la fin la désinence verbale quand plusieurs verbes sont contigus et dépendent du même membre de phrase. — M. de Charencey croit que les flexions, primitives en basque, ne le sont pas dans les idiomes finnois, et il voit là une ressemblance fortuite. Les Basques emploient dans l'intérêt de l'euphonie (*gizona-r-i*, homini, etc.) des consonnes intercalatives, et élident au besoin les voyelles contiguës. Rien de pareil ne se passe chez les Finnois. — M. de Charencey avance sans preuves que le basque a dû posséder originairement et perdre plus tard le duel qui existe en Lapon pour le pronom personnel et le verbe, et pour le nom dans un dialecte Ostyak. — Le Mordvine est le seul idiome ouralien qui distingue, comme le basque, le défini de l'indéfini. Mais cette distinction n'est pas indiquée de la même manière, et le Mordvine fait usage de *s, t* placés après la flexion casuelle, signe qui dériverait évidemment du pronom *se*, le, lui. Le Basque n'a pas, comme le Mordvine, un pluriel défini. — Il serait plus que téméraire de rapprocher, malgré les ressemblances de forme et de sens, le médiatif basque en *z* du translatif finnois en *ksi* ; Esthonien de Revel en *ks*, Esthon. de Dorpat en *s*. — Les Finnois n'indiquent pas, comme les Basques, les divers degrés de dimension et de comparaison, en faisant suivre le mot principal de postpositions. — Les pronoms finnois et basques diffèrent profondément. L'euskarien n'a point d'affixes possessifs, comme le Suomi et le Turk. — Les analogies entre les déclinaisons basque et finnoise ne se retrouvent point aussi nombreuses entre les conjugaisons. — La loi de l'euphonie des voyelles repose en basque sur la dissemblance et sur la ressemblance dans les langues finnoises. — En somme, les affinités entre l'eskuara et les idiomes finnois tiendraient, en grande partie, « à une manière analogue dans la façon de comprendre le système grammatical, » proposition qui

M. de Charencey a donné, dans le même ouvrage, une liste de termes euskariens, qui proviendraient, d'après lui, de la source touranienne.

» A elle se rapportent, dit-il, une centaine de mots qui, malgré leur petit nombre, n'en doivent point être regardés comme les plus importants et les plus usuels. Nous en citerons quelques-uns.

» Par exemple : *Agam*, nourrice; — Lapon, *akka*, vieille femme; — Suomi, id.; — Mongol, *eké*, mère.

» *Añ*, *an*, nourrice; — Lapon, *ené*, mère; — Ostyak, *agna*, id.; — Turk, *ana*; — Magyar, *anya*; — Tongouse, *ané*.

» *Ama*, mère; — Suomi, *ema*; — Esthonien, *emmae* (1).

» *Anay*, frère; — Esthonien, *wend* (la labiale s'efface souvent en basque au commencement des mots; du latin *pilus*, cheveu, il fait *ilo*, *ile*, etc.).

» *Apher*, prêtre; — Yakoute, *abiss*, en Chaman, un sorcier; — Samoyède, *abes*; — Kotte, *apech*.

» *Atcho*, vieille femme; — Lapon, *akkats*; — Suomi, *eukko* (le *k* devient *tch*; comme dans *ertchi*, étroit pour *arctus*; — *Maltcho* mou, du grec μαλακος, etc.).

---

pourrait être plus correctement formulée. « La profonde dissemblance qui éclate entre ces deux groupes de langues, si nous étudions leurs pronoms, leur mode de conjugaison, etc., ne nous permet guère de les traiter comme sœurs. Somme toute, le basque ne se rapproche pas plus, pas peut-être autant des idiomes finnois, que ceux-ci ne se rapprochent du groupe indo-européen. » — « S'il nous fallait opter à toute force, nous aimerions mieux voir dans l'Eskuara un congénère de certains dialectes du Nouveau-Monde, qu'un frère du Mordvine ou du Vogoule. » M. de Charencey fournit ensuite en faveur de cette dernière opinion, un certain nombre de raisons reproduites et complétées dans un travail spécial et postérieur dont je parlerai plus bas.

(1) M. de Charencey aurait pu ajouter le turc *ama*, et le groënlandais *anama*.

» *Arreba,* sœur; — Lapon, *órben;* — Suomi, *orpana,* cousine.

» *Atcheri,* renard; — Ostyak, *akchar.*

» *Agorr,* sec, desséché; — Suryène. *yag,* lieu sec et poudreux; — Lapon, *yaggar,* desséché, sec; — Suomi, *jeykkae,* desséché, durci (1).

» *Asti,* loisir et *astitasun,* lenteur; — Lapon, *astoï,* lentement; — Suomi, *astua,* aller à pied.

» *Azken,* dernier, dernièrement: — Lapon, *eski,* récemment: — Suomi, *aesken, aesketain,* récemment.

» *Ametch,* rêve; — Tchérémisse, *hom.*

» *Athe,* porte; — Magyar, *ajto;* — Assone, *athol;* — Kotte, *athoul.*

» *Begi,* œil; — Turk, *baquech,* vue (2).

» *Bizarr,* barbe; — Suomi, *viikset,* moustache (3).

» *Belharri,* oreille; — Lapon, *pólje* (le *rr* est une désinence comme dans *bizarr*).

» *Beldurr,* crainte; — Lapon, *paldet,* effrayer; — Suomi, *pelko,* crainte; — Mordvine, *pel,* craindre.

» *Elhe,* parole; — Lapon, *hala,* discours, langage; — Suomi, *haely,* bruit de paroles.

» *Eme,* femelle, et *emazte,* femme; — Ostyak, *ima, imi,* femme, épouse; — Esthonien, *emmaend*

» *Ezpain,* livre (*ez* et *az* sont souvent préfixes, comme dans *estalpe,* tapis; — *aztal,* talon — la syllabe *in* est une flexion, comme dans *arrathoin,* du français *rat*); — Lapon, *pangsein;* — Vogule, *pitmi;* — Ostyak, *pellem.*

(1) Turc, *quourrou.*

(2) M. de Charencey me paraît dans l'erreur au sujet de *begi.* En basque *b = v,* et *g* est mis parfois pour *d* et pour *s. Begi* serait donc emprunté au glossaire gascon ou espagnol.

(3) Ossète, *botzo.*

» *Gizon*, homme ; — Kirghize, *khézé* ; — Ad. Ostyak, *kassek* ; — Taygu, *khaza* ; — Oigour, *kitchou*.

» *Katardé*, écureuil ; — Ostyak, *kouthyar*, écureuil volant.

» *Magal*, sein ; — Ostyak, *megett* (le *l* est une simple désinence, comme dans *gerl*, la guerre).

» *Mintz*, parole, langage ; — Tchérémisse, *mdnam*, je parle ; — Magyar, *mond*, dire (*i* pour *a*, voyez *sinetch*).

» *Neskato*, jeune fille (les syllabes *skato* sont une désinence) ; — Suomi, *neise*, jeune fille ; — Lapon, *neith*, vierge ; — Magyar, *nae*, femme (1).

» *Or*, chien ; — Turk, *boûra*, loup ; — Ostyak, *yeoura*, chien (le *b* init. effacé).

» *Omeni*, bruit, — Suomi, *huminac*, bruit sourd, murmure.

» *Orm*, glace et *uorm*, gelée ; — Lapon, *tjaormes*, grêle ; — Suomi, *haermac*, frimas.

» *Otz*, bruit ; — Lapon, *jutsa*.

» *Osto*, feuille ; — Lapon, *lasta* ; — Mordvine, *listès* ; Tchérémisse, *listaes*.

» *Olh*, avoine ; — Turk, *youlaf* ; — Kotte, *chouli* ; — Tchérémisse, *chilé*.

» *Phense*, prairie ; — Suomi, *pensas* (2).

» *Sabel* ventre ; — Suomi, *sivae*, côté, flanc ; — Samoyède, *sâfé*, corps.

(1) M. de Charencey aurait dû, je crois, ajouter : Samoyède, *neatzike* ; — Esthonien, *netchit*.

(2) Ce rapprochement me semble tiré. Si l'on remplace *ph* de la première syllabe par *f* ou *h* dont il tient la place, on a *fen* en languedocien, et *hen* en gascon, foin (*fenum*). *Ph* en basque a un son particulier, difficile à expliquer exactement, mais dont on se rapproche assez en prononçant ces deux consonnes l'une après l'autre. On s'en sert volontiers pour remplacer l'*f* dans les mots empruntés aux glossaires étrangers : *phesta*, fête, *phagoa*, hêtre, etc. Voy. le petit dictionnaire annexé à la grammaire d'Archu. Le véritable nom basque de la prairie est *soroa*.

» *Sagu,* souris; — Suomi *hiiri* (pour *sigiri*); — Ostyak, *tegñner;* — Vogule, *tagñar.*

» *Suge,* serpent; — Esthonien, *siug*; — Ostgak Iénissei, *thieg.*

» *Sudurr,* nez; — Mordvine, *sudo.*

» *Sinex,* croire, penser; — Tchérémisse, *tchàn*; — Magyar, *szandek,* dessein, volonté; — Mongol, *sanakho,* se souvenir.

» *Uli,* mouche; — Suomi, *hailatua,* s'envoler; — Lapon, *haletet,* id.

» *Zapat,* soulier; — Suomi, *saapas,* botte; — Lapon, *sappad* (1).

» *?uri,* blanc; — Ostyak, *sour*; — Magyar, *zurke,* idem; — Vogule, *saïrang,* blanc; — Koïbale, *soura*; — Japonais, *sira* (2).

» *Zuzi,* détruire; — Suomi, *kukistaa* (mut. du *k* en *z,* comme dans *zampel* et *kapel,* chapeau). »

Je ne me flatte pas d'avoir relevé toutes les erreurs et signalé tous les rapprochements inopportuns qui ont pu échapper à M. de Charencey, dans la liste ci-dessus. Il faut convenir, néanmoins, que la majorité des comparaisons faites par ce philologue paraît à l'abri de la critique. La chose est d'autant plus significative, que les idées et les besoins exprimés par les termes qui semblent inattaquables, sont tous relatifs à une civilisation très peu avancée. Rien de plus facile, d'ailleurs, que de grossir le catalogue comparatif des termes basques et touraniens; mais je dois me borner, pour être court, au petit tableau suivant:

Aita, père; — Turc, *ata*; — Groenlendais, *atata*; — Tchoukhe asiatique, *atta.*

---

(1) J'aime mieux croire que *zapat* est emprunté à l'espagnol (*zapato*) ou au gascon (*sabato*).

(2) M. de Charencey aurait dû ajouter le mot samoyède *syr* ou *sir*.

Aoa, bouche; — Turc (fam. tart.), *aus, ous;* — Nogaï, tartare, *aos, aouz;* — Groenlandais propre, *aoa.*

Apa, baiser (subst.); — Turc, *opuch.*

Arana, prune; — Turc, *arik.*

Ardia, brebis; — Esthonien, *iar;* — Touchi, *arlhe.*

Chimista, éclair; — Turc, *chimchek.*

Eguna, jour (e euphonique); — Famille tartare, *gun, kun;* — Tchoukche, *agünük.*

Gorri, rouge; — Ostiake, *gord;* — Ziriane, *goird;* — Permien *gordé.*

Ian, manger; — Samoyède, *ieng.*

Kea, fumée; — Samoyède, *kwoe;* — Lesghi de Tchar, *koui.*

On, bon; — Turc, *onat.*

Sesca, roseau; — Turc, *sar, sez.*

Sudarra, nez; — Mordvin, *souda.*

Ura, eau; — Lambark de l'Ienisséi, *ur, ul.*

Il est grandement à désirer que les érudits entreprennent bientôt, sur les radicaux des principaux idiomes touraniens, des recherches moins incomplètes que celles qui ont été faites jusqu'à ce jour. Leurs travaux jetteront une plus vive lumière sur les rapports des diverses langues qui se rattachent au même groupe philologique, et ils permettront aussi de déterminer avec plus d'exactitude la nature et l'importance des affinités que l'escuara peut avoir avec elles.

M. de Charencey signale aussi, entre le système de numération des Basques et celui des peuples de l'Oural, d'assez grandes affinités, et il affirme qu'« à l'exception des nombres deux et six, qui sont d'origine romano-latine, tous les adjectifs numéraux de un à vingt sont certainement de provenance ouralienne. »

Je suis loin de vouloir garantir dans son entier, la valeur et l'exactitude de la liste dressée par M. de Charencey. Il faut néanmoins convenir que si certains rapprochements paraissent forcés, il n'en est pas ainsi du plus grand nombre. L'assertion relative à la provenance ouralienne des adjectifs numéraux basques (sauf le nombre deux et six), aurait pu facilement se formuler avec plus d'étendue et de précision.

Bat, bi, hira, lau, bost, sei, zaspi, zortzi, bederatzi, amar, représentent en basque les dix premiers nombres. Onze se dit *amaica* (10+1), douze *amabi* (10+2), treize *amairu* (10+3), quatorze *amalau* (10+4), quinze *amabost* (10+5), seize *amasei* (10+6), dix-sept *amazazpi* (10+7), dix-huit *amazortzi* (10+8), dix-neuf *emeretzi*, corruption de *amarbederatzi* (10+9), vingt *ogei*. Pour aller de vingt à quarante, on fait suivre jusqu'à trente, le mot *ogei* des dix premiers nombres (*ogeitabat*, 21, *ogeitabi*, 22, etc.), et de trente à quarante on les remplace par *amaica, amabi, amairu*, etc. Quarante se dit *berogei* 2(20), soixante *hirurogei* 3(20), quatre-vingts *laurogei* 4(20), et cent *ehun*. Le système de numération basque repose donc sur le système décimo-vigésimal. Les noms des nombres 11, 12, 13, 14, 15, 16, 17, 18, 19, sont formés à l'aide des dix premiers. Tous ces noms composés ne doivent donc pas compter dans une comparaison qui se trouve ainsi réduite aux dix premiers nombres. M. de Charencey affirme, sans les démontrer, les similitudes de huit de ces termes avec ceux qui remplissent les mêmes fonctions dans les langues ouraliennes, qui font partie du groupe touranien ; mais il aurait dû ne pas s'arrêter dans cette voie, et étendre, en donnant des exemples, la comparaison à d'autres idiomes de même origine, comme les quatre rameaux de la classe finnoise. Il n'avait qu'à emprunter ce travail tout fait à M. Max Müller (1), et à y ajouter les adjectifs numéraux basques, de façon à mettre le lecteur à même de juger des ressemblances et dissemblances.

(1) **Max Müller**, *Science du langage* (trad. française), p. 347.

		1	2	3	4	5	6	7	8	9	10
	BASQUE.	bat	bi	hiru	lau	bost	sei	zaspi	zortzi	bederatzi	amar
RAMEAUX DE LA CLASSE FINNOISE.	Tschoude, finnois	yksi	koksi	kolme	neljä	viisi	kuusi	seitsemien	kahdeksan	yh deksan	kymeenen
	— esthonien..	iits	kats	kolmi	nelli	viis	kuus	seitze	kattesa	ütesa	kümme
	Bulgare, tcheremissien.	ik	kok	kum	nil	vis	kut	sim	käkädäxe	endexe	lu
	— mordvinien....	vaike	kavto	kolm	nile	väte	köto	sisem	kavsko	väikse	kämen
	Permien, siranien.......	ötik	kyk	kujim	njolj	vit	kvait	sizim	köjamys	ökmys	das
	Ougrien, ostiake.........	it	kat	chudem	njeda	vet	chut	tabet	nida	arjong	jong

V. Les Basques se rattachent aux Américains.

1° M. Carl Vogt est, je crois, le premier anthropologiste qui ait accueilli cette hypothèse, avec une complaisance qui ne va pourtant pas jusqu'à l'adhésion absolue. Voici comment il termine sa description des crânes trouvés dans la caverne de Lombrives, par le docteur Félix Garrigou et M. H. Filhol : « Faute d'une plus grande collection, il ne m'est pas possible de déterminer de quel type ces races se rapprochent le plus; mais, en tous cas, ils sont tels qu'on peut les mettre à côté de tous les autres types des peuples caucasiques. D'après une lettre que j'ai reçue de M. Broca à ce sujet, ces crânes ressembleraient, pour la plupart, à ceux des Basques actuels, qui habitent encore les contrées où se trouvent les cavernes (1). Ces Basques sont précisément un de ces singuliers *peuples-îles*, si on peut s'exprimer ainsi, qu'on rencontre à la surface du globe, et qui sont, sous tous les rapports, entièrement différents des peuples qui les entourent. Ils ont une langue dont on n'a trouvé encore d'analogue qu'en Amérique. Les Basques sont encore une énigme inexplicable, et qu'on ne peut, en aucune façon, faire dériver d'Asie (1). »

(1) Dans le petit nombre de pages qu'il a consacrées aux Basques, M. Carl Vogt a trouvé moyen de condenser bon nombre de bévues et de propositions téméraires, dont la réfutation résultera, je l'espère, de l'ensemble de mon travail. Mais je dois signaler dès à présent l'erreur grossière et inexcusable où ce savant est tombé, en écrivant que « les Basques actuels..... habitent encore les contrées où se trouvent les cavernes » de Lombrives, d'Alliat, etc., décrites par le docteur Félix Garrigou et M. H. Filhol. Le travail de ces deux explorateurs est intitulé : *Age de la pierre polie dans les cavernes des Pyrénées ariégeoises*. Paris, Baillère, s. d. La description de la caverne de Lombrives va de la p. 33 à la p. 37. Cette grotte, comme celles de Bédeilhac, des Églises, d'Ussat, de Sabart (Pounchut), de Sabart (inférieure), de Niaux, de Castel-Andry et du Mas-d'Azil, sont situées dans le département de l'Ariége, qui est séparé du pays « des Basques actuels » par les départements des Hautes-Pyrénées, de la Haute-Garonne et la moitié de celui des Basses-Pyrénées.

M. Vogt résume ensuite les études faites par le Dr Paul Broca, sur les crânes basques du cimetière de Zarauz (Guipuzcoa), et reprend ensuite en ces termes la parole pour son propre compte : « M. Broca (1) conclut de tout cela que, si l'on veut chercher l'origine des Basques en dehors du pays qu'ils habitent, on ne trouvera leurs ancêtres ni parmi les autres populations indo-européennes, mais qu'il faut plutôt pousser les recherches du côté de l'Afrique du Nord. Il est probable qu'autrefois l'Europe et le nord de l'Afrique ont été réunis ; et il n'y aurait rien d'étonnant à ce qu'on pût trouver une parenté plus ou moins étroite entre les anciens habitants primitifs des deux pays, car on sait qu'en tous cas, depuis les temps les plus reculés, il y a eu d'incessantes pérégrinations d'un côté du détroit de Gibraltar vers l'autre. En ce qui concerne cette dernière hypothèse, je ne puis qu'ajouter qu'une foule de faits rendent très-probable l'ancienne réunion des colonnes d'Hercule ; on peut citer, entre autres, l'existence des singes sauvages sur le rocher de Gibraltar, dont l'espèce est identique à celle qui habite avec les pirates du Riff la côte opposée.

« Si, en tous cas, l'analogie avec les races américaines devait se confirmer, elle fournirait un trait de lumière remarquable sur l'origine de la souche basque, qui s'est conservée des milliers d'années dans ce coin du globe, avec ses particularités corporelles caractéristiques, son langage entièrement étranger à la souche des langues indo-germaniques, ses mœurs et ses habitudes. On pourrait presque se demander si, au lieu de cette émigration préhistorique si souvent rêvée d'Asie et d'Europe en Amérique, il n'y a pas eu au contraire émigration de ce pays lointain vers la Biscaye, peut-être au moyen de cette bande de terre qui réunissait autrefois la Floride à notre continent, et qui est maintenant enfoncée au-dessous

---

(1) Carl Vogt, *Leçons sur l'Homme*, p. 503-504 (trad. Moulinié). Paris, 1865.

du niveau de la mer, mais qui, du moins, d'après toutes les probabilités, existait à l'époque miocène ou tertiaire moyenne (1). »

(1) Carl Vogt, *Leçons sur l'Homme*, p. 506-507. — On a invoqué aussi, en faveur de la parenté des Américains et des anciennes populations de l'Espagne, certaines considérations tirées de l'archéologie anté-historique. Dans son travail sur les *Poteries primitives, instruments en os et silex taillés des cavernes de la Vieille-Castille*, M. Louis Lartet, qui porte dignement le nom de son illustre père, fait « remarquer combien sont frappants les rapports que présentent les habitants primitifs de la *Cueva Lobrega*, soit dans la fabrication des poteries, soit dans d'autres détails d'industrie grossière avec ces anciennes tribus éteintes, des bords de l'Ohio, ces *mounds-builders* auxquels le bronze et le fer étaient également inconnus, et dont on retrouve des produits céramiques d'un caractère analogue dans les cavernes et les *tumuli* de l'Amérique septentrionale. » M. Louis Lartet croit qu'il « serait peut-être prématuré de faire rentrer l'époque de l'habitation de la *Cueva Lobrega* dans l'âge du bronze. » Je copie, dans la même étude, la note suivante sur l'ornementation des poteries anté-historiques. « L'impression régulière du doigt se retrouve sur les jarres persanes, américaines, espagnoles, germaines, ainsi qu'on peut s'en assurer en visitant la collection du Musée de Sèvres.... On remarque encore l'existence de ce genre d'ornementation sur les poteries des palafittes de la Suisse, et sur celle des terremares d'Italie. M. Hildrest a enrichi le Musée de Sèvres de débris de poteries fabriquées par les anciens peuples *Minga* dans l'Amérique septentrionale, et trouvés dans les tumuli ainsi que dans les cavernes sépulcrales des bords de l'Ohio (Hildrett, *American journ. of sc*, 1836, V. XXI, p. 9). Ces vases se rapprochent beaucoup des nôtres (ceux de la Vieille-Castille) par plusieurs caractères. Ils offrent ces mêmes systèmes d'impressions digitaires. » M. Devals aîné, archiviste du Tarn-et-Garonne, a publié dans divers recueils, et notamment dans l'intéressante *Revue archéologique du Midi de la France*, dirigée par M. Bruno Dusan, d'excellentes études sur les habitations troglodytiques de son département. L'ornementation des poteries trouvées dans ces habitations offre certaines analogies avec celles de l'Ohio. M. Devals est assurément un des plus modestes et des plus consciencieux travailleurs du Midi de la France, et je vois, dans notre région, peu de travaux comparables à ses études sur les temps historiques et anté-historiques du Bas-Quercy. Ces études ont conquis à leur auteur une place distinguée dans l'estime de quelques savants. Mais M. Devals n'a point encore obtenu, dans l'opinion générale, le rang auquel il a droit, et je suis heureux de trouver l'occasion de protester contre cette injustice. — Dans ses *Monuments symboliques de l'Algérie* (Paris, 1868), un savant malacologiste, M. Bourguignat, annonce qu'il prépare, de longue main, une *Histoire des races*

M. H. de Charencey a présenté aussi en faveur de la parenté

américaines en Europe dans les temps préhistoriques. Je tiens d'un éminent géologue, M. Ed. Collomb, ami de M. Bourguignat, que ce dernier se prononce pour la parenté des Américains et des Basques. Sa *Malacologie de l'Algérie* (Paris, 1864), se termine par les conclusions suivantes : « 1° Au commencement de la période actuelle, le nord de l'Afrique était une presqu'île dépendante de l'Espagne ; 2° à cette époque, le détroit de Gibraltar n'existait pas ; 3° la Méditerranée communiquait à l'Océan par le grand désert du Sahara, qui était alors une vaste mer. » M. Bourguignat affirme, dans le même ouvrage : « 1° qu'au commencement de la période actuelle les archipels de Madère et des Canaries devaient former deux grandes terres séparées et non jointes au continent africain, puisque chaque archipel possède un centre de création distinct et particulier ; 2° qu'à une époque relativement récente, ces deux grandes îles se sont affaissées, et qu'il n'est resté que les pitons de ces montagnes qui forment actuellement les îles de chacun des archipels ; 3° que les affaissements de ces deux grandes îles ont eu lieu lors du soulèvement du premier système volcanique (*système de l'Igharghar*) de la mer saharienne ; qu'à cette époque il s'est produit ce qui se manifeste dans tout soulèvement, un mouvement de bascule : la partie centrale du Sahara se soulevait, pendant que, sur l'océan Atlantique, se produisait un mouvement contraire, un affaissement. La preuve incontestable de ce fait, c'est que, dans chaque archipel, les faunes de chacun des pitons de montagnes sont identiques entre elles ; 4° par conséquent, ni Madère, ni les Canaries n'ont jamais été (depuis l'époque actuelle, bien entendu) réunies au continent africain, pas plus qu'aux îles A... ; attendu que ces îles, seuls vestiges de la fameuse Atlantide, possèdent également une faune spéciale, peu nombreuse, *à types non insulaires mais continentaux*, ce qui indique bien que ces îles, comme Fayal, Pico, Terceira, Graciosa, San-Miguel, Santa-Maria, Flores, Corvo, etc., sont les derniers témoins de cette *immense île*, qui occupait toute la partie médiane de l'Atlantique. » On voit que M. Bourguignat admet au nom de la malacologie, l'existence de l'Atlantide, acceptée aussi par bon nombre de géologues et de botanistes. Cette Atlantide jouera sans doute un grand rôle dans son *Histoire des races américaines en Europe dans les temps préhistoriques*. En attendant les arguments de M. Bourguignat, je constate que M. Lagneau (*Éléments ethniques de l'Europe*, dans le *Bullet. de la Société d'anthropologie*, t. V, p. 249), affirme qu'il existe peu de rapports entre les Guanches ou anciens habitants des îles Canaries et les Ibéro-Lygurs. » Revenant aux *Monuments symboliques de l'Algérie*, M. Bourguignat a fait dans ce pays des découvertes qui l'ont conduit à des rapprochements dont il doit avoir tout l'honneur et toute la responsabilité. Voici les monuments dont ce savant a donné la description. 1° Sur la rive droite du Nahr-Ouassel, cinq tumulus (dont deux reliés par un sillon), groupés

des Basques et des Américains (1), quelques arguments ethnologiques dont je dois fournir le résumé.

Les cheveux toujours un peu raides et cassants des Basques, rappellent la chevelure criniforme des peuples du Nouveau-Monde. Chez les uns et les autres, la sévérité du regard contraste avec l'expression gracieuse du bas du visage. Les Euskariens ont, comme certaines tribus de l'Amérique, l'œil fendu en amande et très-légèrement relevé à l'angle antérieur.

L'usage de la *couvade*, en vertu duquel les maris se mettent au lit, après que leurs femmes ont accouché, existait, comme nous l'avons déjà dit, chez les Cantabres, chez les anciens habitants de la Corse, et chez les Tibari (v. p. 6, note 1), voisins du Caucase. On l'a retrouvé chez les indigènes des Antilles, chez les Brésiliens, et le docteur Virey signale aussi

---

intentionnellement en forme d'homme, et figurant la tête, les bras, les jambes et le ventre. Il a recueilli quelques silex parfaitement taillés dans ces tumulus. Des monuments semblables existent en Amérique, l'un sur les bords de la rivière des Wisconsin, l'autre près du mont Moriah, et un troisième près d'Eagle-Mills, dans le comté de Richland. Un quatrième existe à l'est des montagnes Bleues, dans le comté de Dade. Ils ont été décrits par Laphans. 2° Toujours sur le plateau de Nahr Ouassel, grand monument en forme de scorpion, et avec l'indication des pinces, du corps, des pattes et de la queue. Deux monuments analogues se trouveraient en Amérique, l'un près de Granville, dans le comté de Licking (Ohio), et l'autre dans le Wisconsin. On y voit aussi la représentation de quelques autres animaux. 3° Sur le Kef-ir'oud, monument en forme de serpent, dont les deux analogues connus sont : l'un en Amérique (Etat de l'Ohio, comté d'Adams), sur une colline voisine de la rivière de Brush-Creek, et l'autre près du petit village d'Abury, en Angleterre. — Tout me porte à croire que les analogies de ces divers monuments et de quelques autres, sur lesquels M. Bourguignat ne s'est pas encore expliqué, joueront un assez grand rôle dans l'*Histoire des races américaines en Europe dans les temps préhistoriques*.

(1) De Charencey, *Des affinités de la langue basque avec les idiomes du Nouveau-Monde*, p. 25 et suiv. Caen, Le Blanc-Hardel, 1867. Je supprime dans mon résumé toutes les considérations générales qui n'ont rien de démonstratif, et je m'en tiens aux arguments spéciaux.

son existence chez les *Miao-Tseu*, ou montagnards aborigènes de l'empire Chinois. La couvade, d'après Chaho, aurait été encore pratiquée dans certains cantons du Pays basque espagnol (1).

2° Nicolas Beauzée est, je crois, le premier auteur qui ait rapproché le basque des idiomes américains. « J'ai remarqué, dit-il, qu'il n'y a point de mots dans la langue basque ni dans celle du Pérou, que l'on puisse appeler prépositions; ce sont des particules enclitiques qui se mettent à la fin des mots qui énoncent les compléments des rapports : ces langues ont donc en effet autant de cas qu'elles ont admis d'enclitiques pour désigner des rapports généraux; et tous ces cas ainsi formés sont autant de cas adverbiaux, comme le génitif et le datif des Latins (2). »

Le baron Guillaume de Humboldt a examiné la question de plus près. « On a remarqué avec raison, dit-il, l'étrangeté de la construction grammaticale du basque, notamment de ses conjugaisons, qui, sur ce point, la rapprocheraient des langues de l'Amérique... La comparaison de ces langues avec le basque offre certainement des résultats qui étonnent. La ressemblance s'étend encore plus loin qu'aux conjugaisons. Ainsi, la lettre *f* manque à la plupart des langues américaines, comme à la langue basque. Elles répugnent aussi à toute liaison directe des consonnes muettes et liquides, dans laquelle les liquides se trouveraient à la fin du mot.

« Par exemple, la langue Othomi présente des liaisons de l'*n* avec presque toutes les consonnes suivantes. Pourtant aucune

---

(1) Ce mensonge a été imprimé par Chaho dans son *Voyage en Navarre*, et je tiens à protester dès à présent. J'ai parcouru le Pays basque à plusieurs reprises, et j'ai interrogé sur les mœurs et les habitudes de ses habitants un très grand nombre de personnes parfaitement renseignées, médecins, sages-femmes, etc. Elles n'ont jamais entendu parler de la couvade, ni moi non plus.

(2) Beauzée, *Grammaire générale*, liv. III, c. 4.

de ces analogies grammaticales n'autorise à penser que la langue basque dérive de ces langues, ou même fasse partie de cette famille... Un examen plus sérieux ferait paraître ces ressemblances moins nombreuses et moins étranges. La conjugaison basque prend dans ses connexions une forme que je n'ai jamais trouvée dans les langues américaines. C'est là une différence extrêmement importante. Au contraire, toutes les langues européennes présentent des traits caractéristiques des conjugaisons basques, surtout dans les flexions. De semblables particularités grammaticales servent plutôt, selon moi, à indiquer le degré de formation des langues que leur parenté avec d'autres, et une étude plus approfondie pourra seule décider ces derniers points (1). »

Dans ses *Prolégomènes* des *Études grammaticales sur la langue euskarienne*, M. d'Abbadie, qui d'ailleurs s'abstient de conclure, signale entre le basque et les langues américaines les affinités suivantes : « Dans les langues primitives de l'Amérique, la constitution de chaque mot a une physionomie étrangère, et pour trouver des rapports avec le basque, il faut se borner à la grammaire. Ici, les analogies sont nombreuses et le seraient peut-être davantage, si la plupart des auteurs n'avaient suivi de trop près la marche de la grammaire latine. — Le nom mexicain n'a pas de genre et fait sa déclinaison par des postpositions. Il ne forme pas ses mots composés par une désinence que prendrait un des mots composants. Cette méthode est assez commune dans les langues d'Amérique, pour

---

(1) Humboldt, *Recherches sur les habitants primitifs de l'Espagne*, p. 149-51. Je recommande aux lecteurs qui ne savent pas l'allemand, la traduction française de cet ouvrage (Paris, A. Franck, 1866) de M. A. Marrast, procureur impérial à Oloron-Sainte-Marie (Basses-Pyrénées). — Le passage ci-dessus suffit à prouver que Humboldt n'admettait pas la parenté prochaine du basque et des langues de l'Amérique. Mais comme son opinion a été plusieurs fois invoquée dans un sens contraire, j'ai cru devoir reproduire ici ce qu'il a écrit à ce sujet.

justifier le nom de langues par agglutination que leur a donné un savant philologue. Il n'y a aucune distinction factice qui fasse sortir les adjectifs ou adverbes mexicains du rang des noms. D'un autre côté, les possessifs sont préfixés au mot, et les noms des choses inanimées n'ont pas de pluriel.

« Le verbe se compose d'un nom verbal précédé d'une affixe personnelle qui se modifie pour indiquer un ou deux régimes. La terminaison *ni* donne au verbe la signification que l'on appelle communément participe : c'est l'analogue du *na* basque. *Du,* il a ; *duna,* celui qui a, ayant. On trouve aussi des noms verbaux combinés tantôt avec être, tantôt avec un autre verbe dit régulier, à la troisième personne. Ceci présente une certaine ressemblance avec le basque. Nous disons ainsi : *Jaten nago,* je reste à manger. Dans plusieurs cas, le mexicain emploie à la fois des préfixes et des suffixes. G. de Humboldt a très bien montré que le verbe basque se dédouble dans la formation des verbes syncopés : c'est ainsi que *yakiten d-u-t* a formé *d-aki-t*.

« La langue quichua, parlée par les aborigènes du Pérou, est l'une de celles qui ressemblent le plus à la nôtre. Elle a huit cas suivant les grammairiens, et doit en posséder davantage, puisque les prépositions s'y changent en postpositions. Ces cas correspondent aux nôtres, en *a, aren, ari, at, arenzat, ian, ik* et *arekin.* Le vocatif se confond avec le nominatif; l'*a* final paraît jouer un rôle analogue au nôtre, et il n'y a qu'un seul type de déclinaison qui s'étend aussi à l'infinitif des grammairiens. Tout verbe forme aussi un nom par l'adjonction de la finale *na.* L'infinitif devient ce qu'on appelle un adjectif, en ajoutant la syllabe *pac* qui, dans la déclinaison, correspond à notre désinence *ko.* Le verbe péruvien exprime, par ses inflexions, un grand nombre de rapports de personne à personne ; mais ces verbes sont dans la forme syncopée. D'un autre côté, les degrés de comparaison dans les noms se forment, comme en français, par le secours d'un mot adverbial; les possessifs s'expriment par des suffixes et n'exigent que par redondance la présence du génitif du nom de la personne... Cette dernière méthode d'exprimer la possession est la seule usitée en Basque (1). »

Dans son livre sur les langues de l'Europe (2), un philologue dont nous déplorons la perte récente, M. A. Schleicher, a consacré quelques pages à étudier l'idiome basque. D'après lui, l'Escuara n'a point de frères en Europe, et son principe vital est l'agglutination. Cette langue, comme celles des indigènes de l'Amérique du Nord, compose, dit-il, d'une façon singulière les mots de toute espèce. Elle supprime des syllabes entières en composant, et ne conserve quelquefois qu'une seule lettre dans le mot composé. *Od-otsa*, le tonnerre, se compose de *odeia* le bruit, et *otsa*, le nuage; *ou-g-atza*, la mamelle de la femme, de *oura*, de l'eau ou un liquide quelconque, et *atza*, le doigt, le rayon d'une roue, un corps oblong, proéminent quelconque. A ces mots, il compare les termes suivants, tirés de la langue des Delawares (Amérique du Nord) : *pi-lape*, le jeune homme, composé de *pilsit*, chaste, innocent, et *lenape*, homme. De même *k-ouli-gatschis*, appellation affectueuse employée envers les jeunes quadrupèdes, se compose de *k*, tu, tien, pronom de la seconde personne, *woulit*, joli, *wichgat*, la jambe, la patte, et la ter-

---

(1) D'Abbadie et Chaho, *Etudes grammaticales sur la langue euskarienne*, p. 23-24.

(2) A. Schleicher, *Die Sprachen Europas in systematischer Uebersicht*, Bonn. 1850, p. 104-112. Cet ouvrage a été si mal traduit en français par M. Hermann Ewerbeck *(les langues de l'Europe moderne)* que M. Schleicher s'en est plaint publiquement *(Formenlehre der Kirchenslawischen Sprache*, p. 14). Il est à regretter que ce philologue éminent n'ait guère pu étudier l'escuara qu'à l'aide des ouvrages du P. de Larramendi, de Lécluse et du baron de Humboldt.

minaison diminutive *schis*. Ainsi, tout le mot se traduit : toi, la jolie petite patte (1).

La question de l'affinité du basque et des langues américaines a été traitée aussi par le docteur Mahn, de Berlin. « Les suffixes ou flexions verbales marquent, dit-il, dans le sanscrit, les relations du pronom et du sujet. En basque, les suffixes et les préfixes marquent non seulement les relations du pronom sujet, mais, avec la même régularité, toutes les relations possibles de pronoms personnels : sujet, régime direct ou régime indirect. Cette contexture des verbes basques est appelée incorporation (*einverleibung*) par G. de Humboldt. Certains idiomes de l'Amérique du nord, par exemple le delaware, offrent, sous ce rapport, de l'analogie avec le verbe basque. Les langues mexicaines en diffèrent en ceci, qu'un seul verbe, par adjonction successive de suffixes, voire même de noms, peut exprimer une phrase tout entière. L'italien lui-même présente quelques verbes isolés dont les suffixes expriment les relations de pronoms, comme *inviare, inviarti, inviartelo* (envoyer, t'envoyer, te l'envoyer); *portando, portandovi, portandovelo* (portant, vous portant, vous le portant). Mais ce n'est pas là un principe général.

« Cette particularité se retrouve parfois dans les langues sémitiques. Ainsi, en hébreu, les suffixes marquent toutes les

---

(1) Je ne saurais accepter la manière dont M. Schleicher décompose et explique les deux mots basques pris par lui comme exemple. Tonnerre en escuara se dit : *Turmoya, otsotsa, odotsa, ostya, iurtzuria, igorciria, iñusturia, iusturia, calerna*. Plusieurs de ces mots dérivent du même radical, *ots*, bruit, qui se retrouve dans *min-tzoa*, paroles, *ots-oa*, loup (hurleur), etc. Il faut donc exclure *odeia*, nuage, de la composition de ce mot, dont *otsotsa* est la forme régulière et non altérée. *Otsotsa* résulte de la répétition du même mot, ce qui a lieu parfois en basque pour augmenter la force d'un substantif ou d'un adjectif. *Otsotsa*, signifie donc littéralement *bruit-bruit*, ou grand bruit, comme *gorigori* veut dire *rouge-rouge*, écarlate. — *Ugatza*, mamelle, contient le radical *ug*, que je retrouve dans *ts-arria*, abondance, fertilité. Quant à *atza*, ou *atsa*, c'est une simple terminative : *lar-atza*, crémaillère, *mai-atza*, mai, *sag-atza*, saule, *beh-atza*, pouce, etc. etc.

relations des pronoms; exemple, *qâtal*, *qâtalâ*, *q'taltani* : il a tué, tu as tué, tu m'as tué (*tâ*, tu; *ni*, moi). De même en hongrois : *l'at* (voir), *l'atok* (je vois), *l'atlak* (je te vois).

» L'incorporation s'étend surtout aux verbes auxiliaires *être* et *avoir*, qui, composés avec des participes exprimant le présent, le passé et le futur, forment l'unique conjugaison de la langue basque. A part l'incorporation, la langue basque est supérieure au turc, qui n'a aucun verbe équivalent à l'auxiliaire *avoir*; le verbe substantif *être* fait tous les frais de la conjugaison turque.

» Le premier terme des mots composés de la langue basque se réduit à la syllabe initiale de la racine, souvent même à une simple voyelle du mot primitif. Ainsi : *od-otsa*, le tonnerre, de *odeia*, nuage, et *otsa*, bruit; mot-à-mot : *bruit de nuages* (1).

» Les langues de l'Amérique du nord, le delaware surtout, emploient le même procédé dans les mots composés. Ainsi : *lenape*, homme, de *lenni*, indigène, et *ape*, marcher debout; mot-à-mot : l'indigène qui marche debout (2). »

Pour M. Alfred Maury, « la langue basque apparaît comme un chaînon qui lie la famille américaine à la famille ougro-tartare, et ce qui le confirme, c'est que des particularités toutes

---

(1) L'argument exposé dans cet alinéa et dans le suivant, est emprunté au livre de M. Schleicher déjà cité, et accompagné par moi d'une note dont le lecteur n'a pas oublié le contenu.

(2) Mahn *Denkmæler der Baskischen Sprache*, Berlin 1856. Le passage ci-dessus appartient à l'introduction de ce recueil, et j'en copie la traduction dans les *Recherches sur les habitants primitifs de l'Espagne* de G. de Humboldt, p. 149-50, note 1. L'introduction de M. Mahn a été jugée, dans ma *Dissertation sur les chants héroïques des Basques* (Paris, Franck, 1866, épuisé), avec une rigueur que je regrette. Sans vouloir substituer un éloge absolu à cette critique un peu acerbe, je dois reconnaître qu'à propos d'un recueil d'anciens textes euskariens, le savant prussien n'était point tenu d'étudier en détail les affinités du basque avec les autres idiomes. Je remercie M. Edélestand Du Méril, dont les sages et bienveillantes observations m'ont mis à même de me rétracter, et je compte bien me tenir désormais en garde contre les jugements précipités.

spéciales sont communes au basque et à quelques-uns des idiomes qui se parlent depuis le nord de la Suède jusqu'à l'extrémité du Kamtchatka, depuis la Hongrie jusqu'au Japon. Tel est d'abord le pluriel en *ak*, dérivé de la terminaison *a* des substantifs basques au singulier. Tel est ensuite le principe euphonique. Le basque se distingue, en effet, par une harmonie de vocalisation qui s'oppose au concours d'un grand nombre de consonnes. La plupart de ces consonnes sont cependant légèrement aspirées. » Parmi les caractères fondamentaux du basque, M. Maury comprend la force conservée par le principe d'agglutination, et le mécanisme de la déclinaison, qui s'effectue à l'aide de propositions, comme dans les langues ougro-tartares. « La conjugaison du verbe basque rappelle également celle des langues tartares, mais elle la dépasse en richesse.... Chaque verbe présente huit *voix*, c'est-à-dire huit formes indiquant la diversité des états, l'état actif, passif, réfléchi, mixte, etc. Chaque voix renferme plusieurs conjugaisons, et le nombre de ces conjugaisons s'élève au chiffre considérable de 206. Mais le verbe basque, en même temps qu'il ressemble au verbe ougro-tartare, présente une extrême analogie avec celui des langues américaines. Cette analogie n'est pas la seule qui rattache ces dernières langues au basque; on y observe la même manière de composer les mots de toute espèce. Le basque supprime souvent des syllabes entières en composant, il n'en conserve quelquefois qu'une lettre dans le mot composé. » M. Maury emprunte au livre de M. Schleicher, déjà cité, les exemples de ce genre de composition (1).

M. H. de Charencey tient également pour l'affinité de la langue basque avec les idiomes du Nouveau-Monde, et il a

---

(1) Alfred MAURY, *La Terre et l'Homme*, p. 459-60; cf. *Revue des Deux-Mondes*, 1857.

publié là-dessus une brochure dont je dois résumer les arguments (1).

Et d'abord, le basque et les langues de l'Amérique se sont arrêtés au même degré de développement, c'est-à-dire à la période agglutinante.

Les langues canadiennes proscrivent l'*f*, ainsi que l'escuara, et, comme cet idiome, elles répugnent à toute liaison des consonnes muettes et liquides, dans laquelle une de ces dernières se trouverait à la fin d'un mot.

Le procédé d'incorporation, si usité dans les langues américaines, se retrouve aussi dans le basque.

« Les idiomes canadiens admettent, comme l'Eskuara, la distinction entre le genre rationnel et le genre irrationnel En basque, par exemple, la désinence inessive *baillhan* est spéciale aux êtres doués de raison ; les désinences *tan, ean, etan,* le sont aux objets non doués de cette faculté, ou même aux êtres raisonnables, mais alors désignés *in genere*, non *in specie*. Ainsi, l'on pourra dire *gizonetan*, in homine, mais il faudra toujours dire *Ynkoabailthan*, in Deo; *Mariabailthan*, in Maria.

» Dans les langues américaines, comme en basque, le genre rationnel serait plutôt ce que l'on peut appeler le genre noble, par opposition au genre inanimé ou ignoble, mais il comprend un plus grand nombre de mots qu'en basque. Tous les objets animés, rationnels ou non, et certains objets inanimés, à raison de leur noblesse ou de leur utilité, sont placés par les Canadiens dans le genre animé. D'autres idiomes américains se rapprochent plus à cet égard du basque ; ainsi l'Iroquois classe dans le genre noble Dieu, les anges et tout ce qui est mâle dans l'espèce humaine seulement. — Les idiomes algi-

---

(1) DE CHARENCEY, *Des affinités de la langue basque avec les idiomes du Nouveau-Monde*, Caen, 1867.

ques possèdent une double désinence plurielle, comme celle en *al*, *ar* ou *an* pour le genre ignoble, et celle en *ak*, *ek* ou *k* pour ce genre noble. Exemple : En Lenapé, *tcholens*, oiseau, et *tcholensak*, oiseaux. Cette finale *ak* ou *ek* est la désinence générale du pluriel en basque. Par exemple : *gizon*, homme et *gizonak*, les hommes. On pourrait supposer qu'à l'origine, cette finale *ak*, *ek*, du pluriel était réservée en basque aux noms du genre noble.

« La déclinaison ne se retrouve guère dans les dialectes américains, tandis qu'elle est très-développée en basque. M. de Charencey serait porté à croire qu'elle n'est pas primitive dans ce dernier idiome ; mais il ne fournit aucun argument à l'appui de cette assertion.

» Un caractère assez général des langues américaines, c'est de posséder des termes différents pour les degrés de parenté suivant le sexe de la personne qui parle et dont on parle. Ainsi, en algonkin, *kanis* signifie frère de frère seulement, et non frère de sœur : *litik*, au contraire, signifie exclusivement sœur de la sœur. Ceci se retrouve scrupuleusement conservé en basque, mais par un seul mot. Une femme y désigne sa sœur du nom d'*ahispa* ; la sœur d'un homme est *arreba*. Il est vraisemblable qu'à l'origine, ce procédé était plus usité en Eskuara (1).

---

(1) L'argument tiré des noms de parenté peut être examiné tout de suite. L'étude la plus complète sur les noms de parenté en Algonquin et en Iroquois se trouve dans les *Etudes philologiques sur quelques langues sauvages de l'Amérique*, par N. O. ancien missionnaire, p. 136-54 (Montréal, 1866). M. de Charencey n'a pris malheureusement qu'une connaissance très-superficielle de cet excellent ouvrage. La langue iroquoise est celle qui offre le système le plus complet des noms de parenté et d'affinité. On y distingue les parentés supérieures masculines et féminines, les parentés inférieures masculines et féminines, les parentés équivoques ou univoques avec leurs relations supérieures et inférieures, les parentés extravagantes et les parentés réciproques. « Les noms, ou pour mieux dire les verbes de parenté (puisqu'ils se construisent avec des préfixes verbaux) se conjuguent, les

» Enfin, l'on sait que dans les idiomes algiques les noms se conjuguent et prennent un grand nombre de flexions qui, dans les idiomes de l'Ancien-Monde, seraient propres au verbe. Ainsi, *Zabie*, Xavier et *Zabieban*, Xavier que j'ai connu, mais qui est mort, et *Zabiegoban*, feu Xavier que je n'ai pas connu. La plupart des désinences du nom se peuvent également donner au verbe, par ex. : la finale *tok* qui marque doute ou possibilité. En basque, nous retrouvons quelque chose de tout semblable. La finale *tze*, par exemple, qui est le signe habituel

uns suivant la forme des verbes absolus... d'autres suivant la forme réciproque... d'autres enfin se conjuguent d'après le modèle des verbes relatifs. » Un homme en parlant de son beau-frère dira : *iakiatoka*, c'est-à-dire lui et moi sommes beaux-frères. Le père parlant de son fils dira *nienka*, littéralement je l'ai pour fils. Si un tiers parle de ce fils à son père, il emploiera *ketsienka*, tu l'as pour fils. Le père et la mère se serviront de *sakenienka*, toi et moi l'avons pour fils. Ces exemples expliquent comment des grammairiens peu exercés ont pu prendre pour autant de substantifs les manifestations aussi nombreuses que variées des verbes de parenté. Il suffit de jeter un coup-d'œil sur le travail de M. N. O. pour se convaincre qu'un procédé semblable a été jadis en usage chez les Algonquins, et que les prétendus substantifs qui désignent les degrés de parenté suivant le sexe de la personne qui parle ou dont on parle, ne sont que des vestiges des anciens verbes de parenté. Voilà ce qu'une étude plus attentive aurait révélé à M. de Charencey. Cet érudit suppose gratuitement qu' « à l'origine, ce procédé », qu'il n'a pas compris, « était plus usité en Eskuara, » et il ne signale que « pour un seul cas, » le système américain qu'il croit retrouver pourtant « scrupuleusement conservé en Basque. » Voilà deux assertions bien contradictoires. Mais le cas unique signalé par M. de Charencey ne soulève-t-il aucune objection ? Il est permis d'en douter. Je sais que de mauvais glossaires basques, et notamment celui que M. Baudrimont a annexé à sa déplorable *Histoire des Basques ou Escualdunais primitifs* (p. 214), portent : *arreba*, sœur du frère ; *aizpa*, *aizta*, sœur de la sœur. Mais comme ces glossaires ne fournissent pas de termes pour désigner le frère et la sœur en général, il faut en conclure qu'il y a erreur, et que c'est dans le sens le plus étendu, et non dans l'acception restreinte adoptée par M. de Charencey qu'il faut prendre les mots *ahispa* et *arreba*. C'est, en effet, avec la première de ces deux significations que je les ai toujours entendus employer dans le Pays basque, et que je les retrouve dans divers vocabulaires, notamment dans celui que M. Archu a annexé à l'*Uskara eta franzes gramatika*, p. 176.

de l'infinitif. *Laguntzea*, accompagner (de *lagun*, compagnon), se trouve aussi prise comme finale nominale. *Sagarra*, pomme, et *sagartze*, pommier. Le nom prend une finale de futur. Ex. : *aita*, père, *aitazena*, feu le père, et *zen*, il était, il fut. De même en algonkin pour la finale *ban* ; exemple : *Micen*, Michel ; *Miceniban*, défunt Michel ; *ni sakitonaban*, je l'aimais. On sait que, dans quelques autres idiomes du Nouveau-Monde, le nom prend régulièrement les signes du passé et du futur (En Guarani par exemple.)

» Les pronoms personnels en basque et en algonkin, offrent je ne dirai pas une grande ressemblance, mais une identité presque absolue. On en pourra juger par le tableau suivant :

	BASQUE.		ALGONKIN.
Je,	Ni	Ni.	— Lenapé *n'*. — Chippeway, *nin*, etc.
Tu,	Hi (p. ki).	Ki.	— Lenapé *k'*. — Chippeway, *kin*. etc.
Il,	Hau.	O.	
Nous,	Gu.	Ki.	

» Ces affinités existent à un degré plus ou moins prononcé dans toutes les langues algiques. Dans les idiomes du groupe Chichimèque ou Aztèque, la première personne est toujours marquée par un *n* initial. Enfin, en Quiché et en Maya, la première personne du pluriel est *ka* ou *ca*. Quant à la finale *t*, qui exprime la première personne du singulier, nous en parlerons plus loin.

» Dans les langues algiques (et généralement dans tous les idiomes américains), les personnes se préposent aux verbes comme dans la conjugaison syncopée de l'Eskuara, par exemple : en Lenapé, *n' pendamen*, j'entends ; *k' pendamen*, tu entends ; de même en basque *nathor*, je viens ; *hathor*, tu viens ; *noua*, je m'en vais ; *houa*, tu t'en vas (conjugaison intransitive syncopée).

» Un des caractères des langues canadiennes, c'est d'être exclusivement pronominales ; je m'explique. Le Lenapé dira, par exemple : *noch*, mon père ; *koch*, ton père, mais il ne pourrait rendre l'idée de *père* isolée et non accompagnée du pronom. Cela se retrouve dans beaucoup d'autres dialectes de l'Amérique du Nord. — Le Basque incorpore également le pronom au verbe, au moins à certains temps, par ex. : *zen* ou *zan*, il était, et *niztan*, j'étais. On remarquera qu'en Algonkin, le pronom prend quelquefois, comme en basque, un *n* euphonique par ex. : Basque, *hintzan*, tu étais, pour *ki zan* ; en Algonkin, *nind apinaban*, pour *ni apinaban*. Enfin, à la conjugaison transitive du basque, le pronom régime direct ne peut pas s'isoler du verbe. L'Eskuara dira bien : *yaten dot ogia*, litt., je le mange, le pain ; mais il manque d'une forme propre à rendre notre phrase simple, *je mange le pain*. — On reconnaît là cette répugnance des races barbares pour les idées abstraites, cette tendance à ne considérer les objets qu'au point de vue concret, tendance qui parfois s'unit à une richesse excessive dans l'expression des moindres nuances de la pensée.

» On s'est plu à voir une distinction radicale entre le basque et les idiomes américains, dans ce fait que l'Eskuara fait toute sa conjugaison au moyen de l'auxiliaire être et avoir, tandis que les dialectes canadiens ne connaissent pas le verbe substantif... — Cette divergence, après examen, semblera peut-être moins tranchée qu'on ne le croirait au premier coup-d'œil. Il est douteux qu'il y ait, à proprement parler, des verbes en Basque. *Niz*, que l'on traduit par *je suis*, est le médiatif régulier de *ni* ; je ou moi veut dire littéralement *par moi, de moi* ; *gare*, nous sommes, n'est, suivant toutes les apparences, que pour *gura*, et forme l'allatif de *gu*, nous. Son sens véritable est donc, à nous, vers nous. Il conviendrait sans doute, de traduire l'expression *ethorten naiz*, je viens, par *in se venire per me*. La présence du radical *iz* dans *izan*, semble, il est vrai, contredire cette hypothèse et accuser la présence du radical *être*. Il serait possible d'abord qu'*is* ne fût qu'une finale prise comme radical. Cet étrange procédé n'est peut-être pas sans exemple en basque, et le mot *gaï*, *gaïa*, matériaux, ce qui est propre à devenir (par ex. : dans *emalzegaïa*, femme, future fiancée), pourrait bien se rattacher à la flexion de *ka*, par, vers. Je ne sais si l'on ne trouverait pas quelque chose d'analogue en Turk pour le verbe substantif, dont certaines formes se rapprochent des suffixes possessives. Si même on admet que la syllabe radicale *is* constitue un radical verbal, il est bien difficile de ne pas la rapprocher du radical sanscrit *as* (*asmi*, je suis), et de ne pas y voir un de ces emprunts sans nombre faits par l'eskuara aux dialectes indo-européens. Il est donc permis de croire que le système de la conjugaison actuelle du Basque n'est pas le système primitif, qu'il a été précédé par un autre tout différent. L'adoption du verbe auxiliaire aurait été de la part des Basques une tentative pour rapprocher leur idiome de ceux des nations voisines...

» Un point de contact très digne d'être signalé entre l'Eskuara et les dialectes américains, c'est la distinction si tranchée entre les conjugaisons transitive et intransitive, par exemple : en Algonkin, *ni sakidjike*, j'aime, et *ni sakiha*, je l'aime En Maya, ces deux conjugaisons ont des pronoms différents. Il y a toutefois ceci à remarquer. Chez les peuples du Nouveau-Monde, la conjugaison intransitive renferme tous les verbes non munis d'un régime direct, qu'ils soient par leur nature actifs ou neutres, ou passifs; en Basque, elle ne contient que les verbes passifs ou neutres.

» Quant aux verbes actifs, ils sont toujours forcément accompagnés d'un régime direct, et rentrent par conséquent dans la classe transitive. Enfin, le pronom-régime, soit direct, soit indirect, fait dans les deux groupes partie intégrante du verbe ; ce qui rend la conjugaison extraordinairement compliquée. »

M. de Charencey se livre ensuite, sur la conjugaison basque et américaine, à certaines recherches dont l'intérêt et la portée me paraissent trop secondaires pour que je croie devoir les résumer. « Un des caractères les plus étranges de la langue basque, dit-il ensuite, c'est sa faculté de former à l'infini des mots composés et surcomposés, en ajoutant et combinant l'article final *a* et les désinences du participe *tu*, de l'infinitif du nom verbal et *tze*; exemple : *errege*, roi ; *erregea*, le roi ; *erregearen*, du roi ; *erregearentze*, devenir celui du roi ; de là, *erregearentzea*, *erregearentzearena*, etc... Les langues américaines, non pourvues de l'article, ne jouissent pas, ou du moins ne nous ont pas paru jouir de cette faculté de former des surcomposés ; mais elles peuvent, ce qui les rapproche de l'Eskuara, verbiser beaucoup de noms et d'adjectifs surtout, en préfixant un pronom.

Le dernier argument philologique invoqué par M. de Charencey consiste dans un catalogue de mots qu'il prétend être communs au basque et aux idiomes canadiens (1).

---

(1) Rien de plus trompeur, en mainte occasion, que les affinités lexicographiques, qu'il faut bien se garder d'ailleurs de confondre avec celles des radicaux. La philologie s'est prononcée sur ce point, et après les choses si prudentes et si pleines de sens dites par M. Max Müller dans sa *Science du langage*, je suis surpris de voir un savant aussi estimable que M. de Charencey recourir à de pareils arguments. La discussion philologique à laquelle je me livrerai en temps utile doit porter exclusivement sur des ressemblances ou dissemblances grammaticales. Voilà pourquoi je prie le lecteur, de me permettre d'examiner, dès à présent, la valeur des prétendues affinités lexicographiques invoquées par M. de Charencey à l'appui de sa théorie sur la parenté du basque et des langues américaines.

« Basque, *agam*, nourrice ; Algonkin, *oyema*, *okomis*, mère-aïeule, et *ga*, mère ? » Nourrice ne se dit pas en basque *agam*, mais *ugama*. Ce mot est formé de deux radicaux : *ug*, monosyllabe caractéristique de l'abondance, de la fertilité, et qu'on retrouve dans *ugatza*, mamelle, *ugaria*, fertilité. La seconde partie du mot, *ama*, signifie mère. On voit que les éléments du

Me voici, enfin, parvenu au bout de ce long chapitre qui ne pouvait être ni abrégé ni scindé. J'espère avoir, dans le dernier paragraphe, reproduit avec exactitude et impartialité les arguments anthropologiques et philologiques invoqués à l'appui

terme basque ainsi décomposé ne se retrouvent, ni pour le sens, ni pour le son, dans les mots algonkins *okama*, et *okamisga*. — « Basque, *ora*, chien ; Naragansett, *aroüm*. » Il est vrai qu'*ora*, *ura* et *urra*, sont assez souvent employés en basque pour désigner le chien ; mais on préfère *potzoa* et surtout *chacurra* ou *zacurra*. Or, *ur*, se rencontrent dans *ur-dea*, porc, *ur-chaincha*, écureuil, *az-ur-ra*, renard, *sat-ur-ia*, taupe, etc. *Ur*, désigne donc évidemment les quadrupèdes, et les autres syllabes que l'on y joint sont destinées à établir, pour chacun d'eux, l'espèce à laquelle il appartient. Ces syllabes ont souvent subi de telles transformations que leur signification primitive est parfois difficile ou impossible à retrouver ; mais il n'en est pas toujours ainsi, et par exemple dans *satzuria* ou mieux *sazuria*, taupe, *sa*, représente *saroa*, nuit. Le *z* est euphonique, et *uria* est formé du radical *ur* et de la terminative *ia*. La taupe est donc la bête des ténèbres, celle qui ne voit pas clair. Il résulte, je crois, de mes observations, que ce n'est que par abus qu'*ora* sert à désigner le chien. Dès lors il n'y a pas lieu de le comparer à *aroüm* qui a cette signification spéciale en Naragansett. — « Basque, *hume*, enfant ; Sankhikhan ou Etchemin, *amomon*. » Ce n'est pas *humea*, mais *sumea*, et mieux *semea*, qui signifie fils en basque, et c'est là un emprunt évident aux glossaires latin (*semen*) ou roman. — « Basque, *anai*, frère (prob. d'un radial (*sic*) *kan* ; avec suppression du *k* initial et *i* euphonique) ; Algonkin, *kanis*, frère du frère. » Ce passage prouve l'aisance que M. de Charencey met à se débarrasser des lettres qui le gênent et à invoquer des radicaux fantastiques, pour arriver à trouver que *kanis* ressemble à *anaya*. Mais *anaya*, en basque, signifie frère en général, tandis qu'en Algonkin il a limitativement le sens de *frère de frère*, c'est-à-dire qu'il ne peut être employé par moi, par exemple, que pour désigner mon frère *ni kanis* ; mais ma sœur est tenue de se servir du mot *atema*, et de me dire *nind adsma*, mon frère. Le terme algonkin qui signifie frère et sœur en général est *o'te-ijan* (co-enfant) qui n'a rien à voir avec *anaya*. — « Basque, *chori*, oiseau ; Lennapé, *tcholens*. » Les Basques ont des noms particuliers pour beaucoup de volatiles : *aranoa*, aigle, *belea*, corbeau, *aloya*, hirondelle, etc. Pour désigner un oiseau sans distinction d'espèce, ils disent *egatzia*, *egatzina*, où l'on distingue le radical *eg*, qui se retrouve dans *egoa*, aile, *egatza*, plume : *tzia* et *tzina* sont deux terminatives, dont la dernière est un diminutif. Quant à *chori*, réservé aux oiseaux chanteurs, c'est une onomatopée. Si *tcholens* en Lénapé, signifie oiseau en général, il n'est pas possible de le rapprocher du terme basque *chori*, qui a une signification plus spéciale. — « Basque, *okhitu*, vieux,

des principaux systèmes relatifs à l'origine des basques. Ces arguments réclamaient au commencement de mon livre une place toute spéciale; mais ils seront bien mieux compris de la grande majorité des lecteurs, quand j'aurai fourni toutes les explications nécessaires à la clarté d'une discussion où il

usé; Algonkin, *kete*, vieux, ancien. » Je ne saisis ni la valeur ni la portée de ce rapprochement. — « Basque, *bat*, un, et *bakkar*, unique (radic., *ba, bat* ou *bakt?*); Ménomène, *pékots*, un; Knistineau, *pyak*; Canadien propre, *bégou*; Sankhikhan, *bechkon*, etc. » Écartons *ba*, qui ne se trouve nulle part; reste *bat*, que j'accepte, et *batk*, que je repousse. La gutturale *k* ou *g* qui existe dans les noms de l'unité en Ménomène, Canadien propre et Sankhikhan, devrait trouver sa correspondante dans le basque. M. de Charencey est si pressé d'obtenir cette gutturale indispensable, qu'il la place avant le *t* final et écrit *bakt* au lieu de *batk*. Mais dans le terme basque *k* (ou *g*) n'appartient pas au radical, c'est-à-dire au premier des nombres cardinaux; elle se place en tête de la désinence *garren*, qui sert à former les nombres ordinaux : *batgarren* ou *bagarren*, premier (on dit aussi *leken*), *bigarren*, second, *hirurgarren*, troisième, etc. — « Basque, *bortz*, cinq; Sankhikan, *parénach*. » *Bortz* est, en effet, employé dans certains districts; mais la forme la plus usitée et la plus ancienne est *bost*, qu'il n'est pas légitime de rapprocher de *parénach*. — « Basque, *eskua*, main; Lenapé, *nachk* (avec *n* préfixe)? » Ce point d'interrogation placé à la fin de cette phrase signifie que M. de Charencey n'a qu'une confiance limitée dans la valeur d'une comparaison qui ne séduira personne. — « Basque, *as*, roc, rocher; Lenapé, *achsin*, pierre. Il y a en Sanscrit un radical analogue pour signifier *pierre*. » Pierre se dit en effet, en basque, *acha* ou *asa*. Je trouve dans les *Origines indo-européennes* de M. Adolphe Pictet, t. I, p. 129 : « Sansc., *açan*, *açna*, *açma*, *açman*, rocher, pierre... De la racine *ac*, permeare, penetrare, qui, outre le sens de mouvement rapide, prend dans plusieurs dérivés, celui de être tranchant, aigu, acéré, comme par exemple, *açi*, crochet de serpent, etc; une foule de mots se rattachent d'ailleurs à cette acception spéciale. Je me borne à citer le grec ἀκή, pointe, tranchant, ἀκινος, ἄκαινα, aiguillon, ἄκων, lance; le latin *acus*, *acies*, *acer*, etc.; l'irlandais *aicde*, aiguille, le cymrique *aicch*, *ochr*, taillant, tranchant; le gothique *ahs*, épi; le lithuanien, *asżmu*, taillant, *asztrus*, acéré, *akotas*, barbe d'épi; etc. Si l'on se souvient que la pierre a servi, avant l'emploi du métal, à former des outils tranchants et des armes, on ne doutera pas que son nom ne dérive de la même notion. » Sans doute il est curieux de voir les Lenapés désigner un objet aussi commun que la pierre par un mot qui offre avec l'*acha* des Basques une similitude évidente; mais il n'est pas prudent d'en argumenter en faveur de la parenté des idiomes, puisque le même terme appartient aux langues indo-européennes.

importe de ne rien perdre de vue. Voilà pourquoi je ne manquerai jamais de renvoyer, en temps utile, aux diverses parties du présent paragraphe où se trouvent exposés les systèmes anthropologiques et philologiques dont l'examen devra, plus tard, être abordé en détail. On a déjà remarqué, sans doute, que parmi les travaux qui ont trait à l'origine des Basques, je n'ai encore rien dit de ceux de M. Pruner-Bey. Ces travaux ont une haute importance, et l'auteur, dont la bienveillance est aussi inépuisable que l'érudition, a bien voulu m'autoriser à tirer de ses ouvrages le plus large parti possible. Pour ne pas faire double emploi, j'ai donc résolu de n'utiliser qu'au moment de la discussion les recherches anthropologiques et philologiques de M. Pruner-Bey, et après ces explications indispensables, je me hâte de rentrer dans mon sujet, et d'aborder les Ibères espagnols d'après les historiens de l'antiquité.

CHAPITRE III.

LES IBÈRES D'APRÈS L'ANTIQUITÉ.

§ 1.

Nous avons esquissé, dans les deux chapitres précédents, l'histoire et la géographie des Vascons et des Basques espagnols et français, et passé en revue les solutions diverses proposées par les érudits, les ethnologues et les philologues sur l'origine des Euskariens, et sur celle des Ibères, qui sont très généralement acceptés comme leurs ancêtres. Il s'agit maintenant d'étudier, à l'aide des documents authentiques, ces Ibères espagnols, et de nous assurer si le lien de parenté par lequel on les rattache directement aux Basques contemporains, est établi par des textes dignes de confiance.

Varron avait recueilli sur l'Espagne diverses fables qui remontaient, disait-on, à une haute antiquité, et qui auraient toutes une origine grecque (1). Cet écrivain, cité par Pline, nous apprend qu'une tradition fort ancienne faisait dériver les noms de *Spania* et de *Lusitania*, des noms de Pan et de Lusus, compagnons de Bacchus (2). Nous trouvons la confirmation de cette légende dans un fragment de Sosthènes, de Cnide, conservé dans le *Traité des fleuves* attribué à Plutarque, et où il est dit

---

(1) Origo in heis omnibus Græca. Varro, *De ling. latin.*, lib. VI.

(2) In universam Hispaniam M. Varro, pervenisse Iberos, et Persas, et Phœnicas, Celtasque et Pœnos tradit. Lusum enim Liberi patris, aut Lysam cum eo bacchantem nomen dedisse Lusitaniæ, et Pana, præfectum ejus universæ. At quæ de Hercule ac Pyrene, vel Saturno traduntur, fabulosa in primis arbitror. Plin., *Hist. nat.*, l. III, c. 4.

qu'après la conquête de l'Espagne, Bacchus plaça ce pays sous le commandement de Pan qui lui donna son nom (1). Si ces récits sont loin d'établir la réalité de l'expédition du Bacchus Thébain dans la Péninsule, ils donneraient du moins à croire que cette contrée aurait été désignée par les Grecs sous le nom de *Spania*, deux ou trois siècles avant la guerre de Troie.

L'abréviateur de Trogue Pompée, Justin, affirme, au contraire, que les anciens donnèrent à l'Espagne le nom d'Ibérie (*Iberia*), de celui du fleuve Ibérus, et ensuite celui d'Espagne (*Hispania*) du nom d'Hispanus (2). D'après la mythologie grecque, Hispanus régnait en Ibérie, et était fils d'Hispalus, lieutenant d'Hercule. Le lecteur voit que, dans cette fable même, le nom d'Ibérie est reconnu comme antérieur à celui d'Espagne; mais que d'erreurs dans ces deux lignes de Justin! Si l'*Histoire universelle* de Trogue Pompée, qui ne nous est point parvenue, n'avait pas été tenue par les anciens en sérieuse estime, il n'en faudrait pas davantage pour faire soupçonner son auteur d'avoir fabriqué les règnes de Gargoris, d'Habis et d'Hispanus, qu'il place en Espagne, et qui n'ont été signalés que par lui seul. Cette assertion, si elle était vraie, bouleverserait toutes nos connaissances sur les hautes antiquités de l'Espagne, et il y a lieu, par conséquent, de la discuter en détail.

Quelles ont pu être les sources utilisées par Trogue Pompée sur les temps historiques et même fabuleux de l'Ibérie espagnole, et comment a-t-il pu se renseigner sur cet Hispanus, qui aurait dû nécessairement vivre avant la guerre de Troie?

Les Phéniciens sont, à coup sûr, le seul peuple qui fût alors en état de recueillir des informations sur la plus ancienne histoire de la Péninsule. Rien ne prouve que leurs marins aient

---

(1) Sostrns., *Iberic.* ap. Plutarch., *De fluviis, in Nilo*.
(2) Hanc veteres ab Ibero amne, primum Iberiam; postea, ab Hispano Hispaniam cognominaverunt. Justin., lib. XLIV, c. 1.

cherché à en obtenir, et, dans tous les cas, ils ne les ont point communiquées aux autres peuples, car nous ne trouvons, dans les écrivains grecs et latins, aucun fragment d'origine phénicienne, sur les hautes antiquités de l'Espagne. On sait, d'ailleurs, que les Phéniciens entouraient du plus grand mystère leurs expéditions commerciales, et qu'ils faisaient échouer volontairement leurs navires, quand ils voyaient que des vaisseaux étrangers les suivaient pour connaître le but de leur voyage (1).

Les Grecs avaient été si peu renseignés sur ce point par les Phéniciens, que les poèmes homériques ne contiennent aucun passage relatif à l'Ibérie espagnole (2), ni à la fameuse ville de Tartesse. Hérodote n'est guère plus avancé. Il a entendu parler de Tartesse; mais il avoue lui-même n'avoir pu recueillir rien de positif sur les contrées situées à l'extrémité occidentale de l'Europe (3). Comment Trogue Pompée aurait-il été plus heureux, et se serait-il procuré, sur l'histoire de l'Espagne, des renseignements antérieurs à l'époque de l'expédition des Argonautes ?

L'époque reculée à laquelle Justin fait remonter les noms d'Ibérie et d'Hispanie, suffit même à prouver que cet épitomiste attribue à l'un et à l'autre une antiquité inacceptable. Je prends, en effet, l'engagement de démontrer, dans le présent chapitre, que les Grecs n'ont donné à l'Espagne le nom d'Ibérie qu'au commencement du cinquième siècle avant J.-C., et même que ce nom ne fut alors usité que pour désigner les

---

(1) Strab., *Géog.*, l. III.

(2) Certains commentateurs ont supposé, bien gratuitement, qu'Homère a voulu parler du beau climat de la Bétique. Dans le quatrième chant de l'Odyssée, Protée parle à Ménélas des Champs Élyséens, et les place « à l'extrémité de la terre, dans les lieux où le sage Rhadamante donnait des lois. » Ces expressions sont évidemment trop vagues pour qu'on puisse y voir une indication quelconque.

(3) Hérodot., *Hist.*, lib. III, c. 115.

côtes orientales et méridionales de la Péninsule. Si le lecteur me fait la grâce d'accepter provisoirement cette proposition, dont il pourra contrôler bientôt la rigueur et l'exactitude, il en résulte déjà que Justin a eu tort de faire remonter le nom d'Hispanie jusqu'aux premiers âges héroïques de l'Espagne, et qu'à cette époque, ni à aucune autre, cette appellation n'a pu être donnée au pays en souvenir d'un prétendu roi Hispanus.

Les objections dirigées contre le règne d'Hispanus en Espagne portent aussi contre Gargoris et Habis; mais je ne prétends pourtant pas que ces trois personnages aient été inventés à plaisir par Trogue Pompée, et je n'aspire à les reléguer dans le domaine de la fable que par rapport à la Péninsule.

Nous savons déjà que les Grecs faisaient venir unanimement le mot *Spania* du dieu Pan, et nous verrons plus bas que les Romains désignèrent d'abord la Péninsule sous le nom d'*Hispania*, que leurs prosateurs préférèrent toujours à celui d'*Iberia*, importé par les Grecs, et volontiers accepté par les poètes latins. Voilà qui prouve déjà que le nom d'Espagne est antérieur à celui d'Ibérie, et qui détruit, au moins par rapport à la Péninsule, l'autorité du passage de Justin relatif à Gargoris, Habis et Hispanus. Au reste, cet écrivain, qui est seul à faire régner ces trois personnages en Espagne, infirme lui-même l'authenticité de leur domination, en faisant des forêts de Tartesse le théâtre de la guerre des Titans, et en acceptant comme authentiques bon nombre d'autres récits qui ne supportent pas un seul instant l'examen (1).

Il n'en faudrait pas davantage pour éveiller la légitime défiance du lecteur, et prouver la crédulité de Justin; mais cet écrivain

---

(1) Ainsi, d'après Justin, l. XLIV, c. 4, Gargoris aurait le premier découvert la manière de recueillir le miel. Il nous parle aussi de l'enfance d'Habis, précipité d'abord dans les flots, par ordre de son grand-père, et ensuite exposé dans une forêt, où les bêtes sauvages l'allaitèrent, etc., etc.

se trouve d'accord avec Polybe et Strabon, quand il nous affirme que jusqu'à l'époque de Viriathe, les habitants de l'Espagne étaient dans une telle barbarie, qu'ils tenaient plus de la bête féroce que de l'homme (1). D'après lui, ces habitants auraient été civilisés et réunis, à une époque très-reculée, dans sept grandes villes, par le prédécesseur d'Hispanus, d'où il faudrait conclure que la barbarie aurait plus tard anéanti cette civilisation. Mais Justin se trouve ici contredit par les témoignages unanimes de tous les anciens qui ont écrit sur l'histoire et la géographie de l'Espagne. Polybe, Strabon, Tite-Live, Pomponius Méla, Pline, Ptolomée, etc., nous représentent ce pays divisé entre une multitude de tribus impuissantes à former des ligues et de grandes associations (2). Sauf certains points de la côte civilisés par les Phéniciens, les Grecs et les Carthaginois, tout le reste des habitants de l'Ibérie espagnole était encore, à l'époque de Viriathe, dans le triste état dont parle Justin lui-même. En vérité, il faudrait être plus que crédule, pour admettre que les ancêtres de ces sauvages se soient élevés, bien avant tous les autres peuples de l'Europe, à un haut degré de civilisation dont on ne retrouve pas vestige. Il faudrait être dépourvu de sens commun, pour croire que l'Espagne entière ait pu être réunie de si bonne heure sous une dynastie de rois législateurs, et ait emprunté à l'un d'eux la dénomination d'*Hispania*.

Les règnes de Gargoris, d'Habis et d'Hispanus sont donc fabuleux relativement à l'Espagne. Je ne puis admettre néanmoins que Trogue Pompée ait tiré ces personnages de son imagination. Il jouissait, parmi les anciens, d'une haute réputation. Vopiscus l'égale à Salluste, à Tite-Live et à Tacite, et Pline rend aussi bon témoignage à son exactitude (3). Cet his-

(1) Adeo feris propriora quam hominibus ingenia gerunt. Justin., lib. XLIV, c. 2.
(2) Polyb., *Hist.*, passim; Strab. *Géog.*, lib. III; Tit. Liv., lib. XXII, c. 20; Ptolem., *Géog.*, lib. II, c. 4, 5, 6; Plin., lib. III, c. 1, 2, 3.
3) Trogus et ipse severissimus auctor. Plin., lib. XI, c. 52.

torien a dû nécessairement commettre une erreur involontaire, et attribuer à l'Espagne des rois qui appartiennent à un autre pays.

J'expliquerai bientôt, et en détail, comment les Grecs ont souvent transporté dans leur pays et en Espagne des traditions et des légendes originaires d'autres contrées et spécialement des régions asiatiques. Bien avant l'Ibérie espagnole, ce peuple a connu l'Ibérie caucasienne, dont les hautes antiquités remontent jusqu'à Sémiramis et au voyage des Argonautes. Strabon nous apprend que, de temps immémorial, les peuples de cette dernière contrée étaient divisés en quatre classes, dont la première ne comprenait que la famille du roi, qui était toujours remplacé, à sa mort, par son plus proche parent (1). Le dernier de ces rois fut Artocès ou Artchir, vaincu par Lucullus et Pompée. A défaut de renseignements positifs, je donne la conjecture pour ce qu'elle vaut, mais il me paraîtrait beaucoup plus naturel de faire régner Gargoris, Habis et Hispanus sur l'Ibérie caucasienne, soumise depuis longtemps à une dynastie, que sur l'Ibérie espagnole, qui nous apparaît, dès l'origine, fractionnée entre une foule de tribus. Il est à remarquer, d'ailleurs, que le passage de Strabon se trouve confirmé, dans une certaine mesure, par les traditions orientales qui veulent que l'Ibérie caucasienne ait obéi à une série de chefs, qui, sous le nom de Caïls, auraient régné sans interruption pendant douze cents ans, à dater du dix-huitième siècle avant Jésus-Christ, et dont le dernier se nommait Azon. Ces traditions sont évidemment fort exagérées ; mais, à tout prendre, ce que nous savons ou ce que nous pouvons conjecturer sur l'Ibérie caucasienne, autoriserait à supposer que c'est là plutôt qu'en Espagne, qu'auraient régné Gargoris, Habis et Hispanus (2).

(1) Strab., *Géog.*, lib. XI.
(2) Encore une fois, je donne l'hypothèse pour ce qu'elle vaut, et je ne

J'ai suffisamment insisté sur l'erreur de Trogue Pompée, dont les causes seront indiquées en détail, quand j'aurai déter-

me dissimule pas qu'on pourrait jusqu'à un certain point objecter que les sources auxquelles Trogue Pompée a dû puiser, n'ont pu placer les trois règnes dont s'agit que dans l'Ibérie espagnole, car c'est sur les Cunètes et les Tartessiens que Justin fait régner Gargoris. Cette objection se trouvera tout naturellement réfutée par mes recherches sur les plus anciennes dénominations géographiques de l'Espagne. Il me suffirait néanmoins de répondre, dès à présent, que nous ne possédons que des notions fort incertaines sur les Cunètes et sur la ville de Tartesse. Les anciens n'ont pas connu exactement la situation des Cunètes, et ils n'ont produit sur celle de Tartesse que des hypothèses téméraires et contradictoires. Les noms de Cunètes ou Cynètes, et ceux de Tarsus et de Tarscium (dont les Grecs peuvent fort bien avoir fait Tartessus) n'étaient pas rares, comme on le verra vers la fin de cette note, dans les contrées voisines de l'isthme du Caucase, et voilà une présomption de plus en faveur de l'hypothèse qui fait de Gargoris, Habis et Hispanus des rois de l'Ibérie asiatique. Tartesse était, dit-on, située à l'embouchure du Bétis, et les doutes que j'élève sur l'existence de cette ville, dès les premiers temps historiques de l'Espagne, ne me font pas perdre de vue que, d'après les Grecs, des Phocéens d'Ionie durent aborder, sept à huit siècles avant notre ère, à Tartesse où régnait alors Arganthonius. Mais ce récit est entièrement fabuleux, et l'extrême durée que l'on donne au règne d'Arganthonius suffirait seule à le prouver. Ni les chants de Stésichore et d'Anacréon, ni même un passage d'Hérodote (l. I, c. 163) ne peuvent donner à la tradition qui m'occupe un caractère historique; car à une époque antérieure à la guerre de Troie, le nom d'Arganthonius était déjà revendiqué plusieurs fois par des contrées asiatiques, même suivant la mythologie et la géographie des Grecs. Strabon donne, en effet, le nom d'Arganthonius à la montagne près de laquelle Hylas, ami d'Hercule, fut enlevé par les nymphes (*Géog.*, l. XII). Dans le premier livre de l'Argonautique, Appollonius de Rhodes place cette montagne chez les Mysiens, près du fleuve Cius, où il fait aborder ses héros. Avant d'aller au secours de Troie, Rhésus s'était fiancé, d'après la fable, à la jeune Arganthonis, qui mourut de douleur à la nouvelle de la mort de son amant. L'Arganthonius de Tartesse n'est donc, comme l'indique Strabon (*Géog.*, l. III), qu'un personnage imaginé par Stésichore. Anacréon fait aussi une allusion très-équivoque au roi de Tartesse, et voilà les seules autorités d'après lesquelles Hérodote fait d'Arganthonius un personnage réel, et le transporte d'Asie en Espagne. La réputation d'antiquité de la ville de Tartesse est telle que plusieurs érudits l'ont prise pour la Tarsis de l'Écriture. Tout porte à croire que Tartesse n'appartient pas à l'Espagne; et les anciens n'ont connu ni cette ville, ni même quelques vestiges de son existence. La tradition la plus générale veut que dans des temps inconnus Tartesse ait existé à l'embouchure

miné à quelle époque les Romains et les Grecs ont commencé à connaître l'Espagne.

D'après Bochart, l'Espagne aurait été visitée de bonne heure par les Phéniciens, et, dans leur langue, *Spania* voudrait dire *cuniculosa*, ou terre abondante en lapins (1). Mais d'après tout ce que l'antiquité nous apprend sur le mystère dont les Phéniciens entouraient leurs expéditions, il n'est guère probable qu'ils aient montré aux autres peuples le chemin de ce pays.

du Bétis; mais Strabon, qui nous renseigne sur ce point, nous fait savoir aussi que d'autres auteurs affirmaient que cette ville était représentée par Carteia, située au pied du mont Calpé (*Géog.*, l. III). Festus Avienus (*In. or. marit.*, v. 254) place les Tartessiens sur la rive gauche de l'Ibérus des Turdetans, petit fleuve que les géographes espagnols retrouvent dans le Rio-Tinto. Les anciens ont donc placé Tartesse, tantôt au milieu, tantôt aux deux extrémités des côtes occidentales de la Bétique. Ces contradictions et surtout les confusions nombreuses jetées par les Grecs sur l'histoire et la géographie de l'Espagne, où ils ont importé tant de mythes et de héros, permettent de croire qu'à l'époque où la tradition fait aborder les Phocéens d'Ionie dans le royaume d'Arganthonius, il n'existait, en Espagne, ni une ville appelée Tartesse, ni un peuple du nom de Tartessiens. Cette ville et ce peuple ne sont signalés d'ailleurs ni dans les chants homériques, ni dans le Périple dit de Scylax, ni dans le livre de Pomponius Méla, et il faut ajouter à toutes ces raisons les analogies toponymiques qui donnent au nom de Tartesse, comme à celui des Cynètes, une origine orientale. Ptolémée signale dans la Basse-Pannonie une ville du nom de *Tarsium*, et Strabon donne le nom de *Tarsius* à un fleuve de la Troade. D'après le journal de navigation de Néarque et Arrien, *Tarlia* ou *Tarsium* désigne le promontoire d'Asie, dans le golfe Persique, et suivant Isidore de Charax, cité par Edme Mentelle, il y avait dans l'Inde un fleuve appelé *Tarsus*. Strabon place dans la Bétique, sur le détroit de Gadès, une ville du nom de *Zélès*, qui était par conséquent voisine de celle de *Tarseium*, que Polybe signale sur le même détroit. Homère indique, dans la Troade, la ville de Zélie, qui était arrosée, au dire de Strabon, par le fleuve *Tarsius* (l. XIII). Les Cynètes habitaient les bords de l'Anas (*Ana amnis hic per Cynetas affluit*), au dire de Festus Aviénus, qui appelle *Cynetus littus* une plage de la Gaule au pied des Pyrénées. Strabon, Pline, Athénée, etc., parlent de *Cynethœ*, en Arcadie, comme d'une ville très-ancienne. D'après Pline et Étienne de Byzance, l'île et la ville de Délos s'appelaient auparavant *Cynethus*. Etienne de Byzance signale en Thrace, au pied du mont Nérisse, la ville de *Cynetha*.

(1) Bochart, *Chanaan*, L. I, c. 35.

Quoi qu'il en soit, les Romains ont dû connaître l'Espagne vers le milieu du vɪ⁵ siècle avant J.-C. Ancus Martius et Tarquin l'ancien avaient déjà soumis tout le Latium, et particulièrement plusieurs villes déjà célèbres par leur commerce maritime, telles que Laurentinum, Ardée, Terracine, Circei et Antium. Servius Tullius étendit sa domination à l'orient du Tibre jusqu'à Cœré, dont la marine était alors très-puissante, et il conclut avec cette ville une alliance offensive et défensive (1). La suprématie de Rome sur les cités maritimes du Latium était désormais établie, et nous en trouvons une preuve nouvelle dans le premier traité conclu entre les Romains et les Carthaginois, sous le consulat de Junius Brutus et Marcus Horatius. Ce traité, recueilli par Polybe, porte que les Romains et les villes déjà nommées s'abstiendront dorénavant de naviguer au-delà du cap nommé le beau promontoire, et situé au-dessus de Carthage. Les Romains et leurs alliés s'interdisent également d'exercer la piraterie et le commerce, et de fonder des villes au-delà de ce beau promontoire et des cités de Mastia et de Tarseium (2). Il résulte de cette interdiction, que les navires du Latium avaient souvent dépassé Tarseium, qui touchait aux colonnes d'Hercule, et porté préjudice au trafic que les Carthaginois faisaient sur le littoral de l'Espagne. Les Romains connaissaient donc ce pays dès cette époque, et ils le connaissaient sous le nom d'*Hispania*.

Ce nom prévalut et fut constamment adopté par tous les prosateurs latins, et même par des poètes tels qu'Horace, Tibulle, Silius Italicus et Martial, au moins aussi volontiers que le mot *Iberia*, importé plus tard par la littérature grecque.

---

(1) Dionys. Halicarn., *Antiq. Rom.*, lib. IV. La crédulité de Denys d'Halicarnasse est connue ; mais son témoignage se trouve confirmé, sur ce point, par tous les historiens des premiers temps de Rome.

(2) Romani (et socii) vltra pvlchrvm promontorivm, Mastiam et Tarseivm prædas ne facivnto, ad mercatvram ne evnto, vrbem nvllam condvnto. Polyb., Lib. III.

Je crois inutile de citer des exemples, mais il est important d'observer que les Espagnols ont constamment et exclusivement nommé leur pays *España*, mot à peu près identique à *Hispania*, car ñ a une prononciation très-voisine de *ni* (1).

Les Grecs n'ont dû connaître l'Espagne qu'après les Romains. Ils en étaient plus éloignés, et l'expédition des Argonautes est leur première navigation lointaine, car il faut compter pour rien ce que raconte Denys d'Halicarnasse d'une prétendue colonisation de l'Italie par des Arcadiens venus sous la conduite d'Œnotrus et d'Evandre, dix-sept générations avant la guerre de Troie. On sait, d'ailleurs, quelle était encore l'imperfection des procédés de la marine hellénique au moment de l'attaque de cette ville. Un peu plus tard, les pirates Cariens n'ont pas dépassé la Corse, et n'ont jamais abordé sur les côtes d'Espagne. Mais, peut-on dire, les Rhodiens auraient fondé Rhodope, aujourd'hui Rosas, en Catalogne, avant l'ère des Olympiades (776 avant J.-C.). A cela je réponds que Strabon ne fait que rapporter, sans la garantir, une tradition invraisemblable, qu'il ajoute que la Diane d'Ephèse avait un temple à Rhodope comme à Emporium, et qu'il promet de s'expliquer sur ce point quand il parlera de Marseille (2). Arrivé à la description de cette ville, il se borne à faire connaître en vertu de quel oracle les Phocéens d'Ionie bâtissaient un temple à Diane dans toutes

---

(1) Bochart, *Chanaan*, L. I, c. 35, prétend que les Romains désignèrent d'abord l'Espagne par le mot *Spania*, dont l'euphonie aurait fait ensuite *Hispania*, et il cite, d'après Anastase, comme vestiges de l'ancienne dénomination, les mots *spanicum argentum*, argent d'Espagne, *color spanus*, couleur brune en grand usage dans la Péninsule. Je ne nie pas que les Romains aient commencé par dire *Spania*; mais quand ils y substituèrent *Hispania*, ce ne fut point pour obéir à l'euphonie, mais pour reproduire exactement la dénomination indigène. Cette proposition sera démontrée en temps utile, au moyen de la philologie.

(2) Ἐνθαῦτα δ'ἐστὶ καὶ ἡ Ῥοδόπη, πολίχνιον Ἐμποριτῶν, τινὲς δὲ κτίσμα Ῥοδίων φασί. Strab., lib. III.

les colonies qu'ils fondaient (1). Strabon n'adoptait donc pas la tradition qui attribuait aux Rhodiens la fondation de Rhodope, et si l'on considère qu'elle n'était qu'à deux lieues d'Emporium, on se rangera docilement à l'avis de Cellarius, de Huet et des frères Mohedano, qui considèrent la première de ces deux villes comme un démembrement de la seconde. D'ailleurs Bochart a fort bien démontré (2) que les Rhodiens ont eu deux marines. La première était phénicienne, et n'a point dépassé les eaux de la mer Egée; la seconde n'a commencé que sous les successeurs d'Alexandre.

L'objection tirée de la fondation de Rhodope par les Rhodiens demeure donc écartée. Il n'y a pas à s'arrêter davantage à la supposition que l'Espagne aurait été visitée, huit siècles avant J.-C., par des navigateurs de Milet, et Pline qui nous informe, dans plusieurs passages, que ces marins avaient fondé bon nombre d'établissements dans la mer Egée, la Phrygie, la Thrace, le Pont-Euxin, et même l'Arabie heureuse, ne dit pas qu'ils aient jamais abordé en Espagne.

En revanche, Hérodote nous apprend que les Phocéens d'Ionie furent les premiers des Hellènes qui entreprirent de longues navigations, et firent connaître aux autres Grecs la mer Adriatique, les côtes de la mer Tyrrhénienne, l'Ibérie et Tartesse (3). Ailleurs, il ajoute que le pilote Coléus, de Samos, voulant se rendre de l'île de Platée en Egypte, fut jeté par la tempête sur les côtes de Tartesse, et que la vente de sa cargaison lui procura de gros bénéfices, parce que nul autre navire n'était entré dans ce port (4). Or, il résulte du témoignage de Thucydide (5) que les Samiens n'ont commencé à avoir une ma-

---

(1) STRAB., lib. IV.
(2) BOCHART, *Phaleg.*, lib. I, c. 15.
(3) HÉRODOT., *Hist.* L. I, c. 163.
(4) *Ib. Ibid.*, L. III, c. 163.
(5) THUCYDID., L. I, c. 152.

rine que 703 ans avant notre ère, et les calculs d'Ussérius, vérifiés par Mayans y Siscar (1), placent vers 640, toujours avant notre ère, l'entrée de Coléus dans le port de Tartesse. Mais, comme le fait observer M. Graslin (2), en s'appuyant sur l'autorité d'Hérodote, de Thucydide, de Strabon, de Tite-Live, d'Aulu-Gelle, de Justin et d'Ammien Marcellin, « ce fut sur la fin du VII° siècle avant l'ère chrétienne que des Phocéens d'Ionie, *qui n'avaient pas encore navigué au-delà de l'île de Corse*, osèrent, pour se soustraire au joug des Perses, parcourir les côtes de la Méditerranée : ils entrèrent dans le Tibre, contractèrent avec les Romains des liaisons très-intimes, et, de là, furent jeter les fondements de Marseille. Peu de temps après, la ville de Phocée étant tombée sous la domination des Perses, et la plus grande partie de ses habitants ayant été chercher asile auprès de cette première colonie, Marseille, surchargée de populations, en envoya la surabondance former, sur les côtes d'Hispanie, les établissements d'Emporias, de Dianium et de Menaca, qui prirent ensuite de grands accroissements.

« Cependant, je ne crois pas hasarder une assertion téméraire, en disant que pendant tout le siècle qui suivit la fondation de Marseille, c'est-à-dire jusqu'à l'époque du voyage de Scylax, on chercherait vainement des traces historiques de la navigation de quelques autres Grecs, sur un point quelconque de l'Hispanie. «

Il n'y a guère à reprendre, dans ce passage du livre de Graslin, que ce qui a trait au prétendu voyage de Scylax. Le plus ancien géographe de ce nom était né à Caryande, et vivait environ 500 ans avant notre ère (3). Ses écrits ne nous

---

(1) Mayans y Siscar, *Origines de la Lengua Española*, t. II, p. 13.
(2) Graslin, *De l'Ibérie*, p. 104.
(3) Cette compilation a bien des fois exercé la patience des érudits, tels que Dodvel, Fabricius, Sainte-Croix, Gail fils, Letronne, etc., dont les

sont point parvenus, et nous ne possédons, sous le nom de *Périple* dit de Scylax, qu'une compilation faite entre les années 338 et 335 avant J.-C. Voici les deux premiers paragraphes de ce travail :

« Je commencerai par les Colonnes d'Hercule qui sont en Europe, et je m'avancerai jusqu'aux Colonnes d'Hercule qui sont en Lybie, et jusqu'au pays des grands Ethiopiens. Les Colonnes d'Hercule sont situées l'une en face de l'autre, et il faut un jour pour franchir l'intervalle. (Là sont les deux îles appelées Gadès, dont l'une possède une ville et est située à une journée des Colonnes d'Hercule). Au-delà de ces Colonnes, on voit bon nombre de colonies carthaginoises, des marais, le flux et reflux, et la mer.

» IBÈRES. Les premiers peuples de l'Europe qui se présentent sont les Ibères, nation de l'Ibérie, et le fleuve Ibérus..... Ensuite Emporium. (Il parle d'une ville grecque nommée Emporium *Gloss.*), qui est une colonie de Massaliotes. Les côtes de l'Ibérie comportent une navigation de sept jours et sept nuits.

« LIGURES ET IBÈRES. Après les Ibères, viennent les Ibères et les Ligures, mélangés jusqu'au Rhône. Il faut deux jours et une nuit pour naviguer le long des côtes de la Ligurie, depuis Emporium jusqu'au Rhône (1). »

---

travaux ont été sagement appréciés et utilisés par M. Müller, dans les *Prolegomena* des *Geographi Græci minores* (édit. Didot), p. XXX-LI.

(1) Ἄρχομαι δὲ ἀπὸ Ἡρακλείων στηλῶν ἐν τῇ Εὐρώπῃ μέχρι Ἡρακλείων στηλῶν τῶν ἐν τῇ Λιβύῃ, καὶ μέχρι Αἰθιόπων τῶν μεγάλων. Εἰσὶ δὲ ἀλλήλων καταντικρὺ αἱ Ἡράκλειαι στῆλαι, καὶ ἀπέχουσιν ἀλλήλων πλοῦν ἡμέρας. [Καὶ νῆσοι ἐνθαῦτα ἔπεισι δύο, αἷς ὄνομα Γάδειρα. Τούτων ἡ ἑτέρα πόλιν ἔχει ἀπέχουσαν ἡμέρας πλοῦν ἀπὸ Ἡρακλείων στηλῶν. *Gloss.*] Ἀπὸ Ἡρακλείων στηλῶν, τῶν ἐν τῇ Εὐρώπῃ, ἐμπόρια πολλὰ Καρχηδονίων καὶ πηλὸς καὶ παλιρροίας καὶ πελάγη. — ἸΒΗΡΕΣ. Τῆς Εὐρώπης εἰσὶ πρῶτοι Ἴβηρες, Ἰβηρίας ἔθνος, καὶ ποταμὸς Ἴβηρ... Εἶτα Ἐμπόριον [πόλιν Ἑλληνίδα ᾗ ὄνομα Ἐμπόριον, *Gloss.*] εἰσὶ οὗτοι Μασσαλιωτῶν ἄποικοι. Παράπλους τῆς Ἰβηρίας ἑπτὰ ἡμερῶν καὶ ἑπτὰ νυκτῶν. — ΛΙΓΥΕΣ ΚΑΙ ἸΒΗΡΕΣ. Ἀπὸ δὲ Ἴβηρος ἔχουσι Λίγυες καὶ Ἴβηρες μεγάδες μέχρι Ῥοδανοῦ ποταμοῦ δύο ἡμερῶν καὶ μιᾶς νυκτός. SCYLAC. CARYAND., *Peripl.*, dans les *Geographi Græci minores* (édit. Didot), p. 15-17.

Voilà toute la géographie du Périple dit de Scylax sur l'Espagne, et puisqu'il n'y est question que du fleuve des Ibères, des Colonnes d'Hercule, des îles de Gadès et de la ville d'Emporium, tout porte à croire que celui qui a fourni les renseignements n'a visité que ces quatre points. Or, ce voyageur a lui-même constaté qu'Emporium était une colonie massaliote, et il est certain que les Phéniciens étaient déjà établis depuis plusieurs siècles à Gadès et auprès des Colonnes d'Hercule. Donc, l'auteur du Périple n'aurait pu voir les prétendus peuples Ibères qu'à l'embouchure du fleuve Ibérus. Mais les écrits des géographes postérieurs au second Scylax, nous permettent de nous faire une idée assez exacte de l'embouchure de l'Ibérus et des contrées avoisinantes. Strabon signale à l'embouchure et aux environs les villes de Derthossa, Cherronesus, Oleatrum et Cartalias (1). Ptolémée nomme les Ilercaones, le promontoire de Tenebrium et le port de Tenebris (2), et Festus Avienus le Lacus Nacerarum, contigu à l'embouchure de l'Ibérus, et une petite île près de laquelle se trouvaient jadis les villes d'Hylactes, Hystra, Sarna, et Trichæ, car elles n'existaient plus de son temps (3). Dans cette toponymie rien ne prouve que le pays fût habité par de prétendus Ibères. Tout porte à croire que l'auteur du Périple trouvant là des gens qui n'étaient ni Phéniciens ni Grecs, crut avoir affaire à des indigènes, et que, suivant l'usage des Grecs, il leur donna le nom d'Ibères parce qu'ils étaient établis sur les bords de l'Ibérus (4). Cette extrême probabilité se convertit en certitude, si l'on observe que ce navigateur arrivé dans les Gaules, aux fleuves *Il-Iberis* et Ruscino, se trouvant en présence d'un autre fleuve *Ibéris* et de peuples incontestablement celtiques, d'après le témoignage de Polybe, de Diodore

(1) Strab., Lib. III.
(2) Ptolem., *Geog.*, Lib. II, c. b.
(3) Avien., *In oris maritimis*, v. 492-398.
(4) Pour choisir un exemple entre cent, ils avaient donné le nom d'Egypte

et de Strabon, leur donne encore le nom d'Ibères (1). De plus, la toponymie ancienne des contrées voisines de l'Ibérus indique qu'elles étaient occupées par un peuple de souche celtique, comme ceux qui étaient établis sur les bords de l'Illiberis et du Ruscino. J'ajoute qu'il n'est pas possible d'équivoquer à propos des Celtibères, dont l'origine celtique sera d'ailleurs démontrée, et de supposer qu'ils ont été visités par l'auteur du Périple, car ils étaient établis dans l'intérieur du pays, et non sur le littoral (2).

Voilà la vérité sur les peuples des bords de l'Ibérus reconnus par le navigateur grec, et baptisés par lui si gratuitement du nom d'Ibères. Ce nom et celui d'Ibérie étaient encore si peu connus vers la fin du quatrième siècle avant Jésus-Christ, que, d'après Josèphe, Éphore prenait l'Ibérie pour une ville (3).

C'est à tort, que Graslin (4) prétend qu'Hérodote a été induit en erreur par le passage du Périple déjà cité. Cet ouvrage n'a été rédigé que longtemps après la mort de l'historien grec, qui n'a connu que le Scylax, de Caryande, lequel vivait environ 500 ans avant J.-C. Hérodote a connu l'Espagne fort mal, il est vrai (5), et quand il parle de l'Ibérie, ce nom désigne la côte de la Ligurie. Il n'en est pas moins certain que l'erreur commise par les deux Scylax est devenue la source de bien d'autres. Le nom d'Ibérie a ainsi obtenu droit de cité parmi les historiens et les poètes grecs des époques postérieures, et il a été ensuite importé dans la littérature latine.

au pays où Homère plaçait le fleuve Egyptus.
(1) Polyb., L. III; Diod., Sicul., L. III; Strab., L. III. On pourrait renforcer ces témoignages de celui de Tite-Live, L. II, c. 115.
(2) Celtiberia, quæ media inter duo maria est. Tit. Liv., lib. XXVIII, c. 1.
(3) Joseph., In Appian., L. I, c. 5.
(4) Graslin, De l'Ibérie, p. 112 et s.
(5) Cette assertion ne paraîtra point trop absolue, si l'on songe qu'Hérodote fait des Pyrénées une ville, et place les sources de l'Ister dans les environs.

De là une confusion déplorable de l'Ibérie caucasienne et espagnole, au point de vue légendaire et historique. Je tâcherai tout-à-l'heure d'en expliquer les causes et d'en signaler les principaux effets; mais il importe, auparavant, d'emprunter à M. Graslin, sur le fleuve Ibérus et sur l'Ibérie espagnole des anciens, quelques considérations qui forment assurément une des meilleures parties de son livre (1).

On ne peut, dit-il, établir l'existence des anciens peuples Ibères sur le nom du fleuve Ibérus, et sur les dénominations géographiques qui en dérivent. Ce nom n'est pas particulier à l'Espagne, où on le retrouve dans deux cours d'eau, dans les villes d'*Ibera* et *Iberis*, et dans une foule de noms de lieux : *Ebrum, Ebora, Ebura, Eburo, Libora, Tiburi*, etc. Dans la Gaule, nous rencontrons *Hebro-Magus*, deux *Ebro-Dunum, Ebro-Lacum*, et vingt autres. En Italie, c'est la ville d'*Ibero*, et le fleuve *Tiberis*, appelé d'abord *Dehebris* (2). En Grèce nous trouvons l'*Europos*, les rivières d'*Ebrus* et d'*Europas*, etc. De pareilles dénominations existaient en Belgique, dans la Grande-Bretagne et dans l'Europe centrale. En Colchide c'était le fleuve *Iberus*. Je renonce à multiplier les exemples, qui prouvent de reste qu'il n'y a rien à conclure, au point de vue de la légitimité et de la spécialité du nom adopté par l'auteur du Périple.

M. Graslin fait ensuite remarquer, avec raison, que les géographes anciens se trouvent avoir placé en Espagne trois Ibéries qui s'excluent réciproquement : celle du Périple et de Polybe, celle de Strabon, et celle de Festus Avienus. On sait que l'Ibérie du Périple était limitée à la côte méridionale et orientale de la Péninsule. Polybe, contraint par l'usage d'adopter ce nom d'Ibérie, ne l'étend pas plus loin que le Périple, ce qui prouve assez qu'il ne fait que s'approprier cette dési-

---

(1) Graslin, *De l'Ibérie*, ch. VII et VIII.
(2) Varro, *De ling. latin.*, Lib. IV.

gnation. Cet historien qui avait parcouru l'Espagne, à la suite et sous la protection de Scipion Émilien, affirme qu'à l'arrivée des Romains cette contrée ne portait pas encore le nom d'Ibérie, et que cette dénomination ne s'appliquait alors qu'à la partie qui s'étendait sur la Méditerranée jusqu'aux colonnes d'Hercule. Le reste de la Péninsule n'avait encore reçu aucune dénomination générale (1).

Voilà pour l'Ibérie du Périple et de Polybe. Quant à Strabon, ce géographe, ordinairement si judicieux, si exact, et si attentif à tirer parti des travaux de Polybe, faiblit ici de la façon la plus évidente. Dans les premiers temps, dit-il, on donna le nom d'Ibérie à tous les pays situés au-delà du Rhône et de l'isthme resserré entre les golfes des Gaules. Maintenant, on donne, en général, le nom d'Ibérie aux pays bornés par les Pyrénées. La contrée située en-deçà de l'Ibérus, est connue sous le nom d'Hispanie. On nommait *Igletœ*, suivant Asclepiades de Myrlée, les anciens habitants de cette petite contrée. Les Romains donnent indistinctement à tout le pays le nom d'Ibérie, ou celui d'Hispanie (2).

On voit, par la première partie de cette citation, que Strabon reproduit l'erreur du Périple, formellement condamnée par Polybe, et qu'à la fin du passage il proclame,

(1) Τὸ δὲ λοιπὸν μέρος τῆς Εὐρώπης ἀπὸ τῶν προειρημένων ὀρῶν τὸ συνάπτον πρός τε τὰς δύσεις καὶ πρὸς Ἡρακλείους στήλας, παριέχεται μὲν ὑπό τε τῆς καθ' ἡμᾶς καὶ τῆς ἔξω θαλάσσης· καλεῖται δὲ τὸ μὲν παρὰ τὴν καθ' ἡμᾶς παρῆκον ἕως Ἡρακλείων στηλῶν, Ἰβηρία· τὸ δὲ παρὰ τὴν ἔξω καὶ μεγάλην προσαγορευομένην, κοινὴν μὲν ὀνομασίαν οὐκ ἔχει, διὰ τὸ προσφάτως κατωπτεῦσθαι, κατοικεῖται δὲ πᾶν ὑπὸ βαρβάρων ἐθνῶν καὶ πολυανθρώπων· ὑπὲρ ὧν ἡμεῖς μετὰ ταῦτα τὸν κατὰ μέρος λόγον ἀποδώσομεν. POLYB., *Hist.*, l. III, c. 37.

(2) Ἐπεὶ καὶ Ἰβηρίαν ὑπὸ μὲν τῶν προτέρων καλεῖσθαι πᾶσαν τὴν ἔξω τοῦ Ῥοδανοῦ καὶ τοῦ ἰσθμοῦ τοῦ ὑπὸ τῶν Γαλατικῶν κόλπων σφιγγομένου, οἱ δὲ νῦν ὅριον αὐτῆς τίθενται τὴν Πυρήνην. συνωνύμως τε τὴν αὐτὴν τίθενται τὴν Πυρήνην, συνωνύμως τε τὴν αὐτὴν Ἰβηρίαν λέγουσι καὶ Ἱσπανίαν· μόνην ἐκάλουν τὴν ἐντὸς τοῦ Ἴβηρος· οἱ δ' ἔτι πρότερον αὐτοὺς τούτους Ἰγλῆτας. οὐ πολλὴν χώραν νεμομένους, ὥς φησιν Ἀσκληπιάδης ὁ Μυρλεανός. Ῥωμαῖοι δὲ τὴν σύμπασαν καλέσαντες ὁμωνύμως Ἰβηρίαν τε καὶ Ἱσπανίαν. STRAB., l. III.

contre toute vérité, que les Romains faisaient aussi volontiers usage du nom d'Ibérie que de celui d'Hispanie. Chose qui mérite encore plus d'attention, c'est qu'il désigne sous le nom d'Hispanie le pays compris entre l'Ibérus et les Pyrénées, qui était jadis occupé par les Igletæ, ce qui prouve bien qu'il ne l'était pas par les Ibères. Ainsi Strabon, en adoptant, il est vrai, l'usage établi, entend par Ibérie, tout le territoire situé à l'occident de l'Ibérus et des pays Vascons.

J'arrive maintenant à Festus Avienus, qui était un auteur fort instruit, et qui avait compulsé, pour son poème, bon nombre de mémoires carthaginois (1). « Là, dit-il, est le fleuve Ibérus, qui féconde le pays de ses eaux. Plusieurs racontent que les Ibères en ont tiré leur nom, et non pas du fleuve qui coule dans le pays des turbulents Vascons; car on nomme Ibérie tout le territoire situé à l'occident du fleuve de ce pays. La partie orientale comprend les Tartessiens et les Cilbicéniens. » Si j'ai traduit fidèlement ce passage, il faut en conclure que Festus Avienus n'admettait comme primitifs, par rapport à l'Espagne, ni le mot d'Ibérie, ni celui d'Ibères, et qu'il ne les acceptait que comme des surnoms tirés des deux fleuves Ibérus.

Nous sommes donc bien en présence de trois Ibéries qui s'excluent réciproquement, ou plutôt d'une Ibérie ambulatoire, dont les limites se déplacent à chaque description nouvelle. Ajoutez à cela que l'Espagne était occupée par plus de cinq

---

(1)   At Iberus inde manat amnis, et locos
       Fecundat undà; plurimi, ex ipso ferunt
       Dictos Iberos; non ab illo flumine
       Quod inquietos Vascones prælabitur.
       Nam quid amni hujus gentis adjacet
       Occiduum ad axem, Iberiam cognominant :
       Pars porro Eoa continet Tartessios
       Et Cilbicenos.
                    AVIEN. *In or. maritim.* v. 248 et seq.

cents peuplades, ayant chacune son nom particulier, et dont beaucoup étaient incontestablement d'origine phénicienne, celtique, grecque et carthaginoise, et que pas une seule n'est connue sous le nom d'Ibères. En faut-il davantage pour prouver que l'Ibérie ne correspond à aucune partie du territoire espagnol à titre de dénomination nationale, et qu'il faut reporter aux causes sur lesquelles j'ai peut-être trop insisté, ce malentendu qui dure depuis tant de siècles ?

§ 2.

Je n'en ai pourtant pas fini avec l'Ibérie, et je dois signaler aussi les déplorables résultats produits par la confusion de l'Ibérie caucasienne et de l'Ibérie espagnole.

On sait combien les Grecs étaient enclins à bouleverser l'histoire et la chronologie des autres peuples, au profit de leur illustration nationale. Ils ne connurent pas plutôt l'Assyrie, qu'ils firent entrer Bélus et Ninus dans la postérité d'Hercule (1). Le système de leurs illustrations atlantiques, repose sur l'Atlas égyptien, dont Homère fait le père de Calypso. Les légendes d'Oreste et d'Iphigénie en Tauride sont postérieures à l'époque d'Agamemnon. Je pourrais multiplier les exemples, et tous prouveraient combien la Grèce menteuse a déployé d'audace en histoire. Il en est de même en géographie, et jamais les Grecs n'ont reculé devant les changements favorables à leurs antiquités fabuleuses et héroïques. C'est ainsi, pour citer un exemple entre mille, qu'ils ont tour-à-tour placé les monts Cérauniens en Italie, en Sicile, en Epire, en Illyrie, et même dans le Caucase. Strabon lui-même témoigne de leur constante habitude d'imposer à tout pays qu'ils commençaient à con-

---

(1) Hérodot., *Hist.*, Lib. 1, c. 7.

naître un nom emprunté d'ordinaire à un héros national ou barbare, à un fleuve ou à une mer (1).

Les Grecs ne connurent le Danube que sous le nom d'Ister, et ils ne donnèrent le nom d'Istrie qu'à une petite portion des vastes pays arrosés par ce fleuve. Dès qu'ils apprirent l'existence de la rivière nommée Zariaspe, ils l'appelèrent Bactrus, et réunirent, sous le nom de Bactriane, tous les pays dont l'Oxus était le plus grand fleuve. Ils changèrent probablement le nom de Perkès en celui de Bétis, et comprirent sous la désignation de Bétique tous les pays traversés par ce fleuve, bien qu'ils fussent occupés par des peuples d'origine diverse. Lorsque les chants homériques et les prédictions de Protée eurent donné au Nil le nom d'Ægyptus, la région baignée par ce grand cours d'eau fut communément désignée par le même terme; mais, dans leur langue hiératique, les prêtres continuèrent d'employer le nom de *Chémi*. Les Grecs ne firent donc qu'obéir à une habitude déjà ancienne, quand ils imposèrent à toute l'Espagne le nom d'Ibérie, à cause de l'Ibérus, qui est un des plus grands fleuves de ce pays.

Les critiques anciens et modernes ont constaté, depuis longtemps, la tendance systématique des Grecs à empiéter sur les traditions historiques et mythologiques, et sur les appellations géographiques des autres nations. Partout, ce peuple a transporté ses illustrations héroïques et légendaires; mais il a trouvé dans la similitude de deux noms de l'Ibérie espagnole et de l'Ibérie caucasienne des facilités toutes spéciales à attribuer au premier de ces deux pays ce qui devait l'être au second. Le lecteur me pardonnera d'insister sur cette cause particulière de confusion.

Sans doute, les Grecs ne purent enlever à l'Ibérie caucasienne le bénéfice des témoignages historiques et géographi-

(1) Strab., *Géog.*, L. III.

ques relatifs aux conquêtes de Ninus et de Sémiramis; mais ceux qui ont trait à Osiris, à Sésostris, à quelques héros d'Homère, etc., ne rencontrèrent pas malheureusement les mêmes difficultés. L'Ibérie espagnole hérita aussi d'une partie des traditions attribuables à l'Ibérie caucasienne, et popularisées en Grèce depuis l'expédition des Argonautes. On lit dans le premier chant de l'Odyssée que, de tous les héros qui ne furent pas tués au siége de Troie, Ulysse était le seul qui ne fût pas rentré dans son pays; et pourtant, d'après les traditions postérieures, Teucer, Diomède, Amphilochus, Ménesthée, Ulysse, etc., auraient fondé des colonies ou laissé trace de leur passage dans l'Ibérie espagnole, dont on fit aussi le théâtre de la lutte d'Hercule contre Géryon.

L'Espagne se trouva d'assez bonne heure en possession de ces traditions héroïques et mythiques, grâce aux écrits du premier Scylax, d'Hérodote, d'Éphore, d'Ératosthènes, de Mégasthènes, de Polybe, de Posidonius, d'Artémidore, de Diodore de Sicile, etc. Tous ces auteurs, il ne faut pas l'oublier, écrivaient avant Trogue Pompée, qui attribua indûment à l'Espagne, comme je l'ai établi plus haut, les règnes de Gargoris et d'Hispanus. Strabon nous apprend que bon nombre d'écrivains, parmi lesquels figurent plusieurs de ceux que je viens de nommer, s'appuyèrent sur le témoignage sans valeur d'un certain Asclépiades de Myrlée, maître d'école chez les Turdétans, et ne se firent aucun scrupule de confirmer l'existence des monuments que les plus célèbres héros avaient laissés, disait-on, de leur séjour dans l'Ibérie espagnole (1).

La perte de la totalité ou de la majeure partie des ouvrages des auteurs déjà nommés, nous laisse dans une complète ignorance de la plupart des traditions fabuleuses attribuées par les Grecs à l'Ibérie espagnole. Nous pouvons néanmoins nous en

(1) Strab., *Géog.*, L. III.

faire une idée par ce passage de Strabon : « Les Grecs placèrent dans l'Ibérie (espagnole) une ville du nom d'Ulysse, ornée d'un temple de Minerve : ils comptèrent, sur son territoire, six cents témoignages du passage de ce héros, et n'infestèrent pas moins ce pays de héros fugitifs, après le siége de Troie, que de héros triomphateurs (1). »

L'Espagne pouvait donc rivaliser dès lors avec la Grèce elle-même sous le rapport des illustrations historiques et mythologiques. Trogue Pompée ne pouvait par conséquent pas supposer, à l'époque où il écrivait, qu'il pût être question de l'Ibérie caucasienne, dont le souvenir était perdu depuis plusieurs siècles. Si cet historien n'a pu suivre que d'anciennes traditions orientales, il est évident que ces traditions ne s'appliquaient pas d'abord à l'Ibérie espagnole, qui n'était pas encore connue, mais à l'Ibérie caucasienne.

Je conviens que Trogue Pompée a dû écrire dès le commencement du règne d'Auguste, et qu'alors les Romains avaient obtenu, grâce aux victoires de Pompée sur Mithridate, certaines notions géographiques sur l'Ibérie caucasienne. Mais le souvenir de ce pays avait été complètement éclipsé par l'Ibérie espagnole, de sorte qu'avant les guerres pontiques, son existence pouvait paraître aussi fabuleuse que les mythes même que l'on racontait à propos du voyage entrepris par Jason pour conquérir la toison d'or. Strabon nous apprend, en effet, qu'avant l'expédition de Pompée les pays voisins du Pont n'étaient pas connus des Romains, et qu'ils n'avaient même reçu dans leur langue aucune dénomination géographique (2). Encore les vainqueurs n'obtinrent-ils, par les conquêtes de Pompée, que des notions fort imparfaites sur les peuples qui

---

(1) Id., Ibid.
(2) Strab., Géog., Lib. X.

habitaient l'isthme du Caucase, qu'ils ne désignèrent d'abord que sous le nom de mangeurs de poux (1).

Avant les guerres pontiques, la Colchide était déjà, depuis quelque temps, le terme le plus lointain de la navigation des Romains. Mais il résulte formellement du témoignage de Strabon que ce peuple ne connut, avec une certaine exactitude, l'Ibérie caucasienne qu'après la rédaction de l'histoire de Trogue Pompée. Ce fut alors seulement que les Romains purent connaître l'antiquité des traditions héroïques de ce pays, que les invasions des Scythes et des Sarmates plongèrent ensuite dans une longue et profonde barbarie. Ainsi se trouve naturellement expliquée l'erreur de Trogue Pompée, qui fait dériver le nom d'Hispania du nom d'un prétendu roi d'Espagne nommé Hispanus (2).

Le lecteur me permettra de profiter de l'occasion pour démontrer, par quelques autres exemples, la fausseté des traditions héroïques et légendaires de l'Ibérie espagnole, telles que la fondation de Sagonte par les Zacynthiens, le débarquement des Argonautes auprès du mont Calpé, la lutte d'Hercule contre Géryon, et les prétendus voyages faits dans la Péninsule par quelques héros du cycle troyen.

« Suivant le témoignage unanime des auteurs, dit Petit-Radel, la ville de Sagonte aurait été fondée par les Zacynthiens, 200 ans avant la guerre de Troie (3). » On lit, il est

(1) *Id., Ibid.,* Lib. XI. Ce trait de mœurs, que Strabon ne prend pas tout-à-fait à la lettre, trouverait sa confirmation dans un passage d'Hérodote (lib. IV, c. 109), qui atteste que les Budins, peuples des régions pontiques, mangeaient la vermine qui les rongeait.

(2) Cette erreur est d'autant plus excusable, que deux siècles avant notre ère, Mégasthènes, déjà séduit par la célébrité fabuleuse de l'Ibérie espagnole, avait fait passer Nabuchodonosor de Syrie en Espagne. Cinq siècles après Mégasthènes, nous voyons saint Jérôme accepter les Ibériens asiatiques comme des descendants de Tubal.

(3) PETIT-RADEL, *Notice sur les Nuraghes de Sardaigne,* p. 106, Paris, 1826.

vrai, dans Pline l'ancien, que cette tradition avait été inventée ou recueillie par un historien nommé Cornélius Bocchus, dont le nom ne nous est arrivé que par quelques citations de Pline, et de Julius Solinus, qui écrivait durant la première moitié du troisième siècle. Mais Strabon, Tite-Live, Appien, Isidore de Séville, l'auteur de l'*Etymologicon*, etc., parlent aussi de la fondation de Sagonte par les Zacynthiens, et on ne trouve ni dans leurs livres, ni dans ceux des autres auteurs anciens, rien qui ait trait à la date de cette fondation. Ce « témoignage unanime des auteurs » invoqué par Petit-Radel, doit donc être réduit à celui de Cornélius Bocchus, historien qui nous est complètement inconnu. Tite-Live se garde bien de préciser aucune date, et il se borne à rapporter, sans la garantir, la tradition populaire qui fait venir de l'île de Zacynthe les premiers habitants de Sagonte (1).

Le silence unanime des historiens anciens sur la date de la fondation de Sagonte, même de la part de ceux qui la rapportent aux Zacynthiens, devrait faire considérer comme un mythe la tradition rapportée par Cornélius Bocchus. Il est même fort probable que la haute antiquité de cette ville, attestée par Tite-Live et Silius Italicus (2), est seule cause qu'on lui assigne Hercule pour fondateur.

Sagonte devait donc exister avant que les Zacynthiens fussent en état de naviguer de la mer d'Ionie aux côtes d'Espagne. Peut-être les Phocéens d'Ionie, qui s'établirent chez les Indigètes vers le milieu du sixième siècle avant J.-C., envoyèrent-ils une colonie à Sagonte ; mais tout porte à croire que la faible analogie du nom de cette ville avec celui des Zacynthiens

(1) Oriundi à Zacyntho insula dicuntur. Tit. Liv.

(2) Silius Italicus accepte la fable de la fondation de Sagonte par Hercule ; et, d'après le système généralement adopté, les origines de Zacynthe se trouveraient ainsi fixées 30 ou 40 ans avant la guerre de Troie.

a seule porté les Grecs à imaginer la fable qui fait passer dans l'Espagne orientale quelques hommes de leur race.

Le prétendu débarquement des Argonautes sur les côtes de la Bétique ne m'arrêtera pas longtemps. Homère donne le nom d'Océan, et même de Grand Océan, aux parages qu'il fait parcourir à Ulysse, qui ne sort pourtant pas de la Méditerranée. Voilà probablement l'origine de cette tradition fabuleuse, car dès que, dans son poëme intitulé l'*Argonautique*, Onomacrite eut, à l'imitation d'Homère, fait passer ses héros dans l'Océan septentrional, Timée de Sicile, Diodore et quelques autres écrivains Grecs, durent nécessairement s'exercer sur la fable du débarquement des Argonautes près du mont Calpé. Cela se comprend d'autant mieux que, dans cette hypothèse, Jason et ses compagnons n'auraient pu rentrer dans les mers de la Grèce sans passer par le détroit de Gadès; mais ce récit est formellement contredit par Eratosthènes et par Strabon, et d'ailleurs l'imperfection des procédés nautiques des Grecs à cette époque ne permet pas de supposer un instant que les Argonautes se soient avancés si loin vers l'occident.

Passons maintenant au combat d'Hercule contre Géryon. Ce géant, dit la fable, était fils de Chrysaor et de Callirhoé. Il avait trois corps, et était doué d'une force surhumaine. Géryon régnait à Erythie, où il nourrissait de chair humaine des troupeaux de bœufs rouges gardés par un chien à deux têtes et un dragon à sept. Hercule le tua et emmena ses bœufs.

Le mythe de Géryon, tel qu'il nous apparaît à l'époque de la décadence des vieilles croyances mythologiques, est, comme tant d'autres, un composé d'éléments très-divers par leur origine (1). D'après M. Alfred Maury, l'enlèvement des bœufs

---

(1) Hecat., ap. Arrian., *Exped. Alex.* II, 16. Cf. Eustath., *ad Dionys.* p. 10, édit. Hudson. On recula même de plus en plus vers le nord de l'Adriatique le pays de Géryon, et c'est ce qui explique comment plus tard un oracle de Géryon se trouvait près de Padoue. Strron., Tiber. XIV, § 4.

rouges de Géryon, par Hercule, fait songer à cette légende aryenne où les Asouras dérobent les vaches célestes dont Indra est le pasteur et le maître (1). L'antiquité avait déjà identifié Géryon et Cacus (2). Les noms de Chrysaor et de Callirhoé, père et mère de Géryon, seraient les personnifications de la foudre et de la pluie, et nous reporteraient à ce genre d'allégories qui représentaient les phénomènes atmosphériques. Par Chrysaor, le mythe de Géryon se rattacherait même à celui de Persée, qui est, dit M. Maury, « un autre héros atmosphérique dont les destinées furent moins brillantes que celles d'Hercule, et qui représentait la vapeur d'eau remontant du ciel après en être tombée. » La lutte d'Hercule contre Géryon, dit le même savant, « avait fourni à Stésichore le sujet d'un poëme tout entier, la *Géryonide* (3); elle reçut naturellement de l'imagination populaire, et vraisemblablement par des importations phéniciennes, des additions qui contribuèrent à altérer la simplicité du récit primitif. Phérécyde de Syros n'a pas peu contribué à imprimer à cette légende la physionomie sous laquelle elle nous apparaît dans les derniers temps de la mythologie grecque. Le théâtre de la lutte avait beaucoup varié : on le plaçait dans l'île de Rhodes, ou, pour mieux dire, on racontait, dans cette île, une histoire qui a évidemment le même fond que le combat avec Géryon (4). Tout un voyage fut imaginé pour expliquer l'expédition d'Hercule contre le géant au triple corps : on l'envoya tour à tour combattre en Ibérie, à Tartesse, à Gadès (5). Érythie, cette contrée symboli-

(1) V. notamment les *Études sur le mythe de Géryon*, de M. J. DE WITTE, dans les *Annales de l'Institut archéologique de Rome* (partie française), t. II.
(2) ALFRED MAURY, *Histoire des religions de la Grèce antique*, t. I, p. 527-28 et 544-44, *Croyances et légendes de l'antiquité*, p. 411.
(3) PLUTARCH., *Parall. græc. et rom.* § 38.
(4) STRAB. *Géog.* L. III ; *Schol. Hesiod. Theogon.* V. 287 ; ARISTOPHAN. *Acharn.* 1082.
(5) A Linde, on rappelait le voyage que le héros avait fait dans l'île de Rhodes, par des imprécations et des paroles outrageantes dirigées contre

que du couchant dont elle rappelle par son nom les feux rougeâtres, fut placée d'abord en Épire, alors que ce pays était encore pour les Grecs un des points les plus reculés du monde (1). Lorsque des colonies de ce peuple vinrent se fixer sur les bords du Pont-Euxin, elles y transportèrent aussi l'aventure merveilleuse, et, ce n'est que plus tard, lorsqu'on eut appris que l'univers s'étendait par delà le détroit de Gadès, que l'on fit de cette ville le lieu du combat (2). Cette dernière circonstance n'est donc point un indice, comme le suppose M. de Witte (3), de l'origine phénicienne de cette légende ; elle indique seulement que des traditions phéniciennes s'y étaient associées. On ne saurait non plus décider si la coupe (δέπας) sur laquelle Hercule navigue vers l'île d'Érythie et que lui donne Nérée (4), est un trait puisé à l'histoire du dieu tyrien, assimilé par les Grecs à Hercule ; car, si d'une part se montre là une idée qui convient à un peuple navigateur, de l'autre on rencontre dans les anciennes légendes indiennes des mythes d'une grande ressemblance avec celui-ci. M. d'Eckstein (5) a fait voir que cette coupe pourrait fort bien être celle des libations sur laquelle le génie du feu et de la libation, Agni ou

lui, parce que, disait-on, en se rendant au jardin des Hespérides, il avait dételé et dévoré les bœufs d'un paysan de l'île. V. Apollod. II, § 11 ; Conon., Narrat., II, p. 10, édit. Kanne. Cf. Hettner, Der Goetterdienst auf Rhodus, und der Herakles Dienst auf Lindus, p. 3, sq.

(1) V. J. de Witte, Hercule et Géryon, dans les Nouv. Annal. de l'Inst. archéol., 1838, p. 107-141, 270-374 ; Gerhard, Auserlesene Vasenbilder, taf. 104, B. 108.

(2) On plaça d'abord en Sicile la patrie du géant à trois corps, et son culte existait à Argyrium, dans cette île, au temps de Diodore, IV, 24. On le fit ensuite régner en Ibérie. Diod. sic., IV, 17.

(3) V. Etude sur le mythe de Géryon, déjà citée.

(4) Athen., XI, p. 470 ; Æschyl., Heliad. fragm.; Agatharch., Fragm. Peripl. mar. Erythr. ; Pausan., X, c. 17, § 4 ; Eustath., ad Dionys. Perieg., 559.

(5) Journal asiatique, t. II. p. 368-69.

Soma traverse l'Océan qui sépare le monde lumineux de celui des ténèbres, et dans laquelle il conduit le soleil (1). »

M. Alfred Maury a, comme on le sait, trop clairement démontré que l'Espagne ne fut pas le théâtre de la lutte d'Hercule contre Géryon, pour que je ne renonce pas à emprunter à divers auteurs classiques quelques nouveaux arguments à l'appui de la même thèse. Il est à remarquer que tous les renseignements indirects fournis par l'antiquité concourent à prouver que l'Hercule grec n'a jamais paru en Espagne. Diodore de Sicile nous apprend que la colonne qui existait en Afrique avait été érigée par l'Hercule égyptien. Tout porte même à croire que les deux Colonnes d'Hercule n'ont pris ce nom qu'à une époque relativement tardive, car Élien, qui s'appuie sur l'autorité d'Aristote, dit qu'on les appelait d'abord les Colonnes de Briarée. Il faut également observer que la mythologie grecque ayant conduit Hercule sur les bords du Thermodon pour y guerroyer contre les Amazones, et jusque dans le Caucase pour y délivrer Prométhée, ce héros avait dû nécessairement traverser l'Ibérie asiatique, ce qui permit d'étendre ensuite ses exploits à l'Ibérie espagnole.

Quant aux voyages accomplis en Espagne par quelques héros du cycle troyen, ils n'ont jamais eu lieu que dans l'imagination d'Asclépiades de Myrlée, de Posidonius, d'Artémidore, et de bon nombre d'autres auteurs dont les œuvres ne nous sont point parvenues. Homère, dans son Odyssée, Hésiode, dans son poème des Travaux et des Jours, Lycophron, dans sa prophétie d'Alexandre, avaient depuis longtemps fait entrer Ulysse dans l'Océan. Il n'en fallait pas davantage pour échauffer la verve des écrivains postérieurs au sujet des voyages d'Ulysse dans l'Ibérie espagnole. Strabon nous apprend que l'on comptait plus de six cents monuments de cette pérégrina-

(1) Alfred MAURY, Hist. des religions de la Grèce antique, t. I, p. 541-43.

tion, et que, suivant Asclépiades de Myrlée, le nom du héros grec avait été donné à une petite ville située au-dessus d'Abdère. Asclépiades disait y avoir vu un temple de Minerve, sans doute parce qu'Ulysse était le protégé de cette déesse, et il affirmait également y avoir remarqué les débris et les éperons des vaisseaux du roi d'Ithaque. Il existait, à l'embouchure du Tage, une ville appelée Olisippo, à laquelle Solinus, Martianus Capella et quelques autres donnent Ulysse pour fondateur, sans autre raison que la faible analogie entre le nom de l'homme et celui de la cité. Ces auteurs auraient dû pourtant remarquer que le nom d'Olisippo devait être de même origine que ceux des villes d'Ostippo, Orippo, Acinippo, Dippo, Bæsippo, etc., qui étaient situées dans la même contrée, et qui appartenaient à des peuples celtiques.

Justin s'appuie sur le témoignage d'Asclépiades de Myrlée pour faire venir, sur les côtes de Carthagène, Teucer, qu'il fait ensuite passer, avec une nombreuse colonie, dans la Galice, dont les peuples auraient reçu le nom d'Amphiloques. D'après le même Asclépiades, cité par Strabon, les compagnons de Teucer auraient fondé en Galice la ville de Hellènes, et un héros troyen nommé Opsicella, qui avait, dit-on, suivi Anténor en Italie, aurait conduit une colonie dans le pays des Cantabres, et y aurait fondé une ville à laquelle il aurait donné son nom. Vers la même époque, une colonie de Spartiates serait venue s'établir sur la côte septentrionale de l'Espagne.

Cette dernière tradition ne mérite pas d'être réfutée, et je suis étonné qu'un érudit tel qu'Isaac Casaubon ait cru pouvoir l'accepter. Les Spartiates n'avaient, à une époque aussi lointaine, ni commerce, ni impôts, ni peuples tributaires, ni marine pour entreprendre une si lointaine expédition. Les passages de Silius Italicus, qui font de Diomède le fondateur de Tyde ou de Tydis, en Galice, et font bâtir Carthagène par Teucer, sont évidemment des fictions poétiques, de même que celle qui fait descendre des Pélages ou des Hellènes, les Gravii, ou Grabii, peuples de la Gallœcie, dont le nom ne serait qu'une corruption de celui de Graii. Pline est d'autant moins excusable de se ranger à ce dernier avis, qu'il reconnaît formellement ailleurs, avec Strabon et Pomponius Méla, qu'il n'existait en Gallœcie que des peuples celtiques.

Il n'y a pas lieu de s'enquérir sur quelle autorité repose la tradition qui fait de Ménesthée le fondateur d'un port qui aurait été longtemps désigné sous son nom, et que Pline désigne sous celui de Bæsippo. D'après la mythologie grecque, Ménesthée serait mort dans l'île de Mélos, immédiatement après son retour de la guerre de Troie. Bochart prétend qu'en phénicien *Menasta* signifie *port d'Asta*. Il est possible que Bæsippo ait d'abord porté ce nom, et que cela ait donné naissance à la légende du débarquement de Ménesthée dans l'Ibérie espagnole.

J'ai déjà dit que Strabon signalait en Espagne plus de six cents prétendus monuments du passage d'Ulysse, et déclarait que ce pays avait été infesté de héros grecs et troyens. Les historiens et les mythographes ne nous ont transmis qu'une très-faible partie de ces traditions fabuleuses, dont la réfutation sera bientôt faite.

Il est facile de constater, par la géographie homérique, que les Grecs n'avaient obtenu alors des Phéniciens que des renseignements fort vagues sur l'existence d'une grande mer appelée Océan. Dans la Méditerranée, ils ne connaissaient rien au couchant de la Sicile. Dans l'Odyssée, la flotte d'Ulysse est détruite par Télamon, et le roi d'Ithaque passe dans l'Océan sur un navire phénicien. Cette remarque, pourtant bien facile à faire, condamne déjà la tradition de Cornélius Bocchus sur la prétendue fondation de Sagonte par les Zacynthiens, et elle relègue aussi dans le domaine de la fable les voyages des héros Grecs et Troyens dans l'Ibérie espagnole après la prise de Troie. Ce résultat se trouve d'ailleurs confirmé, directement ou indirectement, par bon nombre d'informations dont je ne veux signaler que les plus significatives.

Nous savons déjà qu'Hérodote, Thucydide, Polybe, Strabon, Pomponius Méla, etc., sont unanimes à constater que, vers le milieu du septième siècle avant notre ère, Coléus de Samos fut jeté par la tempête dans le port de Tartesse. Jusque-là, aucun navire grec, asiatique ou européen, n'avait entrepris un si long voyage, ni reconnu un point quelconque du littoral de l'Espagne. Les Massaliotes parcoururent les premiers la côte orientale de ce pays, et ensuite le Périple dit de Scylax initia les Grecs à la connaissance de quatre points géographiques de la région désignée sous le nom d'Ibérie, à cause du fleuve Ibérus. Vers la même époque, les Massaliotes fondèrent quelques établissements sur le littoral, et les Grecs acquirent ainsi une connaissance moins imparfaite de l'Espagne. Nous savons aussi que les Grecs ne connurent d'abord que la portion de l'Ibérie espagnole baignée par la Méditerranée, et que du temps de Polybe, la Lusitanie, la Galice, les Asturies, la Cantabrie, etc., n'avaient encore reçu aucune dénomination générale, et que les populations de la Péninsule vivaient alors dans un état complet de sauvagerie. Est-il possible à un homme de sens de concilier des témoignages si unanimes et si imposants avec les fables imaginées par un Asclépiades de Myrlée, sur le débarquement en Espagne des héros du cycle troyen?

Ce n'est pas tout. Avant les voyages accomplis par le navigateur massaliote Pythéas, pendant le quatrième siècle avant Jésus-Christ, les Grecs n'avaient pas encore reconnu les côtes occidentales et septentrionales de l'Espagne, et croyaient impossible de franchir le détroit de Gadès. Pindare répète en effet, plus d'une fois, qu'il est impossible de passer les Colonnes d'Hercule, et que « tout ce qui existe au-delà de ces limites est également inaccessible aux insensés. » D'après le scoliaste, Hercule voulut traverser le détroit, mais « n'ayant trouvé que des chaos et des ténèbres, » il éleva des colonnes en ce lieu pour marquer « qu'au-delà de ces bornes on ne trouvait que la fin des mers et de toute navigation. » Aristote était à peu près de la même opinion, car il dit que « les lieux qui environnaient les Colonnes d'Hercule devaient toucher aux frontières de l'Inde. »

Longtemps après les découvertes de Pythéas, les Grecs demeurèrent encore persuadés de l'impossibilité de naviguer sur les mers qui baignaient les côtes orientales et septentrionales de l'Espagne. Posidonius et Artémidore, cités par Strabon, disaient avoir vu le soleil se coucher dans les mers de Tartesse. Cet astre paraissait alors cent fois plus grand que sur l'horizon, et il faisait un tel fracas en se plongeant dans l'abîme, que la nuit succédait immédiatement à l'extinction du soleil. Denys d'Halycarnasse, qui écrivait peu de temps avant Jésus-Christ, acceptait encore une partie de ce préjugé, car nous lisons, dans la préface de ses *Antiquités Romaines*, que les Romains étaient maîtres de toute la terre et de toute la mer, non seulement en-deçà des Colonnes d'Hercule, mais même de l'Océan « dans les parties où il est navigable. » Dans sa description de l'Attique, Pausanias, qui vivait sous Marc-Aurèle, s'exprime aussi sur cette croyance de la façon la plus formelle. Les Gaulois qui avaient envahi la Grèce, dit-il, étaient venus des extrémités de l'Europe « des environs d'une grande mer qu'on prétendait n'être pas navigable » à cause du flux et du reflux, des nombreux écueils et des monstres marins (1).

(1) Ces croyances persistaient encore à l'époque où les Romains avaient pourtant navigué sur les côtes de l'Espagne, de la Gaule et de la Grande-Bretagne. Ortélius nous apprend qu'un ancien commentateur de Juvénal donnait à l'Océan le nom de *mortuum Mare* parce qu'on ne le croyait pas navigable. Tacite, dans sa *Germania*, dit qu'il était rare que des vaisseaux

Tous ces témoignages prouvent, je crois, surabondamment, la fausseté des traditions qui font arriver en Espagne, par l'Océan Atlantique, divers héros du cycle troyen, plus de huit siècles avant que les navigateurs grecs aient pu reconnaître le littoral de la Péninsule baigné par la Méditerranée.

J'ai beaucoup insisté, dans ce chapitre, pour démontrer comment l'Ibérie caucasienne avait été plusieurs fois confondue, dans l'antiquité, avec l'Ibérie espagnole, et comment on avait fait à tort de cette dernière le théâtre des exploits et des pérégrinations de divers personnages mythiques ou légendaires, appartenant réellement à la Grèce ou à d'autres contrées plus ou moins rapprochées de l'Orient. Cette confusion, qui résulte évidemment de la ressemblance de leurs noms, explique comment Varron, cité par Pline, a pu faire venir de l'Ibérie asiatique les Ibères espagnols, et comment aussi Dionysius Afer faisait peupler par ces derniers l'Ibérie asiatique. (V. ch. II, § 3, p. 59-60). Cela explique encore comment cette croyance aussi générale qu'erronée a pu conduire saint Jérôme à mal interpréter un texte de Josèphe déjà cité (ch. II, § 5, p. 57-59), et à faire descendre tour à tour de Tubal les Italiens, les Espagnols et les Ibères orientaux, tandis que l'historien juif n'a entendu s'expliquer que sur l'origine de ces derniers.

L'erreur de saint Jérôme a été reprise et affirmée d'une façon de plus en plus absolue, au profit de l'Espagne, par Isidore de Séville, le chroniqueur d'Albelda, Roderic de Tolède, etc., sans parler d'un très-grand nombre d'auteurs modernes.

Le lecteur n'a pas oublié (V. ch. II, § 3, p. 57-59), que le

vinssent à se hasarder « sur un Océan qui semblait déclarer la guerre à quiconque osait en approcher. » Enfin Florus, qui écrivait sous Trajan, raconte sérieusement qu'après avoir vaincu les peuples de la Lusitanie et de la Galice, et traversé le célèbre fleuve d'Oubli, Décimus Brutus parcourut tout le littoral de l'Océan, et ne s'arrêta, par crainte de commettre un sacrilège, « que lorsqu'il vit avec terreur le soleil se précipiter dans la mer et ses feux s'éteindre dans les flots. »

chroniqueur d'Albelda, Roderic de Tolède, et surtout Herman Llanès, beaucoup plus explicite que les deux autres, sont les premiers à faire à la fois des Basques les descendants du patriarche Tubal, et les premiers habitants de l'Espagne. Ce n'est donc qu'à dater du moyen-âge, et à cause de la fausse présomption de l'origine Tubalienne des Espagnols, que les Basques ont été présentés comme issus des Ibères de l'Asie, que l'on a confondus à tort avec ceux de l'Occident. L'Ibérie espagnole n'était pour les anciens qu'une appellation géographique. Le nom d'*Ibères* qui est donné pour ce seul motif à ses habitants, n'impliquait pas le moins du monde l'existence d'une nation *ibérienne*, et laissait intégralement subsister les questions relatives à l'origine des diverses tribus qui se partageaient le territoire de la Péninsule (1). On peut compulser tant que l'on voudra les écrivains Grecs et Romains, comme ceux du moyen-âge : on n'y trouvera pas une seule phrase, un seul mot, qui rattache, de près ou de loin, les Basques à ces prétendus Ibères.

L'opinion contraire, qui prévaut très-généralement aujourd'hui, a la première de ses causes dans cette fausse origine Tubalienne des Basques, sur laquelle je ne saurais trop attirer l'attention du lecteur. Quand les érudits modernes ont renoncé à ce système, ils ont néanmoins continué à rattacher les Basques aux Ibères, considérés comme peuple spécial et distinct.

Cette seconde source d'erreur ne remonte pas plus haut que le dix-huitième siècle, et Nicolas Fréret est, je crois, le premier savant qui ait abondé dans ce sens. « Les Ibériens, dit-il, n'étaient point originairement renfermés dans les limites de l'Espagne : ils s'étendaient sur toute la côte de la Méditer-

---

(1) J'ai déjà constaté l'existence de plusieurs tribus celtiques en Espagne. J'en signalerai d'autres dans le chapitre 1 de la seconde partie de ce travail, sans préjudice des colonies phéniciennes, grecques et carthaginoises.

ranée, depuis les Pyrénées jusqu'aux Alpes (1). » Dans ce passage, Fréret ne fait que donner, comme les Grecs, le nom d'Ibères aux anciens peuples de l'Espagne, et même il prend, comme l'auteur du Périple, pour des Ibériens des peuplades dont j'ai prouvé, dans ce chapitre même, l'origine celtique, en visant les écrits de Polybe, de Diodore de Sicile et de Strabon. Fréret a donc pris une appellation géographique pour une désignation ethnographique, mais il n'a pas, du moins, cherché en Espagne l'origine de ces Ibères. « La partie de l'Italie qui est située au midi de l'Apennin, le long de la Méditerranée, avait été occupée, dans les premiers temps, par les Sicules, nation ibérienne ou espagnole (2). » Et ailleurs le même érudit parlant des peuplades illyriennes, les compose de trois nations principales, « dont la seconde était les Sicules (3). » Puisque Fréret fait à la fois des Sicules une peuplade ibérienne et illyrienne, il nous reste à savoir quelle origine il assigne aux Illyriens, pour aboutir jusqu'à celle qu'il assigne nécessairement aux Ibériens.

Il est temps de terminer ce chapitre par des conclusions que j'aurais dû peut-être motiver moins longuement, et que je crois pouvoir formuler ainsi :

Le nom véritable et primitif de l'Espagne est *Hispania*.

Les côtes orientales de ce pays avaient été déjà visitées, à l'époque de Servius Tullius, par les peuples maritimes du Latium soumis à la domination Romaine.

Les Grecs n'ont eu connaissance du port de Tartesse que vers 640 avant Jésus-Christ, et ce n'est que vers le milieu du siècle suivant que les Phocéens d'Ionie, établis à Marseille, ont

---

(1) Fréret, *Œuvres complètes, Recherches sur l'origine des différents peuples de l'Italie*, art. 2, t. IV, p. 193.

(2) *Id., Recherches sur l'ancienneté et l'origine de l'équitation dans la Grèce*, t. XVII, p. 116.

(3) *Id., Recherches sur l'origine des peuples de l'Italie*, t. IV, p. 184.

commencé à les renseigner sur la côte orientale de la Péninsule espagnole.

Le nom d'Ibérie n'a commencé à être donné à cette côte qu'à dater des voyages de Scylax et de l'auteur du Périple, qui n'avaient pu reconnaître, soit en Gaule, soit en Espagne, que des peuplades celtiques.

En appelant Ibères les peuplades établies sur les bords de l'Ibérus (Èbre), ces voyageurs n'ont fait que se conformer aux habitudes helléniques. L'erreur commise par eux a été reproduite par les autres écrivains Grecs, qui ont appliqué le nom d'Ibérie aux côtes orientales de l'Espagne, jusqu'à l'époque où des explorations plus complètes ont permis de l'étendre à la Péninsule toute entière.

La similitude des noms de l'Ibérie caucasienne et de l'Ibérie espagnole a produit de bonne heure, chez les anciens, la confusion qui a égaré Varron quand il a fait venir les premiers habitants de l'Espagne de l'Ibérie caucasienne, et qui a aussi trompé Dyonisius Afer, quand il a fait, au contraire, venir dans le Caucase les Ibères espagnols. En assignant à ces derniers une origine tubalienne, saint Jérôme a sacrifié à la même erreur, et forcé involontairement le sens d'un passage de Josèphe, qui limite cette origine aux Ibères asiatiques.

Les Grecs font indûment visiter l'Espagne par un certain nombre de leurs personnages mythiques ou légendaires.

Le nom d'Ibérie, appliqué à l'Espagne, est une expression purement géographique, dont l'ethnologie et l'histoire ne peuvent tirer aucun profit légitime pour l'étude de l'origine des nombreuses peuplades qui occupaient jadis cette Péninsule (1).

---

(1) Je prie le lecteur de ne pas donner à cette phrase un sens plus étendu que celui que j'y attache moi-même. Il verra, dans le chapitre I de la seconde partie de ce livre, que j'admets, pour les temps anté-historiques et pour l'antiquité, la prédominance en Espagne et dans la Gaule méridionale de la race brune, de médiocre stature, et aux cheveux frisés ou ondés, à laquelle

Les écrivains de l'antiquité signalent, en Espagne, de nombreuses tribus celtiques et des colonies phéniciennes, grecques et carthaginoises. Nul ne constate, dans ce pays, l'existence d'un peuple particulier du nom d'Ibères (1), et il en est de même de tous les auteurs du moyen-âge.

Les Ibères ne formaient donc pas un peuple distinct, et par conséquent la logique, tout aussi bien que le défaut de témoignages historiques, ne permettent pas de présenter comme des

les ethnologues modernes donnent le nom d'ibérienne ou d'Ibéro-ligure. A cette race, s'appliquent la plupart des indications, trop rares et trop courtes, fournies par les auteurs classiques sur les populations de l'Espagne et de la Ligurie. Je signalerai néanmoins, pour la Péninsule, des exceptions très-significatives, et qui prouvent que si les anciens accordaient volontiers le nom d'Ibères aux populations du type prédominant, ils s'appliquaient aussi à d'autres tribus qui différaient de ce type.

(1) La chose est confessée par Humboldt, en des termes qui font honneur à sa loyauté, mais qui tournent contre son système. « Le nom d'Ibères est plutôt géographique qu'ethnographique, et sert à désigner les habitants de la côte nord de la Méditerranée, du Rhône à l'ouest. — Dans l'intérieur de l'Espagne, les habitants ne portèrent point à l'origine de nom qui leur fût commun. Polybe dit expressément que, de son temps, la partie de la Péninsule baignée par l'Océan, n'en portait aucun de tel (III, 37, 10). Par Ibérie, Hérodote n'entend évidemment que la côte gallo-ligure dont les habitants prenaient du service en Sicile comme soldats mercenaires. Le nom d'Ibérie ne s'étendit au pays tout entier que beaucoup plus tard, et cette extension ne suffit pas à établir la communauté d'origine des races du nord et du sud. Mannert, dont les aperçus sont toujours si justes, remarque avec raison que rien ne la démontre, surtout le témoignage des anciens (I, 239). » Guillaume de Humboldt, *Recherches sur les habitants primitifs de l'Espagne* (trad. Marrast), p. 114. Néanmoins le savant prussien se contredit en maints endroits, et notamment quand il affirme (p. 116), sur la foi d'Hérodote, cité par Étienne de Byzance, que les Ibères formaient une race (γένος) dont les branches (φῦλα) portaient des noms différents. Quelques lignes plus bas, il cite un passage de Strabon qui dit à propos de la littérature et des poésies des Turdétans : « Les autres Ibères se servent aussi de l'écriture (καὶ οἱ ἄλλοι δ'Ἴβηρες χρῶνται γραμματικῇ). » Pour Strabon, les Turdétans étaient donc des Ibères; mais comme le même auteur, s'appuyant sur l'autorité de Polybe, déclare que ces Turdétans étaient d'origine celtique, voilà une preuve nouvelle que le nom d'Ibères n'était qu'une expression géographique.

Ibères, les anciens Vascons, dont les Basques sont les héritiers plus ou moins directs.

Les systèmes qui rattachent les Basques aux Ibères sont des créations récentes, basées uniquement sur l'ancienne et déplorable métamorphose d'une appellation géographique en dénomination ethnique, et sur des considérations anthropologiques, philologiques, etc., dont je tâcherai d'apprécier la valeur et la portée dans la seconde partie de cet ouvrage.

CHAPITRE IV.

LES CELTIBÉRIENS ET LES COLONIES IBÉRIENNES.

§ 1.

Parmi les conclusions du chapitre précédent, la plus importante est, à coup sûr, celle qui fait de l'Ibérie (espagnole) une simple appellation géographique, et qui nie l'existence des Ibères en tant que nation distincte et désignée par ce nom. Les raisons historiques invoquées à l'appui de cette thèse soulèvent, néanmoins, deux objections qu'on pourrait formuler ainsi :

1° Les Celtibériens étaient, au dire de plusieurs auteurs anciens, un mélange de Celtes et d'Ibères : donc ces Ibères formaient jadis une nation :

2° Des écrivains de la même époque attestent que les Ibères ont envoyé des colonies en Sicile, en Corse et en Sardaigne, et voilà une preuve nouvelle en faveur de l'existence de ce peuple.

Ces deux objections méritent d'être examinées en détail, et je dois discuter d'abord le système qui fait des Celtibériens un mélange de Celtes et d'Ibères.

Ce système repose uniquement sur un texte de Diodore de Sicile, écrivain qui vivait du temps de César et d'Auguste, et dont la crédulité et le défaut de critique sont universellement reconnus. Les quatrième et cinquième livres de sa *Bibliothèque historique* sont consacrés à divers mythes, parmi lesquels je ne veux signaler que ce qui a trait à Bacchus, à Hercule et à ses douze travaux, aux Centaures et aux Lapithes, à Dédale et au Minotaure, à Cérès et à Proserpine, etc., etc. Ces rapides indications suffiraient seules à faire appel à toute l'incrédulité du lecteur, si Diodore lui-même ne prenait soin de l'avertir, dès le début, que cette partie de son ouvrage est consacrée aux traditions fabuleuses (1). Dans le chapitre 33 du livre V, l'auteur traite de diverses contrées, et notamment de la Celtibérie, de l'Ibérie, de la Ligurie, etc. C'est là qu'il nous donne, sur les mœurs des Gaulois et des Celtibériens, des détails qui ne ressemblent en rien à ceux que nous fournissent Polybe et Strabon. C'est là aussi qu'on peut lire que l'embrasement des Pyrénées fit couler des ruisseaux d'argent, que les îles Cassitérides étaient situées au-dessus de la Lusitanie, que les Pyrénées avaient reçu leur nom de la belle Pyrène, maîtresse d'Hercule, etc. Parmi ces récits fabuleux, figure celui qui a trait à l'origine des Celtibériens.

« On raconte, dit Diodore, que les Celtes et les Ibériens se firent longtemps la guerre au sujet de leur habitation; mais que ces peuples s'étant enfin accordés, habitèrent en commun le même pays, et que, s'alliant les uns aux autres par des mariages, ils prirent le nom de Celtibériens, composé des deux autres (2). »

Le lecteur est prié de ne jamais perdre de vue qu'il ne s'agit ici que d'une simple tradition, d'un *on dit* recueilli et consigné parmi je ne sais combien d'autres fables. Pour apprécier à sa juste valeur un renseignement déjà si suspect, il s'agit de le comparer aux plus anciennes informations transmises, sur les Celtibériens et sur les peuples de l'intérieur de l'Espagne, par des écrivains tels que Polybe et Strabon.

---

(1) Diod. Sicul., *Bibl. histor.*, liv. IV, *Præm.*
(2) Οὕτω γὰρ τὸ παλαιὸν περὶ τῆς χώρας ἀλλήλοις διαπολεμήσαντες, οἵ τε Ἴβηρες καὶ οἱ Κελτοί, καὶ μετὰ ταῦτα διαλυθέντες καὶ τὴν χώραν κοινῇ κατοικήσαντες, ἔτι δ' ἐπιγαμίας πρὸς ἀλλήλους συνθέμενοι, διὰ τὴν ἐπιμιξίαν ταύτης ἔτυχον τῆς προσηγορίας. Diod. Sicul., *Bibl. hist.*, l. V, c. 33.

Polybe, qui avait servi, comme on sait, sous les ordres de son ami Scipion Émilien, et assisté au siége de Numance, s'était mis à même d'acquérir, sur la Péninsule ibérienne, des connaissances que les autres Grecs n'avaient pu encore obtenir. Voici comment il s'exprime :

« De tous les écrivains qui ont parlé de la situation et de la nature des pays qui sont relégués à l'extrémité du monde, il n'en est aucun, ou presque aucun, qui ne soit tombé dans de fréquentes erreurs... Dans les temps où ils vivaient, il arrivait rarement que les Grecs attachassent quelque intérêt à connaître les lieux qui sont les bornes de la terre. Cette connaissance leur était même impossible. On ne pouvait pas alors voyager par mer sans s'exposer à une infinité de dangers : les voyages par terre étaient encore plus dangereux. Lors même que la nécessité ou une impulsion volontaire conduisait un étranger sur ces parages, il n'en rapportait aucun renseignement. Comment, en effet, eût-il été possible qu'il obtînt par lui-même des renseignements sur des lieux qui étaient ou déserts ou absolument barbares, et dont les habitants n'auraient pu lui fournir aucune lumière, soit en raison de leur grossière ignorance, soit parce qu'il n'eût pas entendu leur langage ?

« Il ne serait donc pas juste de censurer avec trop de rigueur les historiens qui se sont trompés quelquefois, ou qui n'ont pas communiqué, sur ces extrémités de la terre, des lumières qu'il leur était, non-seulement difficile, mais impossible d'obtenir... Je supplie donc mes lecteurs de vouloir bien m'accorder la plus sérieuse attention. J'ose les assurer que j'y ai quelques droits par les travaux pénibles que je me suis imposés, et par les dangers qui ne m'ont pas effrayé dans mes voyages en Afrique, dans l'Ibérie et dans les Gaules, dans mes navigations sur l'Océan, autour des côtes de ce pays, pour reconnaître les erreurs des anciennes relations et procurer aux Grecs ces connaissances. (1) »

Polybe, après avoir parlé des Gaules, revient encore sur l'Espagne.

« Le reste de l'Europe qui, à partir des Pyrénées, appartient au couchant et aux Colonnes d'Hercule, est environné d'un côté par la Méditerranée et de l'autre par l'Océan. La partie qui s'étend de la Méditerranée jusqu'aux Colonnes d'Hercule a reçu le nom d'Ibérie (2) : celle qui est située sur l'Océan n'est encore désignée par aucune dénomination générale, parce qu'il n'y a que peu de temps qu'elle a été explorée, et qu'elle est habitée par une grande quantité de peuples barbares (3). »

Strabon, qui l'emporte de beaucoup sur tous les autres géographes de l'antiquité, témoigne aussi de l'état de barbarie où vivaient les peuplades de l'Espagne, à l'époque où les Romains commencèrent à les connaître. Il n'excepte que celles qui habitaient sur le littoral de la Méditerranée, et dont la civilisation s'était plus ou moins développée au contact des Phéniciens, des Carthaginois et des Grecs. Tous les peuples de l'Espagne, nous dit-il, et principalement ceux des contrées septentrionales, ressemblaient à des bêtes féroces, autant par leur barbarie et la férocité de leurs mœurs que par leur intrépidité (4). Ce géographe ajoute ailleurs, en parlant des Celtibériens, qu'avant d'avoir été civilisés par les Romains,

---

(1) Polyb., *Hist.*, lib. III. Le texte grec serait trop long à citer ; mais j'ai vérifié l'exactitude de la traduction que je copie.

(2) Polybe, comme on le voit, suit la géographie de Scylax, et n'accorde le nom d'Ibérie qu'à la partie des côtes de l'Espagne à laquelle ce voyageur avait déjà imposé cette fausse dénomination.

(3) Polyb., *Hist.*, lib. III.

(4) Strab., *Geog.*, lib. III.

ils étaient beaucoup plus barbares et plus féroces que toutes les autres peuplades de la Péninsule (1).

Strabon s'accorde donc avec Polybe, pour nous présenter les tribus de presque toute l'Espagne comme plongées dans une complète barbarie. Ce géographe nous apprend aussi que les Lusitaniens vivaient dans leurs montagnes, adonnés au brigandage, buvant de l'eau, mangeant des glands et couchant sur la dure. Les habitants de l'Espagne, dit-il, étaient si fort attachés à la vie des forêts, qu'ils répugnaient invinciblement à se réunir dans des villages. Tous, sauf ceux qui occupaient les environs des côtes de Malaca, rappelaient par leur barbarie les bêtes féroces, et se livraient au brigandage, comme les Lusitaniens. Les Galiciens, n'avaient, disait-on, aucune idée de la Divinité. Le géographe grec compare enfin les mœurs des Cantabres et des nombreuses peuplades celtiques de l'Espagne, à celles des Thraces et des Scythes.(2).

La plupart des tribus espagnoles étaient donc, avant l'occupation romaine, dans un état social très-peu avancé; et comme les Celtibériens étaient beaucoup plus barbares encore et plus féroces que toutes les autres, on doit nécessairement en conclure qu'ils vivaient à peu près comme des sauvages. Les renseignements fournis par Polybe et Strabon sont on ne peut plus clairs et précis, et je ne vois pas sur quoi Adrien Balbi se fonde quand il fait des Celtibériens « un mélange de Celtes et d'Ibériens purs, » et quand il affirme qu'ils étaient « très-avancés dans la civilisation » au moment où on a commencé de les connaître (3). Mais si les habitants de l'Espagne en étaient encore, pour la plupart, à un tel degré de barbarie et d'ignorance qu'il

---

(1) Καὶ δὴ τῶν Ἰβήρων ὅσοι ταύτης εἰσὶ τῆς ἰδέας, τραχέως λέγονται· ἐν δὲ τούτοις εἰσὶ καὶ οἱ Κελτίβηρες οἱ πάντων νομισθέντες ποτὲ θηριωδέστατοι. STRAB., *Geog.*, lib. I.

(2) STRAB., *Geog.*, lib. III, passim.

(3) Adrien BALBI, *Atlas ethnographique*, planche XI, 1er tableau.

était impossible d'en tirer quelques renseignements sur leur propre pays, si les Celtibériens étaient encore plus féroces et plus barbares que tous les autres, comment admettre que ces derniers eussent précisément conservé le souvenir de leur origine? Comment admettre surtout, que cette guerre longue et sanglante entre Celtes et Ibériens, dont parle Diodore de Sicile, se soit tout-à-coup terminée par la fusion des deux peuples et par la réunion de leurs dénominations primitives?

Je sais fort bien que la tradition rapportée par Diodore a été reproduite par Martial (*Iberis Celtisque genitos*) (1). L'erreur trouve souvent des échos plus nombreux et plus retentissants que la vérité; mais le vers d'un poète ne saurait enlever au récit primitif son caractère fabuleux, et infirmer les témoignages si formels et si précis de Polybe et de Strabon.

Il est à remarquer, d'ailleurs, que la signification précise du mot Celtibérien n'a jamais été bien exactement déterminée. Étienne de Byzance, grammairien de la fin du v⁵ siècle, Ambroise Calepin (1502), et les traducteurs latins de la géographie de Ptolémée, ont reconnu que ce nom ne pouvait s'appliquer qu'à des Celtes établis sur les bords de l'Ibérus. Masselin et Mentelle tiennent, au contraire, pour la fable de Diodore. Il

---

(1) Lucain et Appien acceptent aussi cette tradition fausse ; mais on dirait qu'ils admettent que les Celtes et les Ibères ont vécu côte à côte, sans se mêler :

Vettonesque leves, profugique a gente vetusta
Gallorum Celtæ miscentes nomen Iberis.
Lucan., *Phars.*, IV, v. 9-10.

Πλὴν ὅτι Κελτοί μοι δοκοῦσί ποτε, τὴν Πυρήνην ὑπερβάντες αὐτοῖς (Ἴβηρσι) συνοικῆσαι. Appian., *Iberic.*, c. 2. — J'ai déjà dit en note, vers la fin du chapitre précédent, que je ne niais, pour l'Espagne ancienne, ni la prédominance, ni même la préexistence d'une race qui sera décrite en temps utile. Je ne nie certes pas non plus le mélange de cette race avec les tribus celtiques établies dans la Péninsule. Toute mon argumentation est dirigée contre la tradition rapportée par Diodore, qui fait de ce mélange un fait précis, déterminé, et qui se serait brusquement produit à tel moment donné.

importe donc d'établir solidement le véritable sens de ce terme.

La Celtibérie n'eut point, chez les anciens, ces limites fixes et invariables que l'on trouve pour les autres divisions et subdivisions de l'Espagne. Dans le V° livre de sa *Bibliothèque historique*, Diodore répète à plusieurs reprises que les Celtibériens touchaient aux Pyrénées. Strabon lui-même ne se faisait pas une idée bien exacte des limites orientales de la Celtibérie, car il les place plusieurs fois aux monts Idubéda, et ensuite sur le territoire de Bilbilis, ville qui était certainement bâtie sur le Salo, entre les monts Idubéda et l'Ibérus. Pline et Ptolémée reculent aussi, sur divers points, la Celtibérie de Strabon.

Ces variations de limites répandent déjà quelque lumière sur l'origine du nom des Celtibériens. Aucune tradition ne nous autorise, en effet, à supposer que ce peuple eût étendu, par des conquêtes, son nom et celui de son pays. Il est à croire dès lors que cette extension résultait des aggrégations successives de nouvelles tribus celtiques à une sorte de confédération primitivement établie par les Celtes, auxquels leur position sur les bords de l'Ibérus aurait fait donner le nom collectif de *Celt-Iberi*. Ce nom résulte de la simple réunion de deux termes géographiques, et, loin d'être systématique, l'étymologie proposée se trouve confirmée par un passage de Strabon, où il est dit que la puissance des Celtibériens s'étant augmentée, ils firent prendre leur nom aux pays qui les environnaient (1). Ce passage qui dénonce une augmentation des forces celtibériennes, sans même donner à entendre que les peuplades voisines eussent été conquises, ne laisse évidemment place que pour l'hypothèse toute naturelle d'une coalition de tribus celtiques, limitée primitivement aux populations des bords de l'Ibérus.

(1) Ἀυξηθέντες γὰρ οἱ Κελτίβηρες ἐπoίησαν καὶ τὴν πλησιόχωρον πᾶσαν ὁμώνυμον ἑαυτοῖς. Strab., *Geog.*, lib. III.

La fable rapportée par Diodore est condamnée, bien plus formellement encore, par un autre passage de Strabon. Suivant l'opinion des anciens écrivains grecs, dit-il, lorsqu'on commença à connaître les régions occidentales, les premiers noms qu'on donna à leurs populations furent ceux de Celtes et d'Ibères, ou de Celtibères, de la réunion de ces deux noms; et celui de Celto-Scythes, parce que, chaque nation n'étant pas encore connue, on les désignait toutes par un seul nom (1).

Ce texte prouve clairement que le nom de Celtibériens ne résulte pas de la réunion des deux peuples. Il corrobore aussi, ce que nous savions déjà, que Scylax et Hérodote donnèrent le nom d'Ibères aux anciennes populations de l'Espagne avant d'avoir pu les connaître, et que les écrivains grecs leur donnèrent celui de Celtes, dès qu'ils commencèrent à savoir vaguement que la Péninsule comprenait un grand nombre de tribus celtiques. Ainsi, avant même d'avoir connu la véritable étymologie du nom des Celtibériens, Strabon repoussait la tradition fabuleuse rapportée par Diodore, et faisait résulter ce mot, non pas du mélange de deux peuples, mais de la réunion de deux dénominations.

Il ne faut jamais perdre de vue que ce géographe se trouvait en présence d'une Ibérie, ainsi désignée irrévocablement par ses prédécesseurs, et que par conséquent il ne pouvait considérer que comme d'anciennes peuplades ibériennes, toutes celles dont l'origine celtique, phénicienne, grecque ou carthaginoise, ne lui était pas incontestablement démontrée. Voilà pourquoi il a écrit la phrase suivante, sous l'empire de cette fausse dénomination : « Si les Ibériens, qui étaient divisés en une multitude de peuplades, avaient réuni leurs forces, la

---

(1) Ὕστερον δὲ καὶ τῶν πρὸς ἑσπέραν γνωσθέντων Κελτοὶ καὶ Ἴβηρες ἢ μικτῶς Κελτίβηρες καὶ Κελτοσκύθαι προσηγορεύοντο, ὑφ' ἓν ὄνομα τῶν καθ' ἕκαστα ἐθνῶν ταττομένων διὰ τὴν ἄγνοιαν. Strab., Geog., lib. I.

plus grande partie de l'Ibérie n'eût pas été facilement subjuguée par les Carthaginois, et auparavant par les Phéniciens et par les Celtes qu'on nomme aujourd'hui Celtibériens et Bérons (1). »

Ce texte porte le coup fatal au récit de Diodore, et prouve que les Celtibériens, de même que les Bérons, étaient d'origine celtique.

Certes, voilà un résultat précieux, et il est facile de le compléter, en cherchant, avec le secours exclusif des auteurs anciens, la véritable origine du nom des Celtibériens.

Pline le naturaliste, qui mourut 79 ans après J.-C., et qui avait voyagé en Espagne, nous a laissé, sur les antiquités de ce pays, les renseignements les plus nombreux. Cet écrivain place dans la Lusitanie d'autres peuples celtibériens. « Les cérémonies religieuses, dit-il, le langage, les noms géographiques des Celtes de la Bétique, attestent évidemment qu'ils sont une colonie des Celtibériens de la Lusitanie(2). » Voici donc d'autres Celtibériens dont Pline fait de véritables Celtes, et, dans le même passage, il nous affirme que ces Celtes (qu'il nomme auparavant Celtibériens) s'étaient aussi établis sur les bords du fleuve Anas et dans la portion de la Bétique contiguë à la Lusitanie (3). Il s'agit maintenant de confirmer l'origine celtique de ces populations, et de rechercher d'où pouvait leur venir le nom de Celtibériens, quand elles habitaient encore la Lusitanie.

Et d'abord, l'affirmation de Pline nous est garantie par

---

(1) Κελτοῖς, οἳ νῦν Κελτίβηρες καὶ Βήρωνες καλοῦνται. Strab., Geog., lib. III.

(2) Celticos a Celtiberis ex Lusitania advenisse manifestum est, sacris, lingua, oppidorum vocabulis, quæ cognominibus Bætica distinguuntur. Plin., Hist. nat., lib. I, c. 1.

(3) Quæ autem regio a Bæti ad fluvium Anam tendit extra prædicta, Bæturia appellatur in duas divisa partes totidemque gentes : Celticos qui Lusitaniam attingunt, Hispalensis conventus : Turdulos, qui Lusitaniam et Tarraconensem accolunt, jura Cordubam petunt. Plin., Hist. nat., lib. I, c. 1.

Strabon, qui déclare que le pays compris entre le Tage et l'Anas était peuplé, en très-grande partie, de Celtes et de Lusitaniens, que les Romains y avaient transportés des pays situés au-delà du Tage (1). Il est à croire que ce géographe n'était point fixé sur l'origine de tous les peuples de la Lusitanie, car il se borne à signaler, entre le Tage et les Artabres, trente peuplades distinctes, dont il ne nomme pas une seule (2). Néanmoins il confirme l'origine celtique des Celtibériens de Pline, quand il reconnait que les Celtes qui environnaient le promontoire de Nerium étaient de la même famille que ceux qui habitaient les rives de l'Anas (3).

Si je croyais qu'il valût la peine de rapprocher divers passages du sixième livre de la *Bibliothèque historique* de Diodore de Sicile, je démontrerais facilement que, sous le nom de Cimbres, cet auteur ne voyait que des Celtes en Lusitanie. Si Ptolémée n'a pu reconnaître dans ce pays que neuf peuplades celtiques, c'est qu'il s'y trouvait alors de nombreuses colonies romaines, qui avaient fait perdre le souvenir de leur origine aux autres tribus, que le géographe d'Alexandrie désigne sous le nom collectif de Lusitaniennes.

Pomponius Méla est assurément l'auteur dont le témoignage sur l'origine des Lusitaniens est à la fois le plus imposant et le plus précis. Méla était né, dit-on, en Bétique, et il écrivait sous Tibère et sous Claude, un siècle environ avant Ptolémée. Après avoir décrit en détail les sinuosités, angles, golfes, baies et promontoires de la côte occidentale d'Espagne, depuis l'embouchure du Tage jusqu'au cap Celtique ou *Promontorium Artabrum*, il affirme qu'elle était entièrement habitée par des Celtes (4). Ce géographe ajoute même que les Artabres, qui

---

(1) Strab., *Geog.*, lib. III.
(2) *Id., ibid.*
(3) *Id., ibid.*
(4) Totam Celtici colunt. Pomp. Mela, *De situ orbis*, lib. I, c. 2.

confinaient aux Astures, étaient également une nation celtique (1). Tous ces textes prouvent, je crois, surabondamment que les Celtibériens de Pline, sortis suivant Strabon de la Lusitanie, étaient de véritables peuples celtiques.

J'ai cité plus haut, dans le précédent chapitre, quelques vers de Festus Aviénus, qui vivait sous le règne de Théodose I. Il résulte de ce passage qu'il existait, dans la partie occidentale de la Bétique, un petit fleuve du nom d'Ibérus. Dans sa *Carte de l'Hispanie*, Brué place l'embouchure de ce cours d'eau dans la baie de Gadès, tandis que plusieurs érudits espagnols le confondent, ainsi qu'Edme Mentelle, avec le Rio Tinto, plus rapproché des anciennes limites de la Lusitanie. Quoi qu'il en soit, ce fleuve arrosait le territoire des peuples celtiques placés par Strabon, Pline et Ptolémée, dans la partie occidentale de la Bétique. Nous venons aussi d'apprendre, par Strabon et Pomponius Méla, que depuis ces tribus celtiques jusqu'aux Astures, il n'y avait que des peuples de même sang.

Or, quand Festus Aviénus en arrive à parler de cet Ibérus de la Bétique, il nous informe que les Celtibériens que Pline signale en Lusitanie (et qui étaient des Celtes d'après tous les auteurs déjà cités), n'avaient reçu le nom d'Ibériens que parce qu'ils étaient établis à l'occident de ce petit fleuve Ibérus. Il n'admet, comme primitif et national, ni le nom d'Ibères ni celui d'Ibérie. L'un et l'autre ne sont, d'après lui, que des surnoms tirés d'un fleuve Ibérus. Il ne voit pas même, sur les bords de l'Èbre, des peuples désignés à bon droit comme des Celtibériens. Pour ce poète géographe, le pays situé à l'occident du petit fleuve Ibérus, est le seul qui ait reçu non pas le nom, mais le surnom d'Ibérie, ce qui confirme la dénomination collective donnée par Pline à quelques tribus

(1) In ea primum Artabri sunt, etiamnum Celticæ gentis; deinde Astures. *Id., ibid.*

celtiques de la Lusitanie, et explique parfaitement l'origine de cette appellation.

En voilà, je crois, beaucoup plus qu'il ne faut pour écarter la tradition fabuleuse rapportée par Diodore de Sicile, mais je demande à citer encore un passage significatif de Polybe. Je lis dans cet historien, « qu'après avoir conclu une trêve avec M. Claudius, chef de l'armée romaine, les Celtibériens envoyèrent à Rome des députés qui furent entendus séparément; que chacun d'eux parla au nom de sa ville, et que, bien qu'ils fussent barbares, ils s'expliquèrent clairement sur les différentes espèces de peuplades dont ils se composaient, et sur les différentes factions qui les agitaient (1). » En face d'un pareil témoignage, toute illusion doit disparaître, et il demeure irrévocablement établi que, loin de former une nation distincte, les Celtibériens n'étaient que des peuplades celtiques coalisées dans un intérêt commun, mais divisées aussi par des factions intestines.

Je reconnais d'ailleurs très-volontiers que le nom des deux fleuves Ibérus, et bon nombre des appellations géographiques qui en étaient des dérivés ou des composés, et qui se rencontrent sur divers points de l'ancienne Espagne, remontent à une haute antiquité. Mais j'ai déjà prouvé, dans le précédent chapitre, que le même fait se reproduit pour plusieurs autres contrées de l'Europe et de l'Asie, et qu'il n'y a donc pas lieu d'en induire qu'il existait jadis en Espagne une race ou une nation spécialement désignée sous le nom d'Ibères. J'ai également démontré que les anciens avaient placé dans la Péninsule trois Ibéries qui s'excluent réciproquement, et que par conséquent ce nom ne pouvait spécialement s'appliquer à aucune partie de cette vaste région. L'argument emprunté à Diodore, et invoqué en faveur de l'existence des Ibères, se trouve

---

(1) Polyb., *Polyb. hist. excerpt. legat.*, n° 144.

donc absolument infirmé par le seul secours de l'histoire, et je puis examiner enfin la valeur des raisons invoquées dans le même sens, et tirée de l'existence de colonies dites ibériennes.

§ 2.

Le lecteur n'a pas oublié que la seconde objection en faveur de l'existence des Ibères résulte de ce que ce peuple aurait envoyé, à une époque très-ancienne, des colonies en Sicile, en Corse et en Sardaigne, îles réputées alors encore désertes. Cette objection est principalement basée sur un passage de Fréret, qui, d'après son éditeur, s'exprimait en ces termes :

« On ne peut douter que les premiers habitants de la Sicile et de la Corse n'eussent une origine espagnole : c'est un point constaté par des écrivains sérieux très en état de s'en instruire et dont le témoignage est formel.

» A l'égard de la Corse, M. Fréret a pour garant le témoignage de Sénèque. Ce philosophe, originaire d'Espagne, avait été relégué dans cette île... il assure que les Espagnols s'y étaient établis dès les premiers temps.

» Quant à la Sicile, les *Sicani* en occupaient la partie occidentale : ce peuple, suivant Thucydide, était originaire de l'Ibérie et venu des bords du fleuve Sicanus, que les écrivains postérieurs ont nommé Sicoris et que nous nommons Segro. Thucydide ne donne pas ceci comme une simple tradition, mais comme un fait incontestable. Éphore, au rapport de Strabon, et Philiste de Syracuse, cité par Diodore de Sicile, tenaient le même langage dans leurs écrits.

» Il est vrai que le même Diodore se déclare pour le sentiment de Timée, qui regardait les Sicani comme autochtones. Mais ni l'un ni l'autre n'ont fait réflexion que ce mot autochtones ne pouvait se prendre au sens qu'ils lui donnent, que par ceux qui, selon le système des mythologues grecs, croyaient les hommes sortis du sein même de la terre. Pour Strabon, il suppose, avec Éphore, l'origine ibérienne des Sicani (1). »

Le sentiment de Fréret n'a pas, on le voit, la portée que certains ont bien voulu lui donner. On sait que l'étude la plus attentive et la plus minutieuse de tous les géographes anciens ne relève, pour l'Espagne, aucun peuple particulier du nom d'Ibères, et il suffit de lire le passage que j'ai reproduit pour être convaincu qu'il ne s'agit que des colonies Ibériennes, c'est-à-dire, sorties de la Péninsule espagnole. Cette simple vérification de la portée réelle du texte suffirait, à notre avis, pour montrer le peu de fondement de l'objection; mais je crois être en état de prouver, en outre, que les colonies en question n'étaient point sorties de l'Espagne.

Fréret, parlant par la bouche de son éditeur, ne croit pas devoir s'arrêter aux témoignages de Timée et de Diodore de Sicile, parce qu'ils faisaient des Sicani des peuples autochtones. Timée, dont l'*Histoire de Sicile* est perdue, était né dans cette île, à Tauromentium, et vivait entre 359 et 262 avant l'ère chrétienne. Diodore, qui cite Timée, était originaire d'Agyrium, autre ville de la Sicile, et il a écrit sa *Bibliothèque historique* du temps de César et d'Auguste. « Parlons, dit-il, des Sicanes qui habitèrent les premiers la Sicile, et sur lesquels les auteurs ne sont pas d'accord. Philiste (2) avance qu'ils vinrent d'Ibérie en Sicile, et qu'ils tirèrent leur nom du Sicanus, fleuve de l'Ibérie. Timée accuse cet écrivain d'ignorance. Il dit que les Sicanes étaient autoch-

(1) Fréret, *Œuvres complètes*, t. IV, p. 194 et s.
(2) Philiste était aussi Sicilien, né à Syracuse vers 481 avant Jésus-Christ. Il avait écrit une *Histoire de Denys*, et une *Histoire de la Sicile*, divisée en 13 livres, dont il ne reste plus que des fragments conservés par saint Clément d'Alexandrie, Diodore, etc.

tones et le prouve par un grand nombre de raisons tirées de l'étude de l'antiquité, et inutiles à rapporter (1). »

Timée et Diodore considéraient donc les Sicanes comme autochtones, et Fréret fait trop bon marché de l'opinion de ces deux auteurs, mieux fixés que personne sur l'histoire de leur pays. Il ne s'agit point, en effet, de leur reprocher l'opinion commune à beaucoup d'écrivains classiques, et qui consiste à croire que certaines races étaient littéralement sorties du sein de la terre. Cette opinion prouve du moins qu'ils considéraient les Sicanes comme le plus ancien peuple de la Sicile, qu'ils condamnaient son origine espagnole, et que, sur ce point, Timée avait convaincu Philiste d'erreur par une savante et longue dissertation.

Voilà ce qui résulte clairement du texte de Diodore, et je vais maintenant prouver que Fréret n'avait point le droit d'invoquer l'autorité de Strabon et d'Éphore pour affirmer l'origine ibérienne des Sicanes. La Sicile, dit Strabon, était habitée par les Sicules, les Sicanes et les Morgètes, et par plusieurs autres peuples, parmi lesquels on compte même des Ibériens, qui, d'après Éphore, furent les premiers barbares qui s'y établirent. Il est probable qu'une ville appelée Morgantium, qui n'existe plus, y était habitée par les Morgètes (2). — Voilà qui est clair. Strabon n'affirme pas l'origine ibérienne des Sicanes, et il se borne à déclarer qu'il y avait, en Sicile, des Sicules des Sicanes, et des Morgètes. Éphore lui-même, cité par Strabon, ne dit pas que les Ibères dont il est question fussent des Sicanes, mais les plus anciens peuples barbares qui eussent envahi la Sicile. Fréret a donc eu tort d'invoquer ces deux auteurs pour établir l'origine espagnole des Sicanes. Reste cependant le témoignage d'Éphore, non

(1) Diod. Sicul., *Bibl. hist.*, lib. VI.
(2) Strab., *Geog.*, l. IV.

sur la patrie primitive des Sicanes, mais sur la provenance ibérienne des premières populations barbares de la Sicile. Mais cet écrivain est contredit sur ce point par tous les auteurs anciens, sans excepter Thucydide, et ils sont unanimes à reconnaître que les Cyclopes et les Lestrigons furent les premiers barbares qui se fixèrent dans cette île. D'ailleurs, il n'y a aucun cas à faire, sur l'Ibérie, du témoignage d'Éphore. Il prenait ce vaste pays pour une ville, prolongeait la Celtique jusqu'aux colonnes d'Hercule, et Strabon le range avec raison au nombre des Grecs qui ont accrédité le plus de fables sur la nouvelle Ibérie. Comment donc un narrateur si inexact pourrait-il faire autorité quand il s'agit des plus hautes antiquités de la Péninsule ?

Fréret a donc eu tort d'invoquer Strabon et Éphore, comme il avait invoqué Philiste, réfuté par Timée. Philiste avait copié Thucydide, cela est assez facile à prouver. L'*Histoire de la Sicile*, composée par le premier de ces deux auteurs, comprenait les premières années de la tyrannie de Denys le Jeune. Cet ouvrage n'avait par conséquent pu être commencé qu'une trentaine d'années après la rédaction de l'*Histoire de la guerre du Péloponèse* de Thucydide, c'est-à-dire quand cette admirable histoire était déjà connue non seulement en Grèce, mais en Sicile. Thucydide conduit les Sicanes en Sicile avant la guerre de Troie, et Fréret convient lui-même (1) que, dans un autre passage, Philiste fait passer, sous la conduite d'un chef nommé Siculus, une colonie de Ligures en Sicile, quatre-vingts ans avant la célèbre expédition des Grecs. Philiste avait donc adopté d'abord l'origine ibérienne des Sicanes sur la foi de Thucydide; mais, plus tard, quand il se fut mieux renseigné, il affirma, après Hellanicus de Lesbos (2), que la colonie arrivée alors en Sicile se composait de

---

(1) FRÉRET, *Œuvres complètes*, t. IV, p. 205.
(2) Hellanicus, né à Mitylène, dans l'île de Lesbos, naquit vers 495, et

Sicules, peuple auquel nous allons voir Fréret assigner une provenance illyrienne (1), après lui avoir attribué une origine espagnole.

L'origine ibérienne attribuée par Fréret aux Sicanes ne repose donc au fond que sur le dire de Thucydide. L'autorité de cet historien est assurément très-imposante quand il parle de la guerre du Péloponèse sur laquelle il lui a été si facile de se renseigner. Mais comment admettre que, pour une époque antérieure à la guerre de Troie, l'historien grec ait pu en savoir plus long que Timée et Diodore, tous deux Siciliens, et par conséquent plus à même que lui de se fixer sur les hautes antiquités de leur pays? Comment admettre surtout que lorsque Polybe, si favorisé dans ses recherches sur l'Espagne par son amitié avec les Scipions, affirme qu'il n'a pu encore obtenir que des fables ou des erreurs, Thucydide se soit procuré, plus de deux siècles auparavant, des informations si précises sur l'Ibérie? L'historien de la guerre du Péloponèse est donc sans autorité quand il affirme l'origine ibérienne des Sicanes, et il nous apprend même que ce peuple rejetait cette origine et se croyait indigène (2). Cette provenance ibérienne est donc formellement condamnée par les autorités les plus imposantes de l'antiquité, par des écrivains siciliens qui ne se sont point copiés les uns les autres. Il est, au contraire, plus que probable que les auteurs qui, depuis Thucydide jusqu'à Pausanias, ont fait sortir les Sicanes de l'Ibérie espagnole, n'ont fait que répéter l'erreur de Thucydide.

Je voudrais maintenant expliquer la cause de cette erreur de l'historien grec, qui est aussi celle de bien d'autres, et je

---

mourut vers 444 avant notre ère. Il avait écrit sur les événements compris entre les guerres médiques et la guerre du Péloponèse, une histoire dont il ne reste que des fragments publiés par G. Sturz. Leipsick, 1787.

(1) Pour Fréret, les Illyriens sont des Celtes.
(2) Thucyd., *Hist.*, lib. IV, c. 2.

crois qu'elle repose tout entière sur la fausse interprétation du mot Ibère.

« Dès les premiers temps, dit Fréret, la partie de l'Italie située au midi de l'Apennin était occupée par des Sicules, nation ibérienne ou espagnole (1). — Virgile aura peut-être donné, par licence poétique, le nom des Sicani (*veteres Sicani*), aux Sicules, nation très-différente puisqu'elle était illyrienne (2). »

Si le savant que je viens de citer avait su que, pour les anciens, le mot Ibère n'était qu'une épithète distinctive, il n'aurait pas fait des Sicules, tantôt une nation ibérienne ou espagnole, tantôt une nation illyrienne, fort différente des Ibériens (3). Il aurait vu des Celtes surnommés Sicani, Ibères, Ligures, et peut-être même Sicules, dans les tribus qui seraient, dit-on, passées en Sicile. Telle est aussi l'équivoque dans laquelle il faut chercher la cause des confusions et contradictions, au moins apparentes, dans lesquelles sont tombés les anciens historiens qui ont traité des premières populations de la Sicile. Thucydide et Philiste, qui ne pouvaient connaître que de nom la nouvelle Ibérie des Grecs, font partir les Sicanes, des bords d'un fleuve nommé Sicanus, lequel n'a jamais existé en Espagne. Quand on a commencé à reconnaître que ce cours d'eau était tout-à-fait imaginaire, on a voulu lui substituer le Sicoris, et, dans son commentaire du viiie livre de l'Énéide, Servius nous affirme que les Sicanes, sortis de l'Ibérie, avaient tiré leur nom du fleuve Sicoris (4).

(1) Fréret, *Recherches sur l'ancienneté et sur l'origine de l'art de l'équitation en Grèce.* Œuvres comp., t. XVII, p. 116.
(2) Id., Œuv. comp., t. IV, p. 201.
(3) Appien se prévaut d'un fragment des généalogies royales de la Thrace pour affirmer qu'une colonie de Sicules était passée de la Dalmatie dans l'Italie, sous la conduite d'un chef nommé Celta. Deux savants modernes, Pelloutier et Mentelle, attribuent aussi aux Sicules une origine celtique.
(4) Honoratus Maurus Servius, grammairien du ve siècle, a donné sur Virgile des commentaires loués par Macrobe, et imprimés plusieurs fois.

Mêmes contradictions sur le passage des Sicules en Sicile. Leur expulsion d'Italie est attribuée aux Opiques par Thucydide, aux Œnotriens et aux Opiques par Antiochus de Syracuse. Pour Hellanicus de Lesbos, ce ne seraient point les Sicules, mais les Elymes et les Ausones, qui auraient été expulsés d'Italie par les Œnotriens et les Iapyges. Au contraire, Philiste et Silius Italicus ne voient dans les peuples chassés ni des Sicules, ni des Ausones, ni des Elymes, mais des tribus celtiques connues sous le nom de Ligures, et conduites par un chef appelé Siculus (1).

Ces contradictions, d'autant plus surprenantes qu'elles émanent d'écrivains également dignes de confiance, donneraient seules à penser que ces appellations diverses désignent pourtant le même peuple. Les dénominations accessoires appliquées à des peuples de même origine auront été prises pour des dénominations nationales, et on se sera obstiné surtout à faire venir ces colons d'Espagne, par le seul motif qu'ils auront été qualifiés de l'épithète distinctive d'Ibères. Voilà une hypothèse qui est tout au moins de nature à nous mettre sur la voie, et qui conciliera peut-être les divers historiens qui font tour-à-tour peupler la Sicile par des Sicanes, des Ibères, des Sicules et des Ligures.

Longtemps avant que Scylax eût donné à l'Espagne occidentale le nom d'Ibérie, à cause de son fleuve Ibérus, la région septentrionale de l'Italie arrosée par le Pô avait reçu le nom d'Ibérie, et ses populations le surnom d'Ibères. Eschyle, cité par Pline, nous dit que l'Éridan, qui vient des Alpes liguriennes, prend sa source en Ibérie (2).

Festus Aviénus fait du Rhône la limite de l'Ibérie et de la

---

(1) Dionys. Halycarn., *Antiq. Rom.*, lib. I, c. iv.
(2) Æschylus in Iberia Eridanum esse dicit. Plin., *Hist. nat.*, lib. XXXVII.

Ligurie (1), et un grammairien du v⁰ siècle, Nonius Marcellus, qui recueillait avec zèle les anciennes traditions et les vestiges du vieux langage, donne à ce fleuve le surnom d'Ibérien (2).

Il y avait donc aussi des Ibères sur le Rhône et sur le Pô. Ceux dont parle Plutarque ne pouvaient être que les Insubres, qui s'étaient fixés, dès une haute antiquité, sur la rive gauche du Pô. Ce nom, qui, d'après Fréret, signifiait *Umbri inférieurs*, n'était sans doute qu'une épithète, comme celle d'Isombri qui leur est donnée par Polybe. L'interprétation de Fréret est néanmoins inadmissible, car les Insubres étaient établis au nord de tous les autres *Umbri*. Il est donc infiniment probable que le singulier du mot *Insubres* étant *Ins-uber* ou *Ins-yber*, ces *Celtes Umbri* ont dû être ainsi distingués à raison de leur établissement au-delà d'un grand fleuve, sur un territoire arrosé par plusieurs autres cours d'eau importants, et « qu'ayant reçu ce surnom d'*Ins-yber*, le pays qu'ils habitaient fut également nommé *Ibérie* (3). » Tout porte à croire que c'est de ces Ibères italiens dont saint Jérôme veut parler, quand, dans un passage déjà cité, il dit que par lignée de Tubal il faut entendre les Ibériens, c'est-à-dire les Espagnols, les Italiens, ou les Ibériens asiatiques.

Il n'est donc pas nécessaire d'aller jusqu'en Espagne pour y chercher l'origine des peuples qui, sous les noms de Ligures ou d'Ibériens, ou de Sicanes surnommés Ibères, ont pu s'établir en Sicile avant la guerre de Troie. Il est inutile d'inventer un fleuve Sicanus, et de trouver ensuite l'étymologie du nom

---

(1) ..... Hujus (Rhodani) alveo
Ibera tellus et Ligures asperi
Intersecantur.....
    Fest. Avien. *In or. marit.*, v. 609.

* (2) Non. Marcell., *De prop. sermon.*
(3) Graslin, *De l'Ibérie*, p. 295.

des Sicanes dans celui du fleuve Sicoris. Il est absurde de supposer qu'une foule de tribus, dont l'état de barbarie nous est connu, se soient et concertées et réunies en un grand corps pour une expédition lointaine, ou qu'elles aient été chassées de l'Espagne par les Ligures, qui n'ont jamais envoyé une colonie au-delà des Pyrénées.

Les tribus qui, sous le nom d'Ibères ou de Ligures, ont pu passer en Sicile avant les Sicules, ne pouvaient donc être, sous l'une ou l'autre de ces désignations secondaires, que des Celtes établis de temps immémorial, et divisés en Umbri ou Ombres, Insubres, Ligures et Ibères. Ces derniers, que Denys d'Halycarnasse fait participer à la fondation de Rome, étaient nécessairement des Ibères d'Italie.

Il était donc facile de voir que c'est toujours chez des peuples celtiques par leur origine, que l'on trouve en Europe les dénominations d'Ibère et d'Ibérie, de même que les noms des lieux dans la composition desquels entrent les mots *iber* et *ebro*. De là il résulte forcément que ce terme d'Ibère ne peut être qu'une désignation distinctive, tirée de la situation des lieux, et généralement employée chez des peuples de race celtique. Si les érudits avaient pris garde à cela, ils n'auraient point été chercher, comme Fréret, la patrie des Sicanes en Espagne, ou placé, comme d'autres, la souche de ces prétendus Ibères dans diverses contrées de la Péninsule espagnole, et même sur les côtes du Latium et de l'Étrurie.

Le lecteur voudra bien ajouter à ces arguments tous ceux qui résultent de la preuve de l'origine celtique des Celtibères des bords de l'Èbre, comme de ceux de la Lusitanie, et il conviendra, je l'espère, que j'ai démontré, par le seul secours de l'histoire, que les Sicanes n'étaient point venus de l'Espagne. Je vais maintenant établir que ce pays n'a point envoyé, comme on le prétend, des colonies dans l'île de Corse à une époque très-reculée.

Le seul texte dont on puisse s'étayer en faveur de la colonisation de la Corse par les Ibères espagnols, est un passage de Sénèque, déjà cité en partie. Il avait remarqué, pendant son exil dans cette île, que les habitants portaient des chaussures et des bonnets semblables à ceux des Cantabres, et qu'ils possédaient aussi dans leur langue quelques mots de l'idiome de ces derniers (1). De ces faits, le philosophe concluait que les Cantabres avaient dû passer jadis dans la Corse. Mais ce peuple appartenait à la race celtique, ainsi que je l'ai démontré plus haut, et il n'y a par conséquent pas lieu d'argumenter de sa présence dans cette île au profit de l'existence et du voyage des Ibères (2).

En voilà assez sur la Corse, et j'arrive à la Sardaigne.

Pausanias fait arriver Norax dans cette île à la tête d'une colonie de peuples ibériens (3); mais c'est là, dit-on, une légende grecque, dont Petit-Radel a vainement tenté de faire un événement historique. Il est néanmoins fort probable que les mythographes auraient accepté le témoignage de Pausanias, s'ils avaient pu savoir que Norax et ses compagnons étaient des Ibères, sans qu'il y ait lieu de supposer pour cela qu'ils fussent venus d'Espagne. Mais tous les Ibères étaient alors considérés comme des Espagnols, et Norax était le petit-fils

---

(1) Transierunt deinde Ligures in eam, transierunt Hispani, quod ex similitudine ritus apparet : eadem enim tegumenta capitum, idemque genus calceamenti, quod Cantabris est, et verba quaedam : nam totus sermo, conversatione Graecorum Ligurumque, a patrio descivit. Senec., Consol. ad Helviam.

(2) Graslin, De l'Ibérie, p. 297 et suiv., cherche à établir, par des inductions tirées de divers auteurs anciens, qu'avant les temps historiques des peuples scythiques (celtiques), ont dû s'arrêter dans quelques îles de la Méditerranée, et pousser même jusqu'aux extrémités de l'Europe occidentale.

(3) Μετὰ δὲ Ἀρισταῖον Ὕρακας ἐς τὴν Σαρδὼ διαβαλόντα ὑπὸ ἡγεμόνι τοῦ στόλου Νώρακι, καὶ οἰκισθῆ Νώρα πόλιν ὑπ' αὐτῶν ταύτην πρώτην γενέσθαι πόλιν μνημονεύουσιν ἐν τῇ νήσῳ παῖδα δὲ Ἐρυθείας τε τῆς Γηρυόνου καὶ Ἑρμοῦ λέγουσιν εἶναι τὸν Νώρακα. Pausan., Descript. graec., lib. X, c. 17.

du triple Géryon, qui aurait régné, d'après la fable, dans l'île d'Érythie, et même sur toute l'Ibérie. Si Géryon était un mythe, il était tout naturel qu'on imposât à Norax la condition de son grand-père putatif.

Je me suis déjà longuement expliqué sur Géryon, et j'ai prouvé que ce mythe n'appartient pas à l'Espagne. On sait que quelques écrivains placent le royaume de Géryon en Épire, du côté des monts Cérauniens. Or, l'Ibérie, qui confinait à l'Épire, possédait un fleuve qui, d'après Diodore de Sicile, portait le nom d'Ebrus, et dont les populations riveraines ont dû être surnommées Ibères pour ce motif.

A cette hypothèse le lecteur opposera peut-être que j'ai déjà dit que, dans toutes les parties de l'Europe où l'on trouve l'ancienne épithète Ibère, ou des dérivés des mots *Iber* ou *Ebro*, il devait exister des peuples celtiques. Mais Antonius Liberalis nous apprend que des peuples nommés Celtes, situés vers l'Épire, faisaient partie des troupes que Géryon avait opposées à Hercule (1), et il n'en faut pas davantage pour donner à croire que les Ibères, conduits par Norax, venaient d'Épire et non d'Espagne.

L'histoire seule suffit donc à démontrer que la Sicile, la Corse et la Sardaigne n'ont point été peuplées par des Ibères espagnols, et l'archéologie anté-historique le prouve aussi par un assez grand nombre de découvertes, dont je ne veux signaler que les principales.

§ 3.

Parlons d'abord de la Sicile. Cette île était, dit-on, jadis contiguë à l'Italie, et la brusque séparation des deux pays est

---

(1) Πολεμήσαντας γὰρ αὐτῷ Κελτοὺς, καὶ Νόρας καὶ Θεσπρωτοὺς καὶ ἅπαντας Ἠπειρώτας. Anton. Liberalis, *Metamorph*.

attestée par Strabon, Pline (1), Pomponius Méla (2), et Silius Italicus, confirmés par un grand nombre de savants modernes, parmi lesquels je ne veux citer que Cluvier (3) et M. Félix Bourquelot (4). La Sicile tenait aussi, dit-on, à la côte barbaresque, à laquelle elle est encore actuellement réunie par une ligne de hauts fonds que l'amiral Smith nomme le Banc de l'Aventure, et dont les crêtes ne sont pas à plus de 25 ou 30 mètres au-dessous du niveau de l'eau (5). Cette antique contiguïté avec l'Afrique est contestée, je le sais, par quelques savants; mais le plus grand nombre accepte, au contraire, la chose comme vraisemblable, et voit dans les os fossiles d'hyène tâchetée, d'hippopotame et d'éléphant africain, découverts par le baron d'Anca, dans les grottes d'Oliveila, de Mondello et de San Teodoro, situées toutes trois en Sicile, de nouveaux arguments à l'appui de cette opinion (6). Quoi qu'il en soit, le baron d'Anca a exhumé aussi, dans la grotte de San Teodoro, des instruments ou armes en phonolite et en trachyte. Dans la couche supérieure de la caverne de Maccagnone, près de Carini, à l'ouest de Palerme, on a trouvé des couteaux en silex, des morceaux de houille et de limon calcinés, mêlés à des coprolithes

(1) Quondam Brutio agro cohærens, mox interfuso mari avulsa XV M. in longitudinem freto. PLIN., Hist. nat., lib. III, c. 14.

(2) POMP. MEL., De situ orbis, lib. II, c. 2. Voy. aussi la note 446 de M. Fradin, traducteur de Méla, p. 583-89.

(3) CLUVIER, Sicilia antiqua, c. 1.

(4) Félix BOURQUELOT, Voyage en Sicile, p. 4.

(5) Hidrography of Sicily, etc., by W. H. SMITH. London, 1821-23.

(6) V. sur cette question : Comptes-rendus de l'Académie des Sciences, 1er semestre, t. L, p. 1139 : Sur deux nouvelles grottes à ossements fossiles découvertes en Sicile en 1859 ; sir Charles LYELL, L'ancienneté de l'Homme (trad. Chaper), t. I, p. 181-84 ; LAGNEAU, Sur l'anthropologie de la Sicile, dans le t. V du Bulletin de la Société d'anthropologie de Paris, p. 20 ; V. aussi le Recueil de M. de MORTILLET, Matériaux pour servir à l'histoire positive et philosophique de l'Homme, passim.

d'hyène, à des dents de cheval, etc. (1). En voilà assez sur l'âge de la pierre en Sicile. Quant à l'âge du bronze, M. de Rougemont note « avec les grottes d'Ipsica, les monnaies de Syracuse et de Motyé. Quelques-unes des premières nous offrent, à notre grand étonnement, ce dessin barbare des cylindres babyloniens que les Hellènes n'avaient jamais connu ou avaient immédiatement répudié... Motyé avait pour grande divinité une Astarté-Méduse qu'on représentait avec la langue pendante. Cette même Astarté avec le croissant sur la tête était adorée des Sardes, comme le prouve un de leurs bronzes. Or, l'Hercule Ogmios des Gaulois était aussi figuré la langue pendante. Un courant sémitique, qui part de l'Asie, arrive dans les Gaules par la Sicile et la Sardaigne (2). »

La Corse était aussi peuplée bien avant l'immigration des Cantabres dont parle Sénèque. Cette île possède, en effet, des monuments mégalithiques dans sa partie méridionale. M. Alexandre Grassi signale, entre Propriano et Tallano, un menhir connu dans le pays sous le nom de Slantare della Polmona, et sept autres, assez bien travaillés, à Taravo. M. Grassi croit avoir retrouvé, sur quelques-uns de ces antiques débris, des traces de sculptures grossières, des débris de figures humaines (3).

La Sardaigne possède aussi des menhirs (4), de même que les îles Baléares (5). « Les Nuraghes de la Sardaigne sont l'héritage d'une race lybi-sémitique, celle de Sardus-Jorbas-

---

(1) LAGNEAU, Sur l'anthropologie de la Sicile, dans le Bulletin de la Société d'anthropologie de Paris, t. V, p. 21.
(2) Frédéric DE ROUGEMONT, L'âge du bronze, p. 277-78.
(3) Alexandre GRASSI, Les menhirs de la Corse, dans la Science pour tous, décembre 1865, p. 22.
(4) G. DE MORTILLET, Matériaux, décembre 1865, p. 22.
(5) « Les Baléares..... sont toutes lybi-sémitiques. Elles le sont par leur nuraghes, qui prennent ici le nom de talayots, et qui sont aussi nombreux que ceux de la Sardaigne, et par leur Autel des Gentils, qui ne nous paraît être qu'une variété de ces mêmes nuraghes ; — par leurs hauts bilithes en

Jolaus et du carien ou philistin Dédale, qui avait su pendant son âge du bronze imprimer un caractère spécial à la civilisation qu'elle avait apportée de son berceau africain. Ce sont des tours circulaires comme le sont exceptionnellement celle des Syrtes et de la Syrie. Quelques-unes ont la forme d'une feuille de trèfle, ainsi que le temple double de Malte. Hautes de cinquante pieds, en mesurant quatre-vingt-dix de diamètre, toutes se terminaient en cône surbaissé, et cette forme conique est leur trait distinctif. Elles sont massives, les plus anciennes en pierres brutes horizontales, et les autres en pierres équarries et rangées par assises régulières. Ce genre de constructions s'est donc perpétué pendant un grand nombre de siècles, comme le prouve d'ailleurs le nombre de ces tours qu'on évalue à six cents, selon d'autres à trois mille. Dans le massif ont été ménagées avec beaucoup d'art une ou plusieurs chambres au même niveau ou à deux étages différents, et unies par un corridor ou un escalier intérieur en spirales. La porte d'entrée très étroite et très basse est fermée par une architrave plate. Les chambres sont voûtées en ogive par encorbellement, selon le style allophyle. Dans ces chambres sont des niches qui semblent avoir été destinées à

forme de *Thau*, qui sont les frères aînés en miniature du Dir, et les faux parents des faux trilithes de Tripoli, etc... » Frédéric de Rougemont, *l'Age du bronze*, p. 280. L'âge de la pierre et du bronze a existé à l'île d'Elbe. Voy. Rafaelle Foresi, *Dell' età della pietra all' isola e di altre cose che le fanno accompagnatura*, dans le *Diritto* du 24 août 1865; *Grotte sépulcrale de l'âge du bronze, récemment découverte dans l'île d'Elbe*, par M. Mellini, dans les *Matériaux pour servir à l'histoire de l'Homme* de M. Mortillet, octobre 1865, p. 401 et suiv. A Malte et à Gozzo, on a découvert des vestiges de l'âge du bronze, et l'on a même extrait d'un tombeau phénicien une pierre oblongue, verte, polie, tranchante à une extrémité, et percée d'un trou à l'autre. Voy. A. Issel, *Note sur une caverne à ossements de l'île de Malte*, dans les *Matériaux* de M. de Mortillet, janvier 1866, p. 542 et suiv. M. Issel croit que l'archipel de Malte tenait à la Sicile pendant l'époque quaternaire, mais il ne pense pas que cette dernière île ait jadis tenu à la côte barbaresque.

recevoir des corps entiers; mais on n'y trouve ni ossements ni armes, et l'on n'est pas unanime à reconnaître dans ces monuments des tombeaux... On recueille dans ces nuraghes de petites idoles grossières, hideuses, uniques; on dirait des diablotins. Une d'elles a sur la tête deux cornes qui rappellent les casques des Philistins. Ces idoles, coulées d'un seul jet, sont en bronze. Elles situent donc dans l'âge du bronze la civilisation liby-sémitique des Sardes et avec elle celle de Malte et des Syrtes dont elle est la fille (1). »

Je pourrais signaler encore quelques autres découvertes moins importantes sur les âges de la pierre et du bronze en Sicile, en Corse et en Sardaigne ; mais je crois en avoir dit assez pour prouver que ces trois îles étaient habitées bien avant les temps historiques et l'arrivée des colonies dites ibériennes. Dans le paragraphe précédent, j'ai historiquement démontré que ces colonies ne venaient pas de l'Espagne, et qu'elles avaient été fournies par des peuples de race celtique. Enfin, dans le paragraphe premier, j'ai établi, à l'aide exclusif des textes anciens, que les Celtibériens n'étaient autre chose que des Celtes. Ainsi se trouvent écartés les deux arguments invoqués en faveur de l'existence d'une nation ibérienne, arguments dont le premier est tiré d'un prétendu mélange de Celtes et d'Ibères, et le second de l'occupation de la Sicile, de la Corse et de la Sardaigne par des colonies dites ibériennes. Sur ce point, comme sur les autres, j'ai fait mon possible pour justifier, sans exagérer ni atténuer aucun fait significatif, les conclusions des chapitres précédents, et notamment celles du chapitre III. Par cette enquête historique, le problème de l'origine des Basques se trouve déjà, ce me semble, circonscrit dans des limites plus étroites, et je puis maintenant l'étudier à l'aide de l'anthropologie, de la philologie, de la toponymie, de la numismatique, du droit coutumier, et des prétendus chants héroïques.

(1) Frédéric DE ROUGEMONT, *L'âge du bronze*, p. 278-79.

SECONDE PARTIE.

LES BASQUES D'APRÈS L'ANTHROPOLOGIE,
LA PHILOLOGIE, LA NUMISMATIQUE,
LE DROIT COUTUMIER ET LES CHANTS HÉROÏQUES.

SECONDE PARTIE.

LES BASQUES D'APRÈS L'ANTHROPOLOGIE,
LA PHILOLOGIE, LA NUMISMATIQUE,
LE DROIT COUTUMIER ET LES CHANTS HÉROÏQUES.

CHAPITRE PREMIER.

LES BASQUES D'APRÈS L'ANTHROPOLOGIE.

§ 1.

L'application de l'anthropologie au problème de l'origine des Basques, suppose certaines notions sur les éléments ethniques de l'Espagne ; et le lecteur me permettra de consacrer à cette étude le présent paragraphe, en débutant par un aperçu rapide sur la géologie de la Péninsule.

Il suffit de jeter un coup d'œil sur une carte d'Espagne, pour reconnaître que la partie centrale se distingue par trois chaînes de montagnes, qui forment le squelette du pays : le Guadarrama (*montes Carpetanos*), les montagnes de Tolède et la Sierra-Morena, séparées par le Guadiana. Ces trois chaînes, émergées ~~avant~~ l'époque secondaire, formaient des îles autour desquelles les dépôts plus récents sont venus s'accumuler. Elles ont la même direction, et traversent une partie de la Péninsule de l'E.-N.-E. à l'O.-S.-O. La chaîne du Guadarrama, qui est la plus élevée, se compose principalement de granite, de gneiss et de schistes cristallins, avec quelques lambeaux de calcaire saccharoïde. Vers l'Est, près de Retienda et de Val-de-Sotos, ces roches cèdent la place aux schistes houillers, qui disparaissent eux-mêmes sous le terrain crétacé, tandis que la chaîne granitique (Sierra-de-Gredos, Sierra-de-Gata, Sierra-d'Estrella) s'avance jusqu'en Portugal. La Galice est aussi principalement composée de granite, de gneiss, de micachistes, avec quelques lambeaux de calcaire et de schistes siluriens situés à l'Est. Au Sud-Est de Grenade, la Sierra-Nevada présente un autre exemple d'une masse considérable de schistes cristallins. L'axe de cette chaîne très-haute, mais peu étendue, est formé par des micachistes d'un âge encore douteux. Il est peut-être moins ancien qu'on ne pourrait le croire.

Le terrain silurien se manifeste dans la Sierra-Morena et dans les montagnes de Tolède, et les roches dévoniennes se développent dans la première de ces chaînes, au midi de laquelle sont situés des dépôts carbonifères. Dans les Asturies, les roches dévoniennes sont recouvertes par le plus riche terrain houiller de l'Espagne. L'existence du système permien dans ce pays n'est pas encore certaine ; mais il n'en est pas de même du trias, qui se développe sur les deux versants de la chaîne cantabrique (provinces de Santander et de Palencia), et surtout dans la province de Cuença et dans le royaume de Valence.

Le terrain tertiaire ne se compose guère, dans la Péninsule, que de couches calcaires épaisses de 3 ou 400 mètres, et peut-être plus. Il se développe principalement vers les sources du Tage, du Jucar, du Cabriel et du Guadavialar (montagnes d'Albarracin et de Frias), dans la haute chaîne de la Camarena, au sud de Teruel, et vers le sud par des lambeaux discontinus jusqu'au Pico el Tejo près Requena (route de Madrid à Valence). Ce terrain manque presque complètement dans la province d'Alicante, se montre en Murcie, au nord de Lorca, en Andalousie, dans la Sierra-Elvira, passe au sud de Cordoue à Cabra et à Baena, forme une partie de la Sierra-de-Ronda, et se termine au rocher de Gibraltar. Les dépôts jurassiques s'étendent, au nord du massif central d'Albarracin, par Maranchon, Anchuela del Campo, près Molina, et rejoignent les Sierras de Moncayo et de Burgos, où ils sont très-développés

Les dépôts crétacés ne sont représentés, en Espagne, que par le terrain néocomien (ligne parallèle à la côte orientale jusqu'à Tortosa), le grès vert et la craie tufau (ligne tournée vers l'intérieur, et formant une ceinture dont le centre est à Cuença). A l'époque de la craie, la Péninsule paraît avoir déjà émergé en grande partie, et le plateau central, limité au nord par l'Èbre et au midi par le Guadalquivir, a cessé d'être sous les flots. Le terrain nummulitique reste en dehors de ce plateau intérieur, borde la chaîne des Pyrénées et la côte de Catalogne, disparaît à la hauteur de Tarragone, reparaît dans les montagnes situées au Sud-Est de l'Espagne, au Sud de Valence, à l'Est d'Alicante, et se termine près de Malaga.

Le terrain tertiaire, principalement composé de formations lacustres, est celui qui occupe, en Espagne, la plus vaste superficie. On peut le diviser en trois groupes, dont le supérieur est essentiellement composé de calcaire caverneux, siliceux. Dans le moyen, prédominent les éléments marneux et gypseux, et l'inférieur est formé d'assises de grès, et de conglomérats de cailloux roulés analogues au nagelfluh. Le terrain tertiaire se développe dans les grandes plaines de la

Nouvelle-Castille, dans le bassin du Duero et dans celui de l'Èbre, restes de trois grands lacs d'eau douce. Le terrain miocène marin est limité au pourtour de la Péninsule, où il forme, çà et là, des bandes plus ou moins étroites, qui ne pénètrent un peu profondément à l'intérieur que dans les bassins du Tage et du Guadalquivir.

Le terrain diluvien espagnol forme des ceintures assez larges autour de certaines chaînes, telles que la Sierra-de-Guadarrama et les montagnes cantabriques. Celui du Guadarrama s'étend jusqu'à Madrid, et celui des monts Cantabriques recouvre, en grande partie, la province de Léon. La Sierra-Morena n'offre presque pas de traces de dépôts diluviens, qui manquent totalement sur le grand plateau montagneux qui sépare les plaines de la Manche et de la Nouvelle-Castille des bords de la Méditerranée.

Il existe, dans la Péninsule, trois foyers principaux de volcans éteints : l'un près d'Olot (Catalogne), et les deux autres près de Ciudad-Réal et du cap de Gata. — Les études sur la géologie de l'Espagne sont encore trop peu avancées pour qu'on puisse essayer une classification de ces montagnes, au point de vue de leur soulèvement. On peut dire néanmoins que la Sierra-Morena, qui est la plus basse, est aussi la plus ancienne. Dans les Pyrénées et dans les montagnes du Sud de l'Espagne, le sol a été bouleversé par des bouleversements assez modernes.

Cette esquisse me paraît plus que suffisante, et je renvoie ceux qui veulent en savoir plus long au travail inséré par MM. de Verneuil et Ed. Collomb dans le *Bulletin de la Société géologique de France* de 1853, et à la carte spéciale dressée par ces deux savants.

A l'époque tertiaire et quaternaire, l'Espagne se rattachait à l'Europe occidentale par l'isthme des Pyrénées, et se reliait aussi au nord de l'Afrique par un autre isthme, aujourd'hui occupé par le détroit de Gibraltar (1). **Dans son travail sur la** *Malacologie de l'Algérie,* **M. Bourguignat affirme que cette réunion de la Péninsule aux pays barbaresques existait encore au commencement de la période actuelle (2).** L'emplacement actuel du désert de Sahara était alors occupé par une vaste mer, qui parait avoir graduellement disparu (3).

(1) Pour les preuves de cette ancienne réunion, voy. notamment les travaux de Moritz Wagner, de Forbes, et les recherches sur l'herpétologie algérienne de STRAUCH ; voy. aussi : SUESS, *Jahrbuch der Kaiserlich-Königlichen-Reichsanstalt*, Wien, 1863 ; Sir Charles LYELL, *Ancienneté de l'Homme* (trad. française), t. II, p. 31-33 ; Id., LARTET, *Nouvelles recherches sur la coexistence de l'homme et des grands mammifères*, dans les Ann. des Sc. nat. de 1860. L'auteur a eu raison de me signaler, dans une de ses lettres, les nombreuses fautes d'impression qui ont échappé aux correcteurs. Éd. LARTET, *Les migrations anciennes des mammifères de l'époque actuelle*, dans les *Comptes-rendus des séances de l'Académie des Sciences*, séance du 22 février 1858 ; Éd. LARTET, *Observations à propos des débris fossiles de divers éléphans dont la découverte a été signalée par M. Ponzi, aux environs de Rome*, dans le Bullet. de la Soc. géol. de Fr., 2e série, t. XV, p. 564 et suiv.; Éd. DESOR, *Le Sahara, ses différents types de déserts et d'oasis*, dans le Bullet. de la Soc. des Sciences de Neuchâtel, de 1864 ; Paul MARÈS, *Nivellement barométrique dans les provinces d'Alger et de Constantine* (Versailles, 1865) ; DESOR, GARNIER et HIRSH, sur l'*Origine du Fæhn*, dans le Bullet. de la Soc. des Sc. de Neuchâtel, de 1865, etc., etc.

(2) Jules-René BOURGUIGNAT, *Malacologie de l'Algérie*, p. 372. Voy. aussi, dans le même ouvrage, la *Carte du nord de l'Afrique au commencement de la période actuelle*.

(3) La submersion du Sahara, au commencement de la période actuelle, est un fait mis en pleine lumière par les travaux de sir Roderik Marchisson, et par ceux des savants dont j'ai cité les travaux dans l'avant-dernière note. J'avais oublié le *Tableau physique du Sahara occidental de la province de Constantine*, de M. Charles MARTINS, dans la *Revue des Deux-Mondes*, et le Mémoire inséré par M. LAURENT dans le Bullet. de la Soc. géol. de France, vol. XIV, p. 615 et suiv. « La mer saharienne, dit Sir Charles LYELL, parait s'être étendue autrefois du golfe de Cabes (ou Gabes), en Tunisie, jusqu'à la côte occidentale de l'Afrique, au nord de la Sénégambie, ayant une largeur de plusieurs centaines de milles, de peut-être 800 milles, dans sa plus grande largeur, suivant M. Tristram. » — Quelques mots sur le phénomène glaciaire en Espagne et dans le midi de la France. L'existence de ce phénomène n'est pas douteuse. Il résulte d'une note écrite par moi, sous la dictée de M. Éd. Collomb, que ce phénomène a eu jadis, en ces contrées, trois centres princi-

M. **Ed. Collomb**, si connu par ses beaux travaux géologiques sur l'Espagne, en collaboration avec M. de Verneuil, m'écrivait, l'année dernière, que durant la période tertiaire, les deux tiers de la Péninsule actuelle étaient couverts de grands lacs d'eau douce, comme ceux de l'Amérique du Nord. Les possibilités hydrographiques actuelles ne suffisant pas, et de beaucoup, à expliquer l'existence de ces lacs, M. Collomb est conduit à supposer que la partie occidentale de l'Espagne se rattachait alors à un continent, occidental, aujourd'hui submergé, et qui, d'après quelques géologues se serait prolongé jusqu'en Amérique. La géographie botanique fournit aussi quelques inductions en faveur de ce continent, d'où seraient partis les grands fleuves, qui alimentaient les vastes lacs de l'Espagne pendant la période tertiaire.

Quoi qu'il en soit, l'Afrique septentrionale se reliait encore

---

paux : 1º la chaîne des Pyrénées et la chaîne Cantabrique qui lui fait suite ; 2º au centre de l'Espagne, coupant du N.-E. au S.-O., la grande chaîne de Guadarrama ; 3º au S., la grande chaîne de la Sierra-Nevada, où il existe encore actuellement des glaciers. En 1866, M. Charles Martins me faisait l'honneur de m'écrire que, d'après lui, « c'est dans la Galice, au nord de l'Espagne, autour d'un groupe de montagnes..., qu'on a trouvé les blocs erratiques les plus méridionaux. » On voit que M. Martins se trouvait déjà en dissidence avec M. Collomb, sur l'étendue de l'ancien domaine glaciaire en Espagne, et il a persisté dans cette opinion, comme il appert de son travail intitulé : *Les Glaciers actuels et la Période glaciaire*, inséré dans les premiers numéros de la *Revue des Deux-Mondes* de 1866. M. Martins énumère dans ce travail les principaux vestiges du phénomène glaciaire sur le versant nord des Pyrénées : 1º roches moutonnées, polies et striées du col de Vénasque, de la vallée d'Essera et des environs du lac Bleu ; 2º schistes serpentineux, polis et lustrés à l'entrée de la gorge de Scia ; roches moutonnées en amont du chaos de Gavarnie, au-dessus de Gèdre, aux alentours du Pont-d'Espagne, près de Cauterets ; 3º surfaces striées, situées à gauche, avant d'arriver aux Eaux-Chaudes, non loin de la belle grotte traversée par un ruisseau ; 4º moraines, à Oo, entre Garin et Castillon, dans la vallée de Grip et au sommet de celle de Campan. Toutes les promenades, aux environs des Eaux-Bonnes, ont été découpées dans des moraines ; 5º vestiges d'un grand glacier qui partait des cirques de Gavarnie et de Troumousse, descendait vers **Luz**, où il recevait l'affluent de Baréges, puis à Pierrefitte, où il

à l'Espagne pendant la période quaternaire, et la Péninsule se rattachait elle-même au reste de l'Europe par l'isthme des Pyrénées. Ces trois régions étaient alors incontestablement occupées par l'homme, et je demande à rafraîchir, sur ce point, les souvenirs du lecteur. Commençons par le Midi de la France.

Les découvertes relatives à la présence de l'homme dans cette région, pendant l'époque anté-historique, sont extrêmement nombreuses, et je me borne à signaler les plus remarquables.

Age de la pierre taillée. — Il se divise en deux périodes, dont la première est caractérisée par la faune diluvienne (Éléphant, grand Ours, grand Chat, etc.). Dans la seconde, cette faune diminue ; il y a des espèces qui disparaissent, et

---

était rejoint par celui de Cauterets, au pied du pic de Viscos. De là, les glaciers réunis s'avançaient dans la large vallée d'Argelez et arrivaient à Lourdes ; 6° sept moraines terminales coupées par le chemin de fer de Lourdes à Tarbes ; 7° les tranchées de la voie ferrée de Lourdes à Pau sont pratiquées dans le terrain erratique jusqu'au village de Peyrouse. Le lac de Lourdes est un lac morainique. Au résultat de ces recherches faites sur les anciens glaciers pyrénéens par MM. Éd. Collomb et Martins, je crois devoir ajouter un autre passage de la lettre que M. Martins m'a fait l'honneur de m'écrire : « Je n'ai pas remarqué de blocs erratiques ni d'anciennes moraines dans les environs de Saint-Jean-de-Luz, ni entre cette ville et Saint-Sébastien. Peut-être les Basses-Pyrénées n'étaient-elles pas assez hautes pour alimenter des glaciers qui se seraient étendus jusqu'à la mer ; mais ils avaient envahi tous les environs de la ville de Pau, qui est bâtie sur une moraine, comme son château et le parc. » MM. Collomb et Martins ont publié un Mémoire spécial sur *l'ancien glacier de la vallée d'Argelez*, dans les *Comptes-rendus de l'Acad. des Sc.*, séance du 2e janvier 1868. M. Leymerie, professeur à la Faculté des Sciences de Toulouse (*Comptes-rendus de l'Acad. des Sciences*, séance du 30 mars 1868) conteste leurs observations, et prétend que « le puissant dépôt de transport qui bouche, pour ainsi dire, la vallée au nord de Lourdes, » au lieu d'être une moraine terminale, est le produit de l'ancien cours d'eau de la vallée, « devenu diluvien par la fonte des neiges et des glaces extraordinaires. » — Les recherches de MM. Raphaël Pompelly et Tabariés de Grandsaignes ont établi que la Corse a été sous l'influence du phénomène glaciaire. On sait que l'Europe compte deux grands et anciens phénomènes glaciaires.

le Renne abonde d'une façon toute particulière ; en même temps se manifestent dans l'industrie humaine de remarquables progrès, au point que plusieurs des instruments qu'on y découvre sont de véritables objets d'art.

La grotte d'Aurignac, décrite par M. Lartet (1), appartient à la première période, tandis que celles de la Vache (Ariège) (2), de Lourdes (Hautes-Pyrénées) (3), et les stations des environs de Bayonne (Basses-Pyrénées) (4), sont rapportables à la seconde.

Age de la pierre polie. — Caractérisé par les animaux domestiques qui manquaient antérieurement. Les poteries y sont fort abondantes, et les haches en pierre ont subi le polissage. Cet âge, vers la fin duquel se montrent les dolmens, a laissé de nombreux vestiges dans tout le Midi.

Age du bronze. Il laisse également des traces nombreuses dans la même région.

Age anté-historique du fer. Cet âge n'offre rien de particulier dans les régions sous-pyrénéennes, et ne saurait être comparé, par exemple, à la civilisation de Halstadt.

Passons maintenant aux vestiges de l'ancienneté de l'homme dans la Péninsule espagnole.

Age de la pierre taillée. Caractérisé par le grand Ours, l'Eléphant et l'Aurochs. Le Renne manque au-delà des Pyrénées. A cet âge appartiennent les haches de pierre grossière-

---

(1) Éd. LARTET, *l'Homme fossile de la Haute-Garonne*, dans le t. II de *l'Ancienneté de l'homme*, de Sir Charles LYELL (trad. franç.), p. 190 et suiv.

(2) F. GARRIGOU, *Age du Renne dans la grotte de la Vache*, dans le *Bulletin de la Soc. d'Hist. natur. de Toulouse*, t. I, p. 58 et suiv.

(3) Alphonse MILNE-EDWARDS, *l'Homme fossile dans les Hautes-Pyrénées*, dans le t. II de *l'Ancienneté de l'homme*, de Sir Charles LYELL, p. 256 et suiv.

(4) *Bullet. de la Soc. Géol.*, séance du 7 octobre 1866, p. 815-16.

ment taillées, décrites par Don Casiano de Prado (1), M. de Verneuil (2) et Louis Lartet (3).

Age de la pierre polie. Ses vestiges se retrouvent partout dans la Péninsule. Je me borne à citer les haches polies découvertes par Don Casiano de Prado dans la province de Madrid, les diverses armes découvertes dans d'autres contrées de l'Espagne (Monduber, Cueva Negra, Tavernes, Imon, Las Maravillas, Cerro-Muriano, etc.), les instruments d'os et les poteries exhumés par M. Louis Lartet dans la *Cueva lobrega* (Sierra-Cebollera, non loin de Torrecilla) (4), les débris d'industrie ancienne signalés en Portugal (5), etc., etc.

(1) Casiano de Prado, *Descripcion fisica y geologica de la provincia de Madrid*, Madrid, 1864.

(2) De Verneuil et Louis Lartet, *Note sur un silex taillé trouvé dans le diluvium des environs de Madrid*, dans le *Bullet. de la Soc. géol. de France*, 2e série, vol. XX, p. 698-702.

(3) Louis Lartet, *Poteries primitives, instruments en os et silex taillés des cavernes de la Vieille-Castille*, art. de la *Revue archéologique*, n° de février 1866.

(4) *Id. ibid.* Voy. aussi, sur l'anté-historique de l'Espagne et du Portugal, Mortillet, *Matériaux pour servir à l'Histoire positive et philosophique de l'homme*, 3e année; p. 346; M. Fr. Tubino, *Conferencias del Ateneo : El hombre fossil*, dans la *Revista de Bellas-Artes, e historico - arqueologica*, de 1868, p. 264-268. Le même savant a publié dans ce recueil, n° du 28 janvier 1868, un article intitulé : *Tiempos prehistóricos*. Don Amador de Los Rios, et Don Buenaventura Hernandez Sanahuja (ce dernier en collaboration avec Don Fr. Maria Tubino) ont donné à la même Revue, en 1867 : *La Arqueologia prehistórica en la Real Academia de la Historia*; *Estudios sobre el hombre prehistórico : la Edad de piedra en España*.

(5) Carlos Ribeiro, *Descripçaõ do terreno quaternario das bacias dos rios Tejo e Sado*, Lisboa, 1866. Ce Mémoire a été traduit en français par M. F. Dalhunty. A. Pereira da Costa, *Da existencia do homem em epochas remotas no valle do Tejo, primeiro opusculo, Noticia sobre os esqueletos humanos descobertos no Cabeço de Aruda*. Lisboa, 1865. M. Dalhunty a traduit ce travail ainsi que le suivant : J. F. N. Delgado, *Noticia acerca das grutas da Cesareda*. Lisboa, 1867. Dans une des grottes décrites par Don Delgado, *la Casa da Moura*, on a trouvé dans l'assise supérieure une petite lance ou flèche de cuivre parmi des ossements humains, des charbons des haches en pierre polie, des débris de poteries, des instruments en silex, en os et en bois de cerf. — John Evans, *On some Antiquities of Stone and Bronze from Portugal*, 1868.

Age du cuivre. Il a existé dans la Péninsule espagnole un âge du cuivre antérieur à l'arrivée des Phéniciens. Une mine de ce métal était située à 6 kilomètres de Covadonga, sur les confins d'Onis. Elle consistait originairement en une grande excavation superficielle, d'où s'abaissait un puits irrégulier incliné de 40 à 50 degrés et profond de 40 mètres. Les découvertes qu'on y a faites ont permis de constater que, pour entamer la gangue après l'avoir soumise à l'action du feu, les anciens mineurs se servaient d'engins de pierre. Trois crânes ont été trouvés là, dont un, considéré comme basque par M. Busk, est déposé à l'école des mines de Madrid. Des constatations relatives à l'âge du cuivre ont été faites aussi dans la Sierra-de-Tharsis (1).

Ages du bronze et du fer. Il existe, pour la Péninsule, de nombreux vestiges de l'âge du bronze, auquel sembleraient appartenir la plupart des dolmens de cette région. Pas d'observations particulières sur l'âge anté-historique du fer.

Les vestiges de l'homme avant les temps historiques n'ont guère été encore étudiés, pour l'Afrique septentrionale, qu'en Egypte et dans l'Algérie. Je ne m'inquiète ici que de ce dernier pays

Age de la pierre taillée. Des silex taillés, trouvés aux environs d'Alger, ont été décrits par le docteur Bourjot (2). On dit que M. Berbrugger, bibliothécaire à Alger, prépare un mémoire sur des silex taillés trouvés du côté du désert. M. de Mortillet m'a écrit que MM. Christy et Féraud en avaient les premiers découvert dans les monuments mégalithiques de la province de Constantine. M. Bourguignat déclare en avoir aussi recueilli dans les monuments symboliques de l'Algérie. L'abbé Richard

---

(1) Ernest Deligny, *Apuntamientos históricos sobre las minas cobrizas de la Sierra de Tharsis*, dans la *Revista mineral* de 1863, vol. XIV.

(2) G. de Mortillet, *Matériaux pour servir à l'Histoire primitive et philosophique de l'homme*, 1868, p. 60-61.

en a découvert une soixantaine près de l'oasis d'Aïn-el-Assafia et d'autres près des sources d'Aïn-el-Ibel, à Mecta-el-Ouest, près du caravansérail d'Aïn-Oussera, et dans le voisinage de la Trappe de Staouëli (1). Le musée de Saint-Germain possède une pointe de silex très-bien taillée, recueillie aux Chotts (province d'Oran), par M. Chopin, qui en a rapporté un certain nombre (2).

Age de la pierre polie. Les vestiges de cet âge paraissent n'être pas rares en Algérie. M. Bourguignat déclare avoir trouvé une hache en grès près d'un monument symbolique. M. Reboud a découvert des instruments en pierre polie près des dolmens situés au-delà du Tell (3), et M. Letourneux nous apprend que M. Pomel possède une hache en diorite venant de la province d'Oran (4).

Age du bronze et âge anté-historique du fer. Ces deux âges ont été encore trop peu étudiés en Algérie pour que je puisse signaler ici des découvertes vraiment significatives. Les dolmens, très-nombreux dans cette région, paraissent, en général, appartenir à l'âge historique du fer.

Cet examen rapide des principaux vestiges de l'ancienneté de l'homme dans le midi de la France, en Espagne et dans le nord de l'Afrique, nous a conduits jusqu'à l'entrée des temps historiques. Mais à quelle race appartenaient, avant cette époque, les populations qui occupaient alors ces trois contrées?

Cette question a donné lieu à d'assez longs débats, ramenés avec beaucoup de précision dans deux discours prononcés au *Congrès international d'anthropologie et d'archéologie préhistoriques* de 1867 (Paris, Reinwald, 1868). M. Pruner-Bey a

---

(1) *Compte-rendu des séances de l'Acad. des Sciences*, séance du 25 janvier 1869, p. 196.

(2) *Matériaux*, janvier 1869.

(3) *Id.*, 1868, p. 61.

(4) *Id.*, 1868, p. 63.

défendu, dans ce congrès, la préexistence en Europe de la race brachycéphale, et M. Paul Broca celle de la race dolichocéphale, ou tout au moins la coexistence des deux types dans la plus grande partie de l'Europe occidentale durant l'âge de la pierre (1).

Spring considère comme démontré que les crânes d'Enghis et de Néanderthal sont les plus anciens qu'on ait trouvés en Europe, et il en conclut que cette contrée a été d'abord occupée par une race dolichocéphale, qui aurait été remplacée plus tard, mais à une époque très-reculée, par une race brachycéphale dont il faudrait voir le type dans les *hommes de Chauveau*. Retzius et Von Baër, dont His a contesté le système, veulent au contraire que l'Europe ait eu pour premiers habitants des brachycéphales. Il est certain que cette théorie ne reposait que sur un nombre insuffisant d'observations ; mais elle a été reprise et complétée par M. Pruner-Bey, à l'aide d'un ensemble de travaux dont ses adversaires eux-mêmes ont dû reconnaître la haute valeur.

Le crâne de Néanderthal, comme le reconnaît Sir Charles Lyell, n'est pas aussi ancien qu'on pourrait le croire, et il est incontestablement celtique. Celui d'Enghis est certainement contemporain des mâchoires d'Arcy et d'Aurignac, qui, d'après M. Pruner-Bey, appartiennent à des brachycéphales. L'étude des ossements provenant des fouilles faites par M. Dupont dans la province de Namur, à Bruniquel par M. Brun, à Solutré (Saône-et-Loire) par M. de Ferry, ont révélé à M. Pruner-Bey que l'homme de cette époque était mongoloïde, et que dans ses

---

(1) Ceux qui n'ont pas sous les yeux les actes du Congrès de 1867, peuvent y suppléer par la lecture du résumé donné par M. de Quatrefages, dans son beau *Rapport sur les progrès de l'anthropologie*, p. 257-62. Voy. aussi l'*Analyse des travaux anthropologiques du Congrès paléo-anthropologique* de 1867, donnée par M. DALLY, à la suite de sa trad. franç. du livre de M. HUXLEY, *De la place de l'homme dans la nature*, p. 343-46.

caractères physiques il n'y a rien qu'on ne retrouve chez l'homme « dont le renne est à la fois la proie et le compagnon. » Les hommes sont rattachés par l'illustre docteur « à la famille *uralo-altaïque* du grand rameau touranien (1). » Cette race est encore représentée aujourd'hui, dans les Alpes tyroliennes et dans les vallées de Grœden et d'Enneberg, par une population à petite taille, à teint jaunâtre et bistré, à chevelure lisse et noire, à crâne arrondi, etc. Des individus du même type se voient aux environs de Genève et dans le canton de Vaud, sans parler de la Savoie, etc. Mais entrons en France : ici tout le Midi offre de nombreux exemples de ce type, et il en existe jusqu'en Bretagne. Écoutons ce que dit M. de Ferry relativement aux habitants de Solutré... « Il y existe de petits hommes trapus, à teint basané, sans embonpoint, cheveux et yeux du plus beau noir, et parmi eux certaines têtes qu'à coup sûr revendiqueraient des Calmouks. » Enfin, la Ligurie tout entière est occupée par cette race, et dans l'Espagne, le Portugal et les Pyrénées, les descendants des anciens *Ibères*, appartiennent au même type. Bref, sans aller plus loin et sans exagérer, on peut compter la progéniture de cette ancienne race par centaines de mille sinon par millions.

» Une dernière question se présente à notre esprit. Si cette ancienne race persiste, n'a-t-elle subi aucun changement dans son type physique, du moins dans son crâne et dans son squelette, les seules parties qu'il nous soit loisible de comparer. Une chose paraît d'abord certaine : c'est que la partie frontale du crâne a gagné en hauteur et en largeur dans sa partie supérieure, ce qui résulte évidemment de la comparaison des crânes de Furfooz avec les deux plus modernes mis sous vos yeux. De plus, le mode de mastication a changé, et la dentition s'est plus rapprochée du type humain le plus

---

(1) Dupont, *Etude sur l'ethnographie de l'homme de l'âge du Renne*, p. 31.

élevé à cet égard. Tous ces changements sont probablement le résultat de la civilisation, et, bien que par l'élargissement du front l'angle supérieur du losange soit émoussé, la forme du type primitif y reste toujours reconnaissable, et dans son ensemble le crâne n'a pas changé de volume.

» Quant à la taille, elle nous paraît avoir légèrement augmenté... J'ai, néanmoins, vu encore dernièrement des femmes tenant à cette souche qui sont de véritables naines à côté de la femme allemande (1). »

Tels sont, d'après M. Pruner-Bey, les caractères de cette *mongoloïde*, qui serait aussi représentée par les Calmouks, les Lapons et les Finnois. Quant à la race dolichocéphale préhistorique ou *aryenne*, le savant docteur n'admet son apparition en France et dans les pays limitrophes qu'à l'époque de la pierre polie.

Je voudrais pouvoir citer en entier le discours si plein de science et de bon sens de M. Pruner-Bey, à l'opinion duquel s'est rangé M. de Quatrefages. « Une occasion m'a permis, dit cet éminent naturaliste, d'ajouter un fait de plus au faisceau réuni par M. Pruner-Bey. Trois têtes osseuses d'Esthoniens, prises dans le Musée de Saint-Pétersbourg, et gracieusement envoyées au Muséum, sur ma demande, par M. de Baër, ont, en effet, présenté des caractères tels qu'elles peuvent être comptées au nombre des pièces les plus précieuses renfermées dans nos collections. Deux d'entre elles présentent un prognathisme de la mâchoire supérieure qui égale ou dépasse même tout ce qu'ont montré de plus marqué dans ce genre les têtes de l'Aveyron (DE SAMBUCI) et de Belgique (DUPONT). En outre, la mâchoire inférieure de ces mêmes têtes présente tous les caractères exceptionnels qui caractérisent si nettement la

---

(1) PRUNER-BEY, *Discours sur la question anthropologique*, dans les *Comptes-rendus du Congrès de 1867*, p. 354-55.

mâchoire de Moulin-Quignon. La troisième tête, remarquable par un caractère général profondément mongoloïde, frappa à première vue M. Dupont par sa ressemblance avec les crânes qu'il avait tirés des cavernes de sa patrie.

» A elles trois, ces têtes d'Esthoniens présentent donc ces rapports multiples et étendus au loin que M. Pruner-Bey attribue à son grand tronc mongoloïde, mais en même temps elles montrent que le type fondamental a subi des modifications très-sensibles à une époque bien reculée... Enfin M. Gervais, dans un travail où il combattait des opinions dont il se rapproche aujourd'hui, aurait été conduit par des considérations fort différentes des précédentes et empruntées uniquement aux études géologiques et paléontologiques, à considérer les Lapons ou les Finnois comme ayant pu être les contemporains, peut-être les pasteurs de rennes dont les restes abondent dans nos cavernes à ossements.

» Déjà donc, en ce qui concerne l'Europe occidentale, un certain nombre de faits bien précis militent en faveur des vues remarquables de M. Pruner-Bey.

» Dès aujourd'hui l'anthropologiste peut, je crois, demander aux *témoins* de cette antique race quels étaient les caractères physiques de ces premiers ancêtres des populations actuelles. La réponse ne sera, il est vrai, qu'approximative ; car par suite soit du mélange, soit des actions de milieu, ou mieux sans doute pour ces deux causes réunies, les races basque, lapone, esthonienne, etc, sont loin de se ressembler de manière à pouvoir être confondues... Ces hommes étaient d'une taille au-dessous de la moyenne, bien pris, mais plutôt agiles que forts, même en les supposant placés dans les conditions les plus favorables (*Basques ; ossements d'Aurignac*). Ils avaient la tête plus ou moins arrondie, jamais ou très-rarement dalichocéphale (*têtes du trou du Frontal ; têtes d'Esthoniens*). Toutefois la brachycéphalie était généralement peu accentuée, et touchait à la mésaticéphalie, etc. (1). »

M. le docteur Paul Broca a répondu à M. Pruner-Bey, dans la dernière séance du congrès. La théorie professée par ce dernier, fondée par Retzius, et soutenue encore de nos jours par MM. de Baër et le baron Roget de Belloguet, reposerait sur la comparaison sommaire des monuments danois de l'âge de la pierre et de l'âge du bronze. Les crânes des premiers étaient brachycéphales et ceux des seconds dolichocéphales. L'introduction du bronze en Europe étant attribuée aux Celtes, le nom de ce peuple devint synonyme de dolichocéphale. La question de l'introduction du bronze étant devenue fort obscure, on a retenu de l'opinion de Retzius ce qui a trait à la préexistence des brachycéphales touraniens, sans s'inquiéter de l'origine des dolichocéphales. Il résulterait, en effet, des observations faites, il y a déjà plusieurs années, par Thurnam, qu'en Angleterre, les sépultures les plus anciennes contiennent les débris d'une population petite et dolichocéphale, tandis que les hommes de l'âge du bronze seraient au contraire brachycéphales. Cette opinion est soutenue du reste par MM. D. Wilson et Bateman pour la Grande-Bretagne, et par M. Wilde pour l'Irlande. Les crânes de Néanderthal, d'Enghis, d'Eguisheim et de Lahr, découverts dans les alluvions anciennes (*diluvium, lehm, læss*) sont brachycéphales, de même que la grande majorité des têtes découvertes dans la plupart des sépultures de l'âge de la pierre, comme Chamant, Quiberon, Maintenon et Luzarches. Il est donc extrêmement probable, d'après M. Broca, qu'avant ces premières émigrations asiatiques, sur lesquelles on est encore si mal renseigné, les deux formes dolichocéphales et brachycéphales devaient exister simultanément dans l'Europe occidentale, et même que la

(1) De Quatrefages, *Rapport sur les progrès de l'anthropologie*, p. 160-62.

première y aurait été plus largement représentée que la seconde (1). M. Karl Vogt est aussi de cette opinion (2).

J'espère avoir impartialement résumé la discussion qui a eu lieu, à propos des plus anciennes populations de l'Europe, au Congrès de 1867. Depuis cette époque, M. Pruner-Bey a imprimé, dans les *Annales des Sciences naturelles* de 1868, un savant mémoire sur les ossements humains exhumés à Cro-Magnon, dans le Périgord (3), et il voit, dans cette découverte, une preuve nouvelle en faveur de sa théorie esthonienne, toujours combattue par M. Broca (4). Quoi qu'il en soit, ce savant se range à l'avis de M. Pruner-Bey pour ce qui concerne les premières populations de l'Italie septentrionale et de la Ligurie. Dans ce pays, dit-il, « c'est une race brachycéphale qui parait avoir précédé toutes les autres. Cette race ligure, que nous ont fait connaître les grands travaux de M. Nicolucci (5), s'étendait sur le littoral méditerranéen jusque dans la Gaule méridionale (6). » M. Pruner-Bey affirme, pour la Péninsule espagnole, la préexistence de cette race ; mais ici M. Broca résiste, au moins par rapport aux Basques transpyrénéens, en s'étayant de certaines constatations dont je parlerai plus tard. Néanmoins il admet, avant l'apparition en Europe de la race xanthocroïde, la présence d'une « race brune qui l'a partout précédée dans cette région,

---

(1) Voy. le *Discours* de M. BROCA, dans le *Compte-rendu du Congrès* de 1867, p. 367 et suiv.

(2) *Compte-rendu du Congrès* de 1867, p. 361.

(3) *Annales des Sciences naturelles*, de 1868 (Zoologie), p. 145-55; voy. aussi le *Bullet. de la Soc. d'Anthrop.* de 1869, p. 446-46.

(4) BROCA, *Crâne des Eyzies et théorie esthonienne*, dans le *Bullet. de la Soc. d'Anthrop.* de 1868, p. 454 et suiv.

(5) Je profite de l'occasion pour recommander au lecteur l'ouvrage du savant cité par M. Broca : Giustiniano NICOLUCCI, *la Stirpe Ligure in Italia nel' tempi antichi e nel' moderni*. Naples, 1864.

(6) Paul BROCA, *Histoire des travaux de la Société d'Anthropologie*, de 1865 à 1867, dans la *Revue des Cours scientifiques* de 1867, n° 39.

même dans la Grande-Bretagne, et qui paraît prédominer encore dans la France méridionale, l'Italie et l'Espagne (1). » Cette concession me paraît avoir une portée considérable, et, d'après moi, la prédominance actuelle dans la Péninsule du type décrit par M. Pruner-Bey, serait déjà, à elle seule, un argument fort respectable en faveur de la préexistence de ce même type au-delà des Pyrénées.

Il faut convenir, néanmoins, que la pureté de cette race a dû être plus ou moins altérée, à une époque très-reculée, par son mélange avec des éléments étrangers. C'est là un fait que M. Pruner-Bey lui-même constate volontiers dans divers travaux, et qui se trouve attesté, dès l'aurore des temps historiques de l'Espagne. Tous les numismates reconnaissent que les divers types des médailles dites ibériennes sont chronologiquement circonscrits entre les temps postérieurs à Hiéron Ier et à Démétrius, et l'époque de Tibère (2). Ces médailles, que Lelewel hésitait un peu à considérer comme des portraits (3), sont pleinement acceptées comme tels par M. Boudard. « Le type du droit, dit-il, est toujours des têtes de guerriers, probablement des chefs de la peuplade. » Ce mot « toujours » est évidemment exagéré, car l'auteur confesse qu'une partie des monnaies de la Bétique sont des effigies divines ainsi que celles de l'Ibérie gauloise. Cependant, dit le baron de Belloguet, Lelewel trouvait ces têtes « généralement semblables entre elles, et offrant un idéal dont elles s'éloignent rarement ou très-peu : l'œil grand, l'arcade sourcilière unie ainsi que le front, le nez fort, la barbe et les cheveux bouclés, p. 42. Il attribuait plus de variété aux figures gauloises. S'il a voulu parler des dispositions très-

---

(1) Louis Lartet, *Congrès d'archéologie préhistorique. Session de Norwich.*, dans la *Revue des Cours scientifiques* de 1869, n° 55.

(2) Boudard, *Numismatique ibérienne*, liv. 2, ch. 1.

(3) Lelewell, *Types gaulois*, p. 41.

variées de leurs coiffures et des nombreux profils où la barbarie du dessin, poussée jusqu'à l'informe, est diversifiée de toutes les manières, il a raison. Mais si nous tenons aux têtes qui ont conservé la figure humaine, et que nous n'examinions que leurs traits, je pense au contraire que ce sont celles de l'Ibérie qui offrent le plus de variété. Un assez grand nombre sont longues, mais le type rond prédomine fortement. Quand M. Moreau de Jonnès a donné (1) aux anciens Aquitains un visage *ovale allongé*, il jugeait la race ibérique d'après l'état actuel des choses et non d'après l'ensemble des médailles qui nous la représentent. On y rencontre aussi la forme carrée. Toutes les têtes que je connais se présentent de profil, le front communément bas et plus ou moins fuyant par le haut, l'arcade sourcilière fréquemment proéminente, les nez assez forts mais rarement exagérés, ordinairement saillants, mais parfois très-aplatis ; leur forme est très-variée et bien plus souvent aquiline (2) que dans les têtes gauloises ; la racine, presque toujours sans dépression sensible, est quelquefois assez élevée pour se rattacher au bas de l'os frontal, et en ligne plutôt convexe que concave (3), c'est-à-dire busquée. La lèvre inférieure s'avance le plus souvent au niveau de la supérieure et la dépasse même dans un assez grand nombre de figures ; enfin, le menton est

---

(1) *La France avant ses premiers habitants, et origines nationales de ses populations*, 1856, p. 161. C'est avec regret que je me vois forcé de mettre le lecteur en garde contre les citations inexactes et la fausse linguistique qui abondent dans ce livre, auquel le nom de son auteur a valu trop de confiance pour cette fois. — *Note* de M. de BELLOGUET, dont je partage entièrement l'opinion.

(2) J'emploie ce mot avec son sens véritable de recourbé comme le bec de l'aigle, et non celui de droit et saillant qu'on lui donne souvent. *Note* de M. de BELLOGUET.

(3) Voy. BOUD., pl. XIV, 3 ; XVI, 9 ; XXXIV, 1 et 3, etc., et une médaille de la Bibliothèque Impér., dite inconnue et classée parmi les *Emporiæ*.

habituellement mince et très-saillant, quelquefois même remontant vers le nez. La barbe, quand elle existe, est, à fort peu d'exceptions près, toujours courte et bien visiblement frisée. Les cheveux, pareillement courts, sont arrangés de trois manières différentes : 1° redressés sur le front et paraissant dans presque tous ces cas visiblement frisés à la façon des nègres (1) ; — 2° bouclés sur toute la tête, ce qui est le plus ordinaire ; M. Boudard se sert quelquefois pour caractériser ces chevelures, du terme *frisé*, p. 156, et al. ; — 3° par mèches grosses et raides qui croissent en désordre comme sur l'*Æs* de Rimini et sur les têtes de statues gauloises que nous avons décrites (2). »

Tels sont les caractères ethniques fournis par la numismatique dite ibérienne. Voyons maintenant ceux qui résultent du témoignage des historiens de l'antiquité

Les populations anciennes de l'Espagne avaient, au dire de Tacite, le visage basané et les cheveux le plus souvent frisés (3).

---

(1) Boud., pl. XI, 7 ; XVIII, 2 ; XXXVII, 12 ; XII, 3 et 6 ; XXIV, 4 et 11 ; XV, 17 ; XVII, 9 ; XXXVIII, 10 à 12. *Note* de M. de Belloguet.

(2) Roget de Belloguet, *Ethnogésie gauloise*, p. 137-38.

(3) *Colorati vultus, torti plerumque crines*. Tacit., *Agric*. II. Ce mot *torti* peut signifier bouclés, ou frisés comme chez les nègres. Les traducteurs sont divisés sur ce point, et M. de Belloguet (*Ethnog. gaul.*, p. 135) tient pour ce dernier sens. « Les habitants de ces contrées (midi de l'Europe, Grèce, Italie, Espagne et même Provence) ne sont que des métis, suivant M. de Gobineau : à plus forte raison ceux de la côte septentrionale de l'Afrique, que Martial nous montre encore plus frisés que les Ibères de Tacite, *retorto crine Maurus*, VI, 39. Galien attribue aussi des cheveux courts et crépus, *ouloi*, aux Arabes comme aux autres habitants des pays très-chauds, mais il donne à ceux de la zone tempérée une chevelure très-longue, ni tout-à-fait lisse, ni tout-à-fait crépue. Strabon dit même, III, p. 128, *Did.*, que les montagnards de la Lusitanie portaient la leur aussi longue que des femmes. Ce doit être par l'effet de quelque croisement, — (comme nous en reconnaîtrons peut-être un exemple chez les Ligures *tonsi* et *capillati*), — car les Celtes ont occupé ou traversé toute la Lusitanie. Ce qui est certain, c'est que tous les Ibères n'en étaient pas encore arrivés aux belles chevelures de Galien, car Martial lui-même, qui était de sang très mêlé (*ex Iberis et Celtis*

Il résulte d'un passage de Jornandès, visé à la fin de la note ci-dessous, que ces cheveux étaient noirs. Tel devait être, en effet, le cas le plus général, mais il existait aussi des Espagnols blonds. Silius Italicus parle, en effet, de la chevelure blonde de Phorcys, chef des Tartessiens (1), et de la chevelure rousse d'Eurytus, dont la peau était blanche comme la neige (2).

Il ne faudrait pas croire que ce fussent là des cas exceptionnels; et la diversité de teint des populations de l'Espagne dans l'antiquité est formellement attestée par un passage de Calpurnius Flaccus (3). Les auteurs classiques s'accordent

---

genitus, X, 65, IV, 55, etc.), oppose à celle d'un enfant de la Grèce, longue et ondoyante, (*tu flexa nitidus coma vagaris*), ses cheveux espagnols roides et rebelles (*Hispanis ego contumax capillis*, X, 65). Enfin, nous savons par César que les Bretons de race gauloise les portaient longs, V, 14, et Tacite ne parlant point, dans ce passage que nous commentons, de la couleur de ceux des Silures, n'en ressort-il pas que la différence qu'il définit par les simples mots *torti crines*, implique pour ces derniers des cheveux courts, conséquence de cette frisure naturelle qui les empêche seule de s'allonger. Jornandès, qui a copié ce passage de Tacite, ajoute, *Get.*, 2, que ces cheveux étaient noirs. » ROGET DE BELLOGUET, *Ethog. gaul.*, p. 135-36.

(1)   Hos duxere viros flaventi vertice Phorcys.
                      SIL. ITAL., *Punic.*, III, 402.

(2)   Inde comam rutilus, sed cum fulgore nivali
        Corporis, implevit caveam clamoribus omnem
        Eurytus.   *Id. Ibid.*, XVI, 475 et suiv.

(3) Je copie ce passage dans le t. VI des Œuvres de Quintilien, édit. Dussault), p. 523-24. — DECLAMATIO II. Natus Æthiops. — Matrona Æthiopeus peperit : arguitur adulterii. — Expers judicii est amor : non rationem habet, non sanitatem : alioquin omnes quidem amaremus. Non semper, inquit, similes parentibus liberi nascuntur : quid tibi cum isto patrocinio est, nisi ut appareat te peccasse securius ? Miramur hanc legem esse naturæ ut in sobolem transeant formæ, quas quasi descriptas species custodiunt. Sua cuique etiam genti facies manet : *rutili sunt Germaniæ vultus et flava proceritas Hispaniæ non eodem omnes colore tinguntur.* — J'ai tenu à transcrire tout ce passage, dont la partie significative est en italiques. L'édition de Strasbourg porte : « *Hispaniæ* (vultus) *non eodem omnes colore tinguntur.* » Dussault propose de lire : « *Hispani an non eodem omnes colore tinguntur ?* » Il est certain que nous sommes en face d'un texte incorrect, qui tendrait à attribuer aux anciens Espagnols, contrairement au témoignage de Tacite, une haute taille et une chevelure blonde. Mais, soit que l'on adopte la rectification

à nous représenter les habitants de l'Espagne comme agiles à la course, ardents au travail, durs au mal et à la fatigue et offrant de nombreuses analogies avec les Ligures, que l'on nous dépeint comme des hommes de petite taille, maigres et vigoureux (1). Les Espagnols devaient donc leur ressembler sous ce rapport : cependant les poètes et les historiens font parfois mention de guerriers de haute taille (2).

Voilà tous les renseignements généraux que j'ai pu recueillir sur les plus anciennes populations de la Péninsule, où s'étaient établies aussi des tribus celtiques, et des colonies phéniciennes, grecques et carthaginoises.

J'ai déjà prouvé, dans la première partie de ce travail, l'origine celtique des Bérons et des diverses tribus Cantabres (ch. I, § 1, p. 5-6), celle des Ilergètes, et généralement celle de toutes les peuplades de la Celtibérie (ch. IV, § 1, p. 158-70). Il en est de même des Lusitaniens, ainsi que des Celtiques établis sur les bords de l'Anas et dans le Nord-Ouest de l'Espagne (ch. IV, § 1, p. 166-69). Je pourrais présenter peut-être quelques arguments dans le même sens en faveur des Astures, voisins occidentaux des Cantabres; mais la chose ne saurait être douteuse pour les Turdétans, et nous avons, sur ce point, le témoignage on ne peut plus précis de Strabon. « A l'avantage d'un pays fertile, dit-il, la Turdétanie joint celui des mœurs douces et civilisées de ses habitants ; ce qui, suivant Polybe, doit s'entendre aussi des Celtiques, non seulement à cause du voisinage de ces peuples,

---

affirmative, soit que l'on accepte l'interrogative, il en résulte toujours que les anciens habitants de l'Espagne n'avaient pas tous le même teint. — HOFFMANN (*Die Iberer im West und Ost.*, 1838, p. 106-115), fait des Ibères une race blonde, et invoque, bien à tort, le témoignage de Silius Italicus. Pour cet érudit allemand (p. 113), les Ibères ne seraient pas les premiers habitants de l'Espagne.

(1) Diod. Sicul., V, 39 ; IV, 20.
(2) Appian., *Iberic.*, 151-53

mais encore parce qu'ils sont unis aux Turdétans par les liens du sang (1). »

En voilà assez sur le contingent fourni par les Celtes aux éléments ethniques de l'ancienne Espagne (2). Passons main-

(1) Τῇ δὲ τῆς χώρας εὐδαιμονίᾳ καὶ τὸ ἥμερον καὶ τὸ πολιτικὸν συνηκολούθησε τοῖς Τουρδητανοῖς· καὶ τοῖς Κελτικοῖς δὲ διὰ τὴν γειτνίασιν [ἥ], ὥς φησι Πολύβιος, διὰ τὴν συγγένειαν. Strab., *Geog.*, L. III. — La plupart des auteurs anciens confondent les Turdétans et les Turdules, mais Polybe semble les distinguer. Quoi qu'il en soit, les Turdules étaient des Celtes, car Pomponius Méla, dans la description de la partie de la côte d'Espagne située entre le Tage et le Duero, comprend les habitants de ces contrées sous le nom d'anciens Turdules (*in eoque sunt Turduli veteres*), et il ajoute un peu plus bas que toute cette côte est occupée par des Celtiques (*totam Celtici colunt*). — Strabon confirme le témoignage de Pomponius Méla. « Les derniers peuples de cette côte sont les Artabres. Ils occupent le cap Nérium, qui termine le côté occidental et septentrional de l'Ibérie. Autour de ce cap sont les Celtiques, qui tirent leur origine des Celtiques situés le long de l'Anas ; car on dit qu'une partie de ces derniers et les *Turdules* ayant fait une expédition en Lusitanie, se soulevèrent et se battirent entre eux après avoir passé la Limaia, et que ce soulèvement ayant coûté la vie à leur général, ils se dispersèrent dans ces cantons. » Strab., *Geog.*, L. III. Cet écrivain atteste d'ailleurs, dans maints passages du même livre III, le caractère celtique des mœurs, des usages, et même de l'industrie des Lusitaniens. Je crois donc avoir rempli l'engagement pris page 65 note 4, et démontré, contre M. Eichhoff, l'origine celtique des Lusitaniens et des Turdetans.

(2) Nous manquons de renseignements positifs sur l'origine des Carpétans ; mais peut-être ne serait-il pas téméraire de les rattacher à la race celtique. Tite-Live (XXI, 5, 11) et Polybe (III) nous présentent en effet ce peuple comme aussi brave et aussi indiscipliné que les Celtiques. Sans les succès remportés par Annibal sur les Carpétans, ceux-ci auraient certainement porté secours à Sagonte. Tite-Live nous les montre aussi prenant une part très-active aux insurrections des Celtes de la Lusitanie et de la Celtibérie. Enfin, ce fut dans les montagnes de la Carpétanie que Viriathe et ses Celtes Lusitaniens trouvèrent des vengeurs de la perfidie du consul Cipion. Quand le chef espagnol fut assassiné, il commandait aux Carpétans et aux Lusitaniens coalisés. Les probabilités que je signale en faveur de l'origine celtique des Carpétans se renforcent d'une considération qui a son prix. Près de Toletum, capitale de ce peuple, se trouvait la ville de Complutum, célèbre, d'après Prudence, par le martyre des frères Just et Pasteur. Ptolémée attribue aussi cette ville aux Carpétans, et place une autre ville du même nom chez les Callaïques, dont Strabon et Pomponius Méla attestent formellement l'origine celtique. Il faut encore ajouter qu'au

tenant aux colonies phéniciennes, grecques et carthaginoises, dont je veux établir l'existence à l'aide du témoignage exclusif et formel des auteurs classiques.

L'histoire du commerce des Phéniciens et de leurs colonies a été étudiée dans un assez bon nombre d'ouvrages, inégalement marqués au coin de la bonne critique. Voici ce que l'antiquité nous apprend sur les établissements faits par ce peuple en Espagne.

Strabon nous atteste qu'avant le siècle d'Homère, les Phéniciens possédaient déjà la plus belle partie de l'Ibérie et de la Lybie. C'était surtout l'exploitation des mines qui les avait attirés dans la partie méridionale de la Péninsule, où ils fondèrent les villes de Malaca et d'Abdère. Ce peuple s'était aussi rendu maître de Gadès et des îles Baléares (1).

Les Grecs avaient également fondé quelques colonies en Espagne.

Une tradition rapportée par les Scymnus, de Chio, et confirmée par Strabon et par Eustathe (2), attribue aux Rhodiens la fondation de Rhodé (Roses), sur la côte de la Catalogne actuelle. Emporium (Ampurias) est incontestablement une colonie massaliote (3), et les étrangers et les indigènes s'y mêlèrent si bien, qu'ils finirent par ne plus former qu'un seul peuple, gouverné par un mélange de lois grecques et barbares.

---

mot *Alea*. Etienne de Byzance affirme qu'une ville nommée Complutum appartenait aux Carpétans, et que ses habitants étaient des « peuples celtiques. »

(1) Diod. Sicul., l. VII, c. 7; Strab., l. III; Pomp. Méla, l. III, c. 6; Vell. Patercul., l. I, etc. — Ferreras, *Hist. d'Esp.* (trad. d'Hermilly), t. I, p. 9, veut que Sidonia (Media Sidonia) soit aussi une colonie phénicienne.

(2) Scymn. Ch., v. 205-206; Strab, *Géog.*, l. III; Eustath., *Ad Dionys.*, v. 504.

(3) Scylac., *Peripl.* Scymn Ch., v. 200 et s.; Stephan. Bys., v° Ἐμπόριον; Plin., *Hist. nat.*, l. III; Strab, *Géog.*, l. III. Silius Italicus fait également allusion, par l'épithète de *Phocaicæ*, à l'origine de cette ville. *Punic.*, l. III, v. 369.

Entre Carthagène et le fleuve Sucron (Xucar) étaient trois petites villes, fondées par les Massaliotes (1). La plus importante était Héméroscopium, dont parlent Strabon et Etienne de Byzance (2). Le premier de ces géographes attribue la même origine à Mœnacé, et déclare que de son temps il n'en existait plus que les ruines (3).

L'influence des Phéniciens en Espagne y fut remplacée par celle des Carthaginois. Ce peuple s'était rendu maître, d'assez bonne heure, des îles Baléares, et nous avons, sur ce point, les témoignages formels de Diodore de Sicile et de Strabon (4). Cela porte à croire que les Carthaginois durent aussi prendre pied, vers la même époque, dans le Sud-Ouest de l'Espagne. « Il existe en Europe, dit Scylax, depuis les colonnes d'Hercule, une foule de colonies commerçantes de Carthaginois (5). » Je me borne à signaler, pour les temps postérieurs, la soumission des peuples de la Bétique, des Bastétans et des Constétans, par Amilcar, à qui les villes d'Arca Leuca et de Barcelonne doivent leur existence (6). Carthagène fut fondée par Amilcar (7).

La seconde guerre punique aboutit, comme l'on sait, à la ruine de l'influence carthaginoise en Espagne. Ce pays se trouva dès lors placé sous la domination de la république et ensuite des empereurs, jusqu'au commencement du v° siècle de notre ère. La Péninsule se trouva ainsi soumise à une longue et profonde romanisation, dont les résultats sont à la fois attestés

---

(1) Strab., *Géog.*, l. III.

(2) *Id., Ibid.*; Artémidor., l. II, ap. Stephan. Bis., v° Ἡμεροσκοπεῖον, Hemeroscopium est la *Diana* de Pline, *Hist. nat.*, l. III.

(3) Strab., *Géog.*, l. III. C'est à tort que Mœnacé a été confondue avec Malaca. Strabon distingue formellement ces deux villes.

(4) Diod. Sicul., I; Polyb., I.

(5) Sylac., *Peripl.*

(6) Polyb., II.

(7) Diod. Sicul., l. XXV; Strab., *Géog.*, l. III.

par Strabon, Pline, Pomponius Méla, Ptolémée, Festus Aviénus, et bon nombre d'autres auteurs anciens, dont les citations formeraient une brochure, sans préjudice des nombreux témoignages fournis par l'archéologie.

L'occupation de l'Espagne par les Wandales, les Alains, et surtout par les Suèves et les Wisigoths, a modifié nécessairement les éléments ethniques de ce pays, dans une proportion qu'il n'est pas facile de déterminer avec précision. Les Patones, les Vaqueros, et les Hurdes de l'Estramadure (Batuecas), sur lesquels on a débité tant de fables poétiques (1), sont-ils les représentants des envahisseurs ? Il serait, je crois, imprudent de l'affirmer ; mais la haute taille, les formes athlétiques et les visages norwégiens des Maragatos des Asturies, sembleraient leur assigner une origine germanique (2).

La domination sarrazine introduisit dans la Péninsule l'élément sémitique et berber. Le dernier se cantonna surtout dans la région sous-pyrénéenne, et le premier dans le reste de l'Espagne (3). On sait que la résistance aux musulmans commença, sous Don Pélage, dans les montagnes des Asturies, et que les provinces Vascongades, la Navarre, l'Aragon, etc., s'affranchirent aussi de bonne heure de la domination étrangère. Ce fait historique, et l'antagonisme établi par la diversité des croyances religieuses, donnent à croire que l'élément berber n'a dû se mêler que dans une proportion

---

(1) Madoz, *Diccionario geográfico... de la España* ; de Laborde, *Itinér. descr. de l'Espagne*, t. III (1808). — Quant aux *Cagots* de la Gascogne, la majorité des historiens et des anthropologistes les considère comme des descendants des Wisigoths. Voy. Fr Michel, *Hist. des races maudites*, t. I, et le travail de M. Eugène Cordier, dans le *Bullet. de la Société Ramond*.

(2) Borrow, *Bible in Spain*, c. XXIII.

(3) Reinaud, *Invasions sarrazines*, passim ; Dozy, *Recherches sur l'histoire et la littérature de l'Espagne pendant le Moyen-âge*, passim ; Id., *Histoire des musulmans d'Espagne*, passim.

assez faible avec les habitants du pays basque espagnol (1). Depuis l'expulsion des Sarrazins, la Péninsule n'a pas subi de nouvelle invasion ; mais les Basques cis et transpyrénéens se sont trouvés en contact incessant avec les populations romanisées de l'Espagne septentrionale et de la Gascogne.

Je n'insiste plus sur les éléments ethniques de l'Espagne (2), et je passe à l'étude des Basques actuels d'après l'anthropologie.

§ 2.

L'anthropologie est une science incontestablement récente, et ceux qui s'en occupent avec le plus de persistance et de

---

(1) J'ai déjà dit (ch. II, p. 66) que M. Pruner-Bey se proposait d'étudier, au point de vue anthropologique, l'influence exercée sur les anciens Basques par l'élément sémitique. Cette influence pourrait résulter, séparément ou conjointement, des antiques rapports des Phéniciens et des Carthaginois avec l'Espagne, et du mélange en proportion quelconque des musulmans sémites avec leurs coreligionnaires berbers qui se sont trouvés en contact avec les Euskariens espagnols. — En attendant le travail très-désiré de M. Pruner-Bey, j'emprunte le passage suivant à M. de Quatrefages : « Il n'y a en effet aucune impossibilité à ce que des mélanges (sémitiques) de cette nature aient eu lieu à l'époque où, non-seulement l'Espagne, mais encore une partie de la France étaient envahies par les Sarrazins. On peut trouver dans les temps historiques plus anciens une autre origine pour l'élément dolichocéphale basque, et les observations mêmes de M. Broca conduiraient à préciser cet élément. Notre savant confrère a insisté sur l'absence ou le peu de développement de la protubérance occipitale externe dans les crânes basques. Il y voit un caractère spécial. Or, dès 1853, j'avais signalé dans mes cours ce caractère comme très-frappant dans un certain nombre de crânes plus ou moins sémitiques. Il paraît être bien marqué dans les crânes phéniciens de Tharros, à en juger par les photographies de M. Nicolucci. Or, je n'ai pas besoin de rappeler les rapports que les Phéniciens ont eus jadis avec les populations de toute l'Espagne ; et la conséquence à en tirer ici ressort d'elle-même. Ils peuvent, tout aussi bien que les Celtes et les races chamitiques, avoir importé la dolichocéphalie au sein des populations chamitiques. » DE QUATREFAGES, *Rapport sur les progrès de l'anthropologie*, p. 268-69.

(2) Sur *l'ethnologie des peuples ibériens*, consulter (parfois avec défiance) au point de vue historique, le travail de M. G. Lagneau inséré dans les *Bullet. de la Soc. d'anthrop.* de 1869, p. 146 et s. La réplique de M. Pruner-Bey se trouve à la suite. Ce savant a imprimé dans le même recueil, t. IV, p. 261 et s., une étude sur *l'Anthropologie en Espagne*.

conviction, sont bien loin de s'accorder sur la valeur et l'importance des caractères généraux des races humaines. L'étude spéciale de ces divers caractères a donné lieu à de longues discussions, dont le résumé, même le plus rapide, m'entrainerait beaucoup trop loin. Je renvoie donc à la collection des *Bulletins de la Société d'anthropologie de Paris* ceux de mes lecteurs qui tiennent à se renseigner suffisamment là-dessus, et je me borne à constater que l'on groupe volontiers en trois classes les caractères généraux des races humaines : 1° caractères physiques ; 2° caractères intellectuels ; 3° caractères moraux et religieux. Chacune de ces classes comporte des divisions et des subdivisions, dont on peut voir le détail dans la troisième partie du *Rapport sur les progrès de l'anthropologie* de M. de Quatrefages. Il s'en faut de beaucoup que les Basques aient été étudiés sous tous les aspects. Les études partielles sont, néanmoins, assez nombreuses, et je suis tenu de mettre sous les yeux du lecteur les résultats d'une enquête qui, selon toute apparence, durera longtemps encore.

CARACTÈRES PHYSIQUES. — *Taille.* Le colonel Napier, dont Prichard s'est approprié les observations sur les Basques (t. II, p. 336), a surtout étudié ce peuple sur le versant sud des Pyrénées. Pour lui, les Euskariens sont une race grande, et même parfois très-grande, de l'autre côté des monts. M. Broca en fait au contraire des hommes petits et trapus (1), et M. Alfred Maury semble se rallier au même sentiment, quand il dit que les Basques sont moins grands que les Béarnais (2). M. de Quatrefages trouve que leur taille « n'est pas supérieure à celle des Français ; elle serait plutôt inférieure (3). » M. de Belloguet parait être d'un avis contraire,

(1) BROCA, *Mém. de la Société d'anthropologie de Paris,* 1859.
(2) Alfred MAURY, *La Terre et l'Homme,* p 405.
(3) *Bullet. de la Société d'anthropologie,* t. II, p. 591.

et voici comment il s'exprime. Les Basques « de France, à partir de Saint-Jean-de-Luz et de Bayonne, en passant par Hasparren, Saint-Palais et Mauléon, m'ont paru d'une taille assez élevée pour les hommes, très-variable chez les femmes (1). » Nous verrons plus bas que M. Élisée Reclus constate, pour la vallée de Sainte-Engrace, la haute taille des habitants. La vérité est qu'il y a, en France et en Espagne, des Basques de toute taille; et ce fait, dont j'ai été maintes fois à même de me convaincre personnellement, sera aussi reconnu, j'en suis certain, par tous les observateurs libres de préventions.

Coloration. Le colonel Napier, suivi par Prichard, fait des Basques un peuple au teint blanc, et Arthur Young, cité par M. Michelet (2), les compare, sous ce rapport, aux highlanders de l'Ecosse. Pour M. de Quatrefages, le teint des Euskariens est, au contraire, brun et peu coloré (3). Ces descriptions contradictoires s'expliquent par une variété de coloration dont il est facile de se convaincre.

Couleur des yeux. Pour Napier et Prichard, les yeux des Basques sont d'un bleu clair, et M. de Belloguet déclare que, sur le versant nord des Pyrénées euskariennes, il a reconnu un très-grand nombre « d'yeux bleus, gris bleuâtres ou bruns clairs, rarement bruns foncés (4). » M. de Quatrefages tient pour les yeux noirs (5). Sur 47 Basques

---

(1) ROGET DE BELLOGUET, *Ethnogénie gauloise*, p. 215. — M. CÉNAC-MONCAUT, *Histoire des Pyrénées*, t. I, p. 430, a essayé de déterminer les caractères ethniques des Basques; mais ce travail ne mérite pas la moindre confiance, et témoigne, une fois de plus, contre ce compilateur, d'une infirmité radicale, et qui s'étend jusqu'à l'orthographe.

(2) *Hist. de France*, t. II, p. 49.

(3) *Revue des Deux-Mondes*, 15 mars 1855.

(4) *Ethnogénie gauloise*, p. 213.

(5) *Souvenirs d'un naturaliste*, dans la *Revue des Deux-Mondes*, n° du 15 mars 1860.

actuels des environs de Saint-Jean-de-Luz observés par le docteur Argelliès, 25 « se rattachent à la série des yeux bruns (n°ˢ 1 à 5 de l'échelle chromatique) ; 14 à la série des yeux bleus (n°ˢ 6 à 10 ; 7 à celle des yeux verts (n°ˢ 11 à 15) ; et 1 seul à la série des yeux gris. Au point de vue des tons des diverses nuances, nous remarquons qu'il n'y a aucun ton très-foncé correspondant aux n°ˢ 1, 6, 7 et 11 de l'échelle. Dans la série des bruns, les n°ˢ 2 correspondant au brun foncé sont au nombre de 2 seulement ; le brun intermédiaire, ou n° 3, se présente 11 fois ; le brun clair (n° 4) n'existe que 2 fois, et enfin le brun très-clair (n° 5) n'est pas noté moins de 10 fois. Dans la série des bleus, il y a 2 yeux bleu foncé (n° 12) ; les 12 autres sont bleu clair (n° 14), sinon dans toute leur étendue, du moins dans la plus grande partie de leur étendue. Dans la série des verts, il y a un seul œil très clair ; tous les autres sont du ton clair (n° 9) et du ton intermédiaire (n° 8). Enfin, le seul œil de nuance grise appartient au gris intermédiaire (n° 18), que l'on confond habituellement avec les yeux bruns.

« Il résulte de cette analyse aride, que les yeux (dont s'agit)... peuvent se ramener à deux types anthropologiques : le type pigmenté (yeux bruns), comprenant 25 numéros, et le type non pigmenté (yeux bleus ou verts), comprenant 21 numéros.

» La différence entre ces deux types est assez prononcée pour qu'il soit permis de l'attribuer à une différence ethnique, et de présumer que la population descend de deux races au moins, l'une à l'œil pigmenté, l'autre à l'œil non pigmenté (1). »

Les représentants des deux types étudiés aux environs de Saint-Jean-de-Luz par le docteur Argelliès, se retrouvent, en

---

(1) Paul Broca, *Sur les Basques de Saint-Jean-de-Luz*, dans le *Bullet. de la Soc. d'anthropologie*, séance du 9 janvier 1868.

proportions variables, dans tout le pays basque. Les yeux bleus m'ont paru être assez nombreux dans certaines parties de la vallée d'Amezcoa (Navarre espagnole).

Barbe, cheveux. Napier, suivi par Prichard, fait des Basques un peuple blond. M. Francisque-Michel affirme que les blonds sont nombreux dans la vallée de Soule, et M. de Belloguet déclare qu'un très-grand nombre d'Euskariens français ont les cheveux plus ou moins châtains. « J'ai même, dit-il, remarqué parmi les enfants, — et quelquefois chez les femmes, — beaucoup de têtes blondes, qui brunissent sans doute avec le temps (1). » Au contraire, M. de Quatrefages avait été frappé d'abord de la prédominance des cheveux noirs (2); mais il a reconnu plus tard qu'il y avait aussi beaucoup de blonds parmi les Euskariens. « J'en ai vu, dit-il, un grand nombre dans les environs de Saint-Sébastien ; j'avais cru d'abord que la couleur claire de leur chevelure était le résultat de quelque croisement ; mais j'ai pu m'assurer que ces individus blonds présentaient, sous tous les autres rapports, les caractères de la race basque parfaitement pure. — J'ai eu l'occasion de causer sur ce sujet avec M. d'Abbadie ; il pense, comme moi, qu'il y a de vrais Basques blonds (3). » M. Élisée Reclus affirme que les Basques de la vallée de Sainte-Engrace sont blonds, et cela est au moins vrai pour la grande majorité. Sur les 47 Basques des environs de Saint-Jean-de-Luz observés par le docteur Argelliès, 4 doivent être retranchés à cause de leurs cheveux gris ou blancs. En comparant, dit M. Broca, les numéros du tableau dressé par M. Argelliès « avec ceux du tableau chromatique qui accom-

---

(1) Roget de Belloguet, *Ethogén. gaul.*, p. 213.

(2) *Souvenirs d'un naturaliste*, dans la *Revue des Deux-Mondes*, 15 mars 1860.

(3) *Bullet. de la Soc. d'anthr.*, t. II, p. 406-7. M. Boudin affirme aussi, à bon droit, avoir vu bon nombre de Basques blonds à Saint-Sébastien.

pagne les *Instructions générales* de la Société (d'anthropologie), on reconnaîtra d'abord que la couleur des cheveux est toujours foncée. Il n'y a pas un seul cas de cheveux blonds. Deux fois la couleur est d'un brun rougeâtre ; dans tous les autres cas, elle est châtain foncé ou tout-à-fait noire (1). »

Ces descriptions si diverses correspondent réellement à une grande variété de coloration dans la chevelure des Basques. Parmi ces chevelures, les diverses nuances du châtain m'ont paru dominer ; mais on y trouve aussi le brun foncé et le noir, ainsi que le blond franc, notamment dans certaines parties de la vallée d'Amezcoa (Navarre espagnole).

Tête osseuse. La distinction des races en brachycéphales et dolichocéphales, a été établie par Retzius. Le savant suédois croyait que l'âge du bronze avait été inauguré, en Europe, par des populations rapportables au type dolichocéphale, et il en concluait que le type brachycéphale représentait la race antérieure, celle de l'âge de pierre. En conséquence, tous les habitants de l'Europe qui ne parlaient aucune langue indo-européenne, devaient, à son avis, être considérés comme brachycéphales, et il rangeait dans cette catégorie les Lapons, les Finnois et les Basques.

Bon nombre d'anthropologistes acceptèrent, sans la vérifier, au moins par rapport aux Basques, la théorie de Retzius, et quelques philologues se bornèrent à des comparaisons grammaticales et lexicographiques tout-à-fait insuffisantes. Le docteur Paul Broca confesse qu'il a lui-même subi d'abord l'influence de ce système, dont il s'est publiquement séparé, en 1862, par son mémoire *Sur les c.... des crânes basques*, inséré dans le *Bulletin de a Socié ! d'anthropologie*. L'année suivante, M. Broca a fourni ... ecueil un nouveau

---

(1) Paúl Broca, *Sur les Basques de Saint-Jean-de-Luz*, dans le *Bullet. de la Soc. d'anthr.*, séance du 9 janvier 1868.

mémoire sur le même sujet, et voici le résumé des deux travaux.

Ce savant, aidé de M. Gonzalez Velasco, de Madrid, avait réussi à se procurer soixante crânes basques, provenant du cimetière de Zarauz (Guipuzcoa). L'étude de ces crânes permit à M. Broca de constater la présence de 29 dolichocéphales, 19 mésaticéphales, et 12 brachycéphales seulement. Ces derniers dépassaient l'indice céphalique de 80 pour 100, où commence la sous-brachycéphalie, et aucun d'eux n'atteignait la limite de 85 pour 100, où commence la brachycéphalie vraie. Seuls, les numéros 34 et 24, avec les indices respectifs de 82, 73 et de 83, 24 se rapprochaient un peu de cette limite; de sorte que dans toute une série de soixante crânes, c'est à peine s'il y en avait deux que l'on pût considérer comme nettement brachycéphales. Voici maintenant les conclusions du travail de M. Broca :

« Deux choses me paraissent découler de l'étude qui précède :

» En premier lieu, les crânes dolichocéphales des Basques de Z... diffèrent beaucoup des crânes dolichocéphales des autres races de l'Europe. Au lieu de présenter une dolichocéphalie frontale, ils présentent une dolichocéphalie occipitale, due à la fois au développement exagéré des lobes postérieurs du cerveau, et au peu de développement de sa région antérieure.

» En second lieu, les Basques, si différents des dolichocéphales d'Europe, se rapprochent, au contraire, beaucoup des dolichocéphales d'Afrique. Par la conformation de leur crâne cérébral, ils sont très-semblables aux Nègres qui, du reste, sous ce rapport, diffèrent peu des races africaines orthognathes.

» Mais je me hâte d'ajouter que les Basques se distinguent à leur tour de toutes les races d'Afrique, même des plus orthognathes, par la petitesse de leur mâchoire supérieure, par le peu de développement de leurs bosses cérébelleuses, et par l'atrophie relative de leur protubérance occipitale. Ces caractères, d'ailleurs, différencient aussi les Basques des races d'Europe.

» Je conclus de là, que si l'origine des Basques de Z... devait être cherchée en dehors du pays basque, ce ne serait ni parmi les Celtes, ni parmi les autres peuples indo-européens qu'on aurait la chance de trouver leurs ancêtres, et ce serait plutôt vers la zone septentrionale de l'Afrique que les recherches devraient se diriger. Il est assez probable que dans la paléographie (sic) de notre continent, l'Espagne se continuait avec le nord de l'Afrique. On ne devrait donc pas s'étonner des analogies assez étroites entre les populations primitives de ces deux régions, quand même on ne saurait pas que depuis les temps les plus anciens de nombreuses migrations ont eu lieu de l'une à l'autre rive du détroit de Gibraltar (1). »

M. Pruner-Bey protesta, dès l'origine, contre les conclusions de M. Broca. Ce savant, qui avait déjà affirmé la brachycéphalie des Basques, et déclaré que leur crâne présente le type de celui des Lapons (2), s'éleva contre la dolichocéphalie proclamée par M. Broca, et se fit fort de prouver que la série des crânes allongés, présentés par ce dernier, était rapportable au type celtique. M. Pruner-Bey intervenait d'ailleurs dans la discussion avec des observations nouvelles, et il avait prié M. Antoine d'Abbadie de mesurer, dans plusieurs localités du pays basque, des crânes de personnes vivantes. Sur 16 hommes soumis à cette opération, « il y en a, dit-il, 10 éminemment brachycéphales; 5 s'éloignent de la brachycéphalie sans être

(1) *Bullet. de la Soc. d'anthrop.* de 1863, 1ᵉʳ fascicule.
(2) *Discussion sur les brachycéphales de la France*, dans le t. II du *Bullet. de la Soc. d'anthrop.*, p. 417.

pourtant tous franchement dolichocéphales, et 1 présente les proportions d'un crâne ovale. Notons aussi que 3 des individus dolichocéphales sont originaires du Guipuzcoa. Parmi les 3 femmes, il y en a une brachycéphale; et une du Guipuzcoa éminemment dolichocéphale; la tête de la troisième se rapproche plutôt de cette dernière forme (1). » Cette disparité des formes de la tête fait qu'on se demande si les Basques ne sont pas sang-mêlés. M. d'Abbadie reconnaît que « les Basques sont une race mélangée quant au physique, » et M. de Montague déclare que « dans l'état actuel, la population basque présente des types divers. » Ce fait est également confessé par M. Broca : « Je suis convaincu, pour ma part, qu'ils (les Basques) n'ont pas échappé aux croisements..... J'ai remarqué que l'aspect extérieur, les formes du corps et la stature ne sont pas les mêmes dans les localités que j'ai traversées. Ainsi, les Basques français diffèrent assez notablement des Basques espagnols, et se rapprochent à certains égards de leurs voisins les Béarnais. . J'admets donc que les Basques ne sont pas de race tout-à-fait pure. »

Il est certain que les mesures de crânes prises par M. d'Abbadie et utilisées par M. Pruner-Bey, ont une haute portée. M. de Quatrefages fait remarquer, avec beaucoup de justesse, que les chiffres recueillis « proviennent d'individus *appartenant à diverses localités.* Les crânes étudiés par M. Broca provenaient *d'une seule localité.* De plus cette localité, d'après les détails qui ont été donnés verbalement, est placée dans des conditions fort exceptionnelles. Il me paraît fort difficile de voir dans Z... un point où doive nécessairement se retrouver la race basque typique; je trouve au contraire bon nombre de raisons pour penser que ce lieu a dû posséder une population

---

(1) Pruner-Bey, *Sur les crânes basques*, dans le *Bullet. de la Soc. d'anthrop.*

quelque peu spéciale..... J'arriverais à conclure que tout ce qu'a dit M. Broca n'est peut-être *rigoureusement* applicable qu'à Z.., et que les nombres recueillis par M. d'Abbadie doivent, selon toute apparence, se rapprocher davantage de ce que présente l'ensemble de la race basque. Je suis d'ailleurs le premier à reconnaître que les mesures prises sur le vivant ne peuvent offrir autant de garanties que celles qui résultent de la mensuration d'une tête dépouillée de ses parties molles.

« S'il m'était permis de placer de simples souvenirs à côté d'études aussi précises, je dirais que près de cinq mois de séjour à Saint-Sébastien m'ont laissé du type basque une impression générale peu conforme avec l'existence de crânes vraiment dolichocéphales, et j'ai eu le plaisir de me rencontrer entièrement sur ce point avec M. d'Avezac (1). »

La discussion sur les crânes basques a recommencé à la Société d'anthropologie, en 1867 (2). Dans l'intervalle, M. Velasco avait fait un nouvel envoi de crânes provenant toujours de Zarauz, ce qui portait à 77 le chiffre de la collection euskarienne alors possédée par la Société. De son côté M. Broca avait pris, dans la même localité, des mesures sur les têtes de onze personnes vivantes. M. Pruner-Bey trouve « sur ces vivants un indice céphalique qui est en relation parfaite avec celui des crânes. Quatre individus seulement présentent un indice céphalique de 80 ou un peu plus, les autres oscillent entre 79, 90 et 79, 68 (3). » Par conséquent, sauf plus ample informé, la collection des crânes basques de la Société représente, ni plus ni moins, l'état crânien des habitants de Zarauz. Passant ensuite à l'examen de trois crânes placés sous les yeux de ses collègues, M. Pruner-Bey trouve

---

(1) DE QUATREFAGES, *Rapport sur les progrès de l'anthropologie*, p. 267-68.
(2) PRUNER-BEY, *Sur les crânes basques et l'éponse à M. Broca*, dans le *Bullet. de la Soc. d'anthrop.* de 1867, p. 10-30.
(3) *Id., Ibid.*, p. 13.

que ces têtes appartiennent à deux races très-diverses; le numéro 2 représente l'une, et les numéros 10 et 11, masculin et féminin, l'autre.

« D'abord le numéro 2 est brachycéphale (80,50) relativement aux deux autres (75, 90 et 74); et il est moins volumineux (530 à 545 et 535). Mais là ne s'arrêtent pas les différences. Voyons les autres détails, et commençons par le numéro 2. En sa qualité de crâne brachycéphale, il partage avec tous les crânes de cette classe la forme qui les caractérise dans la boîte cérébrale.

» *Frontal*, représentant un triangle dont la base est constituée par une ligne transverse droite à la suture coronale et à la pointe coupée au front.

» *Pariétal*, à contours carrés.

» *Occipital*, en triangle en corrélation avec le frontal, et sans saillie à la région de la protubérance... — Mais ce qui est bien plus saillant dans notre numéro 2, c'est l'*architecture de la face*... Chez le brachycéphale, la face, dans le sens vertical, offre des contours triangulaires, prenant pour base du triangle un plan qui passe par le bord des os malaires, et dirigeant les lignes isocèles en haut, en suivant les bords du malaire et de l'apophyse orbitaire externe pour les joindre en haut du front (1). »

M. Pruner-Bey s'attache ensuite à établir que ces derniers caractères se retrouvent dans le crâne numéro 2, et qu'il a sous les yeux un type crânien qu'il appelle provisoirement *mongoloïde*, tandis que les deux autres (n°° 1 et 10) appartiennent à la « branche *celtique*. » Pour lui, le numéro 2 est un crâne *ibère*; mais il ne nie pas d'ailleurs que, dans les crânes de Zarauz, l'élément celtique ne prévale sur l'élément mongoloïde.

(1) *Id., Ibid.*, p 13-15.

La discussion a repris, en 1868, à la Société d'anthropologie, comme on peut voir par les deux travaux de M. Broca, sur les *Crânes basques de Saint-Jean-de-Luz* (n° de janvier-février). Le savant auteur y rappelle, dès le début, la communication faite par M. Wirchow au Congrès d'anthropologie et d'archéologie préhistoriques de 1867. Il résulte de cette communication, que six crânes, recueillis en Biscaye par M. Wirchow, sont, de tous points, semblables à ceux de Zarauz, et que, parmi ces derniers, ceux qui sont brachycéphales présentent des synostoses prématurées qui ont entravé le développement de leurs formes naturelles. Passant à l'étude des 47 têtes de Basques vivants, observés dans les environs de Saint-Jean-de-Luz par le docteur Argelliès, M. Broca s'exprime ainsi :

« L'étude des indices céphaliques, nous conduit également à reconnaître la multiplicité des éléments ethniques de cette population (de Saint-Jean-de-Luz). Considérons d'abord les indices céphaliques-céphalométriques indiqués sur le tableau (dressé par M. Argelliès). Le minimum descend à 76,68, le maximum s'élève à 90,55. Mais il y a lieu d'établir des catégories correspondant à celles qui servent à la classification des crânes, d'après les indices céphaliques-crâniométriques. Je montrerai, dans une communication spéciale (1), que pour passer de l'indice céphalométrique à l'indice crâniométrique, il convient de retrancher du premier deux unités. En faisant cette réduction, qui ne peut être qu'approximative, on obtient le tableau suivant :

	INDICES CÉPHALIQUES.		Nombres de la série de M. Argelliès.		
	crâniométriques.	céphalométriques.	les 2 sexes	H.	F.
Dolichocéphales purs,	au-dessous de 75	au-dessous de 77	1 ⎫	1 ⎫	0 ⎫
Sous-dolichocéphales....	de 75 à 77,77	de 77 à 79,77	9 ⎬ 10	9 ⎬ 10	0 ⎬ 0
Mésaticéphales........	de 77,78 à 80	de 79,78 à 82	6—6	5—5	1—1
Sous-brachycéphales....	de 80,01 à 85	de 82,01 à 87	24 ⎫ 31	20 ⎫ 24	4 ⎫ 7
Brachycéphales purs	de 85,01 et au-delà	87,01 et au-delà	7 ⎭	4 ⎭	3 ⎭
		TOTAUX.	47=47	39=39	8=8

(1) *Bullet. de la Soc. d'anthrop.* de 1868, p. 25.

« Les brachycéphales sont donc les plus nombreux ; après eux viennent les dolichocéphales, et enfin les mésaticéphales sont les moins nombreux de tous. Il n'y a qu'un seul dolichocéphale pur : c'est le numéro 12, dont l'indice céphalique s'élève à 76,68, tout près de la limite 77, où commence la sous-dolichocéphalie ; il suffirait d'ajouter un demi-millimètre au diamètre transversal de cet individu, pour que son indice céphalométrique atteignît 77, et pour le faire passer dans la section des sous dolichocéphales. On peut dire, par conséquent, qu'il y a dans la série : 10 sous-dolichocéphales, 6 mésaticéphales, 24 sous-brachycéphales, et 7 brachycéphales purs. Et il est permis d'en conclure que la population est issue du mélange de deux races, l'une dolichocéphale, l'autre brachycéphale. Celle-ci est manifestement prédominante (1). »

M. Broca a repris, devant la Société d'anthropologie, l'examen des *Crânes de Saint-Jean-de-Luz*, dans la séance du 23 janvier 1868. Il reconnaît le caractère brachycéphale d'un crâne provenant d'un village voisin de Saint-Jean-Pied-de-Port, et envoyé par le docteur Laphitzondo. Il reconnaît aussi qu'une série de mesures céphalométriques, recueillies sur le vivant, dans les environs d'Urrugne, par M. Antoine d'Abbadie, tend à établir que la brachycéphalie est prédominante dans certaines parties du pays basque français. « Sur dix-neuf indices, seize hommes et trois femmes, il y en avait onze dont l'indice céphalique était compris entre 80 et 90 ; et, quoique la série fût trop courte pour avoir une valeur décisive, elle rendait, du moins, assez probable que le type des Basques du Labourd (Basses-Pyrénées), était différent de celui des Basques espagnols (2). »

(1) Broca, *Crânes basques*, dans le *Bullet. de la Soc. d'anthrop.* de 1868, p. 16-17.

(2) *Bullet. de la Soc. d'anthrop.* de 1868, p 49-50.

Ces considérations ont conduit le docteur Broca à demander à son confrère, M. Argelliès, le travail céphalométrique dont il vient d'être question. Le savant professeur s'est également procuré cinquante-huit crânes provenant tous d'un cimetière de Saint-Jean-de-Luz antérieur à 1532.

« Ce qui frappe d'abord dans cette série (réduite à 57), c'est l'existence de deux types bien distincts, l'un dolichocéphale, et tout-à-fait semblable au type dominant de Z..., l'autre manifestement brachycéphale. Le premier type forme un peu plus du cinquième de la série; le second en forme plus des deux tiers. Le reste de la série comprend des crânes mésaticéphales, intermédiaires entre les deux autres groupes, et paraissant résulter du croisement des deux types précédents. — Les traits caractéristiques des Basques de Z... ne se retrouvent pas seulement sur les crânes dolichocéphaliques de Saint-Jean-de-Luz : ils existent encore, à l'état sporadique, sur un assez grand nombre de crânes brachycéphales. Cette particularité doit être attribuée, sans doute, en grande partie, au mélange des races ; mais il me paraît probable que, si elle en dépendait exclusivement, ce mélange aurait eu pour conséquence d'atténuer à la fois les caractères des deux types précités. — J'ai lieu, d'après cela, de croire, ou plutôt de supposer, que les deux races, l'une brachycéphale, l'autre dolichocéphale, dont le mélange aurait produit, avant le seizième siècle, la population de Saint-Jean-de-Luz, différaient beaucoup plus par l'indice céphalique que par les autres caractères. L'une de ces races est actuellement prédominante dans la Vasconie espagnole; quant à l'autre, qui prédomine aujourd'hui dans la terre de Labourd, et sans doute aussi dans le reste de la Vasconie française, il est probable qu'avant de se trouver en contact avec la première, de ce côté des Pyrénées, elle alliait déjà les caractères de la brachycéphalie avec plusieurs traits empruntés à la race des Basques d'Espagne, soit que cette similitude fût le résultat d'un mélange antérieur, soit qu'elle dépendît de l'influence atavique d'une race plus ancienne, souche commune des deux branches qui, en se fixant sur les deux versants des Pyrénées, s'y seraient croisées respectivement avec deux populations autochtones différentes, l'une dolichocéphale en Espagne, l'autre brachycéphale en France (1). »

MM. Pruner-Bey et Broca ont continué leur discussion à propos des *Ossements humains des Eyzies* et des *Crânes des Eyzies et théorie esthonienne* (2). M. Pruner-Bey, contredit par M. Broca, persiste à rattacher les Basques à la souche mongoloïde. Mais ce débat soulève, pour toute l'Europe, une question d'ethnologie générale et de priorité d'occupation, ou tout au moins de coexistence des races brachycéphale et dolichocéphale. Je me suis borné (p. 197-203), à signaler la difficulté sans me prononcer à ce sujet. La seule conséquence spéciale qu'il m'importe de tirer de tous les travaux de crâniologie euskarienne, sur lesquels je crains de m'être un peu trop arrêté, c'est que les Basques actuels ne sont pas un peuple de race pure, et qu'ils ont subi, même avant les temps historiques, des mélanges dont il est impossible de fixer la proportion.

Agilité. La plupart des anthropologistes croient que la race basque tout entière possède cette qualité à un degré éminent. Silius Italicus parle déjà de l'agilité des Vascons (3), dont les descendants, plus ou moins mêlés, sont encore, en grande partie, si passionnés pour la danse, le jeu de paume et les

---

(1) *Id*, *Ibid.*, p. 51-53.
(2) Voy. cette discussion dans les premiers *Bullet. de la Soc. d'anthrop.* de 1868.
(3)   At juvenem quem Vasco levis, quem spicula densus
    Cantaber urgebat.
                                    Sil. Italic., *Punic.*, X.

combats de taureaux. Il ne faut pourtant pas croire que la passion de ces exercices soit limitée à une partie des populations du pays basque. On danse beaucoup en Gascogne et dans le nord de l'Espagne. Le jeu de paume était encore en grand honneur dans tout notre Sud-Ouest au siècle dernier, et les Euskariens ont eu le bon sens de le conserver. Quant aux *courses* de taureaux, elles ont lieu non-seulement en Espagne et chez les Basques, mais dans le département des Landes et une partie de celui du Gers. Pour les Gascons et les Euskariens français, les *courses* sont généralement des spectacles non sanglants, où les jeunes gens du pays se contentent de faire montre de leur force et de leur adresse (1).

Ces divers exercices sont à la fois, pour une partie notable du peuple basque, la cause et l'effet d'une agilité, dont le renom a été gratuitement étendu à la nation tout entière. J'ai eu, en effet, l'occasion de me convaincre, par plusieurs voyages, que partout où la danse, le jeu de paume et les courses de taureaux sont négligés, l'agilité des gens du pays est beaucoup moins grande, et je me trouve d'accord, sur ce point, avec M. Élisée Reclus. « Il existe, dit-il, loin de la mer, dans les gorges des Pyrénées, plusieurs groupes de populations qui diffèrent sensiblement par leurs traits et leur démarche des populations de la côte. C'est ainsi que dans la vallée rarement visitée de Sainte-Engrace..., la plupart des habitans, qui d'ailleurs, parmi tous les Basques, sont ceux qu'a le moins modifiés la civilisation française, sont blonds, massifs de taille, lents dans leurs allures (2). »

(1) Sur les *Amusemens du peuple basque*, Voy. Fr. Michel, *Le Pays basque*, ch. V.

(2) Élisée Reclus, *Les Basques, un peuple qui s'en va*, dans la *Revue des Deux-Mondes*, n° du 15 mars 1867. Cet article doit être lu avec une certaine défiance. Quand l'auteur parle d'après ses propres informations, il mérite d'ordinaire un crédit, qu'il faut trop souvent lui retirer dès qu'il s'aventure sur la foi d'autrui. C'est ainsi, pour me restreindre à deux exemples,

CARACTÈRES INTELLECTUELS. — *Poésie, musique.* M. Lagneau (1) accorde aux Basques l' « instinct de la poésie et de la musique. » Je suis loin de nier l'intérêt d'un certain nombre de pièces composées par des Euskariens lettrés ; mais loin d'y trouver un signe de race, je n'y vois que la manifestation estimable de qualités individuelles, développées sous l'influence du génie ancien, espagnol et français. La littérature artistique des Basques est essentiellement moderne, et toute d'imitation. C'est là un fait dont je me suis convaincu par des études longues et minutieuses ; mais je perdrais trop de temps à le démontrer, et j'aime mieux renvoyer le lecteur au chapitre IX du livre sur *Le Pays basque* de M. Francisque-Michel. Ce chapitre, intitulé : *Poésie populaire des Basques*, contient néanmoins un assez grand nombre de poésies artistiques pour ne laisser aucun doute sur la vérité de mon assertion.

Les poésies vraiment populaires doivent être considérées comme une manifestation plus exacte des aptitudes poétiques des Euskariens. Ces poésies ont été publiées en partie, pour

---

que M. Reclus semble accepter comme authentique le chant d'Altabiscar, et que, sur la foi d'un menteur tel que Chaho, il donne aux Euskariens le titre de « fils d'Aïtor. » Je lis quelques pages plus bas : « D'après eux (les Basques), c'était en Escuara que le premier homme aurait salué la lumière en naissant à la vie ; l'orthodoxie locale érigea même en article de foi que Dieu parlait basque en se promenant avec Adam et Ève dans le paradis terrestre, et bien mal venu aurait été l'étranger qui se serait permis d'émettre un doute sur ce fait primitif de l'histoire humaine. » Ceci est tout simplement une bévue. Jamais « l'orthodoxie locale » n'a érigé cette sottise en « article de foi, » et jamais l'étranger n'a couru de périls pour en avoir douté publiquement. Toute cette fantasmagorie se réduit à l'assertion extravagante de l'abbé d'Iharce de Bidassouet, rapportée plus haut (p. 65, note 3), et qui n'a jamais obtenu grand crédit dans le pays basque. — En résumé, sauf quelques observations géographiques vraiment intéressantes, l'article de M. Reclus est un travail de seconde main, hâtivement composé à l'aide du livre de Humboldt, des *Bulletins de la Société d'anthropologie de Paris*, et des écrits de MM. de Charencey et Eugène Cordier.

(1) LAGNEAU, *Ethnologie de la France*, dans le *Bulletin de la Société d'anthrop.*, t. II, p. 340.

le pays basque transpyrénéen, par Don Ignatio de Iztueta (1), et pour la région cispyrénéenne par M. Francisque-Michel. Elles prouvent à suffisance que les Basques ont emprunté, tant pour la poésie artistique que pour la poésie populaire, la prosodie des peuples voisins, et que Borrow a eu parfaitement raison de dire : « Les Basques sont un peuple de chanteurs plutôt que de poètes. Malgré la facilité avec laquelle leur langue se prête à la composition des vers, ils n'ont jamais produit un poète de quelque réputation... On ne saurait rien imaginer de plus stupide (que ces poésies populaires), de plus commun, de plus dénué d'intérêt. Loin d'être martiales, elles se rapportent aux incidents de la vie journalière et paraissent entièrement étrangères à la musique. Evidemment elles sont de date moderne (2). »

Dans la poésie populaire, les proverbes, recueillis par Oïhénart (1657) et quelques autres érudits, échappent néanmoins à cette appréciation que je ne trouve point sévère. Mais la littérature parémiologique des Euskariens ne saurait être considérée comme vraiment originale. Elle a subi directement l'action de l'Espagne et de la Gascogne, et peut-être même indirectement celle des Sarrazins (3).

(1) Ignatio de IZTUETA, *Escualdun anciña anciñaco ta are lendabicico et orquien Dantza on iritci pozcarri gaitzic gabecoen soñu gogoangarriac berenitz neurtu edo varsoaquin.* In-fol., Donostian, 1826.

(2) *Bible in Spain*, by George BORROW, p. 249-220. Cet écrivain ne parle que des poésies des Basques espagnols, mais il en est de même des Basques français, comme on peut le voir dans le livre de M. Fr. Michel. — Il est bien entendu que je ne comprends pas parmi les monuments de la poésie populaire des Euskariens les chants d'*Annibal*, des *Cantabres* et d'*Altabiscar*, dont j'ai prouvé la fausseté dans ma *Dissertation sur les chants héroïques des Basques*. Cette brochure (épuisée) sera complétée et remaniée dans un des chapitres de cet ouvrage.

(3) Comparer notamment le recueil des proverbes d'Oïhénart avec les *Anciens proverbes basques et gascons*, publiés une trentaine d'années auparavant par le sieur de VOLTOIRE, et réimprimés plusieurs fois. J'ai sous les yeux l'édit. de 1845. Paris, Techener. Voy. aussi FR. MICHEL, *Le Pays basque*, ch. III.

En voilà assez sur la poésie, et je passe à la musique (1). Le recueil qui en contient le plus est celui d'Iztueta déjà cité, mais on en trouve aussi dans un ouvrage publié à Londres en 1838, et intitulé : *Sketches of Scenery in the Basques Provinces of Spain, with a selection of national Music.* Borrow, qui n'a connu, je crois, que le recueil d'Iztueta, s'exprime ainsi sur l'aptitude musicale des Euskariens : « Leurs voix sont remarquablement douces, et ils sont renommés pour leur talent dans la composition musicale..... Ces airs (notés par Iztueta), au son desquels on croit que les anciens Basques avaient l'habitude de descendre de leurs montagnes pour combattre les Romains et plus tard les Maures, consistent en marches d'une harmonie sauvage et pénétrante, qui nous transporte dans le voisinage très-rapproché de quelque combat acharné. Il semble que l'on entende la charge de la cavalerie sur la plaine qui résonne, le cliquetis des épées, et la course impétueuse d'hommes sortant de gorges de montagnes (2). »

Je trouve que, pour un anglais, Borrow accorde beaucoup trop à l'imagination, et qu'il prodigue à tous les airs notés par Iztueta une admiration qu'il fallait restreindre à quelques-uns. « Presque tous ces airs, dit un juge plus compétent, sont évidemment mal notés. On y trouve de fréquents changements de rhythme et de tons, dont les Basques n'ont pu s'accommoder, quelque inculte que l'on puisse supposer leur sens musical. Ceci, joint au défaut d'interprétation locale, ne permet que des appréciations bien insuffisantes, et, dans certains de ces chants, le vague et la bizarrerie sont tels que j'ai cru avoir devant les yeux de véritables énigmes.

» On ne peut se dispenser d'établir pour ce recueil deux catégories bien distinctes : à la première, doivent se rapporter

---

(1) Les anciens Vascons avaient une flûte particulière appelée *Vasca tibia*. Voy. Jul. Solin., c. 5 : Servius, *in lib. XI Æneid.*

(2) Borrow, *Bible in Spain*, p. 219-20.

les airs qui possèdent une physionomie nationale bien caractérisée ; à la seconde catégorie ceux qui, à n'en pas douter, ont pour auteurs des musiciens contemporains, musique française très-banale, qui a dû pénétrer chez les Basques avec les danses qu'elle accompagne (1).

» Le plus grand nombre des airs de la première catégorie appartiennent au rhythme binaire (mesure à $\frac{2}{4}$).

» Les deux morceaux qui ouvrent le recueil doivent conserver le premier rang pour l'originalité du tour mélodique et la profondeur du sentiment. On doit les regarder comme les types nationaux les plus complets.

» Le premier, intitulé *Cuarrentaco erreguela*, est touchant et coloré. L'oreille est en même temps étonnée et charmée par une sorte d'étrangeté indéfinissable. La phrase *Aingueruchoa jarri*, etc., est particulièrement belle. Elle est empreinte d'une noble mélancolie.

» Le deuxième chant, *San Sebastian*, est d'un autre style. Naïf et pittoresque, comme ces airs qu'on se souvient d'avoir entendus dans les montagnes, il est orné de nombreux échos que l'art ne désavouerait pas.

» Parmi les airs qui suivent, l'*Erreguela zarra* doit être cité, bien que sa valeur soit fort au-dessous du *Cuarentaco*

---

(1) Ma famille a fait jadis des sacrifices fort infructueux pour me faire apprendre la musique, et aujourd'hui je connais à peine les notes. Néanmoins je retiens d'instinct les mélodies populaires avec une exactitude et une facilité qui ont parfois surpris les musiciens distingués auxquels je me suis adressé pour la notation des chansons populaires de l'Armagnac. Au nom de cette aptitude, très-peu scientifique il est vrai, je me permettrai d'ajouter quelques mots aux réflexions de l'auteur dont j'invoque l'autorité. — Les Basques n'ont pas adopté seulement quelques récentes et banales productions de la musique française. Cette adoption remonte plus ou moins haut dans le passé, et s'étend à bon nombre d'airs populaires ou popularisés en Espagne ou en Gascogne. Je citerai notamment, parmi ces derniers, les compositions évidemment artistiques faites au siècle passé pour les chansons du chevalier Despourrins. Plusieurs de ces airs ont pénétré dans la vallée de Soule.

et du *San Sebastian*. L'*Erreguela zarra* est un air semi-badin, avec une certaine monotonie villageoise.

» Le *Pordon Dantza* nous offre des motifs d'une amoureuse langueur et d'une grande vivacité. Signalons encore *Upelatigui*, *Ondarrabia chiquia*, *Ormachulo*, *Espata Dantza*, *Procesiao soñua*, *Bucaera* et *Graciana*. Tous ces airs sont remarquables à divers titres.

» N'oublions pas les deux chants de *Chacolin* et de *Mispirotz*, qu'à leur belle simplicité et à la variété de leur dessin mélodique on croirait échappés de la plume de Haydin; ni le *Nescatti*, qui est un très-joli air de chasse. Quant à ceux dont il n'est pas fait mention ici, on croit pouvoir affirmer que le plus grand nombre a été ajouté au répertoire par des musiciens médiocres (1). »

(1) George Axé, cité par Fr. Michel, *Le Pays basque*, p. 436-38. On trouve à la fin de cet ouvrage les quatre airs les plus remarquables du recueil d'Iztueta. Je me les suis fait jouer souvent, et je déclare n'avoir jamais entendu rien de pareil dans la musique populaire des contrées qui cernent le pays basque. — Le Bullet. de la Soc. d'anthrop. de 1867, p. 134 et suiv., contient une note de M. Fétis sur un *Nouveau mode de classification des races humaines d'après leurs systèmes musicaux*. Je suis malheureusement hors d'état de juger de la portée de ce travail, dont l'auteur, appuyé par MM. Defert et Broca, affirme la valeur de la musique en anthropologie. D'après lui, le *la* est la note fondamentale des échelles tonales dans l'Inde, dans la Perse, chez les Egyptiens, les Arabes et tous les peuples sémitiques, les Lydéens, les Grecs et les Turcs. « Le peuple finnois garde un isolement singulier en ce qui regarde son échelle musicale. Cette gamme est formée de cinq sons : *sol, la, si bémol, ut, ré*, qui la rend essentiellement différente des peuples de race mongolique, dont les cinq sons ne résultent que des intervalles de tons et de tierces, *sol, la, si, ré, ut*. — De cette différence de constitution tonale résultent des mélodies dont le caractère est très-opposé. Les chants des populations mongoles, chinoises, japonaises ou coréennes ont un caractère étrange, produit par la solution de continuité de l'échelle, tandis que le demi-ton de la gamme incomplète des Finlandais rend les mélodies de la Finlande touchantes et gracieuses. — Le système rhythmique à cinq temps de la musique des Finlandais, sépare aussi leurs mélodies de celles de tous les peuples connus. » — Je lis à la page 160 du même recueil une réflexion de M. Broca qui trouverait « bon de demander à M. Fétis

M. Amé a parfaitement raison de classer les airs populaires ou popularisés, qu'on chante dans le pays basque, en deux catégories, et de compter pour rien ceux qui sont d'introduction évidemment récente. Les autres lui paraissent avoir une physionomie nationale bien caractérisée. J'aurais voulu savoir à l'aide de quels éléments il apprécie la nationalité de cette « physionomie. » Un air peut être national sans être indigène, et beaucoup de vieilles chansons de la France sont encore populaires au Canada. Les Basques ont emprunté bon nombre d'anciens airs à la Gascogne et à l'Espagne septentrionale, et rien ne prouve que le petit nombre de ceux qui ne se retrouvent pas dans ces deux pays n'y aient pas été chantés autrefois. Parmi ces airs, certains, tels que le *Cuarrentaco erreguela* et le *Choria caiolan*, sont assortis de poésies rimées d'un caractère relativement moderne, ce qui permettrait de croire qu'il en est de même pour la musique.

Ces considérations prouvent, à mon avis, qu'on ne peut tirer aucun profit, au point de vue anthropologique, de la poésie et de la musique populaires des Basques.

CARACTÈRES MORAUX ET RELIGIEUX. — *Propriété*. M. de Quatrefages la met, avec raison, au nombre des caractères moraux et religieux. Quelques historiens jurisconsultes ont cru voir, dans les anciens monuments du droit euskarien, une organisation spéciale de la propriété ; mais je prouverai leur erreur dans l'avant-dernier chapitre de cet ouvrage.

Religion. J'ai déjà cité (p. 55, note 4) un passage de Julius Capitolinus, qui prouve que les anciens Vascons passaient

---

quelle est la gamme américaine, car, d'après lui, celle des Basques différerait de toutes les autres. » Il n'est pas question des Basques dans la communication de M. Fétis, et les Finnois seuls sont placés par le savant directeur du Conservatoire de Bruxelles dans un état d'isolement musical. Il n'en est pas moins vrai que M. Fétis rendrait un vrai service à la science en étudiant la musique populaire des Basques, et en déterminant de quel type elle se rapproche le plus.

pour d'habiles augures. Ces pratiques superstitieuses duraient encore lors de l'apostolat de saint Amand (1). Depuis leur conversion, les Basques espagnols et français ont fait preuve d'un attachement constant à la foi catholique. Pendant le xvi° siècle, le sabbat (assemblée de débauche et d'impiété), a positivement existé dans le Labourd et une partie de la Gascogne (2).

Je crois avoir exactement résumé, et complété au besoin, les études faites jusqu'à ce jour sur les caractères anthropologiques des Basques. Il est temps de terminer ce chapitre par l'exposé des conclusions positives et négatives qui me paraissent résulter de ce genre de recherches.

Au commencement de la période quaternaire, la Péninsule espagnole tenait à l'Europe occidentale par l'isthme des Pyrénées, et à l'Afrique septentrionale par un autre isthme, actuellement occupé par le détroit de Gibraltar. Le Sahara n'avait pas encore émergé.

L'existence de l'homme à cette époque est attestée, pour le midi de la France, l'Espagne et l'Afrique septentrionale, par de nombreux et irrécusables vestiges.

L'état actuel des informations donne à croire que la Péninsule et les pays situés au pied du versant nord des Pyrénées ont été d'abord occupés par la race brachycéphale, de médiocre stature, etc., que M. Pruner-Bey désigne sous le nom de race *mongoloïde*.

La pureté de cette race a été altérée de très-bonne heure par son mélange avec les éléments étrangers, et à des époques relativement plus récentes par l'établissement des Celtes, des Phéniciens, des Grecs, des Carthaginois, des Romains, des

---

(1) Gentem... nimio errore deceptam, ita ut auguriis, vel omni errori dedita, idola etiam pro Deo coleret. *Vit. S. Amand*, ap. Surium, t. II, febr. 6.

(2) Voy. là-dessus Delancre, *Tableau de l'inconstance des mauvais anges*, et les *Arrests notables* ; Marca, *Hist. de Béarn*, l. III, c. 13 ; Francisque-Michel, *Le Pays basque*, ch. VIII.

Germains et des Sarrazins en Espagne. Néanmoins, la persistance et la prédominance de l'ancien type sont attestées par la numismatique, l'histoire et l'anthropologie.

Aucune découverte anthropologique vraiment sérieuse ne permet jusqu'ici de rattacher directement les Basques aux populations de l'Amérique, ou aux races berbères qui ont jadis occupé le nord de l'Afrique.

L'étude, encore incomplète, des caractères anthropologiques des Basques, impose aux savants une extrême circonspection. On n'a pu tirer jusqu'ici aucune conclusion légitime de l'examen de la poésie et de la musique populaires, ni de celui des croyances religieuses. L'histoire a déjà prouvé que les Basques, héritiers plus ou moins directs des Vascons, sont un peuple fort mélangé ; et cette conclusion se trouve confirmée par l'étude de la taille, du teint, de la coloration des cheveux, de la barbe et des yeux, et par l'inégale répartition de certaines aptitudes physiques (agilité). Néanmoins, la moyenne de la plupart de ces caractères (taille, teint, coloration de la barbe, des cheveux et des yeux où dominent les nuances sombres, tête osseuse même) permettraient généralement de constater un assez bon nombre d'analogies ou similitudes entre les Basques anciens et modernes, et la race à laquelle M. Pruner-Bey donne le nom de *mongoloïde*.

CHAPITRE II.

LES BASQUES D'APRÈS LA PHILOLOGIE.

(Langue basque).

§ 1.

Voici le moment d'appliquer la philologie au problème de l'origine des Basques. Je vais aborder successivement, dans ce chapitre, l'ancien état linguistique de l'Espagne, l'histoire externe de l'idiome euskarien, et consacrer enfin à sa constitution interne une étude, non pas complète, mais suffisante pour asseoir légitimement un travail de philologie comparée. Ce travail occupera tout le chapitre suivant.

Larramendi et son école veulent que le basque ait été parlé, à des époques extrêmement reculées, non seulement dans la Péninsule, mais encore dans beaucoup d'autres pays. Tel est aussi le sentiment formulé, avec plus de circonspection et de réserve, par Guillaume de Humboldt et par ses nombreux adeptes. Les systèmes du P. de Larramendi et de Humboldt reposent principalement sur l'interprétation de l'ancienne toponymie espagnole au moyen de la langue basque contemporaine. Leurs procédés seront, de ma part, l'objet d'une étude spéciale; mais je voudrais actuellement esquisser l'ancien état linguistique de l'Espagne, à l'aide exclusif des documents irrécusables.

La Péninsule nous apparait, dès l'aurore des temps historiques, comme occupée par des peuples parlant différents idiomes. Nous avons d'abord, sur ce point, le témoignage formel de Strabon. Les Turdétans, dit-il, prétendaient avoir, depuis plus de six mille ans, des poèmes versifiés. Les autres habitants de l'Ibérie avaient aussi une grammaire; mais elle n'était pas la même pour tous, et ils ne parlaient pas tous la même langue (1).

Il faut laisser pour ce qu'elle vaut la fable relative à la haute antiquité des poèmes Turdétans, dont l'invention remonte probablement à cet Asclépiade de Myrlée, sur lequel nous savons à quoi nous en tenir (v. p. 140, 147 et 148). Strabon raconte cette tradition sans y croire, et la preuve c'est que, dans un autre passage, il nous apprend que de son temps ces Turdétans, et particulièrement ceux qui habitaient le long du Bétis, avaient entièrement adopté les mœurs romaines, à ce point qu'ils ne se souvenaient plus de leur ancien langage (2). Quel intérêt les Turdétans auraient-ils eu à conserver d'anciens poèmes dont ils n'auraient plus entendu la langue?

Quoi qu'il en soit, il résulte des deux passages de Strabon précités, que les anciennes populations de l'Ibérie espagnole n'avaient pas toutes la même grammaire et la même langue. Il en résulte aussi que les Turdules, dont la provenance celtique

---

(1) Καὶ οἱ ἄλλοι δ' Ἴβηρες χρῶνται γραμματικῇ, οὐ μιᾷ ἰδέᾳ, οὐ δὲ γὰρ γλώττῃ μιᾷ. Strab., *Géog.*, lib. III

(2) Οἱ μέντοι Τουρδητανοί, καὶ μάλιστα οἱ περὶ τὸν Βαῖτιν, τελέως εἰς τὸν Ῥωμαίων μεταβέβληνται τρόπον, οὐδὲ τῆς διαλέκτου τῆς σφετέρας ἔτι μεμνημένοι. Strab., *Géog.*, lib. III, c. 2. Je crois devoir rapprocher du texte de Strabon un passage de la *Grammaire des langues romanes* (trad. G. Paris, p. 116-17) de M. Frédéric Diez. Cet éminent philologue a adopté, sur l'ancienne langue des Ibères, la théorie de Guillaume de Humboldt : « Les provincialismes cités par Columelle, qui ne sont que des dérivés populaires de radicaux latins, comme *focaneus* de *faux* et beaucoup d'autres, montrent combien le latin avait, au temps où il écrivait, pénétré la population. » Cependant Cicéron parle de la langue espagnole comme d'une langue encore vivante : « Similes enim sunt dii, si ea nobis objiciunt, quorum neque scientiam neque explanationem habeamus, tanquam si Pæni Hispani in senatu nostro sine interprete loquerentur. (*De divinatione*, II, 64.) »

a été prouvée (p. 209, note 1), avaient jadis un langage particulier, qui ne pouvait être par conséquent que le celtique.

L'origine celtique des Lusitaniens a été également démontrée (p. 166-169), ainsi que celle des Celtiques voisins des Turdules (p. 166). Le lecteur peut revoir (p. 166, note 3) le passage de Pline où il est dit que la langue, la religion et les noms de lieu prouvaient que les Celtiques de la Bétique étaient des Celtibères (Celtes) Lusitaniens. On parlait donc celte en Lusitanie et chez les Celtiques de la Bétique.

On sait que les Celtiques, qui occupaient les pays situés autour du cap Nério venaient aussi de la Lusitanie (p. 166-68). Ils devaient par conséquent faire usage d'un idiome celtique.

Tout porte à croire qu'il en a été de même chez les Celtibériens, qui étaient des Celtes (p. 158-70), et voici un passage de Tacite qui vient renforcer cette légitime induction. Cet historien raconte que le préteur Pison fut assassiné par un paysan de la nation des Termessiens (Celtibérie), qui n'était séparée des Vascons que par les monts Idubéda. Au milieu des tourments, ce malheureux s'écriait à haute voix, dans le langage de son pays, qu'il ne ferait point connaître ses complices (1). D'après Silius Italicus, les Callaïques marchaient au combat en chantant dans la langue de leurs ancêtres: *patriis ululantes carmina linguis* (2). Est-il raisonnable de penser que, chez des peuples celtiques, la langue du pays ne fût pas celtique aussi ?

J'ai établi (p. 5-6) que les Cantabres étaient également des Celtes, et j'invite le lecteur à revoir le passage où Sénèque (p. 179, note 1) exilé en Corse raconte que « les Hispa-

---

(1) Iisdem consulibus facinus atrox, in citeriore Hispania, admissum a quodam agreste nationis Termestinæ. Is prætorem provinciæ L. Pisonem incuriosum, ex improviso itinere adortus, uno vulnere in mortem adfecit... Et repertus cum tormentis edere conscios adigeretur, voce magna, sermone patrio, frustra se interrogari. Tacit., Annal., lib. IV.

(2) Sil. Italic., *Punic.* III. v. 346.

niens avaient passé dans cette île, que cela était constaté par la ressemblance des rites ; que les insulaires portaient des bonnets et des chaussures pareils à ceux des Cantabres, dont ils avaient conservé quelques expressions ; car la fréquentation des Grecs et des Ligures leur avait fait oublier l'idiome de leur pays. » Ce passage a été déjà discuté au point de vue de la colonisation de la Corse par les Ibères ; mais il en demeure au moins ce témoignage, que du temps de Sénèque, les Cantabres avaient encore un langage particulier qui ne pouvait être que celtique.

Il résulte donc de la déclaration des plus graves auteurs anciens, et des inductions très-légitimes qui s'y rattachent, qu'avant et même pendant l'occupation romaine, on parlait encore des idiomes celtiques dans une grande partie de l'Espagne. L'ancienne toponymie de cette contrée fournit encore à cet égard une surabondance de preuves parfaitement mises en lumière par Humboldt (1). Sans doute, la pureté de ces idiomes avait pu souffrir plus ou moins de leur mélange avec les langues quelconques des populations antérieures ; mais enfin, la prédominance du celtique était telle que des hommes aussi savants et aussi exercés que les auteurs déjà cités ne pouvaient pourtant pas s'y tromper.

Les nombreuses colonies phéniciennes, grecques et carthaginoises fondées sur le littoral de la Péninsule, avaient dû nécessairement y importer, chacune la langue de sa mère patrie. Enfin, la conquête romaine fit prévaloir, à la longue, l'usage à peu près général de la langue latine, plus ou moins altérée par son mélange avec les idiomes antérieurs.

Voilà donc la diversité de l'état linguistique de l'Espagne ancienne établie à l'aide exclusif des documents historiques. Le passage de Strabon, déjà cité (p. 238, note 1), est surtout remar-

---

(1) Humboldt, *Recherches sur les habit. primit. de l'Esp.*, ch. XXX.

quable par sa précision, et je ne comprends pas comment Humboldt (1), et avant lui Oihénart (2), ont prétendu que le géographe grec n'avait voulu constater qu'une simple variété de dialectes. L'opinion d'Oihénart n'est pas assez sérieusement motivée pour que je croie devoir la discuter ; mais je trouve que Humboldt se débarrasse avec beaucoup trop de sans-façon d'un témoignage qui le gêne. « Les Grecs et les Romains, dit-il, étaient si dédaigneux des peuples barbares, et si peu disposés à s'informer exactement de ce qui les concernait, qu'ils *ont bien pu* tomber dans l'erreur... Ces dialectes *devaient* encore moins se ressembler au temps où la nation (ibérienne) occupait des contrées infiniment plus étendues. Strabon, dans sa *Description de la Gaule*, a soin de distinguer la langue des dialectes. Ainsi, lorsqu'il avance que les Gaulois ne parlent pas la même langue, il entend par là que quelques-uns parlent un dialecte particulier, tandis qu'il s'explique nettement sur la différence absolue des langues aquitanique et gauloise. »

Ainsi, c'est avec des « devaient » et des « ont bien pu » que le savant prussien prétend infirmer le témoignage formel et positif du plus illustre géographe de l'antiquité, d'un écrivain dont la science et la critique n'ont jamais été révoquées en doute. Mais Humboldt lui-même reconnaît, dans maint et maint passage de son livre, que les Celtes espagnols avaient conservé leur langue plus ou moins pure, et par conséquent il admet, dans une certaine mesure, cette diversité linguistique qu'il croit ensuite devoir nier. J'admets que Strabon ne constate entre les tribus gauloises que des différences de dialectes ; mais il relève entre les tribus de l'ancienne Espagne des différences d'idiomes, et la preuve, c'est qu'il les signale en se servant du même mot (γλῶττα) dont il fait usage pour dis-

---

(1) Humboldt, *Recherches sur les habit. primit. de l'Esp.*, p. 116-17.
(2) Oihénart, *Not. utr. Vasc.*, p. 44 et s.

tinguer les Aquitains des autres peuples de la Gaule (1). Le géographe grec parle si peu à la légère, et il discerne toujours si soigneusement les dialectes des idiomes, que je retrouve précisément pour l'Espagne, ce que Humboldt relevait tout à l'heure à propos des peuplades celtiques. Les Turdétans, dit-il, et surtout ceux qui habitent sur les bords du Bétis ont complètement adopté les mœurs romaines et ils ont oublié leur dialecte (διάλεκτον).

Il n'y a donc pas lieu, ce me semble, de tenir compte des objections que Humboldt essaye vainement d'emprunter à l'histoire positive; et j'ai hâte de reprendre cette esquisse rapide au point où je l'ai laissée, c'est-à-dire à la diffusion du latin dans la Péninsule pendant la longue occupation des Romains. Le contingent de termes germaniques apportés en Espagne par les barbares (Wandales, Alains, Suèves, Wisigoths) se trouve déterminé par les travaux d'Aldrete (2), de Mayans (3) et de M. Frédéric Diez (4). Quant aux mots de provenance sarrazine, j'ai déjà cité (p. 67-68) les travaux des érudits qui ont cherché à reconnaître dans quelles proportions ils sont entrés dans l'espagnol.

Les premiers vestiges de cette langue se trouvent dans Isidore de Séville, et le plus ancien texte connu est la charte de la commune d'Aviles (Asturies), qui date de 1155, et qui a été imprimée. Le poème du Cid paraît être aussi du xii⁰ siècle, et il est du milieu ou de la fin d'après Sanchez. Sar-

---

(1) Τοὺς μὲν Ἀκουιτανοὺς, τελέως ἐξηλλαγμένους οὐ τῇ γλώττῃ μόνον, ἀλλὰ καὶ τοῖς σώμασιν, ἐμφερεῖς Ἴβηρσι μᾶλλον ἢ Γαλάταις. — Οἱ Ἀκουιτανοὶ διαφέρουσι τοῦ γαλατικοῦ φύλου, κατά τε τὰς σωμάτων κατασκευὰς, καὶ κατὰ τὴν γλῶσσαν. Strab., Géog., lib. IV.

(2) Aldrete, Del origen de la lengua castellana.

(3) Mayans y Siscar, Origen de la lengua española.

(4) Fr. Diez, Introd. à la gramm. des langues romanes (trad. G. Paris), p. 74-88; Etymologisches Wörterbuch der Romanischen Sprachen, II, p. 80-192.

miento comprend dans le domaine de l'espagnol les provinces de Castille, Léon, Estramadure, Andalousie, Aragon, Navarre, et en exclut les Asturies. M. Diez y ajoute, avec raison, la Murcie, et je propose d'en distraire la portion de la Navarre transpyrénéenne où l'on parle basque. Les érudits n'ont pas encore étudié avec la précision désirable les divers dialectes espagnols. Mayans y Siscar constate seulement leur existence, et limite leur différence à un certain nombre de mots provinciaux. « Le dialecte de Léon, dit M. Diez, est celui qu'on peut le mieux étudier, grâce au *Poema de Alexandro*... qui lui appartient ; au moins n'y a-t-il aucune raison pour prêter un autre dialecte à l'auteur, qui était natif d'Astorga (Voy. Sanchez, III, p. 20). Si on retranche de ce dialecte ce qui vient du galicien, dont il est voisin, il lui reste en propre bien peu de chose qu'on ne puisse retrouver dans d'autres ouvrages en vieux castillan, comme le *Poema del Cid*. On sent des traces de ce mélange dialectal dans d'autres auteurs, par exemple dans Berceo ; et comme cet écrivain était de Rioja, sa langue trahit déjà l'influence provençale (1). »

Je demande à ajouter, sur le portugais, quelques renseignements empruntés à M. Diez. Le savant romaniste y trouve beaucoup moins de mots basques que dans l'espagnol, et un certain nombre de mots français et anglais dont l'importation résulte d'événements politiques. Souza, dans un ouvrage déjà cité (p. 67-68), a déterminé les mots de provenance sarrazine, qui sont à peu de chose près les mêmes qu'en espagnol. Le domaine de la langue portugaise comprend le royaume actuel de Portugal et la Galice. Les textes anciens rédigés en cet idiome, remontent un peu moins haut que pour l'espagnol, et la plus ancienne charte est de 1230.

Le lecteur a certainement remarqué que, dans cette esquisse

(1) Fr. Diez, *Introd. à la gramm. des langues romanes* (trad. G. Paris), p. 23.

rapide de l'histoire linguistique de la Péninsule, je n'ai dit un mot ni des Vascons, ni des Basques. Cette lacune volontaire sera comblée dans le cours du présent chapitre ; mais je demande à terminer le présent paragraphe par quelques réflexions sur les langues parlées dans la primitive Aquitaine, qui devint plus tard la troisième Aquitaine ou Novempopulanie, et enfin la Gascogne actuelle.

On sait déjà (p. 11-13) que cette région limitait les anciens Vascons à l'aspect du nord. Strabon affirme (v. p. 12, note 1) que, de son temps, le langage des Aquitains ressemblait plus à celui des habitants de l'Espagne qu'à celui des populations de la Gaule. Ce témoignage constate donc, entre l'idiome des Aquitains et ceux des antiques peuplades de la Péninsule, des différences assez notables pour proscrire toute confusion. Après la conquête romaine, le latin devint graduellement la langue de toute la Novempopulanie jusqu'aux Pyrénées. Le fait nous est attesté par des auteurs des IVe et Ve siècles de notre ère et par les monuments épigraphiques. On a vu (p. 42-44) que les Vascons s'établirent en Novempopulanie après l'occupation de l'Espagne par les Wisigoths, et aucun document historique ne prouve qu'avant cette époque on ait parlé basque en-deçà des Pyrénées. Le gascon, qui est un dialecte du provençal, succéda au latin, dans cette portion de notre Sud-Ouest qui porte le nom de Gascogne, et qui cerne, avec les Pyrénées et la mer, le pays basque français. Les caractères de ce dialecte seront indiqués plus tard.

Voilà toutes les considérations générales que j'avais à présenter sur l'état linguistique ancien et moderne de l'Espagne et de la Gascogne, et je puis maintenant aborder l'étude externe et interne de l'idiome euskarien.

§ 2.

Il est inutile de donner la géographie physique du pays basque ; mais il importe d'être fixé, le mieux possible, sur le domaine actuel de l'Eskuara.

On n'est pas d'accord sur le chiffre des populations qui font aujourd'hui usage de cette langue. Voici, sur ce point, les renseignements les plus récents, et, je crois, les meilleurs, recueillis par M. Élisée Reclus. « Au 31 décembre 1854, la population des deux provinces de Guipuzcoa et de Viscaya, où l'on parle exclusivement le basque, sauf dans les grandes villes, s'élevait à 347,470 âmes. La Navarre et la province d'Alava, où l'espagnol est la langue des trois quarts des habitants, avaient ensemble un total de 414,820 personnes. Quant au pays basque français, c'est à 120,000 au plus que l'on peut y fixer le nombre de ceux dont le langage usuel est encore un dialecte euskarien. Relevée commune par commune, la population basque française aurait été en 1866 de 123,810 habitants ; mais il faut en défalquer les étrangers domiciliés dans les villes de Saint-Palais, Mauléon, Saint-Jean-de-Luz, Hendaye, etc. De 1861 à 1866, la diminution des habitants dans le pays basque des Hautes Pyrénées, a été de 4808 (1). »

Les Basques français occupent un peu plus du tiers du département des Basses-Pyrénéss, c'est-à-dire presque la

---

(1) Élisée Reclus, *Les Basques*, dans la *Rev. des Deux Mondes*, n° du 15 mars 1867. M. Francisque-Michel (*Le Pays basque*, ch. I) évalue approximativement à 440,000 le nombre des Basques français et espagnols, et les répartit, en chiffres ronds, de la manière suivante : Labourd, 60,000 ; Soule, 30,000 ; Basse-Navarre, 50,000. Il porte à 700,000 le nombre des Euskariens espagnols. Ce dernier chiffre est évidemment très-exagéré, et il y a lieu d'en distraire les populations de langue espagnole de l'Alava et de la Navarre transpyrénéenne.

totalité des arrondissements de Bayonne et de Mauléon, et une très petite portion de celui d'Oloron. La limite qui les sépare des populations parlant le dialecte gascon, peut être figurée par une ligne allant du sud au nord et de l'est à l'ouest, de façon à laisser en dedans les localités suivantes :

Saint-Engrace, Montory,	Arrondissement de Mauléon.	Bergouey-Villenave, Ayherre, Birdos, Briscous, Lahonce, Bassary, Bidart (1).	Arrondissement de Bayonne.
Esquiule,	Arr.t d'Oloron.		
L'Hôpital S. Blaise, Arrast, Charritte-de-Bas, Arrout, Arbouet, Ilhare.	Arrondissement de Mauléon.		

(1) Francisque-Michel, *Le Pays basque*, p. 2. — Abbot, *Uskara eta franzes gramatica*, p. 206-11, a donné la liste suivante des communes françaises où l'on parle basque. Je rectifie l'orthographe toponymique à l'aide du *Dict. topogr. des Basses-Pyrénées* de M. P. Raymond.

Arrondissement de Mauléon. — *Canton d'Iholdy.* Arhansus, Armendarits, Bunus, Saint-Just, Ibarre, Hélette, Hosta, Ibarrolle, Irissarry, Iholdy, Ostabat, Asme, Lantabat, Larceveau, Arros, Cibitz, Uzlat, Subescun, Juxue. — *Canton de Mauléon.* Ainharp, Oyhercq, Aussurucq, Roquiague, Barcus, Berrogain, Viodos, Abensede-de-Bas, Garindein, Gotein, Libarrenx, Espès, Idaux, Mauléon, Licharre, Mendy, Mendibieu, Menditte, Moncayolle, Musculdy, Ordiarp, Hôpital Saint-Blaise, Ossas, Charritte, Laruns, Charritte-de-Bas, Undurein, Arrast, Larrori, Larrebieu, Suhare. — *Canton de Saint-Etienne-de-Baïgorry.* Aldudes (les), Anaux, Saint-Martin-d'Arrossa, Ascarrat, Baïgorry, Fonderie (la), Bidarray, Irouléguy, Lasse, Ossès. — *Canton de Saint-Jean-Pied-de-Port.* Ahaxe, Alciette, Bascassan, Aincille-Harriette, Aïnhice-Mongélous, Arnéguy-Ondarolle, Béhorléguy, Bustince-Iriberry, Bussunarits-Sarrasquette, Saint-Jean-le-Vieux-Madeleine, Saint-Jean-Pied-de-Port, Saint-Michel, Estérençuby, Gamarthe, Ispoure, Jaxu, Lacarre, Lécumberry, Mendive, Uhart-Cize, Caro. — *Canton de Saint-Palais.* Aïcirits, Amendeuix, Amorots-Succos, Arbérats-Sillègue-Suhort, Arbouet, Aroue, Arraute-Charritte, Béguios-Somberaute, Béhasque, Berraute, Camou, Domezain, Saint-Palais, Etcharry, Gabat, Garris-Luxe-Oneix, Ilharre, Ithorots, Labets, Lapiste, Larribar, Lohitzun-Sorhapuru, Masparraute, Meyrie, Orègue, Osserain, Orsanco, Pagolle, Sussaute, Uhart-Mixe. — *Canton de Tardets.* Alos, Alçay, Alçabéhéty, Restoue, Tardets, Atherey, Saint Etienne, Etcheharre, Camou, Cihigue, Haux, Trois-Villes, Lacarry, Charritte

Le lecteur peut facilement, à l'aide des indications qui précèdent, tracer, sur une carte des Basses-Pyrénées, le domaine actuel de la langue basque en France.

Les limites du domaine de l'Eskuara en Espagne sont moins bien connues que du côté de la France. Elles ne « correspondent pas, dit M. Reclus, aux circonscriptions géographiques. L'ancien royaume de Navarre et les trois provinces d'Alava, de Guipuzcoa et de Bilbao sont, en général, indiquées comme le domaine d'Euskariens parlant toujours la langue de leurs pères ; mais une partie de cet espace est envahie depuis longtemps par l'influence latine, et les populations se servent d'un castillan mélangé de quelques termes locaux. Le domaine de la langue basque commence à l'ouest, entre la petite ville de Portugalete, située sur le bord du golfe de Gascogne, et la capitale de la Biscaye, Bilbao, où cependant l'espagnol devient peu à peu l'idiome prépondérant ; puis il pénètre au sud dans les vallées qui descendent de la chaîne des Pyrénées cantabres. Sur la pente méridionale de ces monts, la frontière des idiomes se rencontre par une ligne de niveau semblable à celle qui, dans la Biscaye française (1),

---

de-Haut, Arhan, Larrau, Lichans, Licq, Laguingé, Abense-de-Haut, Sainte-Engrace, Sorholus, Saugis, Silas, Sunhar. — ARRONDISSEMENT DE BAYONNE. — *Canton de Bayonne*. Arcangues, Bassussary, Elizaberry, Saint-Pierre-d'Irube, Lahonce, Mouguerre. — *Canton d'Espelette*. Ainhoue, Cambo, Espelette, Itsatsou, Louhossoa, Sare, Souraïde. — *Canton de Hasparren*. Hasparren, Saint-Martin-d'Arberoue, Saint-Esteben, Greciette, Bonloc, Macaye, Méharin, Mendionde, Urcuray. — *Canton de La Bastide-Clairence*. Ayherre, Bardos, Briscous, Isturits. — *Canton de Saint-Jean-de-Luz*. Ascain, Bidart, Biriatou, Saint-Jean-de-Luz, Hendaye, Urrugne, Béhobie, Serres, Cibourre, Guétary. — *Canton d'Ustarits*. Ahetze, Arbonne, Halsou, Larressore, Villefranque, Saint-Pée, Ustarits, Arraunx, Jatxu.

La *Gramatica* de M. Archu a paru à Bayonne en 1853. L'auteur était alors inspecteur des écoles primaires dans les Basses-Pyrénées. Son catalogue peut contenir néanmoins quelques erreurs ou lacunes faciles à rectifier ou à combler par une enquête plus précise.

(1) « Biscaye française » est une locution vicieuse. Il faut dire Pays basque français. La Biscaye appartient aux Euskariens espagnols.

longe la plaine de l'Adour, et laisse en dehors toutes les villes de l'Alava qui se trouvent dans la vallée de l'Èbre, Vittoria, Nanclares, Miranda. Au-delà du massif des hauteurs de Salviaterra, la vallée où l'on a construit le chemin de fer d'Alsasua à Pampelune appartient encore au pays basque; mais la ville de Pampelune elle-même n'est euskarienne que par les souvenirs historiques, et plus à l'est les habitants de Monréal et de Lumbier ne connaissent plus l'antique langue ibérienne; on la parle seulement dans les hautes vallées de Roncevaux, d'Orbaiceta, d'Ochagavia, Roncal, et de ce côté le pied Anie est encore le point extrême au-delà duquel ne résonne plus la voix des « fils d'Aïtor (1). » Ainsi des quatre provinces euskariennes il en est deux, la Navarre et l'Alava, dont la plus grande moitié (sic) appartient à l'idiome castillan (2). »

En voilà assez sur le domaine actuel de la langue des Basques (3). J'ai historiquement démontré dans les deux pre-

(1) Je me suis déjà expliqué (p. 64, note 3) sur ces prétendus « fils d'Aïtor. »

(2) Élisée RECLUS, *Les Basques, un peuple qui s'en va*, dans la *Revue des Deux-Mondes*, n° du 15 mars 1867.

(3) Le Prince Louis-Lucien Bonaparte a publié une *Carte linguistique des sept provinces basques*, à laquelle il renvoie dans ses *Observations sur le formulaire de prône conservé naguère dans l'église d'Arbonne*, p. 7 (Bayonne, veuve Lamaignère, 1867). J'ai fait vainement chercher cette carte par un ami aussi savant que dévoué, dans tous les dépôts publics de Paris. « Elle n'existe pas, m'écrit-il, même à la bibliothèque impériale du Louvre, où sont recueillies et conservées, sous marroquin doré, les œuvres de tous les Bonaparte.... Cette bibliothèque possède, dans le format petit in-8°, le catalogue de toutes les publications du prince Bonaparte, et les publications basques y figurent pour une vingtaine d'articles. Ce catalogue est de 1865, et il n'y est pas fait mention de la carte. » Cela me donne à penser que ce travail n'a dû être publié, comme la plus grande partie des ouvrages du même auteur, qu'à 10, 12 ou 15 exemplaires, imprimés très-souvent à l'étranger. — M. le docteur Paul Broca a annoncé à la Société d'anthropologie de Paris (*Bulletins*, t. V, p. 842-23; t. III (2ᵉ série, p. 7 et 8) qu'il s'occupe de dresser une *Carte de répartition de la langue basque*. Ce travail doit être

miers chapitres de la première partie de ce livre, que, depuis l'antiquité jusqu'à nos jours, les Euskariens ont été constamment cernés par des populations qui n'appartenaient pas à la race basque.

Je viens de prouver, dans le paragraphe qui précède, et toujours à l'aide exclusif des textes, que ces populations ne parlaient pas la même langue que les Basques. Il s'agit maintenant de rechercher ce que cet idiome a perdu ou gagné de terrain, des deux côtés des Pyrénées, depuis les temps historiques.

fait, pour la partie cispyrénéenne, avec le concours de M. Élisée Reclus, et, pour la partie transpyrénéenne, avec celui de MM. les docteurs Velasco, Otaño et Carrion. L'entreprise de M. Broca est assurément fort méritoire, et c'est pour la favoriser, dans la faible limite de mes moyens, que je prends la liberté de signaler à ce savant, dont l'activité s'exerce sur tant de sujets, quelques-uns des travaux déjà entrepris, à son insu, sur la matière qu'il se propose de traiter. — M. Broca me permettra aussi d'éveiller quelque peu sa défiance au sujet de la critique philologique de son correspondant, M. Velasco. Cet « infatigable compagnon de ses recherches » a dressé, dit M. Broca, « un petit vocabulaire manuscrit des noms de baptême usités chez les Basques de Zarauz, du 14 novembre 1745 au 25 février 1774, avec la traduction en langue castillane de ces noms, qui sont presque tous purement basques. Une note, consignée par M. Velasco à la fin de ce vocabulaire, porte que les noms patronymiques et les sobriquets des Basques sont le plus souvent empruntés à la qualité, à la situation ou à la nature du terrain où sont construites leurs demeures héréditaires, tandis que les Castillans empruntent ces dénominations aux noms de leurs ancêtres. » Je n'ai pas vu la note de M. Velasco, mais je sais que les noms de baptême des Euskariens sont empruntés à l'hagiographie générale, ou à l'hagiographie spéciale de leur pays. L'étude comparative des noms patronymiques basques et castillans réclamerait, de la part de MM. Velasco et Broca, des connaissances très-étendues et très-précises sur l'histoire positive, la géographie historique, et le droit féodal et coutumier des deux pays. Voilà pourquoi je ne saurais trop louer la circonspection de M. d'Abbadie, qui exhorte M. Broca à « se tenir en garde contre une cause d'erreur dans laquelle on tombe assez souvent. » Dans le pays basque, les véritables noms des personnes sont difficiles à trouver; on désigne les individus par les noms des maisons qu'ils habitent. Tels sont ceux, en très-grande partie du moins, que M. Broca a dû obtenir; aussi est-il dangereux d'en tirer des conclusions. *Bullet. de la Soc. d'anthrop.* de 1868, p. 103.

Le lecteur n'a pas perdu de vue le passage où j'ai prouvé (p. 5-9) qu'il fallait rattacher à la famille vasconne les Vardules, les Caristes et les Autrigons, qui devaient parler la même langue que les anciens Vascons. Il sait aussi (v. p. 21-22) que les ancêtres des Basques s'emparèrent, pendant la domination wisigothique, du territoire qui avait jadis appartenu aux Bérons et aux Turmodiges. Il n'a pas oublié non plus (p. 28-29) que les populations du territoire représenté par l'ancien comté d'Aragon, ont cessé, à une époque indéterminée, de parler la langue basque et que c'est dans le cours du VII° siècle de notre ère, que cet idiome a été importé par une invasion, sur la partie du versant nord des Pyrénées où il subsiste encore aujourd'hui (p. 42 et s.). En dehors de ces événements connus, aucun témoignage positif ne permet d'affirmer que la langue basque ait jamais été parlée, en Espagne et en Aquitaine, sur un territoire plus étendu que celui que je viens de déterminer. Les systèmes du P. de Larramendi et de Humboldt ne reposent, je l'ai déjà dit, que sur des interprétations de toponymie ancienne, dont j'examinerai la valeur dans un chapitre particulier; mais je crois pouvoir, dès à présent, présenter quelques arguments en faveur de l'opinion contraire.

Strabon (1) et Pomponius Méla (2) se plaignent de l'impossibilité ou de la difficulté d'écrire, l'un en grec, l'autre en latin, les noms des localités comprises aujourd'hui dans le pays basque espagnol, et contiguës jadis au domaine de la famille vasconne, quand elles n'y étaient pas englobées. Ces plaintes ne permettent-elles pas déjà de supposer, avec quelques chances de probabilité, que les habitants de ces contrées parlaient une

---

(1) Ὀκνῶ δὲ τοῖς ὀνόμασι πλεονάζειν, φεύγων τὸ ἀηδὲς τῆς γραφῆς, εἰ μή τινι πρὸς ἡδονῆς ἐστιν ἀκούειν Πλευτάρχους καὶ Βαρδυήτας καὶ Ἀλλότριγας καὶ ἄλλα χείρω καὶ ἀσημότερα τούτων ὀνόματα. Strab., *Géog.*, lib. III.

(2) Cantabrorum aliquot populi amnesque sunt, sed quorum nomina nostro ore concipi nequeant. Pomp. Mela, *De sit. orb.*, lib. III, c. 1.

langue particulière, et que la représentation phonétique de leur toponymie, à l'aide des moyens fournis par les alphabets grec et romain, présentait de plus grands obstacles que dans le reste de l'Espagne? Cette conjecture me paraît d'autant plus probable, que les plus anciens historiens de la Péninsule, Orose, Isidore de Séville, l'abbé de Valclàra, etc., sont absolument muets sur les hautes antiquités des Vascons, et qu'ils n'auraient certainement pas manqué d'en parler, si ce peuple avait occupé, à une date quelconque, une portion du territoire espagnol plus vaste que celle dans laquelle il se trouvait alors cantonné. Mayans y Siscar, qui était versé dans le basque, a fait une analyse de cette langue où il y a peu à reprendre (1), et il pense que l'emploi de cet idiome n'a jamais été général dans la Péninsule. Deux historiens de la littérature espagnole, les frères Mohedano, reconnaissent qu'ils ne donnent le nom de Cantabres aux Basques que pour obéir à l'usage (2); mais ils ajoutent que, dans l'antiquité, ce peuple ayant toujours été confiné dans ses montagnes, il n'a pu propager sa langue dans les autres contrées de l'Espagne. Ils font même remarquer que cette hypothèse est confirmée par l'antique toponymie du territoire des Vascons; car elle n'offre pas une seule des dénominations d'origine évidemment celtique, qui se rencontrent en si grand nombre dans le reste de la Péninsule.

L'opinion de Mayans y Siscar et des frères Mohedano, a trouvé dans Graslin (3) un adepte des plus fervents. Le sentiment de cet auteur a ici d'autant plus de poids, que pendant vingt ans il a exercé les fonctions de consul de France à Santander, c'est-à-dire sur l'ancienne limite du pays des Cantabres et de

---

(1) Mayans y Siscar, Orig. de la lengua española, n° 13, p. 9; n° 98, p. 84; cf. Albarte, Del origen de la lengua castellana, passim.

(2) Mohedano, Hist. lit. de España, t. I, n°ˢ 10 et 11, p. 27; t. II, n° 108, p. 103.

(3) Graslin, De l'Ibérie, p. 344 et s.

celui des Vascons. « Il existe, dit-il, dans la province de Santander, à quatre ou cinq lieues de sa capitale, des peuples nommés *Pasiégos*, qui vivent dans des montagnes réputées inaccessibles (1). Ces peuples, dont les mœurs très-bizarres contrastent avec celle des populations qui les entourent; dont l'indépendance, encore cantabrique, exige souvent le déploiement de forces considérables pour les ramener à une apparence de soumission aux lois générales, sont, sans contredit, ce qu'ils étaient il y a plus de deux mille ans. Leur pays touche *immédiatement* à celui où la langue basque est encore nationale; ils vivent de la contrebande qu'ils vont chercher dans les provinces biscayennes. De temps immémorial, leurs femmes et leurs filles, chargées d'une hotte énorme, qui porte souvent le berceau de leurs enfants, vont aussi chercher dans les mêmes provinces le beurre qu'elles fournissent à celle de Santander. Les hommes et les femmes de ce pays parlent un espagnol très-corrompu, mais dans lequel il serait impossible de surprendre un seul mot de la langue basque; il ne serait pas possible de leur faire comprendre la signification d'un seul mot de cette langue.

« Ne doit-on pas conclure de cette observation que l'idiome des pays biscayens, loin d'avoir été général en Espagne, n'a jamais pénétré chez ces peuples cantabriques, quoiqu'ils aient été en contact immédiat avec des peuples qui, le plus généralement, ne connaissaient que cet idiome? »

Le lecteur appréciera la valeur et la portée de ces considérations; mais il est certain que, depuis une époque assez récente, l'idiome euskarien a perdu du terrain de l'autre côté des monts. D'après Garibay (2), on aurait parlé cette langue,

(1) Ces peuples sont vulgairement nommés *Pasiegos*, de leur ville principale située au milieu des montagnes, et dont le nom est *Paz*. *Note de* GRASLIN.

(2) *Compendio historial d'España*, liv. IV, c. 4. — « Je suis, dit M. FRANCISQUE-MICHEL, fondé à révoquer en doute la première partie de cette

de son temps, dans toute la *merindad* de Pampelune, une grande partie de la Navarre, la ville et l'évêché de Bayonne. « Un navarrais d'Olite assurait que cet idiome a perdu environ huit lieues de territoire dans la Navarre espagnole. Il avait parlé le Basque avec les enfants de son âge à Olite, il y a trente-cinq ou quarante ans, et aujourd'hui il faut remonter dans la Navarre sept ou huit lieues au nord de cette localité, une demi-lieue plus loin que Pampelune, pour entendre parler cette langue dans les villages, où son empire s'étend, non sans quelques interruptions. Ces interruptions sont particulièrement remarquables dans la Romanzado, vallée de la merindad de Sangüesa, et dans l'*almiradia* de Navascues, où l'on a toujours parlé un dialecte de l'espagnol (1). Dans les villes et dans le ressort de Portugalete, de Valmaseda et de Lanestroa (Biscaye), on ne parle plus que castillan, bien que les noms de la plupart des villages soient incontestablement basques, et donnent par conséquent à croire que cette langue était autrefois celle du pays (2). Il en est de même d'une partie de la province d'Alava. Joaquin Josef de Lanzaduri affirme qu'au commencement du xviiie siècle on parlait encore basque à Nanclares, localité située à deux lieues de Vittoria (3). D'autres écrivains font remarquer que le nom de *Zayas de Bascones*, village voisin d'Osma (province de Burgos), laisserait supposer que cet

---

assertion, surtout depuis la publication de la chronique d'Anelier, qui fait à chaque instant parler des bourgeois de Pampelune et des gens du peuple, dans la guerre civile de 1276, et qui ne donne pas même à soupçonner qu'en fait de langue courante, il soupçonnât l'existence d'une autre que la sienne. Il n'est pas inutile d'ajouter que les noms basques qu'il cite sont en minorité. » *Le Pays basque*, p. 5.

(1) D. José Yanguas y Miranda, *Diccionario de las antiguedades del reino de Navarra*, t. III.

(2) *Diccionario geog.-hist. de España*, sect. II, t. II, p. 487.

(3) *Los compendios históricos de la ciudad y villas de M. N. y M. L. provincia de Alava*, p. 446-447.

idiome était usité encore plus loin (1). Un anonyme a tâché d'établir que l'invasion de l'espagnol et du français, dans le pays Basque, réduirait à un demi million le nombre de ceux qui parlent la langue euskarienne (2).

A ces renseignements empruntés à diverses sources, il convient d'ajouter encore ceux qui sont fournis sur le même sujet par le docteur Paul Broca, dans le t. V. du *Bulletin de la Société d'anthropologie de Paris* (3). « J'ai demandé à mes amis (MM. Élisée Reclus et le docteur Honoré Broca, d'Oloron), dit-il, s'ils avaient connaissance que le patois béarnais eût quelque peu empiété sur le basque dans des temps plus ou moins modernes. Ils m'ont répondu l'un et l'autre négativement. Nulle part, pas même dans les villages béarnais les plus rapprochés de la ligne que je viens d'indiquer (4), on ne se souvient d'avoir entendu parler de l'époque où la langue basque aurait pu être usitée. Mon confrère, M. Honoré Broca, m'a signalé, il est vrai, que dans trois localités limitrophes, Licq, Montary (5) et Tardetz, un certain nombre d'habitants sont

---

(1) P. José de Moret, *Investigaciones historicas del reyno de Navarra*, p. 67 et 78 ; P. Gabriel de Henao, *Averiguaciones de las antiguedades de Cantabria*, p. 305. Néanmoins, M. Fr. Michel fait remarquer que ce nom de Vascons se retrouve dans d'autres localités assez éloignées des provinces vascongades.

(2) *De l'euskuère et de ses erderes*, ou *de la langue basque et de ses dérivés*, t. I, p. 20.

(3) Broca, *Carte de répartition de la langue basque*, dans le *Bulletin de la Société d'anthropologie de Paris*, t. V, p. 819-23.

(4) La ligne dont parle le docteur Broca est à peu près la même que celle que j'ai indiquée moi-même ci-dessus.

(5) Quand MM. Paul Broca et Élisée Reclus publieront leur *Carte de répartition de la langue basque*, je ne saurais trop les exhorter à soigner l'orthographe toponymique, et à ne pas écrire, par exemple, « Montary » pour Montory, « Barenx » pour Bérenx, « Esqniale » pour Esquiule, « Aquerre » pour Ayherre, etc. M. Broca fera bien aussi de ne pas répéter (*Bullet. de la Soc. d'anthr.* de 1868, p. 7), qu'il « a reconnu qu'il y a eu France une séparation brusque, et, par suite, une ligne de démarcation bien nette entre le basque et le français. » Sans doute, la netteté de cette

béarnais et parlent béarnais en même temps que basque ; mais il ajoute que cet ordre de choses est déjà ancien, et que le béarnais ne fait aucun progrès dans ces populations mi-parties.

» En Espagne, le basque a perdu beaucoup de terrain depuis le commencement de ce siècle. Il y a cinquante ans, il s'étendait au sud jusqu'à la Puente de la Reyna (en Navarre); aujourd'hui les limites de cette langue passent un peu au nord de Pampelune; par conséquent elles ont reculé d'environ huit lieues vers le nord. Ce recul..... s'est effectué graduellement, de proche en proche. »

Voilà tout ce que nous apprennent les savants sur le terrain perdu par le basque, des deux côtés des Pyrénées, à des dates non précises, mais dont on ne saurait pourtant contester le caractère plus ou moins récent. Je crois pouvoir ajouter que, sur le versant nord de la chaîne, l'idiome euskarien paraît avoir médiocrement reculé devant l'invasion du gascon. En effet, la toponymie du pays basque français a été fixée, sous le régime féodal et monarchique, ainsi qu'il appert d'un grand nombre de titres et documents utilisés par M. P. Raymond, dans son *Dictionnaire topographique du département des Basses-Pyrénées*. Ce laborieux et sagace paléographe a soigneusement inventorié tous les noms des lieux, avec citations à l'appui; et il a annexé à son livre une *Table des formes anciennes* destinée à faciliter les recherches. L'étude attentive de ce travail m'a

---

ligne séparative a été depuis longtemps reconnue en deçà des Pyrénées, mais le français n'est pas l'idiome dont le domaine confine à celui du basque : c'est le gascon, qui est un dialecte du provençal, comme l'a fort bien établi M. Fr. Diez. — En revanche, M. Broca me semble dans le vrai quand il constate, avant tout autre savant, que « de l'autre côté des Pyrénées on observe, entre les deux zones où le peuple parle exclusivement soit le basque, soit le castillan, une zone intermédiaire où le basque et le castillan sont tous deux, et côte à côte, d'un usage populaire. » *Bullet. de la Soc. d'anthrop.* de 1868, p. 7-8.

convaincu que la toponymie du pays basque cispyrénéen a souvent subi, depuis sa première fixation graphique, des transformations assez notables. Ce qui m'a paru tout aussi certain, c'est le caractère très-généralement roman de la toponymie du territoire gascon qui cerne le pays basque du côté de la France. Cette toponymie a été fixée aussi pendant les périodes féodale et monarchique. Cependant il existe des noms de lieux à physionomie basque dans les vallées de Baretous (Ance, Abarri, Aramits, Lourdis, Urdete) et d'Aspe (Lescun, Orcun, Eygun, Urdos). En dehors de ces vallées je pourrais citer les localités de Bidache, Guiche, Charre, etc. (1). Il ne serait donc pas téméraire de supposer qu'à une époque impossible à préciser, les populations de ces diverses contrées, qui parlent aujourd'hui gascon, faisaient usage de l'idiome euskarien.

Du côté du levant, c'est-à-dire le long de la rivière du Saison et du Gave d'Oloron dans lequel il se déverse, la langue basque ne parait guère avoir perdu du terrain, car la toponymie de la rive droite de ces cours d'eau (Lavie, Dauna, Sallenave, Loustaneau, Casemayou, Capdepont, Gestas, Rivehaute, etc.,) est très-généralement gasconne, et remonte plus ou moins haut. Ce n'est pas tout. Sur la gauche de la route qui va du nord au sud, de Salies à Saint-Jean-Pied-de-Port, en passant par Sauveterre, on trouve, à deux kilomètres environ de Salies, un ancien fief du nom d'Esperbasque (*L'ostau d'Esperbasco* 1385, cens. f° 6; *Esperabasco*, 1546, Réform. de Béarn, B. 754). Ce fief, qui relevait de la vicomté de Béarn est fautivement nommé *Desperbasque* dans le n° 227 de la *Carte du dépôt de la guerre*, qui est, avec le *Dictionnaire des Postes*, la plus riche mine de bévues toponymiques. Esperbasque signifie « espère le Basque » attends-toi à arri-

---

(1) On retrouve, dans le pays basque, les similaires ou analogues de la plupart de ces noms de lieux.

ver dans son pays (1), et en effet on y arrive bientôt en tirant vers le sud.

Voilà tous les renseignements purement historiques que j'ai pu me procurer sur le domaine ancien et moderne de la langue basque, dont je vais maintenant constater l'existence, à l'aide des plus vieux documents, et rechercher les plus anciens vestiges.

J'ai déjà cité, dans le présent chapitre, un passage de Strabon, confirmé par Pomponius Méla, sur la difficulté de prononcer les noms des Pleutaures, des Bardyètes, des Allotriges, et de quelques autres peuplades dont la position géographique, qui me paraît très-significative, a été déjà déterminée dans la mesure du possible. Ce passage, sans être un argument méprisable, n'est pas cependant de nature à produire une entière conviction, et il faut en dire autant d'une phrase de la légende de saint Amand, apôtre des Basques à l'époque de Dagobert : « Pendant que le saint prêchait la parole divine et annonçait l'évangile du salut, un des serviteurs, homme léger et frivole autant que vain, à provoquer la risée par des paroles bouffonnes et des éclats de rire, un de ces hommes que le vulgaire nomme mimilogues (2). » Les trois

---

(1) De même on trouve sur la rive droite de l'Adour, *Saint-Etienne d'Aribelabourt*, corruption de *Rive-Labourt* (*Sanctus-Stephanus de Ripa-Laburdi*, v. 1149, cart. de Bayonne, f° 5 ; *Sent-Esteven de Rivelabort*, 1354, ch. du chap. de Bayonne), à cause de sa proximité du pays de Labourd, situé sur l'autre rive du fleuve. On pourrait citer d'autres exemples sans sortir de la Gascogne.

(2) Dum autem eis verbum prædicaret divinum, atque Evangelium annuntiaret salutis, unus e ministris assurgens, levis ac lubricus, necnon et superbus, atque etiam apta cachinnans risui verba, quem vulgus mimilogum (*id est jocularem*) vocat, servum Christi detrahere cœpit, etc. BOLLAND. VI, Febr. *In fest. S. Amandi, Episc. Trajectensis.* — Il n'est pas rare de voir les écrivains du temps de l'auteur de cette vie annoncer ainsi un terme vulgaire et ne donner qu'un mot prétentieux ; ils ne veulent pas écrire le vrai mot et le font deviner, le transposent, pour ainsi dire : la glose (*id est jocularem*) donne le mot que l'auteur avait réellement dans la pensée en écrivant *mimilogum*. Note de M. Gaston PARIS, *Revue critique* de 1866, art. 499.

pièces connues sous le nom de *Chant d'Annibal*, *Chant des Cantabres* et *Chant d'Altabiscar*, sont apocryphes et de fabrication récente, ainsi que je l'ai démontré dans une dissertation spéciale (1). Evidemment cela n'est pas concluant; mais il n'en faudrait pas dire de même, pour le basque transpyrénéen, d'un acte de l'année (de l'incarnation) 1167, tiré des archives de Pampelune; et rapporté par le P. de Moret. Cet acte contient deux mots basques : *Maizter*, qui veut dire chef de bergers (*mayoral* de pastores) et *buruzagui*, chef de cultivateurs (*mayoral de peones*) (2). Les deux plus anciennes constatations relatives à l'usage de cet idiome sur le versant nord des Pyrénées occidentales, résulte d'un passage de la vie de saint Léon, et d'un article de la coutume de Dax. On lit dans la vie de saint Léon, évêque et martyr à Bayonne, que lui et ses compagnons « ne purent entrer dans la ville (de Bayonne), car les portes étaient fermées de tous côtés, à cause des embuscades des Basques, qui harcelaient la cité nuit et jour. Le bienheureux Léon monta sur une colline située non loin de la porte qui regarde vers le midi, et y construisit une cabane... Voilà que, pendant la nuit, les brigands basques, ayant rencontré les frères du saint, leur demandèrent qui ils étaient, et d'où ils venaient; mais ceux-ci ne les comprirent point. Cela n'est pas étonnant, car l'idiome de ce peuple ne ressemble à

---

(1) Jean-François BLADÉ, *Dissertation sur les chants héroïques des Basques*. Paris, A. Franck, 1866 (épuisé). Voy. sur ce travail le judicieux compte-rendu de M. Gaston PARIS (*Revue critique* de 1866, art. 199). Ce critique accepte mes conclusions, mais il relève à bon droit quelques inadvertances de détail, et je suis heureux de l'en remercier publiquement. — Les arguments de ma *Dissertation* seront reproduits et complétés dans le dernier chapitre du présent ouvrage.

(2) Defensores supradictarum baccarum erunt Rex et Episcopus, et ipse comes vel successores ejus. Est autem inter Ortiz Lehoarriz, et Aceari Umea, quod Ortiz Lehoarriz faciet, ut lingua Navarrorum dicitur, una Maizter; et Aceari Umea faciet Buruzagui, quem voluerit. P. de MORET, *Antiguedades del Reyno de Navarra*, p. 97.

aucune autre langue, mais au contraire s'en éloigne complètement (1). » Cela est clair et significatif. Si la légende n'est pas contemporaine de saint Léon, elle n'est pas postérieure au xiii° siècle, ainsi qu'il serait facile de le prouver par le ton général du récit et quelques termes spéciaux de latinité barbare.

Le basque n'a jamais eu d'existence officielle, et nous verrons, dans l'avant-dernier chapitre de cet ouvrage, qu'aucun document du droit coutumier des Euskariens n'est rédigé dans leur langue. Néanmoins, j'ai trouvé dans un manuscrit conservé aux archives de Dax (Landes) et intitulé: *Las costumes de la ciutat Daqs e deu ressort de quere*, la disposition suivante, qui paraît remonter au xiv° siècle.

« *Mauleon*. Note que segont la costume de Mauleon de Soule la demanda e la defensa si es demandat, se deu far en basquoas. Probe per lo cinquoau judyat (2). »

Je crois inutile de signaler les documents postérieurs qui constatent l'existence du basque en-deça des Pyrénées; et je

---

(1) Attentus ergo cum suis cohæredibus ingredi civitatem minime potuit, quia fores ex omni parte erant clausæ propter insidias Vasculorum molestantium nocte et die civitatem. Ascendit ergo B. Leo in quodam monticulo non longe a porta quæ respicit ad plagam meridionalem; et ibi erexit cellulam..... Quos (fratres Leonis) nocturno tempore Vasculi prædatores reperientes, et qui et unde essent interrogantes, sancti eos non intellexerunt. Nec mirum, cum illorum idioma nulli lingagio sit consonum, imo penitus alienum. BOLLAND. I, Mart. *In fest. S. Leonis, mart. archiep. Rotomag. apostol. Baion.* — On sait que saint Léon était né à Carentan en Normandie. La leçon que je viens de citer ne se trouve pas dans le Bréviaire de Coutances. — Un honnête et remarquable historien de la ville de Bayonne, M. Jules BALASQUE, voudrait reporter l'apostolat de saint Léon à l'époque même de la diffusion du christianisme dans la Novempopulanie. Je tâcherai peut-être un jour de réfuter cette opinion, qui, du reste, n'infirmerait en rien ce que j'avance sur la date approximative de la légende.

(2) Les appels de la justice de Mauléon étaient alors portés à Dax, devant le sénéchal des Landes.

vais maintenant rechercher à quelle époque on a commencé de fixer graphiquement cet idiome.

Les plus anciens et les plus authentiques monuments du Basque en Espagne sont au nombre de cinq, sans compter le fragment sur la bataille de Béotibar (1). Ce sont d'abord les

(1) Voici ce fragment, publié pour la première fois par Esteban de Garibay, et inséré depuis dans de nombreux recueils, notamment dans le *Romancero Castellano* de Depping. (Leipzig, 1817.)

Mila urte y garota	Depuis plus de mille ans
Ura vede videan :	L'eau va son chemin.
Guipuzcoarroc sartu dira	Les Guipuzcoans sont entrés
Gasteluco etchean.	Dans la maison du château-fort ;
Nafarrokin artu dira	Avec les Navarrais ils se sont livrés
Beotibarre pelean, etc.	A Béotibar bataille, etc.

Il s'agit ici d'une bataille gagnée par les Guipuzcoans sur les Biscayens, le 19 décembre 1321. En conséquence, plusieurs érudits ont cru pouvoir rapporter ce fragment au XIVe siècle, et Humboldt et Fauriel partent de cette donnée, ainsi que des différences qu'ils relèvent entre les six vers ci-dessus et le *Chant des Cantabres*, pour tâcher de déterminer approximativement l'âge de ce dernier poème, et pour argumenter en faveur de son antiquité. Cette opinion est contraire à celle d'un grand nombre d'érudits espagnols, qui veulent que le fragment de la bataille de Béotibar ne soit que la traduction d'une *romance*. A quelle époque la pièce espagnole aurait-elle été rimée ? La chose est difficile à préciser ; mais il n'est pas rare de voir dans les *Romanceros* beaucoup de poésies du même genre composées sur un thème unique. Exemple : les romances du roi Rodrigue, de la bataille de Roncevaux, etc., etc. L'original de cette chanson, dont les érudits espagnols affirment que les six vers basques ne sont qu'une traduction, se trouve, sans doute, dans le *Romancero general* d'Andres de Villata, que je voudrais avoir sous la main, au lieu du recueil abrégé de Don Eugenio de Ochoa. Mais quand cette autorité nous ferait défaut, et quand la romance populaire aurait été composée en basque à l'époque même de la bataille de Béotibar, son langage n'aurait-il pas dû se modifier plus d'une fois, afin de pouvoir toujours être compris par les générations successives de chanteurs ? Qui donc se soucie de conserver, par la tradition, des choses devenues inintelligibles ? Comment se peut-il faire que le basque du XVe siècle étant pour nous si obscur, celui du fragment de Béotibar soit si intelligible et si clair ? Comment expliquer cela, sinon par le rajeunissement du texte primitif, ou tout au moins par cette récente version euskarienne d'un chant espagnol, admise comme indubitable par plusieurs savants de la Péninsule ?

vers de *Domenjon de Andia*, donnés par le *Diccionario geografico-histórico de España*.

Sagarra eder, guezatea	La belle pomme, la douceur,
Guerrian ere espatea.	Au côté aussi l'épée.
Domenjon de Andia	Domenjon d'Andia
Guipuzcoaco erreguia.	Du Guipuzcoa le roi.

Vient ensuite une devise tirée d'un tableau héraldique de Leyzaur, à Andoin, et représentant un hibou.

Jauna, guc zuri	Seigneur, nous à vous,
Ez zuc guri	Non vous à nous.
Leizarturrac ontzari.	La frênaie au hibou.

Les trois derniers fragments ont été donnés par le docteur Don Lope Martinez de Izasti, dans son *Compendio histórico*, et accompagnés par lui d'une application relative à l'époque où ils ont été composés, mais qui ne remplace que très imparfaitement la traduction, que personne n'a osé entreprendre (1).

(1) A défaut de cette traduction, je crois devoir reproduire ici les réflexions de Don Lope. — Bon nombre de *cavalleros* étaient dans l'habitude, au XVe siècle, de se rendre dans la ville d'Oñate, d'où ils partaient ensuite pour la chasse. L'un d'eux, frère du sire de Muxia y Butron, devint l'amant d'une dame de la famille d'Ugartezavals et fut tué par le mari. Gomez Gonzalez de Burton fut inquiété à propos de ce meurtre; il vint à Mondragon avec toute la Biscaye contre Oñate, et se prépara à la résistance. Les habitants employèrent le feu pour le contraindre à sortir, et une sortie eut lieu, suivie d'une bataille près de La Madalena, où périrent les combattants. Voilà ce qu'attesteraient les cinq vers du premier fragment. — Vers le milieu du XVe siècle, les *lacayos*, sorte de miquelets, étaient dans l'habitude de venir, de tout le pays basque, chercher un asile chez Sancho Garcia de Garibay, habitant d'Oñate. Au port de San-Adrian, ces *lacayos* demandèrent un pourboire à *Juan Zaar*, muletier de Hernani, qui le leur refusa et fut dévalisé. Juan Zaar porta plainte au corrégidor et à la junte provinciale, qui envoyèrent le *merino mayor* à Oñate avec une escorte respectable. Alors Sancho Garcia de Garibay et ses *lacayos* se réfugièrent dans la grotte de Santa-Ibia, longue d'une demi-lieue. Ils y furent assiégés par le *merino mayor*; mais la grotte avait une porte par où les *lacayos* recevaient des vivres apportés par un certain *Zalagarda*, dont le nom se

Gomez andia canarren
Anzan presebal bere
Bai Joainicori bere
Madalenaan ei danza
Viola, trompeta baguè.

—

Ala Zalagarda, Zalagarda mala
Zalagarda gaisto. Onatzarra ondaco.
Ardao zuri, ardao Madrigalgoa,
Ardao zuria Mendoza gana doa
Alabana sanda ili gogoa.
Zalagarda zanda ilira doa.

—

Sanda iliac atrac dita zizarrez
Nola zizarrez da ala zendaler
Hermandadea arcandoa negarrez
Anso Garcia e gasteluori emunez
Ec invinda estiquicha esan ez.
Lascavarroen y esataco lastorra
Lascavaro costatuan onela
Gavaz ere urtunica obela
Argui izarroc ditugula candela
Ostatuan guera dira igu emenda.

Ces cinq fragments appartiennent incontestablement au xv⁰ siècle. La traduction des deux premiers n'offre rien de bien satisfaisant pour l'esprit, et celle des trois derniers est impossible. Cela tient à la transformation que la langue basque a subie constamment, à une décomposition graduelle, dont il

trouve dans le couplet cité. Le nom de *Mendoza*, dans le quatrième vers, est celui du *merino mayor*, dont la provision de vin fut enlevée et portée aux *lacayos* dans la grotte, où la *hermandad* les tint quelques jours bloqués, et essaya vainement d'enfumer les assiégés en mettant le feu à la porte. Mais cette manœuvre n'aboutit point, et la déconvenue du *merino* fut célébrée par le chant ci-dessus, qui est en dialecte guipuzcoan. *Compend. hist.*, Append., p. 23-26.

est facile de suivre les progrès, de l'autre côté des monts, depuis Figueroa (1), Beriain (2), etc., jusqu'aux poètes et prosateurs de l'époque contemporaine.

Les deux premiers textes basques fixés de ce côté des Pyrénées sont un refrain de chanson et un passage de Rabelais. M. Gaston Paris m'a obligeamment envoyé copie du premier document, extrait d'un manuscrit de la fin du xve ou plutôt du commencement du xvie siècle, qui contient des chansons dont plusieurs sont populaires. L'une d'elles a six couplets, dont le refrain basque est le même à tous. Voici le premier couplet :

> Une mousse de Biscaye,
> L'autre jour près ung moulin,
> Vint à moi sans dire gaire,
> Moy hurtant sur son chemin,
> Blanche comme ung parchemin :
> Je la baisé à mon aise,
> Et me dist sans faire noise :
> Soaz ioaz ordonarequi (3).

---

(1) Figueroa (El illustrissimo Don Antonio Venegas de), Obispo de Pamplona : *Relacion de las fiestas que..... hizo el dia del Santissimo Sacramento y por todo su octavario, este año de 1609, con las poesias que fueron premiadas, conforme a los certamenes...* Petit in-8°. Pamplona, 1609.

(2) Don Juan de Beriain, *Doctrina cristiana*, en castillan d'abord, puis en basque. Petit in-8°. Pamplona, 1626.

(3) Le lecteur voit, par la mesure du vers, que *soaz* est monosyllabique. Au troisième couplet, l'amant impatienté de ce refrain s'écrie :

> Par mon serment, vecy rage !
> Ce n'est françoys ni latin ;
> Parler un autre languaige,
> Laissez votre bisquayn.

Au dernier couplet il y a *ordonarequin*, ce qui rime mieux et est plus conforme à la grammaire. — Le manuscrit donne la musique, qui peut-être est originairement un air basque.

Je me suis adressé, pour la traduction du dernier vers, à M. le chanoine Inchauspe, auteur du beau travail sur le *Verbe basque*, et à M. A. Marrast, le consciencieux traducteur de G. Humboldt. D'après M. l'abbé Inchauspe, il faudrait écrire : « *zoaz zoaz ord'onarekin (ordu onarekin*, forme usitée), allez, allez, qu'il ne vous arrive malheur ; mot à mot : allez, allez, avec l'heure propice, avec l'heure bonne. Presque partout le cas sociatif s'exprime par *kin* plutôt que par *ki.* » Voici les renseignements recueillis pour moi par M. Marrast : « *soaz, ioaz,* aller-vous-en, ou allez ! allez. — Ces mots semblent mal orthographiés. Il faudrait un *a* à la fin de chacun, c'est-à-dire *soaza, ioaza*: — *Ordonarekin* semble composé de *ordonatzia* (ordonner) dérivé du latin, et de *equin*, avec. — Ces mots pourraient donc signifier : Allez ! allez ! Je vous l'ordonne. *Mais on n'en est pas bien sûr.* — *Orduenuaequin* veut dire : avec le dernier. Peut-être faudrait-il lire ainsi. »

Le second vestige de la fixation graphique du basque en-deçà des Pyrénées, nous est fourni par Rabelais. « Adoncques dist, Panurge : Jona andie guaussa goussy etanu beharda erremedio beharde versela ysser lauda. Aubat es otoy es nausu ey nessassust gourray proposian ordine den. Noneyssena bayta facheria egabe gen herrassy badia sedassu noura assia. Aran hondavan gualde cydassu naydassuna. Estou oussye eg vinan soury hien en dastura egui harm. Genicoa plassar valu. — Estes-vous là, respondit Eudemon, Genicoa (1).

---

(1) *Pantagruel*, L. I, c. 9. La restitution et la traduction de ce passage ont été tentés, avec beaucoup plus d'audace que de sens critique et philologique, par Dr. Urrensigarria, dans son *Examen critique du Manuel de la langue basque* (de Lécluse). Bayonne, 1826. L'auteur déclare en être redevable « à l'aimable complaisance de M. D*** Labourtain et de M. E*** Souletain. Voici le résultat de la collaboration de cet « aimable » trio. « Jann handia, gauza gucietan da erremedio ; behar da bercela icer lan da. Ambatez othoyez nauzu, eguin ezazu, gur aya proposatia ordine den. Non

Ce passage incompréhensible, ne se trouve pas dans les éditions antérieures à celle de Dolet (1541). Rabelais l'a donc introduit après coup dans son Pantagruel, et il est absolument impossible de nier qu'il ait été rédigé dans l'idiome euskarien. Cela se prouve à suffisance par l'emploi de plusieurs mots diversement orthographiés depuis, tels que *jona*, seigneur, *genicoa*, Dieu, etc. Certains commentateurs peu habiles ont suspecté la pureté de ce morceau, sous prétexte qu'on n'y rencontre, sous leurs formes actuelles, ni pronoms personnels, tels que *ni, zu, hi, zuek, hau, houra*, etc., ni les temps du

izanen baita facheria gube, ginaraci beda zadazu neure azia. Arren horen hondoan, galde nahi duzuna; eztut hutia equinen zuri nic, erten derauzut equia arimaz, Jainoac placer badu. » Ce qui veut dire : « Mon grand monsieur, à toute chose il faut un remède ; il en faut un, autrement besoin est de suer. Je vous prie donc de me faire connaître, par signe, si ma proposition est dans l'ordre ; et si elle vous paraît sans inconvénient, donnez-moi ma subsistance. Puis après cela, demandez-moi tout ce que vous voudrez, je ne vous ferai faute de rien ; je vous dis la vérité du fond du cœur, s'il plaît à Dieu. » — Au moment où je corrige les épreuves de ce chapitre, je reçois une brochure de M. Cénac-Moncaut, intitulée : *Lettres à MM. Gaston Paris et Barry sur les Celtes et les Germains, les chants historiques des Basques et les inscriptions vasconnes des Convenæ*. Cette brochure, comme toutes les productions historiques et philologiques du même auteur, est au-dessous de toute critique. Les érudits doivent éviter de discuter contre M. Cénac-Moncaut, pour des raisons analogues à celles qui défendent aux mathématiciens d'argumenter contre ceux qui cherchent la quadrature du cercle ou le mouvement perpétuel. Je trouve donc tout naturel que M. Cénac-Moncaut ait imprimé à la p. 24 de sa *Lettre à M. Gaston Paris* : « M. Bladé sait très-bien que le passage de Rabelais est du basque très-net, à l'orthographe près. » L'auteur de cette phrase a des raisons, connues de tout le monde, pour ne pas se montrer rigide en matière d'orthographe, et il veut bien me garantir que la restauration du passage basque ci-dessus « a été contrôlée, sous ses yeux, par M. Goyetche, de Saint-Jean-de-Luz, qui l'a trouvée parfaitement exacte. » M. Goyetche, qu'il ne faut pas confondre avec l'abbé Goyetche, le traducteur basque des fables de Lafontaine (Bayonne, 1852), est un écrivain digne de servir de garant à M. Cénac-Moncaut, comme j'aurai l'occasion de le prouver dans le chap. IV de cette seconde partie. La *Dissertation des chants héroïques des Basques*, où j'examine le passage euskarien du *Pantagruel* (p. 14 et 15), a paru en 1866. Pourquoi donc M. Cénac-Moncaut dit-il qu'on « m'a prouvé » la pureté de ce passage à l'aide d'une restauration publiée en 1826 ?

verbe être, *niz, biz, da, ghira*, etc. (1). Je ne saurais accepter une supposition aussi gratuite. Il résulte, en effet, de l'usage de certains mots, que Panurge demande à Pantagruel un remède (*erremedio*) contre la pauvreté, et qu'il ne fait par là que renouveler une requête déjà formulée en plusieurs autres langues. Est-il naturel de croire que Rabelais, qui avait tant de facilités pour se renseigner auprès des Basques, ait retouché son œuvre pour interpoler un passage incorrect ou vide de sens? Ne faut-il pas, au contraire, en tirer la conséquence qu'il s'est passé, des deux côtés des Pyrénées occidentales, depuis deux ou trois cents ans, un phénomène identique, et que l'idiome euskarien a subi de telles modifications que les anciens fragments sont devenus à peu près inintelligibles? Sauf le refrain et le passage de Rabelais sur lesquels je n'in-

(1) Cette réflexion trahit, chez ceux qui l'ont acceptée, la plus complète ignorance de l'histoire de la grammaire basque. Cette grammaire s'est considérablement modifiée depuis le dix-septième siècle, et notamment la conjugaison. Il suffit, pour s'en convaincre, de comparer les deux études consacrées à cette partie du discours par Oïhénart d'une part, et de l'autre par M. le chanoine Inchauspe. La première se trouve dans le XIV° chapitre de la *Notitia utriusque Vasconiæ* (1638), et la seconde, publiée en 1858, forme un gros in-4° intitulé : *Le verbe basque*. C'est ainsi, pour me borner à un exemple très-judicieusement choisi par M. d'Abbadie (*Études grammaticales sur la langue euskarienne*, p. 7 et 8), que du temps d'Oïhénart le dialecte labourdin possédait une forme isolée du futur.

nazaïte, je serai.	*garate*, nous serons.
azaïte, tu seras.	*saratee*, vous serez.
date, il sera.	*dirate*, ils seront.

Cette forme du futur simple est actuellement méconnue dans la conjugaison isolée du verbe, et ce temps s'exprime le plus souvent par la forme composée *izanen naiz*. Au contraire, le Souletin dit simplement *nizate*. — M. d'Abbadie fait aussi observer, avec raison, que le génie labourdin « a fait irruption jusque dans les livres les plus élémentaires consacrés à l'enseignement religieux des Basques cispyrénéens. » On ne saurait assigner de date précise à ce phénomène, et M. d'Abbadie ne s'explique point là-dessus ; mais l'irruption dont il parle grossit toujours depuis une cinquantaine d'années.

siste plus, le basque cispyrénéen ne saurait montrer des
monuments plus anciens que les poésies du curé Bernard
Dechepare (1587), la version huguenote commandée à Jean
de Leiçagarra par Jeanne d'Albret (1594), et les proverbes
basques imprimés par Oihénart en 1657, mais qui sont évidemment bien antérieurs à leur publication (1). Or je défie
l'euskarisant le plus exercé de nier que ces livres renferment
bon nombre d'archaïsmes et d'obscurités souvent impéné-
trables, et dont nous voyons le nombre décroître graduellement, à mesure que nous descendons, depuis le xvi° siècle
jusqu'à nos jours, la série des poètes et des prosateurs basques
cispyrénéens.

Le lecteur est, je crois, suffisamment fixé sur l'ancien état
linguistique de l'Espagne, sur le domaine antérieur et actuel
de l'idiome basque, sur la constatation historique des époques
où cet idiome apparait et se trouve enfin fixé par l'écriture (2)
et l'imprimerie. Il sait également à quoi s'en tenir sur les modifications notables subies par cette langue, sur les deux versants des Pyrénées occidentales, depuis le xvi° siècle. Je puis
donc utilement tenter l'esquisse rapide, mais suffisante, du
mécanisme grammatical de l'*eskuara*.

(1) Je ne tiens pas compte d'un calendrier basque (*Kalendera basco*)
introuvable, et qui, d'après Renouard, aurait été imprimé à la Rochelle
en 1571. Ce devait être un ouvrage de propagande protestante.

(2) Il a été plusieurs fois question, dans le cours de ce paragraphe, de ce
que j'appelle « les plus anciens monuments écrits de la langue basque. »
J'entends par là les plus anciens monuments connus ; mais je ne prétends
pas qu'il n'ait pu et qu'il ne puisse en exister d'encore plus anciens. Je
veux dire tout simplement qu'ils ont échappé jusqu'à ce jour aux recherches, pour si actives et si persévérantes faites dans le pays basque cis et
transpyrénéen par des historiens et des philologues aussi bien informés
que Garibay, le P. de Moret, Don José Yanguas y Miranda, Oihénart,
Pouvreau, Béla, d'Abbadie, le prince Lucien Bonaparte, MM. Balasque,
P. Raymond, archiviste des Basses-Pyrénées, et M. Dulaurens, archiviste de la ville de Bayonne.

§ 3.

J'en ai dit assez sur l'histoire externe de la langue basque, et je puis maintenant consacrer à son mécanisme une étude suffisante pour servir de base au travail de philologie comparée qui doit occuper tout le chapitre suivant. Cette étude doit porter sur la phonologie, les racines, la formation des mots, la déclinaison et la conjugaison, sans préjudice de quelques remarques relatives à diverses particularités de l'idiome euskarien. Mais avant d'aborder ces divers sujets, je demande à donner l'esquisse rapide des divers travaux entrepris sur la grammaire basque. Je m'expliquerai sur les glossaires quand j'aurai à parler des racines.

Le premier essai de grammaire basque a paru en 1607, à Mexico, où un grand nombre d'Euskariens avait alors émigré; il a pour titre: *Discursos de la antiguedad de la Lengua cantabra Bascongada*, et pour auteur Balthasar de Echabe, natif de la province de Guipuzcoa. Après lui, Oihénart (1638) a consacré au même sujet le chapitre XVI de la *Notitia utriusque Vasconiæ*. En 1729, un jésuite espagnol, professeur de théologie au collége royal de Salamanque, le P. Manuel de Larramendi, donna son *El imposible vincido : Arte de la lengua Bascongada*. Larramendi est aussi l'auteur d'un dictionnaire dont je parlerai en temps utile. La *Gramatika Escuaraz eta Francezez* du notaire royal Harriet, a été imprimée à Bayonne, en 1741, et la *Grammaire basque* de Fleury-Lécluse, à Toulouse, en 1826. Ces travaux ont été fort judicieusement appréciés par M. Antoine d'Abbadie, dans les *Prolégomènes* des *Etudes grammaticales* sur la langue euskarienne (p 28-37). Tous les anciens grammairiens que je viens de nommer méritent le même reproche. Au lieu de tirer de la grammaire euskarienne même les règles de la langue basque, ils ont calqué leurs ouvrages sur le plan des grammaires latines, espagnoles et françaises.

La *Dissertation critique et apologétique sur la langue basque* de l'abbé Darrigol (Bayonne, 1827), marque l'avènement de la véritable méthode pour l'étude de la grammaire euskarienne. L'auteur, mort à trente-huit ans supérieur du grand séminaire de Bayonne, possédait des connaissances, fort étendues pour l'époque, en philologie ancienne et moderne; et malgré quelques erreurs de détail, c'est bien lui qui a ouvert la voie, et qui a le premier décrit le véritable mécanisme de la déclinaison et du verbe basque. Les *Etudes grammaticales sur la langue euskarienne* de Chaho (Paris, 1836), l'*Uskara eta Franzes gramatika* de M. J.-B. Archu (Bayonne, 1853), la *Gramatica Vascongada* de Lardizabal (Saint-Sébastien, 1856), et le travail d'Yturriaga, n'ont guère avancé la question. Mais *Le Verbe Basque* de M. l'abbé Inchauspe (Bayonne, 1858) est un livre de premier ordre, qui montre, pour la première fois, dans tous ses immenses développements, la conjugaison euskarienne. Je regrette de ne pouvoir en dire autant du travail de M. H. de Charencey intitulé : *La langue Basque et les idiomes de l'Oural* (Paris, 1862-66), et M. Van Eys lui a justement reproché (*Revue critique*, 1866, art. 107) de multiplier gratuitement les cas, dans la partie de son travail relative à la déclinaison basque. L'abbé Inchauspe lui a également adressé à bon droit quelques autres reproches, dans son article inséré dans les *Annales de philosophie chrétienne*, n° de juillet 1866. Ce dernier a dirigé aussi certaines critiques contre l'*Essai de grammaire de la langue basque*, de M. Van Eys, Amsterdam, 186., 2ᵉ édit.). Enfin, le capitaine Duvoisin, a donné (Bayonne, 1866) une *Etude sur la déclinaison basque* qui révèle un homme profondément versé dans la pratique de la langue euskarienne.

Voilà tout ce que j'avais à dire sur les principaux ouvrages de grammaire basque, dont j'aborde maintenant l'exposé dans l'ordre indiqué plus haut.

Phonologie. La phonologie euskarienne a été généralement assez mal étudiée. C'est pourquoi le lecteur me permettra sur ce sujet, une certaine insistance.

L'alphabet basque se compose, d'après M. le chanoine Inchauspe (1), des voyelles *a, i, ou, e, o,* des vingt-sept consonnes et de quelques lettres doubles.

b, p, ph, y;
d, t, th, t mouillé;
s, sh, ch, tch, z, tz, ç, ts;
g, h, k, kh, j;
l, m, n, r et *rr,* ñ et *l* mouillé.

Dans *ph,* les deux lettres se prononcent séparément (*phesta,* fête). Le *g* de *gh* est dur, et le *j,* en Guipuzcoa, comme en Espagne, en Labourd et en Navarre, a le son du *d* mouillé. La lettre *f* ne se trouve, en euskarien, que dans les mots importés. « Un seul son, dit M. Pruner-Bey, est particulier au basque, et c'est une sifflante que j'ai désignée par *sh* D'après ce que j'ai vérifié sur la parole suivante, ce son est intermédiaire au *s* et au *ch* français (2). »

J'ai déjà exposé, d'après le prince Louis-Lucien Bonaparte (p. 83-85), la loi de l'harmonie des voyelles en Basque ; mais je dois examiner en détail quelques autres points de phonologie, que l'on a prétendu être caractéristiques de l'idiome euskarien (3).

(1) L'abbé Inchauspe, *le Verbe basque,* p. XI-XII.
(2) Pruner-Bey, *Sur la langue des Basques,* dans le *Bullet. de la Soc. d'anthrop.* de 1867, p. 47.
(3) Je crois que cet examen sera facilité par la connaissance de la caractéristique du dialecte gascon. La voici, telle que la donne M. Fr. Diez. « Si nous passons, dit-il, de l'orient du domaine provençal à l'extrême occident, nous remarquons un dialecte, le *gascon,* qui ne peut renier sa

« Rigoureusement, dit Humboldt, le basque n'admet pas de *f*; mais souvent le *p* et le *b* se changent en *f*, comme dans *apaldu* et *afaldu*. On l'emploie aussi pour désigner des noms semblables; par exemple, le nom de la province Navarra est quelquefois écrit : *Nafarra*.

« Aucun mot (basque), dit Humboldt, ne commence par *r*. Le basque fait précéder d'un *e* tous les mots étrangers de cette catégorie, et redouble alors l'*r*, en l'adoucissant de manière à la rapprocher du son du *d*. Aussi dans certains mots, comme

communauté primitive avec le provençal, mais qui porte tant de caractères étrangers que les *Leys d'amors* ne la regardent pas comme limousin : « Apelam lengatge estranh coma frances, engles, espanhol, gasco, lombard (II, 388). » A ces particularités appartiennent l'*a* préposé à l'*r* (*ren* = *arrei*, *riu* = *arriou*), comme en basque; *ll* initial pour *l* comme en catalan (*levar* = *llebà*, *leit* = *llit*); *r* médial pour *l* (*galina* = *garie*); *ch* pour *s* ou *ss* (*senes* = *chens*, *laissar* = *laissà*, *conois* = *counech*); *ca* guttural, jamais palatal (*causi* et non *chausi*); *qua* prononcé en faisant entendre l'*u* (*can* = *couan*), de même *gaitar* = *gouaita*); *y* mis pour *j*, comme en basque (*jutjar* = *yutya*, *joya* = *yoye*, *satge* = *sage*); *b* mis toujours pour *v*, comme en basque (*volia* = *boulé*, *servici* = *serbici*); *h* pour *f*, comme en espagnol (*fagot* = *hagot*, *far* = *ha*, *femna* = *hemne*). » Diez, *Introd. à la gramm. des langues romanes* (trad. G. Paris), p. 137. — A la fin de ce passage, l'auteur dit en note qu'il restreint sa caractéristique du dialecte de la Gascogne « à la partie sud de la province, » c'est-à-dire à la Navarre et au Béarn. Je comprends que M. Diez ait pu facilement déterminer les caractères du gascon pour la partie sud de la province, à l'aide des nombreux textes anciens et modernes de la variété béarnaise. Mais la langue de la « Navarre » (française) est le basque, et l'illustre romaniste n'a pu, par conséquent, trouver dans cet idiome les éléments d'une caractéristique du dialecte gascon. *Los fors et costumas deu royaume de Navarre deça-ports* (Pau, M. DCCC. XXIII), sont en béarnais de l'époque de Louis XIII. L'idiome de ce statut n'est donc pas le même que celui de la très-grande majorité des populations qu'il régissait ; et si M. Diez a utilisé, comme je le crois, pour sa caractéristique, les fors de la Basse-Navarre, il n'a par conséquent opéré que sur des textes béarnais. Cette caractéristique du dialecte gascon a donc été rédigée avec des moyens d'information trop restreints pour être définitive, et il est fort à désirer qu'elle soit l'objet d'un nouveau travail de la part d'un provençaliste aussi compétent que M. Paul Meyer. Quant aux divers patois de la Gascogne, mon excellent ami, M. Léonce Couture, est dans une situation toute spéciale pour fournir, sur leurs caractères et leurs domaines respectifs, de précieux renseignements.

erastea et *edastea* (dialecte de Labourd), il y a conversion de l'*r* en *d*. On dit aussi *erregue* pour roi (1). »

Nous examinerons plus tard les conséquences que Humboldt prétend tirer de cet argument. Voyons maintenant si ce philologue a bien et complètement examiné les deux phénomènes phonétiques dont il parle.

Je ne conteste pas l'absence de l'*f* en basque. Dans les mots importés, cette lettre est tantôt conservée (*fedea*, foi, *falxa*, faux, etc.), tantôt supprimée (*irina*, farine, *lora*, *lorea*, fleur, etc.), tantôt remplacée par *ph* (*phagoa*, hêtre, *phesta*, fête, etc.), tantôt représentée par *h* (*hastial*, fastidieux, dégoûtant, etc.). L'étude approfondie des dialectes peut seule donner l'explication complète de ces habitudes. Les Gascons transforment aussi l'*f* en *h* (*huret*, furet, *hum*, fumée, etc.), et les Espagnols agissent souvent de même (*hacer*, faire, *harina*, farine, etc.). Cette répugnance pour l'*f* n'est donc pas un fait limité à l'Eskuara, et se retrouve dans les idiomes des pays voisins.

Je conviens que le basque n'a point en propre de mots commençant par *r*, et que lorsqu'il donne l'hospitalité, dans son glossaire, à des mots où l'*r* est en tête, il a soin de les faire précéder d'une voyelle. Sur le versant nord des Pyrénées occidentales, cette voyelle est un *a*. Exemples : *arrastelua*, rateau, *arraza*, la race, *arrichina*, résine, etc. Le même phénomène se produit dans le gascon, comme on l'a vu dans l'avant-dernière note. De l'autre côté des Pyrénées, les Basques disent aussi *arroka*, rocher, *arrokia*, éponge (qui adhère aux rochers), *arropa*, robe, etc. Cependant ils préfixent plus volontiers l'*e* : *erresina*, résine, *erresiñola*, rossignol, *errabia*, rage, etc. Peut-être en bien cherchant, trouverait-on quelques mots où ces préfixes *a* et *e*, seraient remplacés par un *i*. Ainsi, selon les pays, riz se dit *arosa* et *irisa*.

---

(1) Humboldt, *Recherches*, p. 20.

Ainsi Humboldt a imparfaitement observé et décrit le phénomène phonétique dont je m'occupe. Il a eu de plus le tort de croire ce phénomène limité au pays basque. Ce philologue pouvait pourtant se convaincre, sans grandes recherches, que la même chose se passe dans la majeure partie de la Gascogne, comme elle se passait jadis jusqu'en Roussillon. « On trouve, dit mon savant et très-modeste ami B. Alart, des traces de cette particularité dans les noms de Ria, Ro, Rahaur, Ralleu, etc., qui, dans les plus anciens documents, se trouvent toujours écrits : *Arria*, *Arro*, *Arrahur*, *Areleu* (1). » Voilà donc encore un fait qui, loin d'être spécial au basque, existait jadis en catalan, et existe encore en gascon, qui sont deux dialectes de l'ancienne langue provençale

« *St* ne figure jamais au commencement d'un mot dans la langue basque (2) »

La remarque de Humboldt est parfaitement juste, mais je ne saurais accepter les conséquences qu'il en tire. Ce phénomène phonétique est fort ancien. Il dépasse de beaucoup les limites du pays basque et même de la Péninsule espagnole.

Voici comment s'exprime à ce sujet M. Auguste Brachet, dans sa *Grammaire historique de la Langue française* :

« Aux sons initiaux *sc*, *sm*, *sp*, *st* qu'ils ne pouvaient prononcer qu'avec difficulté, nos ancêtres ajoutèrent un *e* qui facilitait l'émission de cette consonne composée en la dédoublant : espace (spátium), espèce (spécies), espérer (speráre), estomac (stomáchum), esclandre (scándalum), esprit (spíritus), ester (stáre), escabeau (scabéllum), escient (sciéntem), esclave

---

(1) B. Alart, *Géographie historique des Pyrénées-Orientales*, p. 7. — On trouve d'autres ressemblances phonétiques entre le gascon et le catalan. Ainsi, dans une grande partie de la Gascogne, lecar = lleba, leit = llit, et en catalan, *l* initiale s'adoucit en *ll* (llibre, lloch, llum). Voy. Diez, *Introd. à la gramm. des langues romanes*, p. 437 et 440.

(2) Humboldt, *Recherches*, p. 20.

(*slávus*), escalier (*scalarium*) (1). Dès le seizième siècle, plusieurs de ces mots subissent une modification : l's tombe, et la suppression en est marquée par l'accent aigu qui surmonte l'é initial : état (*státum*), épice (*spécies*), échelle (*scála*), écrin (*scrínium*), étain (*stánnum*), étable (*stábulum*), étude (*stúdium*), épais (*spíssus*), école (*schóla*), étroit (*stríctus*), époux (*spónsus*), épine (*spína*), épi (*spíca*), étoile (*stélla*), épée (*spatha*), Écosse (*Scótia*) (2).

» On en vint même par une fausse assimilation à ajouter un *e* à des mots qui n'avaient point d's en latin : córticem (*écorce*), carbúnculus (*escarboucle*), etc. (3). »

Le même phénomène phonétique a été décrit aussi par M. Gaston Paris. « Les inscriptions nous apprennent, dit-il, que le latin populaire avait une tendance à faire précéder d'une sorte de demi-voyelle les combinaisons *sc*, *st*, *sp*, etc., quand elles commençaient le mot, et à dire par conséquent, *iscamnum*, *istella*, *ispatula*. Il est, d'ailleurs, à remarquer que le latin avait déjà exclu, au commencement des mots, des combinaisons de l's avec une lettre suivante, qu'admettent parfaitement le grec ou l'allemand, comme *sl*, *sm*, *sb*, *sf*; on a constaté, en outre, qu'il est difficile de prononcer tous ces groupes de consonnes sans les faire précéder d'une sorte

---

(1) Le français, nous l'avons dit souvent, vient du latin populaire et non point de la langue littéraire romaine. Or, au cinquième et au dixième siècle, le latin vulgaire ne disait plus *spatium*, *sperare*, *stare*, etc..., mais *ispatium*, *isperare*, *istare*, comme on le voit par les inscriptions et les diplômes des temps mérovingiens. Cet *i* que le peuple avait ajouté pour faciliter l'émission du son, devint *e* en français : espace (*ispatium*), ester (*istare*), espérer (*isperare*), etc. *Note de* M. Auguste Brachet.

(2) Il est inutile de dire que je passe sous silence les mots savants tels que : scandale, stomacal, stérile, spectateur, etc. *Note de* M. Auguste Brachet.

(3) Auguste Brachet, *Grammaire historique de la langue française*, p. 132-33. — Dans les mots latins cités entre parenthèses, l'accent aigu marque la syllabe affectée de l'accent tonique.

d'aspiration vocale, qui est comme l'élan que prend la voix de franchir ce petit obstacle ; aussi d'autres langues ont-elles imité le latin dans ce procédé. Plus les inscriptions sont récentes, plus les formes en *i* deviennent nombreuses ; elles abondent dans les inscriptions chrétiennes, qui laissent largement pénétrer le parler vulgaire, et en particulier dans celles de la Gaule. Cet *i*, qui n'existe pas en valaque et n'existe qu'à peine en italien, s'est conservé tel quel dans le dialecte sarde (*istella*, *ispiritu*) ; dans les quatre langues de l'ouest il est devenu *e*, et c'est sous cette forme qu'il nous apparait dans les plus anciens monuments. Nous obtenons ainsi la forme *espatula* (1). » Le reste du passage que je viens de transcrire en partie, roule sur les transformations successives de *spatula* pour aboutir au mot français *épaule*, et est par conséquent inutile à rapporter. La partie que je viens de citer suffit néanmoins à établir que, loin d'être un phénomène phonétique particulier aux anciens habitants de l'Espagne et aux Basques actuels, la répugnance à faire commencer les mots par *st* (et par *sc*, *sp*, etc.) est depuis longtemps un fait général dans l'Europe occidentale (2).

Je crois avoir démontré que les trois habitudes phoné-

---

(1) Gaston Paris, *Grammaire historique de la langue française*, leçon d'ouverture, p. 25-26 — L'*i* préfixé au lieu de l'*e*, se trouve dans plusieurs mots basques : *iskribua*, écriture ; *izpiritia*, esprit, etc. On trouve même cet *i* préposé à des mots qui ne commencent pas par une *s* suivie d'une autre consonne. Exemples : *icekitu* (*siccare*) sécher, brûler ; *icekia*, ardeur ; *izena* (*signum*), nom, signe ; *izerdia* (*sordes*), sueur, saleté ; *ikharritu* (*carrus* et *carrum*) char. Parfois cet *i* est remplacé par un *e*, comme dans *egosia*, cuit.

(2) Dans la toponymie française « l'*e* est ajouté généralement en avant des mots qui commencent par l'une des consonnes doubles *sc*, *sp*, *st*, faisant naître par là la syllabe *es*, qui est devenue *é*, d'après les habitudes de l'orthographe moderne, pour les noms de lieu de la langue d'oil : *Escoralia*, Escorailles (Cantal) ; *Spondilianum*, Espondeilhan (Hérault) ; *Scabrona*, Échevronne (Côte-d'Or) ; *Spissia*, Épasse (Côte-d'Or) ; *Stampæ*, Étampes (Seine-et-Oise). » J. Quicherat, *De la formation française des anciens noms de lieu*, p. 25.

tiques que Humboldt croit particulières au basque, ont eu et ont encore un domaine plus étendu que celui de cette langue, ce qui prouve que les Euskariens les ont empruntées aux peuples voisins. Il serait facile, d'ailleurs, d'en fournir d'autres exemples. Ainsi les Basques ne font point usage du *v*, et le remplacent constamment par *b*, de même que les Gascons, les Languedociens, les gens de l'Agenais, du Quercy, ceux du comté de Foix et de quelques autres pays. En espagnol aussi « *v* devient souvent *b*, et l'on écrit *bixit*, *Danuvius*, *varon*, *abogar*, pour *vixit*, *Danubius*, *varon*, *abogar* (1). » Ainsi encore, en espagnol *g* se change en *y* dans *yelo*, *yemma* ; les Béarnais disent aussi *yela*, *yulya*, etc., et les Basques, placés sous cette double influence, disent, par imitation, *yusto*, juste, *yokhari*, joueur, *Yudua*, juif, etc.

RACINES. Il n'a été encore entrepris, sur les racines euskariennes, qu'un seul travail, qui va de la page 245 à la page 259 de la déplorable *Histoire des Basques ou Escualdunais primitifs* (2) de M. A. Baudrimont. Ce travail est encore pire, s'il est possible, que le reste de l'ouvrage, et décèle, chez l'auteur, une complète inintelligence de son sujet. On trouve, dans le catalogue de ces prétendues racines, une foule de mots empruntés, à des époques plus ou moins récentes, aux glossaires étrangers, et je me contente d'en relever quelques-uns sur les pages 245 et 246. *Abeto*, sapin, *abilid*, génie, *akhaba*, finir, *adarg*, bouclier, *adio*, adieu, *altare* et *aldare*, autel, *ampoll*, ampoule, *amu*, hameçon, *anmina*, âme, *animalia*, animal, etc., etc. Le lecteur est fixé, par ce simple extrait, sur la compétence philologique de M. Baudrimont ; mais il

---

(1) TICKNOR, *Hist. de la littérature espagnole* (trad. Magnabal), p. XVIII.
(2) Voy. sur ce livre l'article de M. Ad. PICTET, dans la *Bibliothèque universelle de Genève* de 1854, et ce que j'en ai dit moi-même dans la *Revue de Gascogne*.

faut bien reconnaître que l'étude des racines est la partie la plus difficile de la grammaire euskarienne.

On sait que le basque n'a été fixé par l'écriture qu'à une époque relativement très-récente. Il n'est donc pas étonnant que les glossaires de cette langue contiennent un très-grand nombre de termes empruntés aux peuples voisins. Le *Thesora hirour linguietaqua Francho Espanola eta Hasquara* attribué à Vincente Garcia Ordoñez de Lloris, et publié à Bayonne en 1642, doit être considéré comme le premier essai de dictionnaire basque (1). Vient ensuite le glossaire manuscrit de Sylvain Pouvreau (XVI.e siècle), conservé à la bibliothèque de la rue Richelieu (2), le *Diccionario trilingue del Castellano*,

(1) Des essais plus ou moins informes de glossaire euskarien avaient pourtant été entrepris avant l'impression de cet ouvrage, et je crois être agréable au lecteur en les lui signalant. — Joannes MAURUS, CONSTANTIANUS, *Traductio vocabulorum de partibus Ælium in linguam gallicam et vasconicam ex Francisco Mario Grapaldo*, in-18. Mons Albani in ædibus Gilberte bibliopole, s. d. (Duverdier en parle dès 1586, et la dédicace porte : *Aginni khalendas martias quingenta* (1500). Rarissime). Lucio MARINEO SICULO, *Cosas illustres y excellentes de España*, in-fol. Alcala de Henarès, 1539 (Complutum). L'auteur consacre un chapitre à traiter de l'ancienne langue des Espagnols (*Qual fué antiguamente la lengua española*). On y trouve 38 mots et 19 noms de nombre avec la traduction. « A en juger par les verbes cités, dit M. d'Abbadie, ces mots sont pris dans le biscayen. Quelques mots sont cependant tels qu'on les retrouve aujourd'hui dans le Guipuzcoa et se prononceraient autrement dans la seigneurie de Biscaye. »

(2) Le vocabulaire de Sylvain Pouvreau, dit M. d'Abbadie, est un des plus curieux monuments de la langue, soit par son ancienneté, soit par sa richesse en mots tirés des dialectes souletain et navarrais, et qui manquent au travail de Larramendi. C'est un manuscrit petit in-folio contenant, en 336 pages environ, dix mille mots basques avec l'explication en français et de nombreuses citations d'idiotismes basques. Les lettres A et B manquent, et la première page du vocabulaire ne commence qu'au mot *çafarda*. Il existe encore quelques autres lacunes dans le corps de l'ouvrage, notamment entre les mots *If* et *Aï*. Les proverbes d'Oïhénart sont cités plusieurs fois avec renvois aux numéros du recueil. A la fin du vocabulaire principal sont 42 pages grand in-folio commençant au mot *Areba* et finissant par *Asterea*; c'est probablement la deuxième copie de l'ouvrage : on a

Bascuence y latin du P. de Larramendi (San-Sebastian, 1745), et le *Vocabulaire des mots basques Bas-Navarrais*, de Salaberry (Bayonne, 1857).

C'est à ces glossaires, augmentés par des recherches plus complètes, qu'il faudrait demander les éléments d'un bon travail sur les racines euskariennes. On devrait s'attacher tout d'abord, à écarter tous les mots d'origine latine, romane, germanique et sarrazine ; mais ce n'est pas là une médiocre difficulté. Bon nombre de ces mots ont subi des transformations notables, sous l'empire d'habitudes phonologiques, qui varient selon les cantons, et qui n'ont encore été étudiées jusqu'à ce jour que d'une façon incomplète. On en jugera par deux ou trois exemples pris au hasard.

Makila ou *makhila*, bâton, que certains ont rapproché à tort de l'hébreu *maquel*, tuer, vient tout bonnement du latin *baculus* : $m = b$, k ou $kh = c$ dur, i (qui est long) $= u$. *Mirchica*, pêche, vient de *persica* : $m = p$, $i = e$, $cs = s$.

---

commencé à y placer les mots français, espagnols et latins vis-à-vis des mots basques. Le vocabulaire est précédé de 23 pages entourées d'une liste de 289 mots appliqués par une autre personne, probablement Arnaud Oïhénart. L'une de ces feuilles porte la date du 30 mai 1665. On voit encore au commencement du volume un fragment de grammaire basque. Sa terminative *Keria* y est bien rendue, mais on y méconnait le mode indéfini. Le volume se termine par 45 pages de prières à la sainte Vierge en dialecte du Labourd : quelques-unes d'entre elles sont aussi écrites en français. Une feuille de parchemin, annexée au volume, contient un projet d'approbation du Roi pour les ouvrages que Sylvain Pouvreau se proposait de publier. Ces ouvrages, annoncés comme terminés, sont une traduction de l'*Imitation de Jésus-Christ*, une grammaire basque et française avec quelques dialogues familiers pour le commerce des deux langues, enfin le Dictionnaire basque, français, espagnol et latin. Le précieux manuscrit de S. Pouvreau se trouve à la Bibliothèque royale, sous le n° 7,700, 3, 4. Il ne paraît pas qu'aucun de ces travaux ait été imprimé. Il était prêtre du diocèse de Bourges, et d'après quelques indices, il nous paraît être natif des environs de Saint-Jean-de-Luz. » D'ABBADIE et CHAHO, *Études grammaticales*, p. 47-48.

Progatu, prouver (*probare*) : $g = b$. *Guiristioa*, chrétien (*christianus*) : $g = ch$ (dur), *ui*, additionnel, *oa*, désinence.

La besogne est loin d'être toujours aussi facile ; et, si j'écris jamais là-dessus un mémoire spécial, j'établirai, par une foule d'autres exemples, que les mots importés de l'étranger ont payé leur droit de cité au prix de métamorphoses bien autrement remarquables. L'accueil qui sera fait au présent ouvrage influera certainement beaucoup sur la résolution que je dois prendre à ce sujet ; mais les exemples ci-dessus suffisent pour fixer les idées, et faire voir comment le glossaire euskarien se trouverait déjà notablement réduit par le procédé d'élimination dont je parle. Il faudrait distraire aussi les termes composés, soit par la réunion de mots exclusivement basques, soit par le rapprochement des mots basques et importés, en tenant compte, dans tous les cas, des modifications par eux subies, sous l'influence du procédé holophrastique dont il sera question plus bas. C'est ainsi que l'on rayerait *basurdea*, sanglier, composé de *basoa*, forêt, et *urdea*, porc : porc de forêt, porc sauvage. *Sagarnoa*, cidre de *sagarra*, pomme, *noa*, boisson : boisson de pommes, etc., etc. Il faudrait proscrire encore plus sévèrement les mots destinés à l'expression d'idées étrangères à la masse du peuple euskarien, et que le P. de Larramendi se plaît à forger à l'aide d'éléments basques, quand il ne les invente pas gratuitement. Aux premiers appartiennent *ibaizaldia*, hippopotame, de *ibaia*, rivière, et *zaldia*, cheval, cheval de rivière ; *izarkindea*, astronomie, de *izarra*, étoile, et *kindea*, connaissance, connaissance des étoiles, etc... Les seconds sont représentés, par exemple, par *izitza*, hiéroglyphe (*Isis*) ; *mutyla*, esclave (mutilé, eunuque), etc., etc.

Cette tâche une fois accomplie, il importerait de relever, dans le glossaire des Basques, les mots celtiques que les Vascons, ancêtres de ce peuple, pourraient avoir empruntés, dans l'antiquité, aux peuplades celtiques du nord de l'Espagne, et aux tribus de l'Aquitaine, ou même qui pourraient être arrivés à la connaissance des Euskariens, à des époques antérieures, par des moyens qui ne nous sont pas connus. Mêmes réflexions par rapport aux termes qui se retrouvent dans les autres langues aryennes, les idiomes du groupe touranien, etc. On obtiendrait ainsi, par l'emploi de cette méthode, un résidu plus ou moins considérable, et inattaquable par les procédés actuels de la philologie Jusqu'à nouvelles informations, ce résidu pourrait être considéré comme le patrimoine spécial et distinct des Basques. Les origines linguistiques de ce peuple se trouveraient, en même temps, plus ou moins éclairées par la possession commune avec d'autres groupes de langues, de séries plus ou moins nombreuses de radicaux caractéristiques d'un état social peu avancé.

En attendant que ce travail soit fait par d'autres ou par moi, l'étude de l'idiome euskarien révèle facilement, sous la forme agglutinative qu'il revêt aujourd'hui, un monosyllabisme antérieur, dont j'ai déjà cité plus haut des exemples: *ots* (bruit, p. 107), *ug* (fertilité, p. 107, 146), *ur* (animal, p. 117), *eg* (plume p. 117), *ar*, prendre, *as*, commencer, *az*, nourrir, *el*, arriver, *etz*, fermer, *ez*, dompter, *il*, mourir, *its*, flétrir, *uts*, vider, *utz*, laisser, *jal*, sortir, *jars*, manger, *jar*, s'asseoir, *jeis*, venir, *jo*, frapper, *jos*, lier, *jun*, aller, *ken*, ôter, *lot*, lier, *motz*, couper, *pitz*, vivifier, allumer, *sar*, entrer, etc., se retrouvent dans un grand nombre de composés (1).

(1) « On peut admettre de prime abord, dit M. Diez, qu'il reste (dans l'espagnol) peu de traces des idiomes antérieurs à la conquête romaine. Quelques expressions ibériques, adoptées ou citées par les Romains, se retrouvent dans les dictionnaires espagnols, mais toutes ne sont certainement pas dans la bouche du peuple. De celles-là seules qui sont populaires, on peut affirmer qu'elles sont arrivées de l'ibérique à la langue actuelle par l'intermédiaire de la *romana rustica* espagnole, où le latin les avait puisées ; les autres ont été postérieurement empruntées aux écrivains romains. Il

Composition des mots. Elle s'effectue, dans la langue basque, par la double voie de la dérivation et de la composition. La dérivation a lieu moyennant un assez grand nombre de particules qui, à mesure qu'elles s'agglomèrent, modifient le sens, le nuancent à volonté, et changent la catégorie grammaticale. Le cas de la déclinaison peut en outre se superposer, en même temps que les modes et les nombres, et le mot, en

faut noter par exemple *belluz* ou *balluca*, sable mêlé d'or, maintenant *baluz*, petite pépite d'or (Voy. *Voss. etymologicum*) ; *canthus*, cercle d'une roue, grec κανθός, d'après Quintilien espagnol ou africain (Seeider, I, 211), cf. espagnol *canto*, bout ou bord de quelque chose ; *celia*, bière de froment, espag. même mot ; *cetra*, bouclier de cuir, esp. même mot ; *cusculium*, graine de kermès, esp. *coscojo* ; *dureto*, étuve, baignoire, esp. même mot ; *gurdus*, bête, sot, d'après Quintilien et Laberius (Voy. *Voss. etym.*), esp. *gordo* dans le sens de gros (cf. italien *grosso*, gros, bête ; grec παχύς, gras, bête) ; *lancea*, mot espagnol d'après Aulu-Gelle, allemand ou gaulois suivant d'autres, esp. *lanza* ; *palacra*, *palacrana*, lingot d'or, esp. même mot. En outre, on peut expliquer avec assez de certitude par le basque un certain nombre de mots espagnols ; voy. par exemple dans le Dict. étymol. les art. *ademan*, *álabe*, *amapola*, *ángaro*, *ardite*, *balza*, *burga*, *chamarasca*, *estacha*, *ganzua*, *garabito*, *garbanzo*, *ganzuza*, *guijo*, *gurrumina*, *hervoro*, *izaga*, *jorgina*, *lelo*, *mandria*, *modorra*, *morcon*, *moron*, *navaja*, *oqueruela*, *sarracina*, *socarrar*, *vericueto*, *zaga*, *zahurda*, *zalea*, *zamarro*, *zanahoria*, *zaque*, *zarria*, *zato*, *zirigaña*. Pour d'autres, cette étymologie est plus douteuse ; au reste, la langue espagnole semble à peine avoir conservé quelques traits du système phonique des Ibères (Voy. Dict. étymol., p. xi). » Diez, *Introd. à la gramm. des langues romanes*, p. 117-19. — Ce passage suffit à prouver que M. Diez accepte d'une manière à peu près complète la théorie ibérienne de Humboldt, contre laquelle j'ai déjà fourni bien des raisons empruntées à l'histoire et à la philologie. L'examen direct de cette théorie aura lieu dans le chapitre IV. En attendant, je suis loin de nier que l'espagnol ait pu emprunter quelques mots au basque ; mais je ne crois pas qu'il soit permis d'argumenter, au profit de la théorie de Humboldt, de la présence dans les glossaires euskariens des mots dont M. Diez a donné la liste. Le savant romaniste me paraît surtout avoir ici consulté le *Diccionario trilingue* du P. de Larramendi, qui a basquifié sans façon, ainsi que je l'ai déjà dit, un grand nombre de mots, dont les Euskariens ne font pas usage. Quant aux autres termes espagnols qui ont vraiment droit de cité en Eskuara, leur adoption s'explique par les raisons semblables à celles qui justifient la présence des vocables de provenance latine, germanique, sarrazine et romane.

se déclinant, présente des relations doubles, triples, etc. Chaho est le seul grammairien qui ait travaillé sur les terminatives basques, et voici la liste qu'il en donne (1).

1° Terminative TSU. *Handitsu*, grandiose, *oldotsu*, sanguin.

2° — TU. *Handitu*, agrandi, *chouritu*, blanchi.

3° — THURA et THURA, adoucie. *Lothura*, jointure, *erradura*, brûlure.

4° — KHURA et KURA. *mintkura*, partie moisie, *gorrikura*. rougeur partielle.

5° — TA. *Handita*, quantité de ce qui est grand, *ahurta*, poignée.

6° — KA (avec valeur médiative). *Ahurka*, avec les mains, *makillaka*, à coups de bâton.

7° — ARA, TA-ARA et KA-ARA. *Eguntara*, à la clarté du jour, *okerkara*, tout de travers.

8° — ARI, TARI et KARI. *Thitzlari*, chasseur, *eskutari*, glaneur, *artekari*, médiateur.

9° — GARRI. *Handigarri*, qui est de nature à faire grandir, *ahalkegarri*, qui est à faire honte.

10° — AR et TAR. *Araüar*, Alavais, *Bizkaïar*, Biscayen, *Nafartar*, Navarrais.

11° — TAR-ZUN. *Handitarzun*, grandeur, *zuhurtarzun*, sagesse.

12° — ARO et ZARO. *Handizaro*, âge de la grandeur, *chipizaro*, âge de petitesse.

13° — GOA. *Handigoa*. grandeur, *chipigoa*, petitesse.

14° — KERIA. *Handikeria*, affectation de grandeur, *chipikeria*, trait de petitesse, *ordikeria*, ivrognerie.

---

(1) CHAHO, *Etudes grammat.*, p. 18-27.

15° —   TZE. *Sacaritze,* pommier, *madaritze,* poirier. La valeur du TZE change suivant les noms auxquels il s'adapte : *Handitze,* grandir, agrandissement; *hourtze,* foudre, fonte. Les radicaux prennent la terminative TE : *izate,* être, existence; *joaïte,* aller, allée. TE, à la suite des noms appellatifs et qualificatifs, exprime le nombre et la quantité : *handite,* quantité de ce qui est grand; *chourite,* quantité de ce qui est petit.

16° —   TELI. *Harriteli,* amas de pierres, *elhurteli,* amas de neige.

17° —   KIN. *Gaintikin,* ce qui a débordé, *moutzkin,* coupure, excédant, revenu.

18° —   KI. *Goraki,* hautement, *gorderki,* secrètement.

19° —   GHI. *Egurteghi,* bûcher, *chinaurriteghi,* fourmilière.

20° —   LI-AR. *Bestaliar,* qui est de fête, *ezteïliar,* qui est de noce.

21° —   TIAR. *Handitiar,* ami du grand, *goïztiar,* ami du matin, matinal.

22° —   TI. *Ghezurti,* menteur, *eghiati,* véridique.

23° —   KI. *Oihilaki,* morceau de toile, *ezurki,* morceau d'os.

24° —   KIA. *Sarghia,* lieu d'entrée, *elghia,* lieu d'arrivée.

25° —   KAILLU. *Handikaillu,* ce qui sert à agrandir, *ederkaillu,* ce qui sert à embellir.

26° —   GUNE. *Handigune,* côté grand, *hongune,* côté bon.

KUNTE (exprimant impulsion vers). *Nahikunte,* désir, *oustekunte,* persuasion.

27° — GHEÏ (destination) *Emazteghei*, future épouse, *senargheï*, futur époux.

28° — GHIN. *Zurghin*, charpentier, *itzaghin*, cloutier. Dans quelques dialectes GHIN devient GHILE.

29° — ZALE. *Handizale*, agrandisseur, *bilzale*, pourvoyeur. La syncope de cette terminaison donne, pour les mots terminés par *s*, *r*, *z*, *u*, *i*, etc., *igorle*, celui qui envoie, *egozle*, celui qui fait cuire, etc.

30° — ZAÏN (avec le sens de nerf, soin, conduite). *Ahuntzaïn*, chevrier, *artzaïn*, berger. Le *z* disparaît quelquefois, comme dans *ourdaïn*, porcher, *ulhaïn*, vacher.

31° — KO (adhérence, appartenance, combiné avec *r*). *Handikor*, sujet à grandir, *erraskor*, inflammable.

32° — KHOÏ (affection, tendance). *Egoskhoï*, goulu à téter. Par la suppression de l'*h* on a *handioï*, hautain, altier, *nigarroï*, pleureur.

33° — OUS. *Handious*, hautain, altier.

34° — KOT (dédain, mépris). *Handiskot*, un peu grand.

35° — AÏL, ATS, ATCH. *Chourraïl*, blanchâtre, *hoïlats*, jaunâtre, *gorraich*, tirant sur le rouge.

Je crois avoir résumé très-fidèlement le travail de Chaho, sur ce qu'il appelle des *terminatives*; mais cet auteur a grand tort de croire que toutes appartiennent en propre aux Basques. Ainsi les terminaisons désignées par les numéros 3, 4, 8, 14, 33 et 34, se retrouvent en espagnol ou en gascon, et parfois dans ces deux langues, avec les seules modifications commandées par les lois phonétiques qui leur sont propres. Le n° 7 (*ar* et *tar*) n'est autre chose que la postposition caractéristique du cas que le capitaine Duvoisin désigne sous le nom de directif. Cette postposition, appliquée à un nom de lieu, sert à caractériser ses habitants, et le directif, comme les autres cas de la déclinaison basque, peut se décliner à son tour. Ainsi, par exemple, *Biskayarra*, à, vers, de Biscaye, donne *Biskayar*, Biscayen, qui se décline lui-même comme substantif. Le n° 19, *ghi*, donné comme terminaison, est une véritable racine postposée à d'autres mots. *Ghi* ou *giz* emporte en effet l'idée d'agrégation, d'assemblage ; il est donc tout naturel que l'on s'en serve pour exprimer l'idée d'amas, de bûches, de réunion de fourmis, *egurteghi*, *chinaurriteghi*, etc.

Je pourrais peut-être relever encore quelques autres erreurs dans le travail de Chaho ; mais je crois en avoir dit assez pour démontrer qu'il est à refaire, et je hâte de tous mes vœux le moment où le capitaine Duvoisin publiera les recherches qu'il promet, sur la même matière, dans son *Étude sur la déclinaison Basque*.

La composition des mots destinés à traduire d'autres idées que celles qui sont exprimées par les radicaux employés, a lieu par syncope et par ellipse. Ainsi le *cirberkuia*, alliage de plomb et d'étain, est formé de *ciraida*, étain, et de *beruna*, plomb, suivis de la terminaison *kuia* ou *kia*

Le lecteur est prié de remarquer que dans *cirberkuia*, le mot *ciraid* n'entre dans le composé que pour la syllabe *cir*, et le mot *beruna*, que pour la syllabe *ber*. Ce phénomène, dont certains philologues ont exagéré la fréquence et l'énergie, n'est pourtant pas rare en basque, mais je veux me borner à deux exemples. *Mintzoa*, parole, a été formé avec *mihia* ou *mia*, langue, et *otsoa* ou *otzoa*, bruit ; *beule*, de cil, de *beguia*, œil, et *ulé*, cheveu, etc. Ce procédé même a reçu des grammairiens le nom d'*encapsulation* ou *incorporation*.

On comprend sans peine que l'emploi des procédés de composition des mots que j'ai décrits, doivent souvent fournir des termes très-longs et très-complexes. Dans ses *Etudes grammaticales sur la langue Euskarienne*, Chaho cite : « *Guizon-kar-itu-cheghi-ñito-aren-aren-are-ki-la-koñi-aren-areki*, avec celui de l'infiniment petit, qui est celui de la très-chère petite qui est devenue aimant tant soit peu les hommes. » Ce composé ne contient au fond que deux radicaux, *guizon* (et mieux *ghizon* ou *gizon*) et *kar* = homme et aimer. Le reste se compose de particules et de rapports, et le tout peut se conjuguer. Est-il besoin d'ajouter que si des mots d'une telle longueur sont très-acceptables en théorie, on ne les rencontre jamais dans la pratique ?

Ces explications prouvent, je crois, suffisamment, au profit de la langue basque, l'extrême énergie du procédé agglutinatif, en même temps que la facilité d'exprimer les plus fines nuances, et celles de convertir les diverses parties du discours.

Déclinaison. La déclinaison basque a été étudiée par les grammairiens antérieurs à l'abbé Darrigol, mais le travail de cet ecclésiastique est, à bon droit, considéré comme la première entreprise vraiment sérieuse. L'abbé Darrigol distingue le mode indéfini du mode défini, qui possède seul le singulier et le pluriel. Dans son paradigme de la déclinaison d'un nom adjectif, il énumère quinze cas, réduits aux dix suivants dans la déclinaison du substantif : nominatif, actif, médiatif (*de, par*), positif (*dans*), datif (*à*), génitif (*de*), unitif (*avec*), destinatif (*pour*), ablatif (*de*), approximatif (*à, vers*).

Le travail de Chaho sur la déclinaison basque est dépourvu d'originalité. M. de Charencey s'est exercé sur le même sujet, dans le premier fascicule de son travail intitulé : *La langue basque et les idiomes de l'Oural*. L'auteur distingue, comme l'abbé Darrigol, le mode indéfini, du mode défini ayant seul le singulier et le pluriel. Il distingue les flexions, en flexions casuelles proprement dites, flexions postpositives et flexions composées. Les premières sont celles qui n'ont qu'une valeur de position, et sont dépourvues de toute signification propre (*a*, *ac*, *i*, *ik*, *ez*, *an*, *tara*), auxquelles M. le chanoine Inchauspe (1) propose d'ajouter *kin*, *ki*, *ko*, *kal*. Les postpositions (*gabe*, sans, *gana*, vers, *ganik*, de (*ex*), *gatik*, à cause et malgré, auxquels M. le chanoine Inchauspe ajoute *tzat* et *dako* ou *tako*, (pour) ont par elles-mêmes une signification, et peuvent facilement se détacher du mot. Dans les flexions casuelles, M. de Charencey énumère les cas suivants: nominatif, actif, médiatif, génitif, datif, locatif, destinatif (à formes destinative adverbiale), inessif, illatif (à formes transitive animée, commorative inanimée), intensif (à formes transitive et commoratif), élatif (à formes inanimée et animée), causatif et despatif. Les flexions postpositives comprennent le sociatif (singulier et pluriel), le modal, le caritif, l'instrumental, le sublatif, l'adverbial, le continuatif, le contributif, l'unitif et l'inclusif. Dans les flexions composées, M. de Charencey distingue le médiatif, locatif, élatif, sociatif, modal et instrumental, le génitif-locatif, le datif-actif, le datif-double, les locatifs génitif, médiatif, destinatif, modal, et 2e adverbial, le destinatif-modal, l'inessif-locatif, les illatifs locatif et continuatif, les intensifs médiatif et continuatif, les élatifs inessifs et illatifs, les modaux locatif, double, et 2e adverbial, le caritif-inessif, l'adverbial 2e et locatif, le datif-actif e inessif, l'illatif-locatif et inessif, et le caritif-inessif et datif-actif.

Cette longue et complexe nomenclature ne s'est pas produite sans critique. Dans les flexions casuelles, M. le chanoine

(1) *Sur l'orig. et les affin. de la langue basque*, dans les *Annales de philosophie chrétienne*, n° de juillet 1867.

Inchauspe repousse, pour de très-valables raisons, le sublatif (*pe* ou *be* final), l'inclusif (*ta*), l'unitif (*tu*) ; et, dans les flexions composées, toutes celles que M. de Charencey énumère après l'élatif-locatif.

M. Van Eys s'est également expliqué sur cette portion du travail de M. de Charencey. « On pourrait, il est vrai, dit-il, admettre dans la langue basque trois cas : le nominatif, le génitif et le datif, mais seulement à titre de concession faite à la routine.

« En principe, la déclinaison basque n'existe pas ; selon nous, il n'y a que des postpositions qui remplacent les prépositions des autres langues. Nous trouvons donc cette méthode fausse et défectueuse, sans parler de l'application de la dite méthode, qui est un véritable casse-tête, même pour celui qui s'occupe du basque. L'auteur lui-même paraît trouver le système défectueux, quand il dit à la page 83 « qu'il ne se flatte pas d'avoir réussi à réunir toutes les flexions ; » et cependant il admet trois classes de flexions, dont les deux premières comptent vingt-trois cas ! Un des cas de la troisième classe prendra le nom de : caritif-datif-actif ; il nous semble que c'est trop exiger de la mémoire. Et pourquoi tout cela, nous le demandons? Uniquement parce que l'on s'est habitué à trouver une déclinaison dans les langues indo-européennes (1). »

L'auteur que je viens de citer a publié lui-même, en 1866, à Amsterdam, un *Essai de grammaire de la langue basque*, réédité en 186 , avec le nom de M. Van Eys. La première édition de cet *Essai* a été l'objet d'un examen critique de la part de MM. de Charencey et Zotenberg (2). Tout en louant cet ouvrage, M. de Charencey défend néanmoins sa classification des désinences casuelles. M. Zotenberg s'ex-

---

(1) *Revue critique*, de 1866, art. 107.
(2) *Revue critique*, de 1866, art. 39.

prime aussi en termes bienveillants. Néanmoins, il reproche à M. Van Eys d'avoir adopté la vieille orthographe du P. de Larramendi, et de n'avoir pas assez tiré les lois de la grammaire euskarienne de l'étude même de cet l'idiome.

Les idées de M. Van Eys n'ont pas trouvé de crédit auprès du capitaine Duvoisin, auteur d'une *Étude sur la déclinaison basque* publiée à Bayonne en 1866. Désireux de ramener à ses véritables proportions le paradigme d'une déclinaison qui lui paraît avoir été trop compliqué par les uns et trop simplifié par les autres, le capitaine Duvoisin s'est mis en quête d'une méthode pour reconnaître les parties de la déclinaison. « Un principe découlant de l'ordre naturel des choses, dit-il, c'est que la déclinative ne régit pas le substantif. Elle doit s'adapter au radical sans l'altérer en rien, et chaque signe casuel marquera ainsi une relation distincte. Un cas étant établi, il peut bien recevoir un affixe qui formera un dérivé, mais non deux signes casuels successivement et l'un sur l'autre. Deux signes casuels emportent deux relations; il ne leur est pas donné de former une relation mixte ou combinée. C'est du moins ce qui arrive dans le basque et met sa déclinaison au net, en faisant tomber l'étalage de cas élevé autour d'elle (1). » En conséquence, et pour des raisons assez longuement déduites, le capitaine Duvoisin ne reconnaît que neuf cas pour le mode indéfini, et huit pour le défini. Des considérations euphoniques lui font répartir les substantifs communs en trois classes; mais il y a réellement unité dans la déclinaison basque, qui n'a ni masculin ni féminin, et le paradigme suivant suffira pour fixer les idées du lecteur.

(1) *Étude sur la déclinaison basque*, par le capitaine Duvoisin, p. 25.

Mode indéfini.

PASSIF...	*Idi* —	(bœuf).
ACTIF...	*Idi* —	*k*,
GÉNITIF...	*Idi* —	(*r*)*en* (1).
DATIF...	*Idi* —	(*r*)*i*,
PARTITIF..	*Idi* —	(*r*)*ik*,
MÉDIATIF..	*Idi* —	*z*,
POSITIF...	*Idi* —	(*t*)*an*,
ABLATIF...	*Idi* —	*tarik*,
DIRECTIF..	*Idi* —	(*ta*)*ra*.

Mode défini.

SINGULIER.		PLURIEL.	
PASSIF...	*Idi* — *a*,	PASSIF...	*Idi* — *ak*,
ACTIF...	*Idi* — *ak*,	ACTIF...	*Idi* — *ek*,
GÉNITIF...	*Idi* — *a*(*r*)*en*.	GÉNITIF...	*Idi* — *en*,
DATIF...	*Idi* — *ari*,	DATIF...	*Idi* — *ei*,
MÉDIATIF..	*Idi* — *az*,	MÉDIATIF..	*Idi* — *ez* ou *etaz*,
POSITIF...	*Idi* — (*t*)*an*,	POSITIF...	*Idi* — *etan*,
ABLATIF...	*Idi* — *tik*,	ABLATIF...	*Idi* — *etarik*,
DIRECTIF..	*Idi* — *ra*.	DIRECTIF..	*Idi* — *etara*.

L'indéfini n'a point de nombre, dit le capitaine Duvoisin, et un mot exprime, dans ce mode, un sens pluriel tout aussi bien qu'un sens singulier : GIZON *bat* (un homme), *ehun* GIZON (cent hommes). Il marque les relations d'un caractère vague, et possède le cas partitif, qui manque au singulier et au pluriel. Dans le mode défini, le singulier est caractérisé par *a* placé avant la terminaison, toutes les fois que les lois de l'euphonie ne s'y opposent pas. Quand ces lois n'y mettent pas non plus obstacle, le pluriel est indiqué par un *e* placé dans la même position.

(1) Les lettres placées entre parenthèses, dans ce paradigme, sont euphoniques.

Il n'y a d'exception que pour le passif qui est terminé en *ak*, comme l'actif singulier, lequel n'en diffère que par l'accent tonique. L'actif singulier le prend sur la dernière voyelle : *gizonák jodu*, l'homme l'a frappé ; le passif pluriel la prend sur la pénultième : *gizónak jo ditutze*, ils ont frappé les hommes.

Le cas *passif* est, à l'indéfini, la racine des mots simples et le radical des mots composés. Il ne possède, à cet indéfini, aucun signe déclinatif, et il est accompagné, presque toujours, de quelque mot qui emporte l'articulation, quelle qu'elle soit, et fait tomber le nom au passif indéfini. *Gizon hunen behia*, la vache de cet homme ; *gizon*, qui aurait dû être naturellement au génitif, tombe au passif parce que le pronom s'est emparé de l'articulation. Les *actifs* sont sujets du verbe actif. L'*actif* indéfini est précédé d'un nom de nombre ou d'un pronom. Le sens du *génitif* et du *datif* est le même qu'en latin. Le *partitif* n'existe qu'à l'indéfini, et se traduit en français de plusieurs manières, dont le détail serait trop long. Le *médiatif* a le sens de *par*, *à travers* ; le positif celui de *en*, *dans* ; l'*ablatif* marque, pour ainsi dire, un mouvement d'extraction, et le directif correspond à peu près à l'adverbe *vers* (1).

Les noms d'êtres raisonnables (homme, père, enfant, forgeron, etc.), sont, « au positif, à l'ablatif et au directif, sous l'empire de formes à sens respectueux. Par exemple, on dira : *oihanetik oihanera* (de forêt en forêt) ; de même on indiquera une descendance de père en fils : *aitatik semera*. Mais pour marquer qu'on est allé du père au fils, on dira : *aitaren gatik semearen gana*, ce qui revient à cette formule française : *de la personne du père à celle du fils*, ou à cette autre : *de chez le père auprès du fils* (2). »

Les noms propres d'hommes ne se déclinent qu'à l'indéfini, et le positif, l'ablatif et le directif, sont ici remplacés par des

(1) Devoisin, *Étude sur la déclin. basque*, passim.
(2) *Id., Ibid.*, p. 6.

phrases respectueuses. Ces noms demeurent inaltérables. Ainsi *Joana* (Jeanne) se déclinera comme suit :

PASSIF.....	*Joana.*
ACTIF.....	*Joana—k.*
GÉNITIF....	*Joana—(r)en* (1).
DATIF.....	*Joana—(r)i.*
PARTITIF....	*Joana—(r)ik.*
MÉDIATIF....	*Joana—z.*
POSITIF....	*Joanaren baithan.*
ABLATIF....	*Joanaren baitharik* ou *ganik.*
DIRECTIF....	*Joanaren baithyra* ou *gana.*

Les noms propres de lieux, excepté ceux des maisons, sont personnifiés et déclinés à l'indéfini. Ils ont les neuf cas de ce mode, sans formes respectueuses. Leur indéfini diffère, au positif, à l'ablatif et au directif, de celui des noms communs. Les signes déclinatifs du singulier remplacent, pour ces trois cas, les désinences de la déclinaison indéfinie commune. « Il y a pourtant une légère distinction au positif des noms propres terminés par une consonne : ils le font *en* au lieu de *ean*, et ceux qui ont une voyelle pour finale ajoutent simplement un *n*. Par exemple, quand *seme* (fils) fait *semean*, *Maule* (Mauléon) fera *Maulen*; *lan* (travail) fait *lanean* et *Larrun* (nom de montagne) fera *Larrunen* (2). » Voici deux exemples de déclinaison de noms propres de lieux, l'un terminé par une consonne, et l'autre par une voyelle.

PASSIF....	*Larrun,*	*Bidarray.*
ACTIF....	*Larun-(e)k* (3),	*Bidarray-k* ou *(e)k.*
GÉNITIF...	*Larun-(er)en,*	*Bidarray-en.*

(1) Les lettres entre parenthèses sont purement euphoniques.
(2) Devoisin, *Étude sur la déclin. basque*, p. 7.
(3) Les lettres entre parenthèses sont purement euphoniques.

DATIF....	*Larun-i,*	*Bidarray-i* ou (*r*)*i.*
PARTITIF...	*Larun-ek,*	*Bidarray-ik* ou (*r*)*ik.*
MÉDIATIF...	*Larun-*(*e*)*z,*	*Bidarray-z* ou (*e*)*z.*
POSITIF...	*Larun-*(*e*)*n,*	*Bidarray-n.*
ABLATIF...	*Larun-*(*e*)*tik,*	*Bidarray-tik.*
DIRECTIF...	*Larun-*(*e*)*ra,*	*Bididarray-ra.*

Je me suis un peu arrêté sur la déclinaison; mais j'espère que la nécessité de cette insistance se trouvera justifiée plus tard. En revanche, je ne dirai rien de l'adjectif, si ce n'est qu'on le place toujours après le substantif qu'il qualifie : *gizon eder bat,* un bel homme. L'étude des pronoms serait sans utilité pour le travail de philologie comparée auquel je dois me livrer plus tard, et j'ai hâte d'arriver au verbe.

VERBE. L'étude de cette portion de la langue euskarienne est particulièrement intéressante, et M. le chanoine Inchauspe a publié là-dessus un vaste et beau travail, intitulé *Le Verbe basque.* J'y renvoie les lecteurs curieux d'approfondir, jusque dans ses détails les plus minutieux, la conjugaison dont je dois me borner à donner ici un aperçu rapide, mais suffisant. Il serait, je crois, fort difficile d'en présenter un meilleur que celui qu'on va lire, et dont je voudrais bien être l'auteur. Malheureusement cela est au-dessus de mes moyens, et les pages ci-après, imprimées entre guillemets, sont l'œuvre de M. le chanoine Inchauspe, qui a bien voulu les écrire à mon intention.

« Le verbe basque est unique; mais il possède, dans sa prodigieuse flexibilité et dans la variété de ses formes, des ressources que n'ont pas les autres idiomes.

» Pour comprendre l'unité du verbe basque, il faut savoir que les verbes attributifs des autres langues s'expriment en basque par des noms substantifs et adjectifs; et qu'il n'y a en eskuara qu'une manière de lier les idées exprimées par ces noms, d'indiquer les temps, les modes, les rapports des personnes et des choses. Ainsi, *donner* s'exprime par le substantif *emaite*, donation, action de donner, et par l'adjectif *eman*, donné. *Commencer* se rend par *haste*, commencement, *hasi*, commencé ; *marcher* par *ebilte*, marche, *ebili*, mis en marche, en mouvement ; arriver par *heltze*, arrivée, *heltu*, arrivé. Tous ces termes *emaite*, *eman* ; *haste*, *hasi* ; *ebilte*, *ebili* ; *heltze*, *heltu*, se déclinent absolument comme tous les autres noms. Pour indiquer les rapports des idées exprimées par ces noms aux temps et aux personnes, il faut recourir au verbe unique qui en est la copule nécessaire, qui leur donne la vie, le mouvement et la forme distinctive.

» Ainsi, pour rendre, *je donne une pomme*, le basque dit : *emaiten dut sagar ba t*, *j'ai en donation une pomme* ; il a donné, *eman du* ; il commençait le travail, *hasten zian lana*, mot à mot, *il avait en commencement le travail* ; il a commencé à sortir, *hasi da elkhiten*, mot à mot, *il est commencé en sortie* ; *heltzen da*, il est en arrivée, il arrive ; *heltu zen*, il était arrivé ; *ebiliten nintzan*, je marchais, j'étais en marche ; je le lui donnerai, *emanen deiot* ; il aura donné, *eman duke* ; il aurait commencé, *hasi zukian* ; il aurait marché, *ebili zatekian* ; nous irons à lui, *joanen guitzaio* ; il sera perdu, *galdu date* ; il marchera, *ebiliren da* ou *ebilico da* ; tu le perdras, *galduren* ou *galduko duk* ; tu le perdras, *galduren hiz*, ou *galduko hiz*. — Les mots *emaiten*, *hasten*, *heltzen*, *ebilten* sont au cas appelé *inéssif* par les linguistes, et rendu par la préposition *en* ou *dans* en français ; *eman*, *hasi*, *heltu*, *ebili*, *galdu*, sont au nominatif ; *emanen*, *joanen*, *ebiliren* et *ebilico*, *galduren* et *galduco*, sont des génitifs indéfinis de *eman*, *joan*, *ebili*, et *galdu* Dut, da, zian, zen, nintzan, deiot, duke, zukian, zatekian, guitzaio, date, duk, hiz, sont les formes verbales pouvant s'appliquer, toujours de la même manière, à toutes sortes d'idées exprimées par les noms substantifs ou adjectifs.

» Pour classer ces formes d'une manière méthodique, on les

divise en deux *voix* qu'on appelle *transitive* et *intransitive*. La voix transitive exprime la possession et l'action exercée sur une personne ou une chose autre que le sujet du verbe ; elle rend ordinairement les verbes appelés *actifs* en français. La voix intransitive exprime ou un état du sujet, ou une action reçue, ou faite par le sujet sur lui-même ; elle rend les verbes appelés en français *passifs*, *neutres* et *réfléchis*. Les formes transitives servent à rendre le verbe *avoir;* les formes intransitives rendent le verbe *être;* mais il y a dans ces deux voix des modes entiers et une infinité de formes qui ne peuvent se rendre ni par *avoir* ni par *être*, et qui, pour avoir leur signification, demandent à être unies à un nom ou à un adjectif ; tels sont *dezan, dezadan; dadin, ledin, dezake, leite, zezakian; zaio, zaiku, zeyon*, etc.

» Un écrivain allemand (M. Van Eys), dans un essai de grammaire basque, qui n'est au fond qu'un recurage de la vieille grammaire de Larramendy, prétend qu'on ne peut pas rapporter à un verbe unique les formes transitives et intransitives, attendu qu'*elles n'ont pas le même radical*. Cette observation, comme la plupart de celles du même auteur, n'est fondée que sur l'irréflexion et sur l'ignorance. Il n'existe pas de radical pour les formes du verbe basque, qui, dans la même voix, sont d'une variabilité infinie. Il ne faut connaître que les premiers termes du verbe pour en être convaincu. *Je suis* se dit *niz ;* il est, *da ;* nous sommes, *gira ;* j'étais, *nintzan ;* il était, *zen ;* j'ai, *dut ;* j'avais, *nian*, ou *nuen ;* il avait, *zian*. Il est évident qu'on ne peut pas plus donner un même radical à *niz, da* et *zen*, qu'à *dut, nian, zian ;* et que ni les voix, ni les formes du verbe basque, ne peuvent se distinguer par les radicaux.

» Nous dirons donc, avec les linguistes modernes, qu'il n'y a qu'un verbe en basque, parce qu'il n'y a qu'une seule manière de rendre les modes, les temps, et les relations diverses des personnes et des choses ; et parce que les mots, qui dans les autres langues sont des verbes, susceptibles de prendre les modifications conjugatives, sont, dans la langue basque, des substantifs et des adjectifs qui se déclinent, et qui ne peuvent se conjuguer qu'en empruntant les formes du verbe unique.

Voici l'indication des principales formes du verbe basque à la 3e personne du singulier :

Voix transitive.

Indic. *Présent* : du, il a.
— *Passé* : zian, ou zuen, il avait.
— *Futur* : duke, il aura.
Impé. *Présent* : beza, eguin beza, qu'il fasse.
— — — ukhen beza, qu'il ait.
Subj. *Présent* : dezan, eman dezan, qu'il donne.
— — — ukhen dezan, qu'il ait.
— *Passé* : lezan, ou vezan ; eman lezan, qu'il donnât.
— — ukhen lezan, qu'il eut.
Cond. *Présent* : luke, il aurait.
— *Passé* : zukian, il aurait eu.

Voix intransitive.

da, il est.
zen, il était.
daite, il sera.
bedi, joan bedi, qu'il aille.
— izan bedi, qu'il soit.
— eman bedi, qu'il se donne.
dadin, joan dadin, qu'il aille.
— izan dadin, qu'il soit.
— eman dadin, qu'il se donne.
ledin, ou zedin, joan zedin, qu'il allât.
— — izan zedin, qu'il fût.
— — eman zedin, qu'il se donnât.
lizate, ou lizateque, il serait.
zatekian, il aurait été.

Voix transitive.

Potentiel. *Présent* : dezake, il le peut.
— — — eman dezake, il peut donner.
— — — ukhen dezake, il peut avoir.
Passé : zezakian, il le pouvait.
Suppositif. *Présent* : balu, s'il avait.
— *Présent potentiel* : badeza, s'il le peut.
— — eman badeza, s'il peut donner.
— *Futur* : balesa, s'il le (faisait), *in futuro*.
— — eman baleza, s'il donnait
Votif. *Présent* : ailu, eût-il !
— *Futur* : aileza (aileza eguin ! plût à Dieu qu'il fît !)

Voix intransitive.

daite, ou daiteke, il le peut ; joan daite, il [peut aller.
— eman daiteke, il peut se donner.
— izan daite, il peut être.
zaitekian, il se pouvait.
balitz, s'il était (dans le présent).
badadi, s'il se peut.
— joan badadi, s'il peut aller.
baledi, s'il se (faisait) dans le futur.
— joan baledi, s'il allait (dans le futur).
ailitz, fût-il !
ailedi (ailedi joan ! plût à Dieu qu'il allât !)

» Il existe d'autres formes que l'on appelle *régies ;* elles semblent appartenir à la même catégorie que le subjonctif, mais elles ont un usage et un sens différents ; elles rendent les diverses conjonctions françaises. Nous nous bornons à les indiquer par quelques exemples : *Il a dit* QUE J'AI *donné, erran du eman* DUDALA ; — *allez pendant* QU'IL EST *à la maison, joan zite etchian* DELARIK ; — *voyez* CE QUE C'EST, *ikhous ezazu* ZER DEN ; — *quand ils arriveront, noiz heltuko* DIREN ; — *venez,* LORSQUE IL SERA *parti, jin zite joan* DATEKENIAN ; — *il regarde s'IL* MARCHE, *so eguiten du ebilten* DENEZ ; — *si je donne, emaiten* DUDANEZ ; — *je ne partirai pas* TANT QU'IL RESTERA, *ez niz joanen egoiten* DENO ; — *parce qu'il reste, egoiten* DELAKOZ.

Les formes verbales combinées avec divers cas des noms et des adjectifs, expriment les temps avec une précision supérieure même à la langue française ; donnons quelques exemples : *s'il* ÉTAIT *plus jeune, je le prendrais* ; dans cette phrase, *était* indique un temps présent, et se rend en basque par *litz* ; — *yazteago ba-*LITZ, *har nezake ;* — *s'il* ÉTAIT *libre, s'il* AVAIT *envie, il fallait le prendre, haizu ba-*ZEN, *nahi ba-*ZIAN, *hartu behar* ZEN. — Dans cet exemple, *était* et *avait* sont au passé, et se rendent en basque par le passé. *Si ton frère* ARRIVAIT *pour dimanche, nous partirions ensemble :* ici l'imparfait français indique un temps futur et se rend en basque par une forme qui indique le futur : *hire anayea hel ba-*LEDI *iganteco, joan guintakek algarrekin.* Nous voyons, dans ces trois exemples le même temps de l'imparfait servir en français à indiquer et le présent et le passé et le futur, tandis que le basque distingue très-bien et doit nécessairement distinguer ces trois temps par trois formes différentes. Voici encore la forme conditionnelle qui sert à la fois en français à indiquer un présent et un futur : *Il* GAGNERAIT *assez pour vivre à son aise, mais il est désordonné : irabazten* LUKE *aski nazaiki bizitzeko, bena neurigabe da.* — *L'occasion* SERAIT *à présent favorable :*

guerthaldea orai hon LIZATE. — *Il* GAGNERAIT *beaucoup plus s'il voulait s'en donner la peine :* irabaz LEZAKE l'orhi.. haboro, nekatu nahi balitz. — *Il* PARTIRAIT *demain s'il avait un compagnon :* joan LEITEKE bibar lagun bat, balu. Dans les deux premiers exemples, les conditionnels *gagnerait* et *serait* marquent un temps présent; et dans les deux derniers, *gagnerait* et *partirait* indiquent des actions futures: — deux formes différentes distinguent ces deux temps dans le basque.

» Mais les particularités les plus frappantes qui distinguent le verbe basque nous restent encore à signaler.

» Les langues, soit sémitiques, soit indo-européennes, indiquent, dans les divers temps du verbe, la première, la seconde et la troisième personne au singulier et au pluriel, par des terminaisons particulières; mais là se bornent leurs ressources. La langue basque distingue, dans les terminatifs de son verbe, les personnes et le nombre, et de plus le régime direct et indirect avec toutes les variations nominales ou pronominales, singulières et plurielles; bien plus, elle varie ses terminatifs selon le genre, la qualité et le nombre des personnes auxquelles on s'adresse; en sorte qu'un terminatif exprimera à la fois le mode, le temps, le sujet, le régime, le singulier ou le pluriel du sujet et du régime, et la personne ou les personnes à qui l'on parle. Et tout cela se fait avec une simplicité aussi remarquable que la complication; donnons un échantillon de cette prodigieuse fécondité, dans la 3ᵉ personne du singulier du présent de l'indicatif.

» *Il donne*, à l'indéfini qui est la forme du discours public, et que l'on emploie lorsqu'on parle à plusieurs personnes, se rend par *emaiten* DU, il donne, il le donne. Si on s'adresse à un homme que l'on tutoye, on dit — DIK.
à une femme que l'on tutoye, — *din.*
à une personne que l'on respecte — *dizu.*

Avec le régime direct pluriel, on dit à l'indéfini, *emaiten* DUTU, il les donne.

      au masculin, — *ditik.*
      au féminin, — *ditin.*
      au respectueux, — *ditizu.*

Avec régime direct sing. et régime indirect sing., *emaiten* DEIO, il le lui donne.

      masculin, — *diok.*
      féminin, — *dion.*
      respectueux — *diozu.*

Avec régime direct plur. et indirect sing. indéfini, *emaiten* DEITZO, il les lui donne.

      masculin, — *ditzok.*
      féminin, — *ditzon.*
      respectueux — *ditzozu.*

Avec régime direct sing. et indirect plur., indéfini, — DEIE, il le leur donne.

      masculin, — *diek.*
      féminin, — *dien.*
      respectueux, — *diezu.*

Avec régime direct plur. et indirect plur. indéfini, *emaiten* DEITZE, il les leur donne.

      masculin. — *ditzek.*
      féminin, — *ditzen.*
      respectueux, — *ditzezu.*

Avec régime direct personnel, 1re personne. *emaiten* NAI ou NAU, il me donne. Masculin *nic*, féminin *nin*, respectueux, *nizu* 2e pers. *emaiten* HAI, il te donne.
Hi, toi, est des deux genres. Au respectueux on dit, *emaiten* ZUTU, il vous donne

             (vous singulier).
 — — — *emaiten* ZUTIE, il vous donne
             (vous pluriel).
 — — — *emaiten* GUTU, il nous donne.

Il me le donne, *emaiten* DEIT, masculin DITAK, féminin, DITAN, respectueux, DITAZU.
Il me les donne, *emaiten* DEIZI, masculin DIZTAK, féminin DIZTAN, respectueux DIZTATZU.
Il te le donne, à toi homme, *emaiten* DEIK, il te le donne.

    à toi femme, — *dein.*
    à vous, singulier, — *duzu.*
    à vous, pluriel, — *deizie.*

Il nous le donne, — *emaiten* DEIKU pour DEIGU.

    masculin — *dikuk.*
    féminin, — *dikun.*
    respectueux. — *dikuzu.*

Il se donne, à l'indéfini,   emaiten DA; *da* est la forme intransitive.
        masculin,   — *duk*.
        féminin,   — *dun*.
        respectueux,   — *duzu*.

Il se donne à moi,   — emaiten ZAIT, pour *dait* qui ne se dit pas.
        masculin,   — *zitack*.
        féminin,   — *zitan*.
        respectueux,   — *zitazu*.

Il se donne à toi, masculin   emaiten ZAIK.
        à toi, féminin   — *zain*.
        à vous, singulier   — *zaizu*.
        à vous, pluriel   — *zaizie*.

Il se donne à nous *zaiku*, masculin *zikuk*, féminin *zikun*, respectueux *zikuzu*; — à lui *zaio*, masculin *ziok*, *zion*, *ziozu*; — à eux *zaie*, masculin *ziek*, féminin *zien*, respectueux *ziezu*.

« Voilà une partie des nombreuses transmutations que subit la seule 3ᵉ personne du singulier du présent de l'indicatif. Si l'on songe que les mêmes transformations se font à chaque personne, au pluriel comme au singulier, et qu'elles se répètent à tous les temps et à tous les modes, on comprend sans peine que, lorsque un auteur a voulu donner le verbe basque dans tout son développement, il ait produit un énorme volume in-quarto.

» Il existe dans le langage, pour un très-petit nombre de verbes d'un usage fréquent, des formes verbales irrégulières qui semblent se rapprocher de la manière de conjuguer des autres langues. Ces formes ne s'étendent jamais à tous les temps et à tous les modes des verbes, et elles peuvent toujours être remplacées par la forme régulière. Elles sont composées de la racine du nom verbal réduit à sa plus simple expression, et du terminatif du verbe régulier auquel il est uni ou plutôt intercalé; c'est une contraction de formes régulières. Ainsi *je sais* s'exprime par *dakit*, composé de *jakin*, *jakite*, savoir, dont on conserve la substance, *aki* qu'on a intercalé à *dut*, en le substituant à la liaison *u* ; — *dakik*, tu sais, est de même composé de *aki* et *duk* ; — *nakian*, je savais, de *aki* et *nian* ; *zakian*, il savait, de *aki* et *zian* ; — *deramat*, ou *daramat*, j'emporte, se compose de *eraman*, emporter, et *dut* ; *neraman*, de *eraman* et *nian* ; — *doa*, il va, se compose de *joan* dont on ne conserve que *oa* et de *da* ; — *zoan*, il allait, de *joan* et *zen*. Le pluriel intransitif emprunte toujours la caractéristique тz des relations indirectes : — *doatza*, ils vont ; — *zoatzan*, ils allaient. Nous renvoyons les lecteurs qui désirent plus de détails sur cet intéressant sujet, aux ouvrages spéciaux qui ont été composés dans ces dernières années et qui ont été initiés au mécanisme particulier de cette langue. »

Ici finit le travail de M. le chanoine Inchauspe, et je vais restreindre le plus possible les considérations que j'ai à présenter à ce sujet.

Je dois noter tout d'abord la différence entre le verbe *transitif* et *intransitif*, qui domine toute la conjugaison, et ensuite la distinction entre les verbes réguliers et irréguliers établie par les grammairiens. Dans les verbes irréguliers, le caractère d'incorporation est manifeste, et la racine simple se trouve entourée des particules pronominales du sujet et du double régime, qui forment corps avec elle.

Les verbes réguliers demandent un examen plus attentif. Chez eux, la racine verbale précède le transitif et l'intransitif, dans lesquels on a voulu voir deux verbes auxiliaires. Il est néanmoins à remarquer que le verbe régulier n'entre pas dans la phrase sous la forme de simple radical, mais comme nom verbal pourvu d'une flexion casuelle.

Les grammairiens ont commis, pour la plupart, une erreur par rapport aux prétendus verbes auxiliaires *niz*, intransitif, et *dut*, transitif. Le savant abbé Darrigol a parfaitement démontré que *niz* est un pronom personnel pourvu d'une désinence casuelle, et signifiant *par moi*. Le même grammairien a établi que *dut* équivaut au latin *id mihi*. C'est à quoi se réduit au fond tout ce que l'on a dit exprimer *être* et *avoir*.

Tel est le véritable caractère des éléments constitutifs de la conjugaison basque, et c'est faute d'avoir bien pu l'étudier que Humboldt et d'autres philologues sont tombés dans des erreurs, aujourd'hui rendues manifestes par les progrès de la science et l'abondance des informations.

Humboldt, et d'autres savants après lui, comptent, dans la conjugaison basque, huit personnes. Trois ont trait à la seconde personne, dont deux varient selon qu'on parle à l'homme ou à la femme, et la troisième est une forme respectueuse. Ces distinctions pronominales, combinées avec le double régime, donnent naissance à deux cent six formes fondamentales, que Humboldt considère comme des conjugaisons. « Donc rien d'étonnant, dit M. Pruner-Bey, si un illustre personnage, me dit-on, a trouvé au-delà de vingt mille combinaisons verbales (1). » Je ne nie pas l'exactitude du calcul de Humboldt et l'opulence de la conjugaison basque. Néanmoins je ne puis m'empêcher de remarquer que bon nombre de combinaisons, acceptables en théorie, sont repoussées par la pratique.

Voilà tout ce que j'avais à dire sur la conjugaison basque. L'intérêt de l'étude de philologie comparée que je vais aborder tout à l'heure ne me commande pas d'étendre à d'autres parties du discours, et à la syntaxe de l'idiome euskarien, des recherches pareilles à celles que je viens de consacrer à sa phonologie, à sa déclinaison et à son verbe. Je n'ai donc plus qu'à terminer le présent chapitre, en formulant les conclusions

---

(1) Pruner-Bey, *Sur la langue des Basques*, dans le *Bullet. de la Soc. d'anthrop.* de 1867, p. 64.

qui me paraissent résulter des recherches auxquelles je viens de me livrer (1).

(1) J'ai déjà dit que je n'avais pu mettre la main sur la *Carte linguistique des sept provinces basques* du prince Louis-Lucien Bonaparte. Par ses propres recherches ou par celles de ses auxiliaires, ce savant est à coup sûr en état de signaler mieux que personne les divers dialectes euskariens, dont la caractéristique complète ne peut trouver place que dans les ouvrages purement grammaticaux. Je me borne donc à constater que, dans ses *Observations sur le formulaire de prône conservé naguère dans l'église d'Arbonne*, le prince Bonaparte distingue cinq dialectes, dont il signale quelques particularités, au point de vue de la phonologie, de la déclinaison et de la conjugaison : 1° Guipuzcoan, caractérisé par *det, dezu*, etc.; 2° Biscaïen, caractérisé par *dot, dozu*, etc. ; 3° Navarro-Labourdin, caractérisé par *dut, duzu, naiz*, etc. ; 4° Bas-Navarrais, caractérisé par *niz*, etc., sans le traitement respectueux. Le prince Bonaparte divise le Bas-Navarrais en trois « sous-dialectes, » dont le premier est le Bas-Navarrais de Baïgorry, ou Bas-Navarrais propre, « parlé dans les vallées de Baïgorry et d'Ossès, à Arnéguy, localité du pays de Cize, à Valcarlos, dans la Navarre espagnole, et dans les maisons du Paisquint de la même province. Dans ce sous-dialecte, l'*a* se transforme en *i* devant l'*a*, l'*e* et l'*o*. » Il se subdivise en deux variétés. La première, comme le baïgorryen, possède la forme interrogative et le nom verbal en *ukhan*, mais elle change en *uya* au lieu de changer en *ia*, les mots terminés en *u*. C'est ainsi qu'au lieu de *buria*, elle dit *buruya*. Cette variété est parlée dans les localités suivantes du Labourd : Bonloc, Hasparren, Louhossoa, Macaye et Mendionde. La deuxième variété de ce sous-dialecte change, comme la précédente, l'*u* en *uya*, mais elle n'a ni forme interrogative, ni *ukan*, ou si tant est qu'elle fasse entendre quelquefois ce dernier, cela n'a lieu que dans quelques localités, d'une manière exceptionnelle et comme d'emprunt. Elle est parlée dans les localités suivantes du Labourd : Cambo, Espelette, Halsou, Itsatsou, Jatxou, Larresore, Souraïde, Ustarits et Villefranque. Le troisième « sous-dialecte » est le bas-navarrais-aezcoan ou espagnol, « parlé dans les neuf localités suivantes qui constituent la vallée d'Aezcoa : Abaurea-Alta, Abaurea-Baja, Aria, Aribo, Garayoa, Garalda, Orbaiceta, Orbara et Villanueva. » La variété aezcoane se distingue de ses congénères par diverses particularités dont le détail serait trop long, et parmi lesquelles je ne veux signaler que l'absence de l'*h* aspiré. 5° Navarro-Souletin, comprenant les cinq sous-dialectes ci-après : « 1. Souletin de la Soule ou Souletin propre, représentant du dialecte. 2. Roncalais de la Navarre espagnole. 3. Salazarais, ou *Saleneo* de la même province. 4. Cizo-Mixain, subdivisé en Cizain, Mixain, Baidosien et Arberouan. 5. Adourais ou basque des rives de l'Adour, parlé à Urcuit, Lahonce, Briscous, Mauguerre avec Eliçaberry, et Saint-Pierre-d'Irube. Tous ces dialectes admettent plus ou moins le traitement respectueux, contrairement

Aucun document positif ne prouve que les plus anciens habitants connus de la Péninsule aient tous parlé un même idiome, qui serait aujourd'hui représenté par le basque.

Il résulte, au contraire, des témoignages concordants d'un grand nombre d'auteurs classiques, que l'Espagne était occupée, dès l'aurore des temps historiques, par des populations d'origine et de langues différentes.

Le domaine du basque est limité, pour l'Espagne, aux provinces de Biscaye, de Guipuzcoa, et à une partie de la Navarre transpyrénéenne et de l'Alava. En deçà des monts, il embrasse presque en entier les trois pays de la Soule, de la Navarre française et de Labourd.

Les Vascons, et les Basques qui sont leurs héritiers plus ou moins directs, ont, depuis l'antiquité jusqu'à nos jours, été constamment cernés par des populations parlant d'autres langues que la leur.

L'eskuara a perdu du terrain depuis les temps historiques; mais ce phénomène est particulièrement sensible sur le versant méridional des Pyrénées.

Les témoignages de Strabon et de Pomponius Méla permettent de croire, avec une certaine vraisemblance, que les anciens peuples Vascons, ancêtres plus ou moins directs des Basques actuels, parlaient une langue particulière. En tous cas, il n'est pas possible de contester que l'eskuara ait été très-anciennement parlé dans un canton du nord de la Péninsule. Néanmoins, l'existence du basque n'est positivement constatée

au Bas-Navarrais. » Dans la note qui termine le travail que je viens de mettre à contribution, le prince Bonaparte s'exprime ainsi : « L'étude sur les lieux mêmes de la Navarre espagnole vient de nous prouver d'une manière évidente que cette province n'a pas de dialecte qui lui soit propre, mais qu'elle se divise entre les autres, le biscaïen excepté. Le navarro-labourdin y domine, mais ce dialecte a pour représentant légitime le sous-dialecte labourdin de France. Il en est de même de l'Alava, où le biscaïen est le seul dialecte qui soit maintenant en usage dans un très-petit nombre de localités. »

qu'à dater du xiie siècle pour la région transpyrénéenne, et à partir du xive pour la région cispyrénéenne.

Les plus anciens monuments littéraires du basque, actuellement connus, ne remontent pas plus haut que le xve siècle pour l'Espagne, et le xvie pour la France. L'eskuara a subi, depuis cette époque, des changements si notables, que ses plus anciens monuments sont plus ou moins obscurs, quand ils ne sont pas tout-à-fait inintelligibles.

Cette langue n'a pas d'alphabet particulier, et plusieurs phénomènes phonétiques qu'on lui croit généralement propres, se retrouvent dans les langues romanes circonvoisines, auxquelles le vocabulaire euskarien a fait de nombreux emprunts.

Le basque porte des traces aussi nombreuses qu'évidentes d'un ancien état monosyllabique, depuis longtemps remplacé par l'agglutination. Dans cet idiome, les mots se forment par dérivation et composition. Dans ce dernier cas, il n'est pas rare de voir se produire, mais avec une intensité presque toujours médiocre, le phénomène *holophrastique*, dit aussi d'*encapsulation*.

La morphologie de l'eskuara est très-généralement caractérisée par des postpositions, dont l'office consiste à modifier diversement l'idée exprimée par le radical.

CHAPITRE III.

LES BASQUES D'APRÈS LA PHILOLOGIE.

(Philologie comparée).

§ 1.

J'en ai dit assez sur l'ancien état linguistique de l'Espagne, sur l'histoire externe du basque, et sur la morphologie de cet idiome, qu'il s'agit d'apprécier maintenant avec le secours de la philologie comparée.

C'est un principe aujourd'hui vulgaire, que les langues se divisent, d'après leur degré de développement, et sans tenir compte de leurs généalogies, en trois classes appelées : *isolante* ou *monosyllabique*, *agglutinante* ou *agglomérante* et *fléchissante*. Dans la classe isolante, c'est-à-dire au plus bas degré de l'échelle, il n'existe que des radicaux monosyllabiques, non susceptibles de déclinaison, conjugaison, etc. Ces radicaux invariables servent, en général, à exprimer le même sens dans l'acception substantive, adjective, verbale, adverbiale, etc., de sorte que, dans la théorie des langues isolantes, l'oraison devrait résulter de la succession des radicaux. Néanmoins il n'en est pas ainsi en la pratique; et même dans le vieux chinois, qui représente le mieux les langues isolantes, nous voyons les radicaux déterminés de plus près par le voisinage d'autres monosyllabes. Ainsi, du rapprochement de *i* « employer » et *li* « violence, » résultera un mot signifiant « avec violence. » La racine principale peut être modifiée dans son sens par des particules préposées ou postposées, et même par les deux choses à la fois.

On comprend qu'à la longue les monosyllabes destinés d'habitude à l'expression des rapports, aient une tendance à se souder plus ou moins intimément avec la racine principale, ce qui n'a lieu qu'au prix d'abréviations et d'altérations destructives de l'ancienne intégralité de ces monosyllabes. Voilà comment se forment les langues *agglutinantes* ou *agglomérantes*, représentées notamment aujourd'hui par le groupe touranien. Dans les idiomes de cette classe, les particules modificatives de la racine principale peuvent être préposées, postposées ou infixées; et l'on comprend, sans que j'aie besoin de recourir à des exemples, que ces trois modes simples de réunion peuvent donner aussi naissance à quatre combinaisons secondaires.

Quand les idiomes en sont arrivés insensiblement à exprimer les modifications de l'idée par celle des racines, ils passent dans la classe *fléchissante*, représentée par les langues indo-européennes, dont le mécanisme, et notamment celui du grec et du latin, est trop connu pour que j'aie besoin d'insister. Je ne ferai pas de même pour les idiomes sémitiques, qui appartiennent à la même classe, mais qui pourtant différent fort, au point de vue morphologique, des langues indo-européennes. Avant sa dissolution en langues particulières (hébreu, chaldéen, arabe), le sémitique apparait déjà comme ne possédant pas de racines nues pour l'oreille, existant dans le son une fois extraites du mot. Ces racines ne contiennent pas de voyelles, comme l'indo-germanique, et dépendent des consonnes seules. Ces consonnes ne peuvent être prononcées qu'avec le secours de voyelles, dont l'adjonction ne se produit en sémitique qu'en exprimant une idée de rapport. Prenons, par exemple, les mots sémitiques suivants : hébreu, *qâtal*, arabe, *quatala* « il a tué; » hébreu, *hiqtil*, « il fit tuer; » arabe, *maqtû-*

lum « tué, » etc. La racine des mots cités consiste dans les trois consonnes *qtl*, en dehors desquelles rien n'a pour mission, dans ces mots, d'indiquer la signification pure et simple.

Il n'en est pas de même dans les langues indo-européennes, et je n'en veux citer qu'un exemple emprunté à M. Schleicher. Les mots allemands *lieb* « cher, » plus anciennement *luibs*, forme primitive *luib-as* (1); *glauben*, croire, plus anciennement *ga-laub-jan* (*ga* est une préposition inséparable; *laubjan* signifie à peu près « avoir pour agréable, juger digne); *lob* « louange » forme primitive *lub-ans*; la racine principale de ces mots peut s'obtenir sûrement ici d'après les lois de la langue allemande. Cette racine est *lub* (prononcer *loub*) et a pour fonction d'exprimer l'idée de « désirer, aimer, » puis aussi « d'être agréable, être digne. » Ici la racine est articulée, et l'idée se trouve traduite par des syllabes ayant une existence réelle, et prenant un corps dans le son. « La racine sémitique, dit encore M. Schleicher, peut admettre tous les sons de voyelles, suivant les besoins de la formation du mot; elle n'est pas déterminée par une certaine voyelle fixe, et le nombre des observations dont elle est susceptible est très-considérable. Nous avions déjà plus haut : *qâtal*, *qutila*, *md-qtúlun*, *hi-qtíl*, résultant d'une seule et même racine; on peut encore y ajouter beaucoup d'autres *jiqtol*, « il tuera, » *qôtel*, « tuant, » *qetel*, « meurtre, » etc. Il n'en est pas de même dans l'indo-germanique. La racine a ici une voyelle fondamentale qui la détermine et qui sert de point de départ à des transformations qui s'élèvent tout au plus à une triple gradation. Chaque son de la racine suit une carrière limitée, régulière, qui lui est prescrite et qu'elle ne peut dépasser d'aucun côté. »

---

(1) M. Schleicher donne le nom de « primitives » à des formes logiques, que l'on déduit et que l'on conclut, mais qui ne se trouvent pas en réalité dans les langues.

Le lecteur me pardonnera d'avoir rafraîchi ses souvenirs sur la classification des langues (1) et d'avoir un peu plus insisté sur les caractères distinctifs du mécanisme des idiomes sémitiques. Il s'agit maintenant de comparer tour à tour le basque aux idiomes berbères, sémitiques, indo-européens, touraniens et américains. Commençons par les berbères (2).

On se souvient parfaitement que dans un passage de son *Histoire des langues sémitiques* déjà cité (p. 63-64), M. Ernest Renan parle de « la terminaison *tah* si caractéristique des noms berbers, (*Zenatah, Mezatah, etc.*), et qui selon Ibn-Khaldoun est une terminaison plurielle. » M. Renan se

---

(1) Je renvoie les personnes peu versées dans ce genre d'études, à la *Science du langage* de M. Max Müller, et à la *Morphologie des langues*, passim, de M. Schleicher, exactement analysée par M. Louis Koch, dans la *Revue des Cours littéraires* de 1864-65, livraisons d'octobre et novembre. — M. Schleicher croit, comme M. Renan et quelques autres philologues, à la différence primordiale et originelle du sémitique et de l'indo-européen. Leur sentiment n'est pas adopté par M. Max Müller, dans sa *Science du langage*, et il en est de même de M. L. Benloew, dans sa brochure intitulée : *De quelques caractères du langage primitif*. M. Benloew (p. 9-11) affirme que dans les idiomes sémitiques « un très-grand nombre de racines trilitères se ramènent sans effort à la forme monosyllabique, » et il cite quelques exemples, en même temps qu'il promet de revenir une autrefois sur ce sujet d'une manière plus détaillée.

(2) Avant la fondation de Carthage et l'établissement des Phéniciens sur la côte nord de l'Afrique, les populations de langue berbère s'étendaient depuis les oasis de l'Egypte, et même depuis la mer Rouge jusqu'au Sénégal, et depuis la Méditerranée jusqu'au Niger. C'est là un fait aussi incontestable que la propagation postérieure du punique ou carthaginois, idiome de la famille sémitique, sur le littoral barbaresque. V. là-dessus De Slane, Appendice au tome IV de l'*Histoire des Berbers*, d'Ibn-Khaldoun, p. 495 et suiv. — Faidherbe, dans le *Bullet. de la Soc. de géographie*, fév. 1854, p. 35. — Reinaud, Rapports sur les travaux de MM. Geslin (*Moniteur* des 7 et 8 août 1856) et Hanoteau (*Moniteur* du 6 août 1857). — Vivien de Saint-Martin, *Revue contemporaine*, 15 sept. 1855, p. 436 et suiv. — Latham, dans le *Report of the Brit. Assoc. for the advancement of science* (1857), p. 212 et s.; 222 et s. — J. Richardson, matériaux imprimés par le *Foreingn-Office* non livrés au public, mais dont il existe un exemplaire à la bibliothèque de l'Institut. — Renan, *Histoire des langues sémitiques*, p. 89-90.

demande si elle ne serait pas identique « à la terminaison *tani* (*Mauritani*, etc.), qui en Afrique, et surtout en Espagne, indique les noms des peuples. L'hypothèse qui rattache les Ibères aux populations indigènes de l'Espagne trouverait là une sorte de confirmation. »

J'ai promis de discuter à fond l'hypothèse émise par M. Renan, et je commence par la terminaison *tah*.

Et d'abord, je n'ai su trouver nulle part dans Ibn-Khaldoun (1), que *tah* soit, en berber, une terminaison plurielle. Il se peut que ce passage m'ait échappé; mais j'ai relu plusieurs fois le rapport de M. Reinaud cité par M. Renan, et je l'ai sous les yeux au moment même où j'écris. Ce rapport est, comme M. Renan le dit en note, inséré au *Moniteur* du 6 août 1857. M. Reinaud, qui rend compte d'un essai manuscrit de la grammaire de la langue des Kabyles de M. Hanoteau, ne cite qu'une seule fois Ibn-Khaldoun, à propos de la situation géographique des Zouaoua (2). M. Reinaud ne dit nulle part que *tah* soit en berber « une terminaison plurielle. » Il se borne à avancer que « le pronom berber reçoit au datif les lettres *s* ou *ias*, et à l'accusatif la lettre *t* ou *th*. Ainsi, pour *il lui a donné* on dira *ifka-ias*; et pour *je l'ai vu*, on dira *zeright-th*. »

Voilà comment s'exprime M. Reinaud, dans son rapport du 6 août 1857. La lecture attentive et répétée de ce travail me donne à penser que l'essai manuscrit de grammaire kabyle a dû subir certaines retouches de la part de M. Hanoteau, avant son impression en 1858. Deux ans plus tard, cet officier supérieur a donné un *Essai de grammaire de la langue tamachek'* (3). M. Hanoteau ne dit pas qu'en kabyle

---

(1) *Histoire des Berbers*, d'Ibn-Khaldoun, trad. française de M. de Slane.
(2) *Id., Ibid.*, t. I, p. 255 et suiv.
(3) M. Renan signale ces deux *Essais* comme de « très-utiles ouvrages. » *Hist. des lang. sémit.*, p. 90, note 3.

la forme plurielle du pronom soit constamment caractérisée par le suffixe *t* ou *th* à l'accusatif. Cette particularité se rencontre seulement dans les pronoms affixes régimes directs des verbes, pour la troisième personne du masculin singulier : *our' er' th*, j'ai acheté lui. En tamachek', *dh*, qui paraît bien être l'équivalent de *th*, termine, au pluriel, tous les pronoms isolés ou sujets : *nekkendih*, nous (masc.), *nekkenetidh*, nous (fém.), etc. Dans la même langue, *t* s'emploie à la troisième personne du singulier, dans le cas où les pronoms suffixes sont régimes directs des verbes : *inr' a t*, il l'a tué. On verra plus bas aussi que, dans les deux idiomes, *th* ou *t* placé au commencement et à la fin du mot masculin, caractérise le féminin : ainsi en kabyle : *abarer'*, renard mâle, *thabarer'th*, renard femelle; et en tamachek' : *ankil*, autruche mâle, *tanhilt*, autruche femelle. Voilà dans quel cas s'emploie *th* ou *t* final, qui jamais n'affecte le nom à l'accusatif, c'est-à-dire employé comme régime direct d'un verbe. Ce nom n'éprouve alors aucune modification.

Je me suis trop étendu sur le suffixe en question; mais je tenais à prouver, avec les livres mêmes du lieutenant-colonel Hanoteau, que *th* ou *t* ne caractérise pas constamment l'accusatif des pronoms, et que les peuples de langue berbère l'emploient aussi dans plusieurs autres circonstances. Revenons maintenant à M. Renan.

L'auteur de l'*Histoire des langues sémitiques* ne dit pas comment ce suffixe *th* ou *t* se métamorphoserait en *tah* (*Zenatah, Mezatah*, etc.). Ce *tah* ne caractérise d'ailleurs le pluriel ni en kabyle ni en tamachek', ainsi que je le démontrerai plus bas, en comparant la morphologie du basque et des langues berbères. M. Renan n'indique pas non plus comment la terminaison dont s'agit pourrait être « identique à la terminaison *tani* (*Mauritani*, etc.), qui en Afrique, et surtout en Espagne, indique les noms des peuples. »

Voilà deux lacunes fort regrettables. Je ne suis malheureusement pas de force à combler la première ; mais je me hasarde à dire mon avis sur cette terminaison *tani*, à laquelle M. Renan paraît attacher 'ant d'importance.

Nous verrons plus bas la véritable origine de ce suffixe. Mais en admettant provisoirement qu'il puisse être d'origine berbère, il faudrait toujours le réduire à *tan*, qui se trouverait ainsi affecté lui-même d'une terminaison grecque ou latine. Pour les noms de peuple, cette terminaison serait *us*, *a*, *um* et *ia*, *ia*, pour les noms de contrée.

Les noms de peuples terminés en *tanus*, et les noms de contrées terminés en *tania*, ne se rencontrent pas, dans la toponymie de l'ancienne Afrique, aussi souvent que M. Renan paraît le croire. Il suffit, pour s'en convaincre, de lire les solides travaux consacrés par Conrad Mannert et L. Marcus à la région actuellement représentée par les pays barbaresques (1). Le V° livre de l'*Histoire naturelle* de Pline est assurément la source à laquelle on peut emprunter le plus de citations favorables, en apparence, à l'hypothèse de M. Renan. Je viens de relire, la plume à la main, non seulement la partie de cet ouvrage relative à la géographie ancienne du nord de l'Afrique, mais encore tous les autres auteurs de l'antiquité qui ont traité le même sujet. Mes recherches, qui me semblent assez complètes, ont porté, non seulement sur les noms de lieu en *tanum* et *tania*, mais encore sur les adjectifs terminés en *tanus*, *a*, *um*.

Abziritanum, *Plin.*, *l.* V, est le seul à nommer cette ville, de même que celles d'Acharitanum, de Canopitanum et de Melzitanum ; mais on trouve dans les actes des anciens conciles

---

(1) Mannert, *Geographie der Griechen und Römer, aus ihren Schriften dargestellt*. Nürnberg und Leipz. 1788-1825. — Le livre V de l'*Histoire naturelle* de Pline, traduite par Ajasson de Grandsagne (Paris, Panckouke, M DCCC XXIX) contient, sur la géographie de l'ancienne Afrique, les excellentes annotations de L. Marcus, dont il faut consulter aussi l'*Histoire des Vandales*.

d'Afrique, des évêques d'Abzira, de Canopita et de Melzita.

Achila, æ, Cæs.; Acholla, æ, Liv. XXXIII, 48; Achola, Ἀχόλλα ou Ἀχόλα, Strab., XVII; Stephan; Ἀχόλα, Ptol.; Acilla, æ, Hirt. Bell. afr. e. 33; Cholla, Χόλλα, Appian. Punic.; Anolla, æ, Tab. Peuting.; Accolitanum Oppidum, Plin., ville du Byzacium, auj. Elalia. De là adj. Accolitanus, a, num, Notit.

Azuritanum, Plin.; Assuræ, Ant. Itin.; Ἀζουρις, Ptol.; v. de la Numidie.

Capsa, æ, v. de la Numidie, plus tard Bizatium : Sall. Jug. 39, 4, 91 sq.; Flor. 3, 1, 14; Strab. p. 831; Ptol. 4, 3; Plin. 5, 4, 4; Anton. Itin., p. 77; Tab. Peut.; Geogr. Raven.; Cod. Justin. 2, 1; Augustin. contr. Donatist., c. 33; Inscript.; Hecatompylus, ap. Polyb. 1, 73, et Diodor, 4, 18; auj. Kafsa. Capsenses, ium, m., habitants de Capsa, Sall. Jug. 93, 3 sq.; nommés Capsitani dans Pline, 5, 4, 4.

Mauritænia. V. p. 64, note 1.

Pentapolis, Πεντάπολις, Ptol.; les cinq villes de Ptolemaïs, Arsinoe, Berenice, Apollonias, Cyrene, avec leur territoire dans la Cyrenaica, fut, sous les Ptolémées, synon. de Cyrenaica. Pentapolitanus, a, um. Pentapolitana regio, Plin. 5, 5, 5.

Tingitana (Mauretania ou Mauritania), Plin. 5, 8; 6, 30 sq.; Inscr. ap. Gruter. 12, 7, p. 493; Jornand. de Regn. succ.; Μαυριτανία ἡ Τιγγιτανή, Ptol. 4, init.; Provincia Tingitana (Bogudis regnum). Cette province s'étendait à l'O. du fleuve Malva. Ce nom lui vient de sa capitale Tingis, is, Itin. Ant.; Τίγγις, ιος, Ptol.; Strab., 3, init.; Tinge, Mela, 1, 5; Tingi, orum, Plin. 5, 1; Tiga, Τίγα, Strab., Tingitanus, a, um (Tingitanus littus), Inscr. ap. Grut., p. 492, n° 7; Tingitanus, a, um, Mamert. Genethl. Maxim. 16. Mauretania Tingitana, Inscr. ap. Maff. Mus. Veron. 244, 5. Tingitanum castellum, Amm. Marc., 26, 5.

Tusdritanum, *auj.* El-Jemma, **Plin.** 5; Tusdris, *Itin. Ant.*; Ουσρος, **Ptol.**

Ucitana, **Plin.** 5; Ουκιτα, **Ptol.**; *ville près de Ruspina, au sud d'Adrumetum.*

Ulusubritanum, **Plin.** 5, 4; Ουλουβριγα, **Ptol.**; *ville de l'Africa propria, dans la Byzacène, au sud d'Adrumetum.*

Usalitanum oppidum, **Plin.** 5, 4; *Ptolem. porte, selon les éditions,* Ουσαλα *et* Ουσαλα. *Ville à l'ouest d'Utica.*

Zeugis, *Isid. Hisp.* 14, 5; *Æthic. cosmogr.*; Zeugitana regio, **Plin.** 5, 4; *Marcian. Capella*; *portion de l'Afrique comprise entre le fleuve Turca, le cap Mercure, les montagnes et la mer.* Zeugitanus, a, um. Zeugitanus limes, **Solin.** 26; Zeugitanus pes, *Id.* 27.

Il résulte, je crois, de cet inventaire, que, dans la géographie ancienne du nord de l'Afrique, les noms de lieu en *tanum* et *tania*, et les adjectifs en *tanus, a, um*, ne sont pas aussi nombreux qu'on pourrait le croire. Dans ces noms, *tanum* et *tania* n'appartiennent pas au radical. Cela est clairement démontré, pour chacun d'eux, par un nombre variable de formes anciennes, où on ne retrouve pas ces syllabes, ce qui prouve qu'elles y ont été ajoutées postérieurement. Quant aux adjectifs, ils ont été formés au moyen du radical toponymique, et de la terminaison *tanus, a, um*, sur laquelle je m'expliquerai plus bas.

Les noms de lieu en *tania*, les noms de peuple en *tanus*, et les adjectifs en *tanus, a, um* sont assez nombreux en Espagne. Humboldt a écrit là-dessus quelques lignes dont M. Renan ne parait pas s'être souvenu, en écrivant le court passage que je suis forcé de discuter longuement.

« Astarloa, dit le savant prussien, fait dériver les terminaisons *tani, tania*, qui se représentent toujours sous la forme *etani, etania*, de la terminaison de lieu *eta*. Dans un sens aussi général, cette assertion est loin d'être exacte. Souvent, en effet, *tanus* et *tania* (et non pas seulement *nus* et *nia*) appartiennent à une terminaison étrangère. Ainsi, *Toletanus* de *Toletum*, *Beneventanus* de *Beneventum*.

« Cette terminaison d'adjectif se trouve aussi dans des noms tout-à-fait étrangers à *eta*, et que les Romains terminaient en *is* (*Bilbilis*, *Bilbilitanus*, *Arundis*, *Arunditani*), en *ia* (*Belia*, *Belia*, *Belitani*), ou en *i* (*Astigi*, *Astigitanus*), (Plin. I, 139), *Acci*, *Accitani*) (1).

« La terminaison *tanus* arrive dans tous les cas où le radical n'a pas de *t*, comme dans l'adjectif grec τις (Priscianus, I, 2, p. 193). Il est certain aussi qu'on rencontre en Espagne beaucoup plus fréquemment qu'ailleurs des noms de peuples et de contrées finissant en *tani* et *tania*, ce qui s'explique par la raison que la terminaison en *t* emporte toujours l'idée de lieu. Dans *Hedeta* des Edétans (Ptol., II, p. 47), *eta* appartient évidemment au radical. Les noms de cette classe, pour lesquels j'adopte l'étymologie d'Astarloa, lorsqu'elle ne me paraît pas tout-à-fait invraisemblable, sont : *Ausetani*, *Authetani* (avec le *s* sifflant), de *autsa*, poussière : *terre de la poussière, de la sécheresse* (Apol., 207, 237); *Bastetani*, *Bergistani*, *Carpetani*, de *gara*, *haut*, *be*, *au pied* : *contrée au pied de la montagne* (Apol., p. 208); *Cerretani*, *Characitani*, *Contestani*, *Cosetani*, *Edetani* ou *Sedetani*, *Exitani*, *Lacetani* ou *Jaccetani*, *Laetani*, si ces derniers noms ne sont pas tout simplement des altérations du précédent (Mannert, I, 434); *Lusitani* de *lucea*, long, étendu, grand (Astarloa, Apol., p. 212); *Oretani*, de *o*, indiquant la hauteur, *r* euphonique, et *eta*, comme l'*oregui* actuel, de *o* hauteur et *egui*, côté de montagne (Astarloa, 244); *Suessetani* (Liv. XXXIV, 20), *Turdetani*. Je n'ai pas compris dans cette énumération tous les noms de formation romaine

---

(1) Cette terminaison en *i* est très-fréquente dans les noms de villes espagnoles. (Scheiders, *Langue latine*, 143, 145). Note de Humboldt.

régulière, d'après des noms de ville, tels que les *Accitani*, *Ossigitani*, *Toletani*, etc. (1). »

Ce passage de Humboldt réduit déjà beaucoup, ce me semble, la portée de l'hypothèse de M. Renan ; mais il est entaché lui-même de plusieurs erreurs qu'il importe de rectifier. Je vais donc me livrer, sur la toponymie ancienne de l'Espagne, à un travail identique à celui que j'ai déjà exécuté pour le nord de l'Afrique.

Acci, orum, Ἄκκι, *Ptol.* 2, Colonia Accitana Gemellensis, *Plin. III*, 3. *Ville des* Bastetani *en Bétique.*

Aranditani. *Humboldt, Rech., donne ce nom aux habit. d'Arandis, ville de Lusitanie ; mais je ne l'ai trouvé dans aucun texte ancien.*

Astigi, orum, *Ant. Itin.*, Astigitana Colonia, *Plin.* 3, 1, 3 ; *Orelli, Inscr.* 3783.

Ausa, *Ptol.* ; Ausa nova ; Ausona, *Med. Æv.* ; Vicus Ausanensis. *Gell.*, ville de l'Hispania Tarracon. Ausetani, *Plin.* 3, 3 ; liv. 21, 23 ; Ἀυσητανοί, *Ptol.* Ausetanus, a, um. Ausetanus ager, *Liv.* 29, 2.

Basti, *Anton. Itin*, *ville de l'Hisp. Tarrac.* Bastetani, οἱ Βαστητανοί, *Strab.* 3 ; Bastitani, *Plin.* 3, 3 ; Masticni, Μαστιηνοί, *Steph. Les Bastétans étaient aussi appelés Bastules* : Βαστουλῶν, οὕς καὶ Βαστούλους καλοῦσιν, *Strab.* 3.

Belio ou **Belion**, onis, Βελίων, ῶνος, *Strab.* ; Limia, æ (Limeas) *avec le surnom d'*Oblivionis, *auj.* Lima, *fleuve de l'Hisp. Tarrac.* Belitani, orum, *Plin.* 3, 3.

Bilbilis, is, f. *Ville de l'Hisp. Tarrac.* Bilbilis, *Martial*, 10, 103, 1. Bilbilim, *Id. I*, 50, 3 ; Bilbilin, *Id.* 4, 55, 10, 104, 6 ; *Plin.* 34, 14, 41. Aquæ Bilbilitanæ, *Ant. Itin.*, *source minérale près de* Bilbilis. Bilbilitanus, adj. *Martial.*

---

(1) Humboldt, *Recherches sur les habitants primitifs de l'Espagne*, p. 57-58.

Bicargis, Βικαργις, *Ptol.* 33; Munic. Biscargis, *médaille,* ap. *Golz.*; Biscargis, *ville des Ilercaones, dans l'Hisp.* Tarrac. Bisgargitani, *Plin.* 3, 3, *habitants.*

Cæsaraugusta, æ, f. *Plin.* 3, 3; *Mela,* 2, 6, etc.: Καισαραγούστα, *Strab.* 3; Cæsarea Augusta, Καισάρεα Αυγούστα, *Ptol.* Cæsaraugustanus, *adj. Plin.* 33; *Inscr. ap. Gruter.*; *Isid. Hispal. Chron. Suev.*

Calagorina, æ, *Ptol.*; Calaguris Nasica, *Plin.* 3, 3; Calaguris ou Calagurris, *Liv.*; Καλάγουρις τῶν Ὀυασκώνων πόλις, *Strab.* 3, etc. *Ville des* Vascones. Calaguritani *cogn.* Nasici, *Plin.* 3, 3; *Cæsar. B. G.*, 60; *Sueton.*, *Aug.* 49; *habitants.* Calaguritanus, *adj. val. Max.* — *Il existait chez les* Ilercaones *une ville nommée* Calaguris Fibularensis. *Pline appelle ses habit.* Calaguritani Fibularenses.

Carpesii, *Liv.*, 23, 26; Καρπήτοι, *Polyb.* 3, 14; Carpetani, *Plin.* 3, 3; *peuple de l'Hisp.* Tarrac., *dont la capitale était* Toletum. Carpetania, *Liv.* 40, 48; *territoire des* Carpetani.

Cerretani, *Cell.*; *Sil. Ital.* 3, v. 37; Κερρητανοί, *Ptol.*; Καρρητανοί, *Strab. Ce peuple se divisait en* Cerretani Augustani, *et* Cerretani Juliani, *Plin.* 3, 3. Cerretanus, *adj.* Cerretana perna, *Mart.* 13, 5, 1, *subst.* Cerretanum, n, *maison de campagne dans le pays des* Cerrétans, *Coll.* 3, 3; *d'autres disent* Cæretanum. *Il est facile de reconnaître dans ce peuple les* Ceretes *et* Acroceretes, *qui s'étendaient jusqu'aux environs d'Empories. Avien. Or. Mar.*, v. 550.

Characitani, *peuple vivant de brigandage dans la* Lusitania.

Contestani, *Plin.* 3, 3, 4, *fr.* 91; Κοντεστανοί, *Ptol.* 2, 6, 14; *peuple de l'Hisp.* Tarrac. Contestania, *Plin.* 3, 3, *pays des* Contestani.

Cosetani, Κοσητανοί, *Ptol.*; Cositani, *Inscr. ap. Gruter*; Cossetani, *selon Plin.*; *peuple de l'Hisp.* Tarrac., *dont la capitale était* Tarraco.

Damanitani, habit. de Δαμανια, ville située sur le territoire des Edetani dans l'Hisp. Tarrac., Ptol.

Deitania, *Plin.*, 3, 3, contrée de la Bétique.

Edeta, Ἤδητα ἢ καὶ Λίρια, *Ptol.* 2, 6, 63, ville de l'Hisp. Tarrac. Edeni, orum, *Plin.* 3, 3; Hedetani, *Cell.*; Sedetani, *Liv.* 28, 24; 29, 2; 34, 20; Ἐδητανοί (var. lect. Σεδητανοί), *Strab.*, 3, nom des habit. d'Edeta. Edetania, *Plin.*, 4, 5; *Ptol.*, territ. d'Edeta.

Gades, ium, f. colonie phénicienne fondée dans l'île du même nom dans l'Hispania Bætica, auj. Cadix. *Mela*, 2, 7, 1; 3, 6, 1; 3, 9, 3; *Plin.* 4, 22, 36, etc. De là Gaditanus, a, um, adj. relatif à Gadès, Gaditain. Gaditanus Oceanus, *Plin.* 2, 103, 106. Gaditanus portus, *Mel.* 3, 1, 4, etc. Substant. Gaditani, orum, les habit. des Gadès, *Cic. Balb.* 17, 39; 18, 43; *Cæs. B. G.* 2, 18, 21.

Icaedita, æ, *Cell.* Icedita, *Inscr. ap. Grut.*, n° 8, p. 31; Igædita, *Inscr. ap. Gruter.*, n° 3, p. 199; ville de Lusitanie, peut-être non loin d'Ocellum. Icaeditani, *Pont. Inscript. ap. Grut.* 192, 3, habitants.

Ilorci, orum, *Plin.* 3, 1; Ilorcorium, v. dans le S. E. de l'Hispania Tarracon. sur le Tader, à l'O. de Carthago Nova, auj. Lorca, prov. de Murcie. Ilorcitani, *Plin.* 3, 3, hab.

Jacca, æ, Ἰάκκα, *Ptol.*, v. des Vascones dans l'Hisp. Tarracon, auj. Jaca, v. de l'Aragon. Jaccetani, *Ptol.*; Lacetani, *Plin.* 3, 3, liv. 21, 60; *Cæs. habit.* Jaccetania, *Strab.* 3, pays autour de Jacca.

Laletania, æ, contrée de l'Hisp. Tarracon. Laletanus, a, um. adj. de Lalétanie. Laletania vina, *Plin.* 14, 6, 8, 6. — Plur. Laletani, orum, m. les Lalétaniens, *Plin.* 3, 3, 4.

Laminium, *Ant. Itin*; *Ptol.*, v. des Carpetani dans l'Hisp. Tarracon. Laminitanus, adj. Laminitanus ager, *Plin.* 3, 1. Laminitani, *Plin.* 3, 3, hab.

Lobetum, Λοβητῶν, *Ptol.*, *v. de l'Hisp. Tarrac.* Lobetani, *Ptol.*, *hab.*

Lumberi, *v. des Vascones, dans l'Hisp. Tarrac.* Lumberitani, *Ptol., Plin.* 3, 3, *habit.*

Lusitani, *Tacit. Ann.* 3, 46 ; *id. Hist.* 1, 13, 7 ; *Cic. Jornand. de Regn. suc.* ; Λουσιτανοί, *Diod. Sic.* 5, 38, hab. de la Lusitanie. Lusitania, æ, *Cæs. B. G.* 1, 38 ; *Liv.* 21, 43 ; 27, 30 ; *Mel.* 2, 5, 3 sq. ; § 1, 6, 3 ; 6, 2. Lusitanus, a, um, *adj., de Lusitanie, Plin.* 15, 25, 30; *val. Max.* 9, 1, n° 5. *Au plur. subst.* Lusitani, orum, *m. les Lusitaniens, Cic. Brut.* 23 ; *liv.* 35, 1. Lusitanicus, a, um, *adj.* = Lusitanus, *Nct. Tir.* p. 143. *V.* p. 120, *note* 2, *la tradit. rapportée par Pline, qui fait venir le nom de* Lusitania *de celui de* Lusus, *fils de Pan. Cette fable prouverait du moins que* Lus *ou* Lusi *appartient au radical, et que* tania *est une terminaison étrangère.*

Mavitania, *Plin.* 3, 3, *contrée dans l'Hisp. Tarrac., plus tard* Murcia.

Oretum Germanorum, Ὤρητον Γερμανῶν, *Ptol.*, *v. de l'Hisp. Tarrac. C'est probablement la même que Strab. nomme* Ὤρητα *et Steph. Bis.* Ὤρητα. Oretani, Ὠρητανοί, Oritani, *Liv.* 21, 11, 35, 7; *Strab.* 3; *Plin.* 3, 3 ; *Polib.* 10, 38 ; 11, 20, *habit.*

Ossigi Laconicum, *v. de l'Hispania Bætica, dans le pays des* Turduli. Ossigitania, *Plin.* 3, 3, *territ. d'Ossigi.*

Sætabis, Σαίταβις, *Ptol.* ; Setabis, Σέταβις, *Strab.* 3 ; *Sil. Ital.* 3, 16, *v. de l'Hisp. Tarrac., dans le pays des* Contestani. Sætabitani, *Plin.* 3, 3 ; 18, *habit.*

Suessetanus, a, um, *relatif aux* Suessetani. Suessetanus ager, *Liv.* 28, 24. *Au plur.* Suessetani, orum. *Liv.* 25, 34 ; 34, 20, *peuple de l'Hisp. Citerior.*

Toletum, *Liv.* 35, 7, 22 ; 39, 30 ; *Itin. Ant.* 438, 446, *v. des* Carpetani *dans l'Hisp. Tarrac., auj.* Tolède. Toletanus, a, um, *de Tolède.* Toletanus culter, *Grat. Cyneg.* 34.

Subst. Toletani, orum, *Liv.* 35, 32 ; *Plin.* 3, 3, habit. de Tolède.

Turdetani, orum, Τουρδητανοί, *Polyb.* 34, 9 ; *Strab.* 3 ; liv. 21, 6 ; 24, 42 ; Turduli, *Mela* 3, 1 ; *Plin.* 3, 1 ; 4, 20 ; 7, 16 ; peuple de l'Hisp. Bæticæ. Turdetania, pays des Turdétans. Si, comme je l'ai marqué plus haut (p. 209, note 1), les Turduli sont les mêmes que les Turdetani, Turd appartiendrait seul au radical.

Cette liste, que je me suis efforcé de donner complète, peut se décomposer comme suit. Dans un premier groupe, on rangera les noms de pays et de peuple, sur l'étymologie desquels nous sommes sans renseignements : *Deitania, Laletania, Mavitania, Characitani, Cosetani, Suessetani*, et même *Lusitani*, si l'on ne veut pas tenir compte de l'observation que j'ai faite à propos du nom de ce dernier peuple. On pourra reléguer dans le second groupe les noms dont le radical finit en *ta*, et qui forment leurs adjectifs en *nus, a, um* : *Cæsaraugusta, Edeta, Icaedita*. Le troisième comprendra les noms en *tum*, dont les adjectifs se forment, suivant une habitude latine dont je parlerai tout-à-l'heure, en faisant suivre le *t* de la terminaison *anus, a, um* : *Lobetum, Toletum*. Je range dans le dernier groupe tous les autres noms de lieu : *Acci, Arandi, Ausa, Basti, Belio, Biscargis, Calagorina, Carpesii, Ceretes, Damia, Gades, Jacca, Sætabis*, auxquels on pourrait ajouter les *Turdetani*. Il est ici évident que *tanus, a, um*, n'appartient pas au substantif, et ne se rencontre que dans les adjectifs.

Ainsi, nous sommes sans renseignements sur l'étymologie des noms de lieu du premier groupe, et il est démontré, pour ceux des trois autres, que *tania*, et *tanus, a, um* ne font pas partie du radical. L'hypothèse de M. Renan ne se trouve donc corroborée par aucun fait, et elle est au contraire infirmée par l'analyse attentive de la plupart des exemples fournis par cette portion de l'ancienne toponymie espagnole que l'auteur de l'*Histoire des langues sémitiques* semble invoquer. Il s'agit maintenant de rechercher à quelle langue appartient cette terminaison *tanus, a, um*, qui caractérise, dans la géographie ancienne de l'Afrique septentrionale, de l'Espagne et de plusieurs autres pays, les dérivés d'un assez bon nombre de noms de lieu. Voici le résumé de ce que je trouve là-dessus dans un travail de Priscien (1), de Césarée, grammairien qui vivait, dit-on, au commencement du IV° siècle.

Nus, en latin, est une terminative qui comporte des formes et des significations diverses. Elle s'emploie souvent dans le sens possessif : *Pompeianus, Cæsarianus*. Cette désinence est tantôt précédée d'*a* long (*Romanus, Hispanus*), tantôt d'*i* long (*Perusinus, Rheginus*). Il y a des cas où cet *i* est bref (*oleaginus, faginus*). *Nus* a la signification possessive dans *Cæsarianus miles, Pompeiana domus, Tullianum mancipium*. Cette désinence caractérise la possession et la patrie dans *Romanus, Campanus, Hispanus*, etc. Les noms terminés en *æ* ou en *a*, forment leurs dérivés en *us, a, um* précédés de *a* (*Acerræ, Acerranus; Thebæ, Thebanus*, etc.) Priscien nous montre aussi *a* devant *nus* dans certains mots dérivés de noms en *ius, cus, culus*, et en *um* (*Virgilius, Virgilianus; Titius, Titianus; rusticus, rusticanus; publicus, publicanus; Tusculus, Tusculanus; oppidum, oppidanus; Spoletum, Spoletanus; Beneventum, Beneventanus*, etc.). Cet *a* se remarque aussi dans bon nombre de dérivés des noms de la troisième déclinaison (*Cæsar, Cæsarianus; fons, fontanus; mons, montanus*, etc.). Priscien a négligé d'ajouter que beaucoup de noms de lieu en *i* et en *is* forment leurs adjectifs en *tanus* (*Neapolis, Neapolitanus; Calagorris, Calagorritanus*, etc. (2).

(1) Priscian., *De octo partibus sermonis*, l. II.
(2) Il aurait dû signaler aussi, ce me semble, *Palerma* (Sicile), qui donne *Palermitanus; Abdera* (Thrace), *Abderitanus*, etc., etc.

Il résulte, je crois, de l'ensemble de ces recherches que la toponymie ancienne de l'Afrique septentrionale ne fournit pas de noms de peuple en *tani*, et de noms de lieu en *tania*, où ces syllabes appartiennent réellement au radical. Même conclusion pour l'Espagne, sauf pour un petit nombre de mots dont il n'y a rien à conclure, puisque nous sommes sans renseignements sur leurs véritables radicaux. Les terminaisons *tanus, a, um* et *tania*, n'ont donc pas une origine berbère, et elles ont été ajoutées par les auteurs latins. Quant à la note reproduite au n° 1 de la p. 65 de ce livre, et dans laquelle M. Renan renvoie, par rapport à *tani*, à la *Numismatique ibérienne* de M. Boudard, c'est avec ce dernier savant que j'aurai plus tard à discuter ce suffixe.

Le lecteur me pardonnera de m'être aussi longtemps arrêté sur l'hypothèse de M. Renan. J'ai eu l'occasion de constater que le peu qu'il a écrit là-dessus, avait fait fortune auprès de beaucoup de gens qui tiennent pour l'origine africaine des Basques, et voilà pourquoi j'ai cru devoir tant insister pour démontrer que cette supposition n'était pas confirmée par les faits.

Le défaut de parenté entre le basque et les langues berbères résulte d'ailleurs de la comparaison de ces idiomes. Le lecteur pourra facilement en juger par lui-même, après avoir pris connaissance de l'esquisse que je vais consacrer à la morphologie du kabyle et du tamachek'. Ces deux idiomes, étudiés de fort près par M. Hanoteau, sont considérés, à bon droit, comme les représentants les moins altérés des langues berbères.

NOM. Les noms, en kabyle comme en tamachek', ont deux genres, le masculin et le féminin; deux nombres, le singulier et le pluriel. Cette règle ne comporte qu'un nombre restreint d'exceptions. En kabyle, presque tous les noms masculins singuliers commencent par les voyelles *a, e, i, ou*, et il en est de même en tamachek'. Le féminin singulier s'obtient, pour le premier idiome, en mettant un *th* devant le nom masculin et un autre à la fin. Quelquefois ce *th* final se métamorphose en *ts*. En tamachek', la même fonction est remplie par un *t* initial et final.

Il existe, chez les Kabyles, deux grandes classes de pluriels, dont l'une est caractérisée par *n* ajouté à la fin du nom singulier, et l'autre par le son *a* placé, soit avant la dernière articulation, soit en remplacement du son-voyelle final du singulier. La même règle s'applique à la langue tamachek'. Voilà pour les pluriels masculins. Quant aux pluriels féminins, ils sont formés généralement, en kabyle, en plaçant *th* devant le pluriel masculin, et en changeant en *in*, la terminaison *n* ou *en* quand elle s'y trouve. Dans l'idiome tamachek', le *th* initial est remplacé par un *t*; mais la règle est la même par rapport au changement de la finale *in* en *n* ou en *en*.

Dans les deux langues, les substantifs des deux genres et des deux nombres restent invariables, et leurs rapports, soit avec d'autres substantifs, soit avec des verbes, sont indiqués par ce que M. Hanoteau appelle des prépositions, et qu'on devrait, à mon avis, nommer des préfixes.

VERBE. Les verbes kabyle et tamachek' n'admettent que la voix active. Le sens passif s'exprime, comme on le fait souvent en arabe, au moyen de certaines formes dérivées du verbe, et même assez souvent par l'actif. Ils ont deux nombres, le singulier et le pluriel; deux genres, le masculin et le féminin, et trois personnes au singulier et au pluriel.

Les deux langues n'ont qu'une conjugaison. Elle n'admet qu'un mode, auquel M. Hanoteau a cru devoir, pour fixer les idées, donner le nom d'*aoriste*. Ce mode exprime généralement l'idée du passé, souvent celle du présent, et quelquefois celle du futur.

En kabyle comme en tamachek', la conjugaison a pour base

un radical qui sert en même temps d'impératif à la seconde personne du singulier. Le kabyle indique par l'addition de *th* et de *mth*, le pluriel masculin et féminin de cette deuxième personne de l'impératif.

    2ᵉ pers. singulier   *ar'*, prends (radical).
    2ᵉ pers. pluriel masculin   *ar' eth*, prenez.
    2ᵉ pers. pluriel féminin   *ar' emth*, prenez (féminin).

Dans l'idiome tamachek', *t* et *mt* remplissent la même fonction que *th* et *mth* en kabyle.

La conjugaison est très-simple dans les deux langues. Il suffit, pour la comprendre, de jeter les yeux sur le tableau suivant, où le radical est remplacé par un trait (—), et l'on saura comment se conjuguent tous les verbes où l'euphonie n'a pas introduit des modifications spéciales qu'il est impossible de signaler ici.

Conjugaison Kabyle.

NOMBRES.	NUMÉROS DES PERSONNES.	MODE UNIQUE (*Aoriste* de M. Hanoteau).
SINGULIER.	1ʳᵉ personne.	— *r'*
	2ᵉ pers.	*th* — *dh*.
	3ᵉ pers., masculin.	*i* —
	3ᵉ pers., féminin.	*th* —
	1ʳᵉ personne.	*n* —
	2ᵉ pers., masculin.	*th* — *m*.
	2ᵉ pers., féminin.	*th* — *mth*.
	3ᵉ pers., masculin.	— *n*.
	3ᵉ pers., féminin.	— *nt*.

En remplaçant, dans ce tableau, *th* par *t* et *dh* par *d*, on aura le paradigme de la conjugaison tamachek'.

Quand le verbe kabyle n'est pas négatif, le futur s'indique en faisant précéder le radical de la particule *ad'* que l'euphonie change parfois en *th* ou *an*.

En tamachek', l'imparfait et le plus-que-parfait sont caractérisés par la particule *kelad*, placée avant le mode unique du verbe. Le futur, quand ce verbe n'est pas négatif, est indiqué par *at*, placé dans la même position.

Dans les deux langues, l'idée verbale se modifie au moyen de certaines particules. Toutes deux emploient le préfixe *s* pour exprimer l'idée transitive. Deux autres préfixes kabyles *m* et *tsou*, représentés en tamachek' par *m*, *tou*, et *nm*, caractérisent la réciprocité ou la passivité. Ce dernier idiome indique la transition (devenir) par le suffixe *t*, et l'habitude, fréquence, persévérance, par un préfixe représenté par la même lettre. Cette dernière idée est exprimée en kabyle de six manières différentes: 1° *ts*, *th* (préfixes), (quelquefois passivité pour *ts*); 2° redoublement de la 2ᵉ articulation; 3° introduction de la 2ᵉ articulation (1); 4° introduction des sons *ou*, *i*, avant la dernière articulation (2); 5° addition à la fin du radical du son *a* (3); 6° addition au radical des sons *ou* et *i* (4).

J'en ai dit assez sur la morphologie du kabyle et du tamachek', et l'on peut juger, d'après cet exposé rapide, des procédés employés par les peuples de langue berbère, pour exprimer les idées de rapport. Dans la majorité des cas, ces idées sont représentées par des préfixes; mais il n'est pas rare cependant de les voir indiquées par des suffixes, des redoublements d'articulations, et des particules intercalées dans le

---

(1) Généralement aux verbes de la forme transitive prenant les préfixes *s*, *m* et *tsou*.

(2) Applicable aux verbes de la forme transitive.

(3) Applicable aux verbes de la forme intransitive, et des formes passives caractérisées par les préfixes *tsou* et *ts*.

(4) Généralement applicable aux verbes de la forme transitive caractérisée par le préfixe *s*.

corps du mot, à une place fixe et déterminée. Les Basques, au contraire, expriment par le seul secours des suffixes, généralement toutes les modifications dont le radical peut se trouver affecté, et ces différences fondamentales dans la morphologie des deux langues excluent la possibilité de rattacher directement l'eskuara aux idiomes berbers. La vérité de cette assertion se trouve d'ailleurs confirmée, comme on va le voir, par la comparaison des systèmes de numération primitive usités de part et d'autre.

Je n'ai pas à revenir sur le procédé de numération basque (V. p. 96).

Les Kabyles ont renoncé à leur ancien système, pour emprunter celui des Arabes, qui est décimal, mais ils ont retenu les noms des deux premiers nombres, *iioun*, un (masculin), *iiouth*, une (féminin), *sin*, deux (masculin), *senath*, deux (féminin) (1). Quant aux Imouchar', voici comment ils désignent les neuf premières unités (2).

1	m.	*iien.*
	f.	*iiet.*
2	m.	*sin.*
	f.	*senatet.*
3	m.	*keradh.*
	f.	*keradhet.*
4	m.	*okkoz.*
	f.	*okkozet.*
5	m.	*semmous.*
	f.	*semmouzet.*
6	m.	*sedis.*
	f.	*sediset.*
7	m.	*essaa.*
	f.	*essahat.*

(1) Hanoteau, *Grammaire kabyle*, p. 246.
(2) Hanoteau, *Grammaire tamachek'*, p. 127 et suiv.

8	m.	ettam.
	f.	ettamet.
9	m.	tezzaa.
	f.	tezzahat.
10	m.	meraou.
	f.	meraout.

Voyons maintenant comment ce peuple forme les noms de nombre supérieurs à dix :

11	m.	meraou d iien.
	f.	meraou d iiet.
12	m.	meraou de sin.
	f.	meraou de senatet.
13	m.	meraou d keradh.
	f.	meraou de keradhet.
14	m.	meraou d okkoz.
	f.	meraout d okkozet.
20	m.	senatet temerouin.
	f.	senatet temerouin.
21	m.	senatet temerouin d iien.
	f.	senatet temerouin, d iiet.
22	m.	senatet temerouin, d esin.
	f.	senatet temerouin de senatet.
30	m. f. . . .	keradhet temerouin.
40	m. f. . . .	okkozet temerouin.
50	m. f. . . .	semousset temerouin.
60	m. f. . . .	sediset temerouin.
70	m. f. . . .	essahat temerouin.
80	m. f. . . .	ettamet temerouin.
90	m. f. . . .	tezzahat temerouin.
100	m. f. . . .	timidhi.
200	m. f. . . .	senatet temadh.
1,000	m. f. . . .	agim.
2,000	m. f. . . .	sin igéman.
100,000	m. f. . . .	efedh.
200,000	m. f. . . .	sin efedhan.

On voit, par ce double tableau, que le système de numération des Imouchar' ne renferme, en réalité, qu'un fort petit nombre de mots, neuf pour les unités simples, et quatre pour les noms de *dizaine, centaine, mille* et *centaine de mille*. Il est aussi facile de remarquer que ce peuple, en empruntant aux Arabes son système décimal, leur a pris aussi les noms des nombres de 5 à 9, en changeant pour 5 le *kh* en *s*.

Les renseignements fournis par les grammaires de M. Hanoteau sur le système de numération des Kabyles et des Imouchar', ont été complétés par lui dans une lettre manuscrite à M. Reinaud, qui a mis aussi à profit, dans sa *Notice sur le système primitif de la numération chez les peuples de la race berbère*, les recherches faites sur le même sujet par M. Letourneux, parmi les populations des oasis du Souf et de l'Oued-ghir. M. Reinaud démontre, dans ce travail, que le système de numération des Imouchar' est resté quinaire pour les unités simples, de même que pour celles qui se combinent avec les dizaines. Les Yolofs, dit-il, ont un système analogue, de même que les autres nations du Sénégal. Il nous apprend aussi que le 5, *fous*, signifie, dans le dialecte du *Souf*, la main, de même que chez les Anémelides (Tmoualden), qui forment la tribu la plus avancée dans le Soudan, et qui cependant ont suivi le même système de la plupart de leurs congénères, c'est-à-dire a adopté *semous* pour 5, et pour le reste le système décimal. Le système quinaire existe également chez les Beni-Mozab, et M. Hanoteau a cru aussi en retrouver des traces chez d'autres tribus de race berbère (1).

(1) Le travail de M. Reinaud a été examiné par un savant des plus compétents, M. Pruner-Bey, dans le t. II du *Bullet. de la Soc. d'anthropologie*, p. 457 et s., *Sur les systèmes primitifs de numération*. D'après M. Pruner-Bey, le système quinaire est le plus répandu, notamment en Afrique, chez les nègres océaniens, et en Amérique. D'après lui, rien n'empêcherait d'adopter, pour les peuples berbers, un système à la fois quinaire et décimal dès l'origine.

Le système de numération des peuples berbers est donc quinaire, comme celui des Basques est décimo-vigésimal, et cette considération, ajoutée à celles que j'ai déjà tirées de la différence morphologique des deux langues, prouve surabondamment qu'il est impossible de relier l'eskuara aux idiomes berbers.

Le basque ne saurait être rattaché non plus aux langues de l'Afrique moyenne, et j'ai déjà cité plus haut (v. p. 62-63) un passage de M. d'Abbadie, qui prouve à suffisance le peu de fondement des prétendus rapports du Yolofe et de l'eskuara. Je sais très-bien que Gallatin (1) parle de certaines analogies entre le basque et les langues du Congo, et qu'un très-petit nombre de philologues, encore moins compétents que le précédent, ont aussi essayé, sans succès, de rapprocher l'eskuara de quelques autres idiomes de l'Afrique centrale. Ces rapprochements forcés ne sauraient soutenir un instant le contrôle de la phonologie et de la grammaire comparée. On ne retrouve pas, en effet, dans le basque, cette prononciation presque rythmique, cette rareté ou absence de doubles lettres, ces prononciations bizarres, ces consonnes composées, parmi lesquelles *mp* et *mb* sont d'un emploi très-fréquent. On n'y retrouve pas non plus ces particules modificatives ajoutées, comme préfixes, au radical, et donnant à leur tour naissance à de véritables racines d'où dérivent de nouveaux mots. Les philologues dont je parle ont eu le tort de se laisser illusionner

---

(1) GALLATIN, *Smithsonian contributions to Knowledge*, vol. VIII. City of Washington, 1856, in-folio, p. 54. — M. Schleicher (*Revue des Cours littéraires*, 2ᵉ année, p. 804) fait remarquer avec raison que « les langues du sud de l'Afrique, le copte, le thibétain, le basque..... ont à leur disposition le double mode de réunion de la première classe (isolante), et de la seconde classe (agglutinante). » Mais il ne faut pas se méprendre sur le sens de ce passage, dont l'auteur se borne à signaler, non pas une communauté d'origine entre les divers idiomes qu'il énumère, mais seulement des similitudes dans le degré et la forme du développement.

surtout par le rapprochement hâtif et superficiel de la conjugaison basque, et de celle des langues de l'Afrique moyenne, dont beaucoup sont aussi riches en voix que les idiomes de la famille sémitique, avec lesquels je vais maintenant comparer l'Eskuara.

§ 2.

J'ai déjà dit (p. 65) que l'opinion de La Bastide et de l'abbé d'Iharce de Bidassouet, qui rattachent le basque aux idiomes sémitiques, ne repose que sur les plus étranges rapprochements de glossaires. J'ai dit aussi (p. 65) que M. Eichhoff affirme, sans le prouver, que les Basques sont venus de la région des langues chaldéennes. La témérité ou la gratuité de ces assertions me dispenserait assurément de les discuter, si je n'en pouvais faire prompte justice. Mais tout le monde sait que les similitudes, même les plus évidentes, des glossaires, ne sont point des arguments légitimes en faveur de la parenté des idiomes. « Il y a, dit M. Max Müller, à peine de langue qui ne puisse, en un sens, être appelée mixte: aucune nation ou tribu n'a jamais été si complètement isolée, qu'elle n'ait laissé s'introduire chez elle un certain nombre de mots étrangers. Dans plusieurs cas, ces mots ont changé tout l'aspect primitif de la langue et l'ont emporté, même en nombre, sur l'élément indigène: ainsi, le turc est un dialecte touranien, et la grammaire en est purement tartare ou touranienne. Or la langue turque, telle que les hautes classes la parlent aujourd'hui à Constantinople, et telle surtout qu'elles l'écrivent, contient un si grand nombre de mots persans et arabes, qu'un paysan de l'Anatolie ne comprendra pour ainsi dire rien à cette langue qui est censée la sienne (1). » De même, dans le Nouveau-Monde, les Araucaniens ont adopté, en très-grande partie, le vocabulaire espa-

---

(1) Max Müller, *Science du langage* (trad. fr.), p. 79.

gnol, tout en retenant la morphologie des idiomes de l'Amérique du sud.

Ainsi, quand bien même les rapprochements de glossaires faits par La Bastide et l'abbé d'Iharce seraient aussi sages et aussi exacts qu'ils sont extravagants, l'argumentation de ces deux auteurs serait absolument inacceptable. La parenté des langues se prouve par les analogies ou similitudes des radicaux et des grammaires. Or les idiomes sémitiques sont caractérisés par des racines trilitères (v. p. 307-8), composées fatalement de consonnes, qui n'arrivent à être prononcées que grâce à des voyelles, dont l'adjonction ne peut avoir lieu sans exprimer des idées de rapports (1). Au contraire, le basque

(1) L'emploi des infixes a lieu aussi dans les langues caucasiennes. — J'ai expliqué et réfuté (p. 57-60) les opinions purement historiques qui tendent à rattacher les Ibères espagnols à ceux du Caucase; et je suis revenu longuement, dans le chapitre III de la première partie de ce livre, sur les causes et les conséquences de cette antique et déplorable confusion. Je crois devoir ajouter ici, *ad abundantiam juris*, qu'il n'est pas possible à ceux qui considèrent le basque actuel comme l'antique idiome de l'Espagne, de le rattacher légitimement aux langues actuelles du Caucase. L'illustre M. Franz Bopp (*Die Kaukasischen Glieder des indo-europäischen Sprachtsammes*, Berlin, 1847) a tenté de rattacher ces langues à la famille indo-européenne; mais les ressemblances qu'il signale sont trop peu nombreuses, et surtout trop peu probantes pour entraîner la conviction de ses lecteurs. M. Rosen jeune (*Über die Sprache der Lazen in Abhandlungen d. Berliner Academie*, 1843; *Über das Mingrelische Suanische Abchasische*, 1845), et après lui M. Schleicher, considèrent ces idiomes comme indépendants de la famille aryenne et du groupe touranien. Parmi ces langues, le géorgien est celle qui offre le plus grand développement grammatical. Néanmoins, il demeure dans les limites de la classe agglutinante. La conjugaison caucasienne transforme non-seulement la voyelle finale de la racine, mais aussi quelquefois sa voyelle interne. Ainsi en Lazique, le signe de la première personne, qui est un simple *b*, *m*, est non-seulement préfixé : *chaschk*, labourer la terre par une bêche, et *bschask-are*, je laboure la terre par une bêche ; mais aussi ce *b* se trouve parfois interposé et combiné avec *n* : *gietsch*, battre ; *giebtsch-are*, je bats ; *konz*, ouvrir ; *komz-are*, j'ouvre. En langue Suane, les radicaux des verbes ont souvent une voyelle peu sûre : le radical *dj-m*, saler, infinitif *li-djm-i*, présent *oth-djm-ne*, parfait *ot-jom*. De même *phschth*, faire des éloges, infinitif *li-phuschth*, parfait *ot-phaschth*, présent *chwa-phschh-i*. Cette insertion d'une

actuel nous apparait comme une langue qui s'est élevée du monosyllabisme à la flexion, et qui fait usage, pour l'expression des rapports, de particules postposées au radical.

Ces simples observations suffisent à établir qu'il n'existe pas de lien de parenté entre les idiomes sémitiques et le basque. Je vais maintenant démontrer qu'il en est de même entre cette langue et celles qui forment la famille aryenne.

Cette famille comprend les classes suivantes : indienne,

---

voyelle n'est cependant pas bien fixée, et M. Schleicher y voit, à tort ou à raison, un simple jeu phonétique, et non une flexion ou changement phonétique du radical ayant pour but de signaler une relation déterminée. L'usage des infixes pour la conjugaison se retrouve aussi dans d'autres langues caucasiennes, et particulièrement en Abkhase. Toutes ces langues diffèrent beaucoup entre elles, sous le rapport matériel, mais elles ont une incontestable analogie phonétique et formelle. Tout leur système phonétique est représenté, ou peu s'en faut, par l'alphabet géorgien. On y fait usage d'une espèce particulière de consonnes désignées généralement par les grammairiens sous le nom latin de *tenues*. Toutes les langues caucasiques, et particulièrement le Tcherkesse et l'Abkhase, fourmillent de consonnes qui leur donnent une extrême âpreté. Une seule consonne peut constituer le radical. Ainsi, en lazien, g' signifie *placer debout*, et son présent est b-g'-*are*. De même, en souanien, r représente le radical *écrire*. L'abkhasique n'a ni flexion des substantifs, ni marque du pluriel, et il occupe la position la plus inférieure dans les langues caucasiques, tandis que le géorgien se trouve à la plus élevée. Dans l'intervalle, il faut placer la souanique, qui possède des cas de déclinaison dont il fait rarement usage, et le lazien et le mingrélien, un peu plus développés que l'idiome précédent, mais où la déclinaison de l'adjectif n'existe pas. La langue des Tcherkesses et des Abkhasiens diffère assez des autres idiomes caucasiques. J'ai dit qu'il n'y a pas de déclinaison en abkhase; les marques personnelles sont identiques au pronom possessif. On les place, comme préfixes devant, et plus souvent comme infixes dans le verbe : je monte à cheval (*sa-ra*, je ; l's préfixe indique le verbe), *s-tschwischl-oit* ; jeter, *irsch* ; nous jetons *i-ha-rsch-oit* ; le mot *hara* signifie « nous. » Ces mêmes préfixes et infixes peuvent, dans tous ces idiomes, être employés en relation objective d'après le système d'incorporation : $\overset{1}{s}$-$\overset{3}{i}$-$\overset{2}{u}$-*thap* tu me donnes, et $\overset{3}{i}$-$\overset{1}{u}$-$\overset{2}{s}$-*thap* je te donne. Ainsi *i-thap* est le radical de « donner, » *s* indique la première personne et *u* la seconde. — Ces renseignements, empruntés en très-grande partie au livre de Schleicher sur les langues de l'Europe moderne, suffisent amplement à mettre en évidence les différences fondamentales qui existent entre la morphologie de l'idiome euskarien et celle des langues caucasiques.

iranienne, celtique, italique, illyrienne, hellénique, vindique et teutonique. Le basque, on le sait, a été rattaché à deux : au sanscrit (classe indienne) par Augustin Chaho, et au celtique par Dom Bullet, Latour d'Auvergne, Humboldt, Edwards, etc. (v. p. 69-76). Cette parenté affirmée ne repose que sur de prétendues analogies de glossaires dont le lecteur sait qu'il ne faut pas argumenter. Il sait aussi que la plupart des rapprochements établis par Chaho entre un certain nombre de mots basques et leurs correspondants en sanscrit, n'ont pas même le mérite de l'exactitude et de la bonne foi. MM. Bopp et Max Müller ont prouvé, par des inductions inattaquables, qu'avant de se briser en classes distinctes, la langue des anciens Aryas s'était déjà élevée jusqu'à la flexion. Les Basques, au contraire, n'ont pas encore dépassé le procédé agglutinatif. Il n'y a donc aucun rapprochement légitime à établir entre cet idiome et ceux qui constituent les diverses classes de la famille aryenne.

Je sais bien que le basque possède en commun, avec plusieurs de ces derniers, un certain nombre de termes caractéristiques d'une civilisation peu avancée, et dont plusieurs paraissent bien être des radicaux. Le lecteur peut revoir le catalogue dressé par M. de Charencey, avec mes observations critiques, ainsi que les mots ajoutés par moi, et dont j'aurais pu facilement grossir la liste (v. p. 73-76). Mais cette possession commune d'une série de termes n'est certes pas impossible à expliquer. Il se peut fort bien, quoique la chose soit loin d'être prouvée, que les ancêtres des Basques se soient détachés, pendant la période d'agglutination, d'une souche de langues dont un rameau se serait ensuite élevé jusqu'à la flexion, et aurait produit les idiomes aryens. Cette hypothèse, que je donne pour ce qu'elle vaut, expliquerait la possession commune de quelques radicaux, et témoignerait tout au plus en faveur d'une parenté philologique fort éloignée. On sait que plusieurs savants rattachent les Basques aux peuples de langue touranienne, dont les rapports prolongés avec certaines tribus aryennes ne sauraient être contestés. « Sur les rivages de la mer Caspienne, dit M. Max Müller, et dans la région baignée par l'Oxus et l'Iaxarte, des peuplades aryennes et non aryennes vécurent côte à côte pendant des siècles. Quoique les Aryens et les Touraniens fussent ennemis et constamment en guerre les uns avec les autres, ainsi que nous l'apprend le grand poëme épique persan le Shà-Nàmeh, il ne s'ensuit pas que toutes les hordes nomades qui infestaient les établissements des Aryens aient été tartares de sang et de langage. Dans les épopées indiennes de l'époque moderne, Tourvasa et ses descendants qui représentent les Touraniens, sont maudits et privés de leur héritage dans l'Inde; mais, dans les Védas, Tourvasa est un adorateur des dieux aryens. Même dans le Shà-Nàmeh, des héros persans passent aux Touraniens et les conduisent contre Iran, à peu près comme Coriolan marcha contre Rome avec les Samnites. Ceci nous explique pourquoi un si grand nombre des noms touraniens ou scythes mentionnés par les auteurs grecs, portent l'empreinte de leur origine aryenne. *Aspa* était le persan pour *cheval*, et il n'est guère possible de ne pas reconnaître ce mot dans les noms scythes *Aspabota, Aspakara, Asparatha* (1). Le nom même des monts Aspasiens, placés par Ptolémée en Scythie, nous rapporte à la même étymologie. Le mot *Arya* n'est pas inconnu au-delà de l'Oxus, où nous trouvons un peuple appelé les *Ariacæ* (2), et un autre appelé les *Antariani*(3). Au temps de Darius, il y avait un roi des Scythes nommé *Ariantes*. Un contemporain de Xerxès est connu sous le nom d'*Aripithes* (le sanscrit *aryapati* ; le zend *airyapaiti*) ;

---

(1) Burnouf, *Yaçna*, Notes, p. 105.
(2) Ptol., VI, 2, et VI, 14. Il y a les Ἀναριάκαι sur les frontières de l'Hyrcanie. Strab. XI, 7 ; Plin., VI, 19.
(3) Sur les *Arimaspi*, et les *Aramæi*, cf. Burnouf, Notes, p. 105; Plin., VI, 9.

et *Spargapithes* ne semble pas sans rapports avec le sanscrit *svargapati*, maître du ciel (1). »

La portée de ce passage n'échappe certainement pas au lecteur ; et si, comme le pensent certains philologues, les Basques sont des Touraniens, rien n'empêche de supposer que ce peuple se rattacherait précisément aux tribus qui se sont trouvées, vis-à-vis de certaines populations aryennes, dans la situation dont parle M. Max Müller.

Il est à remarquer aussi, que tous les auteurs classiques nous montrent les anciens Vascons cernés, du côté de l'Espagne, par des populations celtiques, et séparés, par la chaîne des Pyrénées, des tribus de l'Aquitaine. On sait que ces tribus étaient toutes plus ou moins imprégnées d'éléments celtiques. Or, il est impossible qu'un fait aussi considérable et aussi persistant, n'ait pas eu pour résultat l'infiltration, dans le glossaire des Basques, d'un nombre plus ou moins grand de mots celtes.

Tels sont les événements possibles ou certains, qui permettent, à mon avis, de constater, sans trop de surprise, dans le glossaire euskarien, la présence d'un certain nombre de termes généralement acceptés comme des radicaux, et dont on a pu apprécier les similitudes ou analogies avec des mots d'origine aryenne. Ces rapprochements, dont je ne nie pas d'ailleurs l'intérêt, ne doivent pas nous empêcher de reconnaître qu'il n'existe, entre les Basques et les peuples indo-européens, aucun rapport vraiment appréciable de parenté philologique.

Passons maintenant à l'étude comparative de l'eskuara et des idiomes touraniens.

---

(1) Max Müller, *Science du langage*, p. 261-62; Id., *Letter on the Turanian languages*, passim. M. Boller, de Vienne, qui a publié une analyse très-complète des langues touraniennes dans les *Mémoires de l'Académie de Vienne*, a essayé depuis de montrer le caractère touranien du japonais.

Le lecteur n'a pas oublié que j'ai reproduit ou résumé plus haut (v. p. 77-97), la portion des ouvrages de MM. d'Abbadie, Bergmann, le prince Louis-Lucien Bonaparte et H. de Charencey, signalant certains rapports entre ces langues et le basque.

Les idiomes touraniens, caractérisés par l'agglutination, ont été étudiés de fort près par des philologues, tels que MM. Castrén, Gablentz, Friis, Hunfalvy, Lönrot, Reguly, Boller, Max Müller, Rœhrig, etc. Le domaine de ces langues, est immense, et il suffit, pour s'en convaincre, de jeter les yeux sur leur tableau généalogique dressé par M. Max Müller aux pages 431 et 432 de sa *Science du langage*. Parmi les savants dont j'ai reproduit ou résumé les travaux relatifs au sujet qui m'occupe en ce moment, je dois d'abord mettre hors du débat, pour deux raisons bien différentes, MM. d'Abbadie et Bergmann. M. d'Abbadie relève, entre le basque d'une part, et le hongrois et le géorgien de l'autre, un certain nombre d'analogies grammaticales; mais il ne conclut pas à la parenté de ces idiomes. Quant à M. Bergmann, son opinion est formulée d'une manière à la fois trop vague et trop brève, pour permettre à la critique de se déployer utilement. Je n'ai donc à discuter que les travaux du prince Louis-Lucien Bonaparte et de M. de Charencey.

La première raison donnée par le prince Bonaparte en faveur de l'identité du basque et des langues finnoises, sera discutée en même temps que les identités ou analogies de certaines désinences casuelles, qui existeraient, d'après M. de Charencey, entre l'eskuara et les idiomes de l'Oural. Le second argument est tiré de l'existence, dans la langue basque, de la déclinaison définie, qui se retrouve aussi dans le morduin ou mordvine. Mais le morduin est le seul idiome touranien qui jouisse de cet avantage. Est-il prudent d'argumenter de cette unique exception, surtout quand on songe que, tout en se conformant au génie des langues finnoises, le morduin se recommande à l'attention des philologues par une conjugaison dont je dirai quelques mots. M. Pruner-Bey fait d'ailleurs remarquer, avec raison, qu'en morduin l'article défini suffixe est placé derrière les désinences, et que le contraire a lieu en basque (1).

La troisième raison invoquée par le prince Bonaparte résulterait de l'existence en basque, en morduin, en vogoule et en hongrois, d'une conjugaison objective pronominale. Cette assertion me semble trop absolue. Le morduin est, à proprement parler, la seule langue touranienne qui possède la conjugaison transitive simple, c'est-à-dire, qui peut exprimer à la fois, dans le verbe, le sujet et le régime direct. Cela produit une quinzaine de formes, dont plusieurs font double emploi. M. Pruner-Bey fait remarquer, à bon droit, que le régime pronominal est ici bien oblitéré, souvent effacé, et qu'il faut le chercher à la loupe. — Le samoyède offre un tel luxe de pronoms personnels, qu'on se demande involontairement si ce ne sont pas des restes d'un ancien état incorporatif, et cela d'autant mieux que, dans quelques cas, il distingue sur le substantif, par des désinences particulières, l'animé et l'inanimé, et que le verbe renferme la désignation du pluriel du régime.

« Quoi qu'il en soit de ces deux langues (le morduin et le samoyède), on pourrait, dans l'état actuel des choses, présumer qu'elles présentent un terme de transition, un état intermédiaire entre la basque et les américaines, d'une part, et les finnoises de l'autre (2). »

L'oblitération signalée par M. Pruner-Bey dans la conjugai-

---

(1) Pruner-Bey, *Sur la langue basque*, dans le *Bullet. de la Soc. d'anthrop.* de 1865, p. 69.

(2) Pruner-Bey, *Sur la langue des Basques*, dans le *Bullet. de la Soc. d'anthrop.* de 1867, p. 69.

son objective pronominale du morduin, devient telle dans le hongrois et le vogoule, qu'il ne reste de l'état linguistique antérieur que des vestiges trop peu nombreux pour établir un rapprochement légitime. Le prince Bonaparte est d'ailleurs le premier à faire remarquer que les idiomes finnois n'ont pas, comme le basque, la conjugaison objective pronominale, à régime direct et indirect à la fois, et les traitements masculin, féminin et respectueux.

La quatrième et dernière raison invoquée par le prince Bonaparte, est tirée de l'harmonie des voyelles. Dans les langues finnoises, cette harmonie se manifeste par le *dualisme* ou affection entre voyelles du même groupe; dans le basque, au contraire, il se traduit par l'*antagonisme*, ou sympathie entre voyelles de groupes différents. Le lecteur appréciera, mais il me semble que cet argument milite contre la thèse à l'appui de laquelle il est produit, et que l'usage de procédés si contraires prouverait plutôt contre la parenté philologique que le prince Bonaparte se propose d'établir.

Passons maintenant à l'examen du travail sur *La langue basque et les idiomes de l'Oural* de M. de Charencey. Je me suis déjà expliqué (p. 90-97), sur les analogies manifestes que ce philologue relève, en partie, entre certains radicaux basques et touraniens, et sur les rapports qui existent entre les deux systèmes de numération. M. de Charencey ne produit à proprement parler, de son chef, que deux arguments tirés, l'un de la communauté du procédé d'agglutination, et l'autre de prétendues identités ou analogies entre plusieurs désinences casuelles du basque et de certains idiomes touraniens.

Le premier de ces arguments a déjà été réfuté d'avance par Humboldt (v. p. 103-104), qui dit avec raison que « de semblables particularités grammaticales servent plutôt... à indiquer le degré de formation des langues que leur parenté avec d'autres. » Cette règle de la philologie, méconnue par

M. de Charencey, est aujourd'hui si vulgaire, que je me crois dispensé d'une plus longue insistance.

Voyons maintenant ce qu'il faut penser des prétendues identités ou analogies, entre plusieurs désinences casuelles basques et touraniennes.

Je discuterai tout-à-l'heure la valeur et la légitimité de quelques-uns de ces rapprochements ; mais l'usage d'un tel procédé est condamné, en principe, par les règles les plus générales et les plus vulgaires de la philologie comparée. « Notre attente serait trompée, dit M. Max Müller, si nous pensions trouver dans cette multitude innombrable de langues (touraniennes), le même air de famille qui rapproche les langues sémitiques ou aryennes ; mais l'absence de cet air de famille constitue un des caractères des dialectes touraniens (1). Ce sont des langues de *nomades*, langues qui, par ce caractère, se distinguent profondément des langues aryennes et sémitiques. Dans les langues de ces deux dernières familles, la plupart des mots et des formes grammaticales ont été produits, une fois pour toutes, par la force créatrice d'une seule génération, et on ne les abandonnait pas légèrement, même quand leur clarté originelle avait été obscurcie par l'altération phonétique. Transmettre une langue de cette manière, n'est possible que chez les peuples dont l'histoire coule comme un grand fleuve, et chez qui la religion, les lois et la poésie, servent de guides au courant du langage. Mais chez les nomades touraniens il ne s'est jamais formé de noyau d'institutions politiques, sociales ou littéraires. Les empires n'étaient pas plutôt fondés, qu'ils étaient dispersés de nouveau comme les nuages de sable du désert : nulles lois, nuls chants, nuls récits ne survivaient à la génération qui les avait vus naître.

« Dans une leçon précédente, en traitant du développement

---

(1) Max Müller, *Letter on the Turanian Languages*, p. 24.

des patois, nous avons vu avec quelle rapidité le langage peut s'altérer, quand il est abandonné à lui-même sans être fixé par des modèles littéraires ou des règles grammaticales. Les substantifs les plus indispensables, tels que père, mère, fille, fils, se sont souvent perdus et ont été remplacés par des synonymes dans les différents dialectes touraniens, et les désinences grammaticales n'ont pas eu un sort meilleur.

» Néanmoins plusieurs des noms de nombre, des pronoms et beaucoup de radicaux de ces langues révèlent l'unité de leur origine ; et les racines et les mots appartenant en commun aux membres les plus disséminés de cette famille, nous autorisent à conclure à une parenté réelle, quoique très-éloignée, entre tous les dialectes touraniens (1). »

Il serait difficile de mieux dire en moins de mots, et de signaler avec plus de précision les causes générales de l'infinie diversité et de la transformation, souvent si rapide, des langues touraniennes. Ces idiomes présentent surtout une telle variété de désinences casuelles, que je suis vraiment étonné de voir M. de Charencey relever, entre leur déclinaison et celle des Euskariens, un si petit nombre de prétendues identités ou analogies. On peut prendre n'importe quelle langue agglutinante étrangère au groupe touranien, et où les rapports sont exprimés par des potspositions; je garantis d'avance qu'avec un peu de bonne volonté, on ne manquera pas de récolter, pour le son et pour le sens, dans l'immense variété des idiomes de l'Europe occidentale et de la haute Asie, une moisson de prétendues identités ou analogies entre désinences casuelles, bien supérieure à celle de M. de Charencey. Cela ne revient-il pas à dire que ces identités et analogies sont purement fortuites, et qu'elles ne méritent aucun crédit scientifique?

Le procédé de M. de Charencey se trouve donc condamné

---

(1) Max Müller, *Science du langage*, p. 414-15.

par les lois générales de la philologie. Son tableau comparatif (p. 88) l'expose, en outre, à des critiques de détails, sur lesquelles je veux être bref.

Pour rapprocher la flexion *en*, caractéristique du génitif basque, de *n* qui marque le même cas en morduin et en tcheremisse, il faudrait expliquer comment l'eskuara a gagné l'*e* ou comment les autres idiomes l'ont perdu. Le turc, dit avec raison M. de Charencey, forme son génitif en *yn*; mais ce philologue ne démontre pas comment l'*e* basque représente légitimement cet *y*. — Le datif basque est en *i*, de même que l'illatif lapon. Mais l'illatif est autre que le datif. J'en dis autant de l'allatif qui est en *a* chez les Ostiaks; et l'*a* ne saurait être rapproché de *i*. En Suryène et en Votuèque, l'illatif est en *œ et æ*. Mais l'illatif exprime ici une idée de mouvement qui n'est pas dans le datif basque, dont la terminative n'a d'ailleurs aucun rapport phonétique avec ces deux désinences.

Je laisse au lecteur la tâche facile de compléter ma critique par des observations analogues sur les cas désignés par M. de Charencey sous les noms d'*inessif, instrumental, caritif* et 2*e caritif*. Il faut néanmoins convenir que la ressemblance frappante de l'accusatif pluriel, en basque d'une part, et de l'autre en lapon suédois et en magyar, est faite pour donner à réfléchir, et qu'on ne retrouve ici ni les ressemblances fortuites, ni le caractère conjectural et hasardeux que je regrette d'avoir à signaler dans les autres parties du tableau dressé par M. de Charencey.

Je crois avoir discuté suffisamment, et surtout loyalement, l'opinion des savants qui ont cru découvrir plus ou moins d'affinités entre le basque et les idiomes touraniens. Si ma critique est fondée, ces affinités se trouvent déjà notablement réduites, et tout donne à croire que les progrès futurs de la philologie viendront encore en restreindre la valeur et la portée. M. de

Charencey (v. p. 90-91, note 1) a relevé d'ailleurs, entre le mécanisme grammatical des idiomes qu'il a comparés, de capitales et nombreuses dissemblances; et cette partie de son travail est assurément la meilleure. J'ajoute que je viens de relire à l'instant les *Éclaircissements sur quelques particularités des langues tatares et finnoises* de M. Rœhrig, et que je ne retrouve aucune de ces particularités dans l'idiome euskarien.

Il importe néanmoins de reconnaître que, malgré ces nombreuses dissemblances, le basque et les idiomes touraniens possèdent en commun un certain nombre de termes caractéristiques d'idées simples et d'un état social rudimentaire. Ces termes paraissent bien être des radicaux. On a pu constater aussi, dans le tableau imprimé à la p. 97, les analogies qui existent entre les noms de nombre 1, 3, 4, 5, 7, 8, 9, 10 dans le basque, et dans les langues de la classe finnoise. Enfin il existe, sous le rapport de la conjugaison, des rapports plus ou moins nombreux entre l'eskuara et certains idiomes touraniens, notamment le samoyède, le mordvine et le hongrois.

§ 3.

J'arrive à la comparaison du basque avec les langues américaines, et je prie le lecteur de vouloir bien revenir sur la partie de ce livre où j'ai fait le dénombrement des auteurs qui ont écrit là-dessus, et où j'ai tâché de reproduire les arguments qu'ils ont présentés en faveur de la parenté de l'eskuara et des idiomes du Nouveau-Monde (p. 103-19). Il faut convenir que les langues de l'Amérique, et particulièrement celles de la partie septentrionale, ont été jadis très-imparfaitement étudiées par Maupertuis, Jefferson, Burton et Reland. Les travaux de Hum-

boldt (1), Pickering (2) et Lieber (3) laissent aussi beaucoup à
désirer. Le même reproche peut s'étendre aux publications
Schoolcraft (4) et Duponceau (5). Ceux qui tiennent à s'édifier
sur la valeur des travaux philologiques de ces deux derniers, n'ont qu'à consulter les trente-quatre premières pages
des *Études philologiques sur quelques langues sauvages de
l'Amérique* (6), par N. O., ancien missionnaire (Monréal, 1866).
Il n'est donc pas étonnant que les ouvrages de philologie comparée publiés avant ce livre, soient fréquemment entachés d'erreurs grossières, et signalent, sur la foi trompeuse d'études
incomplètes, certaines analogies ou similitudes auxquelles il

---

(1) G. de HUMBOLDT, *De l'origine des formes grammaticales* (trad. Tonnelé), passim ; *Recherches sur les habit. prim. de l'Esp*, ch. XLVIII, p. 149 et s. Le savant Prussien a combattu à bon droit, dans la *Gazette de Berlin*, n° du 9 mars 1835, le travail de M. de PARAVEY : *Mémoire sur l'origine japonaise, arabe et basque de la civilisation des peuples du plateau de Bogota, d'après les travaux récents de MM. de Humboldt et Sieboldt*. Paris, 1835. — H. Mac CULLOCH a affirmé la parenté du basque et des langues américaines, dans son travail intitulé : *Researches on America being an attempt to settle some points relations to the Aborigenes of America*. Baltimore, 1847. Humboldt n'accepte pas non plus ses raisons.

(2) J. PICKERING, *An essay of uniform orthography for the indian languages of Nothern America*. Cambridge, 1820.

(3) LIEBER, *Encyclopedia Americana*.

(4) Henri Rowe SCHOOLCRAFT, *The Indian in his wigwam*, 1847 ; *Narrative an expedition thro the upper Missisipi to Itaska lake, the actual, source of this river, embracing an exploratory trip thro, the Ste Croix and Burnwood rivers, in 1832, unther the direction of HENRY R. SCHOOLCRAFT*. New-York, 1834 ; *Notes on the Iroquois*. Albany, 1847.

(5) DUPONCEAU, *Mémoire sur le système grammatical des langues de quelques nations indiennes de l'Amérique du Nord*. Paris, 1838. — L'abbé BRASSEUR DE BOURBOURG a publié, il n'y a pas longtemps, une *Grammaire Quiché*.

(6) Cette critique est excellente pour le fond ; mais quelques philologues ont reproché à l'auteur sa franchise un peu rude. Le savant et regrettable abbé Le Hir constate néanmoins, avec raison, qu'elle est toujours exempte d'amertume et de malignité. On ne saurait, en effet, exiger d'un mission-naire canadien les précautions et les euphémismes dont les érudits de l'ancien continent ne se souviennent pas toujours autant qu'il le faudrait.

ne faut plus se laisser prendre. Dans son mémoire *Des affinités de la langue basque avec les idiomes du Nouveau-Monde*, M. de Charencey ramène à peu près tous les rapprochements, légitimes ou non, signalés par ses devanciers, et il cherche aussi, dans l'ouvrage du missionnaire canadien, de nouveaux éléments de comparaison. La critique que je vais faire du travail de M. de Charencey, réfléchira donc sur tous les travaux antérieurs.

Je crois avoir déjà démontré qu'il n'y a pas lieu de s'arrêter à l'argument tiré du rapprochement des noms de parenté entre l'Algonquin et l'Iroquois d'une part, et l'idiome euskarien de l'autre (note des p. 111 et 112). Il en est de même du rapprochement de quelques termes du glossaire des Basques et de celui des tribus sauvages de l'Amérique du Nord (note des p. 116, 117 et 118) (1). Restent donc à examiner les arguments

---

(1) Aux arguments spéciaux déjà fournis, vient s'ajouter la raison générale et décisive tirée du caractère extrêmement synthétique et incorporant des langues américaines. « Ce synthétisme, dit l'abbé Le Hir, produit des mots interminables, qui sont en réalité fort brefs, si l'on tient compte de tout ce qu'ils expriment. Pour étudier ces mots et les analyser, il ne suffit pas de dégager le thème ou radical des flexions qui le modifient et déterminent son emploi dans la phrase ; il faut analyser le thème lui-même, qui souvent est composé ou dérivé. Soit, par exemple, le mot algonquin *anicinabé* « homme. » On peut affirmer tout d'abord que ce mot de cinq syllabes n'est pas une racine. J'avais soupçonné que les trois dernières lettres seules étaient essentielles. Ce soupçon est devenu une certitude, quand j'ai remarqué (p. 31 de l'ouvrage de N. O.) qu'en effet le mot *abé* se joint à d'autres adjectifs, et suffit seul à désigner l'homme. A la p. 77, je trouve un autre mot fort complexe, composé et dérivé tout ensemble. *Tcapaiakomatizodjik* désigne les catholiques, littéralement « ceux qui font sur eux avec la main le signe de la croix. » En substituant à la dernière syllabe *djik* la syllabe *sigok*, composée de *si* négatif, et de *gok* = *djik*, on a le nom des protestants. » L'abbé Le Hir, *Des langues américaines*, dans les *Études religieuses, historiques et littéraires par des Pères de la Compagnie de Jésus*, n° de juillet 1867. Cet examen du travail du missionnaire canadien a paru aussi, mais abrégé, dans la *Revue critique d'histoire et de littérature*. — On comprend combien le caractère synthétique des langues américaines doit favoriser ce procédé d'incorporation dont j'ai déjà cité des exemples. Un

tirés de l'agglutination, de l'absence de l'*f* en basque et dans les langues canadiennes, du procédé d'incorporation, des genres rationnel et irrationnel, de la conjugaison des noms, de l'analogie des pronoms personnels, et de divers caractères de la conjugaison.

Agglutination. Ce procédé caractérise à la fois la langue basque et celles de l'Amérique. Mais Humboldt, qui l'a remarqué le premier, déclare avec raison que cela sert plutôt à « indiquer le degré de formation des langues que leur parenté avec d'autres. »

Absence de l'f, en basque et dans les langues de l'Amérique

grand nombre d'idées devant être accumulées en un seul mot, on prend, à cet effet, les premières syllabes ou les plus sonores d'un certain nombre de termes que l'on réunit, et le nouveau mot se décline et se conjugue. C'est ainsi que, d'après Heckwelder, en Delaware, le mot *nadholineen* signifie « venez et faites-nous traverser la rivière dans un canot », étant composé de la première syllabe des mots *naten* « aller chercher, » de la dernière syllabe *amochol* « un bateau, » et de la terminaison *ineen*, impliquant une application personnelle analogue au pronom nous. — Ces exemples de synthétisme et d'incorporation suffisent pour faire comprendre la facilité et la rapidité avec lesquelles se transforment les langues de l'Amérique du Nord. « Gabriel Sagard, qui fut envoyé en qualité de missionnaire chez les Hurons, en 1626, et qui publia à Paris, en 1631, son *Grand voyage du pays des Hurons*, affirme que parmi les tribus de l'Amérique du Nord c'est à peine si l'on peut trouver deux villages parlant la même langue, et que dans le même village il n'y a pas deux familles dont la langue ne diffère plus ou moins. Il ajoute (ce qui est important à remarquer), que leur langue change sans cesse, au point que leur langue actuelle ne ressemble plus à celle des anciens Hurons..... Dans l'Amérique centrale, certains missionnaires cherchèrent à mettre par écrit le langage des tribus sauvages et composèrent avec grand soin un dictionnaire de tous les mots qu'ils pouvaient saisir. Revenant dans la même tribu après un laps de temps seulement de dix ans, ils trouvèrent que ce vocabulaire avait vieilli et était devenu inutile. » Max Müller, *Science du langage*, p. 56-57. — Ainsi la comparaison des glossaires rencontre ici d'immenses difficultés. Nous savons d'ailleurs que ce n'est pas là un moyen légitime de vérifier la parenté des idiomes. Quant au rapprochement des radicaux, il rencontre presque toujours, comme l'a fort bien démontré l'abbé Le Hir, des obstacles encore plus formidables.

du Nord. Cette particularité a été également indiquée par Humboldt. — La phonologie des langues de l'Amérique est encore très-mal connue, et l'abbé Le Hir regrette avec raison que le missionnaire canadien N. O. n'ait pas insisté davantage sur un sujet si intéressant. Le philologue américain nous apprend néanmoins qu' « il faut dix-huit de nos caractères pour peindre tous les sons algonquins, savoir : A B C D E G H I J K M N O P S T 8 (1) Z. Douze suffisent pour représenter ceux de la langue iroquoise ; les voici : A E F H I K N O R S T 8 (2). » L'*f* existe donc en canadien, mais il ne paraît qu'une fois dans tout le volume du missionnaire, et doit être fort rare. Sa présence suffit néanmoins à ruiner l'argument phonologique. D'ailleurs le gascon proscrit l'*f* et la remplace par l'*h* (*hoec*, feu, *hroundo*, fronde, etc.), et les exemples d'un procédé identique sont très-communs en espagnol (*hacer*, faire, *hierro*, fer, etc.). Ce phénomène phonétique dépasse donc les limites du domaine de la langue basque ; et tout porte à croire qu'au lieu de l'imposer aux idiomes voisins, c'est elle qui a dû les recevoir d'eux. Pourquoi donc aller chercher jusqu'en Amérique un argument phonologique purement négatif, et d'ailleurs infirmé par la présence de l'*f* dans l'alphabet iroquois ?

« Les langues américaines, dit l'abbé Le Hir, sont riches en voyelles, et en font un usage assez multiplié pour communiquer un discours une sonorité mâle et brillante. Les sons éclatants de l'*a* et de l'*o* s'y mêlent aux voyelles plus légères *i* et *e* dans une juste mesure, pour produire un accord harmonieux de vigueur et de grâce ; mais ces langues sont pauvres en articulations, et le cèdent autant sous ce rapport à nos langues néo latines, que celles-ci sont inférieures sous ce rapport aux plus belles langues de l'antique Orient. L'iroquois surtout semble

---

(1) 8 se prononce *ou*.
(2) *Études philologiques sur quelques langues sauvages de l'Amérique du Nord*, p. 9.

avoir pris à tâche de réduire la prononciation à ses éléments les plus simples. Il ne connaît point les articulations à plusieurs degrés, la distinction des moyennes, ténues et aspirées. Il n'a qu'une sifflante *s*, qu'une aspirée *h*, qu'une labiale *w*, qu'une gutturale *k*, qu'une nasale *n*, et une linguale *r*, auxquelles il faut ajouter une ou deux articulations plus rares (*t*, *sh*). » (1). Cette pauvreté d'articulations explique on ne peut plus clairement l'impuissance où se trouvent les langues de l'Amérique à lier directement « des consonnes muettes et liquides, dans laquelle les liquides se trouveraient à la fin du mot. » Il en est de même en basque; mais ici, ce phénomène résulte de la phonétique particulière de cette langue, tandis que pour les idiomes de l'Amérique du Nord, ce n'est qu'un des résultats inévitablement produits par le médiocre contingent de consonnes admises dans les alphabets de ce pays. D'ailleurs Humboldt, qui a le premier signalé ce fait, ne s'est pas abusé sur sa portée, et l'a classé d'avance parmi ceux qui devaient perdre toute valeur en présence d'un examen sérieux et approfondi.

Incorporation. L'usage de ce procédé est porté, dans les langues américaines, à un tel point qu'on ne trouve rien de semblable dans les langues des autres pays. Néanmoins l'incorporation est plus ou moins employée dans un grand nombre d'idiomes de l'ancien continent, notamment en Géorgien et en Abkhaze, et dès-lors elle ne saurait être considérée comme un indice spécial de parenté entre le basque et les langues de l'Amérique septentrionale.

Genres rationnel et irrationnel. La communauté de cette distinction de genres entre la déclinaison basque et celle des idiomes de l'Amérique du Nord, a été signalée pour la première fois dans le livre du missionnaire canadien, p. 36, note †. C'est

---

(1) L'abbé Le Hir, *Études philol. sur quelques langues sauvages de l'Amérique du Nord*, dans les *Études relig. hist. et litt. par des Pères de la compagnie de Jésus*, n° de juillet 1857.

ainsi que les Algonquins ont deux pluriels, l'un en *k* pour les êtres vivants, l'autre en *n* pour les choses inanimées. « En sanscrit, dit l'abbé Le Hir, on dit *cirds*, felices, au masculin ; *cirdni*, felicia, au neutre. Si l'on fait attention que le *s* de *cirds* se change régulièrement en *h* dans plusieurs langues congénères, et souvent même dans le sanscrit, que ce *h* devient même souvent *k* dans l'arménien (par ex. *mart*, homme, *martk* (1), les hommes), on saisira l'analogie qui relie les pluriels algonquins à nos langues indo-européennes (2). » Ainsi voilà un procédé commun entre ces idiomes, ceux de l'Amérique du Nord et le sanscrit. Il n'y a donc pas lieu d'en argumenter exclusivement au profit de la parenté de l'eskuara et des langues du Nouveau-Monde.

Conjugaison des noms. Il en est de même des « formes *ban* et *goban*, qui ajoutées au verbe ou au nom, marquent l'une le passé prochain, l'autre le passé éloigné, par ex. *Zabié-ban*, feu Xavier, *Xaverius qui fuit*. On voit ici deux racines combinées ensemble, la racine *gâ*, *gehen*, aller, et la racine *bhu*, être. Et non seulement ces deux racines existent dans les langues indo-européennes, mais toutes deux sont aussi employées comme signes du temps passé; toutes les deux se combinent même en un seul mot dans les langues germaniques. *Goban* répond à l'allemand *gewesen*. On dirait presque en anglais *gone*, *been*, qui s'en est allé, qui a été. *Ban* sert encore à former l'imparfait dans les verbes, *ni sakiha-ban*, amabam (3). »

Analogie des pronoms personnels. Il existe, sur ce point, entre le basque et les langues de l'Amérique du Nord, des ressemblances frappantes ; mais cette analogie a été relevée

---

(1) L'origine de ce pluriel a été bien éclaircie par M. Fred. Müller (*Beitrage zur Declin. der Armenischen Namens*, Wienn, 1864). Note de l'abbé Le Hir.

(2) L'abbé Le Hir, *Études religieuses*, n° de juillet 1867.

(3) *Id., Ibid.*

aussi par le missionnaire canadien, entre les pronoms personnels algonquins et les affixes hébraïques.

Tableau comparé des affixes sémitico-algiques.

Postf. hébr.	Sabakata-ni,	tu m'as abandonné,	ni,	me, moi,
	Idake-ka,	ta main,	ka,	de toi,
	Raghel-o,	son pied,	o,	de lui,
	Qetal-o,	il l'a tué,		lui,
Préf. alg.	ni-naganik,	il m'abandonne,	ni,	me, moi,
	ki-nindji,	ta main,	ki,	de toi,
	o-sit,	son pied,	o,	de lui ou d'elle,
	o-nisan,	il le tue,		lui ou elle.

« Au moyen du tableau ci-dessus, on voit :

» 1° Ni, affixe verbal de la première personne, mais *préfixe* en algonquin, et *postfixe* en hébreu.

» 2° ki et ka, affixes nominaux de la seconde personne, mais le premier, *préfixe* en algonquin, et le second *postfixe* en hébreu.

» 3° o, affixe tant verbal que nominal de la troisième personne, mais toujours *préfixe* en algonquin et *postfixe* en hébreu.

» On trouvera sur ce même tableau, de plus amples informations dans un article du Journal de l'Instruction publique, par lequel nous répondions, en septembre 1864, à certaines questions et objections du Canadian Naturalist. Nous n'avons pas le moindre doute que les rédacteurs de cette estimable Revue n'aient été pleinement satisfaits de nos explications. Néanmoins, *ad abundantiam juris*, voici d'autres exemples en faveur surtout de certains Orientalistes qui éprouveraient encore quelque répugnance à admettre le verbe שבק (*schabak*), *reliquit, dereliquit*; ils ne contesteront pas du moins la parfaite *hébraïcité* de שמר (*schamar*), *servavit, custodivit*.

» Nous servant donc de cette racine, nous dirons :

Schmâra-ni	= ni-gana8enimik	= il ME garde.
Schmârou-ni	= ni-gana8enimigok	= ils ME gardent.
Schmâr-ka	= ki-gana8enimik	= il TE garde.
Schmârou-ka	= ki-gana8enimigok	= ils TE gardent.
Schmârâ-nou	= o-gana8enimigon	= il LE garde.
Schmârou-nou	= o-gana8enimigo	= ils LE gardent.

» Dans les deux derniers exemples, le *cholem*, il est vrai, se trouve changé en *schoureq*; mais cela, bien loin d'infirmer l'analogie entre les deux idiomes, ne fait au contraire que la prouver et la corroborer encore davantage. En effet, s'il arrive quelquefois que le postfixe hébraïque o se change en ou, il arrive aussi quelquefois, ainsi que nous en avons fait la remarque un peu plus haut, que le préfixe algonquin o se change en « 8i (1). »

L'abbé Le Hir approuve les similitudes relevées par le missionnaire canadien, et déclare que la comparaison aurait pu être étendue aux pronoms égyptiens, aryens et touraniens. Il se borne néanmoins, pour faire court, à une seule remarque : « Le T du pronom de la 2ᵉ personne, qui se change souvent en s dans les langues aryennes, se change au contraire fréquemment en K dans les langues sémitiques. Le même changement en K a lieu dans l'arménien, qui est de la famille aryenne. Il s'opère pareillement dans l'algonquin, où la forme ordinaire est Ki. C'est même la seule forme indiquée par le missionnaire N. O. Mais la forme primitive *to*, pl. *tok*, se retrouve dans les vocatifs pluriels. *Anicinabetok*, doit se traduire littér. : O hommes, vous! Les Américains diraient *touk* (2). »

---

(1) *Études philologiques sur quelques langues sauvages de l'Amérique*, par N. O., ancien missionnaire, p. 46-47, note.

(2) L'abbé Le Hir, *Études religieuses*, nº de juillet 1867.

Je crois avoir démontré, par les deux passages empruntés au travail du missionnaire canadien et à celui de l'abbé Le Hir, que les pronoms personnels basques offrent d'incontestables analogies avec ceux de divers groupes de langues. Il n'y a donc pas lieu de se prévaloir de ce fait, pour affirmer limitativement la parenté de l'eskuara avec les idiomes de l'Amérique du Nord.

Caractères de la conjugaison. Cette partie du mémoire de M. de Charencey soulèverait au moins autant d'objections que le reste de son travail. Pour faire court, je m'abstiendrai de la discuter en détail; et sa critique résultera, je l'espère, de l'examen comparatif des véritables caractères des conjugaisons basque et américaine.

Sous condition d'acquitter cette promesse, je crois avoir démontré que les arguments produits à l'appui de son système, par M. de Charencey, ne sauraient être sérieusement invoqués en faveur de la parenté du basque et des langues de l'Amérique du Nord. La même thèse a été reprise depuis par M. Pruner-Bey (1); mais ses raisons seront mieux comprises quand j'aurai rapidement esquissé le mécanisme des idiomes américains.

Les idiomes du Nouveau-Monde ont une physionomie très-diverse, et sont loin d'être arrivés tous au même degré de développement grammatical. « Il existe, dit M. Pruner-Bey, des langues *analytiques*, comme le Quiché, d'autres comparables à l'état du français, comme le Cora, l'Endévé, le Tépéhuan, etc. La synthèse est à peine apercevable dans le Tarahumara, et l'Opata; elle atteint le degré du sémitisme dans le Maya et ses affiliées. Toutefois, au nord du continent, comme au midi, la pluralité des langues suit le système *holophras-*

---

(1) PRUNER-BEY, *Sur la langue des Basques,* dans le *Bullet. de la Soc. d'anthrop.* de 1867, p. 39-71.

tique ou *polysynthétique* (1), comme, par exemple, l'Esquimau, l'Athapasque, les nombreux idiomes des Algonkins, des Iroquois, le Dacota, le Thiroki, les langues de l'Orégon, le Nahuat, le Huaxtèque et le Matlazinka; enfin le Kechua, le Guarani, l'Araucan, etc. (2). »

Dans les idiomes polysynthétiques ou holophrastiques du Nouveau-Monde, la formation des mots a lieu, soit par voie de *dérivation*, soit par voie de *composition*, en prenant, comme dans tous les idiomes polysyllabiques, la racine pour point de départ. Ce système fonctionne néanmoins dans des conditions spéciales. Les dérivés se forment, en effet, « par la simple addition de syllabes plutôt au mot déjà constitué qu'à la racine. Il en résulte non-seulement une modification du sens, mais tout aussi souvent à la fois de la catégorie grammaticale (3). » Grâce à cette conversibilité, le substantif devient verbe, et celui-ci substantif ou adjectif. C'est le premier pas dans la voie de l'agglutination, où l'adjonction de particules à la particule formative aboutit parfois à des mots d'une extrême longueur. Les particules ajoutées sont suffixes en général, et préfixes par exception.

La composition des mots a lieu par de telles ellipses et syncopes, que les éléments constitutifs sont souvent altérés au point d'être méconnaissables. « Aussi ces mots composés ne présentent plus, comme ailleurs, en pareil cas, une simple modification ou détermination du sens primitif; non, il en ressort des notions entièrement différentes, et il existe même des verbes ainsi composés (4). » Néanmoins, si les idiomes dont

---

(1) S'il est permis de juger d'après les langues anciennes, ces divers degrés de développement ne portent aucun préjudice à la parenté, s'ils ne sont accompagnés d'autres caractères. *Note* de M. Pruner-Bey.

(2) Pruner-Bey, *Sur la langue des Basques*, dans le *Bullet. de la Soc. d'anthrop.* de 1867, p. 48.

(3) *Id., Ibid.,* p. 49,

(4) *Id., Ibid.,* p. 51.

s'agit juxtaposent un grand nombre de particules, ils réunissent rarement plus de deux ou trois mots.

Les catégories grammaticales sont les mêmes, au fond, dans toutes les langues polysynthétiques. Celles de l'Amérique se distinguent toutefois par le traitement, le développement relatif et l'importance de ces catégories. Ce qui frappe ici tout d'abord, c'est le manque absolu d'adjectifs, au moins dans certains idiomes, le rôle secondaire du substantif qui demeure souvent indéclinable (sans qu'on puisse même parfois distinguer le singulier du pluriel), l'absence de conjonctions, etc.

Ces phénomènes s'expliquent, et sont en partie produits, par ce polysynthétisme, qui condense, dans des phrases d'un seul mot, les idées d'être, d'état, d'action, diversement nuancées, de même que les rapports du sujet, du prédicat, du double régime, etc. Dans les idiomes *polysynthétiques* ou *holophrastiques*, ces mots ne peuvent résulter que de l'intime combinaison des éléments précités. Exemples : *kouligatchis*, joli chat, donne à moi ta patte mignonne. *Ki*, toi, *onli*, belle, *gatchis*, patte. *Winitaw'tigeginaliskawlungtanawelitisesti* (thiroki) : ils auront, à cette époque, probablement cessé de faire une obligeance à toi et à moi. *Hiantualavihnankauna* : il voyagea une nuit pluvieuse à pied, passant à côté. Ces deux derniers exemples, dit M. Pruner-Bey, « nous indiquent les limites du possible, et mettent en lumière ce que je viens d'indiquer sommairement, à savoir : que l'Indien exprime les moindres nuances d'un acte par des particules unies au verbe. Par conséquent, nos termes *époque, obligeance, nuit, pied, côté*, n'existent point dans ces exemples. Le polysynthétiste exprime d'un jet ce que nous devons rendre par des circonlocutions. D'autre part, quand on lit des textes écrits en ces langues, on chercherait en vain de ces mots... Ils sont, pour la plupart, l'œuvre des missionnaires, qui, par de pareils spécimens, veulent illustrer la faculté de combinaison dans les langues indiennes; mais, dans la pratique, c'est différent (1). »

Pour la construction de la phrase, les langues américaines laissent intacte la racine verbale. La voix, le mode, le temps, sont généralement exprimés au moyen de particules parfois significatives, et plus souvent réduites à une seule lettre symbolique. La modalité de l'action (inchoatif, successif, fréquentatif, etc.) se traduit par des procédés semblables. « Voilà le noyau verbal constitué. Vient ensuite la distinction générale et caractéristique pour toutes ces langues en verbes *neutres* ou *intransitifs*, et en *actifs* ou *transitifs*, avec laquelle commencent les complications relatives aux pronoms. Chacune de ces deux classes verbales se différencie par des pronoms exprimant le sujet. Mais le verbe actif entraine de plus deux régimes, le direct et l'indirect; par conséquent, autres particules pour désigner ces rapports. Tout cela s'agglutine au verbe. Mais le sujet et les régimes pronominaux varient, en toute langue, suivant les personnes, le nombre et le sexe (2). »

Ces indications sommaires suffisent à expliquer la profusion des formes verbales, qui s'élèvent, dit-on, en algonkin, jusqu'à des dizaines de milliers. Mais il faudrait bien se garder de croire que toutes ces combinaisons soient épuisées par chaque langue polysynthétique. L'agglutination du régime pronominal est exceptionnelle, et parait n'avoir lieu qu'en algonkin et en araucanien. La place des particules, par rapport au verbe, n'a rien de fixe, et elle varie d'un groupe de langues à l'autre. M. Pruner-Bey fait toutefois observer que plus la phrase est longue, et plus il y a tendance à rejeter à la fin le signe du sujet.

Ces observations permettent facilement de comprendre que,

---

(1) *Id., Ibid*, p. 51.
(2) *Id., Ibid.*, p. 52.

toutes les nuances de l'action et tous les rapports trouvant leur expression dans le verbe, et l'idée de qualité étant exprimée par un nom verbal, les adjectifs doivent être extrêmement rares. Elles expliquent aussi l'inutilité des conjonctions et prépositions, et le rôle peu important de la déclinaison.

Je ne crois pas devoir insister davantage sur la morphologie des langues américaines. L'idée *concrète* ou de *spécialisation* se dégage clairement de cette morphologie. Ainsi l'esquimau possède de nombreux termes de pêche, suivant les moyens employés; le thiroki en a treize, et l'araucan dix-sept, pour traduire l'action de laver, suivant qu'elle s'applique à tels objets ou telles parties du corps. Les substantifs varient pour les différents animaux suivant le sexe, l'âge et la forme, et je me suis expliqué plus haut sur les noms de parenté dans les idiomes de l'Amérique du Nord. Les adjectifs eux-mêmes ont subi cette influence. Ainsi, le terme *vieux* diffère suivant que c'est un être vivant ou un objet; celui de *jeune*, suivant qu'il doit son origine à une mère vivipare ou ovipare.

« En résumé, l'Indien spécialise en même temps l'acte et l'objet. Quant aux termes généraux, il en existe, certes, les plus indispensables, mais rien au-delà. Il est néanmoins remarquable que, par le système d'agglutination, l'Indien s'est ménagé le moyen de créer quantité de termes abstraits, et, en effet, quelques langues, comme le moyaquiché, le nahuatl et les langues de Sonora en possèdent beaucoup. Enfin, de même que dans les langues polysynthétiques il n'existe pas de verbe absolu, les parties du corps, les termes de parenté sont presque toujours inséparables de leur pronom possessif (1). »

En voilà assez sur la constitution générale des langues américaines. Il s'agit maintenant de signaler, d'après M. Pru-

---

(1) *Id., Ibid*, p. 57.

ner-Bey, les rapports ou analogies qui existeraient entre elles et l'idiome euskarien. Ces rapprochements sont tirés de l'examen comparatif du mode de formation des mots, de la conjugaison, de la déclinaison, et des systèmes de numération.

1° *Formation des mots.* Elle a lieu, dans le basque et dans les langues de l'Amérique, par voie de dérivation et de composition. Nous retrouvons des deux côtés, la même énergie d'agglutination, la même aptitude à exprimer les plus fines nuances, et la même facilité dans la conversion des parties du discours.

2° *Déclinaison.* Dans l'idiome euskarien, le substantif est nuancé par bon nombre de désinences et de postpositions. M. Pruner-Bey ne voit là rien qui s'écarte de la morphologie et de l'idéologie américaines. Sous ce rapport, les langues du Nouveau-Monde, le Matlazinca par exemple, arrivent au même but par de longues séries de pronoms qui expriment maintes nuances de l'action, et qui reviennent ailleurs aux particules verbales. M. Pruner-Bey fait aussi remarquer que le basque a assigné, par ses désinences, un rôle analogue au substantif; c'est ainsi que « la syllabe *ghei* jointe au radical désigne un époux futur (comme on désigne en américain, par un procédé semblable, un aliment que l'on *prenderà* (mixtèque) (1). »

La variété des nuances est d'ailleurs traduite en basque par celle des désinences. C'est ainsi que l'eskuara possède un double illatif et intensif, qui exprime, en même temps que le mouvement, la volonté de demeurer dans le lieu où l'on va, ou celle de le quitter. Ici, comme dans la formation des mots, l'expression des rapports résulte de la jonction des postpositions au même terme. Cela ne doit pourtant pas faire oublier la pauvreté relative de la véritable déclinaison basque, sur

---

(1) Pruner-Bey, *Sur la langue des Basques*, dans le *Bullet. de la Soc. d'anthrop.* de 1867, p. 65.

laquelle je me suis déjà expliqué. Dans cette langue, comme en Amérique, le régime direct dans le substantif n'est pas indiqué par une désinence : il est exprimé par un pronom incorporé au verbe. « Le pluriel étant moins défini que le singulier, est en basque *raccourci* comparativement au dernier, ainsi que nous l'avons signalé dans les langues américaines. En somme, quant aux désinences casuelles et aux postpositions, le substantif basque se trouve à peu près à l'état où en est le Kechua du Pérou. Ici comme là, les mêmes suffixes servent à la déclinaison du substantif, de l'adjectif ou nom verbal, des pronoms, etc., (1). »

3° *Conjugaison.* Chez les Basques, comme en Amérique, le caractère d'incorporation est évident pour les verbes irréguliers. Beaucoup de langues américaines possèdent ce qu'on nomme des verbes auxiliaires qui remplissent plus ou moins bien les fonctions de *niz* intransitif, et *dut* transitif, en euskarien. D'après M. Howse, la conjugaison algonquine repose tout entière sur le verbe auxiliaire, qui se retrouve aussi, peu ou prou, dans l'Otomi, le Dacota, le Kechua, l'Araucan, le Thiroki, le Kiché, le Maya, les langues de l'Orégon, du Nicaragua, etc. Dans le Yarura et le Bétoi, qui présentent, dit M. Pruner-Bey, « une analogie phonétique des plus frappantes avec le basque, l'auxiliaire ainsi dit est non-seulement l'âme du verbe, mais, comme dans le basque, il suit également le nom verbal (2). »

Voilà pour les analogies du verbe irrégulier en basque et dans les langues du Nouveau-Monde. Quant au verbe régulier qui peut résulter, soit du progrès de l'idiome, soit de l'imitation aryenne, il paraît bien être d'une époque relativement moderne. Ce verbe se rapproche d'ailleurs facilement de la conjugaison

---

(1) Pruner-Bey, *Sur la langue des Basques*, dans le *Bullet. de la Soc. d'anthrop.* de 1867, p. 66.

(2) *Id., Ibid.*, p. 63.

américaine. Ainsi, dans le verbe régulier basque, l'agrégation des particules au nom verbal, sert à la fois à indiquer, non-seulement le sujet et les deux régimes, « mais tout aussi bien les modalités de l'action, telles que nous les avons rencontrées dans les langues américaines. Il en résulte des combinaisons dont voici deux exemples : *ghinzaikeñalakoz* = parce que nous te serions (intransitif) et *zeneiozalakoz* = parce que vous lui auriez (transitif) (1). »

L'analogie des deux systèmes grammaticaux ne résulte pas seulement de l'agglutination; elle « ressort tout autant des éléments mis en jeu que de leur combinaison (2). » On retrouve chez les Aztèques l'emploi du personnel respectueux, et, sous le rapport de la richesse, dont j'ai déjà signalé la cause, la conjugaison basque n'a rien à envier aux langues du Nouveau-Monde. Des deux côtés, nous voyons les particules pronominales qui accompagnent le verbe, « se réduisent quelquefois à une seule lettre, et diffèrent phonétiquement souvent du pronom absolu. De même que pour la seconde personne, elles sont multiples pour la première et pour la troisième, et pour consommer l'œuvre de la compréhension et pour ne pas s'écarter du mode américain, la désinence du pluriel est quelquefois séparée et rejetée à la fin (3). »

4° *Numération*. Le lecteur connaît déjà (p. 96) le système de numération basque, et sait qu'elle repose sur la combinaison des systèmes décimal et vigésimal. Il en est de même chez les Algonquins. M. Pruner-Bey fait remarquer d'ailleurs que les désinences des unités, en commençant par six, sembleraient indiquer qu'à l'origine la numération basque reposait

---

(1) *Id., Ibid.*, p. 64.
(2) *Id., Ibid.*, p. 64.
(3) *Id., Ibid.*, p. 64.

sur le système quinaire. Or les systèmes quinaire et vigésimal sont les plus répandus en Amérique (1).

Je crois avoir reproduit, en ce qu'ils ont d'essentiel et de vraiment significatif, les arguments présentés par M. Pruner-Bey au sujet des rapports et analogies du basque et des idiomes américains. Les trois premiers de ces arguments consistent, comme on l'a vu, dans des analogies grammaticales contre lesquelles un examen attentif et prolongé n'a pu me révéler aucune de ces objections qui surgissent d'elles-mêmes, et en si grand nombre, quand il s'agit du travail de M. de Charencey. M. Pruner-Bey ne s'exagère pourtant pas la valeur de ces arguments, et il ne croit pas qu'ils suffisent pour conclure, même au point de vue exclusivement linguistique, à la parenté des langues basque et américaine. « Il faut ici, dit-il, le complément indispensable, l'examen des vocabulaires, pour établir la concordance, au moins entre les termes fondamentaux. Ce travail se fera attendre; car d'abord le vocabulaire basque est à faire, même sans tenir compte du triage pour séparer les termes indigènes des étrangers. Et en effet, la diversité de la phonétique dans les idiomes américains, les synonymes qui se substituent en abondance d'une localité à l'autre, et le fractionnement des tribus depuis un temps immémorial, ont eu pour effet que, phonétiquement, les langues américaines s'accordent fort peu entre elles. D'autre part, et sur une plus petite échelle, nous avons quelque chose de très analogue chez les Basques; d'une vallée à l'autre, des synonymes radicalement divers et désignant le même objet. S'il ne s'agissait que des particules formatives et notamment des pronoms, je n'aurais que l'embarras du choix pour établir l'analogie phonétique entre tel idiome américain et le basque. Mais, à nos yeux, ces preuves auraient peu de valeur, puisque dans les idiomes

---

(1) *Id., Ibid.*, p. 67. Cf. Pictet, *Orig. indo-européennes*, t. II, p. 565 et s.

américains ces particules représentent toute l'échelle phonétique (1). »

M. Pruner-Bey a raison. Il serait imprudent, dans l'état actuel des informations, de pousser la comparaison plus loin. Bornons-nous donc, en attendant des lumières nouvelles, à la constatation des rapports et analogies que je viens de relever, et qui n'excluent pas d'ailleurs, entre l'eskuara et les langues du Nouveau-Monde, de nombreuses et très-graves dissemblances de radicaux et de grammaire.

Il est temps de terminer ce travail de philologie comparée par quelques lignes de conclusions, qui me paraissent découler sans efforts de l'ensemble du présent chapitre.

Le basque ne saurait être légitimement rattaché aux idiomes de l'Afrique, et particulièrement aux langues berbères.

Malgré la présence, dans le glossaire euskarien, de quelques termes sémitiques caractéristiques d'idées fort simples ou d'une civilisation très-peu avancée, la morphologie du basque diffère trop essentiellement de celle des idiomes sémitiques, pour qu'il soit possible de rattacher l'eskuara aux langues de cette famille.

Il n'existe, entre le basque et les idiomes de famille aryenne, aucun indice vraiment significatif de parenté, car l'eskuara n'a jamais dépassé la période agglutinative, et la langue des anciens Aryas s'était déjà élevée jusqu'à la flexion. Si la possession commune d'un certain nombre de termes caractéristiques d'idées fort simples ou d'une civilisation peu avancée laisse, à la très-grande rigueur, place pour l'hypothèse d'une origine commune extrêmement reculée, ou pour celle de très-anciennes relations établies ailleurs qu'en Espagne entre les ancêtres des Basques et certains peuples de famille indo-européenne, cette possession s'explique beaucoup plus

(1) *Id., Ibid.*, p. 70.

naturellement par les rapports prolongés des Vascons avec les tribus celtiques de la Péninsule qui confinaient à leur territoire.

L'eskuara et les idiomes touraniens présentent d'assez nombreuses dissemblances ; mais ils possèdent en commun plusieurs termes caractéristiques d'idées simples et d'un état social fort peu avancé. Huit noms de nombre sur dix présentent aussi, des deux côtés, des analogies que le lecteur a pu apprécier. Enfin, il existe certains rapports entre la conjugaison basque et celle de quelques idiomes touraniens, notamment le samoyède, le mordvine et le hongrois.

A côté d'importantes et nombreuses dissemblances, le basque et les langues de l'Amérique, et principalement les idiomes du nord, présentent, au point de vue de la formation des mots, de la déclinaison, de la conjugaison, et au point de vue du système de numération, des rapports ou des analogies qu'il serait difficile de méconnaître.

Les résultats obtenus jusqu'à ce jour, au moyen de la linguistique, sembleraient donc recommander principalement le basque d'une part, et de l'autre les idiomes touraniens et américains, aux recherches ultérieures de philologie comparée. C'est dans ce domaine, très-relativement restreint, que l'on me paraît avoir le plus de chances de trouver les moyens de circonscrire, de plus en plus, un problème dont la solution complète et définitive ne sera très-probablement jamais trouvée (1). Il existe, en effet, entre les populations du groupe

(1) J'ai négligé, jusqu'à présent, de m'expliquer sur le sens que j'attache et que je continuerai d'attacher au mot *parenté*. Le problème de l'unité ou de la diversité originelle des races et des familles des langues, ne rentre pas, Dieu merci, dans le cadre de ces recherches ; et je suis tout-à-fait de l'avis de ceux qui croient qu'il est au moins superflu d'apporter ce genre de préoccupations dans l'examen des questions spéciales d'histoire, d'anthropologie et de philologie. Voilà pourquoi je n'affirme, ou je ne signale comme probable, la parenté ethnique ou philologique des Basques avec d'autres peuples, que dans les cas où la chose me paraît directement prouvée, ou

touranien et celles de l'Amérique, des affinités sur lesquelles nous sommes encore très-incomplètement, et même parfois très-inexactement renseignés. Les données actuelles de la linguistique, combinées avec les traditions et les usages, et spécialement avec un système d'écriture composé de quelques dessins et signes mnémoniques, permettent néanmoins d'affirmer que le lien qui relie les peuplades américaines est aussi incontestable que leur origine asiatique est pleinement démontrée. Les langues septentrionales de l'Amérique sont issues d'un idiome touranien du nord. Prichard avait déjà recueilli, sur ce fait, des preuves corroborées par les recherches de M. Schoolcraft. Ce dernier démontre à suffisance que des tribus sibériennes (où le même procédé d'écriture dessinée est en usage) ont traversé les îles septentrionales avant de passer dans le Nouveau-Monde. La conformation toute mongolienne du crâne, le type du chasseur, la coutume de s'initier par des jeûnes et par des songes à l'état de clairvoyance et de vision, l'identité des croyances fondamentales et des symboles religieux (sans excepter la tortue), tout nous ramène au touranisme primitif (1). Le chevalier Bunsen n'ose rien conclure de la philologie ; mais rien, à son avis, ne contredit les raisons tirées de l'histoire et de la mythologie. Dans ses travaux sur les langues touraniennes (2), M. Max Müller a parfaitement démontré que ces idiomes ont tous la même origine ; mais il ne s'est pas expliqué sur leur parenté avec ceux de l'Amérique.

---

tout au moins indiquée, par des preuves ou par des vraisemblances concordantes. Cela ne veut dire en aucune façon que les Euskariens ne puissent avoir d'autres attaches, mais tout simplement qu'il n'y a aujourd'hui aucun moyen de reconnaître l'existence, et surtout le degré suffisamment prochain, de ces affinités possibles.

(1) *Christianty and Mankind*, by. Christ. Ch. Jos. Bunsen, London, 1854, t. IV.

(2) Max Müller, *Letter on the Turanians languages*, passim ; *Science du langage*, passim.

Cet illustre philologue prise néanmoins fort haut les publications de Rask, de Castrén et de Schott, qui, de l'avis de M. Mohl, dont la compétence n'est certes pas douteuse, « ont étendu graduellement la famille turque (ou touranienne) sur toute l'Asie septentrionale et sur le nord de l'Europe et de l'Amérique (1). »

(1) *Rapport annuel*, dans le *Journal asiatique*, 5ᵉ série, t. VIII, p. 67, 1856.

CHAPITRE IV.

LES BASQUES D'APRÈS LA TOPONYMIE ET LA NUMISMATIQUE.

§ 1.

Me voici enfin arrivé au chapitre le plus difficile et le plus périlleux de cet ouvrage, à l'examen des théories toponymiques et numismatiques qui conservent dans la science retardataire, et par conséquent officielle, une autorité quasi-dictatoriale. Cet examen se composera de deux paragraphes ; et je consacre le premier aux théories toponymiques, dont je vais d'abord esquisser l'histoire et les transformations diverses.

Avant d'interpréter par le basque l'ancienne toponymie de la Péninsule et de quelques autres contrées, les savants avaient déjà essayé de plusieurs autres langues. J'ai déjà montré plus haut (p. 57-58) comment, sur la foi d'un texte mal compris de Josèphe, on avait fait des premiers habitants de la Péninsule des descendants du patriarche Thubal. De là, un système de toponymie hébraïque, dont il est facile de constater l'influence sur des historiens tels que Florian Ocampo, Mariana, Garibay, Beuter, etc., etc. Bochart ayant ensuite repoussé l'arrivée de Thubal en Espagne pour lui substituer son neveu Tarsis (1), Ponce de Léon, José Pellicer, persistèrent plus que jamais dans l'hébraïsme, et furent suivis plus tard par Fernandez Prieto y Sotelo, Xavier de Garma y Salcedo, et Manuel de la Huerta y Vegas, malgré la résistance du célèbre philologue Mayans y Siscar (2).

---

(1) Samuel Bochart, *Phaleg*, lib. III, c. 7 ; *Chanaan*, c. 33.
(2) Mayans y Siscar, *Origines de la lengua Esp.*, t. II, p. 67.

Quelques savants jugèrent à propos de combiner l'hébraïsme avec l'hellénisme, entre autres Mahudel (1), Blas Nassarre (2), et surtout L. Jos. Velasquez (3). D'autres, au contraire, essayèrent d'appliquer à la toponymie de la Péninsule le phénicien (4), l'arabe, etc.; et il va sans dire qu'à l'aide de beaucoup de complaisance et d'artifices ingénieux, tous arrivaient à des résultats également satisfaisants.

Le système des étymologies basques n'apparaît qu'au xviiie siècle, et son fondateur est un jésuite né dans la province de Guipuzcoa, le P. Manuel de Larramendi (5). Rien de plus simple que la recette imaginée par cet auteur. Elle consiste, tout bonnement, à former, de toutes les syllabes d'un nom géographique, les mots basques qui lui conviennent, par des additions ou retranchements de lettres, et à réunir ensuite, par l'abus des syncrèses simples ou composées, tous ces mots nouveaux dans la création d'un seul. Ainsi, d'après lui, le nom de la ville de Setuval, appelée d'abord Cetobriga, se compose des mots basques *seint-uballaria*, et signifie *terre des fils de Thubal*. Ce patriarche tient beaucoup au cœur du P. de Larramendi, qui s'attache à démontrer, *per omnes modos et casus*, la venue de Thubal en Espagne et l'universalité primitive de la langue basque sur tous les points de la Péninsule (6). Encore ce domaine ne lui suffit-il pas, et prétend-il

---

(1) Mahudel, *Dissert. sur les Monnaies antiq. de l'Espagne*. Paris, 1725.

(2) D. B. Ant. Nassarre, *Prologo á la Bibliotheca universal de la Polygrafia española*. Madrid, 1748.

(3) L. Jos. Velasquez, *Ensayo sobre los Alfabetos de las Letras Desconocidas*, etc. 1752.

(4) Fr. Perez Bayer, *De l'Alfabeto y lengua de los Fenicos y de suas colonias*. Madrid, 1772.

(5) P. Manuel de Larramendi, *De la antiguedad y universalidad del Bascuenze en España*, Salamanca, 1728. *El impossible vencido*, Salamanca, 1729. *Diccionario trilingue del Castellano Bascuence y Latin*, San Sebastian, 1745.

(6) Larramendi, *Diccion. triling. Prolog.*, pp. 57, 110, etc.

établir, toujours à l'aide de son système étymologique, que *Escocia, Irlanda, Dinamarca, Suecia, Norvegia, Islanda*, etc., sont tous dérivés du basque.

Tel est, en résumé, le système du P. de Larramendi, adopté par Hervas (1), et développé ensuite par Don Pablo Pedro de Astarloa, et Don Juan Bautista de Erro y Aspiroz. Ce système excita, dès l'origine, la réprobation d'un philologue autorisé, Don Gregorio Mayans y Siscar, qui s'exprime ainsi, dans le tome II de ses *Origines de la lengua Española* : « On trouvera plus d'étymologies sur le territoire espagnol, dans la langue latine que dans l'arabe ; plus dans l'arabe que dans la langue grecque ; plus dans la grecque que dans l'hébraïque ; plus dans l'hébraïque que dans la celtique ; plus dans la celtique que dans la gothique ; plus dans la gothique que dans la punique, et plus dans la punique que dans la biscayenne. »

Le véritable héritier du P. de Larramendi est Don Pedro Pablo de Astarloa, curé de Durango, en Biscaye, et auteur de l'*Apologia de la lengua bascongada*, livre imprimé à Madrid en 1803. Cet étymologiste recule les prétentions en faveur de la langue basque bien au-delà du temps où vivait le patriarche Thubal. « Je justifierai d'abord, dit-il, les arguments que nos écrivains biscayens ont déjà produits pour attester que la langue basque ne fut pas seulement la langue primitive de l'Espagne, mais qu'elle fut formée par Dieu même, dans la confusion de la tour de Babel. En second lieu, je démontrerai, par les expressions mêmes de cette langue, que son antiquité remonte beaucoup au-delà de toute époque dont les historiens aient pu conserver le souvenir. Je prouverai enfin, dans une troisième partie, que, par sa perfection extraordinaire, la langue

---

(1) Lorenzo Hervas (abbate). *Saggio prattico delle lingue.* — *Catalogo de las lenguas de las naciones conocidas*, t. I, p. 224 et s. Madrid, 1800.

(2) *Rech. sur les habit. primit. de l'Esp.*, p. 6.

basque est la seule qui ait pu être inspirée au premier homme par son créateur (1). »

Le curé de Durango était, on le voit de reste, un homme de grande imagination, et il est loin de racheter ce défaut par la sévérité de sa méthode étymologique. A l'exemple du P. de Larramendi, il se croit autorisé à supprimer des syllabes, et à les remplacer par celles dont il a besoin, sous la dénomination de *correspondantes*. Il ajoute, ou retranche, par synalèphe, des lettres ou des syllabes, comme n'étant que *consonnantes*, *caractéristiques d'abondance*, *d'appellation*, etc.; il s'autorise de l'euphonie pour substituer une consonne à une autre, et pousse les choses si loin, que la méthode arbitraire de son prédécesseur devient, en regard de la sienne propre, un chef-d'œuvre de réserve et de prudence. *Ab uno disce omnes*. Le mot *ecclesia*, église (du grec Ἐκκλησία, assemblée), dont les gascons ont fait *gleiso* et les espagnols *iglesia*, viendrait en droite ligne du basque. *Elaxa*, modifié d'après ces procédés, donne *eli*, *elija*, multitude, et *eche*, *echia*, maison ; d'où il se croit fondé à conclure que la réunion de ces deux mots signifie, non pas *maison de la multitude*, comme on devrait s'y attendre, mais bien *maison des fidèles* (2). Il y aurait eu ainsi des églises chez les Basques avant l'établissement du christianisme.

Toujours, d'après Astarloa, le basque posséderait « plus de quatre milliards de mots d'une, de deux et de trois syllabes, non compris ceux qui en ont un plus grand nombre (3). » Il n'est donc pas étonnant qu'à l'aide d'un si riche glossaire, et de l'élasticité de sa méthode étymologique, le savant biscayen ait interprété, par le basque, une multitude de noms de lieux, en Espagne et dans bien d'autres pays.

Le système de Larramendi et d'Astarloa a eu pour continua-

(1) ASTARLOA, *Apolog. de la lengua bascongada*, p. 6, 270-278.
(2) Id., *Ibid.*, p. 84.
(3) Id., *Ibid.*, p. 57.

teur Don Juan Bautista de Erro y Aspiroz (1). Cet écrivain a tenté d'édifier ses théories sur une double base : la numismatique et l'étymologie ; mais je ne veux m'arrêter un instant que sur les extravagances étymologiques. Erro promet d'abord de prouver que la langue basque existait « dès les premiers jours de la création, » et que son étude « peut nous faire trouver l'origine de toutes les sciences et de tous les arts de la civilisation (2). » Ce n'est pas tout. « Un nouvel ordre d'observations, jusqu'à nos jours inconnues, et d'importantes découvertes vont démontrer, par les noms que la langue basque donne aux nombres, que cette partie de l'idiome biscayen embrasse, dans treize paroles, tous les principes fondamentaux de la philosophie naturelle, et constitue un système magnifique de tout le mécanisme de la nature (3). » Un peu plus bas l'auteur revient sur ces nombres merveilleux, et affirme que « les mystères de la philosophie de Pythagore et de Platon, fondée sur les nombres, n'ont pu être établis que sur les principes de la numération biscayenne, et sur les connaissances physiques que les Basques avaient répandues dans l'Orient (4). »

Ainsi, Pythagore et Platon sont des plagiaires enrichis des dépouilles des Basques, lesquels sont, toujours d'après Erro y Aspiroz, la souche primitive « des premières populations de l'Europe, de l'Indoustan, de la Chine, en un mot, de toute l'Asie, du Mexique, etc., etc. » Les mots *Asia, Assyria, Sennaar, Arabia, Syria, Cilicia, Armenia, Albania, Palestina, Phenicia, Cœlesyria, Egyptus, Persia, Misraïm, Caucasus, Carmelus, Sinaï, Oreb, Thabor, Nilus, Ganges, Arax, Tigris, Indus, Euphrates*, et je ne sais combien d'autres, tirent aussi

---

(1) Erro y Aspiroz, *Alfabeto de la lengua primitiva de España*, Madrid, 1806 ; *El mundo primitivo*. Madrid, 1815.
(2) Erro y Aspiroz, *El mundo primitivo*, p. 14.
(3) Id., Ibid., p. 99.
(4) Id., Ibid., p. 103.

leur origine de l'idiome euskarien (1). L'auteur ne s'arrête pas en si beau chemin, et cherche à démontrer, par toutes sortes de raisons, qu'Adam et Ève parlaient basque dans le paradis terrestre, dont il nous donne une description détaillée, sans préjudice d'une interprétation biscayenne de la toponymie hébraïque de la Genèse (2). Erro y Aspiroz est vraiment trop bon de limiter ainsi ses conquêtes, et tout le monde demeurera convaincu qu'à l'aide de ses procédés, on peut expliquer par le basque toutes les syllabes et tous les mots de toutes les langues nées et à naître. Du reste, les extravagances de cet écrivain ne passèrent pas sans être relevées. Don Joaquin de Trafia (3), et Conde, sous le pseudonyme de curé de Montuenga, en fit une critique très vive (4), à laquelle Erro essaya vainement d'opposer une défense raisonnable (5). J'en ai dit assez sur les continuateurs du P. de Larramendi, qui subirent évidemment tous deux les idées alors dominantes de Court de Gébelin (6) et de Davies (7), et j'arrive au baron Wilhelm de Humboldt, dont l'autorité scientifique a si grandement contribué à la fortune du système de toponymie ibérienne.

Humboldt commença ses études sur la langue basque à Paris, en 1799, à l'aide du dictionnaire manuscrit de Pour-

---

(1) *Id., Ibid.*, p. 247-264.

(2) *Id., Ibid.*, p. 208-243.

(3) V. l'art. *Navarra* inséré par ce savant dans le *Diccionario geografico-histórico*, publié par l'Académie royale de Madrid.

(4) D. J. A. C., cura de Montuenga, *Censura critica del Alfabeto primitivo de España*. Madrid, 1806. Conde est l'auteur d'une *Historia de la Dominacion de los Arabes en España*, livre dont la fortune est bien déchue depuis les critiques et les beaux travaux de M. Reinhart Dozy.

(5) D. J. B. E. *Observaciones filosoficas en favor del Alfabeto primitivo*. Pamplona, 1807.

(6) COURT DE GÉBELIN, *Le Monde primitif*, 9 vol. in-4°. Paris, 1778-1782.

(7) DAVIES, *Celtic researches on the origin, tradition and language on the ancient Britons*. 1804. — L'influence de Davies sur Astarloa est constatée par Humboldt.

reau, et du recueil de proverbes d'Arnaud Oihénart, conservés à la Bibliothèque nationale. L'année suivante il fit un voyage en Espagne, et parcourut tout le pays basque. Ce fut alors qu'il fit amitié avec Don Pedro Pablo de Astarloa, curé de Durango (1), Don Antonio de Moguel y Urquisa (2), curé de Marquina, et avec quelques autres savants. Revenu dans son pays, Humboldt publia, en 1812, dans le *Museum* dirigé par Frédéric Schlegel, un article intitulé : *Ankundigung einer Schrift über die baskische Sprache und Nation, nebst angabe des Gesichtpuncktes und Erhaltens desselben*, c'est-à-dire : *Annonce d'un ouvrage sur la langue basque, et sur la nation basque étudiée d'après sa langue*. Mais l'auteur n'a pas tenu toutes ses promesses. Je ne parle que pour mémoire de la relation de son voyage en Biscaye, et j'ai hâte d'arriver à l'année 1817, où parurent ses *Rectifications et additions au Mithridates d'Adelung sur la langue basque ou cantabrique*. Dans le second volume de ce recueil, Adelung avait très-imparfaitement étudié cet idiome. Humboldt entreprit de rectifier les erreurs de ce philologue, exposa à nouveau le mécanisme grammatical de la

---

(1) Le savant prussien nous apprend qu'il fit avec Astarloa de nombreuses promenades à pied dans la Biscaye. Voy. *Recherches sur les habit. primitifs de l'Esp.*, ch. 7. Trad. A. Marrast.

(2) A la demande de Humboldt, Moguel publia à Tolosa, en 1802, la traduction de plusieurs discours et morceaux choisis des meilleurs auteurs latins. « Por su suplica y influxo, he hecho las versiones de varias arengas, y oraciones selectas de Q. Curcio, Tito Libio, Tacito, Salustio, y tambien las de dos exordios de las dos oraciones de Ciceron contra Catilina, etc. » — Moguel avait déjà donné, en 1800, à Pampelune, un ouvrage de piété écrit en dialecte guipuzcoan : *Confesio ta comunioco sacramentua gañean eracusteac*, etc. M. Francisque Michel (*Pays Basque*, p. 516), est porté à lui attribuer un traité rapporté d'Espagne par le docteur Heine, de Berlin : *Tratado del cura Miguel sobre la lengua bascongada, sec. XVIII.* (*Serapeum*, Leipzig, 1847, p. 80. Le curé de Marquina est l'auteur de la *Nomenclatura de las voces guipuzcoanas*, etc., in-4°, s. l. n. d. Il ne faut pas le confondre avec deux autres écrivains basques du même nom, Doña Vincenta Antonia de Moguel, sa nièce, et Don Juan Antonio de Moguel.

langue basque, les différences des dialectes, donna un recueil de mots et quelques textes, parmi lesquels le *Chant des Cantabres*, qui est apocryphe. Le savant prussien y réduisait le nombre des cas à trois, et exposait, sur le mécanisme de la conjugaison et les particularités caractéristiques des divers dialectes, des idées que le progrès des études euskariennes ne permet plus d'accepter.

Le savant prussien clôtura ses travaux sur le basque, en 1821, par la publication d'un petit livre imprimé à Berlin, et intitulé : *Prüfung der untersuchungen über die urbewohner Hispaniens, vermittelst der Waskischen sprache* (1). Ce travail a obtenu, dans le monde savant, un succès contre lequel la protestation à peu près solitaire de Graslin est demeurée impuissante (2). Le système de toponymie ibérienne de Humboldt a prévalu dans l'érudition, dans la philologie, la numismatique, et c'est de lui que se sont inspirés aussi MM. Michelet, Amédée Thierry, Henri Martin, et bon nombre d'autres historiens généraux de la France, sans parler de ceux de l'Espagne, et même de l'Italie. Il importe donc d'examiner ce système avec l'attention la plus scrupuleuse, et c'est à quoi je vais m'attacher.

Humboldt déclare, en tête de son livre, qu'il a eu pour prédécesseurs le P. de Larramendi, Astarloa, et Erro y Aspiroz, et il confesse que « leurs affirmations sont souvent hasardées, ce qui met en garde même contre ce qu'ils ont établi de vrai (3). » — « Erro et Astarloa ont adopté sur le caractère

---

(1) M. A. Marrast a donné, en 1866, une estimable traduction de cet ouvrage, et il y a ajouté une *Introduction*, où il s'est attaché à rendre un compte sommaire des progrès des études euskariennes depuis Humboldt. *Recherches sur les habitants primitifs de l'Espagne à l'aide de la langue basque*, par Guillaume de Humboldt. Trad. de l'allemand par M. A. Marrast. Paris, A. Franck, 1866.

( ) L.-F. Graslin, *De l'Ibérie*. Paris, Leleux, 1838.

(3) Humboldt, *Rech. sur les habit. prim. de l'Esp.*, p. 10-12. Trad. A. Marrast.

des langues anciennes, et du basque en particulier, des vues quelquefois exactes, mais qui, entendues d'une façon trop générale, ne sauraient enfanter la conviction ni conduire à des résultats certains. Voici comment Astarloa se représente la langue basque. D'après lui, chaque lettre, chaque syllabe de cette langue renferme un sens propre qu'elle garde dans les mots composés. Chaque mot peut être ainsi analysé dans ses éléments. Par exemple, dans un mot formé de deux lettres, la première exprimera l'espèce, la seconde la différence spécifique du sujet; ou bien, la première marquera le contenant, le possédant, la seconde le contenu, le possédé. Du reste, le sens n'est pas arbitraire, mais correspond aux sons articulés par l'homme, aux bruits de la nature.

« *O* désigne ce qui est rond; *i*, ce qui est aigu, tranchant; *u*, ce qui est creux, etc... Il est facile de reconnaître qu'Astarloa n'a fait que suivre ici la théorie de Davies sur le celtique. Les racines, dit ce dernier, sont très-simples : une voyelle ou une diphthongue isolée forme non seulement une particule, mais souvent un substantif ou un verbe; une voyelle précédant ou suivant une consonne originelle, possède un sens propre et sert de dérivés. Les purs mots celtiques, les plus longs, se laissent ramener à ces radicaux qui, cependant, ne désignent pas des objets réels, la terre, l'eau, l'arbre, mais expriment seulement les différentes manières d'être et d'agir. Un auteur comme Davies, qui dans ses ouvrages a hasardé tant d'hypothèses, inspirera peut-être peu de confiance. Nous voyons cependant Owen, dont le dictionnaire et la grammaire (trop courte) sont si appréciés, adopter le même système et aller plus loin encore. Il assure que chaque dérivé peut être ramené au radical par un simple changement de lettres, et dans son dictionnaire il donne à la plupart des mots le sens adopté par Davies. Suivons maintenant ces linguistes dans l'application de leurs principes. Astarloa fait dériver *ule* (laine) de *u* (creux) et *le* (artisan) : *cause de beaucoup de vides*; *axe* (air) de *a*, dilaté, et *xe*, diminutif : *menue dilatation*; *itz* (le mot), de *i* pénétrant, et *tz*, signe d'abondance : *abondant en subtilités pénétrantes.* — D'après Davies, l'irlandais *ur* signifie *recouvrir*, répandre sur quelque chose, d'où la désignation de terre, feu, eau, malheur, meurtre, etc. — Dans l'idiome du pays de Galles, *a* signifie *aller devant*, avancer, monter, et dans un dialecte du même pays, colline, promontoire, char. Owen décompose le mot *tân* (feu) en *ta*, ce qui se répand, et *an*, commencement, élément. On voit l'arbitraire et le danger de cette méthode, qui ne se fonde pas sur l'observation directe de la *parenté* des mots, et prétend descendre des idées générales à tous les cas particuliers. Souvent même la théorie abstraite et systématique d'Astarloa empêcherait de reconnaître que bien des mots à peu près semblables s'accordent aussi par le sens, comme c'est peut-être le cas pour le basque *ule* et l'allemand *wolle* (1). » — « Des deux manières de revenir du mot à la racine, Astarloa a adopté la moins sûre de beaucoup, car il se préoccupe surtout du sens qu'il croit le même pour tous les mots qui se ressemblent. Il est inutile de montrer combien ce procédé est illusoire, surtout dès que l'on entre dans le cercle des idées métaphoriques. Le vrai linguiste fera tout le contraire, et s'inquiètera peu du sens, dès qu'une analyse l'aura conduit à une racine déterminée. Car, par l'effet du temps, des mots entièrement semblables peuvent présenter un sens tout-à-fait différent. Plus loin, Astarloa attache beaucoup trop de valeur à la prétendue signification des lettres isolées, au lieu de s'arrêter à leur liaison en racines. Enfin, loin de ne demander le sens des mots qu'à une froide analyse du langage, il le fait trop souvent résulter d'idées générales ou d'observations tout-à-fait singulières. Ainsi, il expliquera gravement l'*a* de *aarra*

---

(1) Humboldt, *Recherch.*, p. 10-12.

(homme), et l'*e* de *emea* (femme) (*Apol.*, 35), en disant qu'à son premier cri l'enfant mâle fait entendre un *a*, et l'enfant du sexe féminin un *e*. Il est évident que les efforts d'Astarloa et de son continuateur Erro, pour découvrir dans la langue basque une langue mère de la race humaine sont tout-à-fait sans portée (1). »

Humboldt ne se borne pas à cette appréciation générale des procédés adoptés par Astarloa et Erro y Aspiroz, et tout son livre est plein de critiques de détail que je ne puis reproduire ici (2). Sa méthode à lui consiste « à rechercher avant tout, sans prévention, s'il y a d'anciens noms de lieux ibériques, qui, pour le son et la signification, s'accordent avec les mots basques usités aujourd'hui. Ainsi se révèlera l'identité de la langue basque avec l'ancienne langue espagnole. Nous aurons soin, dans tout le cours de ces recherches, et avant d'entrer dans un examen spécial, de comparer l'impression produite sur l'oreille par ces anciens noms de lieux, avec le caractère harmonique de la langue basque. Un moyen efficace de prouver son existence en Espagne dès la plus haute antiquité, sera la conformité de ses anciens noms avec les noms de lieux où l'on parle basque aujourd'hui. Cet accord montrera, même lorsque le sens du mot demeurera ignoré, que des circonstances analogues ont tiré d'une même langue les mêmes noms pour différents lieux..... Il faudra s'appliquer avec soin à distinguer des noms indigènes, les noms d'origine étrangère qui se sont glissés dans la langue. Les auteurs espagnols ne s'en sont point préoccupés, dominés qu'ils étaient par l'idée préconçue que la langue basque régnait seule dans l'Ibérie tout entière, ce qui est précisément ce qu'il s'agit de savoir. A première vue, les anciens noms de lieux offrent des traces évidentes du basque actuel, mais il importe d'y rechercher celle des autres lan-

---

(1) *Id., Ibid.*, p. 14-15.
(2) Voy. notamment les chapitres VI, XI, XIII, XIV, XV, etc.

gues, et d'assigner à chacune son domaine géographique (1). »

Ce passage résume fort exactement la méthode et les idées de Humboldt. Il prouve d'abord que ce savant emprunte à ses devanciers (Larramendi, Astarloa, Erro y Aspiroz) la base même de son système, à savoir que les Basques sont les descendants des Ibères, qui auraient été jadis répandus dans toute l'Espagne, et que cette descendance est établie par l'interprétation des anciens noms de lieux de la Péninsule au moyen de l'idiome euskarien actuel. Je crois avoir prouvé, dans les chapitres I et II de la première partie de cet ouvrage, et I, II et III, de la seconde, que cette hypothèse exclusivement toponymique, ne reçoit aucune confirmation de l'histoire, de l'anthropologie et de la philologie.

Il résulte, en second lieu, du même passage, que Humboldt part, comme ses devanciers, de l'idée préconçue qu'il a existé jadis une « ancienne langue espagnole, » dont le domaine aurait dépassé de beaucoup les limites de la Péninsule. Cette supposition a déjà contre elle le témoignage de bon nombre d'auteurs anciens, qui constatent unanimement, que, dès l'aurore des temps historiques, les diverses peuplades de l'Espagne parlaient des langages différents (v. p. 237-242).

Humboldt croit aussi que l'eskuara possède certains caractères phonétiques particuliers, et il compte parmi ses moyens d'investigation « l'impression produite sur l'oreille par les anciens noms de lieux avec le caractère harmonique de la langue basque. » Ces caractères, on s'en souvient (v. p. 274-76) seraient, d'après lui: 1° l'absence de l'*f*; 2° la répugnance à faire commencer les mots par un *r*, et l'addition d'un *a* ou d'un *e* devant cette lettre, pour tous les mots empruntés aux vocabulaires étrangers; 3° l'absence de mots commençant par *st*. Dans les chapitres IX, X et XI de son livre, le savant

---

(1) Humboldt, *Recherches*, p. 17-18.

prussien s'attache à démontrer que la toponymie ancienne de l'Espagne présente, sauf un petit nombre d'exceptions, les trois mêmes particularités.

Je crois avoir démontré que Humbodt a incomplètement observé les phénomènes phonétiques dont il argumente (v. p. 271-76). Ces phénomènes sont d'ailleurs fort anciens, et ils se produisent sur un territoire beaucoup plus étendu que le domaine actuel de la langue basque. Il faut conclure de là que, loin de transmettre ces procédés aux peuples voisins, les Euskariens les leur ont au contraire empruntés.

Les arguments que Humboldt tire de la phonologie ont de plus le tort d'être purement négatifs. Rien ne prouve, en effet, que si l'ancienne toponymie de l'Espagne nous était intégralement parvenue, on ne pût y trouver amplement de quoi infirmer la théorie du savant prussien. La géographie historique de la Péninsule possède d'ailleurs, au dire de Humboldt lui-même (*Recherches*, ch. XXIX, XXX, XXXI) une riche toponymie celtique. Or, les Celtes n'avaient de répugnance ni pour l'*f*, ni pour les mots commençant par un *r*; et cependant, si nous n'avions pas d'autres moyens de nous renseigner, l'étude de cette toponymie restreinte nous inviterait à conclure que les Celtes avaient des répugnances phonétiques pareilles à celles que Humboldt prête exclusivement aux antiques populations ibériennes. On ne saurait contester non plus que les Basques, dont la langue serait, d'après l'auteur des *Recherches*, l'héritière directe de l'ancien idiome ibérien, ne proscrive, pour la remplacer généralement par *b*, la lettre *v*, dont la parenté avec l'*f* n'a pas besoin d'être démontrée. A ce compte, on ne devrait pas rencontrer de *v* dans les noms d'hommes, de peuples et de lieux auxquels Humboldt assigne, sans hésiter, une origine ibérienne. Ce *v* se rencontre pourtant dans *Vesci* (Plin. I, 137), *Verurium* (Ptol. II, 5), *Aravi* (Inscr. Cellarius, I, 58), *Vascones*, *Alavona* (Ptolm. I, 48), *Vaccei Vescitania*, et dans une foule d'autres noms de peuples et de lieux, de même que dans des noms d'hommes que Humbodt (*Recherches*, ch. XXI) croit entièrement basques, comme *Avarus* (Appian. VI, 95), *Megaravictus* ou *Megaravistus* (Florus, II, 12, 4), *Viriathus*, etc.

Les arguments que Humboldt a cru pouvoir tirer de la phonétique de l'ancienne toponymie de l'Espagne et de celle du basque actuel, sont donc absolument sans valeur; et le lecteur est instamment prié de vérifier, sur le livre même que je discute, la loyauté et l'exactitude des objections que je viens de choisir entre cent.

Il résulte de la fin du passage cité plus haut, comme de l'ouvrage tout entier, que Humboldt croit à la possibilité d'interpréter par le basque actuel l'ancienne toponymie de l'Espagne, et même celle d'autres contrées. Pour lui, cette interprétation s'élève à la hauteur d'un procédé vraiment scientifique, lorsqu'elle a lieu dans certaines circonstances. Il ne se lasse pourtant pas de répéter « que si l'application de la méthode étymologique à l'analyse des langues entraîne beaucoup d'erreurs, elle est plus périlleuse encore dans l'étude des noms (1). »

Pour que la théorie du savant prussien fût inattaquable, il faudrait :

1° Que ces anciens noms de lieu nous fussent exactement parvenus ;

2° Que la langue qui sert à les interpréter eût laissé des monuments d'une époque contemporaine, ou du moins assez voisine, de celle où cette toponymie a pris naissance, ou bien que cet idiome se fût exceptionnellement conservé, à travers les siècles, dans un état suffisant de pureté.

Voyons si le système de Humboldt satisfait à ces deux conditions.

Et d'abord cet érudit est le premier à confesser que « les

___
(1) Humboldt, *Recherches*, p. 16.

noms de lieux ne nous sont arrivés qu'altérés ou défigurés », et il cite à ce sujet trois passages significatifs, l'un de Pline, l'autre de Pomponius Méla, et le troisième de Strabon. Pline (Éd. Hard. I, 136, XIV, 144 ; XI, 12) avoue formellement que dans son énumération des cités ibériques, il s'est préoccupé de savoir si leurs noms pouvaient être facilement exprimés en langue latine (1). Pomponius Méla (III, I, 10) dit que plusieurs noms de fleuves et de peuplades *Cantabres* ne peuvent être articulés par nous, et Strabon (III, 3, p. 155) redoute de citer des noms pareils, et quand il le fait, il en donne de tels que ceux-ci : *Pleutaures, Bardyètes, Allotriges* (2), et autres encore plus insignifiants et plus durs, car ces trois derniers offrent quelques syllabes grecques. « On voit par là que les auteurs anciens ne nous ont légué qu'un choix de noms, et ont laissé de côté les plus caractéristiques : se plaignant sans cesse de la longueur et de l'insignifiance des noms barbares, ils les ont sans doute abrégés souvent, ou accommodés à la prononciation grecque ou romaine, remplacés même par des mots de leur propre langue.

« Nous en avons un exemple dans la très-vraisemblable conjecture de Mannert : que le nom du peuple des *Coniens* ou *Cuniens* a été transformé par les anciens Grecs en *Cynésiens*, et par les Romains en *Cunéens* (habitants du coin), (altération qui a causé les erreurs des cartes).

« Mais les noms écrits sur les monnaies en caractères étrangers ne sont probablement point altérés, et on peut en adopter plusieurs avec confiance. De ce nombre est *Iligor* (3) (*ville haute ou ville de montagne*). Nous savons aussi par les auteurs que bien des noms ont changé avec le temps. Ainsi, d'après Strabon, *Artabres* est devenu *Aotrèbes*, et *Bardyetes* est devenu

---

(1) Ex his digna memoratu, aut latiali sermone dictu facilia. Plin., *Hist. nat.*

(2) Erro, *Alf. prim.*, p. 235.

Bardyales (Strabon, III, II, p. 154, 162). Par suite des fréquentes invasions, beaucoup de localités reçurent un nom étranger, qu'elles portaient en même temps que leur nom indigène. Le *Bœtis* était appelé dans la langue du pays *Perces* (Etienne de Byzance). Tite-Live le nomme *Certis*, ce qui se rapporte à la ville celtibérienne de *Certima* (T.-Liv. XXVIII, 22) ; les anciens Grecs le nommaient *Tartessus*. — De même pour bien d'autres fleuves et villes. Qu'on songe encore aux mutilations et altérations dues aux copistes et aux écrivains eux-mêmes, et l'on verra combien il faut peu s'attendre à posséder d'anciens noms ibériques parfaitement exacts. Du reste, ces difficultés inévitables ne rendent que plus significatif le témoignage des noms si nombreux qui présentent les traces certaines d'une origine basque (1). »

Sauf la dernière phrase et la confiance imméritée accordée ici à Erro y Aspiroz, sur le système duquel le lecteur sait à quoi s'en tenir, il est impossible d'exposer plus exactement

---

(1) HUMBOLDT, *Recherches*, p. 8-9. — La toponymie du pays Basque cis et transpyrénéen ne peut être sérieusement considérée comme fixée qu'à partir de la période féodale. Beaucoup de noms ont subi, depuis cette époque, des métamorphoses plus ou moins considérables. Le lecteur pourra se faire une idée exacte, pour le versant nord des Pyrénées euskariennes, en consultant le *Dictionnaire topographique des Basses-Pyrénées* de M. P. RAYMOND, et notamment la *Table des formes anciennes* de cet ouvrage, dans lequel je prends au hasard les exemples suivants :

« ARBONNE, com d'Ustarritz. — *Narbona*, 1186 (cart. de Bayonne, fº 82). »

« ASSORITS, f. cne de Saint-Jean-le-Vieux. — *Arsoritz*, 1428 (coll. Duch., vol. CXIV, fº 1691. — *Arsoriz*, 1479 ; *la casa o palacio de Arsoriz*, 1540 (ch. du chap. de Bayonne). »

« BAIGORRY (LA VALLÉE DE), arrond. de Mauléon. — *Vallis quæ dicitur Bigur*, vers 980 (ch. du chap. de Bayonne). — *Beygur*, 1186 (cart. de Bayonne, fº 32). — *Baiguer*, 1328 (ch. de la Camara de Comptos). — *Bayguerr*, 1355 (ch. du chap. de Bayonne). — *Beygorri*, 1397 (not. de Navarrenx). — *Sierra de Vaygurra*, 1446 (coll. Duch., vol. CXIV, fº 207). — *Bayguer*, 1402 (ch. de Navarre, E, 459). »

« ORSANCO, com de Saint-Palais. — *Orsancoe*, 1120 (cart. de Sordes, fº 22). — *Orquancoe*, 1515 (ch. de Pampelune). — On dit en basque (actuel) *Ostankoa*. »

que Humboldt, les motifs qui ne permettraient pas de considérer les historiens et les géographes classiques comme les échos fidèles de l'ancienne toponymie espagnole, alors même que leurs ouvrages n'auraient subi, sur ce point, aucune espèce d'altération. D'ailleurs beaucoup de noms de lieux varient plus ou moins suivant les auteurs, comme le lecteur a pu s'en convaincre par la seule inspection du catalogue de ceux qui se terminaient jadis, dans la Péninsule, en *tania*, et *tanus, a, um*. Il ne faut pas oublier non plus que la toponymie du monde ancien nous est arrivée généralement défigurée par l'ignorance des copistes, et qu'on se trouve très-souvent en présence d'un nombre variable de formes diverses pour la même localité. Or, les ouvrages de géographie historique, et notamment celui de Conrad Mannert, prouvent à suffisance que l'Espagne s'est trouvée placée, sous ce rapport, dans des conditions encore plus défavorables que les autres pays.

Il résulte clairement, à mon avis, de tout ce qu'on vient de lire, que l'ancienne toponymie de la Péninsule ne nous est point parvenue dans un état de pureté suffisant pour qu'il soit permis d'en faire la matière d'une interprétation par le basque. De son côté, cet idiome a subi de telles modifications, depuis le xve siècle, que le petit nombre de documents qui datent de cette époque sont très-obscurs quand ils ne sont pas totalement inintelligibles (v. p. 260-67). Si l'eskuara s'est altéré d'une façon si notable, dans un intervalle relativement si restreint, quelles transformations n'a-t-il pas dû subir durant la longue période qui sépare le xve siècle de notre ère de la période antéhistorique, où aurait pris naissance la prétendue toponymie ibérienne. Ainsi la toponymie à interpréter, et l'idiome dont on a cru pouvoir user pour cette interprétation, nous échappent tous les deux, et mieux vaut encore cette obscurité profonde qu'une fausse et trompeuse clarté.

Je ne saurais trop exhorter l'honnête lecteur à lire et relire le livre de Humboldt, que je combats avec tout le respect dû à la mémoire et aux services de cet homme illustre, et avec les secours que les progrès de la science ont mis, de nos jours, à la disposition des plus obscurs travailleurs. J'espère que l'étude attentive de l'ouvrage du savant prussien convaincra ceux qui doivent me juger, que j'ai loyalement et exactement résumé cette théorie toponymique qui me semble déjà condamnée, dans ses principes par les objections que je viens d'exposer.

Avec tout autre philologue que Humboldt, je pourrais certainement m'en tenir là, et me dispenser de choisir, dans les nombreuses applications de sa méthode, un contingent d'exemples suffisants pour en démontrer de nouveau la témérité. Mais l'auteur des *Recherches sur les habitants primitifs de l'Espagne* occupe dans la science une place trop élevée pour que je me contente des raisons déjà données. Je vais donc choisir, dans ce livre, un nombre suffisant d'exemples, pour établir que Humboldt se trouve, beaucoup plus souvent qu'on ne pense, en contradiction formelle avec les enseignements précis de l'histoire et de la philologie. Voici, dans son entier, et copié sur la traduction de M. Marrast, le chapitre XXXVI intitulé :

DISTRIBUTION DE LIEUX BASQUES CHEZ LES PEUPLADES DE LA PÉNINSULE.

« Il est certain que les noms basques sont répandus dans toute la Péninsule espagnole ; cela résulte du tableau que j'en ai présenté (c. 13 à 20). Sans m'occuper de leur situation géographique, je vais maintenant les distribuer selon les peuplades auxquelles ils appartenaient, et en négligeant ceux dont l'étymologie me paraît hasardée.

I. *Bétique.*

» 1° Les Turdétans et les Turdules, peuples ibériques :

» *Astigi* (3 fois). *Astapa. Asta. Esuris. Ullia. Ilipa, Ilipula* (2 fois). *Iliberi. Urbona. Urgia. Urgao. Urso. Ucubis. Illurco. Ilurgis. Iliturgis. Aranditani. Arsa. Artigi. Balda. Balsa. Littus. Corense. Escua. Malaca. Munda. Murgis. Onuba. Salduba. Selambina. Vesci. Osca* (2 fois). *Menoba. Carissa.*

» 2° Peuplades celtiques :

» *Laconimurgi, Turiga,* et *Curgia,* qui ne font peut-être qu'un.

II. *Lusitanie.*

» 1° Lusitaniens :

» *Langobriga. Langobriten. Verurium. Aravi. Moron. Munda. Mundabriga. Talabriga. Talori. Mendiculea.*

» 2° Vettons.

» *Laconimurgum.*

» 3° Peuplades celtiques :

» *Lancobrica.*

III. *Province Tarraconaise.*

» 1° Peuplades du nord.

» 2° Les Callaïques.

» *Iria. Ilavia. Ulla. Mearus. Navilubio. Lambrica. Lapatia. Talamina.*

» 3° Les Astures.

» Leur nom même. *Asturica.* Les Bedunésiens. *Ilavionavia. Laberris. Malliaca.*

» 4° Les Cantabres :

» *Aracillum. Murbogi. Octoviolca.* Le fleuve *Sanda.*

» 5° Les Caristiens :
» Leur nom, surtout dans la forme *Carietes.*
» 6° Les Vardules :
» *Alba. Morosgi. Menosca.*
» 7° Les Vascons :
» *Gracurris. Calaguris. Bituris. Iturissa. Alavona. Balsio.* Les *Curgoniens. Ebulius* mons. *Tarraga. Bascontum. Menlascus. OEaso.*
» 8° Les peuplades de l'intérieur.
» *Solurius* mons. *Urbiaca. Albonica.* Les monts *Orospeda, Idubeda.*
» 9° Les Vaccaens :
» *Albocella.*
» 10° Les Carpétans :
» Leur nom, et surtout la forme *Carpesei. Ilurbida. Ilarcurris. Arriaca.*
« 11° Les Orétans :
« *Oria. Lacurris.*
« 12° Les Ilergètes :
« *Calaguris. Ilcosca. Vescitania. Osca.*
« 13° Les Lacétans :
« *Ascerris.*
« 14° Les peuplades celtibériques :
« *Urcesa. Turiaso. Alaba. Bilbilis. Lorna. Malia.*
« 15° Les Castellans :
« *Egosa. Basi.*
« 16° Côte sud :
« *Ildum.*
« 17° Les Bastétans :
« *Basti. Urce. Albula.*
« 18° Les Contestans :
« *Lucentum.*
« 19° Les Edétans :

« *Hedeta. Uduba. Leonica. Salduba.*

« 20° Les Ilercaoniens :

« Leur nom, surtout dans la forme *Ilurgavonense. Biscargis.*

« 21° Les Cosétans :

« *Iluro.*

« 22° Les Lalétans :

« *Larnum.* »

J'ai déjà avancé que la théorie de Humboldt est contredite par l'histoire positive comme par la philologie, et je vais le prouver par un nombre suffisant d'exemples empruntés au chapitre que je viens de transcrire, ainsi qu'à plusieurs autres passages du même livre.

Je n'aurai pas longtemps à m'arrêter sur l'histoire, car j'ai déjà réfuté d'avance les arguments de cette espèce. Humboldt assigne une origine ibérienne aux Turdétans, aux Turdules, aux Lusitaniens, aux Callaïques, aux Ilergètes, et aux Bastétans, qui étaient des peuplades celtiques ainsi que je l'ai établi plus haut (1re partie, ch. I, § 1 ;ch. IV, § 1 ; 2e partie, ch. I, § 1). Pour des raisons à la fois historiques et philologiques il admet : 1° que les Ibères formaient un grand peuple (*Recherches*, ch. XXXVIII) ; 2° qu'ils ne parlaient qu'une seule langue (*Recherches*, XXXIX) ; 3° que ces Ibères se sont mêlés avec les populations celtiques (*Recherches*, ch. XLI.) ; 4° qu'ils ont envoyé des colonies en Corse, en Sardaigne et en Sicile (*Recherches*, ch. XLVI).

L'infirmation des arguments philologiques de Humboldt résulte déjà, ce me semble, de l'appréciation générale de sa méthode. Cette critique sera complétée tout-à-l'heure par l'examen de quelques-unes des applications de ce système. Quant'aux raisons historiques du savant prussien, elles sont absolument les mêmes que celles qui ont été déjà exposées et combattues dans le cours de cet ouvrage. Les Ibères ne formaient pas un grand peuple, comme le prétend Humboldt ;

et je crois avoir établi (1re partie, ch. III), par le témoignage de tous les auteurs anciens, que l'*Ibérie* est une pure expression géographique, et le simple nom de pays qui nous apparaît, dès l'origine, comme occupé par des peuples de races diverses. La variété de l'ancien état linguistique de ces populations a été prouvée à l'aide exclusif des textes (2me partie, ch. II, § 1). Quant au prétendu mélange des Ibères et des Celtes, à une époque fixe et précise, je crois l'avoir historiquement infirmé dans le chapitre IV, § 1, de la première partie de ce livre. Enfin, le § 2 du même chapitre me paraît formuler des objections capitales contre la colonisation de la Corse, de la Sardaigne et de la Sicile par les Ibères espagnols. Je n'insiste donc plus sur les arguments historiques de Humboldt, et j'arrive à l'examen de quelques-unes des applications de son procédé étymologique.

L'idée fondamentale de ce procédé est très-facile à expliquer. Humboldt opère par exclusion, vis-à-vis de toute la portion de l'ancienne toponymie espagnole qui lui paraît pouvoir être interprétée par le celtique, le grec et le latin ; il suppose que le reste est susceptible d'explication par l'eskuara, dans lequel il lui plaît de voir, comme l'on sait, le représentant de la langue des anciens Ibères. En conséquence, chacun des termes de ce résidu est décomposé par Humboldt en ses prétendus éléments, dont ce savant cherche ensuite, dans la langue basque, la représentation exacte ou approximative comme son, et la traduction comme sens. Cette théorie suppose donc nécessairement que tous les termes euskariens qui servent à cette explication, étaient déjà employés par les ancêtres putatifs des Basques, dès la plus haute antiquité, et qu'ils ne proviennent ni du latin, ni des idiomes d'introduction ou de formation postérieures. Si la certitude de cette provenance est, au contraire, démontrée pour un nombre suffisant de mots, la faiblesse des études philologiques de Humboldt, sur ce sujet spécial, ne me paraît pas pouvoir être contestée, et le procédé de cet érudit ne me semble pas, par conséquent, appelé à conserver l'autorité qui lui est encore généralement accordée. Or, Humboldt accepte, comme appartenant en propre à l'idiome des Basques, bon nombre de termes empruntés par ce peuple au latin et aux langues postérieures; et je n'ai, pour le démontrer, qu'à choisir entre un très-grand nombre d'exemples.

Parmi les noms de lieux que le savant prussien présente comme incontestablement ibériens, je trouve : 1° « *Selambina*, en Bétique, signifie : entre deux plaines: de *bi* et *selaya*, plaine. Tous les mots commençant par *sel* dérivent du même radical (1). » 2° *Urbiaca* et *Urbicua*. « Ces deux noms sont tellement de purs noms basques, qu'ils pourraient se prononcer aujourd'hui de la même façon. Dans les deux on trouve *ura* et *bi* (deux)... *lieu de deux eaux* (2). » 3° *Verurium* des Lusitans « selon la juste remarque d'Astarloa: *lieu des deux eaux*, de *bi*, deux, qui se change en *ber* au commencement des mots; *beroguei*, quarante : littéralement, deux fois vingt; *bereun* deux cents; et le lieu aujourd'hui nommé *Beroija*, lieu *des deux collines*. Il eût été à désirer qu'Astarloa se fût expliqué sur *Bituris* (Ptol. II, b, p. 48), qui d'après moi vient de *bi* combiné soit avec *ura* et le *t* euphonique, soit avec *iturria*, source; car *bi* ne se change pas toujours en *ber*, surtout devant les consonnes; exemple: *bitan ambat*, encore une fois ; *biderbia*, double; *biderdatu* (3). » 4° *Bituris*. Je viens de citer le passage où Humboldt s'explique sur ce mot. A ces quatre noms de lieu qu'il présente comme incontestablement ibériens, Humboldt croit pouvoir en ajouter d'autres. « J'ai déjà parlé, dit-il, de *ber*, pris pour *bi*, et comme radical de *berria*, nouveau. *Vergentium* (Plin. I, 138), *Bergidum*, *Vergilia*, *Bergium*,

---

(1) Humboldt, *Recherches*, p. 50.
(2) *Id.*, *Ibid.*, p. 31.
(3) *Id.*, *Ibid.*, p. 32.

Bergula, Bernama (Ptol. II, p. 47), *Berurium.* J'y joins les mots commençant par *bi : Biatia* (Ptol. II, p. 46); *atia* signifie portail, porte. *Bibali, Bigerra,* d'où le mot actuel *Bigorre, pays des deux hauteurs; Bituris* (1). »

Il est à remarquer que Humboldt fait entrer, avec le sens de *deux, bi* conservé ou transformé, dans la composition des prétendus mots basques qu'on vient de lire. *Bi* possède, en effet, cette signification en eskuara; mais ce mot est, comme *sei* (six), emprunté à la numération latine. Il a donc été adopté postérieurement à la conquête romaine, et dès lors il ne saurait être légitimement utilisé pour l'interprétation de noms de lieux antérieurs à cet événement.

Je lis à la page 44 : « *Illunum* des Bastétans (Ptol. II, 47), de *iluna* obscur, noir, s'emploie pour désigner un ciel nuageux. » Je ne vois pas comment une ville pourrait tirer son nom d'un « ciel nuageux »; mais je sais qu'*illuna* est formé de deux mots. Le premier est le radical *il, illa* (mort, mourir, tuer), et *luna,* lune. *Illuna* signifie donc privé de lumière, obscur. Mais *luna* vient du latin, et ne peut servir par conséquent à interpréter un nom de lieu antérieur à l'importation de cette langue dans la Péninsule.

A la page 47, je trouve : « *Monda,* en Bétique (Plin. 139), le fleuve du même nom en Lusitanie, et *Mundobriga,* de *munoa,* colline. » Comment Humboldt a-t-il pu admettre que *munoa,* qui signifie en effet colline, a pu servir à désigner un fleuve de Lusitanie? Comment surtout a-t-il fait pour ne pas voir que ce mot est emprunté au latin *mons, is,* montagne?

Humboldt signale aussi comme pouvant conduire à l'étymologie de *Barbesula, Barcino, Varduli, Bardo,* les mots basques « *barrutia,* circuit; *barrena, barna,* au dedans; *baratu,* cesser, s'arrêter, demeurer. » Je demande à exclure d'abord les

---

(1) *Id. Ibid.,* p. 61-62.

Varduli, peuple dont le nom est ainsi écrit par Pline et *Bardyales* par Strabon. On sait, en effet, que la lettre *v* répugne aux Euskariens, qui la remplacent par *b* dans les termes importés. Quant aux prétendus mots basques *barrutia, barrena, barna, baratu*, je suis vraiment étonné de voir un philologue tel que Humboldt se méprendre si grossièrement sur leur origine commune. Ils dérivent, cela crève les yeux, du bas-latin *barra*, espagnol *barra*, gascon *barro*, barre; par extension, limite, clôture, fossé, lieu clos. En eskuara *barrena, barna*, signifie littéralement « dans le lieu clos »; et *baratu* traduit l'idée de demeurer dans ce lieu, de s'arrêter, de se circonscrire, etc.

Toujours d'après Humboldt « *Bilbilis*, en Celtibérie (Itin. Anton. 437), comme *Bilbao* aujourd'hui, vient certainement des radicaux *pil*, *bil*. Du premier s'est formé *pillatu*, du second *bildu*, tous deux avec la signification d'entasser. Mais *bildu* emporte aussi l'idée de *rassembler, recueillir, se réunir*. L'analyse donne donc tout naturellement le sens de: *villes, lieux de rassemblement* (1). »

Humboldt a raison quand il dit en eskuara *p=b*; mais il a tort de croire que *pil* ou *bil* soient un radical propre au basque. Cet idiome n'a fait que lui accorder l'hospitalité, car on le trouve dans le bas-latin *pillota*, italien, espagnol, portugais et provençal *pelota*, français *pelote, peloton, pile, empiler*, c'est-à-dire réunion, amas, agrégation, etc. (2).

Ces exemples, dont je pourrais allonger la liste pendant plus de dix pages, prouvent clairement, à mon avis, que le savant prussien s'est engagé dans son travail d'étymologie, avec une préparation philologique tout-à-fait insuffisante. Voilà comment il a pris pour des termes basques des mots tirés des glossaires étrangers, à diverses époques relativement récentes.

(1) Humboldt, *Recherches*, p. 44.
(2) Friedrich Diez, *Etymologisches Wörterbuch der Romanischen Sprachen*, t. I, p. 320, v° *Pillota*.

Il n'est donc pas permis d'en faire usage pour l'interprétation de l'antique toponymie de l'Espagne (1).

Je dois convenir néanmoins que Humboldt opère sur un grand nombre de noms de lieux, en les décomposant de façon à les interpréter exclusivement par le basque ; mais on va juger, par quelques exemples, de l'étrangeté de son procédé.

« *Acha, aitza*, dit-il, signifie rocher, et *asta* (d'après un changement conforme aux lois du langage) (2) est une forme du même mot. Cette forme n'est pas employée pour désigner rocher, mais se retrouve dans plusieurs mots de même souche,

(1) Comme tous les systèmes, celui de Humboldt a été exagéré par ses adhérents, et notamment par Fauriel, Laferrière, M. Michelet, etc... Je crois qu'au moyen de la méthode que je viens d'indiquer, les philologues un peu exercés ne seront pas longtemps dupes de tous ces mirages. Je les engage à se délasser de ce travail par la lecture des étranges rêveries étymologiques de MM. feu Durrey, Cénac-Moncaut et Goyetche, dont les publications m'ont égayé pour le moins autant que *Les Imaginations de M. Oufle*. C'est dans les premiers tomes de la *Revue d'Aquitaine* qu'on trouvera l'*Escualheria* de M. Durrey. M. Cénac-Moncaut a exposé ses *idées* (??) dans le tome Ier de son *Histoire des peuples et des États pyrénéens*, et dans sa *Lettre à M. Barry*. Cette lettre reproduit, en partie, un article inséré par M. Goyetche dans le *Messager de Bayonne*, et dans lequel il cherche à expliquer par le basque les noms des divinités topiques gravés sur les autels découverts en Comminges. « Des Gaulois purs, dit-il, nous n'en voyons pas sur le sol des *Convenæ* à l'époque de l'établissement pompéien ; des Ibériens, des peuples transplantés d'Espagne, parlant la langue ibérienne ou cantabre, que les Romains y avaient rencontrée, se présentent seuls à nous. » Cette seule phrase contient deux énormes erreurs historiques. Sans doute les premiers Convenæ venaient d'Espagne ; mais j'ai prouvé (p. 13-14, 166-69 et 208-9) leur origine celtique. J'ai démontré également que les Cantabres avaient une origine et parlaient une langue celtique (ch. I, § 1. p. 5-6, et 2e part., ch. II, p. 239-40). On jugera, par un seul exemple, de la valeur de la méthode étymologique de M. Goyetche. Pour lui, le nom d'*Erge*, divinité pyrénéenne, s'explique par le basque « *Erge*, le roi, le souverain. » Et d'abord c'est *erregue* et non *erge* qui signifie *roi* en basque. Ce mot vient du latin *rex* par la préfixation d'une voyelle devant les mots commençant par un *r*, conformément aux habitudes constantes des Euskariens. Quant à *ue*, ce n'est qu'une terminaison. Voilà comment M. Goyetche excelle à découvrir, dans l'épigraphie romaine des Pyrénées, les traces de cette langue ibérienne qu'il croit retrouver dans le basque.

(2) Voy. mes suppléments à *Mithridate*, p. 35-40. *Note de Humboldt.*

comme *astuna*, pesanteur, poids, et dans des noms de lieux, comme on le reconnaît à leur situation. Parmi les noms de cette espèce, encore existants en Biscaye, nous citerons : *Asta*, *Asteguieta*, *Astorga*, *Astulez*, *Asturien* (1). » Le savant prussien cite parmi les anciens : *Asta* (Plin 1, 139, chez les Turdétans ; *Astigi*, que l'on trouve trois fois en Bétique ; *Astapa* (Liv. XXVII, 22), aussi en Bétique ; *Astures*, *Asturica*, et le fleuve *Astura* (Florus, IV, 12, 54), *eau de rocher*, de *asta*, rocher, et *ura*, eau (2).

Je conviens que Humboldt a raison, quand il dit qu'*acha* et *aitza* signifient rocher ; mais je ne suis pas touché par les raisons qu'il donne, dans le supplément du *Mithridates* d'Adelung, pour établir que *asta* est un changement conforme aux lois du langage. Ce changement devrait d'ailleurs être évité ici avec d'autant plus de soin, que beaucoup de mots basques à sens très-divers commencent aussi par *ast* et *azt*: *astea*, semaine ; *astia*, loisir ; *astitassuna*, lenteur ; *astoa*, âne ; *aztala*, mollet ; *aztia*, sorcier, etc. Je donne l'hypothèse pour ce qu'elle vaut, mais *astuna*, pesanteur, me parait avoir la même origine que *astitassuna*, lenteur, car une chose pesante est lente à mouvoir. En tous cas, rien ne prouve que *asta* soit la transformation régulière de *acha*, *aitza*. Humbodt s'étaye donc ici sur une assertion gratuite ; mais ce qui me semble encore plus étonnant, c'est qu'il veuille qu'un nom de lieu soit basque, par cela seul qu'il commence par *asta*. Cela nous ramène tout droit aux extravagances de Larramendi, d'Astarloa et de Erro ; et si l'on se paye de raisons pareilles, la toponymie ancienne attestera que les Basques étaient répandus partout. Voyez plutôt.

Asta (Plin. 3, 5, 7), ville des *Satielli* en Ligurie. — *Astabene* (Isid. Char.), contrée au nord de l'Hyrcanie. — *Astaboras*,

---

(1) Humboldt, *Recherches*, ch. XIII.
(2) *Id., Ibid*, ch. XIII.

Ἀστάδρας (Ptol., Strab.), fleuve d'Ethiopie. — *Astacana* (Ptol.), ville des *Astacani*, dans la Bactriane. — *Astacapra* (Anon. Peripl. mar. Erythr., § 41 et 43, p. 290), contrée de l'*India intra Gangem*, sur la côte occidentale du *Sinus Barygazenus*. — *Astacilis* (Ptol.), ville de Mauritanie. — *Astacum* (Plin. 5, 52), ville de Bythinie. — *Astacures*, Ἀστακοῦρες (Ptol., 4, 6, 24), peuple de la *Regio Syrtica*. — *Astacuri*, Ἀστακοῦροι (Ptol. 4, 6, 24), peuple de l'*Africa interior*. — *Astacus* (Appian.), ville de Syrie. — *Astape* (Mela 1, 2, 9), Ἀστάπος, οῦ (Jos. Ant. 2, 5), fleuve d'Éthiopie. — *Astaroth*, Ἀσταρώθ (Euseb. Deut. 1, 4), ville de *Basan* ou *Basanea*, sur la rive méridionale de l'Hiéromax. — *Astelephas* (Plin.), fleuve de la Colchide. — *Asteremin*, dénomination de deux villes situées dans la Péonie et la Thessalie. On donnait le même nom à une île de la mer Égée.

Je crois que ces exemples, que je pourrais multiplier, sont démonstratifs, et je passe au chapitre XIV, consacré par Humboldt aux *Noms de lieux qui dérivent de* iria. « On ne saurait, dit-il, méconnaître l'origine basque des noms dérivés de *iria* qui signifie ville, et, d'après le dictionnaire manuscrit (1), lieu, contrée. Ce mot est écrit aussi *uria* et a bien pu devenir, par la fréquente conversion de *r* en *l*, *ilia* et *ulia* (Astarloa, *Apol.*, p. 238, 247). » Le savant prussien attribue la même origine aux noms suivants : *Iria, Ilavia* (Ptol., II, 6, p. 44), chez les Lucenses. — *Urium* (Plin. 1, 136, 16; Ptol., II, 4), chez les Turdules. — *Ulia*, en Bétique (Dion Cassius, XLIII, 34). — *Ilia*, surnom de *Ilipa*, d'après les inscriptions (Plin. 1, 138). — D'après l'auteur des *Recherches*, *iria*, combiné avec d'autres mots, est presque toujours initial, et *uria* final, dans les anciens noms de lieux. A la première catégorie appartenaient les noms ci-après.. *Gracuris* (Plin. 1, 143, chez les Vascons, la ville de Gracchus. — *Calaguris Fibularensis*, chez les Vas-

---

(1) Il s'agit du Dictionnaire de Sylvain Pouvreau, dont j'ai déjà parlé p. 277.

cons, et *Calaguris Nassica* (*Nascica*) chez les Ilergètes (Plin. I, 142). — *Ilarcuris* (Ptol., II, 6, p. 46), en Carpétanie. — *Lacuris* (Ptol. II, 6, p. 46) des Orétans. — *Escuris* (Itin. Ant., p. 425, 431). — Aux noms de villes commençant par *il* ou par *ili* appartiennent les suivants : *Iligor*, — *Ilipula magna* et *minor* (Plin., I, 137, 139), en Bétique. — *Ilberi* (Plin., I, 137), aussi en Bétique. — *Elybyrge* (l'*e* et l'*i* sont souvent pris l'un pour l'autre dans le mot initial), ville sur le Tartessus, d'après Hécatée (1).

Telles sont les idées de Humboldt sur les noms de lieux qui, d'après lui, dériveraient de *iria*. Il a raison de dire que ce mot signifie ville. Je lui concède même qu'à la très-grande rigueur on peut l'écrire *uria*; mais je ne saurais accepter l'hypothèse que *uria* « a bien pu devenir, par la fréquente conversion de *r* en *l*, *ilia* et *ulia*. » Humboldt aurait été fort embarrassé de prouver son dire par des exemples. On n'a qu'à prendre le *Dictionnaire topographique du département des Basses-Pyrénées* de M. P. Raymond, qui contient, pour le pays basque cispyrénéen, une très-riche toponymie euskarienne, fixée plusieurs fois par l'écriture à partir de la féodalité. Quelques minutes de recherches dans cet excellent recueil, suffiront pour démontrer que les transformations dont parle Humboldt ne se sont jamais produites sur le versant nord de la chaine. J'ai consulté, pour le versant sud, les titres publiés par divers historiens des provinces vascongades, et j'ai étudié encore plus particulièrement les indications toponymiques fournies par Don José Yanguas y Miranda, dans les quatre volumes de son *Diccionario de Antiguedades del Reino de Navarra* (Pamplona, 1840). Les conclusions qui résultent pour moi de cet examen sont absolument les mêmes que celles que j'ai tirées du travail de M. P. Raymond.

Humboldt a donc eu pour premier tort, dans ce chapitre,

---

(1) HUMBOLDT, *Recherches*, ch. IV.

de grossir sa prétendue toponymie ibérienne au moyen d'une hypothèse démentie par l'unanimité des documents que j'ai pu consulter jusqu'à ce jour. La seconde faute commise par le savant prussien a été de ne pas voir que, si l'on veut interpréter par l'eskuara tous les anciens noms de lieux commençant par *iri, uri, ili, uli, eli* et *ely*, on retombe dans les extravagances justement reprochées par Humboldt à ses prédécesseurs, et l'on est conduit à expliquer par le basque toute la toponymie de l'ancien monde. Le lecteur en jugera par les exemples suivants :

Iria, Ἰρία, Εἰρία (Ptol. 3, 5), ville de la Ligurie, probablement représentée par Veghera, en Piémont. — *Iria* (Cell.), *Ira* (Jornand, *De Reb. Get.*), rivière de la Ligurie, qui se jetait dans le Pô. Tout porte à croire que c'est la Staffora. — *Irine, Irene*, île. — *Iris* (Valer. Flac., *Argonaut*, v. 600), fleuve du Pont. — *Irhesia* (Plin. 4, 12), île du *Sinus Thermæus*.

Uri (Plin. 6, 20), peuple de l'Inde. — *Uria* (Plin. 3, 11), la plus ancienne ville impériale de la Iapygie. — *Urias sinus* (Méla, 2, 4), golfe d'Apulie. — *Uriconium* et *Urconium* (Itin. Ant.), localité dans la *Britannia Romana*, représentée aujourd'hui par le village de *Wroxeter*.

Ilienses (Plin. 3, 7), peuple de Sardaigne. — *Ilion, Ilium* (Liv.), ville de Macédoine. — *Ilisanitæ* (Plin. 6, 28), peuplade d'Arabie. — *Ilissus*, rivière de l'Attique. — *Ilistra* (Hosten ad Hieracl.), ville de Lycaonie.

Uliarus (Plin. 4, 19), aujourd'hui l'île d'Oleron. — *Ulibiliani* Οὐλιβιλιανοί (Ptol.), peuple de la Mauritanie Tingitane. — *Ulizibirra* (Ptol.), ville de la Byzacène (Afrique propre).

Elibanus mons, dans la Calabre ultérieure. — *Elices* (Anton. Itin.), lieu dans l'intérieur de Byzacium. — *Elicoci*, Ἐλίκωκοι (Ptol.), peuple de la Gaule Narbonnaise. — *Elii*, peuple d'Éthiopie établi près des sources de l'Astaboras. — *Elija*, bourg dans l'*Armenia minor*. — *Elim* (Exod. 15, 27), sixième étape des Israélites dans l'Arabie Pétrée. — *Elimea* (Liv. 31, 40), contrée de la Macédoine supérieure. — *Elis*, Ἦλις, portion la plus occidentale du Péloponèse, dont Élis était la capitale. — *Eliza* (Ezech. 27, 7), Ἐλισα (Joseph.), pays de la pourpre. — *Elisarii* (Ptol. 6, 7, 7), peuple de l'Arabie heureuse. — *Elyma*, Ἔλυμα (Dion. Hal., 1, 52), ville de Sicile. — *Elymæi* (Tacit. 6, 44), habitants de l'Elymaïs, nom donné aux habitants de deux contrées, l'une située dans la Susiane, et l'autre dans la grande Médie. — *Elyma*, Ἔλυμα (Xénoph.), ville d'Arcadie. — *Elyrus*, Ἔλυρος, ville de Crète.

On peut juger, d'après les chapitres XIII et XIV, dont je viens de faire l'analyse et la critique, de l'extrême élasticité et de la complaisance plus qu'alarmante du procédé employé par Humboldt, pour interpréter, par le basque actuel, une foule de noms de lieux de l'Espagne ancienne. Je le répète pour la dernière fois, avec un pareil système, aucun mot ne peut résister, et toutes les toponymies passées, présentes et futures, sont susceptibles d'interprétation par le basque. Pour l'antiquité notamment, le lecteur peut prendre un dictionnaire quelconque, celui de Freund par exemple, et continuer jusqu'au bout le travail que j'ai dû restreindre aux chapitres XIII et XIV du livre de Humboldt. Je garantis, pour tous les pays, une opulente moisson de similitudes et d'analogies dont il faudrait conclure, pour rester fidèle à la théorie du savant prussien, que les Basques ont occupé jadis tout le monde connu des anciens. Ces résultats équivalent évidemment à la condamnation d'un système, dont je ne veux plus m'occuper que pour signaler au hasard quelques-unes des interprétations toponymiques proposées par Humboldt.

Ainsi *Ilurci* vient de « *ilia* et *ura*, *ville d'eau* (Rech., p. 27). » Je me demande inutilement ce que peut bien être une « ville d'eau. » — *Ilarcuris*, en Carpétanie, vient, d'après Astarloa, dont Humboldt s'approprie l'opinion, « de *ilarra*, *pois* : ville

» *des pois ou des vesces* (*Rech.*, p. 27-28). Qu'est-ce qu'une « ville des pois ou des vesces? » — « *Ilurbida*, chez les Carpétans, de *ilia*, *ura* et *bidea*, route, ville sur un chemin d'eau (*Rech.*, p. 27-28). » Humboldt n'a pas pris garde que *bidea* vient du latin *via*, car en basque *b* = *v*, et *d* a été interpolé entre *i* et *a*, chose qui n'est pas rare en eskuara. Et puis, que signifie « ville sur un chemin d'eau? » — « *Turiga* (*qui manque de sources*), chez les Celtiques de la Béturie (*Rech.*, p. 34). » Qui jamais s'est avisé, dans un pays où l'eau n'est pas rare, de bâtir une ville dans un lieu « qui manque de sources? » — « *Lisissa* des Jacétans, de *leizarra*... cendre (*Rech.*, p. 45). » Cette ville de « cendres » est digne de servir de pendant à celle « des pois ou des vesces. »

Je pourrais citer encore cent exemples de même force, mais je m'arrête, par respect pour la mémoire de Humboldt. La méthode étymologique de ce savant me semble à la fois infirmée dans ses principes, et condamnée par les nombreuses erreurs et témérités qu'entraîne l'application du système. Les *Recherches sur les habitants primitifs de l'Espagne* ont paru, je l'ai déjà dit, en 1821. La fortune de ce livre me semble prouver, une fois de plus, que notre siècle, si jaloux en théorie des droits du libre examen, ne renoncera pas de sitôt à l'habitude commode de jurer sur la foi d'autrui.

On a tout accepté de confiance. Les corps savants ont accordé à cet ouvrage leurs récompenses et leurs suprêmes éloges ; et l'année même de sa publication, Sylvestre de Sacy l'a approuvé sans réserve (1). Fauriel a renchéri sur les erreurs du maître (2) ; et la masse des historiens, des philo-

---

(1) *Journal des Savants*, année 1821, p. 587-93 et 643-650. — Dans le tome Ier de son *Histoire de France*, p. 237-47, M. Michelet a aussi analysé le livre de Humboldt, et laissé toute carrière à cette crédulité lyrique, dont il a depuis donné tant d'autres preuves.

(2) FAURIEL, *Histoire de la Gaule méridionale sous les conquérants Germains*, t. II.

.ogues et des numismates, s'est désormais engagée dans la voie nouvelle avec une incroyable docilité. Le plus léger examen suffisait pourtant à tout homme tant soit peu versé dans l'histoire et la langue euskariennes, pour éveiller la défiance, et provoquer un contrôle plus attentif, auquel le système de Humboldt ne saurait résister. Cette tâche aurait assurément beaucoup gagné à être entreprise par tout autre que moi. J'espère néanmoins que mes objections seront jugées suffisantes; et, avant de les produire, je les ai soumises à des savants dont la compétence ne m'a point paru contestable. La critique vraiment indépendante me dira s'ils ont eu raison de m'approuver, et si je n'ai pas trop présumé de moi-même, en déniant au système étymologique du baron de Humboldt toute autorité scientifique.

§ 2.

J'ai promis de consacrer la seconde partie du présent chapitre à la numismatique ibérienne; et je suis impatient d'aborder ce sujet, dont l'importance n'échappe à personne.

On a découvert dans la Péninsule, des monnaies chargées d'inscriptions en caractères particuliers. Ces monnaies, auxquelles les numismates espagnols ont donné le nom de *Desconocidas*, se rencontrent aussi « dans tous les grands centres commerciaux de la Gaule méridionale jusqu'à Vieille-Toulouse et au-delà... mêlées aux monnaies de bronze d'*Emporiæ* ou aux monnaies phéniciennes de la côte espagnole (type du Cabire) (1). » Elles ont des caractères particuliers « en ce qui concerne le type, la fabrication, le module et le poids. On y

(1) Ce passage est emprunté à une note de M. Edw. BARRY sur l'*Histoire générale de Languedoc*, liv. I, p. 88. La nouvelle édition de cette histoire n'a pas encore paru, et je dois à M. Barry la communication des premières feuilles.

chercherait vainement, je l'avoue, la perfection dans le dessin, la pureté de style, le fini de détail que nous admirons dans la plupart des monnaies grecques, mais les deniers d'argent des Ibériens peuvent sans crainte subir la comparaison avec les deniers consulaires (1). » Les principaux types du revers « sont le cavalier, la lance en arrêt; le cavalier portant une branche de laurier ou une palme; le cavalier avec un bouclier et conduisant deux chevaux ; le cavalier brandissant de la main droite, une épée, un arc, ou le makhila (2) ; le taureau ou le cheval de course (3). » Quant au type du droit, c'est toujours « la tête d'un guerrier, probablement du chef de la peuplade; elle est nue, à cheveux courts et bouclés, rarement retombant sur le col, toujours enroulés avec élégance. Les figures sont imberbes, parfois juvéniles, le plus souvent barbues (4). » Le type le plus commun des médailles ibériennes « celui du cavalier à la lance, étant une imitation des monnaies d'Hiéron I*er*, ou de Démétrius, elles sont par cela même postérieures à cette époque (5). » « Je reporte au quatrième siècle (av. J.-C.) le commencement du monnayage Ibérique, au moins pour quelques villes du littoral Gaulois et Hispanique. La limite inférieure me paraît aussi devoir être abaissée jusqu'au règne de Tibère, non pour toutes les villes ou peuplades de l'Hispanie, mais pour les villes qui défendirent avec énergie leur indépendance contre l'invasion romaine (6). »

Les populations dites ibériennes ne frappaient pas de

---

(1) BOUDARD, *Numismatique ibérienne*, p. 139.
(2) C'est le nom que les Basques donnent au bâton, et que M. Boudard suppose, sans plus de façons, avoir été aussi employé par les Ibères. J'ai prouvé (p. 278) que *makhila* n'est qu'une transformation du mot latin *baculus*.
(3) BOUDARD, *Numism. ibér.*, p. 140.
(4) *Id., Ibid.*, p. 143.
(5) *Id., Ibid.*, p. 144.
(6) *Id., Ibid.*, p. 147.

monnaies d'or; et, si les attributions de médailles faites par M. Boudard sont exactes, on ne connaîtrait, jusqu'ici, que seize peuplades ayant émis des pièces d'argent de deux modules (denier et quinaire). Toutes les autres sont en cuivre, et de modules divers (1).

L'étude et l'interprétation des légendes de ces monnaies exercent les érudits, depuis la seconde moitié du xvi⁰ siècle. A cette époque appartient notamment le livre d'Ant. Agostino, archevêque de Tarragone (2). Le siècle suivant voit se produire les travaux de Lastanosa (3), Rajas (4), Andres (5) et Urrea (6), sans préjudice du système d'Olaus Wormius (7) et d'Olaus Rudbeck (8), qui voient dans ces légendes des caractères runiques, importés en Espagne par les Wisigoths. Le xviii⁰ siècle est marqué par les publications de Mahudel (9),

---

(1) *Id.*, *Ibid.*, p. 147-49.

(2) *Dialogos de las Medallas, Inscripciones y otras Antiguedades.* Tarragona, 1587, in-4°.

(3) D. V. Juan de Lastanosa, *Museo de las Medallas desconocidas españolas*, Huesca, 1545; *Descripcion de las Antiguedades y Jardines de D. V. J. Lastanosa.* Zaragoça, 1647.

(4) P. Albiniano de Rajas, *Discorso de las Medallas desconocidas Españolas.* Huesca, 1643.

(5) D. Fr. Andres Cæsar-Augustanus, *Discorso I, II, III de las Medallas desconocidas españolas*, in-4°.

(6) D. Fr. X⁰⁵ De Urrea, *Medallas desconocidas españolas* (jointes à une chronique d'Aragon).

(7) Olaus Wormius, *Danica Litteratura antiquisima vulgo Gothica.....* Hafniæ, 1681.

(8) Olaus Rudbeck, *Atlantica sive Manheim vera Japheti posterorum sedes ac patria.* Upsaliæ, 1675, 89, 98 et 1782. — L'école de Wormius et de Rudbeck fut continuée au xviii⁰ siècle par Ezech. Spanhemius, *Dissertationes de præstantia et usu Numismatum antiq. cur. Is. Verburgio.* Lond., 1706, et Amtel., 117. Ce numismate attribue, néanmoins, aux Phéniciens les médailles dont la fabrication est la plus parfaite.

(9) Mahudel, *Dissertation sur les Monnaies antiques de l'Espagne.* Paris, 1725. Cet ouvrage contient notamment un tableau destiné à mettre en évidence les analogies des alphabets grec et ibérien.

Velasquez (1), Florez (2), Bayer (3), Terreros y Pando (4), le comte de Lumiares (5), Gussene (6) et le marquis d'Algorfa (7). Les publications postérieures à 1800 sont celles de Zuniga (8), Erro y Aspiroz (9), le curé de Montuenga (10), Mionnet (11), Sestini (12), Ch. Lenormant (13), et de MM. de

(1) L. Jos. VELASQUEZ, *Ensayo sobre los Alfabetos de las Lettras desconocidas, que se encuentran en las mas antiguas Medallas y Monumentos de España*. 1752. Ce numismate est certainement le plus remarquable champion du système, aujourd'hui insoutenable, qui consistait à interpréter par le grec et l'hébreu toute l'ancienne toponymie espagnole.

(2) P. Henrique FLOREZ, *Medallas de las Colonias, Municipios y Pueblos antiguos de España*. 3 vol. in-fol. Madrid, 1757-73.

(3) Fr. PEREZ BAYER, *De l'Alfabeto y Lengua de los Fenicos y de suas colonias*. Madrid, 1772. Ce livre traite surtout des monnaies puniques.

(4) Estevan de TERREROS Y PANDO, *Paleographia Española*. Madrid, 1752.

(5) D. Ant. Valcarcel Pio de Saboya, conde de LUMIARES, *Medallas de las Colonias, Municipios, y Pueblos antiguos de España, hasta hai no publicadas*. Valencia, 1773.

(6) Th. And. de GUSSENE, *Diccionario Numismatico general*, 6 vol. Madrid, 1773.

(7) Peres de Sario, marches d'ALGORFA, *Dissertacio sobre las Medallas desconocidas*. Valencia, 1800. L'auteur fait remonter ces médailles à l'époque de la défaite de Géryon et de la conquête fabuleuse de l'Espagne par Hercule.

(8) Luis CARLOS Y ZUNIGA, *Plan des Antiguedades Españolas, reducido a 2 articulos y 80 proposiciones...* Madrid, 1801.

(9) J. B. ERRO Y ASPIROZ, *Alfabeto de la Lengua primitiva de España, y explicacion de sus mas antiguos Monumentos de Inscripciones y Medallas*. Madrid, 1806.

(10) D. J. A. C. (Conde) CURA DE MONTUENGA, *Censura critica del Alfabeto primitivo de España*. Madrid, 1806. C'est une réfutation du précédent, et l'auteur répète docilement les opinions insoutenables de Wormius et de Rudbeck, et les idées de Mayans y Siscar.

(11) MIONNET, *Description des Médailles antiques, Grecques et Romaines* Paris, 1806-33, t. I, p. 63 et *Supplém*.

(12) Domenico SESTINI, *Descrizione delle Medaglie Ispane, appartenent alla Lusitania, alla Betica, e alla Tarragonese*. Firenze, M. DCCC. XVIII.

(13) Ch. LENORMANT, *Extrait d'un Mémoire sur l'Alphabet celtibérien*. dans la *Rev. Numism*. de 1840.

Saulcy (1), de Longperrier (2), Akerman (3), Boudard (4) et de Lorichs (5).

Tels sont, à peu près, tous les travaux publiés sur ces médailles dites ibériennes, dont les légendes furent d'abord considérées par divers savants tantôt comme latines, tantôt comme celtiques, et tantôt comme runiques. Velasquez, Florez et Bayer essayèrent, au contraire, de les déchiffrer et de les interpréter au moyen des alphabets et des idiomes grec et hébraïque. Enfin, l'immense majorité des érudits de notre siècle affirme que les anciens Ibères avaient un alphabet particulier, et que l'antique toponymie de la Péninsule peut être expliquée par la langue basque actuelle.

Je crois avoir suffisamment discuté la dernière de ces propositions; mais je dois m'expliquer sur l'alphabet ibérien.

Don Blas Nassare, Mahudel, les auteurs du *Nouveau Traité de Diplomatique* publié en 1750, Velasquez, Erro y Aspiroz, Sestini, le docteur Puertas, Gesenius, et MM. de Saulcy et de Lorichs, ont travaillé sur cet alphabet. Tous leurs ouvrages (6), et principalement ceux de Erro, Sestini, le docteur Puertas et M. de Saulcy, ont été plus ou moins utilisés par M. Boudard, qui ne fait que s'engager plus avant dans la même voie, et qui confesse d'ailleurs très loyalement les emprunts par lui faits aux

---

(1) Fr. de SAULCY, *Essai de classification des Monnaies autonomes d'Espagne*. Metz, 1840.

(2) A. de LONGPERRIER, Compte-rendu de l'ouvrage précédent, dans la *Rev. Numism.* de 1841.

(3) J. J. AKERMAN, *Ancient coins of Cities and Princes*. London, 1846.

(4) P. A. BOUDARD, *Études sur l'Alphabet ibérien*. Paris, 1852; *Numismatique ibérienne*. Béziers 1859.

(5) G. Dan. de LORICHS; *Recherches numismatiques concernant principalement les monnaies celtibériennes*. Paris, 1852.

(6) Je dois en excepter pourtant celui de M. de Lorichs, dont l'étrange système consiste à considérer chacune des lettres des légendes comme indiquant le commencement d'un mot. Ainsi le mot pppins (que M. Boudard lit *plplis*, Bilbilis), signifierait : DECIMA QUARTA Prepositi Pecuniæ Publicæ Provinciæ interioris Spaniæ. Voy. *Rech. Numism.*, p. 243.

publications de ses devanciers. Toutes les critiques que je vais diriger contre le système de M. Boudard, réfléchiront donc plus ou moins contre les travaux antérieurs dont il s'autorise. Je ne saurais trop exhorter le prudent lecteur à se mettre à même de contrôler l'exactitude et la sincérité de cette portion de mon travail, par la lecture préliminaire du chapitre II de la *Numismatique ibérienne*, où l'auteur expose son procédé de lecture (1).

Ce procédé n'a rien de bien compliqué, et l'on a déchiffré souvent des cryptogrammes autrement difficiles et obscurs. Il s'agit de marcher du connu à l'inconnu. Pour y parvenir, on recherche des légendes écrites au moyen de deux alphabets, et où les caractères connus soient en assez forte majorité pour ne laisser aucun doute sur le sens général de ces légendes. Supposons, pour fixer les idées, que les lettres italiques représentent les caractères connus, et les capitales ceux qui ne le sont pas. Voici cinq médailles dont l'attribution à la même ville m'est attestée, sinon avec certitude, au moins avec une haute probabilité, par diverses indications numismatiques (module, type, ornementation) autres que l'écriture elle-même. Ces cinq légendes sont : 1° *acini*Po; 2° *aci*NiPo; 3° *acini*Po; 4° *acini*Po; 5° *acini*Po et *aci*NiPo. En voilà assez pour attribuer ces monnaies à Acinipo, ville de la Bétique. Désor-

---

(1) Ma critique de la *Numismatique ibérienne* ne doit porter que sur la méthode de lecture, l'histoire et la philologie. Néanmoins, je suis forcé de constater que, sous tous les autres rapports, ce livre abonde en bévues, erreurs, etc., dont on jugera par quelques exemples pris au hasard. — Klaproth, l'auteur de l'*Asia polyglotta* est appelé K*laporth* par M. Boudard (p. 3, note 2), qui accorde (p. 5, note 3) la particule à M. Baudrimont (de Baudrimont), auteur d'une déplorable *Histoire des Basques ou Escualdunais primitifs*. Le numismate de Béziers estropie (p. 3, note 3) le titre du livre de Micali sur les anciennes populations de l'Italie (*Storia degli antichi popoli italiani*, Firenze, 1832) de la manière suivante : *Storia de gli Ant. pop. It.* Il nous parle (p. 132) de l' « *Essai sur les langues celtiques* » de M. Pictet, dont l'ouvrage est intitulé : *De l'affinité des langues celtiques avec le sanscrit.*

mais, je sais que dans l'alphabet dit ibérien, *a, i, o* sont les mêmes que dans l'alphabet romain, et je sais en outre que c = *c*, N = *n*, P = *p*. Me voilà déjà en possession de cinq lettres.

Je prends d'autres médailles que, pour des raisons analogues à celles que j'ai déjà invoquées pour Acinipo, je puis attribuer, l'une à *Carmo*, ville du pays des Turdules, l'autre à *Carteia*, située sur le territoire des Bastules. Celles de Carmo sont écrites : 1° CARMO; 2° *karmo*; 3° *carmo*. Les légendes de celles de Carteia sont : 1° *carteia*; 2° *carteia*. Ces deux monnaies me confirment ce que je savais déjà par rapport à c = *c*, et m'informent en outre que l'alphabet dit ibérien admet, comme le romain, *k, m, r*.

On comprend, par ces deux exemples, que plus je vais et plus les difficultés diminuent, si je continue de choisir judicieusement les légendes à étudier. Chaque opération nouvelle me révèle ou me confirme, dans des proportions variables, de nouveaux éléments alphabétiques. Je poursuis ma tâche jusqu'à l'épuisement de mon sujet, et j'arrive à placer ainsi, en face de chaque lettre de l'alphabet romain, sa correspondante ou ses correspondantes ibériennes, car j'ai eu soin de noter, pour chaque caractère, toutes les variantes révélées par les légendes.

Telle est l'essence de la méthode développée par M. Boudard, de la p. 19 à la p. 56 de sa *Numismatique ibérienne*. Ce savant a fait usage, pour expliquer son système, de caractères dits ibériens que je n'ai pu me procurer, pour mon imprimeur, ce qui m'a forcé de les représenter par des capitales dans les exemples ci-dessus. J'espère néanmoins avoir été parfaitement compris du lecteur; mais je ne puis me dispenser de reproduire, dans le tableau annexé à ce chapitre, l'ensemble des résultats obtenus par M. Boudard.

Si l'on jette les yeux sur la première colonne à gauche du tableau, on voit que l'alphabet ibérien comporte, pour chaque lettre un nombre plus ou moins grand de variantes. Néanmoins, ce nombre se trouve être, en réalité, moins considérable qu'il le paraît, et M. Boudard a eu le tort de compter comme autant de signes divers, des caractères dont les différences ne gisent que dans le mode d'exécution. C'est ainsi que pour l'a, les lettres 1, 2, 5 (1) doivent être considérées comme une seule et même variété, et que les n°° 6 et 7 d'une part, et 8 et 9 de l'autre, ne constituent, en réalité, que deux variantes. J'en dis autant pour le b des n°° 2 et 3, et des n°° 4 et 5; pour le c des n°° 1 et 4; pour le d des n°° 2 et 3; pour l'i des n°° 1 et 3; pour le k des n°° 1, 2, 3, et des n°° 4 et 5; pour l des n°° 1 et 4, et des n°° 1, 2, 5; pour l'm des n°° 1 et 3; pour l'n des deux seuls n°° existants; pour l'o des n°° 6, 7 (1re ligne), et des n°° 1 et 8 (2e ligne); pour l'r des n°° 2 et 3, des n°° 4 et 5, des n°° 6 et 9, et des n°° 7 et 8; pour l's des n°° 4 et 5; pour le t des n°° 1 et 2, et des n°° 3 et 4; pour le z des n°° 1 et 3; pour l'y des n°° 1 et 2; pour le ao des n°° 1 et 2, et des n°° 3 et 4; pour le tz des n°° 1 et 7, et des n°° 1 et 4.

Certains auteurs ont affirmé qu'il existe des similitudes ou analogies entre l'alphabet ibérien et celui des Imouchar; mais cette assertion ne résiste pas à la comparaison de la première colonne de mon tableau avec le travail consacré par M. Hanoteau à l'alphabet tamachek' (2). M. Mommsen a raison quand il dit que « l'alphabet lybique ou numide, celui usité chez les Berbères, aujourd'hui comme au temps jadis, pour l'écriture de la langue non sémitique, est un des innombrables dérivés du type araméen primitif. Dans quelques-uns de ses détails, il semble même s'en rapprocher plus encore que de celui des Phéniciens. Qu'on n'aille cependant pas croire que les Lybiens auraient reçu l'écriture d'importateurs plus anciens que les

---

(1) Dans l'examen de ce tableau, je compte les signes en allant de gauche à droite.

(2) Hanoteau, *Essai de Grammaire de la langue tamachek'*, p. 3-11.

Phéniciens eux-mêmes; il en est de même ici qu'en Italie, où certaines formes, évidemment plus vieilles, n'empêchent pourtant pas que l'alphabet local ne se rattache aux types grecs. Tout ce qu'on peut en induire, c'est que l'alphabet lybique appartient à l'écriture phénicienne d'une époque remontant au-delà de celle où furent tracés les monuments phéniciens qui nous sont parvenus (1). »

D'après M. Renan, l'alphabet phénicien était devenu, sous diverses formes, l'alphabet commun de tous les peuples méditerranéens, avant d'être remplacé par l'alphabet grec et latin, c'est-à-dire par deux transformations de lui-même (2).

J'ai reproduit, dans la seconde et la troisième colonne de mon tableau, les similitudes ou analogies relevées par M. Boudard entre l'alphabet ibérien d'une part, et punique et grec archaïque de l'autre. Cette comparaison est évidemment à l'avantage du grec archaïque. Néanmoins, si l'on réunit le contingent des signes fournis par ce dernier à celui qui provient du punique, on verra que la partie de l'alphabet ibérien présentée comme originale se réduit à assez peu de chose. Encore ce résidu se trouvera-t-il diminué, si l'on songe que l'auteur de la *Numismatique ibérienne* et ses prédécesseurs ont gratuitement multiplié les variantes pour diverses lettres, et pris pour des dissemblances dignes d'être notées de simples différences dans le procédé d'exécution.

Ces réflexions suffiront, je l'espère, pour mettre le lecteur à même de voir combien a été surfaite l'originalité de l'alphabet dit ibérien.

Malgré les graves reproches que je crois avoir formulés contre l'alphabet de M. Boudard, je dois néanmoins convenir que son procédé de lecture serait, jusqu'à un certain point,

---

(1) MOMMSEN, *Histoire romaine*, t. III, p. 15.
(1) RENAN, *Langues sémit.*, p. 210.

acceptable en théorie; mais il soulève, dans la pratique, de telles objections, qu'il n'y a pas lieu de s'étonner de la diversité des leçons que les savants proposent pour l'immense majorité des légendes.

Et d'abord, il est malheureusement très-probable que plusieurs médailles, dites ibériennes, ont été fabriquées, à des époques plus ou moins récentes, par des mystificateurs ou par des marchands fripons. A cette cause générale et incontestable de défiance, viennent s'ajouter, pour les médailles authentiques, les raisons tirées de l'imperfection des anciens procédés de monnayage, et des chances d'altération plus ou moins grande d'un nombre variable de lettres. Supposons, par exemple, que nous ayons affaire à une légende dans laquelle l'A se trouve sous la même forme que dans le 3ᵉ caractère (1ʳᵉ ligne) de l'alphabet ibérien. Si le coin n'a pas mis en relief la ligne horizontale, ou si cette ligne a disparu, nous aurons un véritable L semblable au 1ᵉʳ et au 4ᵉ. Prenons maintenant le 2ᵉ I, et admettons que, pour l'un ou l'autre des mêmes motifs, le petit trait qui coupe la ligne oblique ait disparu : nous sommes en face d'un N. Supposons que le second P ait perdu la courte ligne qui forme un angle dirigé vers la droite, nous avons une lettre pareille à celle du 2ᵉ L. Effaçons le petit trait à gauche de la partie supérieure de TM; cette lettre double devient absolument pareille aux 1ᵉʳ et 3ᵉ M ibériens.

Je renonce à multiplier les critiques de ce genre, dont l'importance n'échappe certainement pas au lecteur.

Autre objection, au moins aussi grave que les précédentes. M. Boudard admet que, dans beaucoup de légendes, il faut suppléer les voyelles. Ainsi, pour me réduire à quelques exemples, les légendes où il croit voir *Etmtz, Emh, Halbkhtz, Hde,* doivent se lire *Etametza, Emeha, Halabakhitz, Hede* (1).

(1) BOUDARD, *Numismatique ibérienne*, p. 192-96.

L'alphabet ibérien dressé par M. Boudard possède toutes les voyelles, et dès lors on comprend d'autant moins l'obligation de les suppléer que cette nécessité n'apparaît pas comme constante. Quoi qu'il en soit, voilà un procédé qui ouvre toute carrière à la fantaisie des numismates, et qui a déjà produit, à propos d'une foule de légendes, des divergences fort peu édifiantes. On en jugera par quelques exemples pris au hasard.

« Albokhoia-Albocela (Vaccéens-Tarraconnaise). — Sestini traduit cette légende *Elpgr*, et attribue la monnaie à Elbocoris. M. de Saulcy propose la lecture *Albgrigs*, et dubitativement l'attribution à Alboceda. J'ai lu *Albokhoia-Khoem*, et attribué la monnaie à Albocoris (1). »

« Aoibst [anaebisoci (Tarraconnaise). — Sestini lit la légende au droit *dsa*, et celle du revers *Doirst* ou *Doibst*, et donne l'une à *Duissatio*, et l'autre à *Suissatio*, p. 201. L'auteur de l'*Essai* traduit la première légende *Asd*, et la seconde *Dripsa* ou *Tripsa*, et attribue l'une aux Astures, l'autre à *Turuptiana*, p. 135. Lorichs propose l'interprétation *Prima Officina INterioris Provinciæ Signati Oscensis*. La traduction de la légende du revers est *Aoibst*, avec les voyelles omises *Aoibisitan*; celle du droit *Ama*, et seulement a, quand il n'y a qu'une lettre derrière la tête, et j'attribue cette monnaie aux *Aebisoci*, qui ne sont connus que par une inscription de Chaves (Portugal) (2). »

« Aorakeitz-Arevaci (Tarraconnaise). — Florez classe cette monnaie au *Municipium Arverse* de la Bétique; Erro, lisant *Arba* ou *Areba*, l'attribue aux Arévaques ; c'est des deux manières, dit-il, un nom basque... Sestini ne propose point d'interprétation, mais il nous apprend que plusieurs antiquaires lisent αφρα, *aphra*, et pensent qu'il doit être question

(1) Boudard, *Numismatique ibérienne*, p. 162.
(2) *Id., Ibid.*, p. 162-62.

d'*Aphrodisium Pyrenaicum*. M. de Sauley lit *Arba* et *Arbegé*, qui, avec l'introduction des voyelles, deviennent *Areba* et *Arebagé*, et le savant numismate voit dans ces légendes le nom des Arévaques. M. de Lorichs y trouve, selon l'usage, *Prima officina*, etc. J'adopte l'attribution aux Arévaques, proposée par Erro et par M. de Sauley, tout en maintenant la lecture *Aora* et *Aorakhitz* (1). »

« Bursabhe-Bursavonenses (Bétique). — Velasquez nous apprend qu'on trouva un vase rempli de deniers d'argent de cette peuplade, auprès de Castulo (*Ensay*, p. 123). Bayer lut la légende *Orsoes*, et donna la monnaie à *Ursone* de la Bétique. Sestini l'interprète *Borsades* ou *Bursabes*, et l'attribue à Bursada, p. 113. L'auteur de l'*Essai* adopte la lecture *Bersabes* et l'attribution à Bursada des Celtibères, plutôt qu'à Bersaba des Orétans, p. 73. Il est évident que la légende doit être lue *Brsbhs*, et avec les voyelles *Bursabhes* (2). »

Je crois devoir me borner à ces citations, et renvoyer le lecteur désireux de s'édifier davantage à la *Numismatique ibérienne* de M. Boudard. Il pourra se convaincre, par l'étude de cet ouvrage, que les quatre exemples ci-dessus ont été réellement pris au hasard, et non triés sur le volet pour les exigences d'une argumentation avocassière. Bon nombre d'autres passages témoigneront, d'une façon souvent plus significative, en faveur des divergences dont je me suis contenté de donner un aperçu.

La méthode de lecture de M. Boudard et de ses prédécesseurs soulève donc, dans la pratique, des objections si graves et si nombreuses, qu'elles équivalent, à mon avis, à la condamnation radicale du procédé. Je vais démontrer maintenant que l'auteur de la *Numismatique ibérienne* a abordé son sujet

---

(1) *Id., Ibid.*, p. 166.
(2) *Id., Ibid.*, p. 177.

avec une préparation historique et philologique tout-à-fait insuffisante.

Sur l'histoire, je veux être bref. Le chapitre IV de la *Numismatique ibérienne* (p. 301 et s.) traite *De l'origine de quelques villes anciennes de l'Espagne*, et le § III est consacré aux *Villes d'origine ibérienne*. C'est là que M. Boudard range parmi les Ibères bon nombre de peuplades celtiques, notamment les Cantabres (Conisques et Murboges) (p. 310), les Ilergètes (p. 312), les Lusitaniens (p. 315), les Turdules et les Turdétans (p. 316). Or, j'ai déjà établi la provenance celtique de ces quatre peuples avec le témoignage exclusif des auteurs anciens.

J'arrive à la philologie. Il suffit d'ouvrir la *Numismatique ibérienne*, pour se convaincre que M. Boudard accepte, comme un véritable dogme scientifique, la théorie du baron de Humboldt, et qu'il n'a jamais douté de la légitimité de l'interprétation de l'ancienne toponymie espagnole par la langue basque actuelle. Les objections de principe déjà formulées contre la théorie du savant prussien, réfléchissent donc contre l'œuvre de son disciple. Du reste, je ne vais avoir malheureusement aucune peine à démontrer, même en acceptant les idées de Humboldt comme la vérité pure, que les applications faites par M. Boudard décèlent, chez ce numismate, une déplorable ignorance de l'idiome euskarien (1).

Cette ignorance générale, et particulièrement celle des règles de la déclinaison, s'accuse aussi complètement que possible dans l'étrange théorie des suffixes et terminatives, exposée et appliquée, de la p. 76 à la p. 104 de la *Numismatique ibé-*

---

(1) Dans la préface de sa *Numismatique ibérienne*, p. vii, M. Boudard adresse des remerciements à plusieurs savants, et notamment « à M. Léonce Goyetche, pour ses communications si bienveillantes et si précieuses. » J'ai déjà eu à m'expliquer (p. 389, note 1) sur la méthode étymologique de M. Goyetche, dont M. Boudard a subi la déplorable influence.

rienne. Le premier de ces suffixes est *en*, dont M. Boudard fait *coen*, et auquel il consacre tout le § VII. D'après lui, ce suffixe se trouve dans quatre légendes. Ainsi, par exemple, voilà deux pièces dont l'une porterait *Nedhn* et l'autre *Nedhnen*, dont M. Boudard fait *Nedhena* et *Nedhena-en*, et qu'il attribue aux Nédéniens. Il se travaille ensuite à prouver, Dieu sait comme, que *Nedhena* signifie en basque *le plus complet*, et après ce beau résultat il ajoute : « Puisque *Nedhena* est un mot basque, composé d'un radical et d'un augmentatif basques, et en même temps un nom de ville, il doit suivre la règle des noms de lieu, et celle qu'Harriet appelle des degrés de nominatif. Ainsi *Bayona* fait au locatif *Bayonaco*; de ce dernier cas on fait dans la langue basque, en ajoutant le suffixe *a*, un nouveau substantif qui signifie littéralement *le de Bayonne, celui de Bayonne*, et qui prend toutes les inflexions de la déclinaison. L'on dit donc au génitif singulier *Bayonacoaren*, et au génitif pluriel *Bayonacoen, de ceux de Bayonne*. Par analogie *Nedhena* fait au génitif singulier *Nedhenaco*, au premier degré de formation *Nedhenacoa*, *le de Nedhena*, *le Nedeniens*, et par conséquent *Nedhenacoaren* et

Ned	hen	a	co	en
Au complet	plus	le	de	des
5	4	3	2	1

ou *de ceux de Nedhena, des Nedheniens*, puisque c'est un nom de lieu (1). »

Ce raisonnement, d'une tournure un peu trop négligée, prouve d'abord l'extrême libéralité de M. Boudard à s'octroyer toutes les facilités dont il a besoin. Le mot qui, d'après sa

(1) *Numismat. ibér.*, p. 78.

méthode, devrait se lire *Nedhu* devient *Nedhena*, sans qu'il prenne la peine de légitimer l'introduction de deux voyelles. Le prétendu suffixe *en* se change docilement en *coen*, où l'heureux numismate trouve réunis les suffixes caractéristiques du locatif et du génitif pluriel basques.

Voilà qui est en vérité trop commode. Mais je veux bien supposer que *Nedhena* soit un nom basque, et j'admets aussi qu'il faut lire *coen*. Ce suffixe violerait, à lui seul, quatre des règles les plus essentielles et les plus élémentaires de la déclinaison basque.

Et d'abord, l'abbé Darrigol fait de la désinence *co* à l'indéfini et au singulier, et *etaco* au pluriel, la caractéristique non pas du « locatif » mais du *destinatif*. « Cette désinence, dit-il, appartient spécialement à la déclinaison d'un nom de chose inanimée (1). » M. Boudard s'est donc mépris sur le véritable nom du cas, et de plus il n'a pas pris garde qu'il ne faut pas l'appliquer aux gens de *Nedhena*, qui sont des êtres animés. Il n'a pas remarqué davantage qu'une fois cette faute commise, il fallait, du moins, être logique, et indiquer le pluriel par l'emploi d'*etaco*, et non par celui de *co*, caractéristique du singulier.

Ainsi, même en acceptant le système de déclinaison dont je vais démontrer l'absurdité, M. Boudard aurait déjà trouvé le moyen de condenser deux solécismes dans le seul suffixe *coen*. La réunion de ces deux syllabes constitue une troisième faute du même genre, car, ainsi que le remarque fort bien le capitaine Duvoisin, « un cas étant établi, il peut bien recevoir un affixe qui formera un dérivé, mais non deux signes casuels

---

(1) *Dissertation sur la langue basque.* — M. Van Eys, *Essai de gramm. de la langue basque*, p. 74, ne comprend pas ce cas dans la déclinaison, et fait, avec raison, de *co*, *go* au singulier, au pluriel *etaco*, de simples suffixes correspondant à notre *de* (repos). M. Duvoisin ne le range pas non plus parmi ces cas, dans son *Étude sur la déclin. basque*.

successivement l'un sur l'autre (1). » Or *co* et *en* auraient précisément ici, d'après l'auteur de la *Numismatique ibérienne*, la même signification génitive, et l'une des deux syllabes aurait par conséquent suffi à l'exprimer.

« Puisque *Nedenha* est un mot basque et en même temps un nom de ville, il doit, dit M. Boudard, suivre la règle des noms de lieu et celle qu'Harriet appelle les degrés de nominatif. » Le passage que j'ai transcrit plus haut tout entier contient encore une autre grosse erreur. Il ne s'agit pas, en effet, de « suivre la règle des noms de lieu », mais de rechercher comment se forment ceux des habitants. Ils se forment en ajoutant au radical fourni par le nom de lieu la terminaison *ar* ou *tar* : *mendi-tar*, montagnard; *Araü-ar*, Alavais; *Bizkai-ar*, Biscaïen; *Guipuzko-ar*, Guipuzcoan; *Laphurtar*, Labourdin; *Nafar-tar*, Navarrais; *Zibero-tar*, Souletin, etc. Ces noms se déclinent comme tous les autres. Telle est la règle suivie. Par conséquent, en prenant *Nedhena* comme radical, les habitants de cette ville seront désignés, au génitif pluriel, par *Nedhena-tar-en*, et non par celui de *Nedhenacoen*, adopté par M. Boudard, et qui n'est qu'une accumulation de solécismes (2).

Le § VIII de la *Numismatique ibérienne* va de la p. 81 à la p. 87, et est consacré au *Suffixe* KHOEM OU CHOEN. « Onze légendes appartenant à des villes ou à des peuplades différentes ( ) sont terminées, selon M. Boudard, par le suffixe *khm* » formé de deux lettres, dont la première comprend le *c* et l'*h*, et correspondrait au χ grec. Ce numismate vérifie son hypothèse sur six exemples, et pour lui *choem* est l'équivalent du suffixe précédent *coen*. Par conséquent, toutes les critiques dirigées

---

(1) Devoisin, *Etude sur la déclin. basque*, p. 25.
(2) Une ligne avant *Nedhenacoen*, M. Boudard exprime le génitif pluriel par *Nedhenacoaren*. Il ne nous dit pas comment il arrive à se débarrasser de la syllabe *ar*.

contre ce dernier sont aussi applicables à *choem*. M. Boudard explique l'introduction de l'*h* par son usage fréquent dans le dialecte de la Navarre. Je conviens que les Navarrais ont autant de propension à ajouter l'*h* à certains mots, que les Biscayens et les Guipuzcoans mettent de soin à l'écarter. Mais là n'est pas la question, car les Navarrais n'introduisent jamais l'*h* à la suite du *k*, dans les suffixes tels que *kin* et *tako*, qui caractérisent les cas nommés unitif et destinatif par l'abbé Darrigol. Ils disent *mendirekin*, avec la montagne, *mendi- tako*, pour la montagne, et non *mendirekhin*, *menditakho*, etc. Quant au changement de l'*m* finale en *n*, M. Boudard ne se donne pas la peine de l'expliquer.

Le § IX de la *Numismatique ibérienne* va de la p. 88 à la p. 92, et traite de la *Terminative en* KHIZ. « On trouve, dit l'auteur, sept légendes différentes, appartenant à des peuplades diverses, et terminées par les deux lettres *chz* », car le *c* et l'*h* sont réunis en un seul signe. M. Boudard intercale, sans façon, la voyelle *i*, et il obtient ainsi la terminative *khiz*. « Les Basques, dit-il, se servent du mot *ghiz* pour exprimer l'idée de *troupe, petite population* : les Ibères prononçaient *khiz*, d'après les médailles, mais quelques peuplades du Sud prononçaient aussi *ghiz*, d'après l'*Ilourgis* de Ptolémée (1). »

Je me contenterai de relever dans cette phrase une grosse erreur. Les Basques ne disent pas *ghiz*, mais *ghiza* (*g* dur). Ce mot ne signifie point « *troupe, petite population* », mais réunion d'hommes (mâles), cohorte, bataillon, parti. Il a le même radical que *ghizon* ou *gizon*, homme.

Passons à la *Terminative* TAN, dont j'ai promis plus haut de m'occuper, et à laquelle M. Boudard consacre le § qui va de la p. 88 à la p. 96. Entre le *t* et l'*n* d'une légende, ce savant ajoute la voyelle *a* dont il a besoin, et il se procure ainsi le

---

(1) Boudard, *Numismat. ibér.*, p. 88.

suffixe qui, d'après l'abbé Darrigol, caractérise le cas locatif. Exemples : *handi-tan*, dans le grand (indéfini); *handi-an*, dans le grand (singulier); *handi-etan*, dans les grands (pluriel); = *mendi-tan*, en montagne (indéf.); *mendi-an*, dans la montagne (sing.); *mendi-etan*, dans les montagnes (plur.). Appuyé sur ces exemples, empruntés à l'abbé Darrigol, M. Boudard prend la légende *blbtn*, dont il fait *Bilbitan*, lequel, par l'addition gratuite de *ac*, devient *Bilbitanac*, les Bilbitans (les dans Bilbilis).

Je renonce à me récrier sur l'adjonction gratuite et capricieuse des voyelles, et même des syllabes comme *h* et *ac*. Si M. Boudard avait pris la peine de réfléchir la déclinaison basque des noms de lieux, dont j'ai fourni deux paradigmes (p. 293), d'après le capitaine Duvoisin, il ne serait pas tombé dans l'erreur grossière que je suis forcé de relever. Il aurait vu que le positif de ces noms se forme par la simple postposition au radical d'un *n*, que l'euphonie fait parfois précéder d'un *e*. *Sara*, *Sara-n*, dans Sara; *Larrun*, *Larrun-(e)n*, dans Larrun; *Bidarray*, *Bidarray-n*, dans Bidarray, etc. Par conséquent, *Bilbili* devrait donner *Bilbili-n* au positif, et non *Bilbili-tan*. Quant à *Bilbili-tan-ac*, c'est un gros solécisme, et c'est *Bilbilitarak* qu'il faudrait dire, conformément à la règle que j'ai exposée tout-à-l'heure (p. 411).

Le § sur le *Suffixe* ARES va de la page 96 à la p. 98. Deux légendes, dit M. Boudard, se terminent par *rn*. Si l'on ajoute un *a* on obtient *aren*, qui, d'après Harriet, est un des deux suffixes caractéristiques du génitif. « Les nominatifs des choses, des endroits et des adjectifs, dit ce grammairien, font un cas en double, comme *Erroma*, Rome, qui fait, au génitif, *Erromaren* et *Erromaco*; et *Handi*, gand', *Handiaren* ou *Handico*. *Erromaren*, *Handiaren* signifient la propriété commune, *Erromaren icena*, le nom de Rome; tandis qu'*Erromaco*, *Handiko*, *Etcheko*, etc., servent pour dire lorsque la chose n'appartient pas à un autre : *Etcheko yauna*, le maître de la maison. »

Harriet a eu tort de s'exprimer ainsi, et M. Boudard d'ajouter foi à ses paroles. Je ne veux point examiner si *ko* est vraiment un signe du génitif, et je restreins ma critique à *aren*. Ce n'est pas ce suffixe, mais *en*, et *ren*, par l'addition de *r* euphonique, qui caractérise le génitif basque à l'indéfini, au singulier et au pluriel. Il suffit, pour s'en convaincre, de jeter les yeux sur le tableau des *Signes déclinatifs des noms communs*, imprimé aux pages 14 et 15 de l'*Étude sur la déclinaison basque* du capitaine Duvoisin. Ainsi *lana*, travail, fait au génitif indéfini *lan-en*, au génitif singulier *lan-aren*, et au génitif pluriel *lan-en*. L'*a* qui précède *ren* dans *lan-aren*, ne caractérise pas le génitif, mais bien tous les cas du singulier, de même que *e* caractérise tous les cas du pluriel, sauf le passif qui est en *ak*. Il faut donc distinguer trois éléments dans tout mot décliné au mode défini : 1° le radical ; 2° la voyelle qui exprime le nombre ; 3° le suffixe qui marque le cas. Exemple : *idi*, bœuf, génit. indéf. *idi-(r)en* ; génit. sing. *idi-a-(r)en* ; génit. plur. *idi-e-ren*. Voilà qui prouve que Harriet, et après lui M. Boudard, ont eu le tort de ne pas pousser assez loin l'analyse de la déclinaison basque, et de prendre pour le signe général du génitif cette terminative *aren*, qui indique spécialement le génitif singulier. Les noms propres de lieux (sauf ceux des maisons) ne se déclinant qu'à l'indéfini, il ne peut y avoir que ceux dont le radical finit en *a* qui paraissent avoir le génitif en *aren* : *Erroma*, Rome, *Erroma-(r)en*, *Bayona*, Bayonne, *Bayona-(r)en*, etc. Mais il ne faut pas se laisser duper par les apparences. L'*a* appartient bien à ces noms de lieux ; et la preuve, c'est que lorsque le radical toponymique finit par une autre lettre, comme *Larrun*, *Bidarray*, le génitif est *Larrun-(er)en* (*er* euphonique), *Bidarray-en*.

Je me dispense d'examiner le § XII, consacré au *Suffixe en* z, s, et je crois avoir suffisamment établi, par la discussion qui précède, que M. Boudard a trop imparfaitement étudié les règles de la déclinaison basque pour pouvoir en tirer le moindre parti. Il me reste à démontrer que l'auteur de la *Numismatique ibérienne* ne s'est pas mieux préparé, par l'étude de la géographie historique et celle des radicaux, à la décomposition et à l'interprétation de l'ancienne toponymie espagnole.

Forcé de me restreindre, je prends les § V et chapitre IV. Ce paragraphe a pour titre : *Noms significatifs des peuplades de l'Hispanie*, et va de la p. 67 à la p. 72.

« Le nom d'*Iberia*, dit M. Boudard, était emprunté à la langue des Indigènes ; en effet, en basque *ibay-erri* veut dire *pays du fleuve*. » Je conviens qu'en eskuara *ibaya* veut dire rivière, et j'accorde même qu'à la rigueur *erria* peut signifier pays. Mais alors nous devrions avoir *Ibayeria* et non *Iberia*. J'ai longuement prouvé, dans le chapitre III de la première partie de ce livre, qu'*Iberia* vient d'*Iberus*, nom de fleuve dont l'antiquité nous fournit des similaires ou analogues pour d'autres pays que l'Espagne. J'ai démontré aussi que les bords de l'*Iberus* étaient habités par des Celtes, et qu'*Iberia* constitue une simple désignation géographique. Dans ce mot, le radical *Iber* est fourni par *Iberus*. Quant à la terminaison *ia*, on la trouve également en grec et en latin dans une foule de noms de lieux, et il n'est pas nécessaire de recourir à l'*erria* basque.

Les Cerrétans, dit M. Boudard, « fesaient (sic) des jambons, qui ne le cédaient pas à ceux des Cantabres... Or, le mot *cherri*, en basque, veut dire *porc*, et *cherrietan*, *dans les porcs*. » L'excellence des jambons des Cerrétans est, en effet, proclamée par Strabon ; et mes voyages en Cerdagne me permettent d'attester que si ce genre de charcuterie n'a pas conservé son antique réputation, il continue pourtant à la mériter. Mais là n'est pas la question. Dans *cherria* ou *charria*, le *ch* est doux, et

M. Boudard aurait dû démontrer comment il représente légitimement le *c* de *Cerretani*. J'aurais été bien aise d'apprendre aussi en vertu de quel procédé d'élimination, dûment établi et légitimé, l'*i* de *cherrietan* a disparu. Quant à traduire *Cerretani* « dans les porcs », parce qu'ils exportaient des jambons, c'est ce que l'auteur de la *Numismatique ibérienne* ne fera accepter par personne. Les Cerrétans auraient été tout au plus *dans les jambons*, absolument comme nos commis-voyageurs *sont dans la quincaillerie* ou *dans la parfumerie*, s'ils ne *font dans les draps* ou *dans les liquides*. — Tout ceci n'est pas sérieux, j'en conviens. Mais la faute en est à M. Boudard, qui aurait dû remarquer que dans *Cerretani*, *Cerret* (*Ceretes*, *Acroceretes* d'Aviénus) appartient seul au radical (v. p. 317) et que *tani* est une terminaison latine.

Au dire de ce numismate, le nom des Varduli « Bardouloi, est formé des deux mots basques *Barde* (*Barade*, voisin, et par syncope *Barde* et *Olha*, cabanes voisines.» Le lecteur est prié de remarquer d'abord que le *b* initial de Βαρδουλοι ne se trouve que dans les auteurs grecs, tandis que les latins écrivent *Varduli*, qui est la forme correcte. Mais les Basques n'usent point du *v*: par conséquent ce mot n'appartiendrait pas à leur langue. — *Barade*, je le confesse, signifie voisin; mais c'est par extension du mot *barra*, clôture, qui appartient à la basse latinité. Mon voisin est celui qui confine à ma clôture, à mon fossé (gascon *barat*). *Barade* n'a donc pas une origine basque, et ne se trouve pas représenté dans Βαρδουλοι par la prétendue syncope *barde*. — *Olha* et mieux *ola* signifie cabane, mais il faut expliquer comment. *Etche* veut dire maison, et *etchola* petite maison, cabane. Ce dernier mot est donc formé de *etche*, et du diminutif *ola*, qui représente exactement la terminative *ulus a*, *um*, dont il dérive. Il arrive assez souvent que pour désigner une cabane on supprime *etche*, et qu'on ne ne se sert que d'*ola*. Mais *ola* a une origine latine, et ne pou-

Alphabet Ibérien.	Punique.	Ibérien.	Grec archaïque	Ibérien.
A.— AAAAAAAAAAA ΛΛΛΛΛΛ	Aleph. ≯ ✗		Alpha AAAA	A A A
B.— D D D P V D	Beth. 9 ɕ ϶	D D D	Bêta. B·B	D D
C.— < C C <	Guimel. ʌ		Gamma. Γ	⌐
D.— ⊲ ⊲ ◁ ⌐	Daleth. 9 4 ₽ ⁊	⊲ ⊲	Delta. Δ	⊲ D
E.— ⊧ F F ⋕ Ξ ⫤ ⋕ Ξ	He. ⇃ ⇂	F	Epsilon ε Ε	F F
G.— ↄ ϛ	Vave. Y ⇂		Zéta. I Z	Σ Z
H.— H ⋈	Zain. ⇂ Ʇ	✓	Êta. H	H
I.— ⋎ N M N ⋎	Cheth. ⊟ ᗿ ⊞	H	Thêta. ⊙ ♦ ⊞ ⊞	⊙ ♦ ⊟
K.— K K K K X X	Theth. ⊌ ⊙		Iota. I	I
L.— Λ Λ Λ Λ Λ Λ	Joth. N ℳ 2	N	Kappa K	K <
M.— M M M M	Caph. Y ⅄ ⅄ Y	K <	Lambda. Λ	Λ Γ
N.— N N	Lamed. ≁ ⌐ ⏤	⌐	Mu. M	M
O.— O ⊙ ⊕ ⊘ O O ⊡ ⊟ ◇ ⊕ ⊙ Ϙ ϟ ϛ	Mem. ⋊ ⋋ X	M	Nu. N	N
P.— Γ Δ Γ Γ	Noun. ɼ ⁊	N	Xi. Ξ Ξ Ξ	
R.— ⊢ R R P P R S A R	Samek. ⫫ Π Π		Omicron. O ◇ ⊟	O ◇ ⊟
S.— ⇂ ⇂ Σ Σ Σ ₅	Ain. O ⊙ ⊖	O O	Pi. Γ Π	Γ
T.— T T T ⇂ ⇂	Phé.))		Rhô. P R	P P P
U.— ⇂ V H	Tzade. Γ ⌐		Sigma. Σ ϛ C	⅂ Σ
Z.— Z Σ Z	Qof. ϕ ⇂ ∇	Σ	Tau. T	↑
Y.— Y Y Y	Resh. 9 ⇂ ᗤ	R P D	Upsilon. Y	Y Y
Lettres à son mixte.	Schin. ⅄ ⁊ ⇂ W	Σ	Phi. Φ Θ	Φ Θ
Ho.— Ϙ Ω Ω Ω	Thau. ʇ ʇ ↑	↑ T	Chi. X	X
Ch.— ✕ ✕ ✕ ✕			Psi. ⊤	⊤ Ψ
Kh.— X X X			Omega. Ω Ω Ω W	Ω Ω
Tz.— Ψ Ψ Y Ψ Ψ ↓ Ψ				
Lettres Picos				
Co.— ⊂ F				
Tm.— M				
Vd.— ⋈				

vait par conséquent être connu des ancêtres des Basques avant la diffusion du latin dans la Péninsule.

M. Boudard explique par *Hurdetan* « dans les porcs » le nom des *Turdetani*, et par « *Hurde, olha*, porc (cabane de porc), » celui des *Turduli*. Rien ne prouve que ces deux peuples, que certains auteurs anciens réunissent en un seul, aient jadis élevé des porcs, comme le faisaient les Cerretans. Cette étymologie serait donc parfaitement gratuite, alors même que l'origine celtique des Turdétans et des Turdules ne serait pas établie (v. p. 208-9). Mais puisque c'étaient des Celtes, il n'est pas permis d'expliquer leurs noms par le basque. — On est en outre prié de remarquer que c'est *urde* et non *hurde* qui signifie porc en eskuara. Mais M. Boudard avait besoin de cette *h* initiale, dont il fait, sans justifier de son droit, le *t* qui lui est nécessaire. — Je ne reviens pas sur *olha*, que ce numismate traduit par cabane, et je me suis assez expliqué là-dessus à propos des *Varduli*.

Ces exemples me paraissent suffire, pour juger et condamner la méthode d'interprétation de M. Boudard. Tout lecteur sagace et patient n'a besoin de personne pour continuer ce travail, et je garantis une ample récolte d'erreurs et de témérités (1).

(1) Le succès inexplicable de la *Numismatique ibérienne* ne me paraît pas devoir persister, et je trouve même le présage d'une réaction aussi légitime que nécessaire dans la note suivante de M. Barry. « L'auteur (M. Boudard) ne s'est point contenté de compléter, de rétablir et d'expliquer, suivant le système d'interprétation adopté par lui, les légendes de ces monnaies énigmatiques écrites en consonnes et (quand elles ne le sont point en sigles) dans un alphabet à peu près oublié dont ils traduisent les mots, il a essayé de les restituer ou de les attribuer, comme on dit en numismatique, aux anciennes villes de la Gaule méridionale, dont il croit y retrouver les noms; mais nous sommes forcés de reconnaître, malgré notre estime pour ce livre et notre amitié pour l'auteur, que la plupart de ces attributions, à commencer par celle de *Neilhena* (le *Narbo* de l'époque grecque ou romaine, p. 237-243) et de *Nemi* (le *Nemos* ou *Nemaus* des Wolkes Arécomiques, p. 251-255), soulèvent à leur tour des difficultés et des objections dont

Les conclusions qui me semblent découler de ce chapitre seront bientôt formulées.

Il est certain que l'ancienne toponymie de l'Espagne a été imparfaitement recueillie par les auteurs classiques, et qu'elle s'est trouvée depuis exposée à de nombreuses erreurs de copistes. Il est également incontestable que, depuis le xve siècle, l'idiome basque s'est tellement modifié, qu'il est toujours difficile, quand il n'est pas impossible, d'expliquer les premiers textes connus qui remontent à cette époque. Ainsi, même en admettant, contre le témoignage unanime des auteurs anciens, qu'il n'ait été parlé jadis qu'une seule langue en Espagne, nous ne pouvons avoir confiance ni dans la matière à interpréter, ni dans le moyen d'interprétation. — Je crois avoir aussi démontré, par un nombre suffisant d'exemples, que Humboldt et ses disciples ont abordé ce travail avec une étude très-incomplète du basque, et qu'ils ont pris pour des mots purement euskariens des termes évidemment empruntés aux glossaires latin et roman.

Le procédé de lecture des inscriptions qui se trouvent sur les médailles dites ibériennes est, jusqu'à un certain point, acceptable en théorie; mais les inconvénients qu'il présente dans la pratique équivalent à sa condamnation absolue. Les objections soulevées par cette portion du livre de M. Boudard militent aussi contre les travaux antérieurs. Enfin, la méthode d'interprétation des légendes, infirmée par les mêmes raisons générales qui s'élèvent contre la théorie de Humboldt, l'est encore davantage par l'insuffisance évidente des connaissances historiques et philologiques de l'auteur de la *Numismatique ibérienne*.

l'examen excéderait de beaucoup le cadre que ces notes nous imposent. » *Hist. gén. du Languedoc* (en préparation), t. II, note 108. — M. Barry s'est, dit-on, montré jadis partisan beaucoup plus chaud de la *Numismatique ibérienne*, et il y a déjà lieu de constater sa conversion partielle.

CHAPITRE V.

LES BASQUES D'APRÈS LE DROIT COUTUMIER.

§ 1.

Quelques jurisconsultes et historiens contemporains ont cru découvrir, dans certains monuments du droit coutumier des Basques, les vestiges d'un état social fort ancien, et dont on ne retrouverait ailleurs ni les congénères ni les analogues. On s'imagine peut-être qu'une pareille assertion repose sur l'étude intégrale des statuts régionaux et municipaux des Euskariens. Point du tout. Les écrivains dont je parle se sont contentés d'opérer, avec plus ou moins de bonheur, sur les textes les plus accessibles, et pas un seul n'a songé à asseoir solidement son travail, sur un catalogue aussi complet que possible des monuments juridiques. Cet inventaire retombe donc à ma charge, et je commence par le Pays basque transpyrénéen.

On trouve, dans la Navarre espagnole, où je ne distingue point la partie basque de celle qui ne l'est pas, deux sortes de fors municipaux. Les uns sont originaux, et les autres empruntés. Oihénart (1) signale comme originaux ceux de

---

(1) OÏHÉNART, *Not. utr. Vasconiæ*, p. 209. — Les nombreux fors de l'Espagne sont inventoriés dans le *Catalogo de los fueros de España*, publié à Madrid, en 1852, par l'Académie royale d'Histoire. — Sur les fors de Navarre, consulter : *Recopilacion de todas las leyes del Reyno de Navarra*, por ARMENDARIZ (Pamplona, 1614); *Fueros del Reyno de Navarra* (Pamplona, 1815); *Leyes y agravios del Reyno de Navarra* (Pamplona, 1819); *Leyes y fueros de Navarra* (Madrid, 1848).

Sanguessa, Estella, Vicari, Viana, San Vincente, Guardia (1), la vallée d'Amescua, Capparroso et Artassona. Cet historien oublie Peralta, bourgade qui, d'après Belzunce (2), reçut son statut du roi Don Garcie. Toujours d'après Oihénart, les fors empruntés sont d'abord celui du bourg de Saint-Saturnin-de-Pampelune, concédé par le roi Alfonse, en 1129, d'après l'auteur de la *Notitia utriusque Vasconiæ*. Don Francisco Martinez Marina (3) présente, au contraire, le for de Bervia et du bourg de Saint-Saturnin (4) comme des pièces de date incertaine. En 1335, Charles II gratifia les habitants de Lerins des mêmes libertés, étendues également aux gens de la vallée de Roncal, à une date qu'il est impossible de préciser. Au mois de juin 1148, les fors de Cahahorra devinrent ceux des habitants de Funes, Marcilla et Penaleña. Sept ans plus tard (1155), ceux de Tudela, Cervera et Gallipienzo reçurent le for de Sobrarbe. En 1163, le statut de Cornago devint celui d'Aracilla. La Peña et Caseda obtinrent du roi Alfonse les mêmes priviléges que la ville de Daroca, et Don Sanche importa dans le bourg de Carcastillo le for de Medina-Cæli.

C'est à tort que certains ont cru que le for de Sobrarbe, qui régissait les habitants de Tudela, de Gallipienzo, et de quelques bourgs de la vallée de Roncal, formait le droit général de la Navarre. Cette erreur a été parfaitement expliquée et réfutée par Oihénart, dans la première partie de sa *Notitia utriusque Vasconiæ*; mais cet historien ne dit pas qu'en 1286 Philippe-le-Bel révoqua Alfonse ou Clément de Launoy, vice-roi de Pampelune,

---

(1) D'après BELZUNCE, *Hist. des Basques*, t. III, p. 170, les fors de La Guardia auraient été concédés en 1165, par le roi Don Sanche le Sage. Ils furent octroyés par son fils à la vallée de Burunda.

(2) *Id., Ibid.*, p. 44.

(3) *Ensayo historico-critico sobre la legislacion y principales cuerpos legales de los Reynos de Leon y Castilla*, p. 102.

(4) Publié en partie par le P. de MORET, *Investigaciones historicas*, t. II, c. IX, p. 500.

qui violait les priviléges de Viana. Cette localité de la Navarre transpyrénéenne avait donc ses fors particuliers.

En voilà assez sur la Navarre espagnole, et je serai bref sur la Biscaye. Je vois dans le livre de Belzunce (1) que vers 1194, sous le règne de Sanche, « en Guipuzcoa Saint-Sébastien, en Biscaye Durango, furent repeuplées, fortifiées, et dotées des fors qui les régissent encore aujourd'hui. » Le comte Didac-Loup de Haro fonda Bilbao, vers 1300, et concéda le for de Logroño aux habitants (2), dont les priviléges furent étendus, le 15 juin 1338, par Didacus Vallisoletus. Andres de Poça nous apprend qu'à leur avènement, les seigneurs de Biscaye étaient tenus de prêter serment de fidélité un pied chaussé et l'autre nu (3) Le plus important privilége des Biscayens était à coup sûr celui qui leur conférait universellement la noblesse. Ce

---

(1) *Hist. des Basques*, t. III, p. 80.

(2) GARIBAY, *Compendio histórico*, l. XIII, c. 27.

(3) Dans le midi de la France, certains vassaux déchaussaient également un de leurs pieds, lors de l'installation de certains seigneurs ecclésiastiques. On en usait ainsi notamment vis-à-vis de l'archevêque d'Auch, des évêques de Lectoure, de Cahors, et de l'abbé de Simorre, en Astarac. — Je crois devoir transcrire, sur la prestation de serment, le passage suivant d'un historien de la Biscaye : « Quando el Señor de Vizcaya viene à ella à recibir el señorio, iura à las puertas de la villa de Bilbao delante del regimiento della, que como Rey y Señor guardara à la tierra llana de Vizcaya, villas, ciudades, Durangues, y encartationes, y à los moradores dellas, y a cada uno de por si, todos sus priuilegios, franqueças, libertades, fueros, usos y costumbres, tierras y mercedes que del han, segun los vuieron en los tiempos passados. Despues va de alli à san Emeterio, y Celidon de Larrabezua, y alli teniendo el santo Sacramento un Sacerdote en las manos, iura en las mismas manos del Sacerdote lo mismo..... Despues va à Garnica, en lo alto de Arecheualaga. Alli lo reciben los Vizcaynos, y le besan las manos como à Rey y Señor, y alli debaxo del arbol de Garnica, donde se acostumbran hazer las iuntas de Vizcaya, iura y confirma todas las libertades... De aqui va en la villa de Vermeo, y en santa Eufemia delante del altar, estando un Sacerdote reuestido, y teniendo en las manos el cuerpo de nostre Señor Jesu Christo, pone la mano en el altar, y iura los mismo que en las otras partes. Y si el Señor de Viscaya dentro de un año no viene à hacer esta iuramiento, no le acudan las rentas del Señorio » MEDINA, l. II, c. 131.

privilége est reconnu dans leurs fors, confirmés en 1537 par l'empereur Charles-Quint (1).

En Alava, Victoria, capitale du pays, reçut le for de Logroño (2) en 1181 d'après Marina, et en septembre 1219 d'après Oïhénart. Les priviléges de Victoria furent étendus plus tard à diverses localités (3). Les seigneurs d'Alava prêtaient à leurs vassaux un serment de fidélité analogue à celui des comtes de Biscaye (4).

En Guipuzcoa (5), Sanche, roi de Navarre, concéda des fors aux habitants de San Sebastian (6). Placencia était régie par le for de Logroño (7).

(1) Otrosi por quanto en Vizcaya todos los Vizcaynos son omes hijos dalgo, y por tales conocidos, tenidos y accidos y communmente reputados, y an estado y estan en esta possession vel quasi. *El fuero, privilegios, franquesas y libertades de los cavalleros hijos dalgo del Señorio de Vizcaya*, Tit. *De las entregas y executiones*, l. 3, Bilbao, 1643.

(2) Logroño est une ville de la province de Rioja, qui avait reçu ses fors d'Alfonse VI, en 1095. On les trouve imprimés à la suite de la *Historia de la ciudad de Vitoria*, de D. Joaquin de LANDAZURI Y ROMARATE. Madrid, 1780. Le texte est criblé d'erreurs et de barbarismes, car l'éditeur n'avait pu s'en procurer qu'une copie très-fautive. Les fors de Logroño furent successivement octroyés aux localités suivantes : Santo Domingo de La Calzada, Castrurdiales, Laredo, Salvatierra de Alava, Medina de Pomar, Frias, Miranda de Ebro, Santa Gadea, Berantevilla, Clavijo, Treviño, Peñacerrada, Santa Cruz de Campeza et La Bastida y Plasencia ou Placencia (Guipuzcoa). MARINA, *Ensayo sobre la legislacion*, p. 110.

(3) Notamment Orduña, Salvatierra, Tolosa, Vergara, Arciniega, Lasarte, Deba, Azpeitia, Elgueta, etc.

(4) BELZUNCE, *Hist. des Basques*, t. III, p. 138.

(5) V. *Los fueros, privilegios, bonos usos y costumbres, leyes y ordenanzas de la provincia de Guipuzcoa*. Tolosa, 1696, et *Supplemento de los fueros*, San Sebastian, s. d. 2 part. in-fol.

(6) BELZUNCE, *Hist. des Basques*, t. III, p. 80. Quand Alfonse IX, roi de Castille, enleva au roi Sanche de Navarre, dernier du nom, les provinces d'Alava et de Guipuzcoa, il octroya aux habitants de San Sebastian les fors de Jaca (Aragon), concédés à cette ville, en 1090, par le roi Sanche-Ramire. Ce statut est analysé dans la *Historia del derecho español* de SEMPERE (3e édit.), p. 166-67.

(7) MARINA, *Ensayo histórico-critico sobre la legislacion y principales cuerpos legales de los reinos de Leon y de Castilla* (3e édit.), p. 110.

Je passe maintenant au Pays basque français, et voici d'abord tous les renseignements que j'ai pu me procurer sur les statuts antérieurs à la réformation générale des coutumes.

Anciennes coutumes de Bayonne, rédigées vers 1273, en 124 articles. Texte gascon conservé aux archives de Bayonne AA, II. p. 12 à 53, et publié pour la première fois par M. Jules Balasque, dans le tome II de son *Histoire de Bayonne*, p. 594-679. Je recommande à ceux qui aiment les travaux consciencieux sur le droit coutumier, les chapitres XVIII, XIX et XX; et je félicite les Bayonnais de posséder déjà deux volumes d'une histoire municipale supérieure, selon moi, à toutes celles qu'on a publiées jusqu'à présent dans le Sud-Ouest de la France.

Fors de la vallée de Baigorry (Basse-Navarre), concédés par Philippe-le-Bel à une date indéterminée. V. Belzunce, *Hist. des Basques*, t. III, p. 207.

Fors d'Etcharry (Basse-Navarre), concédés, en 1314, par Enguerrand de Villiers, vice-roi de Navarre. V. Belzunce, *Hist. des Basques*, t. III, p. 207.

Fors de La Bastide-Clairence (Basse-Navarre), concédés, en 1314, par Louis-le-Hutin. Belzunce, *Hist. des Basques*, t. III, p. 207, dit que ces fors étaient les mêmes que ceux de la vallée de Baigorry (1).

On croit généralement qu'avant la rédaction, faite au commencement du XVIe siècle, des coutumes dont je parlerai tout-à-l'heure, la Soule et le Labourd ne possédaient point de statuts écrits. On peut néanmoins objecter qu'avant son départ pour la Terre-Sainte, Gaston IV, vicomte de Béarn, conquit la vicomté de Soule « et sans doute établit pour lors en ce

---

(1) Belzunce ne dit pas où se trouvent les textes des trois fors de la vallée de Baigorry, d'Etcharry et de La Bastide-Clairence. Aucun de ces documents ne figure dans le grand recueil des Ordonnances, et l'*Inventaire Sommaire* des archives des Basses-Pyrénées n'en fait pas mention.

vicomté le for de Morlas, duquel les traces durent encore dans la coustume de ce païs, en plusieurs articles, et particulièrement en l'usage du poids et de la mesure de Morlas (1). »
Il importe en outre de remarquer que la rédaction et révision des statuts de Guyenne et de Gascogne fut prescrite par Edouard Ier, roi d'Angleterre, en sa qualité de duc de Guyenne (2). C'est probablement en vertu de cet ordre que furent rédigées l'ancienne coutume de Bordeaux, et l'ancienne coutume de Bayonne dont j'ai parlé un peu plus haut. Il ne serait pas impossible qu'on eût fait de même pour la Soule et le Labourd.

On a beaucoup discuté sur l'ancien for de Sobrarbe. Marca (3) croit qu'il fut rédigé avant l'élection du roi Inigo Arista (839), « lorsque les montagnards conquirent leurs terres sans aucun roi (4). » Son texte est perdu. Plus de deux cents ans après, il fut remplacé par un autre statut que Çurita (5) attribue à Sanche-Ramire, roi d'Aragon, et Marca à Sanche le Marin (6). Ce qu'il y a de certain, c'est que ce for ne devint celui de la Navarre qu'à partir de 1076. Thibaut de Champagne (1269) et Philippe d'Évreux (1328), rois français de Navarre, augmentèrent cette compilation, qui contient des dispositions importantes, notamment pour les successions et mariages. »

---

(1) Marca, *Hist. de Béarn*, p. 402.

(2) Martial et Jules Delpit, *Manuscrit de Wölfenbuttel*, p. 123. Cf. Dom Devienne, *Hist. de Bordeaux*, t. II, p. 202. — La *Gallia christiana*, t. I, *Instr. Eccl. Baionensis*, contient un acte de 1170 relatif au don que les habitants du pays de Labourd, et ceux du pays d'Arberoue (Navarre cispyrénéenne) faisaient à leur évêque en mourant.

(3) Marca, *Hist. de Béarn*, p. 165 et s.

(4) Préambule du for de 1064.

(5) Çurita, l. I, c. 5.

(6) Marca, *Hist. de Béarn*, l. II, c. 9.

Voici maintenant les coutumes réformées du Pays basque français.

Coustumes générales du Pays et Vicomté de Sole, publiées et accordées par Monsieur Maistre Jean Dibarola, Docteur ès Droicts, conseiller du Roy, nostre Sire, en sa Cour de Parlement à Bordeaux, et commissaire par ledit seigneur député en cette partie, par les gens d'Eglise, Nobles, praticiens et autres du tiers Estat dudit Pays et Vicomté, pour ce faire assemblez, le septiesme jour d'octobre mil-cinq-cens-et-vingt, et autres jours ensuivans, en la maison de la Cour de Lixarre, près la ville de Mauléon de Sole, en ensuivant les lettres-patentes du Roy nostre dit Seigneur à lui envoyées à ceste fin, datées du cinquiesme jour de mars audit an. Ce titre me dispense d'entrer dans de plus longs détails sur l'époque et le mode de rédaction du statut de Soule. Il est en gascon, et se compose de trente-huit titres, comprenant ensemble 319 articles. A la suite de ce document se trouvent les noms de ceux qui concoururent à sa rédaction. Les coutumes de Soule furent publiées à la cour de Lixarre, le 21 octobre 1520, sous la présidence du conseiller Dibarola, et défense fut faite à tous gens de loi de s'écarter désormais des nouvelles dispositions. On ignore à quelle époque eut lieu la sanction du parlement de Bordeaux, dont la Soule dépendait avant qu'elle fût rattachée à celui de Pau. La géographie de la Soule est connue (v. p. 54), et l'on a par conséquent le domaine de la coutume, imprimée à Bordeaux en 1751, et insérée aussi dans le tome IV du grand recueil de Bourdot de Richebourg.

Les Coustumes générales de la ville et cité de Bayonne et juridiction d'icelle. Ces coutumes sont en français, et se composent de trente-un titres, contenant ensemble 450 articles. Elles furent rédigées, en 1514, par Mondot de La Marthonie, premier président au parlement de Bordeaux, et par Campagnet d'Armendarritz, conseiller à la même cour. L'approbation du parlement est du 9 juin 1514. Ce statut qui régissait Bayonne et sa prévôté, a été imprimé plusieurs fois, notamment dans le recueil de Bourdot de Richebourg, t. IV.

Les Coutumes générales gardées et observées au païs et bailliage de Labourt et ressort d'icelui. Document français composé de vingt titres ou rubriques, contenant ensemble 222 articles. Ces coutumes, rédigées par le premier président Mondot de La Marthonie et le conseiller Campagnet d'Armendarritz, furent approuvées, le 10 mai 1514, par le parlement de Bordeaux. Elles ont été imprimées à Bordeaux en 1704, et insérées aussi dans le tome IV du recueil de Bourdot de Richebourg. J'ai donné plus haut (p. 51) la géographie du Labourd.

Los fors et costumas deu royaume de Navarre deçà-ports. Avec l'estil et aranzel deudit royaume. Nous savons, par le préambule de ce statut, que les trois États de la Navarre française firent supplier Henri IV d'autoriser quelques articles de coutume mis par écrit. Cette autorisation ne fut pas accordée, parce que la rédaction n'avait pas eu lieu sur l'ordre du roi. Mais le 18 mars 1608, les États obtinrent des lettres-patentes qui commirent certains personnages « de suffisance, pour mettre et rédiger par écrit ce qu'ils jugeraient le plus nécessaire à la confection d'une coutume générale, afin que ce qui serait par eux arrêté, étant représenté aux gens desdits États, ou à ceux qu'ils auraient députez, pour les voir enrôler en notre Conseil royal, avec le procès-verbal des articles rédigés par lesdits commissaires en forme de coûtume, et les remontrances faites au contraire, être pourvu comme de raison. » Les États commirent Pierre Vidart, conseiller et maître des requêtes de la maison de Navarre. Les gens de la chancellerie de ce royaume députèrent le vice-chancelier Pierre de Lostal et David Sallies, avocat-général. Les coutumes, réformées sur leurs observations, furent approuvées par Louis XIII en 1611, et en 1731, le parlement de Navarre en ordonna l'impression, qui fut faite l'année suivante à Pau, chez Jérôme Dupoux. Les coutumes de la Navarre française se composent de trente-cinq titres, comprenant ensemble 449 articles, dont l'observation fut ordonnée de plus fort le 15 juin 1622. Ce document est en gascon, bien que la langue usuelle du pays soit le basque.

On trouve, à la suite des coutumes de Navarre imprimées, *Lou stil de la Chancelleria de Navarre*. C'est une espèce de code de procédure en gascon, composé de trente-deux titres, comprenant ensemble 248 articles. Il fut rédigé par Bertrand de Sauguis et François de Gohenexe, conseillers du roi en son royaume de Navarre, Guillaume de Mesples, procureur-général audit royaume, Pierre de Cazenave, prieur de Saint-Palais, Bertrand, seigneur de La Salle d'Ilharre, et Bertrand de Lohiteguy, avocat de la chancellerie de Navarre, commissaires nommés par Laforce, lieutenant du roi en Béarn et Navarre. Leur travail, présenté au Conseil souverain de Navarre, le 22 janvier 1607, fut approuvé le lendemain par cette assemblée, qui ordonna de le transmettre au roi pour le faire revêtir de son autorisation.

A la suite du *Stil de la Chanceleria de Navarre* se trouve l'*Aranzel* du royaume de Navarre, c'est-à-dire le règlement des droits de justice de ce pays. L'*Aranzel* est fort court, et ne se compose que de trente-trois titres, dont les divers paragraphes ne sont pas marqués d'un numéro qui en ferait autant d'articles. Ce règlement n'est pas le plus ancien. Avant lui, il en existait un autre que nous ne possédons pas, et qui avait été dressé l'an 1629, en vertu d'une ordonnance des États de Navarre. La même assemblée en prescrivit la réformation, et chargea de ce travail Pierre de Saint-Martin, seigneur d'Atziat, Jean de Saint-Esteben, Bertrand de Sorhabure, Arnaud d'Oihénard (sic), avocat en parlement, sieur de La Salle de Cihitz, Pierre de Cazenave, procureur de la ville de Saint-

Jean-Pied-de-Port, Jacques Dalgueyra, procureur de la ville de Garris, et Jean de Lombart, procureur de La Bastide-Clairence. Ces commissaires commencèrent leur travail le 10 décembre 1632, et il fut homologué, par arrêt du parlement de Pau, du 17 juin 1644. L'*Aranzel* est en français (1).

Je ne connais pas de manuscrits des trois documents juridiques que je viens de signaler, ni d'autre édition imprimée que celle de Jérôme Dupoux. La *Coutume*, le *Stil* et l'*Aranzel* s'appliquaient à toute la Navarre cispyrénéenne, dont j'ai donné plus haut (v. p. 52-53) la géographie. Ce pays eut son Conseil souverain jusqu'en 1620, époque à laquelle il fut compris dans le parlement de Pau, qui venait d'être érigé. La ville de Saint-Palais devint alors le siège d'une sénéchaussée (2).

Voilà tous les renseignements que j'ai pu me procurer sur les divers statuts du pays basque cis et transpyrénéen. Aucun de ces statuts n'est rédigé dans l'idiome euskarien. Il faut en dire autant de tous les anciens actes de procédure civile et criminelle, registres de greffe, etc. Un texte du XIVe siècle, cité plus haut (p. 259), consacre bien le droit de plaider en eskuara devant certaines juridictions; mais il n'a pu rien subsister de ces plaidoiries purement verbales (3).

(1) Il existe, pour la Basse-Navarre, un autre *Aranzel*, manuscrit de 1732. Arch. des Basses-Pyrénées, série C, 1561, cah. in-5° de 44 p. en papier.

(2) Je crois devoir signaler ici, pour mémoire, les *Ordonnances politiques* des pays de Mixe et d'Ostabat (Basse-Navarre), rédigées en français le 24 mars 1598, et dont le préambule se trouve seul imprimé dans le tome III de l'*Histoire des Basques* de Belzunce, p. 494-95. Cet écrivain ne dit pas où se trouve le document. — Enfin, les archives départementales des Basses-Pyrénées, série C. 1543, liasse, possèdent un *Aranzel ou règlement judiciaire du pays de Mixe* relatif à la taxe des procédures civiles et criminelles. Cette pièce a été rédigée entre 1594 et 1598.

(3) Jamais les dépositions n'ont été reçues en basque par les gens de loi. — « Les greffiers doivent tenir un ou deux notaires enquesteurs basques qui sachent la langue. » — « Les informations, enquestes et toutes autres procédures seront faites par des officiers du pays entendant la langue basque. » Arch. des Basses-Pyrénées, Reg. 17.

Il résulte clairement, ce me semble, de ce long catalogue de statuts généraux et locaux, que les dates de la rédaction des monuments du droit féodal et coutumier des Euskariens, se trouvent constamment établies, avec approximation suffisante, quand elles ne remontent pas à des époques certaines. Aucun de ces monuments n'est antérieur à la féodalité, ni postérieur au xviie siècle. Ceux qui veulent les examiner sans prévention, me permettront de leur conseiller l'étude préliminaire de l'ancien droit du nord de l'Espagne et du midi de la France, en insistant principalement sur les mœurs et habitudes pastorales des deux versants des Pyrénées. Ce travail les convaincra, j'en suis certain, que la prétendue originalité du droit euskarien n'a jamais existé que dans l'imagination de quelques écrivains mal informés, et dont je vais apprécier les ouvrages.

§ 2.

M. A. Chambellan a publié, en 1848, des *Études sur l'histoire du droit français*, dans lesquelles il a tenté le premier de reculer les limites de l'ancien domaine de l'histoire juridique, en comprenant les Ibères dans ses investigations. Les Ibères sont pour lui la race qui prédominait en Espagne dans l'antiquité, et qui présentait de nombreuses affinités avec les tribus de l'Aquitaine et de la Ligurie. Les peuplades de l'Espagne, au dire de Strabon, n'avaient jamais cherché à former des masses redoutables et des associations nombreuses (1). M. Chambellan déplore sincèrement ce manque de cohésion. « L'influence des Ibères sur les destinées de la Gaule, dit-il, et notamment sur la constitution de la nation gauloise, a été grande, mais politiquement très-fâcheuse (2). » Ce reproche peut être, jusqu'à

---

(1) STRAB., *Geog.*, l. III.
(2) CHAMBELLAN, *Études sur l'hist. du Droit français*, p. 11-12.

un certain point, fondé pour l'Espagne ; mais je ne saisis pas bien par quelle série de raisonnements l'auteur arrive à cette conclusion fort inattendue : « Le défaut d'unité du Code civil est une conséquence lointaine, mais expresse et rigoureuse, des prémisses historiques que je viens de poser : il remonte de proche en proche jusqu'aux Ibères (1). » En attendant le supplément de lumières dont j'ai grand besoin, je regrette que M. Chambellan ait cru devoir étendre son anathème jusqu'aux Aquitains, qu'il rattache à la race ibérienne. Les tribus de l'Aquitaine savaient former, au besoin, des confédérations à l'extérieur et à l'intérieur. Plutarque, confirmé par plusieurs historiens anciens, nous apprend que les peuplades indépendantes du sud-ouest de la Gaule appuyèrent très-vivement la révolte de Sertorius en Espagne (2). César nous montre les tribus de cette région réunies autour des Sotiates, à l'époque de l'expédition de P. Crassus (3). Enfin, nous voyons, sous Auguste, les Aquitains se révolter en même temps que les Cantabres, ce qui prouve évidemment un concert (4).

Je pourrais relever, dans le livre de M. Chambellan, d'autres erreurs relatives aux Ibères ; mais je crois en avoir assez dit, pour démontrer que les informations historiques de ce jurisconsulte ne méritent qu'une confiance fort limitée. Je vais examiner maintenant comment feu M. Laferrière a traité le même sujet, dans les tomes II et IV de son *Histoire du Droit français*.

Il est facile de voir, par un passage du tome II (5), que Laferrière accepte pleinement, au sujet des Ibères, les idées

---

(1) *Id., Ibid.*, p. 47.
(2) Plutarch., *Vit. Sertor.*
(3) Ces., *De bell. gall.*
(4) Appian., *De bell. civil.*, l. V ; Eutrop., l. VII ; Tibull., l. I, *Eleg.* 8, l. II, *Eleg.* 1, l. IV, *Eleg.* 1. — M. Chambellan (p. 12, note 5) regarde, à tort, comme des Ibères, les Cantabres, dont j'ai démontré l'origine celtique.
(5) Laferrière, *Hist. du Droit français*, t. II, p. 41 et 42.

de Guillaume de Humboldt. Pour lui les Aquitains se rattachent aux Ibères, et les Ibères sont continués par les Basques. Cette partie du travail du jurisconsulte français participe donc aux chances de durée ou de ruine de la théorie du savant prussien, sur laquelle je me suis suffisamment étendu. Mais Laferrière va plus loin, et, sur la foi des *Recherches des langues celtiques* d'Edwards, il considère comme démontré que « la langue des Basques avait une intime analogie avec celle des Celtes. » La fausseté de cette proposition se trouve prouvée dans les pages 69-76 et 332-33 de ce livre, et je n'ai plus besoin d'y revenir. Mieux vaut passer au tome V, où Laferrière a repris et développé ses idées sur les Basques avec beaucoup plus d'étendue.

Ce jurisconsulte a consacré tout le chapitre 3 du livre VIII aux coutumes de la région des Pyrénées ; et il débute par des considérations historiques sur les Basques, dont je vais d'abord examiner la valeur.

Il existait, dit-il, 1500 ans avant Jésus-Christ, trois peuples établis sur les versants nord et sud des Pyrénées : « 1° au nord, les Galls ou Celtes, qui avaient peuplé la Gaule ; 2° au sud et dans la partie orientale du cours de l'Èbre et des Pyrénées, les Ibères, dont le nom vient soit de l'Asie, soit du fleuve Ibérus ; 3° au sud encore, mais dans la partie occidentale, les Cantabres, branche détachée de la famille ibérienne (1). »

Voilà, il faut en convenir, une façon bien inusitée de traiter les problèmes les plus difficiles et les plus obscurs de la géographie historique. Je comprends qu'à toute force Laferrière place les Ibères, à l'époque indiquée, sur le versant sud des Pyrénées et « dans la partie orientale du cours de l'Èbre. » Ceux qui partagent son avis peuvent du moins se prévaloir

---

(1) *Id., Ibid.*, p. 376-77.

d'un passage de Diodore de Sicile, dont j'ai prouvé la fausseté (p. 158-69). Toujours est-il que ce passage existe, et ceux qui croient qu'il suffit de citer un texte pour avoir raison, peuvent en argumenter au profit de l'établissement des Ibères sur les bords de l'Èbre avant l'arrivée des Galls ou Celtes. Mais où Laferrière, qui confond d'ailleurs ces deux derniers peuples que beaucoup d'ethnographes et d'historiens distinguent, a-t-il pris que les trois nations dont il parle occupaient les versants nord et sud des Pyrénées « plus de 1600 ans avant Jésus-Christ? » Où a-t-il vu que les Cantabres, dont l'origine celtique n'est pas contestable, fussent une « branche détachée de la famille ibérienne? »

Laferrière ne s'arrête pas là. Ces Cantabres, dont il fait les ancêtres des Basques (1), auraient été chassés par les Celtes, et « seraient venus s'établir, quinze cents ans avant notre ère, entre l'Océan, la Garonne et les Pyrénées, » où ils devinrent « les Vasco-Ibères ou les Vascons, qui plus tard, et par leurs établissements définitifs dans cette partie de l'Aquitaine au viie siècle, donnèrent le nom de Vasconie ou de Gascogne à ce que les Romains avaient appelé troisième Aquitaine ou Novempopulanie (2) »

Il est impossible de condenser plus d'erreurs en moins de mots. Et d'abord, l'unanimité des témoignages historiques (v. 1re part., ch. I et II), prouve que les Basques descendent des Vascons et non des Cantabres. Ces Vascons sont demeurés en Espagne jusqu'au vi^e siècle de notre ère. Avant cette époque il n'y a pas de Vascons dans le Sud-Ouest de la Gaule; et dans aucun temps il n'a été question des « Vasco-Ibères » que dans les rapsodies de M. Cénac-Moncaut, et dans le livre de M. Laferrière.

Ce dernier affirme que « le type escuarien est sans mélange

(1) *Id., Ibid.*, p. 378.
(2) *Id., Ibid.*, p. 278-79.

étranger (1). » L'histoire, l'anthropologie et la philologie prouvent que c'est le contraire qui est vrai.

Laferrière veut établir aussi que les Basques ont mené jadis « la vie pastorale, agricole et guerrière », et il va puiser, en conséquence, dans leur vocabulaire, certains termes qui, dit-il, ne doivent rien aux peuples occidentaux. Les mots *alar* (sic), champ, *idi*, bœuf, *eisar*, labourer, *ar*, herse, *ale*, grain, *sol*, terrain, *alci*, récolte, *abon*, engrais, *achurz*, agriculture, *aciend*, ferme, *gudia*, *gudarria*, armée, *its*, arme, bouclier, appartiendraient exclusivement aux Basques (2).

Je suis loin de nier que les Basques aient jadis mené « la vie pastorale, agricole et guerrière; » mais les arguments de Laferrière me semblent, pour la plupart, mal choisis. *Aberatza*, richesse, ne vient pas de *abere*, troupeau, mais de l'espagnol *haber*, avoir, car avoir et richesse sont tout un. *Acienda* et *aciendea*, et non pas *aciend*, comme l'écrit Laferrière, est un autre emprunt à l'espagnol, où *hacienda* signifie, en effet, ferme, exploitation rurale. Ce mot se retrouve aussi dans le portugais, et il a été transporté dans toutes les colonies fondées par les habitants de la Péninsule espagnole. *Hacienda* vient de *hacer*, faire, travailler. On le retrouve en Gascogne dans *hasendo*, qui caractérise les petites exploitations, par opposition à la *bordo*, métairie d'une certaine importance. *Solo*, terre, est emprunté au latin, ou tout au moins à l'espagnol ou au gascon. *Abono*, fumier, est encore un emprunt à l'une ou à l'autre de ces deux dernières langues, et signifie : qui fait bon, qui bonifie. *Gudia*, *gudarri*, ne signifient pas armée : on dit *diandea*, *kersitua*. *Alor*, et non *alar*, veut bien dire jardin; mais il est facile de couper ce mot en deux, de manière à trouver l'article *el* ou *al* dans la première syllabe, et dans la seconde *or*, équivalent du *huerto* espagnol et de l'*ort* gascon (*hortus*).

(1) *Id., Ibid.*, p. 282-83
(2) *Id., Ibid.*, p. 292-93.

Laferrière a tort de croire que *ar* signifie herse : cette syllabe n'a aucun sens. Les Basques n'ont pas de mot particulier pour désigner la herse, et ils se servent d'*arrea*, *area*, charrue, en espagnol *arado*, en gascon *arai*. *Achurza*, agriculture, est un de ces mots que les Basques créent souvent, et avec une facilité qui ne se retrouve dans aucune langue de l'Europe. Celui-ci a été forgé par le P. de Larramendi, et il se décompose en *ach* (*acha*), rocher, par extension terre, et *urtza*, terminaison caractéristique de la mise en œuvre et du travail.

Le nombre des mots invoqués par Laferrière à l'appui de sa thèse, se trouve donc diminué de plus de moitié. Je pourrais le réduire encore, non pas au moyen de comparaisons fortuites, mais avec la méthode rigoureuse de la philologie moderne, et montrer que plusieurs des termes restants ont leurs radicaux, soit dans les langues indo-européennes, soit dans les idiomes du groupe touranien ; mais ce travail m'entraînerait un peu trop loin.

Laferrière affirme (1), sur la foi des malheureuses *Études historiques sur l'ancien pays de Foix et de Couserans* de M. Ad. Garrigou, que les Sotiates, qui opposèrent une si vive résistance à P. Crassus, lieutenant de César, occupaient le territoire qui devint plus tard le comté de Foix. C'est encore là une grosse erreur ; mais je me dispense de la réfuter, et je renvoie le lecteur aux ouvrages de d'Anville (2) et du baron Walckenaer (3), qui prouvent, plus clair que le jour, que la capitale des anciens Sotiates correspond à l'emplacement actuel de Sos, petite ville du canton de Mézin (Lot-et-Garonne).

Ces exemples, pris au hasard, démontrent à suffisance combien Laferrière était mal préparé, par ses études histori-

---

(1) *Id., Ibid.*, p. 470.
(2) D'Anville, *Mém. de l'Acad. des Belles-Lettres*, t. V.
3) Walckenaer, *Géogr. des Gaules*, t. I, p. 283-84.

ques et philologiques, à l'examen des prétendues antiquités juridiques du Pays basque.

D'après l'auteur de l'*Histoire du Droit français*, les monuments du droit euskarien seraient une nouvelle preuve en faveur de l'ancienneté des Basques, et il se livre, pour l'établir, à une longue dissertation, qu'il termine de la manière suivante:

« En résumé,

» Dans les coutumes de l'ordre civil :

» Un état de famille qui a pour base l'égalité des droits du père et de la mère, la communauté de biens a plusieurs degrés de générations entre les brus ou les gendres affiliés ; — le droit d'ainesse étranger aux idées féodales ; — le retour définitif des biens patrimoniaux entre les mains de l'ainé ou de l'ainée qui représente à perpétuité la maison ou la famille ; — l'exclusion de toute succession collatérale, même de frères et sœurs, en faveur de l'ainé ou de ses représentants, pour les biens de *papoadge* ou de patrimoine.

» Dans les coutumes de l'ordre politique :

» La liberté du peuple pour le choix de son chef, le roi élevé sur le bouclier par douze ricombres (sic), et jurant de garder les fueros et libertés du pays; — la justice rendue, soit par les habitants eux-mêmes rassemblés autour du magistrat, soit par la cour des ricombres ou anciens de la terre; — du reste, absence complète de servitude personnelle ou réelle, — féodalité tardive et comme insensible dans la région des Basses-Pyrénées ; — droit absolu d'assemblée générale pour délibérer des intérêts de la communauté ou de la tribu; — jouissance pleine et entière des terres communes et des forêts; — libre port d'armes en signe d'indépendance ; — droit pénal sévère, avec la peine de mort par décapitation, sans recherche de supplices; — soin religieux de constater dans les monuments du moyen-âge l'antique origine des usages, et de placer les coutumes sous la garantie du serment.

» Telle nous apparaît l'organisation civile, politique, judiciaire et sociale de ces populations basques qui se font gloire, à l'ouest des Pyrénées, d'avoir conservé les traditions primitives, de vivre de leur vie propre et indépendante, comme les anciens Cantabres, et de se distinguer également par leur langue, leurs coutumes, leur nationalité, des Aquitains au nord et des Aragonais à l'est de leurs possessions. »

Ce passage est, à coup sûr, le meilleur de toute la partie du livre de Laferrière relative au Sud-Ouest de la France. Il y résume, en véritable historien jurisconsulte, l'économie du droit basque cis et transpyrénéen, d'après les coutumes du Labourd, de la Basse-Navarre et de la Soule, ainsi que plusieurs fors de la Biscaye, de la Navarre espagnole et de Sobrarbe, étudiés avec un certain détail dans les pages qui précèdent la citation que je viens de faire. Mais l'auteur a le plus grand tort de présenter ces caractères comme autant de manifestations du génie spécial et distinct des Basques. On les retrouve, en dehors du territoire occupé par ce peuple, dans bon nombre de monuments juridiques des époques féodale et monarchique. Je crois inutile de critiquer Laferrière sur tous les points, et je me borne à quelques propositions.

Tous les caractères particuliers de la famille euskarienne, tels que l'auteur les détermine, se retrouvent (*mutatis mutandis*) en dehors du Pays basque. Laferrière lui-même cite la vallée d'Andorre, et il aurait pu y ajouter la vallée de Barèges, la vicomté de Lavedan, quelques autres districts du Bigorre, et la partie de la région landaise autrefois régie par les coutumes réformées des ressorts de Saint-Sever et de Dax. Cette constitution spéciale de la famille résulte, non pas des antiques traditions des Basques, mais des nécessités du régime pastoral, ainsi que je l'établirai plus bas, en m'occupant du *Droit de famille aux Pyrénées* de M. Eugène Cordier.

Les conditions imposées au roi ou au chef féodal à son avènement ne sont point particulières au Pays basque, et on les retrouve, plus ou moins modifiées, dans bon nombre de fiefs suzerains de la Gascogne et de la Guienne. Les anciens fors de Béarn, publiés par MM. Mazure et Hatoulet, les grandes chartes du comté de Fezensac, de la vicomté de Fezensaguet, un fragment du livre de la cour des Cers de la vicomté de Marsan, etc., insérés dans le t. VI de l'*Histoire de Gascogne* de l'abbé Monlezun, démontrent que la justice était rendue, dans ces contrées, à peu près comme dans le Pays basque, c'est-à-dire par le suzerain ou son délégué, assisté, selon le cas, d'une cour de barons, de nobles ou de bourgeois. Le droit d'assemblée générale, reconnu au profit des habitants des paroisses, existait aussi dans le Bigorre, les Landes et plusieurs autres contrées. C'est encore une des conséquences du régime pastoral ; et, du moment où les membres d'une communauté ont le droit de mener paître leurs troupeaux dans les limites de son territoire, il doit naturellement leur être permis de se réunir pour régler l'exercice de ce droit. Tel était, en effet, le but de ces assemblées, comme le prouvent une foule de documents conservés aux archives départementales de Pau, de Tarbes et de Mont-de-Marsan.

Si les Basques français et espagnols sont autorisés à porter des armes, ce n'est point, comme l'affirme Laferrière, « en signe d'indépendance. » Cette concession est exclusivement motivée par le voisinage des frontières. La coutume de Soule dit expressément que les gens du pays peuvent porter des armes à cause de la proximité des royaumes de Navarre, d'Aragon et du pays de Béarn ; et celle du Labourd explique le même avantage par la nécessité d'assurer la défense du pays. Il serait facile, d'ailleurs, de retrouver, dans les monuments du droit féodal et monarchique, et en dehors du Pays basque, des concessions toutes pareilles faites aux habitants de provinces situées sur les frontières du royaume.

Quant à l'usage de placer les coutumes sous la garantie du serment, il n'est pas non plus particulier aux Basques, et nous le retrouvons dans la plupart des anciens statuts de la Gascogne et de la Guienne.

En voilà assez sur la partie du livre de Laferrière relative au droit coutumier des Euskariens, et j'arrive au *Droit de famille aux Pyrénées* (Barèges, Lavedan, Béarn et Pays Basque) de M. Eugène Cordier. Ce travail est certainement, et de beaucoup, le meilleur de tous ceux qui ont été entrepris, dans notre siècle, sur l'ancien état juridique de la Gascogne. Pour tout ce qui touche à l'examen et à la comparaison des textes des statuts connus de l'auteur, la critique la plus attentive et la plus sévère est forcée de désarmer; mais les théories historiques et ethnologiques de M. Cordier ne méritent pas toujours autant de confiance. Je n'ai pas l'honneur de connaître personnellement M. Cordier, et tous mes rapports avec lui se sont bornés, jusqu'à présent, à quelques demandes écrites de renseignements que ce savant m'a fournis avec une parfaite obligeance. Néanmoins, si j'en juge par ses écrits, M. Cordier appartient à une nuance assez vive de l'opinion démocratique. Les opinions sont libres, et si je mets en évidence celle de l'auteur du *Droit de famille aux Pyrénées*, ce n'est pas assurément dans l'intention de lui déplaire par une constatation qui serait de fort mauvais goût, si elle n'était réclamée par l'intérêt de la science. Mais, dans la brochure que j'examine, les opinions de l'homme réagissent parfois un peu trop sur celles de l'érudit, et c'est là un tort que je ne puis me défendre de constater.

C'est ainsi que M. Cordier signale (p. 7 et suiv.) comme une preuve de l'antique liberté des populations établies sur les deux versants des Pyrénées occidentales, l'obligation des rois et grands suzerains de prêter, les premiers, serment de protéger leurs sujets et vassaux, qui juraient ensuite fidélité. Cet usage n'est point particulier à la région dont parle l'auteur. Il se retrouve dans plusieurs autres pays, et bon nombre de chartes et titres constatent notamment que les Plantagenets agissaient de même, en leur qualité de ducs de Guyenne.

M. Cordier cite (p. 12 et 13) comme une preuve de la défiance du Tiers-État de certaines contrées vis-à-vis de la Noblesse, l'exclusion de cet ordre des États des Quatre-Vallées et du *Bilzar* du Labourd. Pour les Quatre-Vallées, l'auteur cite très brièvement une délibération de 1712, où se trouvent écrits ces mots : « l'état de la noblesse n'ayant pas droit d'assister. » Il aurait fallu citer cette pièce moins sobrement, et mettre ainsi le lecteur à même de juger si le passage dont argumente M. Cordier constitue un véritable droit, ou simplement une de ces prétentions si communes, et souvent si mal fondées, qu'on rencontre dans l'histoire des pays d'États du Sud-Ouest de la France. Il aurait surtout fallu contrôler, à l'aide d'autres documents, la déclaration dont s'agit. Le texte signalé par M. Cordier sera, de ma part, l'objet d'une étude approfondie, dans le travail que je compte publier bientôt sur *Les Pays d'États de la Gascogne*. Mais, en acceptant comme démontré le fait invoqué par l'auteur, il m'est impossible d'y voir, comme lui, de la part du Tiers-État, une preuve de défiance démocratique. Dans certains pays d'États du Sud-Ouest, les trois ordres délibéraient à part, et je n'en veux d'autre preuve que le Labourd dont parle M. Cordier. Les délégués des trente-huit communautés de ce pays formaient annuellement une assemblée nommée *Bilzar*. Le Clergé et la Noblesse avaient chacun ses réunions particulières, et les trois ordres entraient en pourparlers par l'organe de leurs syndics, ainsi qu'il résulte d'un mémoire manuscrit du siècle dernier, présenté à l'Intendant de Pau. J'ai ce mémoire sous les yeux, et j'en ferai largement usage dans mon travail sur *Les Pays d'États de la Gascogne*. Ce que j'ai dit pour le Labourd est également vrai pour d'autres contrées du Sud-Ouest, et j'y vois le signe, non pas d'un sentiment de défiance démocratique du Tiers-État vis-à-vis de la Noblesse, mais tout simplement la preuve de l'adoption d'un mode particulier de délibérer dans certaines institutions provinciales.

M. Cordier affirme (p. 13), sur la foi d'un écrit de Chaho intitulé *Biarritz*, qu'un « for de Biscaye défendait aux ecclésiastiques et aux moines de se présenter à l'assemblée de Guernica, d'en approcher de plus d'une lieue de distance pendant toute la durée des délibérations, et de rester plus d'une nuit, pendant qu'ils étaient en voyage, à la distance marquée par la loi. » J'ai beaucoup étudié le droit basque des deux versants des Pyrénées, et je déclare n'avoir jamais trouvé mention de ce for que dans Augustin Chaho, qui est bien, avec Llorente et Zamacola, le plus effronté menteur qui ait jamais écrit sur le Pays basque.

Je serai très-bref sur les théories ethnologiques de M. Cordier, qui adopte à peu près sur les Basques les idées de Humboldt. L'auteur du *Droit de famille aux Pyrénées* m'a fait l'honneur de m'écrire qu'il ne persistait plus avec la même énergie dans ses idées premières, et je me borne à lui signaler une erreur relative aux Cantabres (p. 62), dont il fait « un peuple sang-mêlé », c'est-à-dire issu du croisement des Basques avec une race étrangère. J'ai démontré que les Cantabres appartiennent à la race celtique.

M. Cordier a raison quand il affirme (p. 33), sur la foi de Strabon, que chez les Cantabres les maris apportaient une dot à leurs femmes, et que les filles, qui héritaient de leurs parents, se chargeaient du soin d'établir leurs frères. Cette coutume, plus ou moins modifiée, persisterait, d'après l'auteur, dans les diverses régions des Pyrénées dont il étudie l'ancien droit (Andorre, Barèges, Lavedan et Pays Basque), et il serait « fondé sur une cause intérieure, sur un principe moral : *la femme a la même aptitude que l'homme à représenter, conduire et perpétuer la famille* (p. 32). »

M. Cordier est parfaitement libre de professer, à ses risques et périls, telle opinion qu'il lui plaira sur la vocation sociale et politique des femmes. Quant à moi, je suis on ne peut plus heureux de n'avoir pas à m'en inquiéter, et je me demande seulement si certaines particularités de l'ancien droit des versants nord et sud des Pyrénées occidentales ont la cause que leur assigne M. Cordier. Ces particularités consistent surtout dans une certaine forme du droit d'aînesse. Dans plusieurs statuts étudiés par M. Cordier, la famille possède généralement en commun, et la plus forte part de l'hérédité, ou même l'hérédité tout entière, est recueillie par le premier né des enfants, sans distinction de sexe.

Le phénomène juridique dont s'agit aurait assurément une très-haute portée, s'il était universel dans les pays dont parle M. Cordier, et si l'on ne constatait point ailleurs des faits similaires ou analogues. Mais il est d'abord à remarquer que la vocation héréditaire, par ordre de primogéniture et sans distinction de sexe, n'est point uniformément édictée par tous les anciens statuts des deux versants des Pyrénées occidentales. Dans beaucoup de coutumes, la totalité ou la majeure partie de la succession n'appartient à la fille aînée qu'à défaut d'héritier mâle. Il y a plus. Dans la coutume de Soule, le droit varie de famille à famille, comme on peut voir par le titre XXVI qui règle les successions *ab intestat ;* et si dans telle maison la loi appelle indifféremment l'aîné des fils ou des filles, dans telle autre elle exclut les filles au profit des garçons. Cet usage n'est donc pas universel dans les pays dont parle M. Cordier; et, sans sortir de la Gascogne, il serait facile de le retrouver (*mutatis mutandis*) dans certaines dispositions des coutumes réformées de Saint-Sever et de Dax, et, en dehors du Sud-Ouest, dans les anciens statuts ou dans les vieilles habitudes de l'Auvergne, du Rouergue, etc.

Cet ordre de choses n'a donc pas sa cause, comme le pense M. Cordier, dans le « principe moral » qui élève la femme au niveau de l'homme. Son origine est beaucoup plus humble. Elle découle tout simplement de la forte constitution de la famille, et surtout du régime pastoral. Ce régime est une nécessité dans les pays de montagnes et de landes, où l'infertilité du sol s'oppose plus ou moins à la mise en culture et à la propriété individuelle. Les pasteurs possèdent par communautés, ou tout au moins par familles, et, dans ce cas, il importe peu que ce soit l'aîné mâle ou femelle des enfants qui soit choisi comme le représentant des intérêts collectifs. Cette explication a, j'en conviens, le tort d'être beaucoup moins humanitaire que celle de M. Cordier; mais elle rachète, je crois, cet inconvénient par une exactitude confirmée par tous les monuments du droit pastoral, comme par tous les récits des historiens et des voyageurs.

Je pense avoir suffisamment expliqué le phénomène juridique dont parle M. Cordier, qui en cherche la cause dans l'habitude cantabre dont il a été question tout-à-l'heure. Mais les Cantabres étaient des Celtes, nation distincte des Basques, et des Vascons leurs ancêtres plus ou moins directs, qui différaient eux-mêmes des Aquitains et des autres populations établies sur les deux versants de la chaîne des Pyrénées. Comment expliquer cette exportation, ce succès, cette persistance, et en même temps cette absence d'universalité, chez des races dont le génie différait si fort de celui des populations celtiques?

J'ai peut-être un peu insisté sur le livre de M. Cordier; mais son travail, je le répète, est à peu près inattaquable pour tout ce qui touche à l'examen et à la comparaison des divers textes juridiques utilisés par ce savant. Cette supériorité même aurait pu devenir une cause d'erreur, et prédisposer les savants à accorder autant de confiance aux autres parties de l'ouvrage. C'est pourquoi je me suis d'autant plus obstinément attaché à garer mes lecteurs contre ce péril.

Voilà tout ce que j'avais à dire sur le droit féodal et coutumier des Euskariens, et sur les ouvrages consacrés à son étude. Les divers monuments de ce droit ne remontent pas plus haut que la féodalité, et ne descendent pas plus bas que le xviie siècle. Leur étude attentive ne révèle, quoi qu'on en ait dit, aucune disposition véritablement originale et caractéristique, à un degré quelconque, d'un état juridique particulier. Tout s'explique par les règles générales de l'ancienne législation féodale et coutumière, par l'imitation plus ou moins libre des statuts du nord de l'Espagne et de ceux de la Gascogne, par divers événements historiques, et par les nécessités d'un régime pastoral dont il était facile de retrouver les manifestations similaires ou analogues parmi les anciennes populations de toute la chaine des Pyrénées.

CHAPITRE VI.

LES BASQUES D'APRÈS LES CHANTS HÉROÏQUES.

§ 1.

Me voici enfin parvenu au dernier chapitre de cet ouvrage, à l'examen des prétendus chants héroïques des Euskariens. J'ai déjà publié, en 1866, une *Dissertation sur les Chants héroïques des Basques* (Paris, A. Franck), tirée à petit nombre, et dont le succès a dépassé mon attente. Dans ce travail, j'ai nié formellement l'authenticité du *Chant des Cantabres*, du *Chant d'Altabiscar*, du *Chant d'Annibal*, et les érudits français et allemands ont accepté mes conclusions. Un romaniste éminent, M. Gaston Paris, m'a notamment consacré, dans la *Revue critique* de 1866, art. 83, une étude où les éloges qu'il accorde à l'ensemble de ma *Dissertation*, sont tempérés par certains reproches de détail, dont j'ai été le premier à reconnaître la justice et la justesse. Cette brochure n'est plus depuis longtemps dans le commerce, et plusieurs personnes m'ont fait l'honneur de m'écrire, pour réclamer une seconde édition. Le présent chapitre est destiné à contenter leurs désirs, tout en formant le complément indispensable de ce volume. Il va sans dire que je vais refondre mon premier travail, de façon à profiter, tout à la fois, des critiques dont il a été l'objet, et à tirer parti, pour la rapidité de ma démonstration, de tout ce qui est déjà connu du lecteur.

Voyons d'abord les textes des chants héroïques des Basques,

et recherchons quand et comment ils ont été révélés pour la première fois au public.

Voici d'abord le *Chant des Cantabres* :

1.

Lelo ! il Lelo ;	(O) Lelo ! Lelo (est) mort ;
Lelo ! il Lelo,	(O) Lelo ! mort (est) Lelo,
Leloa ! Zarac	(O) Lelo ! Zara
Il Leloa.	A tué Lelo.

2.

Romaco aronae	Les étrangers de Rome
Aloguin, eta	Veulent forcer la Biscaïe ; et
Vizcaiae daroa	La Biscaïe élève
Cansoa.	Le chant de guerre.

3.

Octabiano	Octavien (est)
Munduco jauna,	Le seigneur du monde ;
Lecobidi	Lecobidi
Vizcaicoa.	Des Biscaïens.

4.

Ichasotatic	Du côté de la mer,
Eta leorrez	Du côté de la terre,
Imini deuscu	(Octavien) nous met
Molson.	Le siége (à l'entour).

5.

Leor celaiac	Les plaines arides
Bereac dira,	Sont à eux ;
Mendi tantaiac	(A nous) les bois de la montagne,
Leusoac.	Les cavernes.

6.

Lecu ironean	En lieu favorable
Gagozanean	Nous étant postés,
Norberac sendo	Chacun (de nous) ferme
(Dau) gogoa.	A le courage.

7.

Bildurric guitchi	Petite (est notre) frayeur,
Arma bardinas	Au mesurer des armes;
Oramaia, zu	(Mais) ô notre arche au pain, vous
Guexoa.	(Êtes) mal pourvue)!

8.

Soyac gogorrac	Si dures cuirasses
Badirituis,	Ils portent (eux),
Narru billosta	Les corps sans défense
Surboa.	(Sont) agiles.

9.

Bost urteco	Cinq ans durant,
Egun gabean	De jour et de nuit,
Gueldi bagaric	Sans aucun repos,
Bochoa.	Le siége dure.

10.

Guereco bata	Quand un de nous
Il baldaguian,	Eux tuent,
Bost amarren	Quinze d'eux
Galdua.	(Sont) détruits.

11.

Aec anis ta	(Mais) eux (sont) nombreux et
Gu guichitaia;	Nous petite troupe.
Azquen indugu	A la fin nous faisons
Lalboa.	Amitié.

42.

Gueurre lurrean,
Ta aen errian,
Biroch ain baten
Zamoa.

Dans notre terre
Et dans chaque pays
(Il y a) une manière de lier
Les fardeaux.

43.

Ecin gueyago
. . . .

Davantage (était) impossible.
. . . .

44.

Tiber lecua
Gueldico zabal,
Uchin tamaio
Grandoja.

La ville du Tibre
(Est) sise au loin;
Uchin. . . . .
(Est) grand.

45.

(*Illisible.*)

(. . . . . . .)

46.

Andi arrichac
Guesto sindoas
Betigo naiaz
Nardoa.

Des grands chênes
La force s'use
Au grimper perpétuel
Du pic.

Ce poëme a été publié, pour la première fois, en 1817, par le baron Guillaume de Humboldt, dans le supplément au *Mithridates* d'Adelung et Vater (1). Ce n'est que la reproduction d'un manuscrit de Juan Ibañez de Ibarguen, savant espagnol chargé, dit-on, d'explorer, en 1590, les archives de Simancas

(1) Willelm von Humboldt, *Berichtigungen und Zusatze zum ersten Abschnitte des zweiten Bandes des Mithridates über die Cantabrische oder Baskische Sprache*, p. 94 et s. Berlin, 1817.

et de la Biscaye. Ce manuscrit d'Ibañez n'aurait été lui-même qu'une copie d'un parchemin fort ancien. Tel est du moins l'avis de Humboldt, et après lui celui de Fauriel (1). Le prétendu parchemin n'a été vu par aucun paléographe, mais il est parlé du manuscrit de 1590, dans l'*Histoire générale de la Biscaye* d'Ituriza, publiée en 1785, et dans une lettre de Don Juan Antonio de Moguel, adressée à Don José de Vargas Ponce, et insérée dans le *Memorial historico español* de 1802 (2). Par l'honorabilité de son caractère, comme par l'évidence des faits, le baron G. de Humboldt est au-dessus de tout soupçon. Les idées du savant prussien sur le *Chant des Cantabres* se trouvent

(1) FAURIEL, *Hist. de la Gaule méridionale*, t. II, p. 524.
(2) Renseignements empruntés au livre de M. Francisque-Michel : *Le Pays Basque*, p. 234. — Dans ma *Dissertation sur les chants héroïques des Basques*, p. 20, j'ai écrit : « L'existence du manuscrit de 1590 est un point hors de doute, » et j'ai renvoyé le lecteur aux publications d'Ituriza et de Moguel. M. Gaston Paris (*Revue critique*, 1866, p. 220) aurait souhaité plus de détails sur cette copie : « Où se trouvait-elle et depuis combien de temps? Où est-elle maintenant? M. Bladé ne le dit pas, et nous aurions voulu le savoir. Nous avons quelque peine à croire que ce document soit du xvi° siècle ; nous y reconnaîtrions plus volontiers la main d'un amateur du xviii° siècle. » Je serais au moins aussi désireux que M. G. Paris d'obtenir sur la copie attribuée à Ibañez les renseignements qu'il demande, et j'ai fait à cet égard des démarches demeurées sans résultat. Quand j'ai imprimé que « l'existence du manuscrit de 1590 est un point hors de doute » j'ai suivi la foi d'Ituriza et de Moguel, et j'ai voulu mettre surabondamment en lumière la bonne foi de Humboldt. Quant à l'époque de la rédaction de ce document, je conviens qu'à ne s'en tenir qu'à la traduction française et au ton général du poème, on pourrait penser, sans témérité, comme M. G. Paris. Mais la langue de l'original est antérieure à cette époque, et rapportable à la fin du xvi° ou au commencement du xvii° siècle, époques pour lesquelles il existe d'assez nombreux termes de comparaison. — Un peu plus bas, M. G. Paris me reproche, à bon droit, de n'être pas assez explicite sur les « archaïsmes » que je signalais dans le *Chant des Cantabres*. Ces « archaïsmes », que j'ai eu le tort de croire volontaires, sont tout simplement des formes de langage vieillies, dont il est impossible de pousser l'étude plus haut que la fin du xvi° siècle. Voilà ce qui résulte aujourd'hui pour moi de l'examen approfondi du *Chant des Cantabres* ; et ma confession pénitente prouvera, une fois de plus, qu'il ne faut rien exagérer, pas même la défiance envers les pièces apocryphes.

très exactement reproduites dans le passage ci-après, que j'emprunte à l'*Histoire de la Gaule méridionale* de Fauriel, comme je lui ai déjà pris la version française du poème basque ci-dessus.

« Cette version, dit-il, est aussi littérale que possible, et a été entreprise à l'aide de celle que M. de Humboldt a faite sur les lieux, aidé lui-même des érudits du pays (1).

» Auguste ayant fait la guerre aux Cantabres, et les ayant vaincus, ceux-ci, sous le commandement d'Uchin, leur chef, se retirèrent sur une haute montagne, où les Romains les bloquèrent, dans l'espoir de les contraindre en leur coupant les vivres. Cette espèce de blocus dura plusieurs années, et se termina par une paix glorieuse pour les Cantabres.

» D'après les traditions du pays, le général cantabre, Uchin, serait allé, après la paix, s'établir en Italie, où il aurait fondé la ville d'*Urbino*. Ces traditions ne méritent certainement aucune foi; mais il est pourtant singulier, comme l'observe M. de Humboldt, que le nom d'*Urbino* (*Urbinum*) soit un mot basque qui signifie (*ville*), *entre deux eaux*, et qu'il y ait en Biscaïe une ville d'*Urbina*. Après le départ d'Uchin, les Cantabres se donnèrent un autre chef nommé Lecobidi. Tels sont, vrais ou faux, les événements auxquels le chant qui précède fait très vaguement et très obscurément allusion.

» Le premier couplet n'appartient pas au sujet; il se rap-

(1) « W. de Humboldt (Prüfung) a donné ce chant celtibérien (sic) dont nous rétablissons le sens. » — Ainsi s'exprime, avec sa circonspection et sa modestie habituelles, M. MARY-LAFON, dans le tome I de son *Histoire du Midi*, p. 61, où il donne, à sa façon, une version française du *Chant des Cantabres*. M. Mary-Lafon a reçu, je n'en doute pas, mission et grâce spéciale pour corriger le baron de Humboldt et les érudits basques qui l'ont aidé; mais il aurait dû mettre le lecteur à même de juger de la valeur de ses corrections, en donnant le texte en regard. Pourquoi donc ce critique, si justement convaincu de sa supériorité, a-t-il négligé de traduire les couplets 4, 12, 13, 14, et de mentionner que le quinzième était illisible dans le manuscrit ?

porte à une vieille histoire basque, d'une étrange ressemblance avec celle du meurtre d'Agammennon. Il y eut, selon cette tradition, en Biscaïe, un chef très-brave et fort aimé, nommé Lelo. Ce chef ayant été obligé de sortir pour faire une expédition de guerre en pays étranger, un certain Zara en profita pour séduire sa femme Tota. Lelo, son expédition terminée, étant revenu chez lui, les deux amants se concertèrent pour le tuer, et le tuèrent. Le crime fut découvert et fit du bruit. Il fut décidé dans l'assemblée du peuple que les deux coupables seraient bannis du pays. Quant à Lelo, il fut décidé que, pour honorer sa mémoire et perpétuer les regrets de sa mort, tous les chants nationaux commenceraient par un couplet de lamentation sur lui. Si singulière que puisse paraître cette histoire, il y a un proverbe basque qui s'y rapporte et semble en attester, sinon la vérité, du moins la popularité. *Betico Leloa!* c'est l'*éternel Lelo!* ou *éternel comme Lelo!* dit-on de toute chose trop répétée. M. de Humboldt cite, en outre, le refrain d'une vieille chanson en l'honneur de *Lelo*.

» Encore quelques mots sur la découverte et l'âge de ce fragment. Il fut trouvé, vers 1590, par J. Ibañez de Ibarguen, savant biscaïen, chargé de visiter les archives du pays. Il était écrit sur une feuille de vieux parchemin, tout rongé des vers, et consistait en un grand nombre de couplets, dont Ibañez ne copia que seize, ou plutôt quatorze. Cette copie, comme perdue au milieu de papiers du même genre, était restée inédite jusqu'en 1817, où M. Guillaume de Humboldt la publia dans son supplément à l'article de la langue basque dans le *Mithridates* d'Adelung.

» Les érudits basques n'hésitent pas à regarder le fragment comme aussi ancien que le fait auquel il se rapporte. — En indiquer précisément l'époque, c'est chose impossible; mais on peut, à l'aide d'un rapprochement facile, s'assurer que, sans être antique, il est du moins fort ancien.

» Il existe un autre fragment basque dans le dialecte du Guipuzcoa qui, avant la publication de celui-ci, passait pour le plus ancien qu'il y eût dans la langue basque; c'est le premier couplet d'un chant historique composé, en 1322, sur une victoire remportée, cette même année, sur les Navarrais par les Guipuzcoans; ainsi donc, le fragment dont s'agit a plus de six cents ans d'ancienneté. Toutefois, la diction ne présente ni difficulté ni obscurité, et la langue n'en diffère point sensiblement de la langue actuelle.

» Si maintenant on rapproche le chant cantabre du chant guipuzcoan, le premier a l'air d'appartenir à un autre idiome, tant il abonde en archaïsmes, en mots perdus et inconnus dont il faut deviner le sens. Si l'on veut évaluer par approximation le temps indispensable pour amener une différence aussi marquée entre les deux fragments, on peut dire, avec assurance, que ce n'est pas trop de cinq ou six cents, et peut-être prouverait-on que ce n'est pas assez (1). »

Il est impossible, je le répète, de mieux reproduire que Fauriel le système de traduction et les idées de Humboldt au sujet du *Chant des Cantabres.* Deux historiens littéraires de la France, J.-J. Ampère et M. Demogeot, ont accepté l'authenticité de ce chant, et leur exemple a entraîné beaucoup d'autres écrivains.

CHANT D'ALTABISCAR. Ce chant a été publié pour la première fois, par M. Garay de Monglave, dans le *Journal de l'Institut historique* de 1835, t. I, p. 176. J'adopte pour le texte une autre orthographe que celle de l'éditeur, mais je copie fidèlement sa version française dans la note ci-dessous (2).

---

(1) FAURIEL, *Hist. de la Gaule méridionale*, t. II, 3e appendice.

(2) « Un cri s'est élevé — du milieu des montagnes des Escualdunacs; — et l'Etcheco-jauna (*maître de la maison*), debout devant sa porte, — a ouvert l'oreille, et il a dit : « Qui va là? que me veut-on? » — Et le chien qui

Oyhu bat aditua izan da
Escualdunen mendien artetic,
Eta etcheco jaunac, bere athearen ainticinean chutic,
Ideki tu beharriac, eta erran du : « Nor da hor? Cer nahi dautet? »
Eta chacurra, bere nausiaren oinetan lo zaguena,
Alchatu da, eta karassiz Altabiscarren ingurruac bethe ditu.

dormait aux pieds de son maître — s'est levé, et il a rempli les environs d'Altabiscar de ses aboiements.

» Au col d'Ibañeta, un bruit retentit ; — il approche en frôlant à droite et à gauche les rochers ; — c'est le murmure d'une armée qui vient. — Les nôtres y ont répondu du sommet des montagnes ; — ils ont soufflé dans leurs cornes de bœuf, — et l'Etcheco-jauna (maître de maison) aiguise ses flèches.

» Ils viennent ! ils viennent ! Quelle haie de lances ! — Comme les bannières versicolorées flottent au milieu ! — Quels éclairs jaillissent des armes ! — Combien sont-ils ? Enfant, compte-les bien ! — Un, deux, trois, quatre, cinq, six, sept, huit, neuf, dix, onze, douze, — treize, quatorze, quinze, seize, dix-sept, dix-huit, dix-neuf, vingt.

» Vingt et des milliers d'autres encore. — On perdrait son temps à les compter. — Unissons nos bras nerveux, déracinons les rochers, — lançons-les du haut des montagnes — jusque sur leurs têtes. — Écrasons-les ! tuons-les !

» Et qu'avaient-ils à faire dans nos montagnes, ces hommes du Nord ? — Pourquoi sont-ils venus troubler notre paix ? — Quand Dieu fit ces montagnes, c'est pour que les hommes ne les franchissent pas. — Mais les rochers en roulant tombent ; ils écrasent les troupes ; — le sang ruisselle, les chairs palpitent. — Oh ! combien d'os broyés ! quelle mer de sang !

» Fuyez ! fuyez ! ceux à qui il reste de la force et un cheval. — Fuis, roi Carloman, avec tes plumes noires et ta cape rouge. — Ton neveu, ton plus brave, ton chéri, Roland, est étendu mort là-bas. — Son courage ne lui a servi à rien. — Et maintenant, Escualdunacs, laissons les rochers ; — descendons vite en lançant nos flèches à ceux qui fuient.

» Ils fuient ! ils fuient ! Où donc est la haie de lances ? — Où sont ces bannières versicolorées flottant au milieu ? — Les éclairs ne jaillissent plus de leurs armes souillées de sang. — Combien sont-ils ? Enfant, compte-les bien. — Vingt, dix-neuf, dix-huit, dix-sept, seize, quinze, quatorze, treize, — douze, onze, dix, neuf, huit, sept, six, cinq, quatre, trois, deux, un.

» Un ! il n'y en a plus même un. — C'est fini. Etcheco-jauna, vous pouvez rentrer avec votre chien, — embrasser votre femme et vos enfants, — nettoyer vos flèches, les serrer avec votre corne de bœuf, et ensuite vous coucher et dormir dessus — La nuit, les aigles viendront manger ces chairs écrasées, — et tous ces os blanchiront dans l'éternité. »

Ibañetaren lepoan harabotz bat aghertcen da,
Urbilteen da, arrokac esker eta escun joten dituelaric;
Hori da urruntic heldu den armadabaten burruma.
Mendien capetaric guriec erepuesta eman diote;
Bere tuten seinuia adiarazi dute,
Eta etcheco jaunac bere dardac zorrozten tu.

Heldu dira! heldu dira! cer lantzasco sasia!
Noia cer nahi colorezco banderac heien erdian aghertcen diren!
Cer simitzac atheratcen diren hein armetaric!
Bat, biga, hirur, laur, bortz, sei, zazpi, zortzi, bederatzi, hamar, hameca,
[hamabi].
Hamahirur, hamalaur, hamabortz, hamasei, hamazazpi, hemezotzi, hemeretzi,
[hogoi].
Hogoi eta milaca oraino.
Hein condatcea demboaren galtcea liteke.
Urbilt ditzagun gure beso zailac, errotic athera ditzagun arroca horiec,
Botha ditzagun mendiaren patarra behera
Hein buruen gaineraino;
Leher ditzagun, herioaz jo ditzagun.

Cer nahi zuten gure mendietaric Norteco ghizon horiec?
Certaco jin dira gure bakearen nabastera?
Jaungo coac mendiac in dituenean nahi izan du hec ghizonec ez pasatcea.
Bainan arrokac biribilcolica erotzcen dira, tropac lehertcen dituzte,
Odola churrutan badoa, haraghi puscac dardaran daude.
Oh! cembat hezurr carrascatuac! cer odolezco itsatsoa.

Escapa! escapa! indar eta zaldi dituzuenac,
Escapa hadi, Carlomano erreghe, hire luma beltzekin eta hire capa goriarekin;
Hire iloba maitea, Errolan zangarra, hantchet hila dago;
Bere zangarrartassua berretaco ez du izan.
Eta orai, Escualdenac, utz ditzagun arroca horiec;
Jautz ghiten fite igor ditzagun gure dardac escapatcen diren contra.

Badoadi! badoadi! non da bada lantzesco sasi hura?
Non dira heien erdian agherri ciren cer nahi colorezco bandera hec?
Ez da gehiago simitzaric atheratcen heien arma odolez bethetaric.
Hogoi, hemeretzi, hemezortzi, hamazazpi, hamasei, hamabortz, hamalaur,
[hamahirur].

Hamabi, hameca, hamar, bederatzi, zotzzi, zazpi, sei, bortz, laur, hirur,
[bigat, bat].

Bat! ez da bihiric agherteen gehiaho.
Akhabo da. Etcheco jauna, joaiten ahalzira zure chacurrarekin,
Zure ematzearen eta zure haurren besarkatcera,
Zure darden garbitcera eta alchatcera zure tutekin, eta ghero beien gainean
[etzatera eta lo itera].
Gabaz, arranoac joanen dira haaghi pusca lehertu horien jatera,
Eta bezurr horiec oro churituco dira eternitatean.

M. de Monglave (1) a cru devoir enrichir sa publication d'une notice où il explique sa découverte, tout en cherchant à déterminer les caractères particuliers de la poésie nationale des Euskariens. « J'ai vu autrefois, dit-il, une copie du chant d'Altabiscar, chez M. Garat, ancien ministre, ancien sénateur et membre de l'Institut. Il la tenait du fameux La Tour d'Au-

(1) Le lecteur jugera, par la notice suivante empruntée au *Dictionnaire des Contemporains*, de VAPEREAU, de l'autorité historique et philologique de l'éditeur du *Chant d'Altabiscar* :

« MONGLAVE (François-Eugène GARAY dit DE), littérateur français, né à Bayonne, le 8 mars 1796, se rendit au Brésil après les événements de 1814, prit du service dans l'armée de Don Pedro, et passa en 1819 en Portugal, où il se mêla au mouvement constitutionnel. Rentré en France, il se jeta dans la petite presse, fonda, en 1823, *Le Diable boiteux*, journal qu'il fit revivre en 1832 et en 1857, et fit, par ses articles et ses livres, une guerre continuelle à la Restauration. Il expia plus d'une fois son opposition par la prison et de fortes amendes, et fut obligé de se cacher sous divers pseudonymes.

» Outre ses brochures et ses traductions du portugais, nous citerons de lui les romans : *Mon Parrain Nicolas* (1823) ; *les Parchemins et la Livrée* (1825), avec M. Marie Aycard ; *Octavie ou la maîtresse d'un Prince* (1825) ; *le Bourreau* (1830) ; les biographies ou plutôt les pamphlets des *Dames de la Cour*, des *Pairs de France*, des *Quarante* (1826), et quelques travaux historiques, tels que *le Siége de Cadix en 1810* (1823, in-8°); *Résumé de l'histoire du Mexique* (1825) ; *Conspirations des Jésuites en France* (1825, in-8°), etc. En 1825, il fonda l'Institut historique, société dont la création fut autorisée l'année suivante, et en fut élu le secrétaire perpétuel. Depuis 1830, il a principalement écrit des brochures administratives et des notices. »

vergne, le premier grenadier de France, lequel, pendant les guerres de la république, se délassait de ses fatigues en travaillant à un glossaire en quarante-cinq langues. La Tour d'Auvergne avait été chargé de traiter de la capitulation de Saint-Sébastien, le 5 août 1794, et c'était au prieur d'un des couvents de cette ville qu'il était redevable de ce précieux document, écrit en deux colonnes, sur parchemin, et dont les caractères peuvent remonter à la fin du douzième ou au commencement du treizième siècle, date évidemment postérieure de beaucoup à ce chant populaire (1). » — « Les Escualdunais ont peu écrit ; ils ne se nourrissent (sic) que de traditions verbales. Parmi les poésies qui se sont ainsi conservées de génération en génération, on cite un poëme assez étendu sur la religion des Cantabres, des chants guerriers et allégoriques, et quelques chansonnettes supérieures peut-être en naïveté à celles de Métastase, et des romances populaires qui datent, d'après M. de Humboldt, de l'invasion des Romains, et qui ne sont pas inférieures aux plus beaux chants des Grecs modernes. Viendra peut-être un Macpherson qui les recueillera (2). »

Le *Chant d'Altabiscar*, a été reproduit par M. Francisque-Michel, à la suite de sa *Chanson de Roland*, et il a été cité depuis par plusieurs écrivains, entre autres, par Wilhelm Grimm (3), qui soupçonna seulement une strophe d'être interpolée.

---

(1) *Journal de l'Institut historique*, t. I, p. 176.

(2) *Id. Ibid.* — Personne n'ignore aujourd'hui, sauf M. Garay de Monglave, que les poésies attribuées à Ossian sont l'œuvre d'un mystificateur habile et lettré, qui opérait sur des traditions populaires. Cette supercherie a été démasquée dans cent publications, dont une des plus remarquables est assurément celle de lord Neaves, publiée, en 1856, dans deux journaux d'Édimbourg : *The Courant*, n° du 24 juillet, et *The Scotsman*, n° du 26 du même mois.

(3) *Ruolandes liet*, p. XCIII.

CHANT D'ANNIBAL. Il a été, pour la première fois, question de cette pièce dans l'*Ariel*, journal de Bayonne, numéro du 5 janvier 1845. L'auteur de l'article est Augustin Chaho, sur lequel le lecteur sait assez à quoi s'en tenir. A propos du couplet que je reproduis ci-dessous (1), malgré son orthographe défectueuse, Chaho forge un conte à dormir debout, sur l'expédition des Cantabres en Italie, à la suite d'Annibal. Néanmoins on voit assez qu'il ne s'agit encore que d'une fiction à laquelle l'auteur a voulu donner les couleurs de la vérité, en supposant l'existence d'un chant basque sur les conquêtes du général carthaginois. Mais patience, et sans sortir de cette même année 1845, nous allons voir comment ce conte va recevoir de M. Mary-Lafon un brevet d'authenticité.

« Voici maintenant, dit-il (2), un chant ibérien, qui, tout en fournissant un sujet de comparaison entre la littérature des deux races (gauloise et ibérienne), nous reporte à l'un des événements les plus profondément gravés dans la mémoire des peuples.

» I. Oiseau, chantre délicieux du pays, où fais-tu entendre à présent ton ramage? Depuis longtemps, je prête en vain l'oreille à ta voix mélodieuse; il n'est point d'heure dans ma vie où tu ne sois présent à ma pensée.

» II. Un soir, il passa au pied de nos montagnes, l'étranger africain, avec une foule de soldats étrangers, et il dit à nos vieillards : « que nous, leurs enfants, nous étions braves (comme cela est vrai),

(1)   Tchori khantazale eigerra,
              Noun othe his khantatzen?
              Hire botzic aspaldian
              Nic eztial entzuten,
              Ez orenic, ez mementic
              Nic eztial igaraïten
              Noun ehitzaitan orhitzen.

(2) MARY-LAFON, *Hist. du Midi de la France*, t. I, p. 85-86.

et qu'il ne venait pas contre nous, mais contre les Romains, nos ennemis. »

» III. Et alors, les jeunes lui répondirent : « Annibal, si tu dis vrai, nous marcherons devant toi, et nous nous mêlerons à tes soldats étrangers. Les Romains ont voulu soulever les Gaules contre nous, et ils n'ont pas réussi : nous te suivrons au bout du monde. »

» IV. Et nous sommes partis pendant que les femmes dormaient tranquillement, sans réveiller les petits enfants qui dormaient sur leur sein ; et les chiens qui pensaient que, suivant la coutume, nous reviendrions avant le jour, n'ont pas aboyé.

» V. Et bien des jours, bien des nuits ont passé, et nous ne sommes pas revenus. Courageux Cantabres, au jarret souple, au pied léger, nous avons suivi l'étranger africain, nous avons traversé les Gaules comme un trait, nous avons franchi le Rhône plus furieux que l'Adour, les Alpes plus droites que les Pyrénées.

» VI. Et, partout vainqueurs, nous sommes descendus dans la belle Italie, où il y a des campagnes fertiles, des villes dorées et des femmes belles. Mais tout cela ne vaut pas nos montagnes, nos mères, nos sœurs et nos bien-aimées.

» VII. Ils disent que dans un mois nous serons dans la capitale des Romains, et que nous y amasserons de l'or à plein casques (1). Moi je leur réponds : « je ne veux pas ; c'est assez ; j'aime mieux revenir dans mes montagnes et revoir celle qui possède mon cœur. Le pays est loin d'ici et il y a longtemps. »

» VIII. Oiseau, joli chanteur, chante doucement! Je suis le plus malheureux qui soit au monde. J'ai quitté la montagne sans faire mes adieux, et je m'abreuve de mes larmes. »

---

(1) Les Basques ne pouvaient « amasser de l'or à pleins casques », par la raison décisive qu'ils n'en portaient pas.

<blockquote>
Nec Cerretani, quondam Tyrinthia castra,
Aut Vasco insuetus galeæ, ferre arma morati.
Sil. Italic. Punic., l. II.

Cantaber, et galeæ contempto tegmine Vasco.
Id., Ibid., l. X.
</blockquote>

Le premier (1) et le dernier couplet de cette rapsodie sentimentale, renvoient à deux notes que je copie fidèlement. Par ces deux citations, M. Mary-Lafon semble vouloir se borner à traduire les couplets initial et final d'une poésie qu'il serait censé posséder intégralement, car il ajoute aussitôt :

« Le texte dont nous ne donnons que le premier et le dernier couplet, a été copié, le 7 octobre 1821, dans la bibliothèque du couvent des capucins de Fontarabie. La tradition en a conservé les principaux passages qu'on chante dans les montagnes. (*Extrait d'une Histoire inédite des établissements des Basques sur les deux versants des Pyrénées*.) »

Dans son *Histoire primitive des Euskariens-Basques*, p. 17-19, Chaho donne, avec certaines différences d'orthographe et même de texte, les mêmes couplets que M. Mary-Lafon. Entre ces couplets, il intercale une prétendue traduction française que je ne crois pas devoir reproduire. Cette traduction présente, avec celle de M. Mary-Lafon, des différences notables, et Chaho ajoute dans une note : « Les critiques attribuent le *Chant d'Annibal* à quelque poëte du xviie siècle. A vrai dire, pour notre part, nous ne connaissons, en texte, de

---

(1)   Chori, cantatzate eigena
            Non othe his cantatzen ?
            Aspaldian hire botzic
            Ni er diat ent zuten.
            Ez orenic ez merentic
            Ez diat igaraiten
            Non chizaitan.

            Chori, cantari cigerra,
            Canta eçac ez lite ;
            Malerousic mundiala
            Ez tu sorthu ni baiçi.
            Adioni erran gabe.
            Phartitu niz hirritu
            Nigarrez arinis bethi.

cette improvisation, que deux couplets; nous avons cité le premier, voici le dernier (1). »

Le *Chant d'Annibal* est une mystification si grossière, que peu de gens y ont été pris; mais je considère comme un devoir de démasquer une des nombreuses supercheries historiques de Chaho et de M. Mary-Lafon.

Le lecteur est maintenant fixé sur les textes et sur les circonstances des prétendues découvertes des chants héroïques des Basques. Il s'agit maintenant d'apprécier l'authenticité de ces pièces.

§ 2.

Les raisons qui militent contre l'authenticité des prétendus chants héroïques des Basques sont générales ou spéciales. Commençons par l'examen des raisons générales.

Et d'abord, les manuscrits originaux manquent pour chacune des trois pièces. Voilà déjà une très-forte cause de méfiance, que la langue des documents suffit à convertir en une complète incrédulité. Le *Chant des Cantabres* est à peu près intelligible à un Basque moderne; le *Chant d'Altabiscar* est en dialecte du Labourd, et celui *d'Annibal* en dialecte de la Soule, tels qu'on les parle actuellement dans ces deux pays. Le basque a subi, depuis le xve et le commencement du xvie siècles, de telles altérations que les documents de cette époque sont rarement intelligibles, car il n'y a pas lieu de s'arrêter à l'exception purement apparente qui semble résulter du frag-

(1)   Tchori khantazale eïgerra,
            Khanta ezac eztiki;
            Mundu hountan malerousie
            Eztuc sorthu ni baïzi.
            Maiteñobat ukben eta
            Phartitu nintçan herriti,
            Nigarrez ari niz bethi.

ment relatif à la bataille de Beotibar (v. p. 260, note 1). Comment admettre, dès lors, que parmi les trois textes examinés, dont deux auraient deux mille ans environ et le troisième mille, le *Chant des Cantabres* soit à peu près intelligible à un Euskarien actuel, et que le *Chant d'Altabiscar* et le *Chant d'Annibal* soient conçus, l'un dans le labourdin, et l'autre dans le souletin le plus moderne.

En voilà assez sur les raisons générales. Passons à l'examen de détail.

CHANT DES CANTABRES. — Écartons d'abord les contes bleus de Lelo, de Tota et de Zara, dont on voudrait faire le pendant de la légende d'Agamemnon, d'Égisthe et de Clytemnestre. M. Francisque-Michel a parfaitement raison de ne voir dans ce *Lelo il Lelo* qu'un refrain analogue à notre *La faridondaine* et à nos *Tra la la* (1), et le fragment du *Romancero Castellano* qu'il cite à ce sujet (2) se trouve corroboré par le texte ci-dessous (3), dont je dois l'indication à M. Gaston Paris. Que l'on dise d'ailleurs de ce refrain *éternel comme Lelo!* cela ne m'étonne pas, et se pratique tous les jours pour les répétitions banales et fastidieuses.

---

(1) FRANCISQUE-MICHEL, *Le Pays Basque*, p. 230.

(2)   ¡ Helo, helo, por do viene
        El Infante vengador
        Caballero a la gineta,
        En un caballo corredor !
            Romancero Castellano, Romance del Infante Vengador.

(3) On trouve dans l'*Aperçu de l'histoire des langues néo-latines en Espagne* de MM. Ad. HELFRICH et G. de CLERMONT (Madrid, 1857), p. 26, la mention d'un manuscrit du XVIe siècle, intitulé *Planeta*, et conservé à Tolède. L'auteur célèbre les vertus de l'archevêque Rodrigue, et affirme qu'il surpasse : « Gallæcos in loquela, Legionenses in eloquentia, Campesinos in mensa, Castellanos in pugna, Sarranos in duritia, Arragonenses in constantia, Cathalanos in lætitia, *Navarros in leboa*, Narbonenses in invitatura (l. sans doute *invitiatura*), etc. » Le prologue d'où ces mots sont extraits se termine ainsi : « Auctor vivebat anno 1218. » *Leboa* est bien le même que *lelo*, et répond à peu près à *ballade* ou chanson populaire.

Quant au voyage en Italie d'Uchin, fondateur d'*Urbino*, et à l'analogie de ce nom avec l'*Urbina* d'Espagne, la chose n'est attestée par aucun historien de l'antiquité; et c'est là une de ces rêveries extravagantes, comme on en trouve beaucoup dans les écrivains du xvi⁰ siècle, et même des temps postérieurs. Sans doute, *Urbina* et *Urbinum* sont deux noms de villes, et Humboldt a signalé de nouveau cette analogie dans son livre sur les Basques; mais nous savons à quoi nous en tenir sur la valeur de ces rapprochements toponymiques.

Si le *Chant des Cantabres* remontait à l'époque d'Auguste, c'est-à-dire au moment même de la conquête, alors que la Cantabrie n'était pas encore romanisée, il ne devrait pas contenir de mots latins tels que *arma* (7⁰ couplet), *grandoja* (14⁰ couplet), *munduco* (2⁰ couplet), etc. L'idée complexe de monde, *munduco*, n'aurait pu d'ailleurs entrer, dans la tête des Euskariens de l'époque d'Auguste; et dans tous les cas, comme le remarque judicieusement M. Gaston Paris, ils auraient dû prendre aux Romains le mot *orbis* et non celui de *mundus*, qui ne se trouve pas dans ce sens à la bonne époque. Pour le même motif, le *Chant des Cantabres* devrait être exempt de termes romans tels que *cansoa*, chant, chanson, (2⁰ couplet), et *zamoa* (12⁰ couplet), qui signifie bête de somme et non fardeau, comme l'ont prétendu Humboldt et Fauriel.

Ces deux auteurs paraissent avoir mal transcrit ce poème au point de vue de la versification, qui paraît assez curieuse à M. G. Paris. « La rime, dit-il, porte, non sur le vers deux et quatre de chaque quatrain, mais sur le quatrième vers de tous les quatrains, et ce n'est pas une assonance, mais bien une rime très-exacte qui rejoint ainsi les strophes en un seul tout. » Cela me rappelle ces chansons que j'ai souvent entendu chanter, et même improviser, en basque et en espagnol. Chaque couplet se compose d'un nombre variable de syllabes avec un temps d'arrêt vers le milieu. Les vers riment parfois exactement, plus souvent par assonnance (1), et l'air est à peu près celui des vêpres espagnoles. Mais alors l'histoire de Lecobidi est moderne, et il est difficile d'admettre que ses exploits aient été chantés, sur l'air des vêpres, avant la naissance de Jésus-Christ.

L'histoire positive prouve aussi, comme la philologie et la rythmique, la fausseté du *Chant des Cantabres.* Le lecteur se souvient, en effet, que l'événement célébré dans ce poëme apocryphe a eu lieu, non pas chez les Vascons, mais chez les Cantabres (I part., ch. I, § 2, p. 19, 20, 21), dont j'ai démontré l'origine celtique (I part., ch. I, § 1, p. 6).

Je lis dans le second couplet :

Romaco aronac	Les étrangers de Rome
Aleguin eta	Veulent forcer la Biscaïe, et
Vizcaiac daroa	La Biscaïe élève
Cansoa	Le chant de guerre.

Mais nous savons qu'à l'époque d'Auguste, les Romains étaient déjà maîtres de la Cantabrie comme du pays des Vascons : ils ne faisaient que ramener les rebelles à l'obéissance. La Biscaye n'a pu élever le chant de guerre pour deux motifs : le premier, c'est que le territoire devenu plus tard la Biscaye des Euskariens, appartenait encore aux Cantabres; et que les Vascons, ancêtres des Basques, et demeurés constamment soumis, sauf la révolte partielle de Calagorris, ne s'en sont emparés et n'y ont propagé leur langue qu'après la chute de la domination romaine en Espagne (v. p. 20-21).

Seconde raison bien supérieure à la première : la Biscaye est un nom qui appartient exclusivement à la géographie féodale

---

(1) M. Gaston Paris demande des exemples de ce genre de versification. Je n'en ai malheureusement noté ni en basque ni en espagnol ; mais je fais appel aux souvenirs de ceux qui ont quelque connaissance des provinces vascongades, et je suis certain de n'être pas démenti.

de l'Espagne (v. p. 34). Elle ne pouvait donc rien entonner du tout sous Auguste.

Troisième couplet.

Octabiano	Octavien est
Munduco jauna,	Le seigneur du monde,
Lecobidi	Lecobidi
Vizcaicoa	Des Biscaïens.

Auguste était, en effet, le seigneur du monde ancien, y compris les Vascons et les Cantabres, et la preuve c'est que ceux-ci voulurent reconquérir leur indépendance. Mais il est fâcheux que Dion Cassius, Suétone, Strabon, Florus, etc., n'aient pas soufflé mot de Lecobidi, seigneur des Biscayens, à peu près un millier d'années avant qu'il y eût une Biscaye.

Quatrième couplet.

Ichasotatic	Du côté de la mer,
Eta leorrez	Du côté de la terre
Imini deuscu	(Octavien) nous met
Molsoa.	Le siége (à l'entour).

Auguste n'a mis le siége, ni du côté de la mer, ni du côté de la terre. Il se retira malade, et ses lieutenants firent tout pour lui (v. p. 19-2). Voilà probablement pourquoi il refusa le triomphe à son retour à Rome. A partir de ce couplet, jusqu'au dixième exclusivement, nous voyons en outre que l'auteur du poëme apocryphe s'est inspiré du récit d'Orose sur le siége du mont Médulius, et qu'il a fait arriver, non pas chez les Vascons, mais chez les Cantabres, un siége qui a eu lieu en Galice (v. p. 19-20).

Onzième couplet.

Aec anis ta	(Mais) eux (sont) nombreux et
Gu guitchitaia	Nous petite troupe.
Azquen indugu	A la fin nous faisons
Lalboa.	Amitié.

Nous savons que les vaincus s'étaient empoisonnés, entre-égorgés, brûlés, qu'Agrippa avait fait mettre à mort tous les hommes en état de porter les armes et déporté le reste dans la plaine (p. 20). Comment auraient-ils pu faire amitié?

Le *Chant des Cantabres* est donc une pièce fausse. Sa date peut être approximativement déterminée. Et d'abord, l'usage répété du mot Biscaye (*Vizcaiac, Viscaicoa*), ne permet pas de la reporter plus haut que le commencement de l'époque féodale. Mais si l'on songe que c'est surtout à partir du xve siècle que les historiens du nord de l'Espagne donnent volontiers le nom de Biscaye, tantôt à la Biscaye proprement dite et à l'Alava, tantôt à tout le Pays basque transpyrénéen; si l'on songe que, pour ces auteurs, le nom de Cantabrie est synonyme de Biscaye, et que cette dénomination s'est maintenue jusqu'aux xviie et xviiie siècles, nous pouvons légitimement descendre jusqu'à cette époque. Il ne serait donc pas impossible que cette pièce remontât à l'époque d'Ibañez de Ibarguen. En activant ses recherches, ce savant aurait peut-être pu découvrir, aussi, en Biscaye, un document beaucoup plus curieux, une histoire de la conquête de la Cantabrie, rédigée, disait-on, par Auguste lui-même, et que l'on prétendait encore exister au xviie siècle. Oihénart traite avec raison cette histoire de rêve de gens éveillés (*mera vigilantium somnia*), et il faut en faire autant du *Chant des Cantabres*, dont la philologie, la rhythmique et l'histoire, s'accordent à démontrer la fausseté et la fabrication récente.

Chant d'Altabiscar. Le lecteur sait que dans l'argument dont il a enrichi le poëme, M. de Monglave parle d'une copie qu'il aurait vue chez Garat, et que celui-ci aurait reçue de La Tour d'Auvergne. Il aurait été naturel d'opérer sur cette copie, dont Garat n'a pourtant soufflé mot, ni dans ses ouvrages imprimés, ni dans son histoire manuscrite des Basques. M. de Monglave ne fait cependant usage que d'un texte censé formé « des

meilleures variantes » par un certain M. Duhalde, d'après plusieurs versions qui seraient traditionnellement conservées « sur la montagne (1). »

M. Duhalde n'a pu recueillir « sur la montagne » ni thême ni variantes du poëme en question, parce qu'il n'en existe pas. J'ai parcouru plus d'une fois la Soule, la Basse-Navarre et le Labourd, interrogeant les lettrés et les illettrés, curés, instituteurs, aubergistes et paysans. Sauf le dénombrement ascendant et descendant sur lequel je m'expliquerai tout-à-l'heure, pas le moindre vestige du *Chant d'Altabiscar* ni d'aucun autre poëme historique. J'ai vainement essayé de recueillir aussi quelques bribes du « poëme assez étendu sur la religion des Cantabres », dont parle M. de Monglave, qui confond à tort, comme beaucoup d'autres, les Cantabres et les Vascons. Si ce littérateur ne prend la peine de publier ce précieux document, nous serons donc forcés de nous contenter, comme par le passé, des renseignements trop sommaires donnés par Strabon sur les croyances religieuses des anciens peuples du nord de l'Espagne (2).

De cette enquête infructueuse, je crois pouvoir déjà conclure que M. de Monglave est dans le vrai plus encore qu'il ne le pense, quand il prophétise l'avènement d'un Macpherson

---

(1) Dans le tome I de son *Histoire du Midi de la France*, p. 398, note 1, M. Mary-Lafon nous apprend que le *Chant d'Altabiscar* « a été traduit, en 1834, par M. G. de M. » Pourquoi cette date de 1834, puisque la pièce n'a paru qu'en 1835? Pourquoi M. Garay de Monglave n'est-il désigné que par ses initiales ?

(2) Ἔνιοι δὲ τοὺς Καλλαικοὺς ἀθέους φασί, τοὺς δὲ Κελτίβηρας καὶ τοὺς προσόρους τῶν ὁμόρων τινὶ θεῷ (θέων) ταῖς πανσελήνοις νύκτωρ πρὸ τῶν πυλῶν, πανοικίους τε χορεύειν καὶ παννυχίζειν. Strab. *Geog.*, l. IV. — Chaho n'a pas manqué de s'étayer des paroles de M. de Monglave, sur le prétendu poëme relatif à la religion des Cantabres, pour donner, une fois de plus, ample carrière à son penchant inné pour le faux. V. notamment, dans l'*Hist. primit. des Euskariens-Basques*, les chapitres intitulés : *Les Pyrénées occidentales* et *Aïtor, légende cantabre*.

euskarien, qui pourrait seul, en effet, révéler aux candides lecteurs du *Journal de l'Institut historique*, les richesses historiques et littéraires dont il est question dans l'argument du *Chant d'Altabiscar*. Je ne crois pas, néanmoins, que M. de Monglave soit à la hauteur de ce rôle, car plusieurs Bayonnais, ses compatriotes, m'ont dit et écrit que, malgré son nom et son origine Basques, cet écrivain est étranger à la langue du pays (1). Cela étant, il n'aurait pu traduire le poème sur la déroute de l'armée de Charlemagne qu'avec le secours d'autrui. Mais la notice citée plus haut est bien l'œuvre de M. de Monglave, et il y est parlé des chants des Grecs modernes, en même temps que des poésies d'Ossian. En 1835, les chants Grecs étaient, en effet, connus depuis longtemps du public français, grâce à la publication de Fauriel (2). Eh bien, j'en fais juge quiconque compare, sans prévention, les poèmes ossianiques et palikares avec le *Chant d'Altabiscar*, ce dernier ne paraît-il pas inspiré des livres indiqués par M. de Monglave lui-même? N'est-ce pas le même bruit nocturne d'armées, les mêmes chiens vigilants, les mêmes aigles anthropophages, les

---

(1) Voilà le sentiment des gens bien informés, et pourtant Du Mège, dont les faux historiques sont innombrables, a écrit dans ses *Additions et Notes* annexées à la réimpression de l'*Hist. du Languedoc*, VIIIe livraison, p. 34 : « M. de Monglave, qui connaît mieux peut-être que tout autre homme de lettres de notre époque la langue des *Escualdunacs*, ses compatriotes. »

(2) FAURIEL, *Chants populaires de la Grèce moderne*, 1824. M. de Monglave a bien pu être informé, par le *Bulletin des sciences historiques* de FÉRUSSAC, t. XIII, p. 301-303, de l'existence d'un chant bohémien du xve siècle, intitulé : *Défaite des Saxons*, dont le texte original avait été publié à Prague, en 1829 : *Die Königin Handschrift*..., p. 72. Je copie dans *le Pays basque* de M. FR. MICHEL, p. 235, la traduction du dernier couplet du chant bohémien : « Wenesh escalada la montagne, — il leva son épée vers la droite. — C'est là que se lance l'armée, — et de là sur le rocher; — et du haut de ce rocher on jetait des pierres sur les Germains. — L'armée se précipite du haut du rocher dans la plaine, — et les Germains gémissaient, — et les Germains fuyaient, — et ils succombèrent. »

mêmes ossements blanchis, dont la génération romantique de 1835 a fait une si effrayante consommation? Et que dire de Charlemagne qui détale, avec ses plumes noires et son manteau rouge, le costume du héros de l'opéra de *Robin des Bois*? Que dire de cette maxime philosophique, placée dans la bouche des montagnards des Pyrénées du viiie siècle? « Quand Dieu fit ces montagnes, il voulut que les hommes ne les franchissent pas. »

Il me semble que toutes ces réflexions ne sont pas de nature à inspirer une très-vive confiance dans le *Chant d'Altabiscar*. Je ne veux pas l'examiner au point de vue linguistique, ni relever une foule de mots d'origine évidemment latine ou romane. On ne manquerait pas de m'objecter qu'il n'en est pas de cette pièce comme du *Chant des Cantabres*, et qu'au viiie siècle la langue basque avait certainement emprunté beaucoup au lexique des idiomes parlés dans les régions voisines. Mais il ne m'est pas interdit de me rabattre sur le rhythme et sur l'histoire.

Sur le rhythme, je serai court. Les Basques n'ont point de prosodie spéciale (v. p. 229 et s.), et ils ont emprunté, tant pour la poésie littéraire que pour la poésie populaire, les procédés des Espagnols, des Français et des Gascons. Je ne connais qu'une exception à cette règle, et elle m'est précisément fournie par la pièce suspecte, par le *Chant d'Altabiscar*. Ce chant n'est pas en vers, car on ne peut raisonnablement donner ce nom à des séries de mots comprenant un nombre de syllabes aussi variable. Je vais plus loin. On peut couper la pièce comme on voudra; je défie que l'on arrive une seule fois à faire coïncider le sens avec n'importe quel mètre régulier, surtout en maintenant la division en huit strophes de six vers chacune adoptée par M. de Monglave. J'ose à peine parler de la rime. Les prétendus vers, qui riment pour la plupart par assonance, ne forment qu'une assez faible minorité. Notez aussi que ces assonnances ne présentent, pour chaque strophe, aucun retour régulier et périodique, de sorte qu'il est permis à quiconque a tant soit peu l'habitude de la langue basque, de les attribuer au hasard plutôt qu'à l'artifice du poète. Le *Chant d'Altabiscar* se présente donc, dans le romancero basque, comme une pièce solitaire, conçue et exécutée dans des conditions si étranges, qu'il est impossible de ne pas l'attribuer à un faussaire, qui a sacrifié toutes les règles de la prosodie à la nécessité de traduire dans l'idiome euskarien un thème conçu dans une autre langue.

L'histoire s'accorde avec la prosodie pour démontrer la fausseté de cette pièce. En effet, si le *Chant d'Altabiscar* était une poésie héroïque composée, comme on l'assure, aussitôt après la bataille, ou même à quelques années de date, il ne devrait y être question que d'événements historiques ; et, en tous cas, le poète n'aurait pu se rencontrer, dans ses fictions, avec d'autres légendes de formation postérieure. Cela dit, étudions rapidement la déroute de Charlemagne, à son retour d'Espagne, au double point de vue de l'histoire et de l'épopée.

Les historiens de ce temps se sont montrés fort sobres de renseignements sur le fait qui nous occupe, et Éginhard est le seul qui le raconte avec quelques détails. En 778, Charlemagne avait fait une expédition assez heureuse dans le nord de l'Espagne. « Il ramena, dit Éginhard, ses troupes saines et sauves. A son retour cependant, et au sommet même des Pyrénées, il eut à souffrir un peu de la perfidie des Basques. L'armée défilait sur une ligne étroite et longue, comme l'y obligeait la conformation du terrain resserré. Les Basques se mirent en embuscade sur la crête de la montagne qui, par l'étendue et l'épaisseur des bois, favorisait leur stratagème. De là, se précipitant sur la queue des bagages et sur l'arrière-garde destinée à protéger ce qui la précédait, ils la culbutèrent au fond de la vallée, tuèrent, après un combat opiniâtre, tous les hommes jusqu'au dernier, pillèrent les bagages, et, protégés par les ombres de la nuit qui déjà s'épaississaient, s'éparpillèrent en divers lieux avec une extrême célérité. Dans cet engagement, les Basques avaient pour eux la légèreté de leurs armes et l'avantage de la position. La pesanteur des armes et la difficulté du terrain rendaient, au contraire, les Franks inférieurs en tout à leurs ennemis. Eginhard, maitre d'hôtel du roi; Anselme, comte du palais; Roland, commandant de la frontière de Bretagne, et plusieurs autres périrent en cette occasion. Le souvenir de ce cruel échec obscurcit grandement dans le cœur du roi la joie de ses exploits en Espagne (1). »

Voilà donc cette bataille, si exagérée dans les divers romans épiques du cycle karolingien, réduite, par un historien contemporain et bien informé, aux simples proportions d'un combat d'arrière-garde, dont l'armée de Charlemagne a peu souffert (*parumper*). Les Basques ont pillé les bagages, massacré les gardiens et quelques officiers de l'empereur, parmi

---

(1) « Carolus... salvo et incolumi exercitu revertitur; præter quod ipso Pyrinei jugo Wasconiam perfidiam parumper in redeundo contigit experiri. Nam cum agmine longo, ut loci et angustiarum situs porrectus iret exercitus, Wascones, in summi montis vertice positis insidiis (est enim locus ex opacitate sylvarum, quarum ibi est maxima copia, insidiis ponendis opportunus) extremam impedimentorum partem, et eos qui novissimi agminis incedentes, subsidio procedentes tuebantur, desuper incursantes, in subjectam vallem dejiciunt, consertoque cum eis prælio, usque ad unum omnes interficiunt, ac direptis impedimentis, noctis beneficio, quæ jam instabat protecti, summa celeritate in diversa disperguntur. Adjuvabat in hoc facto Wascones et levitas armorum, et loci in quo res gerebatur situs; et contra Francos et armorum gravitas et loci iniquitas per omnia Wasconibus reddidit impares. In quo prælio Eggihardus regiæ mensæ præpositus, Anselmus comes palatii, et Hruodlandus Britannici limitis præfectus, cum aliis compluribus interficiuntur... » Eginh., *Vita Karoli magni*, ap. script. fr. V, 93. Cf. Eginh., *Annal.*, ibid., 203; Poet. sax., l. I, ibid. 153. — Je ne crois pas devoir citer, sur le même événement, un passage de la *Charte d'Alaon*, car la fausseté de ce document a été démontrée par M. Rabanis : *Les Mérovingiens d'Aquitaine*.

lesquels Roland, qui n'est pas encore, comme dans les légendes postérieures, le neveu de Charlemagne, l'invincible paladin, l'homme à la Durandal et le corniste sans pareil, mais un simple commandant de la frontière de Bretagne (*Hruodlandus Britannici limitis præfectus*).

On ignore en quel lieu précis le combat a eu lieu; mais si l'on considère que l'armée s'en retournait vers le Nord, et si l'on tient compte de certaines expressions d'Eginhard (*ipso Pirinei jugo... in summi montis vertice... in subjectam vallem...* etc.), il semble que les choses ont dû se passer sur le versant nord des Pyrénées basques. Quoi qu'il en soit, les Espagnols s'attribuèrent de bonne heure cette victoire. Ils firent de Roncevaux le théâtre de la défaite de Charlemagne, et imaginèrent toutes sortes de fables sur l'amitié de l'empereur et d'Alfonse-le-Chaste, l'opposition des barons, les exploits de Bernard de Carpio, etc., etc. (1). En France, au contraire, on mit tout sur le compte des Maures qui n'en pouvaient mais, et avec le temps apparurent, dans les récits légendaires et les romans épiques, une foule de personnages transformés ou fabuleux : l'archevêque Turpin, Roland, neveu de Charlemagne, la belle Aude, sœur d'Olivier, le traître Ganelon, *e tutti quanti*. Le nom de Roland, dont le corps fut enterré, disait-on, dans le *castrum* de Blaye, devint surtout populaire en Gascogne et dans les contrées voisines. Il existe, dans notre Sud-Ouest, une foule de traditions relatives à ce personnage, et l'on prétend avoir son épée à Notre-Dame-de-Roc-Amadour (Lot),

---

(1) RODERIC. TOLETAN., *Rer. in Hisp. gest. Chron.*, l. IV. — E los ricos omes del rey don Alfonso el Casto, quando sopieron lo porque fueron los mandaderos al emperador Carlos, pesoles mucho de coraçon : e consejaron al rey que revocas e aquello que embiara dezir al emperador, synon que lo echarien del reyno, e que ellos catarien otro señor, etc. *Las quatro partes enteras de la Cronica de España*, cap. X. — V. aussi, dans les divers recueils espagnols, les romances sur la bataille de Roncevaux et sur Bernard de Carpio.

siége d'un pèlerinage renommé. Dans les Pyrénées surtout, on compte je ne sais combien de *Pas* ou *Brèches-de-Roland*, et ces dénominations remontent à des époques très-diverses. Si les unes paraissent être assez anciennes, d'autres sont incontestablement très-modernes; et, depuis le commencement du siècle, elles ont été considérablement multipliées par les touristes troubadours et par les guides de la montagne, qui font le commerce des légendes au plus juste prix. J'ai eu maintes fois l'occasion de m'assurer par moi-même de ce fait, que me signalait, il y a déjà plusieurs années, M. Jules Balasque, l'auteur des excellentes *Etudes historiques sur la ville de Bayonne*. « A Cambo, par exemple, m'écrivait-il, tous les étrangers, depuis cinquante ans, ne manquent pas d'aller visiter le *Pas* ou *Gorge-de-Roland* : les indigènes pur sang ignorent ce nom de *Pas-de-Roland* et l'appellent *Utheca gaiz*, porte mauvaise, dangereuse. C'est, en effet, un étroit et dangereux défilé. Le nom de Roland a donc été rapporté tout récemment dans notre Pays basque. »

J'en ai dit assez sur l'histoire et sur la légende, et je vais tâcher d'en tirer parti pour relever, dans le *Chant d'Altabiscar*, trois ou quatre invraisemblances capitales.

Ce chant présente, dans son ensemble, le combat comme une extermination complète des Franks par les Basques. Les Franks étaient arrivés par milliers (*hogoi eta milaca oraino*), et il n'en reste pas même un (*bat! ezta bihiric agertcen geheiago*). Eginhard, au contraire, réduit la chose à un simple combat d'arrière-garde, meurtrier, il est vrai, mais, au demeurant, peu de chose (*parumper*) par rapport à toute l'armée.

Dans le poëme, Charlemagne fuit avec ses plumes noires et son manteau rouge (*escapa hadi, Carlomano erreghe, hire luma beltzekin eta hire capa gorriarekin*). Dans Eginhard, il n'est question ni de la fuite de l'empereur, ni de ses plumes noires, ni de son manteau rouge. Charlemagne devait être naturellement à la tête de l'armée, et sa place n'était pas en arrière, avec les soldats du train.

Toujours, d'après le poème, l'armée serait passée par le col d'Ibañeta, et le combat aurait eu lieu près du mont Altabiscar. Le col d'Ibañeta ou d'Ibayeta, est situé un peu au nord de Roncevaux, au levant du mont *Altabiscar, Altobiscar*, et plus rarement *Altabisçar*. De ce col part une vallée qui descend vers Arneguy, Saint-Michel et Saint-Jean-Pied-de-Port. Près du col d'Ibañeta s'élevait une croix, dite *croix de Charles*, sur l'emplacement occupé depuis par la chapelle du Sauveur (1). C'est là que, d'après plusieurs historiens du nord de l'Espagne (2) et de la Gascogne, l'arrière-garde de Charlemagne aurait été exterminée. On comprend que l'auteur du poème ait voulu faire concorder son récit avec les traditions, en y parlant du mont Altabiscar et du col d'Ibañeta; mais Eginhard ne détermine aucun emplacement fixe, et désigne seulement les Pyrénées basques comme le théâtre de l'action (3).

Je pourrais relever encore trois ou quatre invraisemblances du même genre ; mais j'aime mieux finir par une preuve certaine qu'au lieu d'être contemporain de la bataille et antérieur aux romans épiques du cycle karolingien, le *Chant d'Altabiscar* a été composé après eux et d'après eux. Dans Eginhard,

---

(1) Navarriam usque ad montes Pyreneos et usque ad crucem Caroli. Hug. Monach., *In Chron. Viseliac. Monast*. — Caroli crux sita erat ubi nunc sacellum Sancti Salvatoris ad Yuainetam, in summo Pyreneo. Oihénart, *Not. utr. Vasc.*, p. 406.

(2) Paréce ser que los Navarros... aguardaron a los Francos en la montaña de Altabiscar... en aquella pequeña llanada que hay en la antigua Hermita de S. Salvador de Ibañeta. Moret, *Antig. del Reyno de Navarra*, p. 237.

(3) Fauriel, *Hist. du Midi de la Gaule*, t. III, p. 246, ne parle pas du *Chant d'Altabiscar*, mais il en a eu certainement connaissance. Son ouvrage a paru, en effet, en 1836, c'est-à-dire un an après la publication du poème. Or, Fauriel fait « rouler sur l'armée de Charlemagne des rochers sous lesquels elle fut écrasée, » circonstance omise par Eginhard, et révélée seulement par le poème de M. de Monglave.

Roland est simplement le commandant de la frontière de Bretagne (*Britannici limitis præfectus*), et l'histoire ne nous apprend pas autre chose sur ce personnage. Dans le poème, au contraire, c'est-à-dire à une époque réputée antérieure à la légende, il est déjà le personnage légendaire, le neveu de Charlemagne, le plus brave, le chéri (*hire iloba maitea, Erroland zangarra*).

Je crois que cela suffit, et il me semble avoir à la fois démontré la fausseté du *Chant d'Altabiscar*, par l'enquête infructueuse à laquelle je me suis livré pour le retrouver, par ses affinités évidentes et significatives avec certaines poésies littéraires et populaires, par l'étrangeté de sa prosodie, et par sa comparaison avec les récits historiques et légendaires. Je vais maintenant essayer de déterminer la date de la fabrication de cette pièce.

Dans le tome xiii du *Dictionnaire de la conversation*, p. 14-29, publié en 1834, M. G. Olivier a inséré un article sur les *Chants populaires*, dont j'extrais littéralement ce qui suit : « Que dirai-je des chants basques, par exemple, et d'où vient à ces tribus exilées entre le ciel et la terre, une telle franchise de rhythme et d'intonation ? Tout ce que je connais d'airs Basques est d'un ton grandiose et décidé, mais aucun n'est plus frappant sous ce rapport que le chant national des Escualdunac, comme ils se nomment eux-mêmes dans leur idiome. Ce beau chant n'a cependant pour paroles que des nombres cardinaux déclinés depuis un jusqu'à vingt, et, dans le second, répétés dans l'ordre inverse. — Souvent, en écoutant cet a... d'une si pure et si franche mélodie, je me suis demandé quel sens caché pouvait couver sous ce texte bizarre ; d'hypothèses en hypothèses, je suis remonté jusqu'aux souvenirs héréditaires du temps où les races Vascones (*sic*), acculées au pied des Pyrénées par l'invasion celtique, durent chercher sur leur sommet un refuge infranchissable aux dévastations de cette marée. Alors il s'offrit à ma pensée que ce chant avait retenti dès les premiers âges comme une ode guerrière où les aïeux, après avoir désigné par leur simple dénomination numérique les dures années de l'exil, appelaient une à une, par une sorte de symbolique progression décroissante, celle de la vengeance. »

Ce passage dénote, chez M. G. Olivier, une puissante imagination, et une singulière aptitude à remonter d'hypothèses en hypothèses, pour découvrir les « sens cachés qui couvent sous des textes bizarres. » Au lieu de s'épuiser en conjectures ingénieuses, je crois qu'il aurait aussi bien employé son temps à remarquer qu'en Gascogne, comme dans le Pays basque, les noms de nombre figurent dans plusieurs chansons en progression croissante, et qu'ils sont ensuite repris dans l'ordre inverse (1).

(1) Je prends quelques exemples, au hasard, parmi les chants populaires du Sud-Ouest de la France :

Soui soulet de un moutoun,
Soui soulet
Juntè,
Mas amouretos,
Soui soulet,
Juntè,
Mas amouretos *reposez*.

Soui soulet de dus moutous, etc.

—

En aquesto danso
Ta plan danson nau
Coumo detz e nau.
En aquesto danso
Ta plan danson hoeit
Coumo detz e hoeit, etc.

—

A Granado i a nau pins.
A Granado boli ana,
Bese lous pins coumo berdejon ;

Quoi qu'il en soit, M. G. Olivier a raison quand il dit que les nombres cardinaux de un à vingt et de vingt à un et de un à vingt sont chantés par les Basques, et c'est là le seul fragment que j'ai retrouvé, comme je l'ai dit plus haut, dans mon enquête sur le *Chant d'Altabiscar*. Mais n'est-il pas étrange de rencontrer cette singularité, signalée pour la première fois en 1834, dans le poème édité en 1835? N'est-il pas surprenant que ces nombres de un à vingt et de vingt à un, forment précisément les deux derniers vers des troisièmes et septièmes strophes. Le faussaire ne manifeste-t-il pas assez l'intention de rendre sa fraude plus acceptable, par deux fragments véritables et récemment signalés au public, intercalés dans le poème sorti de sa féconde imagination (1)?

> A Granado boli ana
> Bese lous pins a berdeja.

> ——

> Nous aus em nau douuzelos,
> Marcham sur la estelos
> Leugè, leugé.
> Sur la punto de l'herbo
> Pausam lou pè.

Ce n'est pas seulement en Gascogne que les choses se passent ainsi, et tout le monde connait l'interminable chanson que les soldats chantent pour oublier les longueurs de l'étape :

> Ma poule a fait un poulet,
> Filons la route, gai, gai,
> Filons la route gaîment.
>
> Ma poule a fait deux poulets, etc.

Je ne crois pas devoir multiplier les exemples.

---

(1) J'ai déjà dit (p. 465, note 1), que M. Mary-Lafon, collaborateur de M. de Monglave au *Journal de l'Institut historique* (v. le *Dict.* de Vapereau, art. Mary-Lafon), affirme que M. de Monglave, qu'il désigne simplement par ses initiales G. de M., a traduit le *Chant d'Altabiscar* en 1834, quand tout le monde peut se convaincre qu'il a paru en 1835. Quel est donc ce mystère? Pourquoi « traduit » au lieu de *publié*? Pourquoi 1834, date de la mise en

Un autre indice de la fabrication très-récente du *Chant d'Altabiscar*, s'évince du mot *Carlomano* appliqué à Charlemagne. Ce nom de Carloman (*Karl-mann*), homme fort) est à peu près celui que Charlemagne a porté de son vivant. C'est ce qu'a très-bien démontré J. Grimm, en 1831 (1), mais ce qu'on ignorait généralement en France, et particulièrement en Gascogne avant 1833, époque où M. Michelet inséra, dans son *Histoire de France*, une note sur le vrai nom de Charlemagne (2). Il n'est donc pas surprenant qu'en 1835 le nom de Carloman ait été appliqué à cet empereur; mais cette désignation, impossible à retrouver dans les romanceros espagnols et dans les traditions basques et gasconnes, démontre une fois de plus que le *Chant d'Altabiscar*, sur lequel je me suis trop arrêté, est une pièce apocryphe, et que sa fabrication est de très-peu antérieure à la publication de M. Garay de Monglave.

Chant d'Annibal. — Le lecteur n'a pas oublié que, dans le numéro de l'*Ariel* du 5 janvier 1845, Chaho présentait le *Chant d'Annibal* comme une fiction. Comment a-t-il donc pu le donner comme authentique en 1847 ? Comment s'y est-il pris, lui qui confesse ne connaître « en texte » que le premier et le dernier couplet du poëme, pour donner de tous les autres une traduc-

---

vente du tome XIII du *Dictionnaire de la Conversation*, au lieu de 1835, date de la publication du *Chant d'Altabiscar?* On dirait que M. Mary-Lafon tient beaucoup à rajeunir d'un an le *Chant d'Altabiscar*, et à le faire contemporain de l'article de M. Olivier. A-t-il voulu confirmer l'authenticité du poëme, en donnant à croire que M. de Monglave ne pouvait connaître le travail de M. G. Olivier? A-t-il redouté, pour ce poëme, les défiances qui pouvaient naître de similitudes jugées d'abord défavorables et ensuite inopportunes? J'aimerais mieux pouvoir croire que l'auteur de *Sylvia ou le Boudoir* a tout simplement ajouté une erreur de plus à celles qui fourmillent dans son *Histoire du Midi*.

(1) V. Jacobus Grimm, *Deutsche Grammatik*, t. III, p. 319-20. Gottingen, 1831.

(2) Michelet, *Hist. de France*, t. I, p. 307, aux notes.

tion qui diffère si notablement de celle de M. Mary-Lafon? C'est là un problème dont j'abandonne la solution à la sagacité du lecteur ; mais M. Mary-Lafon aurait dû nous faire connaître le nom de l'auteur de cette *Histoire inédite des établissements des Basques*, qu'on est tenté de lui attribuer. Il aurait dû surtout, après l'article de l'*Ariel*, s'attacher à dissiper de légitimes défiances par la publication intégrale d'un texte que je le défie de soumettre à l'examen des critiques. Quant à dire que ce texte aurait été copié, le 7 octobre 1821, dans la bibliothèque du couvent de Fontarabie, c'est ce que M. Mary-Lafon ne persuadera jamais à personne. Les deux couplets qu'il donne, après les avoir préalablement estropiés, sont en souletin, qui est un dialecte cispyrénéen, et ils seraient en guipuzcoan si on les avait copiés à Fontarabie. M. Mary-Lafon n'a pu lui-même faire cette copie le 7 octobre 1821. Il est né, si j'en crois Vapereau, le 26 mai 1812 ; et je ne puis admettre que sa précocité soit allée jusqu'à exécuter un pareil travail à l'âge de neuf ans quatre mois et onze jours.

M. Mary-Lafon n'a pu entreprendre aucune traduction, totale ou partielle, du *Chant d'Annibal*, parce qu'il ne sait pas le basque, ce que je vais démontrer à suffisance, et même en sacrifiant la moitié de mes raisons.

Si M. Mary-Lafon avait su le basque, il n'aurait pas écrit, dans le premier vers du premier et du dernier couplet, *eigena* et *eigerra*. Ces mots ne signifient rien : il aurait fallu *eigerra* ou mieux *ejerra* (charmant). Il n'aurait pas écrit non plus (couplet 1, vers 4) : *nic er diat*, ni *merentic* (dernier couplet, vers 5), mais *nic ez diat* et *mementic* (moment). *Chitzaitan* ne veut rien dire : il aurait fallu *ehitzaitan*. Il en est de même de *ez lite* (dernier couplet, v. 2), et il aurait fallu mettre *eztiki* : chante doucement, *canta ezak eztiki*. *Ez tu* n'a aucun sens, et il était facile de le remplacer par *eztuc*, et mieux par *er duc*.

La traduction est à la hauteur de la grammaire et de l'orthographe, que je suis forcé de rétablir. Voyez plutôt. *Chori, cantatçale ejerra,* oiseau, chanteur charmant. M. Mary-Lafon dit : « Oiseau, chantre délicieux du pays. » Le « pays » est là de trop. *Nun othe his cantatçen,* où peux-tu être chantant ? M. Mary-Lafon trouve plus élégant et plus exact : « Où fais-tu entendre à présent ton ramage ? » *Aspaldian hire botçic, nic ez diat entçuten,* mot à mot : Depuis longtemps de ta voix, moi je n'en entends plus. Cela devient : « Depuis longtemps, je prête en vain l'oreille à ta voix mélodieuse. »

Il est inutile de poursuivre. Je crois avoir démontré que M. Mary-Lafon ne mérite pas le prix de grammaire basque, et qu'il n'a que des droits fort contestables à un accessit en version. Je crois aussi que cet examen me dispense de mettre en lumière les nombreuses bévues historiques des second, troisième, quatrième, cinquième, sixième et septième couplets français, dont personne n'a jamais vu le texte euskarien, et à les écarter comme notoirement apocryphes.

Restent les premier et dernier couplets, qui auraient la rime et la mesure si M. Mary-Lafon les avait écrits correctement. Mais à qui persuader que le petit poème, qui remplit ces conditions essentiellement modernes, est contemporain d'Annibal ? A qui persuader que *cantatçale* (chanteur), *cantatçen* (chantant), *botçic* (voix), *orenic* (heure), *mementic* (moment), *mundiala* (au monde), *malerousic* (de malheureux), *adio* (adieu), *phartitu* (parti), (1) ne sont pas autant d'emprunts plus ou moins récents, faits par le basque aux glossaires de la Gascogne et de l'Espagne ?

M. Mary-Lafon dit, à la fin de sa note sur le *Chant d'Annibal,* que « la tradition en a conservé les principaux passages, qu'on chante encore sur les montagnes. » Il ne s'agit que

---

(1) En basque *ph* = *p*.

de s'entendre. Si M. Mary-Lafon veut insinuer par là qu'on chante les couplets dont il n'a pas donné le texte, mais seulement une prétendue traduction, je m'inscris en faux contre son dire. Qu'il m'indique une seule paroisse, un seul hameau du Pays basque, où la poésie populaire ait conservé le souvenir d'Annibal, des Romains, et de l'expédition des Cantabres en Italie, et je pars aussitôt pour m'en assurer, et publier le résultat de mon enquête. Puisqu'il possède le texte des couplets intraduits, qu'il l'imprime, et qu'il livre à la critique des philologues un document déjà si monstrueux sous le rapport historique. Je n'insiste plus sur ce point ; mais je confesse très-volontiers que les premier et dernier couplets, expurgés des fautes que j'ai relevées en partie dans le texte de M. Mary-Lafon, se chantent souvent dans la Soule. Cette vallée, qui a son dialecte particulier, touche à celle d'Aspe, où on parle béarnais. Voici le texte et la traduction (1) :

Chori, cantatçale ejerra,	Oiseau, chanteur joli,
Nun othe his cantatcen ?	Où peux-tu être chantant ?
Aspaldian hire botçie,	Depuis longtemps de ta voix
Nic ez diat entçuten ;	Moi je n'en entends plus ;
Ez orenic, ez mementic	Ni heure ni moment
Ez diat igaraiten	Je ne passe
Hi gabe gogora.	Sans t'avoir à l'esprit.
Chori, cantari ejerra,	Oiseau, chanteur joli,
Canta ezac eztiki :	Chante plus bas,
Mundiala malerousic	Au monde de malheureux
Ez duc sorthu ni baicic.	Il n'en est point d'autre né que moi.
Erran gabe adio eni,	Sans dire aucun adieu,
Phartitu hiz herriti	Tu as quitté le pays,
Nigarrez ari niz bethi.	Depuis lors je suis toujours dans les larmes.

Dans ce petit poème, probablement incomplet, un amant pleure l'absence de sa maîtresse, et il appelle un oiseau qui

(1) FRANCISQUE-MICHEL, *Le Pays basque*, p. 312-13.

d'abord semble avoir disparu avec elle. Cette donnée n'est pas rare dans la poésie populaire du Sud-Ouest.

> Chante, rossignol, chante,
>   Dondaine,
> Tu as ton cœur en gai
>   Dondé.

> Le mien est en tristesse
>   Dondaine,
> Ma mie m'a quitté,
>   Dondé.

—

> Rossignol prend sa volée,
>   La la deran la,
> Au château de roi s'en va.

> — Votre ami vous envoie dire,
>   La la deran la,
> Que vous ne l'oubliiez pas.

—

> Nous partons, adieu nos belles,
> N'oubliez pas vos amants;
> Vous aurez de nos nouvelles
> Par les rossignols chantants.

Ce thème a été traité, avec bien d'autres, au xviiie siècle, par un lettré, le chevalier Despourrins, dont les poésies béarnaises se sont rapidement vulgarisées dans le pays à l'égal de la poésie populaire.

> Roussignoulet que cantes
> Sus la branque pausat,
> Que't platz e que't encantes
> Aupres de ta mieytat.
> E you ple de tristesse,
> Lou co tout enclabat,

En quittan ma mestresse,
Parti desesperat (1).

Notez que le chevalier Despourrins composait ses poésies à Accous, dans la vallée d'Aspe. J'ai déjà dit qu'on parle béarnais dans cette vallée, et qu'elle est contiguë à la Soule, où commence l'idiome basque, et où se chantent précisément les deux couplets en question. Ces couplets ne sont évidemment qu'une paraphrase de ceux de Despourrins, et les équivalents basques de *ni heure ni moment, le plus malheureux du monde, sans me dire aucun adieu*, sentent assez leur xviiie siècle.

Voilà, quoi que puisse dire ou insinuer M. Mary-Lafon, les seuls passages « conservés » par ce qu'il lui plaît d'appeler « la tradition ». Encore, si l'on compare les deux derniers vers du second couplet chanté dans la Soule, est-il facile de remarquer qu'ils ont subi le remaniement exigé par la mystification projetée. « Tu as quitté le pays, et depuis je suis toujours dans les larmes » n'était pas en situation. Il a fallu modifier et mettre :

Phartitu nitçan herriti,
Nigarrez ari niz bethi.

« J'ai quitté le pays, et depuis lors je suis toujours dans les larmes. »

Je m'arrête, et je crois avoir suffisamment démontré que le *Chant d'Annibal* est apocryphe et de fabrication très-récente, et qu'en dehors des premier et dernier couplets, il n'existe pas de textes basques sur lesquels les traducteurs aient pu s'exercer. On a tiré parti de ces deux couplets pour rendre la mystification plus acceptable, et pour faire croire que l'intervalle est comblé par un texte original qui n'a jamais existé.

(1) *Chansons et airs populaires du Béarn* recueillis par Frédéric Rivarès, p. 49. Je rectifie l'orthographe. Les poésies de Despourrins ont longtemps été conservées par la seule tradition. C'est M. Rivarès qui les a, le premier, recueillies et publiées.

Voilà tout ce que j'avais à dire sur le *Chant des Cantabres*, le *Chant d'Altabiscar* et le *Chant d'Annibal*. Je crois avoir démontré le caractère apocryphe et la date de la fabrication récente de ces poèmes, dont il n'y a, par conséquent, à tirer aucun parti pour l'histoire politique et littéraire des Euskariens (1).

(1) J'ai déjà visé (p. 264-65) la brochure de M. Cénac-Moncaut intitulée *Lettre à MM. Gaston Paris et Barry sur les Celtes et les Germains, les chants historiques des Basques et les inscriptions Vasconnes des Conveuæ*. Les douze dernières pages de la première lettre sont consacrées à exterminer ma *Dissertation sur les chants héroïques des Basques*, et à défendre l'authenticité de ces poèmes. M. Cénac-Moncaut est assurément un excellent homme ; mais c'est vouloir perdre son temps que de discuter avec lui n'importe quel point d'histoire politique ou littéraire. Je me bornerai donc à relever ici les principales erreurs matérielles de mon censeur, sans insister sur les fautes d'orthographe. — M. Cénac-Moncaut a tort de donner (p. 18 et 29) le titre de « *Chant de Lelo* » au *Chant des Cantabres*, et celui d'« *Altabiscar cantua* » au *Chant d'Altabiscar*. Le premier de ces titres n'a jamais été employé, et le second constitue un abominable solécisme, qu'il est facile de corriger par *Altabiscarraco cantua*. — M. Cénac-Moncaut imprime, à la p. 26, que « M. Bladé est bien obligé de reconnaître (p. 101 et 109) qu'il a lui-même entendu chanter les couplets de la numération ascendante et descendante dans les environs de Saint-Jean-Pied-de-Port.... seulement il l'ensevelit (cet aveu) dans une phrase de deux lignes perdue au milieu d'une réfutation de soixante pages. » Ma *Dissertation* n'a que soixante pages, en effet ; mais alors je n'ai pu rien confesser aux p. 101 et 109. C'est des p. 41 et 49 que M. Cénac-Moncaut a voulu parler ; mais je n'ai dit nulle part que c'est « aux environs de Saint-Jean-Pied-de-Port » que j'ai entendu la numération ascendante et descendante. — Je lis à la p. 18 : « Mon opinion à cet égard (le *Chant d'Altabiscar*) vient d'autant moins de l'ignorance de l'opinion de M. Bladé, que ce paléographe, mon compatriote, m'avait fait connaître les conclusions de son travail avant sa publication. » Les souvenirs de M. Cénac-Moncaut le servent ici imparfaitement. Je suis intéressé à mieux choisir mes confidents scientifiques et littéraires, et je me suis borné à lui dire un jour, à Auch, où je le rencontrai fortuitement, que je ne croyais pas à l'authenticité du *Chant d'Altabiscar*. Voilà ce que M. Cénac-Moncaut appelle une communication de « conclusions ». — M. Cénac-Moncaut affirme (p. 26 et 27) que le *Chant d'Altabiscar* est populaire en Soule, et qu'il peut opposer, sur ce point, son enquête positive à mon enquête négative. Il suffit de lire les deux pages en question, ainsi que les p. 18 et 19, pour s'édifier sur la rigueur et l'exactitude des procédés d'investigation employés par l'auteur des *Lettres*. Je maintiens donc ma négation plus fort que jamais, et je plains de tout mon cœur M. Cénac-Moncaut d'avoir affirmé, sous sa garantie personnelle, un fait dont tout le monde peut vérifier la fausseté — M. Cénac-Moncaut m'attribue (p. 27) des *Contes gascons*. La vérité est que je n'ai publié que des *Contes et proverbes populaires recueillis en Armagnac*.

CONCLUSIONS.

Le lecteur s'est aperçu, je l'espère, que dans la division de cet ouvrage, j'ai tâché de distinguer de mon mieux les divers moyens d'information. Voilà pourquoi j'ai assigné à chacun d'eux une place à part. Ce plan m'était à la fois imposé par la logique, et par mon désir de diminuer les chances d'erreur, en tâchant d'épuiser l'un après l'autre tous les ordres de matières, sans mêler jamais les renseignements qui sont de natures différentes, et qui ne méritent pas tous le même degré de confiance. Chaque chapitre se termine par les conclusions spéciales qui m'ont paru en découler légitimement. Je crois néanmoins utile de revenir sur ces résultats partiels, et de les rapprocher, de façon à permettre au lecteur de juger plus aisément de l'ensemble de mon travail.

I. Les Basques transpyrénéens se rattachent historiquement aux Vascons; mais ils n'en sont pas les représentants directs et purs. L'intégrité du type primitif s'est altérée fatalement, par les conquêtes faites au delà des monts par les anciens Euskariens, et par leurs rapports multipliés, pendant plus de deux mille ans, avec les populations limitrophes. — Ire PARTIE, CHAP. I.

II. L'histoire prouve aussi que les Vascons n'ont occupé le versant Nord des Pyrénées occidentales qu'à partir des VIe et VIIe siècles de notre ère. Cette extension nouvelle a nécessairement amené le mélange brusque des envahisseurs avec les habitants d'une portion de la Novempopulanie, sans préjudice de l'action plus lente, mais prolongée, résultant du voisinage des populations gasconnes. — Ire PARTIE, CHAP. II, §§ 1 et 2.

III. Le nom véritable et primitif de l'Espagne est *Hispania*.

Les côtes occidentales de ce pays avaient été déjà visitées, à l'époque de Servius Tullius, par des peuples maritimes du Latium soumis à la domination romaine.

Les Grecs n'ont eu connaissance du port de Tartesse que vers 640 avant J.-C., et ce n'est que vers le milieu du siècle suivant que les Phocéens d'Ionie, établis à Marseille, ont commencé à les renseigner sur la côte orientale de la Péninsule.

Le nom d'Ibérie n'a été donné à cette côte qu'à dater des voyages de Scylax et de l'auteur du Périple, qui n'avaient pu reconnaître en Espagne que des peuples celtiques.

En appelant Ibères les peuplades établies sur les bords de l'Iberus (Èbre), ces navigateurs n'ont fait que se conformer aux habitudes helléniques. L'erreur commise par eux a été reproduite par les autres écrivains grecs, qui n'ont appliqué le nom d'Ibérie qu'aux côtes orientales d'Espagne, jusqu'à l'époque où des explorations plus complètes ont permis de l'étendre à la Péninsule tout entière.

La similitude des noms de l'Ibérie caucasienne et de l'Ibérie asiatique, a produit de bonne heure, chez les anciens, la confusion qui a égaré Varron, quand il a fait venir les premiers habitants de l'Espagne de l'Ibérie caucasienne, et qui a trompé aussi Dionysius Afer, quand il a fait, au contraire, venir du Caucase les Ibères espagnols. En assignant à ces derniers une origine Tubalienne, saint Jérôme a sacrifié à la même erreur, et forcé involontairement le sens d'un passage de Josèphe, qui limite cette origine aux Ibères asiatiques.

Les Grecs font indûment visiter l'Espagne par un certain nombre de leurs personnages mythiques ou légendaires.

Le nom d'Ibérie, appliqué à l'Espagne, est une expression purement géographique, dont l'ethnologie et l'histoire ne permettent de tirer aucun profit pour l'étude de l'origine des nombreuses peuplades qui occupaient jadis cette Péninsule.

Les écrivains de l'antiquité signalent, en Espagne, de nombreuses tribus celtiques, et des colonies phéniciennes, grecques et carthaginoises ; nul ne constate, dans ce pays, l'existence d'un peuple particulier du nom d'Ibères, et il en est de même de tous les auteurs du moyen-âge.

Les Ibères ne formaient donc pas un peuple distinct, et par conséquent la logique, tout aussi bien que le défaut de témoignages historiques, ne permettent pas de présenter comme des Ibères les anciens Vascons, dont les Basques sont les héritiers plus ou moins directs.

Les systèmes qui rattachent les Basques aux Ibères sont des créations récentes, fondées uniquement sur l'ancienne et déplorable métamorphose d'une appellation géographique en dénomination ethnique, et sur des considérations anthropologiques et philologiques auxquelles il n'y a pas lieu de s'arrêter. — Ire Partie, chap. III.

IV. Il n'y a pas lieu d'argumenter en faveur de l'existence d'un peuple Ibère, de son prétendu mélange avec les Celtes, tel qu'il nous est raconté par Diodore de Sicile. L'histoire, qui infirme ce fait, constate aussi, conjointement avec l'archéologie préhistorique, que les Ibères n'ont point peuplé la Corse, la Sicile et la Sardaigne. — Ire Partie, chap. IV.

V. Aucune découverte anthropologique vraiment sérieuse ne permet jusqu'ici de rattacher directement les Basques aux populations de l'Amérique, ou à la race berbère qui a jadis occupé tout le nord de l'Afrique.

L'anthropologie constate, comme l'histoire, que les Basques sont un peuple fort mélangé. Néanmoins, la moyenne d'un certain nombre de caractères ethniques, permettrait généralement de constater un assez bon nombre de similitudes ou d'analogies entre les Basques modernes et la race à laquelle M. Pruner-Bey donne le nom de *mongoloïde*. — IIe Partie, chap. I.

VI. Aucun document positif ne démontre que les plus anciens

habitants de l'Espagne aient jadis parlé tous le même idiome ; et les témoignages concordants d'un grand nombre d'auteurs classiques prouvent au contraire que, dès l'aurore des temps historiques, ce pays était occupé par des peuples de races et de langues différentes.

Le domaine du basque actuel comprend, en Espagne, les provinces de Biscaye, Alava, Guipuzcoa, et une partie de la Navarre transpyrénéenne ; et, en France, le Labourd, la Basse-Navarre et la Soule.

Depuis l'antiquité jusqu'à nos jours, les Vascons et les Basques ont été constamment cernés par des peuples parlant d'autres langues que la leur.

L'Eskuara a perdu du terrain depuis les temps historiques, et, bien que son existence remonte beaucoup plus haut, elle n'est positivement constatée qu'à partir du xiie siècle pour la région transpyrénéenne, et à dater du xiiie siècle pour la région cispyrénéenne.

Les plus anciens monuments littéraires du Basque aujourd'hui connus, ne remontent pas plus haut que les xve et xvie siècles, et ils sont plus ou moins obscurs, quand ils ne sont pas complètement inintelligibles.

L'Eskuara n'a pas d'alphabet particulier, et certains phénomènes phonétiques qu'on lui croit propres se retrouvent dans les langues romanes circonvoisines, auxquelles le vocabulaire euskarien a fait de nombreux emprunts.

Le basque est une langue agglutinante, qui porte des traces nombreuses d'un monosyllabisme antérieur. Cet idiome forme ses mots par composition et dérivation. Dans le premier cas, il n'est pas rare de voir se produire, mais avec une intensité relativement médiocre, le phénomène *holophrastique* dit aussi **d'encapsulation**.

La morphologie de l'Eskuara est très généralement caractérisée par des postpositions, dont l'office consiste à modifier diversement l'idée exprimée par le radical. IIe Partie, chap. IIe.

VII. Le basque ne saurait être légitimement rattaché aux idiomes de l'Afrique, et particulièrement aux langues berbères.

Les profondes différences morphologiques de l'Eskuara et des idiomes de la famille sémitique, excluent toute idée d'affinité, malgré la possession commune d'un certain nombre de termes caractéristiques d'idées fort simples et d'une civilisation rudimentaire.

Il n'existe entre le basque et les idiomes de la famille aryenne, aucun indice vraiment significatif de parenté; car l'Eskuara n'a jamais dépassé la période agglutinative, et l'idiome des anciens Aryas s'était déjà élevé jusqu'à la flexion. Si la possession commune d'un certain nombre de termes caractéristiques d'idées fort simples et d'une civilisation peu avancée laisse, à la très grande rigueur, place pour l'hypothèse d'une origine commune extrêmement reculée, ou pour celle de très-anciennes relations établies ailleurs qu'en Espagne entre les ancêtres des Basques et certains peuples de la famille indo-européenne, cette possession s'explique beaucoup plus naturellement par les rapports prolongés des Vascons avec les tribus celtiques qui confinaient à leur territoire.

L'Eskuara et les idiomes touraniens présentent d'importantes et nombreuses dissemblances; mais ils possèdent en commun plusieurs termes caractéristiques d'idées simples et d'un état social fort peu avancé. Huit noms de nombre sur dix offrent aussi, des deux côtés, des analogies que le lecteur a pu apprécier. Enfin, il existe certains rapports entre la conjugaison basque et celle de quelques idiomes touraniens, notamment le samoyède, le mordvine et le hongrois,

A côté d'importantes et nombreuses dissemblances, le basque et les langues de l'Amérique, et principalement les idiomes du

Nord, présentent, au point de vue de la formation de mots, de la déclinaison, de la conjugaison, et au point de vue du système de numération, des rapports et analogies qu'il serait difficile de méconnaître.

L'état actuel des informations philologiques semble donc recommander de préférence le domaine touranien et le Nord de l'Amérique aux futurs investigateurs. — IIe Partie, chap. III.

VIII. La toponymie ancienne de l'Espagne, imparfaitement recueillie par les auteurs classiques, s'est trouvée exposée depuis à de nombreuses erreurs de copistes. L'idiome basque s'est tellement modifié depuis le xve siècle, qu'il est toujours très-difficile, quand il n'est pas absolument impossible d'expliquer les premiers textes connus qui remontent à cette époque. Ainsi, même en admettant, contre le témoignage des auteurs anciens, qu'il n'ait été parlé jadis qu'une seule langue en Espagne, nous ne pouvons avoir confiance ni dans la matière à interpréter, ni dans le moyen d'interprétation. Il a été aussi démontré, par un nombre suffisant d'exemples, que le baron Wilhelm de Humboldt et ses disciples ont abordé ce travail avec une étude très-incomplète du basque, et qu'ils ont pris pour des mots purement euskariens des termes évidemment empruntés aux glossaires latin et roman. — IIe Partie, chap. IV, § 1.

IX. Le procédé de lecture des légendes qui se trouvent sur les médailles dites ibériennes, est jusqu'à un certain point acceptable en théorie ; mais les inconvénients qu'il présente dans la pratique équivalent à sa condamnation absolue. Les objections soulevées par cette portion du livre de M. Boudard, réfléchissent contre les travaux antérieurs. Enfin, la méthode d'interprétation des légendes, infirmée par les mêmes raisons générales qui s'élèvent contre la théorie de Humboldt, l'est encore davantage par l'insuffisance évidente de la préparation historique et philologique de l'auteur de la *Numismatique ibérienne*. — IIe Partie, chap. IV, § 2.

La toponymie ancienne de l'Espagne et la numismatique, dite ibérienne, ne jettent donc aucune lumière sur le problème de l'origine des Basques.

X. Les monuments du droit euskarien ne remontent pas plus haut que la féodalité, et ne descendent pas plus bas que le XVIIe siècle. Leur étude attentive ne révèle, quoi qu'on en ait dit, aucune disposition véritablement originale et caractéristique, à un degré quelconque, d'un état juridique particulier. Tout s'explique par les règles générales de l'ancienne législation féodale et coutumière, par l'imitation plus ou moins libre des statuts du nord de l'Espagne et de ceux de la Gascogne, par divers événements historiques, et par les nécessités d'un régime pastoral, dont il est facile de retrouver les manifestations similaires ou analogues parmi les anciennes populations de toute la chaîne des Pyrénées. — IIe Partie, chap. V.

XI. Les prétendus chants héroïques des Basques (*Chant des Cantabres, Chant d'Altabiscar* et *Chant d'Annibal*) sont des pièces récentes et apocryphes, et il n'est permis d'en tirer aucun parti pour l'histoire politique ou littéraire des Euskariens. — IIe Partie, chap. VI.

Telles sont les conclusions spéciales qui me paraissent découler des divers chapitres de cet ouvrage. La toponymie ancienne de l'Espagne, la numismatique dite ibérienne, le droit coutumier et les prétendus chants héroïques, ne jettent donc, jusqu'à présent, aucune lumière sur le problème de l'origine des Basques. Nos moyens d'information sont limités à l'histoire positive, à l'anthropologie et à la philologie comparée. Ces trois sciences constatent unanimement que les Basques sont un peuple fort mélangé. Aucune découverte anthropologique vraiment sérieuse ne permet de les relier aux populations de l'Afrique ou du Nouveau-Monde; mais les travaux de M. Pruner-Bey tendraient à les rapprocher du type *mongoloïde*. L'Eskuara ne présente aucune affinité morphologique avec les idiomes africains, sémitiques et aryens; mais il est plus légitime de le rapprocher des langues du groupe touranien, et encore plus de celles de la partie septentrionale du Nouveau-Monde. C'est donc dans le domaine touranien et dans l'Amérique du Nord que les futurs investigateurs me paraissent désormais appelés à opérer utilement.

La critique impartiale m'apprendra ce que je dois penser de ce livre dont je puis dire, la main sur la conscience, que depuis quatorze ans, je n'ai pas passé un seul jour sans y travailler, ni une heure sans y penser. Dieu merci, je n'ai rien à prendre sur moi pour accepter d'avance la décision de mes juges; mais je me croirais trop payé de mon travail, s'il pouvait faciliter la tâche de ceux qui reviendront après moi sur le problème de l'origine des Basques.

APPENDICES

APPENDICE I.

DE QUELQUES OPINIONS SECONDAIRES SUR L'ORIGINE DES BASQUES.

J'ai discuté, dans le corps du présent ouvrage, les principales théories sur l'origine des Ibères et des Basques : mais je me suis abstenu d'examiner quelques opinions beaucoup moins accréditées sur le même sujet, et quelques amis, auxquels j'ai soumis mes épreuves, m'ont engagé à combler cette lacune. Je vais tâcher de les contenter.

Origine Étrusque.

Sir Williams Betharn affirme, dans les *Annales de philosophie chrétienne* (t. XVII, p. 515), l'identité de l'ancienne langue étrusque et de l'Eskuara. Cette assertion gratuite ne mérite pas de réfutation. L'auteur, cela est trop évident, n'avait pas étudié le basque. Quant à l'idiome étrusque, tout le monde connaît les graves et nombreuses objections opposées à ceux qui se disent en état de le comprendre. Ces objections ont été notamment formulées avec un grand ensemble, lors de la publication du livre où M. Stickel, professeur de langues orientales à l'université d'Iéna, affirme l'essence sémitique de l'étrusque : *Das Etruskische durch Erklærung von Inschriften und Namen als semitische Sprache erwiesen*, Leipzig, 1858. Certains philologues français (MM. Pruner-Bey, Chavée, etc.) penchent néanmoins en faveur de M. Stickel. Je n'ai pas à prendre parti dans ce débat, et je me borne à constater que sir Williams Betharn n'était pas autorisé, par des études spéciales, à affirmer l'identité de l'Étrusque et de l'Eskuara.

Origine Italienne.

L'origine italienne des Ibères a été soutenue par Petit-Radel, dans un mémoire sur les plus anciennes villes d'Espagne, imprimé à la

suite des *Synchronismes* publiés par ce savant en 1827 (p. 151).
L'Ibérie de Petit-Radel n'est point celle de Strabon et de Festus Aviénus, mais celle de Scylax, c'est-à-dire la portion maritime et méridionale de la Péninsule Espagnole. Dans ce pays ainsi restreint, l'auteur des *Synchronismes* relève certains noms de lieux qui se retrouvent dans le Latium et l'Étrurie ; et il croit pouvoir en conclure que des Tyrrhéniens, des Pélasges, des Ausones, des Volsques et des Osques, ont passé la mer pour se rendre en Espagne, où ils sont devenus « la souche primitive des peuples Ibériens. » On peut juger exactement du système de Petit-Radel, par les rapprochements toponymiques suivants, que j'emprunte au premier paragraphe de son mémoire.

ESPAGNE.	LATIUM OU ÉTRURIE.
Les Vettones.	Les Vettonenses.
Spoletinum.	Spoletium.
Les Turdetani.	La ville de Turde.
Les Ausetani et la ville d'Ausa.	Le fleuve Osa.
Les Cosetani.	La ville de Cosa et ses fondateurs.
Visentio, ville des Pelendones.	Visentium.
Veluca, autre ville des Pelendones.	Les Vulci.
Taraco.	Tarcunia.
Ville et promontoire de Tenebrium.	Contenebra.

La lecture de ce tableau prouve à suffisance que Petit-Radel avait assez peu étudié l'histoire et la géographie anciennes de l'Espagne. Il aurait dû examiner de plus près les noms de lieux qu'il signale, et ne pas croire qu'ils sont primitifs ou nationaux, par cela seul qu'on les trouve dans les écrivains de l'antiquité. En Espagne, comme dans le nord de l'Europe et comme en Asie, la plupart des anciennes dénominations appliquées à une ou plusieurs peuplades, n'étaient que des épithètes caractéristiques. On ne saurait, d'ailleurs, contester l'origine celtique, phénicienne, carthaginoise ou grecque de certains éléments toponymiques.

Nous savons aussi que les Romains remplacèrent les anciens noms par des appellations latines, surtout dans la Bétique, où ils fondèrent de nombreuses colonies, pendant la seconde guerre punique. Spoletinum, qui figure au second rang dans le tableau ci-dessus, était une ville de la Bétique. Ce nom est très probablement un diminutif de Spoletum, et il devait appartenir à une colonie romaine. — Il nous est impossible de connaitre le nom primitif du fleuve Bétis, que les indigènes nommaient Perkès ou Percès, Critium ou Certis, et même Ciritus d'après certains auteurs. Comment Petit-Radel a-t-il donc pu affirmer que la dénomination de Turdetani, qui n'a pas même été connue de tous les géographes de l'antiquité, caractérisait « primitivement » tous les habitants de la Bétique? — Certaines traditions attribuent aux Phéniciens la fondation de Taraco : mais alors que deviendrait la prétendue homoymie de cette ville et de celle de Tarcunia?

Ces objections, dont plusieurs ont été formulées avant moi par Graslin, ne sont certes pas sans valeur; mais je consens à admettre toutes les similitudes ou analogies signalées par Petit-Radel entre la toponymie ancienne du Latium et de l'Étrurie, et celle des côtes méridionales de la Péninsule espagnole. Cela ne prouve absolument rien. Je me chargerais volontiers d'établir de semblables rapprochements entre tous les noms de lieux de la Bétique, et ceux de tout le monde connu des anciens; mais ce travail m'entrainerait beaucoup trop loin, et je me borne à quelques exemples pris dans le tableau comparatif que j'ai dressé d'après le premier paragraphe du mémoire de Petit-Radel.

Les Vettones *de l'Espagne et les* Vettonienses *de l'Étrurie.* — Vettonianæ, Tab. Peut.; *lieu du Noricum, sur la rive droite de l'embouchure de l'Archa, sel. Wilh. Pfinzen, sel. Rech.*

Ville d'Ausa des Ausetani d'Espagne et rivière d'Ossa, en Italie. — Ossa, Ὄσσα, Ossa, *haute montagne de Thessalie,* Mel. 2, 3, 2; Plin. 4, 8, 15. — Ossa Ὄσσα, Hom. Odyss. 2, 315; Herod. 1, 56; *montagne à l'E. de la Thessalie, dans le voisinage du Pélion.* — Ossa, Strab. *montagne de l'Elis, dans le Péloponèse.* — Ossa, Ptol.; *ville de Macédoine dans la Bisaltia, à l'O. du Strymon.* — Ossadii, Ὀσσάδιοι, Arrian. 6, 15; *peuple de l'Inde, au N. de l'Acesines (Tschinab).* — Ossarene, Ὀσσαρηνή, Tossarene, Ptol.; *lieu non autrement connu de l'Armenia major, près du fleuve Cyrus.* — Oseriates, Ὀσεριᾶται, Plin. 3, 25; Ptol.; *peuplade de Pannonie.* — Oserieta, Plin. 37, 11; *iles sur la côte septentrionale de la Germanie, dans la*

Baltique. — Osi, orum, *m.*, *peuple de Germanie, sur les bords du Danube,* Tac. Germ. 28 ; 45. — Osiana, *It. Ant.* 406, *ville dans la partie septentrionale de la Cappadoce.* — Osii, *Plin.* 6, 20 ; *peuplade indienne.* — Osii, Ὄσιοι Osili, *Ptol. peuple de la* Sarmatia Europea, *à l'embouchure du Don.* — Osincum, Ὀσίγκον, *Ptol.; ville dans l'intérieur de la Corse.* — Osismii, *Mela,* 6, 24; *Plin.* 4, 18 Sismii, Σίσμοι, *Strab., peuple de la* Gallia Lugunsensis, *sur les côtes du* mare Britannicum.

Cosetani, *peuple d'Espagne, et ville de* Cosa *en Italie.* — Cos *petite île de la mer Egée, patrie d'Hippocrate.* — Cos, o, *Mela,* 2, 7; *Plin.* 5, 51 ; *petite île de la mer Ionienne.* — Cos, Κῶς, *Steph. peut-être i. q.* Κῶς; *Hecatæus ap. Stephan; ville d'Egypte.* — Cosa, *ville dans l'intérieur de l'India* intra Gangem ; *probabl. auj.* Kottæ *ou* Kotah. — Cossio Vasatum, *Auson. Parent.* 24, 8 ; *Paulin. ep.* 4, *ad Auson.* ; *Amm.* 15, 11 ; *Sidon,* 8, 12 ; *i. q.* Civitas Vasatica. — Cossovopolitana, *ou* Triballorum regio, *plaine d'Ausserfeld, en Servie, sur le fleuve Drino.* — Cossyra, æ, *Sil. Ital.* 14, *v.* 275 ; Κόσσυρα, *Ptolem.* 4, 3; *auj,* Pantellaria, *île entre la Sicile et l'Afrique.* — Cosyri, Plin. 6, 17 (21), 64 ; *peuple dans la* Scythia intra Imaum, *entre la source de l'Indus et les* Emodi montes.

Visontium *(et non* Visentio, *comme l'écrit Petit-Radel), ville des* Pelendones, *peuple d'Espagne et* Visentium, *ville d'Italie.*—Visontium, Οὐισόντιον, *Ptol.,* ville de la Haute-Pannonie. — Vesontio onis, *f. ville de la* Gallia Belgica, *la plus grande ville des Sequanes, auj. Besançon. cæs. B. GI,* 58; 59.

Ville de Tenebrium, Tenebrius portus, *en Espagne,* et Contenebra *ville d'Italie.* — Tenebium, *nom donné par Diod. de Sicile à une localité de l'Asie, non loin de la Lydie.*

Ces exemples suffisent à prouver, selon moi, la fausseté du procédé de toponymie comparée avec lequel Petit-Radel cherche à prouver l'origine italienne des Ibères espagnols. A ce compte, il y aurait les mêmes raisons pour attribuer une provenance identique à la plupart des peuples connus des anciens ; et je crois qu'il est inutile de réfuter plus longtemps une proposition réduite à ces termes.

Origine Germanique.

« On pourrait voir dans les *Escualdunac,* au dire de Dumège, l'un de ces peuples qui envahirent l'empire Romain sous le règne de Probus, ou bien les restes de ces tribus dont parle Paul Diacre, et auxquelles, du temps d'Honorius, on confia la garde des Pyrénées. Placées ainsi dans les défilés des montagnes, elles auront pu successivement s'étendre dans celles de l'Aquitaine, de la Navarre et du Guipuzcoa, etc.; imposer leur langue et leurs lois aux peuples effrayés, décimés par le fer des barbares, et se mêler avec les *Vascons,* les *Cantabres* de l'Espagne, les *Tarbelli* et les *Sibyllates* de la Gaule (1). »

Ce passage a excité l'indignation de Chaho, qui, dans son *Histoire primitive des Euskariens-Basques,* accable maintes fois Dumège des injures les plus grossières. Il aurait beaucoup mieux fait de le réfuter, ce qui est on ne peut plus facile.

Pendant le règne de Gallien, des barbares appelés *Alamanni* envahirent les Gaules; mais ils en furent chassés par Posthumius, qui, peu de temps après, se fit proclamer empereur dans ce pays. Après la mort d'Aurélien, d'autres tribus germaniques franchirent le Rhin, et entrèrent dans les Gaules avec l'intention de s'y fixer. Mais les soixante villes importantes dont elles s'étaient emparées, leur furent reprises par Probus en 280 (2). Ainsi, il n'est pas prouvé que les Germains qui ravagèrent les Gaules, du temps de Probus, aient pénétré jusqu'aux vallées des Pyrénées occidentales, et il est de plus clairement démontré qu'ils furent chassés de la contrée qu'ils avaient envahie.

Quant aux barbares Germains auxquels « du temps d'Honorius on

---

(1) Du Mège (sic), *Statistique générale des départements pyrénéens,* t. II, p. 431. L'opinion de Dumège avait été déjà soutenue par Conde, dans son livre contre Erro y Aspiroz : *Censura critica de l'Alfabeto primitivo de España, y pretendidos monumentos literarios del Vascuence* ; por D. J. A. C. Cura de Montuenga, *passim.* Madrid, en la imprenta real, año de 1806, in-8°.

(2) His gestis cum ingenti exercitu Gallias petit, quæ omnes occiso Posthumio turbatæ fuerant, interfecto Aureliano, a Germanis possessæ, tanta autem illic prælia feliciter gessit, ut a Barbaris sexaginta per Gallias nobilissimas reciperet civitates. Vopisc.. *In Prob.*

confia la garde des Pyrénées » on les nommait les Honoriaques, parce que l'empereur Honorius avait ordonné de les former en cohortes, et de les incorporer dans les troupes de l'empire. Ces Honoriaques furent donnés, en 408, par l'usurpateur Constantin à son fils Constant, qu'il venait de proclamer César, et qu'il envoyait en Espagne. Constant confia la garde des passages des Pyrénées à un général nommé Géronce et au corps des Honoriaques, malgré les supplications des Espagnols, qui offraient de se charger de ce soin. Les Wandales, les Suèves et les Alains, qui ravageaient la Gaule méridionale, avaient essayé une première fois de franchir les Pyrénées; mais ils avaient été repoussés, grâce à la résistance organisée par Didyme et Vérinien, cousins d'Honorius. En 409, ces barbares nouèrent des intelligences avec Géronce et se rassemblèrent au pied des montagnes, dont ils franchirent les passages, le 28 octobre, grâce à la complicité des Honoriaques, qui abandonnèrent leurs postes, et se joignirent aux envahisseurs pour aller piller la Péninsule.

Voilà ce qu'attestent unanimement plusieurs historiens, dont je crois inutile de citer ici les textes (1). Les soldats Germains connus sous le nom d'Honoriaques n'avaient avec eux ni femmes ni enfants, et ils n'ont séjourné que deux ans dans les Pyrénées. Ils n'ont, par conséquent pas fait souche dans le pays, et ils ne sont pas par conséquent les ancêtres des Euskariens, dont la langue n'a, d'ailleurs, aucun rapport avec les idiomes du groupe germanique.

Origine Punique.

On trouve, dans le Ve acte du *Pœnulus* de Plaute, certains passages non latins, dont le premier et le plus long (monologue d'Hannon) se compose de dix-sept vers. Ces passages ont exercé sans succès la patience de vieux érudits tels que Philippe Pareus (?), Jean Selden, Samuel Petit et Samuel Bochart. Ces deux derniers ont même donné des traductions qui ne sauraient être prises au sérieux. Silvestre de

(1) V. Oros., l. VII, c. 40 et 41, et l. III, c. 23 ; S. August., *Ep.* 180; Salvian., *De gubern. Dei*, l. VII ; Olympiod., Sozomen; l. IX, c. 12 ; Prosper., *Chron.* : Idac., *Fast. et Chron.* ; Isidor., *Chron. Vand. et Suev.* : Gregor Turon., l. II, c. 2.

Sacy a proclamé l'impossibilité de rien comprendre aux passages dont s'agit ; mais des philologues autorisés ont protesté contre une affirmation aussi absolue. Il est aujourd'hui démontré que ces textes, abominablement défigurés par l'ignorance des copistes, étaient originairement du punique (1). Quelques fragments ont même été expliqués, notamment par MM. Munk et Renan.

Le punique appartient à la famille sémitique, avec laquelle il a été démontré que le basque ne présente aucune affinité morphologique (p. 350-52). Il n'y a donc pas lieu de tenir compte des rêveries d'Iztueta (2), de Moguel (3), de Lor. Urhersigarria (4), et du P. Bartolomeo de Santa-Teresa (5), qui ont cru voir du basque dans les textes non latins du *Pœnulus*, et cherché à interpréter par l'eskuara certains noms carthaginois (6).

Origine Égyptienne.

L'origine égyptienne des Basques a été affirmée, sans preuves, par quelques auteurs, que je n'ai par conséquent pas à combattre. M. de Charencey, qui ne croit pas à cette origine, a néanmoins inséré le

(1) V. Gesenius, *Monum. phœn.*, p. 357 et s. ; Wex, dans le *Rheinisches Museum für Philologie*, neu Folge, II Jahrg. 2es Heft, et Hitzig, *ibid.* Jahrg. 2es Heft; Movers, *Die punischen Stellen im Pœnulus*, Breslau, 1845, Ewald, dans la *Zeitschrift für die Kunde der Morgelandes*, t. IV (1843), p. 400 et s. ; Munk, *Palestine*, p. 86-87, note ; Renan, *Hist. des langues sémitiques*, p. 197 et s.

(2) Juan-Ignacio de Iztueta, *Guipuzcoaco dantza gogoangarrien Condaira, edo Istoria beren soñu zar, eta itz neurtu edo versoaquin*, etc. St-Sébastien, 1824, in-8°.

(3) J. J. Moguel, *Plauto bascongado, el bascuenceco de Plauto en su comedia Pœnulo*. Pet. in-8°. Tolosa, 1828.

(4) Lor. Urhersigarria, *Plauto Polígloto, o sea hablando hebreo, cantabro, celtico, irlandés, hungaro*, etc., *seguido de una respuesta a la impugnacion del manual de la lenga basca*. In-12, Tolosa, 1828.

(5) P. Bartolomeo de Santa-Teresa, *Dissertacion sobre la escena punica de Plauto*, ad calcem : *El Diario titulado : El universal del primero de marso* 1828.

(6) Par exemple Annibal, de *Handi-Bahia*, gage de grandeur. — Fleury-Lécluse, *Manuel de la langue basque*, p. 2-12, a opposé à ces extravagances une réfutation pitoyable.

passage suivant dans la seconde partie de son mémoire sur *La langue basque et les idiomes de l'Oural.*

« Nous n'avons pu saisir d'affinités sensibles entre la grammaire égyptienne et celle des Basques. En revanche, quelques mots Kophtes sont aujourd'hui en vigueur chez les indigènes des Pyrénées. Ex.

	BASQUE	KOPHTE.
nouveau,	*berri,*	*berri.*
aimer,	*maitha,*	*maï.*
femme,	*eme,*	*imé.*
petit,	*kichi,*	*koudchi.*
pain,	*ogi* (*i* euphoniq.)	*oïk,* vieil égyptien, *ak, ek.*
renard,	*atcherri,*	*atcharri.*

« Comment ces mots ont-ils passé d'un idiome à l'autre? C'est ce que nous ne pouvons expliquer. L'on peut supposer tout ce qu'on veut : que des colonies égyptiennes se sont établies chez les Ibères ; que les Basques, comme l'ont prétendu quelques auteurs, sont entrés en Europe par le nord de l'Afrique. Deux de ces mots kophtes se retrouvent chez les peuples Finnois : *warras,* en lapon, signifie nouveau ; *achkar,* en Ostiak, est le nom du renard.

« Les dialectes berbers ne nous ont offert avec le basque qu'un seul point de ressemblance, mais celui-là très-important. Les pronoms personnels chez les Chellouks du Maroc se rapprochent beaucoup de ceux de l'Eskuara, et ils ressemblent plus encore que ceux de ces derniers aux pronoms des peuples canadiens, etc.

	BASQUE	CHELLOUK	DIALECTES LÉNAPÉS.
je, moi,	*ni,*	*ek,*	*n', ne, nin.*
tu, toi,	*hi,*	*ni,*	*k', ki.*
il, lui,	*a,*	*netham,*	*nekkama.*

» Cette affinité dans les pronoms ne semble pas fortuite, ou bien il faudrait reconnaître avec M. Pictet que le hasard se plaît à jouer de singuliers tours aux linguistes (1) »

(1) H. de Charencey, *La langue basque et les idiomes de l'Oural,* 2e fascicule, p. 45-47.

M. de Charencey a parfaitement raison de dire qu'il n'a « pu saisir d'affinités entre la grammaire égyptienne et celle des Basques. » La parenté du cophte avec les langues sémitiques, affirmée par MM. Leipsius, Schwartze, Benfey, Bunsen, Ernest Meïer, Paul Boetticher et de Rougé, a été contredite par MM. Pott, Ewald, Wenrich et Pruner-Bey. M. Renan ne pense pas non plus que le système cophte et sémitique dérivent l'un de l'autre, et il nie l'origine sémitique de la civilisation égyptienne. Cette dernière opinion, qui prévaut aujourd'hui, rattacherait à un groupe qu'on a proposé de nommer *chamitique*, le cophte, de même que le berber, les dialectes non sémitiques de l'Abyssinie, de la Nubie, etc. L'influence de l'élément berber sur la race et la langue de l'ancienne Égypte a été établie par M. Pruner-Bey (1). Il n'est donc pas surprenant que l'eskuara, qui n'a, comme je l'ai prouvé (p. 522), aucune affinité morphologique avec les langues berbères, n'en ait aucune non plus avec le cophte, qui se rattacherait, ainsi que les idiomes précédents, au groupe chamitique.

Quant aux rapprochements de six mots basques et kophtes, et aux suppositions qu'on serait libre d'en tirer, d'après M. de Charencey, je ne vois rien de plus téméraire. Les analogies, même nombreuses, de deux glossaires ne sont souvent que de très-faibles arguments en faveur de la parenté de deux idiomes, et ce sont surtout les grammaires qu'il importe de comparer. Pourquoi M. de Charencey n'a-t-il pas tenu compte de cette règle élémentaire de philologie comparée ? Pourquoi rapproche-t-il du cophte *berri*, le mot basque *berri*, qui ne signifie véritablement nouveau, qu'appliqué aux constructions (*Sala-berry*, salle neuve, *Eliça-berry*, église neuve), et qui vient du bas-latin *barrius*.

Pourquoi va-t-il chercher dans *imé* le similaire kophte de *emea*, femme, qui vient tout simplement du mot gascon *hemno* (à Lectoure *henno*), qui dérive lui-même du latin *femina*. Changez, en effet, *f* initial en *h*, conformément aux habitudes phonétiques de la Gascogne et du Pays basque, vous avez *hemne*. Supprimez cette *h*, comme le font souvent les Euskariens, surtout au-delà des Pyrénées, vous avez

---

(1) PRUNER-BEY, *Sur l'ancienne race égyptienne*, dans le t. II des *Bullet. de la Soc. d'anthrop.*, t. II, p. 254 et s.

emne. Quant à la suppression de l'*n* qui suit l'*m*, elle est tout-à-fait conforme aux habitudes phonologiques des Basques. Voilà comment *eme* vient du latin, et non pas du kophte *imé*.

En basque *ocaya* et *oguija* signifient blé, et *ogia*, *ogoja*, pain, parce que le pain se fait avec le blé. La racine de ces deux mots est donc *og*, et je ne sache pas qu'en égyptien il existe un monosyllabe similaire ou analogue ayant donné naissance aux deux noms du blé et du pain.

Voilà donc trois mots sur six à rayer du tableau comparatif dressé par M. de Charencey ; et si la démonstration ne devait pas m'entraîner trop loin, je prouverais sans effort que les trois autres rapprochements ne sont pas à l'abri de la critique :

Quant aux analogies signalées entre les pronoms basques, chellouks et lénapés, M. de Charencey aurait pu facilement les retrouver dans bon nombre d'autres idiomes appartenant à diverses familles, et notamment à la famille sémitique, ainsi que je l'ai démontré plus haut (p. 349), les analogies sont fréquemment invoquées par les partisans de l'unité originelle des langues, et il faut bien confesser que, sur ce point et sur beaucoup d'autres, on ne leur a point encore répondu d'une manière satisfaisante. Mais je n'ai pas, fort heureusement, à prendre parti dans ce grand débat ; et d'ailleurs ce n'est point la parenté d'origine, mais l'affinité suffisamment prochaine que je travaille à établir ou à infirmer entre le basque et les autres groupes de langues. Je supplie le lecteur de s'en souvenir, et je crois l'avoir mis à même de juger de la valeur des rapprochements établis par M. de Charencey entre l'eskuara et l'ancienne langue égyptienne.

Origine Atlantique.

Le colonel Bory de Saint-Vincent a rattaché, le premier, à une prétendue race Atlantique, les plus anciennes populations de l'Espagne. « Les *Ibériens*, dit-il, qu'on prend pour des peuples aborigènes de l'*Ibérie*, sont originaires de l'Afrique (1). » Et quelques pages plus bas : « Les *Ibériens*, évidemment d'origine atlantique, avaient péné-

(1) Bory de Saint-Vincent, *Résumé géographique*, sect. II, p. 129.

né, sous le nom de *Silures*, jusque dans la Grande-Bretagne, où ils occupaient le midi de la province de Galles. » Les citations suivantes prouvent que Bory de Saint-Vincent considérait l'île Atlantide de Platon comme le berceau des peuples *ibériens*. « La race atlantique, célèbre dès la plus haute antiquité, retentissait (?) encore parmi les prêtres de Saïs quand les philosophes grecs venaient étudier en Égypte les préceptes de la sagesse..... Originaire des chaînes que l'on suppose avoir été le véritable Atlas, elle se répandit, quand le détroit de Gadès n'existait point encore, dans la péninsule ibérique.

» Soit par l'effort des révolutions physiques qui déchirèrent la contrée où fut son berceau, soit par l'effet du temps destructeur des souvenirs, les grands monuments que les Atlantes durent construire ne sont pas arrivés jusqu'à nous comme ceux de l'Égypte (1). » Le même auteur ajoute que « suivant un manuscrit cité par Viera y Clavijo, on a prétendu que les habitants des îles Canaries surent construire de petites pyramides, dont les conquérants surent détruire jusqu'aux moindres vestiges; que ces peuples professaient un grand respect pour les morts, et qu'ils préparaient des momies, dont on trouve encore aujourd'hui quelques grottes abondamment remplies; que ces vénérables débris font connaître que les hommes des îles Fortunées qui n'étaient point Éthiopiens, et qui n'avaient pas le nez plat, comme on l'a avancé, offraient les caractères de l'espèce arabique; qu'enfin les Maures qui sont un peu moins grands et moins foncés que les autres Arabes, dont le nez est plus arrondi, et qui remplissent encore les Alpuxaras d'Espagne, représentent les débris de la race atlantique. »

Si Bory de Saint-Vincent avait voulu prétendre que les Atlantes ne sont autre chose que les anciens Autololes et Gétules, qui étaient les plus voisins de l'Atlas, cette assertion gratuite ne mériterait pas d'être discutée. Mais son système repose sur des textes anciens, qui méritent un examen attentif.

Hérodote parle des Atlantes, ou plutôt des Atarantes (Ἀτάραντες),

---

(1) *Id.*, *Essai géographique sur le genre humain*, 2ᵉ édit., p. 98, 159 et 174. Cf. *l'Essai sur les îles Fortunées* du même auteur. 1 vol. in-4º. Paris, an XI.

comme occupant un pays situé à dix journées des Garamantes (1). Au-delà d'un désert immense tout-à-fait inhabitable, dit Pomponius Méla, on trouve, dit-on, en allant d'Orient en Occident, d'abord les Garamantes, ensuite les Augiles et les Troglodytes, et les Atlantes qui sont les derniers (2). Diodore fait des Atlantes le peuple le plus civilisé de l'Afrique, et les place dans un pays opulent, plein de grandes villes, près de la grande île Hespéride, non loin de l'Atlas, au couchant de la Tritonide, grand lac qui aurait été réuni à la mer par la rupture du terrain qui l'en séparait. Il place les Atlantes sur le bord de l'Océan (3).

Dans son *Timée* et dans son *Critias*, Platon a mêlé, dit-on, quelques événements historiques à des traditions fabuleuses. « Il y avait alors, au-devant du détroit que vous appelez les colonnes d'Hercule, une île plus grande que la Lybie et l'Asie. De cette île, on pouvait facilement passer aux autres îles, et de celles-là à tout le continent (4). » Les rois de l'Atlantide « avaient sous leur domination l'île entière, ainsi que plusieurs autres îles et quelques parties du continent. En outre, en-deçà du détroit, ils régnaient encore sur la Lybie jusqu'à l'Égypte, et sur l'Europe jusqu'à la Tyrrhénie (5). » Cette Atlantide « disparut sous la mer ; aussi depuis ce temps la mer est-elle devenue inaccessible, et a-t-elle cessé d'être navigable (6). » Selon la tradition égyptienne qu'un prêtre de Saïs est censé avoir confiée à Solon, « une guerre générale s'était élevée neuf mille ans auparavant entre les peuples qui sont en-deçà et ceux qui sont au-delà des colonnes d'Hercule..... L'Atlantide était plus grande que l'Asie et l'Afrique, mais elle a été submergée par des tremblements de terre, et à sa

---

(1) Hérodot., *Hist.*, l. IV, § 184.

(2) Deinde late vacat regio, perpetuo tractu inhabitabilis tum primos ab oriente Garamantes, post Augilas, et Troglodytas, et ultimos ad occasum Atlantas audimus. Pomp. Mela, l. I, c. 4.

(3) Οἱ τοὶ νῦν Ἀτλάντιοι τοὺς παρὰ τὸν ὠκεανὸν τόπους κατοικοῦντες. Diod. Sicul., l. III, § 55.

(4) Νῆσον γὰρ πρὸ τοῦ στόματος εἶχεν, ὃ καλεῖτε, ὥς φατε ὑμεῖς, Ἡρακλέους στήλας· ἡ δὲ νῆσος ἅμα Λιβύης ἦν καὶ Ἀσίας μείζων, ἐξ ἧς ἐπιβατὸν ἐπὶ τὰς ἄλλας νήσους τοῖς τότ' ἐγίγνετο πορευομένοις. Plat., *Tim.*

(5) *Id., Ibid.*

(6) Plat., *Critias*.

place on ne rencontre plus qu'un limon qui arrête les navigateurs et rend la mer impraticable (1). » Le domaine des rois d'Atlantide « s'étendait sur un grand nombre d'autres îles, et même en deçà du détroit, jusqu'à l'Egypte et à la Tyrrhénie (2). » Posidonius, nous dit Strabon, regardait comme vraisemblable le récit de Platon sur l'Atlantide (3).

Voilà, je crois, les seuls textes anciens qu'il soit permis d'invoquer en faveur de la prétendue existence de l'Atlantide. Voyons s'ils sont en état de supporter l'épreuve de la critique.

Et d'abord je lis dans Strabon qu'après avoir franchi les colonnes d'Hercule, on voit sur la gauche une montagne « que les Grecs nomment Atlas, et que les barbares connaissent sous le nom de Dyris (4). » Pline est d'accord avec le géographe grec, et nous atteste que l'on comptait deux cent mille pas « du fleuve Jut au mont Dyris, nom que les gens du pays donnaient à l'Atlas des Grecs (5). » Voilà qui prouve déjà que le nom de Dyris était indigène et celui d'Atlas d'invention grecque. Ce dernier ne pouvait donc se perdre dans la nuit des temps, et cependant tous les auteurs anciens attestent unanimement que le nom d'Atlas fut l'origine de ceux des Atlantes, de l'At-

---

(1) *Id., Ibid.*

(2) Ὅτι ἐνδέχεται καὶ μὴ πλάσμα εἶναι τὸ περὶ τῆς νήσου τῆς Ἀτλαντίδος. Strab., l. II, c. 3.

(3) M. Lagneau, qui a cité tous ces textes dans son travail *Sur l'ethnologie des Ibères (Bull. de la Soc. d'anthr. de 1867, p. 146 et s.)*, invoque aussi le passage d'Ammien Marcellin (l. XV, c. 9), où cet auteur rappelle que la tradition druidique parle d'émigrants venus d'îles éloignées (*ab insulis extimis*). M. Lagneau suppose gratuitement qu'Ammien Marcellin a voulu « indiquer l'origine de toute la portion ibérienne de la population de la Gaule. » Varron parle d'un roi de Grèce et de Sardaigne nommé Phorcys, qui fut vaincu dans un combat naval par le roi Atlante (*ab Atlante rege*). Pour M. Lagneau, le vainqueur serait un « roi des Atlantes »; mais alors Varron aurait mis : *ab Atlantorum rege*. Atlante est donc le nom du roi et non celui de son peuple.

(4) Ὄρος ἐστίν, ὅπερ οἱ μὲν Ἕλληνες Ἄτλαντα καλοῦσιν, οἱ βάρβαροι δὲ Δύριν. Strab., *Geog.*, l. XVI.

(5) Mox amnem quem vocant Fut : ab eo ad Dyrim (hoc enim Atlanti nomen esse eorum lingua convenit) ducenta mil. passuum interveniente flumine, cui nomen est Vior. Plin., *Hist. nat.*, l. V, c. 1.

lantie, de l'Atlantide et de l'Atlantique. Je lis dans Pline que la partie orientale de l'Afrique, désignée de leur temps sous le nom d'Ethiopie, avait été auparavant nommée Atlantie, et antérieurement *Ætherie* (1). Eustathe et Hésychius, commentateur du naturaliste romain, ne font que reproduire la même assertion, quand il nous certifie que l'Éthiopie avait d'abord porté le nom d'Aerie (2). Il est vrai que Ptolémée englobe sous la dénomination collective d'*Atlantie* et d'*Atlantide* l'Égypte (confondue si souvent par les anciens avec l'Éthiopie orientale), et toutes les îles de la mer Égée ; mais Aulu-Gelle nous atteste que l'Égypte et l'île de Crète étaient d'abord connues sous le nom d'Aérie (3).

La concordance de ces témoignages prouve, je crois, à suffisance, que les noms d'*Atlantes*, d'*Atlantique*, d'*Atlantie* et d'*Atlantide* ont été substitués par les Grecs à des dénominations nationales et plus anciennes. Ces appellations ne pouvaient être évidemment que des dérivés du nom exotique imposé au mont Dyris des Africains, ce qui rejette déjà dans le domaine de la fable tout le système atlantique des Grecs. Il serait d'ailleurs facile de prouver que le premier Atlas hellénique (le père de Calypso) est de provenance égyptienne, ce qui ne permettrait pas de reporter plus haut que six ou sept siècles avant notre ère le système de géographie atlantique des Grecs.

Quoi qu'il en soit, les textes anciens que l'on a coutume d'invoquer pour établir historiquement l'existence de l'Atlantide, ne peuvent résister à la critique. Ainsi Hérodote place ses misérables Atlantes ou Atarantes sur les flancs sablonneux de l'Atlas ; mais Pausanias, qui connaissait fort bien l'Afrique septentrionale, le blâme, en termes exprès, d'avoir désigné sous le nom d'Atlantes des peuples qui n'avaient jamais été connus que sous les désignations de Loxites ou de Nasamons. Quant au crédule Diodore, qui nous fait un si merveilleux tableau du pays des Atlantes, il oublie de nous renseigner sur la

---

(1) Universa vero gens Ætheria appellata est, deinde Atlantia, mox a Vulcani filio Æthiope Æthiopia. Plin., *Hist. nat.*, l. VI, 1. Certaines édit. portent *Æria*.

(2) *Dict. encyclop.*, v° *Ærie*.

(3) Ægyptus Æria dicta est. Aul. Gell., *Noct. Att.*, l. XIV, c. 6.

situation de cette contrée, dont les habitants auraient été, nous dit-il, vaincus par les Amazones. En tous cas, ces riches Atlantes, sont bien différents des misérables peuplades d'Hérodote; et il ne faut voir dans le récit de Diodore qu'un mélange confus des Atlantes du *Critias* et du *Timée*, et de légendes mythologiques des Grecs. Quant à Pomponius Méla, on n'a pas oublié qu'il se borne à rapporter des traditions sans les garantir (*audimus*) (1). Enfin, quand Pline émet une conjecture sur le pays des Atlantes, il les place bien loin de ceux d'Hérodote, et les suppose très-voisins des Troglodytes, établis le long du golfe Arabique, et même il les confond avec des peuples monstrueux et imaginaires (2).

Le silence gardé sur l'Atlantide par Ptolémée, prouve qu'il n'y croyait pas. Il en est de même de Strabon, qui se borne à dire que Posidonius croyait à la vraisemblance du récit de Platon, ce qui veut dire que lui, Strabon, n'était pas du même avis. Je conviens qu'il s'exprime avec ménagement, et qu'il semble avoir écrit qu'il est possible que le récit de Platon ne soit pas une fiction (3); mais Pline se montre moins réservé et tient pour très-suspect (*si Platoni credimus*) le récit du philosophe que je vais maintenant examiner.

Cette tradition, dit-il en résumé, aurait été rapportée d'Egypte par Solon, qui l'aurait reçue d'un prêtre de Saïs, et qui l'aurait transmise, dans son extrême vieillesse, à Critias, bien jeune encore, qui la répéta à quatre-vingt-dix ans, à son petit-fils Platon encore enfant. L'île de l'Atlantide aurait été le lot de Neptune, qui épousa Clito, fille unique d'Évènor et de Leucippe, enfants de la terre. L'aîné de ses fils se nomma Atlas, et donna son nom à l'île toute entière. Cet Atlas était fabuleusement riche. Il avait bâti à Neptune un temple couvert

---

(1) Pomp. Mel., l. I, c. 33. — Le même auteur dit aussi : « Ex his qui ultra deserta esse *memorantur*, Atlantes solem execrantur. » Pomp. Mela, l. I, c. 4 et 8.

(2) Atlantas juxta eos, Ægipanas semiferos et Blemmyas, et Gamphasantas, et Satyros, et Himantopodas..... et Troglodytæ specus excavant. Plin., *Hist. nat.*, l. V, c. 8.

(3) Πρὸς ὃ καὶ τὸ τοῦ Πλάτωνος εὖ παρατίθησιν, ὅτι ἐνδέχεται καὶ μὴ πλάσμα εἶναι τὸ περὶ τῆς νήσου Ἀτλαντίδος, περὶ ἧς ἐκεῖνος ἱστόρησε Σολωνά φησι πεπυσμένον παρὰ τῶν Αἰγυπτίων ἱερέων, ὡς ὑπάρχουσά ποτε ἀφανισθείη, τὸ μέγεθος οὐκ ἐλάττων ἠπείρου. Strab., *Geog.*, l. II.

en or, dont les voûtes étaient en ivoire ciselé, le pavé en argent et en orichalque, etc., etc. L'Atlantide formait un carré long de trois mille stades de long, sur deux mille de large, et partout on y trouvait des ponts et aqueducs, des gymnases, des hippodromes, des bains, et je ne sais combien d'autres choses.

Voilà ce que tout le monde peut lire dans le *Critias* et le *Timée*; et il faut convenir que les origines du récit de Platon ressemblent tout-à-fait à celles de nos contes de nourrice. Si Solon avait réellement recueilli cette tradition en Égypte, il n'aurait pas manqué de la faire connaître immédiatement après son retour, et les écrivains postérieurs n'auraient pas négligé d'en tirer profit. Aucun homme qui prend la peine de réfléchir tant soit peu, n'admettra qu'après deux siècles de silence, et grâce aux narrations de deux vieillards octogénaires à deux petits enfants, Platon ait acquis la connaissance d'événements sur lesquels ces deux vieillards eux-mêmes n'ont rien écrit.

La critique détaillée du récit même de Platon m'entraînerait beaucoup trop loin; et je dois me borner à quelques observations sur la confiance si variable que l'histoire de l'Atlantide a inspirée aux auteurs anciens et modernes.

Et d'abord, il est incontestable que les anciens n'ont jamais songé à fonder un système historique sur la tradition platonicienne relative à la prétendue submersion de l'Atlantide. Aulu-Gelle, Macrobe, et les autres écrivains classiques qui se sont particulièrement voués à l'étude des hautes antiquités, et qui citent surtout les œuvres de Platon, notamment le *Timée* et le *Critias*, ne soufflent pas mot de l'Atlantide. Ils ne prennent donc pas au sérieux le récit dont je m'occupe, et ce sont les écrivains modernes qui sont exclusivement responsables de la théorie dont il faut débarrasser la science.

Les anciens ne pouvaient, en effet, se faire aucune illusion sur l'intention et la portée purement morale de l'allégorie platonicienne. Il leur était facile de constater que le philosophe grec a emprunté la situation de son Atlantide à Hérodote, dans la partie de son livre consacrée à la description de la mer Atlantique, des Atlantes et de la Mauritanie (1). Quant au fond même du récit du philosophe, c'est

---

(1) Herodot., *Hist.*, lib. I, c. 202.

tout simplement une allusion aussi transparente que possible aux victoires remportées par les divers peuples de la Grèce, et surtout par les Athéniens sur les armées du roi de Perse ; aux fautes commises dans la guerre de Sicile, et aux tendances anarchiques de la démocratie athénienne.

Platon n'aspirait donc, par cette allégorie, qu'à donner à ses compatriotes une leçon de politique. Quant aux écrivains modernes, leurs dissentiments et leurs théories divergentes témoignent assez de l'impuissance où ils sont de refaire l'antiquité et de retrouver l'Atlantide de Platon dans les lieux où ce philosophe l'avait placée conformément aux indications d'Hérodote. Olaüs Rudbeck fait de la Suède l'ancienne Atlantide, le berceau des fils de Japhet, et celui des mythes égyptiens et grecs. Bailly remanie la thèse de Rudbeck, tout en s'appuyant sur ses recherches. Il place l'Atlantide beaucoup plus au nord, et confond même cette île avec celle d'Ogygée, sur laquelle Homère fait régner Calypso, fille d'Atlas. Cette île, d'après lui, n'aurait peut-être pas été submergée, mais simplement cernée par une vaste ceinture de glaces faisant obstacle à toute communication. Baër place en Palestine l'Atlantide, que d'autres cherchent jusque dans le Nouveau-Monde. Enfin, les auteurs d'une *Histoire universelle de tous les hommes* croient que cette île fabuleuse était située dans la Méditerranée, entre l'Italie et l'Espagne, et que la Corse, la Sardaigne et les îles Baléares auraient survécu au cataclysme.

Les systèmes modernes sur l'Atlantide se trouvent déjà condamnés, ce me semble, par ces oppositions et contradictions manifestes. Il est, en effet, universellement reconnu que cette île n'a jamais pu exister là où Platon l'a placée, c'est-à-dire « vis-à-vis le détroit que les Grecs nommaient colonnes d'Hercule. » Cette indication ne permet aucun doute. A l'époque de Platon, les Grecs ne connaissaient encore, sous le nom de Colonnes d'Hercule, que les monts Calpé et Abyla. Le philosophe donne à son Atlantide cent cinquante lieues de longueur, et à ce compte elle se serait étendue depuis le détroit de Gadès jusqu'aux îles Fortunées. Par conséquent les Canaries et les îles de Madère auraient fait partie de l'Atlantide et échappé à la submersion. Il s'agit donc de connaître quelles étaient les populations de ces archipels à l'époque de leur découverte.

Bon nombre d'auteurs veulent que l'exploration maritime ordonnée par le roi Juba et dont Pline nous a transmis le résultat, aient abouti à la découverte des Canaries. La première île, qui fut nommée Ombrion, ne présentait aucun vestige d'habitation (1), et possédait un lac situé sur une montagne. On trouva, dans la seconde île, les ruines d'un édifice de pierre (2) qui reçut le nom de Junonia, qui était aussi celui d'une petite île voisine. Dans la troisième, appelée Capraria (3), abondaient de très-grands lézards, et la quatrième, Nivaria (Ténériffe), avait été ainsi désignée à cause de ses neiges. Non loin de Nivaria se trouvait Canaria, ainsi nommée à cause de la race de grands chiens qu'elle nourrissait, et dont deux furent amenés à Juba. On y signala quelques vestiges d'habitation (4). Toutes ces îles abondaient en fruits et palmiers à dattes, et les forêts étaient pleines d'oiseaux et d'animaux de différentes espèces.

Cette description donne à croire que, du temps de Juba, les Canaries étaient désertes, ou peuplées seulement sur quelques points qui ne furent pas reconnus. Je n'ai pas à décider si les îles dont parle Pline étaient les mêmes que les Canaries modernes; mais il est certain que ces dernières furent découvertes fortuitement, entre 1326 et 1334, par suite du naufrage d'un vaisseau français. Les Espagnols firent plusieurs descentes dans ces îles, pour les piller et y capturer des esclaves. Le chef de l'île de Lancerote et sa femme furent faits prisonniers, avec soixante-dix des leurs, dans une de ces expéditions. Au commencement du XVe siècle, un baron normand, Jean de Béthancourt, conquit plusieurs de ces îles; mais la soumission complète de Ténériffe n'eut lieu que quatre-vingt-quinze ans plus tard. Les gens du pays, connus sous le nom de Guanches, opposèrent partout une résistance énergique.

(1) Nullis ædificiorum vestigiis. PLIN., *Hist. nat.*, l. VI, c. 31 et 32. Tout porte à croire que c'était l'île de Fer.

(2) In ea ædiculam esse tantum lapide constructam. *Id., Ibid.* C'est probablement l'île de Palma.

(3) On pense que c'est l'île de Gomera.

(4) Apparent ibi vestigia ædificiorum PLIN., *Hist. nat.*, l. V. Les indigènes naviguaient sur des nacelles d'osier recouvertes de peaux. PLIN., *Hist. nat.*, l. XXXIV, c. 16.

Les renseignements les moins inexacts que nous ayons sur ces Guanches, sont ceux que nous ont conservés quelques personnes qui visitèrent l'archipel à l'époque où les indigènes n'étaient encore que partiellement soumis. La population de la grande Canarie s'élevait à peu près à 9,000 personnes, et celle de Ténériffe à 5,000, dont les habitants étaient de très-haute taille, et même atteignaient parfois des proportions gigantesques. Leurs mœurs étaient simples: ils connaissaient très peu d'arts, ignoraient l'usage des métaux, et se servaient, dit-on, de cornes de bœufs pour labourer la terre. Les Guanches croyaient à la vie future et à l'existence d'un Dieu suprême appelé Achuharahan, auteur et conservateur de tout ce qui est bon et utile. Le génie du mal se nommait Guayotta, et le cratère brûlant du pic de Teyde recevait après la mort les âmes des méchants. Chez les Guanches, le mariage était sanctifié par des cérémonies, sans préjudice de certaines pratiques liées à un système de dogmes moraux et politiques.

Une des particularités les plus curieuses de l'histoire des Canariens, est évidemment l'usage d'embaumer les corps et de les déposer dans les cavernes des montagnes. On plaçait les momies debout, et appuyées contre le rocher. Dans la main des chefs on mettait un bâton de commandement, et à côté d'eux un vase rempli de lait. Un voyageur anglais, Nicol, affirme avoir trouvé dans la même grotte trois cents de ces momies, dont la chair était desséchée et le corps léger comme du parchemin. On raconta à Scorey que l'on avait exhumé du tombeau des rois de Guimar un squelette haut de quinze pieds et dont les mâchoires présentaient une rangée de quatre-vingts dents.

Golberry, Blumenbach et Humboldt, se sont bien gardés de recueillir de pareilles fables; mais ils ont étudié les momies et le procédé d'embaumement. Les corps étaient enduits de résine desséchée à petit feu ou exposés à l'ardeur du soleil. Cette opération arrivait à donner aux momies une légèreté telle, que Blumenbach en possédait une qui, avec toutes ses bandelettes, ne pesait que sept livres et demie. A ces bandelettes étroites sont suspendus de petits vases en terre cuite; et les corps qu'elles enveloppent sont aussi préservés par des plantes aromatiques, parmi lesquelles se trouve toujours, dit-on, le *Chenopodium Ambrosoïdes*.

Golberry a décrit une de ces momies, choisie parmi beaucoup d'autres qui se trouvaient encore de son temps dans les grottes de Ténériffe. « Les cheveux, dit-il, étaient longs et noirs, la peau sèche et flexible, d'un brun foncé, le dos et la poitrine couverts de poil, les cavités pectorale et abdominale étaient remplies d'une espèce de graine qui ressemblait à du riz, et le corps était enveloppé de bandelettes de peau de chèvre. »

Blumembach a cru pouvoir noter quelques ressemblances entre l'ornementation des momies égyptiennes et celles des îles Canaries. Dans les unes et les autres on trouve des colliers de corail ; « mais cela peut n'être, selon Prichard, qu'une ressemblance accidentelle, tandis que l'usage de la peau de chèvre en place d'étoffes tissées, la manière de remplir les corps et de les dessécher, et bien d'autres particularités encore, diffèrent essentiellement du procédé égyptien.

» Les incisives des momies des deux nations sont usées de manière à représenter un cône tronqué. Cela peut venir de ce que ces deux peuples auraient fait usage de semblables aliments, de ce que tous deux, par exemple, auraient eu l'habitude de manger des grains très durs. La langue que parlaient les anciens habitants des Canaries est perdue depuis longtemps; il ne nous en reste qu'un petit nombre de mots dont la conservation est due au hasard, mais qui suffisent pour nous porter à penser que cette nation, aujourd'hui complètement éteinte, appartenait à la race Atlantique (1). »

Un savant portugais, M. Macedo, de Lisbonne, a présenté à la Société royale géographique de Londres un mémoire, dans lequel il s'efforce de démontrer que la langue des Guanches différait de celle des autres îles et des idiomes berbers ; mais ce travail est loin d'avoir été fait dans les conditions favorables pour obtenir l'approbation des philologues sérieux.

Depuis Blumembach, la question des Guanches a été reprise par Berthelot. Blumembach avait identifié un crâne de jeune guanche avec l'un de ses deux types de l'ancien Égyptien, lequel n'est autre

---

(1) PRICHARD, *Hist. naturelle de l'homme* (trad. Roulin, t. I, p. 362-63). V. dans cet ouvrage, fig. 67, le crâne d'un Guanche reproduit d'après une des planches de l'ouvrage de Blumembach : *Collectiones suæ craniorum, diversarum gentium illustrata* Gottingue, 1808, pl. 42.

que le berber d'après M. Pruner-Bey (1). Berthelot assigne aussi aux Guanches une origine berbère « par rapport à leur type physique, à leur crâne qui offre deux variétés principales, et à leur langage. Il établit de plus que ces berbers des Canaries sont mélangés avec des Arabes. A toutes les preuves historiques et linguistiques que le savant auteur produit à ce sujet, je puis, pour ma part, ajouter celle-ci : que les termes de numération chez les Guanches, berbers au fond, sont mêlés de termes arabes (2). »

Si les Guanches sont d'origine berbère, ils n'ont aucune affinité ethnique avec les Basques, et il faut convenir que le peu que la comparaison de l'eskuara avec le peu que nous savons de positif sur l'idiome des anciens Canariens, confirme cette assertion. Malgré leurs catacombes et leurs momies, les Guanches n'avaient aucune ressemblance avec les Atlantes tels que les décrit Platon. On ne saurait en faire non plus les descendants d'un peuple navigateur qui aurait soumis les Atlantes, car Pline nous apprend que les habitants des îles Fortunées ne faisaient usage que de barques d'osier recouvertes de peaux.

Il résulte, je l'espère, de cette dissertation, que l'existence de l'Atlantide n'est historiquement établie par aucun texte digne de foi, et qu'au lieu de chercher dans les Guanches les représentants d'une race fabuleuse, il faut y voir, selon tous, les représentants des populations berbères (3). Les théories qui rattachent les Ibères et les Basques aux Atlantes sont donc radicalement fausses ; mais je ne nie pas cependant l'existence d'une Atlantide géologique. J'ai cité plus haut (p. 100-103,

---

(1) PRUNER-BEY, *Réponse à M. Lagneau sur les Ibères*, dans le t. II, 2e série, des *Bullet. de la Soc. d'anthrop.*, p. 158.

(2) *Id., Ibid.*, p. 158-59.

(3) Il importe de remarquer que la préparation des momies égyptiennes ne rappelle en rien celle des momies guanches. Ces dernières, entièrement nues, sont cousues dans des sacs comme celles des anciens habitants de la Colchide dont parlent Apollonius de Rhodes (*Argonaut.*, ch. III) et Élien (*Hist. div.*, l. IV, c. 1). — Certains anthropologistes ont cru voir dans la perforation de la cavité olécranienne un des caractères des anciens brachycéphales d'Europe ; on a constaté le même phénomène chez d'autres races. Voir PRUNER-BEY, *Réponse à M. Lagneau sur les Ibères*, dans les *Bullet. de la Soc. d'anthrop.*, t. II, 2e série, p. 159-60.

note 1) à ce sujet l'hypothèse de M. Ed. Collomb, les recherches malacologiques de M. Bourguignat ; et la botanique pourrait aussi me fournir quelques présomptions dans le même sens. Mais la discussion de ces conjectures, qui d'ailleurs ne se rattachent que très indirectement à mon sujet, m'entraînerait beaucoup trop loin, et j'ai hâte d'aborder les dernières questions qu'il me reste encore à traiter (1).

(1) On peut lire dans l'*Histoire littéraire des patois*, de Pierquin de Gembloux, que le basque s'est formé, au xie siècle, de débris de langues diverses, à peu près comme le Franc et le *Sabir*. Je me borne à signaler cette assertion aussi gratuite qu'extravagante.

APPENDICE II.

ORIGINES DES BASQUES DE FRANCE ET D'ESPAGNE,

par D.-J. Garat (1 vol. in-12, VI-294 p. Paris, Hachette, 1869).

Les origines des Basques, dit M. Garat, sont entourées d'obscurités profondes, dans lesquelles il a « cherché à faire briller la lumière des faits (p. 287). » Pour lui : « Le peuple basque de France et d'Espagne est un débris des peuples primitifs du continent d'Asie ; il est l'expression unique de l'humanité aux temps anté-historiques ; il a, sans adultération, continué cette race de Sem qui, par sa haine du polythéisme, trancha si fortement sur la race païenne de Japhet, et dont le Cid et Charles-Martel crurent avoir anéanti les derniers représentants en France et en Espagne ; il porte au front la noble empreinte dont Dieu marqua l'humanité lorsqu'il l'eut pétrie de ses mains et que, la vivifiant de son souffle, il la plaça au monde ignorante, mais forte, libre d'aller à lui ou de s'en éloigner, d'aller à la vérité ou à l'erreur, au progrès ou à la décadence (p. 288). »

Cette longue phrase prouve que M. Garat tient pour l'origine sémitique des Basques. J'ai déjà signalé les auteurs qui ont soutenu, sans succès, la même opinion (v. p. 65-69), et je ne crois pas que l'auteur du livre que j'ai sous les yeux soit plus heureux que ses devanciers.

Pour faire, comme dit M. Garat, « briller la lumière des faits » dans une question si obscure et si complexe, il faut une abondance et une variété d'informations, une puissance et une sûreté de critique, dont il me semble tout-à-fait dépourvu.

La sévérité de mon appréciation n'est malheureusement pas difficile à justifier ; et si je voulais relever toutes les fautes de M. Garat, il me faudrait écrire un livre au moins deux fois plus gros que le sien. Je me bornerai donc à réfuter sommairement quelques erreurs capitales, prises au hasard dans les sept chapitres par lesquels M. Garat prétend établir l'origine sémitique des Basques.

Chapitre I. *Les Basques modernes.* — « Le pays basque de France est limité... au nord par les communes de l'arrondissement de Bayonne (p. 1). » — Rien de plus faux. On parle basque dans quarante-cinq communes de cet arrondissement, inégalement réparties entre les cantons de Bayonne, Espelette, Hasparren, La Bastide-Clairence, Saint-Jean de Luz et Ustarritz (v. p. 246-47).

M. Garat comprend dans le domaine actuel des Basques transpyrénéens « les provinces de l'Alava, du Guipuzcoa et de la Navarre (p. 2). » — Cela n'est point exact pour la Navarre transpyrénéenne, où plus de la moitié des habitants parle espagnol, ainsi que le constate M. Élisée Reclus, dont j'ai visé l'opinion (p. 247-48), et dont M. Garat a si souvent utilisé les recherches, avec une confiance que je ne saurais toujours partager.

« Bien que les titres de leurs franchises eussent aussi été égarés, les Basques espagnols avaient aussi résolûment tenu à leur indépendance (p. 2). » — Jamais ces titres n'ont été égarés, et plusieurs même sont imprimés, ainsi que je l'ai établi dans la IIe partie du présent ouvrage, chap. V, § 1.

« Les Basques de l'intérieur, marcheurs terribles, chasseurs du Mont-Perdu (p. 50). » — Le Mont-Perdu n'est pas dans le Pays basque. Il est situé en Aragon, dans la province de Huesca, et trop loin, par conséquent, pour que les Basques aillent y chasser.

Chapitre II. *Théories sur l'origine des Basques.* — Au dire de M. Garat (p. 52), M. de Charencey attribuerait aux Basques une origine finnoise. — M. de Charencey signale bien, dans sa brochure, intitulée *la Langue basque et les idiomes de l'Oural*, certaines affinités entre l'eskuara et les langues finnoises. Mais il note encore plus de dissemblances, et il prend soin d'avertir le lecteur de ses préférences en faveur de l'origine américaine des Basques, qu'il a tâché d'établir depuis dans son mémoire : *Des affinités de la langue basque avec les idiomes du Nouveau-Monde.*

« Les Aquitains, qu'à leur langage comme à leurs traits, à leur taille comme à leurs mœurs, a dit Strabon, on reconnaissait pour des enfants de l'Ibérie (p. 62). » — Strabon, dont on peut lire le texte plus haut

(p. 42, note 1) ne s'est jamais exprimé ainsi. Il se borne à affirmer, par deux fois, que sous le rapport de la langue et des caractères ethniques, les Aquitains se rapprochaient plus des Espagnols que des Gaulois.

« Les Basques des Basses-Pyrénées continuent les Cantabres... et les Cantabres continuaient une colonie phénicienne (p. 66). — Voilà deux erreurs historiques capitales. Il résulte, en effet, de l'ensemble du chapitre II § 1 de la 1re partie du présent ouvrage, que les Basques des Basses-Pyrénées sont les représentants plus ou moins mélangés des Vascons transpyrénéens, établis dans la Novempopulanie sous les rois mérovingiens. Ils ne descendent donc pas des Cantabres, dont j'ai prouvé l'origine celtique (p. 6), et dont M. Garat f. ne colonie phénicienne, sans produire aucun témoignage à l'appui de cette assertion.

Chapitre III. *Les Phéniciens et les Sémites, fondateurs de la nationalité basque.* — L'affirmation aussi fausse que gratuite de l'origine phénicienne des Cantabres, est la pierre angulaire du système de M. Garat, si toutefois il est permis de donner le nom de système à ce long tissu d'erreurs et de témérités. Le chapitre III contient, sur le commerce et les colonies phéniciennes, des divagations aussi peu probantes que banales. Je lis à la page 98 : « Les colons des Pyrénées occidentales furent, après la ruine de Tyr et l'anéantissement des Phéniciens, placés dans un isolement absolu. » — Mais M. Garat avait déjà parlé (p. 66) des « Cantabres, dont les *Commentaires* de Jules César avaient révélé l'existence aux Romains. » Si les Cantabres n'ont commencé à être connus des anciens qu'à l'époque de César, comment M. Garat a-t-il pu affirmer qu'ils ont vécu « dans un isolement absolu, » après « la ruine de Tyr et l'anéantissement des Phéniciens? »

D'après ce compilateur, le nom des Cantabres aurait sa « racine dans l'idiome basque Cantaber (*kanta-ber*) qui se traduirait par chanteur parfait (p. 99) » — Voilà qui suffirait à prouver que M. Garat n'entend pas un mot de la langue dont il parle, et qu'il est étranger aux notions les plus élémentaires de philologie comparée. *Cantaber*, tel qu'il le décompose, signifierait, non pas « chanteur parfait », mais chanteur véritable : *kantaria* chanteur, *her* vrai (1). Mais ces deux radicaux n'ont rien de basque, ni surtout de sémitique; et il n'y a que M. Garat pour ne pas voir qu'en acceptant son étrange étymologie, les deux éléments dont il forme *Cantaber* seraient empruntés au latin.

CHAPITRE IV. *Justifications historiques*. — Ces prétendues « justifications » ne soutiennent pas l'examen. Prenons quelques exemples parmi les plus courts à réfuter.

Crassus, lieutenant de César « battit les Sontiates, les Vocates et les Tarusates », dont M. Garat fait des « peuples de l'Armagnac et de la Garonne (p. 116). » — Les Sontiates ou Sotiates n'étaient pas des « peuples de l'Armagnac. » Ils occupaient le territoire de Sos, en Gabardan, comme l'ont parfaitement établi les travaux de MM. le vicomte de Métivier, de Villeneuve-Bargemont, le baron Chaudruc de Crazannes et le baron Walckenaer. Les Vocates occupaient le Bazadais. Quant aux Tarusates, ils étaient établis dans le Tursan, au territoire d'Aire, sur les bords de l'Adour. Tous ceux qui ont écrit sur la géographie des Gaules sont unanimes là-dessus.

M. Garat admet l'authenticité (p. 152 et 150-53) du *Chant des Cantabres* et du *Chant d'Altabiscar*. — Je crois avoir établi le caractère apocryphe et récent de ces poèmes. Ma *Dissertation sur les chants héroïques des Basques* a pourtant paru en 1866; mais je ne crois pas me tromper en affirmant que M. Garat ne m'a pas fait l'honneur de la lire.

L'auteur des *Origines des Basques* affirme que Loup était « fils de Waïfre duc de Gascogne (p. 153). » — Cette filiation ne repose que sur la charte d'Alaon, dont feu M. Rabanis a prouvé la fausseté, dans une dissertation spéciale et déjà ancienne.

M. Garat, parlant des anciens États de Béarn affirme (p. 170) que « l'évêque de Tarbes présidait de droit à ces comices. » — C'est une erreur. Tarbes est en Bigorre et non en Béarn, dont les États étaient présidés par les évêques de Lescar, comme le prouvent une foule de documents, manuscrits, sans préjudice des livres de Marca, Faget de Baure, Mazure, etc., etc.

(1) On sait qu'en basque $b = v$.

Chapitre V. *Justifications géographiques.* — « Au Pays basque, les noms des villes, des villages, des bourgades, des montagnes, des défilés, des vallées, des rivières, des cours d'eau, sont exclusivement eskuariens ou dérivés de l'idiome eskuarien. En d'autres termes, ces noms sont étrangers aux idiomes des peuples envahisseurs qui vécurent à proximité des Basques. Cette remarque ne saurait être infirmée par l'appellation gasconne des villes de Miramont et de Mauléon — la première à l'est et la seconde au nord du Pays basque, — ni par l'appellation anglaise d'un village (*Anglet*) sur le golfe de Gascogne, entre Bayonne et Biarritz... Les dénominations gasconnes des deux premières localités : *mira mont*, belle montagne ; — *maou leon*, méchant lion, — furent, on peut le croire, substituées, à des époques assez récentes, aux noms eskuariens qui avaient distingué ces localités... Le nom et le village d'Anglet sont de dates récentes. Ce village contient le souvenir d'un poste militaire que les Anglais avaient créé au bord de la mer, alors qu'ils furent maîtres de la Guyenne (p. 489-90). »

Cette théorie est radicalement fausse, et bon nombre de noms de lieux du Pays basque s'expliquent par l'espagnol et par le gascon. Bornons-nous à quelques preuves tirées de la toponymie cispyrénéenne.

Abadie (l'), fief, commune de Sauguis-Saint-Étienne, mentionné en 1585 (collect. Duchesne, vol. CXIV, fo 45), vassal de la vicomté de Soule. — Ce nom vient de l'abbaye laïque de Sauguis.

Abbadie (l'), f., commune d'Ithorots-Olhaïby. — Ce nom vient de l'abbaye laïque d'Ithorots, vassale de la vicomté de Soule.

En basque *Eliza*, église, est une transformation de l'espagnol *iglesia*. Or, *Eliza* entre dans la formation d'un grand nombre de noms de lieux tels que : Eliçabelar, commune d'Iholdy ; — Eliçaberria, hameau, commune de Hasparren ; — Eliçaberry, hameau, commune de Mouguerre ; — Eliçaïne, Eliceïry, Elicetche, Elissagaray, fiefs du royaume de Navarre, Elissague, fief de la vicomté de Soule, etc., etc.

Ospital, f., commune d'Amorots Succos. — *Zabala y l'Ospital*, 1513 (ch. de Pampelune). — *L'Hopital d'Amorots*, 1708 (reg. de la commanderie d'Irissarry). — Il y avait une petite chapelle à côté de cette ferme ; elle dépendait de la commanderie d'Irissarry.

Ospital, fief, commune d'Ossès, à Ugarçan ; il était vassal du royaume de Navarre.

Ospitalia, f., commune de Larressorre.

Dans la terminologie féodale de la Gascogne, le mot *salo*, caractérise très généralement la gentilhommière, moins considérable que le *castét* ou château seigneurial. On trouve notamment, en Béarn, des localités du nom de la salle, salafranque, salanave, salenave, etc. Dans le Pays basque français lui-même, je remarque les localités suivantes.

Salha, château, commune d'Aïcirits. — *Çalaha*, 1384 (coll. Duch. vol. CX, f° 86. — *La maison deu senhor de Salha en lo pays de Mixe*, 1547 (ch. de Navarre, E. 470). — C'était un fief qui relevait du royaume de Navarre.

Salha, château, commune de Saint-Jean-le-Vieux.

Salle (La), fief, commune d'Alos-Sibas, 1455 (coll. Duch. voll. CXIV, f° 45. — Ce fief relevait de la vicomté de Soule, ainsi que quatre autres du même nom, dans les communes d'Alos-Sibas, Charritte-de-Bas, Gotein-Libarrenx, et Osserain-Rivareyte.

Salle (La), nom de quatre fiefs, situés dans les communes d'Amendeuix, Camou-Mixe, Ispoure et Buzy, relevant du royaume de Navarre, de même que le fief de salenave, dans la commune d'Ostabat.

En basque *berri* signifie neuf. *Salaberia* équivaut donc à *Salenave* en béarnais. Or, nous trouvons chez les Euskariens cispyrénéens : salaber, ferme, commune de Laguinge, mentionnée en 1520 (coutume de Soule).

Salaberria, hameau, commune de Villefranque.

Salaberry, f., commune d'Arbouet-Sussaute. — *Salaverry*, 1621 (Martin Biscay).

Salaberry, f., commune d'Ilharre. — *Salanova*, 1621 (Martin Biscay).

Certains cours d'eau voisins des *salles* en prennent parfois le nom. Exemples : le Pas de Salles en Béarn, et dans le Pays basque le Ruisseau de Salles, le Salha-Luchia et le Salharte.

Je crois inutile de poursuivre. Ces renseignements, empruntés au *Dictionnaire topographique des Basses-Pyrénées* de M. Raymond, prouvent à suffisance que, dans le Pays basque tous les noms de lieux ne sont pas « exclusivement Eskuariens, » ainsi que M. Garat a eu le tort de l'affirmer.

On sait que l'auteur des *Origines des Basques* n'admet que trois exceptions : *Miramont*, *Mauléon* et *Anglet*. D'après lui, les deux premières dénominations auraient été substituées, « à des époques assez récentes, aux noms eskuariens qui avaient distingué ces localités. » Quant au nom d'Anglet, il viendrait d'un « poste militaire que les Anglais avaient créé au bord de la mer, alors qu'ils furent maîtres de la Guyenne. »

Cette double assertion suffirait à prouver que M. Garat est aussi étranger que possible à l'histoire de la contrée, pays qu'il a la prétention d'étudier. Il n'existe, dans les Basses-Pyrénées, que deux Miramon, tous deux situés hors du Pays basque.

Miramon, fief, commune de Monein, mentionné en 1538 (réform. de Béarn, B. 855), vassal de la vicomté de Béarn.

Miramon, f., commune de Lys. — *Miremon*, 1385 (cens. f° 71).

La ville de Mauléon apparaît dès le milieu du xii° siècle (cart. de Bayonne, f° 10. — *Malleon*, 1276 (rôles Gascons). *Lo marcadiu et bastide de Mauleoo*, 1387 (not. de Navarrenx). — *Malus-Leo*, 1454 (ch. du chap. de Bayonne). — *Mauleo, Mauleon de Sole*, 1460 (contrats d'Ohix, f°s 5 et 6).

Voilà des précisions qui, je l'espère, font bonne justice de l'hypothèse gratuite de M. Garat, et qui prouvent que ces dénominations dont il parle n'ont point « été substituées, à des époques assez récentes, aux noms eskuariens qui avaient distingué ces localités. »

Quant à Anglet, localité qui dépend de la paroisse de Saint-Léon de Bayonne, son nom ne vient pas le moins du monde d'un établissement militaire des Anglais, postérieurement à 1152, date de l'avènement des Plantagenets au duché de Guyenne (1). Anglet apparaît

---

(1) J'ai consulté sur ce point toutes les histoires imprimées et manuscrites de Bayonne, et aucune ne confirme l'assertion gratuite de M. Garat. Ceux qui ont étudié le cartulaire de Bayonne, savent fort bien d'ailleurs

pour la première fois sous le nom d'*Angles*, en 1188 dans le cartulaire de Bayonne, mais son véritable nom est **Anglet** : *Sanctus Leo d'Anglet* 1761 (collations du diocèse de Bayonne). Les appellations semblables ou analogues ne sont pas rares dans la toponymie du royaume, et je ne sache pas qu'elles aient pris naissance à l'époque de la domination anglo-normande. Je me contente de citer : *Anglers*, bourg du diocèse de Poitiers, dans l'ancien Saumurois ; *Angles*, petite ville du Languedoc, dans l'ancien diocèse de Saint-Pons ; Angles, en Provence, dans l'ancien diocèse de Severs ; Angles, en Roussillon, dans l'ancien diocèse de Perpignan, etc. Sans sortir de la Gascogne, nous avons la baronnie des Angles (*de Angulis*), en Bigorre. *Augerius de Angulis*, est nommé dans la charte de ce comté octroyée en 1097, et imprimée dans le t. I, p. 192 et s. des *Essais historiques sur le Bigorre* de M. d'Avezac-Macaya. En 1298, Thibaud des Angles (*de Angulis*) assiste aux Etats de Bigorre. Enfin, je trouve dans le t. II, p. 91, du livre de M. d'Avezac, un pouillé de 1342, où se trouve la composition de l'archidiaconé (?) des Angles, comprenant les archiprêtrés d'Ibos, Pontacq, Adé, et les Angles (*Sanctus Stephanus de Angulis*). — Second et dernier exemple tiré de la Gascogne. Il y avait aussi, dans le diocèse d'Auch, un archidiaconé du nom d'Angles, mentionné dès 1040 dans l'acte de fondation des chanoines réguliers d'Auch, par l'archevêque Raymond I et Guillaume, comte de Fezensac (1).

Tout cela prouve, ce me semble, que le nom d'Angles n'a pas en France, et particulièrement en Gascogne, l'origine que lui assigne M. Garat, dont on me reprochera peut-être d'avoir trop longuement combattu l'étrange système de toponymie.

CHAPITRE VI. *L'idiome des Cantabres et des Basques.* — *Justifications linguistiques.* — Ce chapitre regorge de vulgarités et d'er-

que la toponymie fixée par ce document se présente avec de tels caractères, qu'il est impossible de ne pas admettre qu'elle remonte à une époque beaucoup plus ancienne. Mais alors le nom d'Anglet est antérieur à 1152, date de l'avènement des Plantagenets au duché de Guyenne.

(1) Archidiaconatus quinque, videlicet Juliagas, Savanes, Angles, Armaiag, Magnoac. Dom BRUGÈLES, *Chron. de l'Église d'Auch*, *Preuves*, Ire partie, p. 17.

teurs, dont je ne veux signaler que deux. — M. Garat admet, sur la foi de Chaho (p. 257), l'authenticité du *Chant d'Annibal*, dont j'ai établi la fausseté dans ma *Dissertation sur les chants héroïques des Basques* publiée en 1866.

« L'histoire obligeant à croire que les Basques continuent les Cantabres, il est obligatoire de croire que les Basques parlent l'idiome des Cantabres, qui eux-mêmes parlaient l'idiome des Sémiti Phéniciens leurs pères (p. 260). » — J'ai suffisamment prouvé que les Basques sont les héritiers plus ou moins directs des Vascons, et non des Cantabres, peuple de race celtique. Je crois avoir aussi établi que les Cantabres parlaient un idiome celtique (v. p. 239-40) ; et dès lors je me demande ce que devient, en présence de ces faits constatés, le singulier raisonnement de M. Garat.

Chapitre VII. *Justifications*. — *Les Maures*. — *Les Goths*. — *La danse Eskuarienne*. — M. Garat pose comme un fait indéniable, la persistance du type basque à travers les âges (p. 272-75). — Je crois avoir démontré, au contraire, que l'histoire, l'ethnologie et la philologie comparée s'accordent à présenter les Basques comme une race très-mélangée.

« Le sénateur Joseph Garat a dit que les ancêtres des Basques avaient apporté dans les Basses-Pyrénées les danses de l'Asie (p. 280). » — Le « sénateur Joseph Garat » l'a dit, mais il ne l'a pas prouvé, ce qui était le point important; et je ne vois pas pourquoi nous serions tenu d'accepter comme paroles d'Évangile les imaginations du « sénateur Joseph Garat. » Ces danses sont longuement décrites par l'auteur des *Origines des Basques*, et il voit distinctement dans une des scènes chorégraphiques, par lui observées, la figure de « la révolution de la terre autour du soleil, troublée par une éclipse de lune (p. 286). » Voilà qui prouve, à n'en pas douter, que dès les temps préhistoriques, les maîtres à danser des Euskariens étaient en avance sur les découvertes de Copernic. Un personnage de Molière se vante d'avoir mis en madrigaux toute l'histoire romaine ; mais il n'y a que M. Garat pour croire aux danses sidérales, et à la possibilité de mettre en ballet « la révolution de la terre autour du soleil, troublée par une éclipse de lune. »

Voilà comment, dans les sept chapitres que je viens d'examiner,

M. Garat arrive à « faire briller la lumière des faits, » et à justifier l'origine sémitique des Euskariens. Ceux qui prendront la peine de lire le livre que j'ai sous les yeux, pourront aisément se convaincre que je me suis borné à relever un petit nombre d'erreurs, choisies parmi celles dont la réfutation devait absorber le moins de temps et d'espace. M. Garat s'est engagé, sans la moindre préparation, dans une œuvre aussi vaste que difficile. Son livre n'est qu'un tissu d'erreurs grossières, de lieux communs et de déclamations. Partout il invoque, sans nécessité, Monseigneur Dupanloup, MM. Victor Hugo, de Tocqueville, Taine, About, etc., etc. En revanche, il n'a pas lu les quatre cinquièmes des auteurs spéciaux qu'il cite, et dont il estropie souvent les noms et titres d'ouvrages de la façon la plus cruelle. C'est ainsi qu'il écrit Montglave (p. 37, 41, 204) pour Monglave; « Bochard (p. 48) » pour Bochart; « Hiarce de Bidassouet (p. 48, 224, 229) » pour Iharce de Bidassouet ; « don Pedro Pueblo de Astarloa (p. 231) pour Don Pedro Pablo de Astarloa ; « Jose y Anguas (231) » pour José Yanguas ; « Bop (p. 66) » pour Bopp, etc., etc., sans préjudice de la particule qu'il octroye libéralement (p. 68, 144, 224) à Graslin, à Walckenaer et à M. Baudrimont.

Ces observations suffisent pour mettre le lecteur à même de juger le travail de M. Garat. *Les origines des Basques français et espagnols* ont été louées sans mesure et sans restrictions par des journalistes incompétents ; mais hélas ! il n'est pas besoin d'être grand prophète pour prédire à ce livre et aux gazettes qui ont chanté ses louanges le destin des feuilles d'automne : *ludibria ventis.*

APPENDICE III.

DE L'ORGANISATION DE LA FAMILLE CHEZ LES BASQUES,

par M. Eugène Cordier.

Quand j'ai rédigé le chapitre V de la seconde partie du présent ouvrage, pour étudier *Les Basques d'après le droit coutumier*, je ne pouvais connaître, de M. Eugène Cordier, que *Le Droit de famille aux Pyrénées*. Ce savant a commencé depuis, dans la *Revue historique de Droit français et étranger*, la publication d'un travail intitulé *De l'organisation de la famille chez les Basques*, dont je n'ai encore lu que deux chapitres. Le premier, qui traite des *Mœurs ibériennes et basques*, est inséré dans le numéro de juillet-août 1868; et le second intitulé *Le Droit basque, coutumes de Soule, de Labour et de Basse-Navarre*, se trouve dans le numéro de novembre-décembre, même année. Au jour où j'écris (10 octobre 1869), les numéros de la présente année n'ont pas encore paru, que je sache, et je suis forcé de limiter mon examen aux deux chapitres que je viens de signaler.

CHAPITRE I. *Mœurs ibériennes et basques.* — Ce travail préliminaire prouve que M. Cordier n'a pas modifié ses théories ethnologiques et philologiques autant que je l'avais cru d'abord, d'après une lettre qu'il m'avait fait l'honneur de m'écrire. Il demeure toujours fidèle au système de Humboldt, et il continue d'admettre que les Basques sont les continuateurs d'une race dite ibérienne, qui aurait très anciennement occupé la totalité, ou tout au moins la majeure partie de la péninsule espagnole. Je n'ai jamais nié, le lecteur s'en souvient, l'antique prédominance d'un type particulier dans ce pays, et j'ai tâché, pour le décrire, d'épuiser les renseignements fournis par les auteurs classiques et la numismatique dite ibérienne. Mes opinions n'ont pas varié sur ce point, et je persiste aussi à penser que les noms d'Ibérie et d'Ibères ont toujours été, sous la plume des auteurs anciens, de simples expressions géographiques applicables à des peuplades d'origine très-diverse. M. Cordier rattache à la race dite ibérienne les Cantabres (1), les Turdules (2), les Lusitans (3) et les Celtibères (4) dont je crois avoir clairement établi l'origine celtique (5). Il décrit très soigneusement les mœurs et habitudes de ces tribus d'après les auteurs anciens; mais si j'ai raison, la description de M. Cordier ne prouverait rien par rapport aux autres peuplades de race inconnue, et généralement rattachées à la race dite ibérienne.

Ce savant traite, à la p. 337, des dévouements, et il pense que « cette institution était encore plus celtique qu'ibérienne. » En vertu de ce dévouement, les guerriers partageaient absolument la destinée du chef qu'ils avaient choisi, comme on peut le voir pour l'Aquitaine, par l'exemple d'Adcantuan, chef des Sotiates à l'époque de l'expédition de P. Crassus. M. Cordier, qui signale avec raison un usage semblable chez les Celtibères, ne s'est pas assez inquiété, selon moi, de rechercher chez d'autres peuples des habitudes similaires ou analogues. Je me borne à lui indiquer celles des anciens Germains, et la phalange perse des Immortels, dont parle, je crois, Pausanias.

On sait que certains statuts du Pays basque appellent indifféremment l'aîné des fils ou des filles à l'exercice du droit d'aînesse, et que M. Cordier voit dans ce phénomène juridique une preuve de la persistance du génie particulier des Cantabres. Je me suis appliqué à réfuter cette opinion, et, comme M. Cordier y persiste sans fournir des preuves nouvelles, je maintiens intégralement ma critique.

J'ai parlé (p. 102-3) de la *couvade* que Strabon signale chez les Cantabres, et que Chaho prétend avoir retrouvée de nos jours chez les Basques. M. Cordier a rassemblé soigneusement les textes anciens et modernes qui prouvent l'ancienneté de cet usage, et sa diffusion dans un assez grand nombre de pays. Il admet, sur la foi de Chaho, que la couvade est encore pratiquée dans le Pays basque; mais il confesse (p. 354) n'avoir pu s'en convaincre de ses propres yeux. Les nombreuses impostures historiques de Chaho sont aujourd'hui aussi évidentes que la lumière du jour, et dans son *Voyage en*

(1) *Revue historique de Droit français*, p. 333.
(2) *Id., Ibid.*
(3) *Id.*, p. 334 et 337.
(4) *Id.*, p. 334.

Navarre, il ne signale pas les lieux et les familles où cette coutume bizarre aurait survécu. La croyance de M. Cordier ne repose donc que sur l'affirmation gratuite d'un homme pris cent fois, dans ses livres, en flagrant délit de faux témoignage. Il est impossible de se procurer une preuve négative; mais j'affirme que, durant mes fréquents voyages dans le Pays basque français et espagnol, j'ai vainement essayé de constater un seul fait relatif à la couvade. J'ai interrogé là-dessus les curés, les médecins, les vieillards et les sages-femmes. Personne n'a pu me signaler un seul fait qu'il ne fût possible de vérifier par une enquête, que j'étais résolu à aller faire sur les lieux.

M. Cordier décrit, de la p. 161 à la p. 166, certaines pratiques nuptiales et funéraires des Basques. La plupart des pratiques nuptiales (transport du mobilier de la mariée, cortége d'invités, réception sur le seuil de la maison du mari, etc.) se retrouvent, avec des variantes de peu d'importance, dans toute la Gascogne, et notamment dans la Lomagne, comme on peut voir dans la *Statistique de l'arrondissement de Lectoure* de feu M. Masson. Je suis à même de garantir qu'il en est à peu près de même dans l'Agenais, le Quercy, et dans les portions du Languedoc et du Périgord, que je connais suffisamment pour garantir le fait. Quant à l'usage funéraire des lamentations ou myriologues, M. Cordier lui-même reconnait (p. 363) que ce n'est pas « un trait spécial aux Basques, » et il n'a pas de peine à le prouver. Mais si ces usages nuptiaux et funéraires ne sont point particuliers aux Basques, pourquoi M. Cordier les décrit-il si longuement dans le chapitre où il cherche à caractériser les mœurs de ce petit peuple?

CHAPITRE II. *Le droit basque. Coutumes de Soule, de Labour et de Basse-Navarre.* — J'ai déjà dit, et je me plais à répéter, que je ne reconnais pas d'émule à M. Cordier pour la façon de tirer parti des statuts dont il a connaissance. Son étude intrinsèque des coutumes de Soule, de Labour et de Basse-Navarre mérite des éloges sans réserves. Les dispositions de ces coutumes, relatives au droit d'ainesse, à la situation des cadets, à la dotalité, au retrait lignager, au partage des successions, etc., sont par lui très judicieusement rapprochées des articles similaires ou analogues, édictés par les statuts de diverses contrées, situées hors du Pays basque, comme les fors anciens et réformés de Béarn, les coutumes de Saint-Sever, de Barèges, de Lavedan et de Bordeaux. M. Cordier écarte celle de « Bayonne, dont le droit est très mêlé (p. 577). » Mais à ce compte, le droit des statuts qu'il vise, et qui régissaient des populations établies en dehors du Pays basque, devrait être encore plus mélangé. Si M. Cordier prend la peine de consulter la *Conférence des coutumes* de Guenoys, il pourra se convaincre très facilement que bon nombre de particularités qu'il croit d'origine basque se retrouvent (sauf variantes) dans les monuments du droit coutumier de diverses provinces, souvent très-éloignées du versant nord des Pyrénées occidentales. Cela prouve clairement, à mon avis, que les institutions dont parle M. Cordier ne sont point la manifestation du génie particulier d'une race, mais des créations produites par le concours de certaines circonstances, notamment la forte constitution de la famille au moyen-âge, et les nécessités plus ou moins communistes du régime pastoral.

Dans le cas où mes critiques seraient fondées, les deux chapitres à moi connus du nouveau travail de M Cordier auraient les mêmes défauts et les mêmes qualités que son *Droit de famille aux Pyrénées*. Je me suis exprimé sur les deux ouvrages, avec une franchise où je prie l'auteur de ne voir qu'un hommage rendu à ses consciencieuses recherches. Si j'ai eu tort, je serai reconnaissant à M. Cordier de me désabuser; si j'ai eu raison, je serai trop heureux d'avoir appelé ce savant à réfléchir sur quelques points, dont la rectification rendrait sans défaut ses études sur l'ancien droit euskarien.

Au moment où je termine ces *Appendices*, je m'aperçois d'un oubli dont je veux être le premier à m'accuser. M. d'Avezac, aujourd'hui membre de l'Institut, a publié, dans l'*Encyclopédie nouvelle*, un article sur les *Basques*, dont j'ai fait usage plus d'une fois, sans le citer jamais. Il est trop tard pour réparer entièrement cette omission très-involontaire; mais je ne saurais trop engager mes lecteurs à consulter le travail dont j'ai profité. Ils y verront qu'à une époque où tout le monde déraisonnait sur les Euskariens, M d'Avezac a su conserver seul le bon sens et l'esprit critique. Je n'en puis malheureusement dire autant de la notice consacrée aux *Basques*, par M. Garay de Monglave, dans l'*Encyclopédie moderne*. Ceux qui prendront la peine de la parcourir, verront sans peine qu'elle fourmille d'erreurs et de témérités, dont la réfutation résulte de l'ensemble de mon ouvrage.

ADDITIONS ET CORRECTIONS.

P. 4, note 2, lisez : Ptolem. *Géogr.* lib. II, c. 6.

P. 5, ligne 4, lisez : plus au Sud-Est.

P. 5, ligne 24, lisez : Bardyètes de Strabon, et non : Bardyètes et Bardyales de Strabon.

P. 11, lignes 24-25. « L'Aquitaine dont le lecteur me permettra d'esquisser l'ethnologie. » — M. Alph. Castaing a commencé dans la *Revue de Gascogne*, numéro de septembre 1869, la publication d'un travail qui paraît devoir être long, et qui a pour titre : *L'Aquitaine au temps de César*. Je ne puis connaître encore qu'une très-faible partie de ce mémoire; mais M. Castaing est un travailleur sérieux, et je regrette de ne pouvoir profiter de ses recherches sur l'Aquitaine.

P. 13, ligne 3 et 14, ligne 20, lisez : Walckenaer.

P. 21, ligne 16, lisez : absorbée.

P. 25, ligne 13. « Llorente, Zamacola, le vicomte de Belzunce. » — J'ai eu souvent l'occasion de citer, dans le cours de cet ouvrage, un assez bon nombre d'historiens du Pays basque, mais je demande à ajouter quelques mots sur d'autres annalistes dont je n'ai que peu ou point parlé.

Le chevalier de Béla était, en 1748, colonel du régiment de Royal-Cantabre, qui avait été créé sur sa proposition. Il a laissé une volumineuse *Histoire des Basques* manuscrite, dont le baron Walckenaer a fait connaître le plan et les divisions dans l'art. *Béla*, inséré au *Supplément* de la *Biographie universelle* de Michaud. Walckenaer signale aussi un autre manuscrit intitulé : *Mémoires pour servir à l'histoire des Basques avec un abrégé du règne des rois de Navarre, par le chevalier de B*** (de Béla). Ce mémoire n'est qu'un abrégé de la grande *Histoire des Basques*. Les ouvrages de Béla sont aujourd'hui la propriété de M. Antoine d'Abbadie, d'Urrugne, membre de l'Institut, qui les communique très-libéralement aux travailleurs. Ces manuscrits ont été utilisés par Dom Sanadon (*De la noblesse des Basques*), l'abbé Poydavant (*Histoire des troubles survenus en Béarn, dans le 16ᵉ et la moitié du 17ᵉ siècle*. Pau, 3 vol. in-8°, 1819 et 1821), et le vicomte de Belzunce.

Juan Antonio Llorente a publié à Madrid, de 1806 à 1808, un ouvrage en cinq volumes in-8º intitulé *Noticias de las tres provincias vascongadas*, qui vaut aussi peu que son *Histoire critique de l'Inquisition d'Espagne* (Paris, 1817, 4 vol. in-8º) et les *Portraits politiques des Papes* (Paris, 1822, 2 vol. in-8º). Ce Llorente était un intrigant qui trahit tous les pouvoirs qui l'employèrent, et finit par devenir conseiller d'État de Joseph Bonaparte. Banni comme *Josephino* en 1812, il vint à Paris, et se lia avec l'abbé de Pradt, qui était bien fait pour le comprendre et l'estimer. Un illustre historien allemand, M. Léopold Ranke, considère, avec raison, l'*Histoire critique de l'Inquisition d'Espagne* comme une œuvre de polémique, indigne de la moindre confiance. Les *Portraits politiques des Papes* sont un livre encore au-dessous du précédent. Quant aux *Noticias de las tres provincias vascongadas*, ce travail a été rédigé dans le but de préparer l'unité législative de l'Espagne, par la restriction et suppression graduelle des fueros. L'esprit de cette publication indique assez qu'elle ne mérite aucune confiance historique; et il est facile d'y relever à chaque instant des équivoques et des faux parfaitement volontaires.

D.-J.-A. de Zamacola était un *Josephino*, proscrit comme Llorente. Tous deux ont habité le département du Gers, pendant les premières années de la Restauration. Llorente habitait Lectoure, où quelques vieillards m'ont attesté l'avoir vu. C'était, m'ont-ils dit, un homme actif, d'un caractère difficile, et même un peu maniaque. Il avait analysé l'eau de toutes les fontaines du pays, et donné la préférence à celle de Lauzero (route de Lectoure à Agen), où il allait boire tous les jours avec une tasse en argent. Zamacola demeurait à Auch, où il fit imprimer, en 1818, chez la veuve Duprat, son *Historia de las naciones Bascas, de una y otra parte del Pireneo septentrional y costas del mar Cantabrico*, 3 vol. in-8º devenus très-rares. Zamacola, qui n'a pas connu l'existence des manuscrits de Béla, appartenait à l'école de Larramendi, d'Astarloa et d'Erro y Aspiroz. C'était un honnête homme, à qui son imagination extravagante faisait prendre ses rêveries pour autant de réalités. Chaho a fort maltraité cet écrivain, avec lequel il a cependant tant de ressemblances. Le livre de Zamacola ne mérite pas le moindre crédit, et je suis étonné de le voir cité, comme un ouvrage à consulter, dans le travail bibliographique annexé au volume intitulé : *La Terre et l'Homme*, de M. Alfred Maury.

P. 30, note 1, lisez : conservé à Pampelune. Ligne 2, lisez : idem rex.

P. 41. Au-dessous de CHAPITRE II, LES VASCONS ET LES BASQUES TRANSPYRÉNÉENS, on a oublié de mettre § 1.

P. 43, ligne 13, lisez : Eauze.

P. 44, l. 4, lisez : révoltés. Lignes 44 et 45 : « Les Vascons occupaient donc, en 767, toute la Novempopulanie. » — Cette phrase manque d'exactitude. Les Vascons avaient conquis la Novempopulanie, et ils en étaient politiquement les maîtres ; mais ils ne se sont jamais établis en masse, en deçà des Pyrénées, que dans le Pays basque français.

P. 46, note 5, ligne 4, lisez : *Vaccei*, au lieu de : *Vacoei*.

P. 49, note 2. J'ai oublié de comprendre les vicomtés de Galardan et d'Asté dans le catalogue des principaux fiefs de la Gascogne.

P. 57, note 1. Quand j'ai rédigé cette note, j'avais le tort d'ignorer que M. Pictet était revenu sur son opinion.

P. 60, ligne 10 : « Les Basques se rattachent aux populations africaines. » — Je lis dans la *Revue d'Aquitaine* (1), n° du 1er septembre 1869, p. 60, 61, l'annonce de la publication prochaine de deux travaux sur les Basques. « M. Granier de Cassagnac achève de faire imprimer son ouvrage sur les langues gallo-celtiques..... Il a rencontré en Algérie une tribu kabyle parlant basque. Les bûcherons basques, venus de ce pays pour exercer leur industrie, se font parfaitement comprendre de ces gens-là. » — Je suis impatient de voir les preuves produites par M. Granier de Cassagnac à l'appui de son dire. Je le suis aussi de voir comment, même en admettant l'origine commune de cette tribu kabyle et des Basques, l'idiome de la souche originelle a pu se développer, chez deux peuples demeurés sans communications, d'une façon si régulière et si uniforme que l'état morphologique serait absolument le même dans le Pays basque et dans un canton de la Kabylie. Enfin, je serai ravi de voir M. Granier de Cassagnac expliquer comment ces Kabyles ont pu faire passer dans leur glossaire une foule de termes que les Euskariens ont empruntés aux langues romanes.

M. Garrigou père, de Tarascon (Ariége), « prépare de son côté un travail sur la langue basque comparée avec la langue d'oc. » Je m'en réjouis, mais j'espère que ce philologue aventureux ne retombera pas dans les erreurs par lui commises dans ses *Etudes historiques sur l'ancien pays de Foix et de Couseran* (sic), p. 121-24. C'est là que M. Garrigou entreprend de « rechercher l'analogie du patois de Foix et de Saint-Girons avec le pur biscayen du Guipuscoa, » et qu'il dresse un long tableau de rapprochements dont on peut juger par ce simple extrait.

---

(1) Je crois rendre service à mes lecteurs, et particulièrement à ceux qui s'intéressent à l'histoire du Sud-Ouest de la France, en leur recommandant la lecture de l'intéressante *Revue d'Aquitaine*, dirigée par mon ami M. A. d'Assier, à qui je souhaite tout le succès qu'il mérite. La sincérité de ma recommandation est suffisamment attestée, je crois, par l'indépendance de ma critique dans la note ci-dessus.

Mots basques.	Mots français.	Mots patois.
Abisatua.	Avertir (aviser).	Abisa.
Bicioa.	Défaut (vice).	Bici.
Conbidatua.	Inviter (convier).	Coubida.
Dolua.	Affliction (deuil).	Dol.
Espalda.	Épaule.	Espallo.
Guztatua.	Tâter (goûter).	Gousta.

Ces exemples, pris tout-à-fait au hasard, permettent de juger la méthode de M. Garrigou. Comment cet auteur, qui veut prouver par ce tableau que les patois de l'Ariége viennent du basque, a-t-il fait pour ne pas voir que les mots euskariens choisis par lui ont été empruntés au glossaire roman?

P. 64, note 2, ligne 45, lisez: *Stilich*.

P. 66, ligne 9 et s. « Je tiens à vous confier qu'il faudra ménager une place honorable à l'élément sémitique, parmi ceux qui composent la nationalité basque moderne, etc. » — Quand M. Pruner-Bey me faisait l'honneur de m'écrire la lettre, dont le lecteur est invité à revoir intégralement ce que j'en ai reproduit, M. de Charencey n'avait pas encore publié ses *Recherches sur les noms d'animaux domestiques, de plantes cultivées et de métaux chez les Basques*, et les *Origines de la civilisation européenne* (Actes de la Société philologique, t. 1er, n° de mars 1869, tiré à part dans une brochure de 28 pages). Ce travail est aussi inégal que ceux dont j'ai fait la critique dans le corps du présent ouvrage. Je crois néanmoins inutile de l'examiner ici, et je renvoie ceux qui veulent en savoir plus long à la critique (un peu indulgente) insérée par M. Julien Vinson dans la *Revue de linguistique et de philologie comparée*, n° de juillet 1869, p. 107 et s.

P. 67, note 4, ligne 4, lisez: Mariana, au lieu de Marina.

P. 99, ligne 6, lisez: ni parmi les Celtes, ni parmi. — Note 4, lisez: p. 506-507.

P. 100-103, note 4, ligne 29-30, lisez: l'aspect de ces poteries. Il faut bien se garder d'ailleurs de juger toujours de l'antiquité des poteries d'après l'imperfection plus ou moins grande des procédés céramiques; et il est prudent de tenir grand compte de la destination des vases.

P. 129, note 4, ligne 3, lisez: *Hispania*, au lieu de: *Hespania*.

P. 137, ligne 9. « J'arrive maintenant à Festus Avienus. » — Depuis la rédaction de ce chapitre, j'ai eu connaissance d'un travail inséré par M. Wilhelm Christ dans les Mémoires de l'Académie royale de Bavière, sur *Avien et les plus anciens renseignements sur l'Ibérie et la côte occidentale de l'Europe* (en allemand). M. Christ cherche à démontrer, avec autant d'érudition que d'habileté, que l'Ibérie d'Aviénus est antérieure à Polybe et à la seconde guerre punique. Cette Ibérie ne peut être, d'après lui, que celle de Pythéas, dont le récit était perdu du temps de Pline. Le récit de Pythéas avait été consulté par Ératosthènes, dont Aviénus a utilisé incontestablement le travail.

P. 156, note 1, ligne 17, lisez : Hérodore, au lieu de : Hérodote.

P. 185, au lieu de : LA PHILOLOGIE, LA NUMISMATIQUE, lisez : LA PHILOLOGIE, LA TOPONYMIE, LA NUMISMATIQUE, etc. — Même correction au titre initial de la p. 187.

P. 207, ligne 20, lisez : *Ethnog*. Note 3, ligne 3 et 4, lisez : Æthiopem, au lieu de : Æthiopeus.

P. 224, tableau final, 1re ligne à gauche, lisez : dolichocéphales purs.

P. 228-29, note 2. Depuis la rédaction de cette note, j'ai relu la *Science du langage*, de M. Max. Müller (trad. Harris et Perrot), et voici ce que je trouve à la page 140. « Il y a environ deux cents ans, il s'engagea, dans le chapitre métropolitain de Pampelune, une discussion sérieuse conservée dans les minutes du chapitre : — 1. Le basque a-t-il été la langue primitive de l'humanité ? Les savants membres avouent que, quelle que soit à cet égard leur intime conviction, ils n'osent donner à cette question une réponse affirmative. — Le basque a-t-il été la seule langue parlée dans le paradis par Adam et Ève ? Sur ce point les opinants déclarent qu'il ne saurait exister de doute dans leur esprit, et « qu'il est impossible d'avancer contre cette opinion une objection sérieuse et raisonnable. » V. HENNEQUIN, *Essai sur l'analogie des langues*, Bordeaux 1838, p. 60. — La date de l'ouvrage en question et les étranges théories philologiques que l'on y trouve, me donnent à penser qu'il a été composé, à peine au sortir du collège, par M. Victor Hennequin, l'un des plus fervents propagateurs des doctrines phalanstériennes. On sait le rôle important que joue *l'analogie* dans le système de Charles Fourier. J'ai quelque peu connu M. V. Hennequin, quand j'avais dix-huit ans, et je lui trouvais alors une science et un esprit prodigieux. Il est vrai que j'arrivais en droite ligne du fond de la Gascogne, pour étudier à Paris. Quand j'eus acquis l'expérience à mes dépens, je ne vis plus dans M. Hennequin qu'un homme agréablement loquace, né pour servir de porte-voix aux idées ou aux intérêts d'autrui, une nature d'orateur politique, de journaliste ou de professeur de troisième ordre. M. Victor Hennequin est mort fou ; et quelque temps avant sa fin, il publia un travail où il prétendait être en communication avec *l'âme de la Terre*. Quoi qu'il en soit, l'auteur des *Analogies des langues* ne mérite aucun crédit en philologie, et quand il affirme des faits, il ne prend jamais la peine de les corroborer en citant ses autorités. Voilà ce qui arrive particulièrement par rapport à la prétendue discussion sur l'origine de la langue basque. Les archives civiles et religieuses de Pampelune ont été explorées minutieusement par des savants tels que Garibay, le P. de Moret, Yanguas y Miranda, etc.; et pas un ne confirme, que je sache, le dire de M. Hennequin. J'ai fait moi-même, et j'ai fait faire, sur ce point, des recherches demeurées sans résultat.

P. 196-97. Depuis que j'ai rapidement indiqué, dans ces deux pages, les découvertes relatives aux temps anté-historiques du Nord de l'Afrique, il a été fait, dans ce pays, beaucoup d'autres investigations fructueuses. Je ne puis les indiquer toutes en détail, et mes lecteurs feront bien de consulter là-dessus le *Bulletin de la Société de climatologie algérienne*. Le sixième de ces bulletins contient un travail du général Faidherbe sur l'*Origine des Lybiens ou Berbères*. L'auteur examine les opinions de MM. Henri Martin et Alexandre Bertrand. On sait que M. Henri Martin considère les Berbers comme les représentants de la race autochthone, et qu'il admet l'entrée en Afrique, par le détroit de Gibraltar, de populations aryennes blondes, qui auraient construit les tombeaux mégalithiques de la Numidie, et auraient fini par se fondre dans la race chamitique de la Lybie. M. Bertrand admet, au contraire : 1° la préexistence de populations autochthones, soit d'origine atlantique (?) soit d'origine asiatique (non sémitique); 2° l'arrivée de tribus non aryennes, qui laissèrent des tombeaux mégalithiques; 3° l'arrivée d'Aryas blonds, qui laissèrent dans la population des traces de leur race, et allèrent conquérir la Basse-Égypte. Le général Faidherbe croit que les monuments mégalithiques dont s'agit sont l'œuvre des Lybiens autochthones; mais pour élucider cette question, il faudrait, dit-il, connaître la répartition de ces monuments, et il n'a pu savoir s'il en existait au Maroc. Il se pose, sans la résoudre, la question de l'origine des idiomes berbers. Sont-ils (comme on le croit encore très-généralement) les représentants des anciennes langues lybiennes, ou ceux des langues parlées par les fugitifs à dolmen de M. Bertrand? — Le *Bulletin* dont je parle contient aussi le récit d'une *Excursion à la grotte de la Pointe-Pescade* par le docteur Bourjot, une communication à propos des *Menhirs non funéraires* de M. R. Galles, un *Catalogue des monuments préhistoriques de l'Algérie* de M. Letourneux, et une note de l'abbé Richard sur les *Silex taillés du nord de l'Algérie*.

Dans la séance du 7 juillet 1869, le général Faidherbe a fait, par l'intermédiaire du Docteur Paul Broca, une communication à la Société d'anthropologie de Paris sur les *Dolmens et hommes blonds de la Lybie*. L'opinion la plus vulgaire fait descendre ces blonds des Wandales; mais l'existence du type blond dans l'Afrique du Nord est constatée par un texte du IV° siècle avant J.-C. Un document déchiffré par M. Mariette prouverait même que, 1,400 ans avant notre ère, un peuple blond, aux yeux bleus, descendu des îles de la Méditerranée sur la côte africaine, venant de la Cyrénaïque, aurait pénétré en Égypte par l'ouest. Le général Faidherbe a reconnu environ 3,000 tombeaux mégalithiques à Roknia et 2,000 à Masséla; et MM. Christy et Féraud en ont signalé un millier près des sources du Bou-Merzoug. Trois de ces derniers ont donné des objets en fer et une médaille de Faustine, ce qui a fait croire à certaines personnes qu'ils auraient été violés à une époque relativement récente. Quoi qu'il en soit, le dolmen d'Algérie intact se compose d'une grande pierre, plus ou moins plate, portée sur quatre jambages formant une caisse quadrilatérale, sans dallage au fond. Ces dolmens ne sont jamais recouverts de tumulus, et le général Faidherbe a appris qu'ils existent en groupes nombreux dans le Maroc, où on trouve des populations blondes. Ce savant pense que le type blond a pénétré en Afrique par trois routes : 1° de l'Espagne au Maroc; 2° de l'Italie et de la Sicile, il s'est répandu en Numidie; 3° venu de la Grèce, il aurait envahi l'Égypte et lui aurait fourni une dynastie. D'après le général Faidherbe, les blonds de l'Afrique, tous Berbères, ne sont pas des aryas, la langue berbère n'ayant rien d'ancien (??). Ce sont donc des anciens autochthones de l'Europe, refoulés par les invasions aryennes. — Cette communication a donné lieu, dans la Société d'anthropologie, à un débat où M. de Mortillet s'est étonné qu'on fît venir de Sicile et d'Italie, pays où il n'y a pas de dolmens, les hommes qui ont apporté les dolmens en Afrique. Il est bien plus naturel, dit-il, de les faire arriver par la péninsule ibérique. Les dolmens passent de la France en Espagne, et surtout en Portugal; de là dans le Maroc et l'Algérie. Ils forment une ligne presque continue. M. de Sémallé, qui a pris part aussi à cette discussion, a rappelé qu'aux Canaries il y a deux ou trois îles, dont une forte partie de la population est blonde. Cette population, dit-il, est guanche et non espagnole. Il est possible que M. de Sémallé ait raison quand il affirme que les blonds sont en forte proportion dans certaines îles de l'archipel des Canaries, mais il aurait dû prouver et non affirmer gratuitement, que ces blonds descendent des Guanches.

P. 230, lignes 3, 4 et 5 : « Les Basques ont emprunté, tant pour la poésie artistique que pour la poésie populaire la prosodie des peuples voisins. » On n'y trouve pas la moindre trace du procédé d'altération qui caractérise la prosodie germanique (V. Ozanam, *Les Germains avant le christianisme*, p. 258 et suiv.), et qu'on retrouve jusque dans la poésie des peuples secondaires dont le domaine linguistique est contigu à celui des nations de race finnoise. Exemple :

Sol varp suman   Sol e meridie
Sinni mana.   Socius lunæ.
Volupsa, str. 5.

P. 245, note 1, ligne 3, lisez : le nombre des Basques français, et non : le nombre des Basques français et espagnols.

P. 246, première ligne à gauche du tableau, lisez : Sainte-Engrace, et non : Saint-Engrace.

P. 254-55, note 3. « Le prince Louis-Lucien Bonaparte a publié une *Carte linguistique des sept provinces basques*, à laquelle il renvoie dans ses *Observations sur le formulaire de prône conservé naguère dans l'église d'Arbonne*, p. 7, etc. » — Le passage de la p. 7 de ces *Observations* est rédigé de façon à se permettre de croire que cette carte a été publiée, tandis qu'elle est encore inédite. Je n'ai donc pas à m'excuser de n'avoir pu en faire usage ; mais toutes mes autres observations subsistent vis-à-vis de M. Broca. Je n'ai eu communication que dans les premiers jours d'octobre 1869 du *Bulletin de la Soc. d'Anthrop.* de juin à décembre 1868 (p. 521-23), où M. Antoine d'Abbadie a inséré une note *sur la carte de la langue basque*. Ce savant nous apprend que la carte du Prince Louis-Lucien Bonaparte est déjà gravée, et qu'on y a tracé jusqu'aux ruisseaux, « quand ils délimitent un dialecte, un sous-dialecte, ou même une simple variété. » M. d'Abbadie signale, dans sa note, « le dialecte si étrange de Llodio, et celui des Roncalais, où, par une exception unique, un mot basque peut commencer par la lettre r. »

P. 269, ligne 29, lisez : 1866, au lieu de 186.

P. 270, ligne 3, lisez : Phonétique.

P. 275, note 2, ligne 6, lisez : Époisses, au lieu d'Épasse.

P. 286, ligne 19 : Déclinaison. — Depuis la rédaction de cette étude sur la déclinaison euskarienne, M. Julien Vinson a publié, dans la *Revue de linguistique et de philologie comparée* (n° de juillet 1869, p. 5-22), des *Notes sur la déclinaison basque*, où il confirme le caractère agglutinatif de la langue euskarienne.

P. 305, ligne 2, lisez : XIIIe, au lieu de : XIVe.

P. 343, note 4, ligne 2, lisez : *Thro' the upper* ; ligne 3 : *Trip thro the Ste-Croix*.

P. 362, note 2, ligne 2, lisez : *Letter on the Turanian languages*.

P. 404, note 4, lignes 7 et 8. « Une déplorable *Histoire des Basques ou Escualdunais primitifs* » de M. Baudrimont. — J'ai déjà parlé de ce livre, qui a été réimprimé en 1868. La seconde édition vaut aussi peu que la première.

P. 419, note 1. J'ai oublié, dans cette note, de signaler au lecteur l'ouvrage de Don José Maria de Zuaznavar, *Ensayo historico-critico sobre la legislacion de Navarra*, San-Sebastian, 1827, 2 vol. in-8°. Malgré certains défauts, ce livre se recommande aux historiens jurisconsultes par des textes importants, et par des recherches souvent louables.

P. 422, note 5. Le *Supplemento de los Fueros de Guipuzcoa* a été imprimé en 1758.

P. 480, ligne 28, lisez : mieitat, et non : mieytal.

P. 496, ligne 25, lisez : Cæs., B. G. I, 38, 39.

Je m'aperçois, en revoyant ces *Additions et corrections*, que je ne me suis peut-être pas assez expliqué (p. 420) sur la phrase suivante de M. de Charencey : « Les cheveux toujours un peu raides et cassants des Basques, rappellent la chevelure toujours criniforme des peuples du Nouveau-Monde. » J'ai prouvé qu'il y avait des Euskariens bruns, blonds ou châtains, et je suis à même d'affirmer qu'il existe chez ce peuple beaucoup d'hommes aux cheveux lisses et souples, et non pas « toujours un peu raides et cassants. » Il n'y a pas donc à s'inquiéter autrement de l'assertion de M. de Charencey.

TABLE ANALYTIQUE.

PREMIÈRE PARTIE.

HISTORIQUE ET POSITION DU PROBLÈME.

Pages.

Préface.. j

CHAPITRE I.

LES VASCONS ET LES BASQUES TRANSPYRÉNÉENS.

§ 1.

Les Basques actuels se rattachent aux Vascons. — Territoire occupé par les Vascons au commencement des temps historiques. — Peuplades limitrophes des Vascons en Espagne : Ilergètes, Bérons et Cantabres, peuples d'origine celtique. Vardules, Caristes et Autrigons, peuples de la famille vasconne. — Frontière septentrionale des Vascons. Distinction des populations de l'Ibérie et de l'Aquitaine. Nitiobriges, Bituriges-Vivisques, Boïens et Volks Tectosages.................................... 3

§ 2.

Les Vascons pendant la seconde guerre punique. — Réfutation de l'opinion d'Othénart qui fait soumettre ce peuple par Cnæus Scipion. — Alliance avec les Romains, à l'époque du déclin de la fortune d'Annibal en Italie. — Révolte de Sertorius et siége de Calahorra. — Les Vascons tiennent le parti de Pompée contre César. — Insurrection des Cantabres et des autres peuples de l'Espagne, comprimée par Auguste, et par ses lieutenants Emilius et Antistius. — Les Vascons sous la domination des Suèves et des Wisigoths. Insurrections sous les règnes de Réchiaire, Léovilgide, Récarède, Suintbila, Récéswinthe et Wamba. — Domaine des Basques transpyrénéens au commencement du régime féodal........ 14

§ 3.

Série des seigneurs de Navarre jusqu'à l'avènement de Don Fortun — Géographie historique de la Navarre espagnole. — Origines de l'ancien comté d'Aragon. Situation de Calagurris Fibularia. — Limites et origines de l'Alava. Destinées de ce pays jusqu'à sa réunion aux royaumes de Léon et de Castille sous Alfonse I. — Géographie historique de la Biscaye, et histoire de ce fief, jusqu'à son annexion au royaume de Castille par Henri de Transtamare. — Origines et géographie historique de la province de Guipuzcoa. — Conclusions. 26

CHAPITRE II.

LES VASCONS ET LES BASQUES CISPYRÉNÉENS.

§ 1.

Réfutation des opinions qui fixent l'établissement des Vascons en Novempopulanie à l'époque de Messala ou de Pompée. — Ce peuple entra probablement dans la troisième Aquitaine après la conquête de l'Espagne par les Wandales, les Alains, les Suèves et les Wisigoths. — Témoignages de Fortunat et de Grégoire de Tours sur les invasions des Vascons en Novempopulanie. — Révoltes et incursions de ce peuple sous Chilpéric I, Théodoric et Théodebert, Charibert, roi d'Aquitaine, Pepin et Louis-le-Débonnaire. — En 767, les Vascons sont maîtres de toute la Novempopulanie. — Distinction entre les Basques et les Gascons. — Le Pays basque français. 40

§ 2.

Chefs du Pays basque français jusqu'à l'avènement de Sanche Mitarra, premier duc héréditaire de Gascogne. — Géographie historique de la vicomté de Labourd, et série des suzerains de ce pays jusqu'à sa réunion au duché de Guyenne, au commencement du XIIIᵉ siècle. — Géographie historique de la Basse-Navarre ou Navarre française. — Géographie historique de la vicomté de Soule, et série des suzerains de ce pays jusqu'à sa réunion au duché de Guyenne, au commencement du XIIIᵉ siècle. — Conclusions du précédent et du présent paragraphe. 48

§ 3.

Les Basques sont généralement regardés comme les descendants des Ibères. Opinions diverses des savants sur les origines ibériennes. — Saint Jérôme, saint Isidore de Séville, Herman Llanès, et plusieurs historiens modernes, rattachent les Ibères espagnols ou les Basques à Thubal. — Bochart et quelques annalistes les font descendre de Tarsis, neveu de ce patriarche. — Parenté des Basques et des populations de l'Afrique septentrionale ou centrale affirmée, au nom de l'anthropologie, par MM. Boudard et Broca, et présentée comme possible ou certaine, au nom de la philologie, par Leibnitz, Gallatin, d'Abbadie et Renan. — Opinions de La Bastide, l'abbé d'Iharce de Bidassouet et M. Eichhoff sur le caractère sémitique du basque. Sentiment de M. Pruner-Bey. Rapprochement de quelques radicaux euskariens et sémitiques. — Affinité du basque avec les langues aryennes, affirmée par Chaho pour le sanscrit; et pour le celtique, par Dom Bullet, La Tour d'Auvergne, l'auteur de la *Bibliotheca Scoto-Celtica* et Edwards. Comparaison de certains radicaux aryens et euskariens par M. de Charencey. Supplément. — Affinités du basque et des langues touraniennes. Opinions de Arndt, de Rask, et de MM. d'Abbadie, Bergmann, le Prince Louis-Lucien Bonaparte et H. de Charencey. Rapprochements faits par ce dernier entre radicaux euskariens et touraniens. Supplément. Tableau comparatif des systèmes de numération. — Parenté des Basques et des peuplades américaines. Hypothèse proposée par MM. Vogt et de Charencey au nom de l'anthropologie. — Arguments philologiques présentés en faveur de la même opinion par Beauzée et MM. d'Abbadie, Schleicher, Alfred Maury, de Charencey et Pruner-Bey.. 56

CHAPITRE III.

LES IBÈRES DANS L'ANTIQUITÉ.

§ 1.

Traditions fabuleuses sur l'Espagne. — Opinion de Justin, abréviateur de Trogue Pompée, sur l'étymologie d'*Hispania*. — Gargoris, Habis et Hispanus n'ont jamais régné sur l'Espagne. Preuves tirées des auteurs anciens. Ces trois personnages sont peut-être des rois de l'Ibérie asiatique. — Rapports des Phéniciens, des Romains et des Grecs avec l'Espagne indépendante. — Périple de Scylax. Ce navigateur n'a pu voir que des Celtes sur les bords de l'Ibérus. — Les similaires ou analogues d'Ibérus se retrouvent dans plusieurs anciens noms de fleuves et de lieux. — L'Ibérie de Scylax et de Polybe, de Strabon et de Festus Avienus s'excluent réciproquement. — Le nom d'Ibérie n'est qu'une expression géographique. 120

§ 2.

Causes de la confusion de l'Ibérie caucasienne et de l'Ibérie espagnole. — Perturbations produites dans l'histoire et la chronologie anciennes, par l'habitude qu'avaient les Grecs de transporter partout leurs illustrations héroïques et fabuleuses. L'Ibérie espagnole devient le théâtre de mythes et de légendes de l'Ibérie asiatique, popularisées en Grèce après l'expédition des Argonautes. — Réfutation de Petit-Radel, qui admet la fondation de Sagonte par une colonie de Zacynthiens. — Les Argonautes n'ont pas visité la côte de la Bétique. — Hercule n'est point venu en Espagne pour y combattre Géryon. Origine de ce mythe. — Les prétendus voyages, dans la Péninsule espagnole, de quelques héros du cycle troyen, tels qu'Ulysse. Teucer, Diomède et Ménesthée, n'ont jamais eu lieu. — Aperçu des notions graduellement acquises par les Grecs et les Romains sur la Péninsule espagnole et l'Océan atlantique. — La confusion fréquente des Ibères espagnols et caucasiens, et l'origine thubalienne assignée à ceux-ci par Josèphe, est cause que les auteurs du moyen-âge ont considéré les Basques comme des descendants de Thubal. — Origine ibérienne des anciennes populations de l'Espagne affirmée pour la première fois par Fréret. — Conclusions 138

CHAPITRE IV.

LES CELTIBÉRIENS ET LES COLONIES IBÉRIENNES.

§ 1.

L'opinion qui fait des Celtibériens un mélange de Celtes et d'Ibères ne repose, au fond, que sur une tradition rapportée par Diodore de Sicile. — Discussion de ce texte. — Témoignages de Polybe et de Strabon sur l'état de profonde barbarie dans lequel vivaient presque toutes les tribus de l'Espagne, avant la conquête romaine. — Limites variables de la Celtibérie. — Textes de Strabon, de Pline, de Pomponius Mela, de Festus Avienus et de Polybe, condamnant la tradition recueillie par Diodore de Sicile. 158

§ 2.

Opinion de Fréret sur la colonisation de la Corse, de la Sicile et de la Sardaigne par les Ibères espagnols. — Critique de l'opinion de Fréret, qui fait des Sicanes les premiers habitants de la Sicile, et les présente comme venus de l'Ibérie espagnole. — Les Cantabres qui, d'après Sénèque, se seraient établis en Corse, appartenaient à la race celtique. — Examen du passage de Pausanias qui fait coloniser la Sardaigne par des Ibères venus sous la conduite de Norax. Ces Ibères n'étaient que des Celtes venus d'Épire, où ils habitaient sur les bords du fleuve Hebrus. 171

§ 3.

La Sicile anté-historique. Témoignages en faveur de l'ancienne réunion de cette île avec l'Italie, et de sa contiguité probable avec le nord de l'Afrique. Découvertes de vestiges d'industrie primitive faites par le baron d'Anca dans les grottes de San Teodoro et de Maccagnone. Vestiges de l'âge du bronze. — Monuments mégalithiques de la Corse, décrits par M. Grassi. — Menhirs de Sardaigne, nuraghes, et vestiges de l'âge du bronze — Conclusions. 180

SECONDE PARTIE.

LES BASQUES D'APRÈS L'ANTHROPOLOGIE, LA PHILOLOGIE, LA TOPONYMIE, LA NUMISMATIQUE, LE DROIT COUTUMIER ET LES CHANTS HÉROÏQUES.

CHAPITRE I.

LES BASQUES D'APRÈS L'ANTHROPOLOGIE.

§ 1.

Pages.

Aperçu de la constitution géologique de l'Espagne, et preuve de la contiguité de ce pays avec le Midi de la Gaule et le Nord de l'Afrique aux époques tertiaire et quaternaire. Emersion du Sahara. — Ages de la pierre taillée, de la pierre polie, du bronze, et âge anté-historique du fer dans le Midi de la France. — Ages de la pierre taillée, de la pierre polie, du cuivre, du bronze et du fer en Espagne. — Ages de la pierre taillée, de la pierre polie, du bronze, et âge anté-historique du fer dans le nord de l'Afrique. — Opinions diverses sur la race qui occupait le Midi de la Gaule, l'Espagne et l'Afrique septentrionale pendant les temps anté-historiques. Retzius, Von Baër, et MM. de Quatrefages et Pruner-Bey, tiennent pour l'antériorité et la prédominance du type brachycéphale, auquel M. Pruner-Bey a donné le nom de *mongoloïde*. Spring, et MM. Paul Broca et Vogt inclinent, au contraire, en faveur du type dolichocéphale. Tous conviennent que ces deux races se sont mélangées à une époque très-reculée. — Ancien type espagnol d'après les médailles dites ibériennes. Opinions de Lelewel, et de MM. Boudard et Roget de Belloguet. — Description des anciens peuples de l'Espagne par les auteurs classiques. Les Bérons, les Cantabres, les Ilergètes, les Celtibériens, les Turdetans et les Turdules appartenaient à la race celtique. Etablissement des Phéniciens à Malaca, Abdère, Gadès et dans les îles Baléares. — Fondations de Rhodè, Emporium, Hemeroscopium et Mœnace par les Massaliotes. Soumission des peuples de la Bétique, des Bastetans et des Constetans par les Carthaginois. Fondation d'Ara-Leuca et de Barcelonne. Conquête romaine. — Occupation de l'Espagne par les Wandales, les Alains, les Suèves et les Wisigoths. — Domination sarrazine. 487

§ 2.

Caractères anthropologiques des Basques. — CARACTÈRES PHYSIQUES. *Taille*. Opinions contradictoires de Napier, et de MM. Broca, U. Maury, de Quatrefages et Roget de Belloguet. — *Coloration*. Observations diverses de Prichard, d'Young, et de MM. Michelet et de Quatrefages. — *Couleur des yeux*. Descriptions opposées de Napier, de Prichard, et de MM. de Belloguet, de Quatrefages, Broca et Argelliès. — *Barbe, cheveux*. Opinions diverses de MM. Francisque-Michel, de Belloguet, de Quatrefages, d'Abbadie, Élisée Reclus, Broca et Argelliès. — *Tête osseuse*. Recherches de MM. d'Abbadie, Broca et Pruner-Bey. — *Agilité*. Danses, combats de taureaux et jeu de paume. Les Basques de la vallée de Sainte-Engrace, d'après M. Élisée Reclus. — CARACTÈRES INTELLECTUELS. *Poésie, musique*. Poésie populaire : recueils d'Iztueta et de M. Francisque-Michel. Proverbes colligés par Othénart. Opinions de Borrow et de M. Amé sur la musique des Basques. — CARACTÈRES MORAUX. *Propriété*. Renvoi au chapitre V, § 2 de la IIe partie. — *Religion*. Apostolat de saint Amand. Le sabbat dans le Labourd au xvie siècle. — Conclusions. 213

CHAPITRE II.

LES BASQUES D'APRÈS LA PHILOLOGIE.

(Langue basque).

§ 1.

État linguistique de l'Espagne dans l'antiquité. Les Turdetans, les Lusitaniens, les Celtiques du cap Nerium, les Thermessiens, les Celtibériens et les Cantabres parlaient des idiomes celtiques. — Importation d'autres langages dans la Péninsule, par les colonies phéniciennes, grecques et carthaginoises. — Propagation du latin pendant la domination romaine. — Variété de l'ancien état linguistique de l'Espagne, prouvée contre Humboldt par le témoignage de Strabon. — Emprunts faits aux glossaires germanique et arabe. — Premiers vestiges de l'espagnol : domaine et dialectes de cette langue. — Idiome portugais. — La langue des anciens Aquitains différait de celle des habitants de la Péninsule. Elle a été remplacée par le latin, qui, lui-même, a cédé la place au gascon, dialecte du provençal. 237

§ 2.

Domaine actuel de la langue basque au delà et en deçà des Pyrénées. Opinion de MM. Élisée Reclus et Francisque-Michel. — Aucun texte ne permet d'affirmer que le basque ait été parlé jadis dans toute l'Espagne. Témoignages de Strabon et Pomponius Méla, et opinions de Mayans y Siscar, des frères Mohedano et de Graslin. — Terrain perdu par le basque à des époques relativement récentes. — Premiers documents historiques constatant l'existence du basque sur les deux versants des Pyrénées. — Premiers monuments connus de cet idiome. — Changements survenus dans l'eskuara depuis le xve siècle. 245

§ 3.

Notice historique sur les travaux relatifs à la langue basque. — Phonétique euskarienne. Discussion de l'opinion de Humboldt sur l'absence de l'r en basque, et sur la préfixation d'une voyelle aux mots importés commençant par une r. Examen de la doctrine de ce philologue sur st initial. — Racines. Critique du travail de M. Baudrimont. Dictionnaires de Lloris, de Pouvreau et du P. de Larramendi. Méthode à suivre pour la rédaction d'un glossaire. — Composition des mots. Procédés de composition et de dérivation. Critique du tableau des terminatives basques dressé par Chaho. — Déclinaison. Systèmes de l'abbé Darrigol, de Chaho, et de MM. de Charencey, Van Eys et Duvoisin. Noms communs, et noms d'hommes et de lieux. — Verbe. Aperçu de la conjugaison basque par M. le Chanoine Inchauspe. Caractère et éléments constitutifs de cette conjugaison. — Conclusions. 268

CHAPITRE III.

LES BASQUES D'APRÈS LA PHILOLOGIE.

Philologie comparée.

§ 1.

Notions sur la classification et la morphologie des langues. — Examen de l'hypothèse de M. Renan sur l'origine africaine des premières populations de l'Espagne. Terminaisons *tak* et *tani*. Nomenclature des anciens noms de lieux de l'Afrique septentrionale et de l'Espagne, finissant en *tanum*, *tania*, et *tanus*, *a*, *um*, et opinion de Humboldt à ce sujet. Les désinences de ces noms de lieux n'appartiennent pas au radical, et sont d'origine latine. Théorie de Priscien sur la terminaison *us*, *a*, *um*. Déclinaison et conjugaison kabyle et tamachek'. Différences entre la morphologie du basque et celle des langues berbères. Comparaison des systèmes de numération. Impossibilité de relier l'eskuara aux idiomes berbers. — Même obstacle pour le rattacher, comme le font quelques philologues, aux langues de l'Afrique moyenne. . 306

§ 2.

Erreurs de La Bastide, de l'abbé Iharce de Bidassouet et de M. Eichhoff, qui rattachent le basque à la famille sémitique. — Impossibilité de relier cet idiome à la famille aryenne. — Origine touranienne. Examen des travaux du Prince Louis-Lucien Bonaparte et de M. de Charencey. Dissemblances et ressemblances de l'eskuara et des idiomes du groupe touranien. 330

§ 3.

Origine américaine. — Examen et réfutation des prétendues similitudes ou analogies signalées par M. de Charencey. Morphologie et idéologie des idiomes de l'Amérique du Nord. — Théorie de M. Pruner-Bey et comparaison du mode de formation des mots, des systèmes de déclinaison, de conjugaison et de numération des Euskariens et des peuplades de l'Amérique septentrionale. Les similitudes ou analogies signalées par ce savant, n'excluent pas de nombreuses différences; mais ils attestent pourtant une certaine affinité entre les idiomes comparés. — Conclusions. 342

CHAPITRE IV.

LES BASQUES D'APRÈS LA TOPONYMIE ET LA NUMISMATIQUE.

§ 1.

Principaux systèmes sur l'étymologie des anciens noms de lieux de l'Espagne. —Système hébraïque de Florian Ocampo, Garibay, Beuter, Ponce de Léon, Pellicer, etc. Système hébraïco-hellénique de Mabudel, de Nassare et de Velasquez. Système phénicien de Bayer. — Système basque du P. de Larramendi, continué et developpé par Hervas, Astarloa et Erro y Aspiroz. Leurs procédés. — Humboldt et ses *Recherches sur les habitants primitifs de l'Espagne à l'aide de la langue basque*. Principe de sa méthode. Critique des arguments tirés de la phonétique, de l'histoire, et de l'interprétation de la toponymie ancienne de l'Espagne par le basque. Preuve de l'insuffisance des études de Humboldt sur l'idiome euskarien. Condamnation du système, par la possibilité d'interpréter, conformément à son procédé, un grand nombre de noms de lieux empruntés à la géographie ancienne de tous les pays. 364

§ 2.

Notions sur la numismatique dite ibérienne, et sur les ouvrages publiés à ce sujet. — Le livre de M. Boudard, *Numismatique ibérienne*, est l'expression la plus haute et la plus récente du système qui prévaut aujourd'hui. Exposé et critique du procédé de lecture et des arguments historiques de M. Boudard. Insuffisance de ses études sur la langue basque démontrée par l'examen de sa théorie des suffixes, et par la critique de son procédé d'étymologie. — Conclusions. 396

CHAPITRE V.

LES BASQUES D'APRÈS LE DROIT COUTUMIER.

§ 1.

Nécessité d'un inventaire des monuments juridiques du Pays basque. — Navarre espagnole. Fors originaux de Sanguessa, Estella, Vicari, Viana

San Vincente, la vallée d'Amescoa, Capparosso, Artassona et Peralta.
Statuts importés : fors du bourg de Saint-Saturnin de Pampelune, de
Bervia, de Lerins, de la vallée de Roncal, de Funes, Marcilla, Penaleña,
Tudela, Cervera, Gallipienzo, La Peña, Caseda, Carcastillo. Fors de
Sobrarbe et de Viana. — Biscaye. Fors de Durango et de Bilbao.
Priviléges de la province. — Alava. Fors de Vitoria étendus à diverses
localités. — Guipuzcoa. Fors de San Sebastian et de Placencia. — Pays
basque français. Statuts antérieurs à la réformation des coutumes :
anciennes coutumes de Bayonne, fors de la vallée de Baigorry, d'Etcharry,
de La Bastide-Clairence, etc. Statuts réformés : coutumes de Soule, de
Bayonne, de Labourd et de Basse-Navarre. 419

§ 2.

Erreurs de M. Chambellan sur l'état politique des anciennes popula-
tions de l'Espagne et de l'Aquitaine. — Système de Laferrière.
Erreurs historiques, philologiques et juridiques de cet auteur au sujet des
Euskariens. — Examen du *Droit de famille aux Pyrénées*, de M. Eugène
Cordier. Les caractères que ce savant a signalés comme originaux dans
l'ancien droit public des Basques, se retrouvent en dehors de leur pays.
Égalité morale et intellectuelle de l'homme et de la femme acceptée par
M. Cordier comme le principe constitutif de la famille euskarienne. Critique
de cette opinion. La famille s'est constituée, dans d'autres contrées, d'une
façon similaire ou analogue, et il faut surtout en chercher la cause dans les
exigences du régime pastoral. — Conclusions. 429

CHAPITRE VI.

LES BASQUES D'APRÈS LES CHANTS HÉROÏQUES.

§ 1.

Texte et traduction du *Chant des Cantabres*, publié pour la première fois, par
Humboldt. Opinion de ce savant sur l'authenticité et l'âge probable du
poème. — Texte et traduction du *Chant d'Altabiscar*, révélé par
M. Garay de Monglave. — Texte partiel et prétendue traduction française
du *Chant d'Annibal*, édités par Chaho et M. Mary-Lafon. 444

§ 2.

Raisons générales contre l'authenticité des chants héroïques. Absence de
manuscrits originaux et anciens. Preuve de la composition plus ou moins
récente des poèmes, tirée de la conformité relative ou absolue de la langue
employée avec le basque actuel. — *Chant des Cantabres*. Critique des

couplets I et XIV. Cette pièce contient plusieurs mots d'origine latine ou romane, et des erreurs d'histoire et de géographie prouvées par les textes des auteurs anciens. Age probable de ce poëme apocryphe. — Le *Chant d'Altabiscar* n'est pas une poésie populaire chez les Basques, et il n'a pu être recueilli dans leur pays. Analogies de cette pièce avec les poésies ossianiques et palikares. Fausseté du document prouvée par la rythmique et par l'histoire. Le combat de Roncevaux d'après Eginhard et les poèmes du cycle karolingien. Preuves de la fabrication très-récente de ce poème. — Le *Chant d'Annibal* n'a pu être ni découvert ni traduit par Chaho, ni par M. Mary-Lafon. Eléments de ce poème apocryphe. Les couplets II, III, IV, V, VI et VII de la prétendue traduction française n'ont jamais existé en basque, et les couplets I et VIII conçus dans l'idiome euskarien ne sont que l'imitation libre d'un poème béarnais du XVIIIe siècle. — Conclusions.. 459

CONCLUSIONS.

La toponymie ancienne de l'Espagne, la numismatique dite ibérienne, le droit coutumier et les prétendus chants héroïques ne jettent, jusqu'à présent, aucune lumière sur l'origine des Basques. — L'histoire, l'anthropologie et la philologie comparée, constatent que les Euskariens sont un peuple très-mélangé. — Aucune découverte anthropologique ne permet de les relier aux populations de l'Afrique ou du Nouveau-Monde, mais les travaux de M. Pruner-Bey tendraient à les rattacher à la race *mongoloïde*. — L'eskuara n'a aucune parenté morphologique avec les idiomes africains, sémitiques et aryens. Affinités de cette langue avec celles des tribus touraniennes et des peuplades de l'Amérique du Nord.............. 483

APPENDICES.

APPENDICE I.

DE QUELQUES OPINIONS SECONDAIRES SUR L'ORIGINE DES BASQUES.

Origine étrusque. Examen de l'opinion de sir Williams Bertharn. — Origine italienne. Examen de l'opinion de Petit-Radel. — Origine germanique. Examen de l'opinion de Dumège. — Origine punique. Examen des opinions d'Iztueta, de Moguel, de Lor. Urhersigarria et du P. Bartolomeo de Santa-Teresa. — Origine égyptienne. Examen des prétendus rapports signalés par M. de Charencey. — Origine atlantique. Examen de l'opinion de Bory de Saint-Vincent...................................... 493

APPENDICE II.

ORIGINE DES BASQUES DE FRANCE ET D'ESPAGNE, PAR M. D.-J. GARAT.

	Pages
Critique de cet ouvrage.	514

APPENDICE III.

DE L'ORGANISATION DE LA FAMILLE CHEZ LES BASQUES, PAR M. EUGÈNE CORDIER.

Examen des deux premiers chapitres de ce travail.	524
Additions et corrections.	529

FIN LA TABLE DES MATIÈRES.

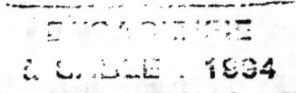

TYPOGRAPHIE DE BONNAL ET GIBRAC, RUE SAINT-ROME, 44.

www.ingramcontent.com/pod-product-compliance
Lightning Source LLC
Chambersburg PA
CBHW060758230426
43667CB00010B/1619